田园综合体 2018

美丽乡村年鉴

本书编委会 编

经济管理出版社
ECONOMY & MANAGEMENT PUBLISHING HOUSE

图书在版编目（CIP）数据

美丽乡村·田园综合体年鉴（2018）/本书编委会编. —北京：经济管理出版社，2019.1
ISBN 978-7-5096-6367-7

Ⅰ.①美… Ⅱ.①本… Ⅲ.①农村—社会主义建设—中国—2018—年鉴 Ⅳ.①F320.3-54

中国版本图书馆 CIP 数据核字（2019）第 020322 号

责任编辑：晓　白
责任印制：黄章平
责任校对：雨　千

出版发行：经济管理出版社
　　　　　（北京市海淀区北蜂窝 8 号中雅大厦 A 座 11 层　100038）

网　　　址：www. E-mp. com. cn
电　　　话：（010）51915602
印　　　刷：三河市延风印装有限公司
经　　　销：新华书店
开　　　本：880mm×1230mm/16
印　　　张：31.75
字　　　数：913 千字
版　　　次：2019 年 1 月第 1 版　　2019 年 1 月第 1 次印刷
书　　　号：ISBN 978-7-5096-6367-7
定　　　价：298.00 元

编辑委员会

学术委员会

主任委员：李京文　金　碚
副 主 任：李　平　张世贤

学术委员会成员 (按姓氏笔画排列)：

文丹枫	王伟光	冯　奎	史　丹	刘希龙
刘戒骄	刘湘丽	吕　政	吕　铁	吕本富
孙久文	曲建君	何　瑛	宋　华	张世贤
张玉利	李　平	李海舰	李维安	杜莹芬
杨　杜	杨开忠	杨世伟	杨冠琼	汪　平
汪同三	陈　耀	陈秋玲	周小虎	周应恒
罗仲伟	郑海航	施利毅	洪银兴	荆林波
赵顺龙	夏杰长	徐二明	徐向艺	高　闯
黄速建	黄群慧	魏后凯		

编写说明

    要实现美丽中国的目标，美丽乡村建设是不可或缺的重要组成部分。2013 年"中央一号"文件首次提出了要建设美丽乡村的奋斗目标，随后农业部发布《美丽乡村创建目标体系》，正式在全国启动"美丽乡村"创建工作。要实现党的十八大提出的美丽中国的奋斗目标，就必须加快美丽乡村（田园综合体）建设的步伐。中央及各省（市、区）积极开展美丽乡村（田园综合体）建设工作，纷纷出台了具体规划或行动计划。美丽乡村（田园综合体）建设是一项系统工程，涉及方方面面，既有国家层面的政策制定，又有地方层面的政策执行；既有整体规划布局，又有具体行动方案；既有法律法规涉及，又有案例经验借鉴。

    经济管理出版社为了全面系统地从多角度记录中国美丽乡村（田园综合体）的建设和发展历程，全面展示全国美丽乡村（田园综合体）建设的成就并形成一个完整的记录，特组织专家学者编纂了《中国美丽乡村（田园综合体）年鉴》（以下简称《年鉴》）。《年鉴》旨在对我国开展美丽乡村（田园综合体）建设情况做总体介绍，为各省（市、区）的美丽乡村（田园综合体）建设提供参考和借鉴。

    《年鉴》特点如下：①权威性。由来自政府部门、高校、企业的行业专家、学者共同编纂，成立了专门的学术委员会和年鉴编辑部。②全面性。《年鉴》包括综述篇、政策篇、案例篇，全方位概括当年美丽乡村（田园综合体）的建设情况。③实用性。《年鉴》不仅汇集了当年各地美丽乡村（田园综合体）建设的政策法规，而且结合美丽乡村（田园综合体）建设的典型案例，介绍各地美丽乡村（田园综合体）建设的经验，因此具有很强的实践指导意义。

    《年鉴》主要包含以下内容：第一篇——综述篇，从发展背景、发展意义、发展概述、建设模式、开发思路五方面全面论述美丽乡村（田园综合体）建设成果；第二篇——政策篇，包括国务院办公厅、国家发展和改革委员会、住房和城乡建设部、农业部等及各省（区、市）、计划单列市颁布的关于美丽乡村（田园综合体）方面的政策法规；第三篇——案例篇，自 2013 年农业部办公厅公布"美丽乡村"创建试点乡村以来，全国各地对美丽乡村（田园综合体）实践进行了有意义的探索，我们从综述、乡村介绍和典型案例三方面对这些探索成果进行总结。

《中国美丽乡村（田园综合体）年鉴》编辑部

美丽的振兴：乡村振兴战略
背景下的美丽乡村建设

（代序）

  2018 年秋，首个农民丰收节到来前夕，中共中央政治局于 9 月 21 日就实施乡村振兴战略进行第八次集体学习。习近平同志在主持学习时强调，乡村振兴战略是党的十九大提出的一项重大战略，是关系全面建设社会主义现代化国家的全局性、历史性任务，是新时代"三农"工作总抓手。乡村振兴战略正成为解决我国"三农"问题的关键所在。

  从生态文明到乡村振兴，在很长的时间跨度内，习近平同志曾多次在不同场合中描述了中国乡村建设的美丽图画。可以这样说，乡村振兴战略与美丽乡村建设二者是一脉相承、密不可分的。2003 年，习近平同志在浙江实施了"千村示范万村整治"行动，由此引领了"美丽乡村"建设的蓬勃兴起，并在 2013 年由农业部组织在全国推进；而乡村振兴战略则是习近平同志于 2017 年 10 月 18 日在党的十九大报告中提出的战略，农业、农村、农民问题是关系国计民生的根本性问题，必须始终把解决好"三农"问题作为全党工作的重中之重，而实施乡村振兴战略也就显示出其必要性和突出性。美丽乡村建设和乡村振兴战略二者的目的都是为了解决农村发展问题，解决农民要求提高生活水平问题。二者看似表象有所不同，内核却是一样的。

  乡村振兴战略作为党的十九大提出的重要理念，具有全局性和指导性意义。全面推进乡村振兴战略，是解决当前"三农"问题的重要手段。而在这其中，美丽乡村建设则是乡村振兴战略落地的重要内容、主要载体和关键抓手。美丽乡村建设是乡村振兴战略的重要一环，没有美丽乡村的建成，也就没有乡村振兴的实现；乡村振兴战略是美丽乡村建设在现阶段的指导战略，美丽乡村建设必须服从于乡村振兴战略的总体安排。围绕乡村振兴战略，下一步将会出台一系列具体政策、实际举措，在涉及美丽乡村建设方面，应遵循乡村发展规律，以美丽宜居乡村建设为抓手，多措并举，真抓实干，全面提升农村地区生态环境建设水平、基础设施建设水平、公共服务水平、社会治理水平等，创建良好的农村人居环境，满足人民群众日益增长的美好生活环境需要。

  在美丽乡村的建设中，乡村振兴战略必然可以调动从上到下的各种行政资源和力量，应得到各级政府的支持和落实。可以预计，在大战略的带领和指导下，美丽乡村建设必将迎来一个新的高潮，从行政角度得到人、财、物各方面的支持。但是，美丽乡村建设有着自身独特的特点和优势，不同于乡村振兴战略是一种自上而下的行政动员，美丽乡村建设是具有自上而下和自下而上双重特点的。美丽乡村建设中的人，也就是农民，会在这场建设活动中被调动起最大的积极性，因为这一建设改变的是他们身边最具体、最细致的生活，所以无论是留守当地还是远游他乡的农民，都会为家乡的建设积极出力。随之而来的就是农民在建设中主动投入物资、财产，乃至自己积累的各种智慧。这使得美丽乡村建设的振兴之路走得更宽更深入，也会更美丽，必将掀起乡村振兴发展的新浪潮。

  在乡村振兴战略的指导下，美丽乡村建设迎来了新的发展机遇，而且是将站在更高更广阔的平台上谋求发展，在这一波振兴的大浪潮下开出最美的建设之花。

目　　录

综述篇

政策篇

案例篇

综述篇

一、美丽乡村（田园综合体）发展背景

（一）兴起背景

自党的十八大提出努力建设"美丽中国"以来，我国不断进行积极探索，各地区因地制宜，走出了许多美丽乡村建设的新路子、好路子。在美丽乡村提升农业生产、植入休闲旅游产业、建设幸福人居的发展格局下，田园综合体作为建设"城乡一体化的美丽乡村计划"，成为构建现代都市和乡村文明交融的社会活动和幸福生活美丽版图的突破性创新模式。

田园综合体是基于中央一号文件产生的新概念。指导"三农"工作的2017年中央一号文件重磅发布并明确提出，支持有条件的乡村建设以农民合作社为主要载体、让农民充分参与和受益，集循环农业、创意农业、农事体验于一体的田园综合体，通过农业综合开发等渠道开展试点示范①。田园综合体一经提出即引起广泛关注和热烈探讨并进入试点阶段。

为贯彻落实中央农村工作会议和2017年中央一号文件的部署与要求，财政部确定18个省份按照三年规划、分年实施的方式开展田园综合体建设试点，中央财政将从农村综合改革转移支付资金、现代农业生产发展资金、农业综合开发补助资金中统筹安排，支持试点工作②。各试点省份随之密集出台和开展关于美丽乡村田园综合体试点建设项目申报工作。由此，田园综合体迅速成为为顺应新常态而提出的新型旅游发展及乡村建设的可持续发展全新模式。

（二）本质内涵

从本质上讲，田园综合体是在工业化、城镇化发展到一定阶段，顺应农业供给侧结构性改革、生态环境可持续、新产业新业态发展，以现代企业经营管理的思路，利用农村广阔的田野，以美丽乡村和现代农业为基础，融入低碳环保、循环可持续的发展理念，保持田园乡村景色，完善公共设施和服务，实行城乡一体化的社区管理服务，拓展农业的多功能性，实现田园生产、田园生活、田园生态的有机统一和一二三产业的深度融合，为中国农业农村和农民探索一套可推广可复制的、稳定的生产生活方式。

二、美丽乡村（田园综合体）发展意义

田园综合体不仅是中央在新形势下对农业农村发展的重大政策创新，也是赋予农业综合开发的重要任务。围绕农业农村发展新形势，充分认识和厘清田园综合体试点建设的重大意义是准确把握中央精神和田园综合体试点建设理念、科学确立推进路径的关键基础。

（一）建设田园综合体是顺应目前农业农村发展形势的客观要求

当前，我国城乡一体化发展步伐加快，一二三产业融合发展加速，社会资本向农业农村流动力度加大，新型农业经营主体实力不断增强，农村生产方式、经营方式、组织方式深刻调整，农业生产体系、产业体系、经营体系优化完善，农业农村发展处于前所未有的新方位，已到了转型升级、全面创新的新阶段，建设田园综合体顺应了农业农村发展趋势和历史性变化，反映了农业农村内部和外部的客观要求。

1. 生产层面

随着我国经济发展进入新常态，农业发展、农民增收都面临一定的下行压力，传统农业园区发展模式固化，在土地、科技、服务、管理等方面面临瓶颈，新业态、新模式发展受到制约，转型升级遇到较大压力，迫切需要寻求推进农业农村发展的新抓手，打造三产融合的新平台，启动新旧动能转换的新引擎，充分释放生产力和生产关系的创新活力。

2. 生活层面

城市化和工业化使得农村空心化、老龄化，乡村社会功能退化，农村基本公共服务缺位，城乡差距不断拉大，使得农村成为城乡一体化和"新四化"发展中的突出短板。同时，城乡居民已具备了为休闲观光、生态产品付费的能力，对乡村生态旅游、领略乡村文化、体验农耕文明等

---

① 《中共中央 国务院关于深入推进农业供给侧结构性改革 加快培育农业农村发展新动能的若干意见》，2017年2月5日印发。
② 《财政部关于开展田园综合体建设试点工作的通知》（财办〔2017〕29号），2017年5月24日印发。

方面的需求与日俱增，培育和开发农业多功能性的需求及意识不断强化，迫切需要搭建新的业态平台来迎合需求、释放功能、满足新的城乡居民需要。

3. 生态层面

农业在承担农民增收农村繁荣职能的同时，还要承担生态保护的功能，不仅要使农村成为"金山银山"的基础和源泉，更要成为"绿水青山"的保护区和涵养地，要使农村不仅享受城市文明的发展成果，更要保持农业文明的田园风光和独有魅力。

（二）建设田园综合体是培育未来农业农村发展动能的创新模式

建设田园综合体对于培育农业农村发展新动能、加快城乡一体化步伐、推动农业农村实现历史性变革具有深刻的历史意义和重要的现实意义，核心是提供一个机制创新和融合发展的新平台、新载体、新模式。

1. 有助于促进农业供给侧结构性改革

田园综合体为推进农业供给侧结构性改革搭建了新平台。推进农业供给侧结构性改革，转化"三农"发展动能的核心和关键是确立承载产业、集聚项目、融合要素的平台。田园综合体集循环农业、创意农业、农事体验于一体，以空间创新带动产业优化、链条延伸，有助于实现一二三产业深度融合，实现现有产业和发展载体的升级换代。

2. 有助于推动形成城乡一体化新格局

我国城镇化必须同农业现代化同步发展，城市工作必须同"三农"工作一起推动，形成城乡发展一体化的新格局[①]。以城带乡、以工促农、形成城乡发展一体化新格局，必须在农村找到新支点和新平台。田园综合体要素集中，功能全面，承载力强，是城乡一体化的理想结合点和重要标志，为乡村现代化和新型城镇化联动发展提供了支撑。

3. 有助于融合生产、生活、生态发展

建设田园综合体，在发展生产、壮大产业的同时，为农民探索多元化的聚居模式，既保持田园特色，又实现现代居住功能，为实现城乡基础设施和公共服务均等化提供了最佳空间。田园综

合体的田园风光、乡野氛围、业态功能等，加之优良的生态环境和循环农业模式，能够更好地迎合和满足城市居民对生态旅游及乡村体验的消费需求，使生产、生活和生态融合互动发展。

4. 有助于实现农村历史性重大性转变

通过田园综合体有助于实现城市文明和乡村文明的融合发展，为传承和发展我国传统农耕文化提供了契机，乡村治理也能获得更多的深层次文化支撑，助推实现美丽田园、和谐乡村。田园综合体将推动农业发展方式、农民增收方式、农村生活方式、乡村治理方式的深刻变化，全面提升农业综合效益和竞争力，真正让农业成为有发展潜力的产业，让农民成为体面的职业，让农村成为安居乐业的美丽家园，从而实现乡村发展历史性转变。

（三）建设田园综合体是实现多方市场主体互利共赢的有效途径

1. 受益各地政府——成为精准扶贫新引擎

田园综合体将助力各地政府不断实现当地脱贫的新模式。精准扶贫最重要的是赋予农民及其从事的产业自主"造血"的功能。田园综合体集聚产业和居住功能，让农民充分参与和受益，是培育新型职业农民的新路径。各地政府出台一系列扶贫政策和设立专项资金，可精准对接到田园综合体这一"综合"平台，释放更多红利和效应，有助于支撑"三农"实现可持续发展，以此为发展突破口和综合开发平台，最后脱贫致富奔小康。

2. 受益城镇居民——成为高端群体集聚地

在我国现代化发展较快的地区，主要潮流的城市化和非主要潮流的逆城市化两股力量是共生共存的，尤其是沿海发达城市，逆城市化的主要群体是高端人群。可以预见，未来在较为发达的城市，郊区化现象将进一步扩散。而中国人传统的"田园"情结，也将吸引越来越多的城镇高端群体住在郊区、回归田园。

3. 受益农村居民——成为新型农村新样本

我国农村幅员辽阔，要实现"农村美、产业兴、百姓富、生态优"的综合效益，通常选择聚居模式。而以往部分地区撤村并居的模式难以满足广大农民的宜居愿望，也不符合中国乡村自古

---

① 2017年2月21日习近平在中央城市工作会议上发表重要讲话内容。

以来的田园居住特色。依托田园综合体可探索多元化的聚居模式，既保持田园特色，又实现现代居住功能。借助聚居功能，田园综合体将成为实现城乡基础设施和公共服务均等化的最佳空间，成为新农村建设的新样本。

4. 受益产业企业——成为转型升级新机遇

对于涉农企业来说，田园综合体将成为农业供给侧结构性改革新的突破口。田园综合体集循环农业、创意农业、农事体验于一体，以空间创新带动产业优化、链条延伸，有助于实现一二三产业深度融合，打造具有鲜明特色和竞争力的"新第六产业"，实现农庄、农场、农业园区、农业特色小镇等现有产业及载体的升级换代。

对于旅游企业来说，尽管乡村旅游独具魅力，但综合度低，始终未解决"产、社、人、文、悟"诸要素在空间上的优化集聚问题，无法实现市民与田园"浸染互动"的体验层次，田园综合体将成为乡村旅游从观光体验向浸染互动跨越的新动能。

对于地产企业来说，乡村地产在土地供应机制、开发模式、营销渠道等方面都面临转型。田园综合体包含新的农村社区建设模式，在土地盘活机制、建筑特色、适宜人群等方面将有飞跃式

的变革，借助这一载体和平台，乡村地产将寻找到新的发展"蓝海"。

因此，中央提出建设田园综合体，不是在生产、生活和生态等领域单一的、局部的试点探索，而是对农业农村生产生活方式的全局性变革，本质在于"综合性"，是引领未来农业农村发展演变的重大政策创新，为农业综合开发转型升级、创新发展打开了突破口，更成为"三农"重要领域中各企业转型升级难得的发展机遇。

三、美丽乡村（田园综合体）发展概述

（一）总体概况

1. 基本情况

从政策环境看，中央层面经过综合考虑各地发展建设基础、开展试点意愿、改革创新工作推进、试点代表性等因素，按照三年规划、分年实施的方式，2017年，财政部确定河北、山西、内蒙古、江苏、浙江、福建、江西、山东、河南、湖南、广东、广西、海南、重庆、四川、云南、陕西、甘肃18个省份开展田园综合体建设试点[①]。各重点省份迅速响应政策号召，部署开展田园综合体建设试点工作，内容如表1-1所示。

表1-1 相关内容

省份	发布时间	政策	相关内容
河北	2017年6月14日	河北省农业综合开发办公室关于田园综合体建设试点优选工作实施方案的通知	建设试点以"村庄美、产业兴、农民富、环境优"为目标，2017年全省择优扶持一个国家级试点项目
山西	2017年7月12日	山西省财政厅关于2017年田园综合体建设试点竞争立项评审结果的公示	全省共7个县参与全省竞争立项，最后确定评审排名第一的临汾市襄汾县作为山西省2017年国家农业综合开发田园综合体建设试点项目
福建	2017年6月18日	福建省财政厅关于申报农业综合开发田园综合体建设试点项目有关事宜的通知	2017年全省计划实施国家级试点项目1个，省级试点项目2个；国家级三年补助中央财政资金15000万元，地方财政配套投入执行农业综合开发现行的投入比例规定；省级试点项目初步计划三年补助省级以上财政资金10000万元
云南	2017年6月18日	关于2017年农业综合开发田园综合体建设试点项目拟立项公示	对进入省级竞争立项范围的4个试点项目进行综合评价，根据综合评价排序结果，将保山市隆阳区申报的试点项目作为云南省拟立项项目上报国家农发办备案

① 《财政部关于开展田园综合体建设试点工作的通知》（财办〔2017〕29号），2017年5月24日印发。

续表

省份	发布时间	政策	相关内容
浙江	2017 年 6 月 7 日	浙江省财政厅关于做好美丽乡村田园综合体试点示范申报工作的通知	明确试点规模，原则上每个片区不少于 3 个行政村，以 3~5 个行政村为宜；资金扶持政策，中央和省级财政给予 5000 万～10000 万元的扶持资金等
广东	2017 年 6 月 19 日	广东省财政厅、农业厅、省委农村工作办公室联合下发关于做好田园综合体试点申报的通知	2017 年首批选择 2 个县（市、区）成为国家田园综合体建设试点，每个试点县选取 1 个片区，集中连片整体打造，原则上片区规模不少于 3 个行政村；资金方面省以上财政将对试点县分批给予资金支持
广西	2017 年 6 月 15 日	关于开展田园综合体建设试点项目申报工作的通知	确定财政资金投入规模，财政投入总规模控制在 2.25 亿元，其中中央财政资金 1.5 亿元，地方财政资金 0.75 亿元

从发展规模看，目前田园综合体尚处于探索初期，但可参照近年来我国休闲农业和乡村旅游的市场规模。近年来，全国休闲农业和乡村旅游蓬勃发展，2016 年全国休闲农业和乡村旅游接待游客近 21 亿人次，营业收入超过 5700 亿元，同比增长 30%。全国休闲农业和乡村旅游规模以上的经营主体达 30.57 万个，比上年增加近 4 万个，从业人员 845 万，带动 672 万户农民受益①。截至目前，中国美丽休闲乡村 370 个，整个行业均处于快速发展阶段。

预计到 2020 年，休闲农业和乡村旅游的产业规模将进一步扩大，接待人次达 33 亿，营业收入超过 7000 亿元；布局优化、类型丰富、功能完善、特色明显的格局基本形成；社会效益明显提高，从事休闲农业的农民收入较快增长；发展质量明显提高，服务水平得到较大提升，可持续发展能力进一步增强，成为拓展农业、繁荣农村、富裕农民的新兴支柱产业②。由此推测，未来田园综合体的潜在市场容量极其巨大。

2. 发展雏形

鉴于田园综合体新模式正式提出是在 2017 年，其发展尚处于探索阶段。而根据国家农业综合开发办公室最新调研和公开情况，近年来全国各地立足当地实际，以农业产业为支撑，以美丽乡村为依托，以农耕文明为背景，以农旅融合为核心，探索建设了一大批具有田园综合体基础的试点和亮点并取得一定成效及有益经验。目前，田园综合体雏形的探索试点主要包括以下四大模式③：

（1）优势特色农业产业园区模式。该模式是以本地优势特色产业为主导，以产业链条为核心，从农产品生产、加工、销售、经营、开发等环节入手，打造优势特色产业园区，以此为基础，带动形成以产业为核心的生产加工型综合体。

以四川省青神县为例，该县依托当地竹产业，打造竹林湿地公园、竹编产业孵化园、中国竹艺城国际博览园等，延伸产业链条，形成集竹种植、加工、销售于一体的旅游、电商、文娱完整产业链条，促进农民增收。

（2）文化创意带动三产融合发展模式。该模式是以农村一二三产业融合发展为基础，依托当地乡村民俗和特色文化，推动农旅结合和生态休闲旅游，形成产业、生态、旅游融合互动的农旅型综合体。

以四川省蒲江县明月国际陶艺村为例，当地依托 7000 亩竹笋园、3000 亩茶园，发展以陶艺为核心的乡村旅游创客示范基地，吸引文化艺术类人才入驻，配套建设书院、客栈、茶吧、民宿

---

① 农业部在中国首届全国休闲农业和乡村旅游大会上发布《中国休闲农业和乡村旅游发展研究报告（2016）》，2017 年 4 月 11 日。
② 农业部会同财政部、国家发展改革委等 14 部门发布《关于大力发展休闲农业的指导意见》（农加发〔2016〕3 号），2016 年 7 月 8 日印发。
③ 卢贵敏（国家农业综合开发办公室主任）：《以农业综合开发为平台　综合施策建设田园综合体试点》，《中国财政》2017 年第 15 期。

等文化和生活服务设施，已成为成都附近知名的农旅融合示范点，2016年接待游客15万人次，旅游收入超过1200万元。

（3）都市近郊型现代农业观光园模式。该模式是利用城郊区位独特优势，以田园风光和生态环境为基础，为城乡居民打造一个贴近自然、品鉴天然、身心怡然的聚居地和休闲区，领略和感受农耕文明和田园体验，形成一个以休闲体验为主要特色的生活型综合体。

以江苏省无锡市田园东方综合体为例，综合体位于无锡市近郊的惠山区阳山镇，总面积6200亩，集现代农业、休闲旅游、田园社区等产业为一体，倡导人与自然的和谐共融和可持续发展。该项目对村里老房子进行修缮保护，使其成为了特色民居，对村庄内的古井、池塘和古树进行保护开发，配套建设田园风光，打造了一个世外桃源般的休闲体验地。

（4）农业创意和农事体验型模式。该模式依托当地农业生态资源，创新乡村建设理念，以特色创意为核心，传承乡土文化精华，打造青年返乡创业基地和生态旅游示范基地，开发精品民宿、创意工坊、民艺体验、艺术展览等特色文化产品，发展新产业新业态，构建以乡土文明和农事体验为核心的创意型综合体。

以青岛莱西市后山人家田园综合体为例，综合体以绿色农产品生态园为主体，建设观光采摘农业大棚、生态餐厅、农家乐、儿童拓展游乐园，以园区内的休闲、旅游、采摘、度假为核心，建设科普教育基地、手工作坊一条街、特色家庭农场等创意类项目，成为集居住、休闲、优质作物、旅游、采摘、餐饮及高科技示范为一体的大型生态循环休闲示范园。

以上模式体现了因地制宜、百花齐放的理念和特色，都在当地形成了较大的影响力，对于当地壮大产业实力、农民广泛受益、生态良性循环和城乡一体化发展发挥了积极作用，在实践探索上积累了有益经验，为未来建设更高水平的田园综合体提供了样本和借鉴。

3. 存在问题

在上述田园综合体中，从中央关于"三产融合"、"三生统筹"，农民充分参与和广泛受益等相关要求看，尚存在一些短板和瓶颈。第一，部分单纯突出产业发展，对田园综合体的整体把握和理念认识不尽全面，没有统筹考虑宜居宜业的要求；第二，部分未强调"姓农为农"，项目布局和业态发展上与农业无法形成有机融合，单纯将田园村落作为项目落地背景陪衬；第三，部分过于依赖工商资本主导，农民及农村合作社的参与不尽充分，集体组织资产在外来资本涌入时发挥作用不足，企业、合作社与农民的利益分享机制亟待进一步健全等。

4. 解决对策

（1）明确建设定位。要确保田园综合体"姓农为农"的根本宗旨不动摇。田园综合体的建设目标是为当地居民建设宜居宜业的生产生活生态空间，其核心是"为农"，特色是"田园"，关键在"综合"。要将农民充分参与和受益作为根本原则，充分发挥好农民合作社等新型农业经营主体的作用，提升农民生产生活的组织化、社会化程度，紧密参与田园综合体建设并全面受益。要切实保护好农民的四项权益：

首先，保护农民就业创业权益。田园综合体中的产业要与当地的资源禀赋条件相匹配，以农村现有的产业为基础，并进行优化升级，要给当地农民提供充分的就业和创业的机会和空间，确保农民在综合体建设中全面受益。

其次，保护产业发展收益权益。农村居民往往受资金、技术、管理等方面的限制，在休闲农业、特色产业发展等方面难以与外地工商资本竞争，要建立有效的利益联结机制，防止本地居民在产业发展和利益分享中被"挤出"，集体资产被外来资本控制。

再次，保护乡村文化遗产权益。要用历史和发展的眼光保护乡村里的特色民居、遗址、宗祠、寺庙、民俗、非物质文化遗产等，防止过度设计、过度改造和过度开发，在发展乡村旅游中防止民俗文化活动庸俗化。

最后，保护农村生态环境权益。要把宜居宜业作为田园综合体的鲜明特色，在追求"金山银山"的同时留住"绿水青山"，经济发展规模要在综合体的环境承载能力范围之内，根据经济规模确定合理的建设规模，防止盲目造镇。尤其要强调的是，田园综合体要展现农民生活、农村风情和农业特色，核心产业是农业，决不能将综合体建设搞成变相的房地产开发，或者大兴土木、改头换面的旅游度假区和私人庄园会所，确保田园综合体建设定位不走偏走歪，不发生方向性错误。

（2）协调推进力量。田园综合体试点涉及面广、投入大、建设期长。坚持以农业综合开发为平台，集中相关政策支持合力。要充分发挥有关扶持政策的合力，从基础设施、产业发展、新民居建设、美丽乡村、脱贫攻坚等方面集中支持田园综合体建设。

第一，要发挥地方政府主导作用，强化与相关涉农政策和资金的统筹衔接，把农村生产、生活和生态等各领域的支持政策紧密结合，探索以田园综合体试点为平台，统筹推进生产生活生态领域建设，促进循环农业、创意农业、农事体验等方面发展，拓展农业的多功能性，力争建设一片、成效一片、务求精品。要根据田园综合体建设需要，加强与国土、规划、建设、金融等方面的沟通合作，联合出台相关支持政策文件，全面支持开展田园综合体试点。

第二，要充分发挥好政府、企业、村集体组织、合作社、农民等建设主体的作用，坚持以产业链条为主线，以利益联结为纽带，以合作共赢为动力，通过建立科学健全的市场化运行机制，使每个建设主体都能明确自身定位，主动参与和投入综合体建设，各尽其能、各取所需，形成建设合力。尤其要处理好政府、企业和农民三方面的利益关系，确保地域得发展、企业得效益、农民得实惠，充分调动各方面投入、建设和运营的积极性。

（二）首批国家级田园综合体案例简介

1. 广西南宁"美丽南方"田园综合体

广西壮族自治区南宁市西乡塘区"美丽南方"田园综合体位于南宁市西乡塘区石埠半岛，规划面积70平方千米（10.5万亩），行政区域范围包括金陵镇、石埠街道办事处的10个村，涉及人口约5.7万。其总体定位是以美丽南方丰富的农业资源、产业基础、特色村落、传统文化

图1-1 "美丽南方"田园综合体

为依托，以农业综合开发项目为抓手，完善生产、产业、经营、生态、服务和运行六大功能体系，实现生产生活生态"三步同生"、一二三产业"三产融合"、农业文化旅游"三位一体"。

园区总体规划设计为"一轴两翼三带八区"。一轴即沿005县道的园区交通和发展主轴，将园区各主要功能片区、景观节点和特色村落有机整合，形成完整的田园综合体；两翼即以005县道为界，将园区分为南北两翼；三带即依托园区农田、村落、水系、山地，形成三条重要的农业休闲观光体验带；八区包括创意农事体验区、智慧农业展示区、高效农业集中区等八个功能分区。

"美丽南方"田园综合体试点项目获农业综合专项资金共2.25亿元，计划1.67亿元用于建设高标准农田，0.58亿元用于产业扶持。高标准农田分三期建设，共4.3万亩，一期（2017年）投入0.47亿元建设1.2万亩，二期（2018年）投入0.55亿元建设1.5万亩，三期（2019年）投入0.65亿元建设1.6万亩。产业扶持农业及农产品加工、流通类产业项目36个，其中2017年扶持项目13个。截至目前，2017年高标准农田建设项目已完成招投标工作，2017年13个产业项目已陆续开工[①]。

---

① 《西乡塘区财政局积极推进"美丽南方"田园综合体试点项目建设》，广西壮族自治区南宁市西乡塘区人民政府网，2017年12月18日。

2. 河南省凤凰山田园综合体

图1-2 凤凰山田园综合体

该田园综合体项目位于洛阳市孟津县平乐镇凤凰山，在建设过程中拟定了以旅游为先导，以产业为核心，以文化为灵魂，以体验为价值，以土地为根基，建设集现代农业、休闲旅游、田园度假、农副产品开发和加工于一体，多维度立体综合发展的思路。

项目以农民合作社为主要载体，融循环农业、创意农业、观赏型农业、农事体验于一体，分区建设了牡丹苑、紫薇苑、樱花苑等观赏类苗木、花卉园区，农事体验类园区核桃苑等，并完成了休闲旅游项目"我的农庄"、农耕体验项目"我的菜园"、养殖认知项目"我的牧场"、采摘认养项目"我的果园"以及亲子体验项目"梦想乐园"等产业配套项目[①]。

3. 山东省临沂市沂南县朱家林田园综合体

图1-3 朱家林田园综合体

临沂市沂南县朱家林项目是按照田园综合体建设的乡村旅游项目，遵循"保护生态、培植产业、因势利导、共建共享"的原则，以农民专业合作社、农业创客为主体，致力建设"创意农业+休闲旅游+田园社区"的田园综合体。

沂南县朱家林田园综合体总体定位为"多彩田园 纯净生活"，开发"红嫂"文化价值、沂蒙山区民俗文化、农创品牌价值、文创品牌价值、运动度假品牌价值。该项目规划结构为"一核一带三网七区"，即一核（三辅）——朱家林生态创意核和石旺庄、柿子岭、大峪庄三个辅核；一带——田园文创风情带；三网——公共交通网、绿道网、水网；七区——森林生态保育区、滨水度假区、优质良田种植区、休闲农业区、设施农业区、创意采摘区、物流仓储区[②]。着力构建配套完善的生产体系、三产融合的产业体系、多元参与的经营体系、绿色发展的生态体系、完备快捷的服务体系和高效顺畅的运行体系六大支撑体系，着力打造现代农业、休闲旅游发展的示范基地和美丽乡村建设的供应商。

4. 山西省襄汾县田园综合体

图1-4 襄汾县田园综合体

该项目规划在汾河以东、北起襄汾县与尧都区交界、南至县城建成区、以燕村荷花园为核心、涉及2个乡镇9个村、面积1万余亩的区域开展试点工作，全力打造具有襄汾特色的近郊创意休闲农业田园综合体。

① 中共河南省委农村工作办公室：《洛阳：河南省首家田园综合体项目——孟津县凤凰山田园综合体盛大开园》，2017年7月14日。

② 《临沂朱家林田园综合体：打造多彩田园 纯净生活》，临沂市归国华侨联合会官网，2017年11月23日。

山西省襄汾县田园综合体规划为"一带一园一庄三区"。"一带"，即汾河湿地生态带；"一园"，即文化创意产业园；"一庄"，即尧京葡萄酒庄；"三区"，即温泉休闲度假区、创意农业体验区、美丽宜居先行区。在这个区域实施田园综合体试点工作，主要有五大优势：一是生态环境友好；二是产业基础良好；三是市场主体成熟；四是利益联结紧密；五是政策保障有力[①]。未来，襄汾将借力国家好政策，以"农业为基、文化为魂、产业为径、富民为本"，全力把襄汾建设成为"望得见山、看得见水、记得住乡愁"的新型城镇化、城乡一体化的示范区和乡村旅游的新标杆。

5. 河北省迁西花乡果巷田园综合体

图1-5 迁西花乡果巷田园综合体

迁西花乡果巷田园综合体项目位于河北省迁西县东莲花院乡，规划总面积3.5平方千米，园区面积18000亩，计划总投资上亿元。依托燕山独特的山区自然风光，以"山水田园，花乡果巷，诗画乡居"为规划定位，以生态为依托，以旅游为引擎，以文化为支撑，以富民为根本，致力打造特色鲜明、宜居宜业、惠及各方的国家级田园综合体。

该项目规划分为"一镇四区十园"。一镇即花乡果巷特色小镇；四区即百果山林休闲体验区、浅山伴水健康养生区、记忆乡居村社服务区、生态环境涵养区；十园即十大项目产业园，

主要包括梨花坡富贵牡丹产业园、五海猕猴桃庄园、黄岩百果庄园、松山峪森林公园、莲花院颐养园、神农杂粮基地、CSA乡村公社、游客集散中心、玉泉农庄、乡村社区旅游廊道。项目建设过程中将坚持以农为本，突出田园特色，持续完善优化"生产、产业、经营、生态、服务、运营"六大体系。项目建成后，预计可带动就业3500人，可为项目区增收8.14亿元，项目区农民人均可支配收入将增加8000元以上[②]。

项目区成立了东莲花院乡供销社农民专业合作社联合社，下辖农业专业合作社、注册成员和农户，构建了"市、县、乡、村"四级农民合作组织体系，进一步密切了与农民的利益联结。抓住全国供销合作社综合改革试点的有利契机，利用乡村两级社员入股融资，建设融"组织+经营+服务"为一体，制度优越、体系完善、规模适度的农村专业合作组织体系，在产权交易、资金互助、资产运营、担保融资等方面发挥重要作用。

6. 福建省武夷山市五夫镇田园综合体

图1-6 武夷山市五夫镇田园综合体

五夫镇位于武夷山市东南部，镇域面积175.75平方千米。五夫村位于五夫镇镇区南部，是位于镇区的三个村庄五夫、五一、兴贤之一。联合五夫村周边10个村庄，形成"五夫田园"的规划范围。

① 《国家农业综合开发办公室在襄汾林乡四季庄园调研田园综合体建设》，襄汾县政府网，2017年6月9日。
② 河北省农业厅：《全国田园综合体项目花落迁西花乡果巷》，2017年7月24日。

该项目实施特色农业开发理念，抓住"养生文化"核心，建设"养生型"新村社区，构建养生文化、茶产业和莲产业三大海峡两岸合作交流平台，以田园、茶莲、民居、文化等为载体，开发养生系列项目，拓展和丰富大武夷旅游产品，融入海峡旅游线路，打造与大武夷山水旅游相协调、相呼应的文化意蕴深厚的养生农园和深度游憩目的地，逐步形成集生产、加工、休闲旅游、养生文化等多业态复合型农村一二三产业融合的典型示范。其产业空间结构为"一心一轴五区"，"一心"即五夫养生文化中心，"一轴"即生态景观农业融合轴，"五区"即翁墩、甜尾、五夫、溪尾、典村耕地内的"茶莲产业区"①。

7. 湖南省浏阳田园综合体

图1-7 浏阳田园综合体

浏阳市通过整合永安镇的湾里片和官渡镇的中州片，创建现代农业示范带、"童话湾里"功能区和"诗画中州"功能区②，从而形成"一带两区"的田园综合体发展格局。"童话湾里"突出"中华老种子博览园"特色，建设集老种子保护繁育、生产示范、科普教育、主题民宿为一体的乡村文旅体验基地。

在湘南风光秀丽的千年古镇——萱洲开展田园综合体建设，依托华夏湘江国际农业产业示范园区，全力发挥优质稻、油菜、油茶、桃李、西

（香）瓜等传统农业资源优势，大力发展精品农业、生态农业、观光农业，推进农产品精深加工和生态、康养产业发展，实现以农业为核心的一二三产业深度融合，建设萱草如茵、渔歌唱晚的"梦里水乡"，稻浪飘香、阡陌花开的"假日田园"和产业兴盛、富饶美丽的"新农村"。

8. 浙江省安吉县田园鲁家田园综合体

图1-8 田园鲁家田园综合体

该项目以鲁家村为核心，辐射、带动周边南北庄、义士塔、赤芝3个行政村，构筑"1+3"格局，规划范围总计55.78平方千米，核心功能板块划分为"一廊三区"③。其中，"一廊"即鲁家（二庄）——南北庄（宜茂村）——赤芝（赤山）的竹海走廊，打造最美自驾车风景道，规划总长7.5千米，形成各村联动互助的交通优势。"三区"有"溪上田园"绿色生态农业示范区，该示范区为核心先导区，主要为家庭农场集聚区，涉及家庭农场、房车营地、观光火车、飘香农田等多个经营业态；且有"岭上家园"创意农业休闲度假区和"溪谷林园"生态农林乡居体，分别为辐射带动区和拓展延伸区，布置主题营地服务区、梅园溪河谷和市民农庄等业态，最终形成"一带为核、一环贯通、三点辐射、四村共赢"的局面。

① 中农富通城乡规划设计研究院：《国家农村产业融合发展试点示范村规划建设模式探析》，2017年12月8日。
② 《浏阳打造田园综合体》，《湖南日报》2017年9月21日。
③ 《鲁家田园综合体项目稳步推进》，安吉县人民政府网，2017年10月28日。

四、美丽乡村（田园综合体）建设模式

在田园综合体的探索实践中，亟待进一步提升理念认识，在因地制宜、突出特色的基础上，精准定位、聚集要素、健全功能、补齐短板，坚持用全面、统筹、可持续的观念和方法，建设理念领先、要素齐全、功能多样，具有示范引领效应的高水平田园综合体。

（一）发展模式

田园综合体是以企业和地方合作的方式，在乡村社会进行大范围整体、综合地规划、开发、运营而形成新的社区与生活方式，是企业参与"农业+文旅+地产"的综合发展模式。

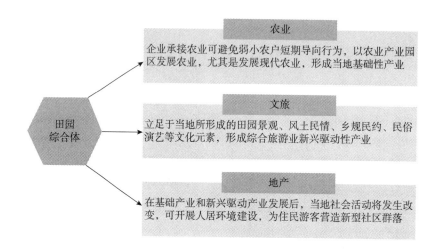

图1-9　发展模式

（二）建设理念

1. "姓农为农"，广泛受益

建设田园综合体要以保护耕地为前提，提升农业综合生产能力，在保障粮食安全的基础上，发展现代农业，促进产业融合，提高农业综合效益和竞争力。要使农民全程参与田园综合体建设过程，强化涉农企业、合作社和农民之间的紧密型利益联结机制，带动农民从"三产融合"和"三生统筹"中广泛受益。

2. 产业引领，三产融合

田园综合体体现的是各种资源要素的融合，核心是一二三产业的融合。完善的田园综合体应是包含了农、林、牧、渔、加工、制造、餐饮、仓储、金融、旅游、康养等各行业的三产融合体和城乡复合体。要通过一二三产业的深度融合，带动田园综合体资源聚合、功能整合和要素融合，使得城与乡、农与工、生产生活生态、传统与现代在田园综合体中相得益彰。

3. 绿水青山，宜居宜业

生态是田园综合体的根本立足点。要把生态的理念贯穿到田园综合体的内涵和外延中，要保持农村田园生态风光，保护好青山绿水，留住乡愁，实现生态可持续发展。要建设循环农业模式，在生产生活层面都要构建起完整的生态循环链条，使田园综合体成为一个按照自然规律运行的绿色发展模式。将生态绿色理念牢牢根植在田园综合体中，始终保持生产、生活、生态统筹发展，成为宜居宜业的生态家园。

4. 因地制宜，特色创新

田园综合体是一种建立在各地实际探索雏形基础之上的新生事物，并未有统一的建设模式，也不存在固定的规划设计，要坚持因地制宜、突出特色，注重保护和发扬原汁原味的特色，而非移植复制和同质化竞争。要立足当地实际，在政策扶持、资金投入、土地保障、管理机制上探索创新举措，鼓励创意农业、特色农业，积极发展新业态新模式，激发田园综合体建设活力。

5. 内生动力，持续发展

田园综合体并非是人工打造的盆景，而是具有多元功能、具有强大生命力的农业发展综合体，要围绕推进农业供给侧结构性改革，以市场需求为导向，集聚要素资源，激发内生动力，更

好满足城乡居民需要，健全运行体系，激发发展活力，在各建设主体各有侧重、各取所需的基础上，为农业农村农民探索出全新的生产生活方式。

（三）功能区域

从田园综合体具备的功能区域看，主要包括景观吸引核、休闲聚集区、农业生产区、居民发展带和社区配套网①，涵盖产业、生活、景观、休闲、服务等区域，每一区域承担各自的主要职能，各区域之间融合互动，形成紧密相连、相互配合的有机综合体。

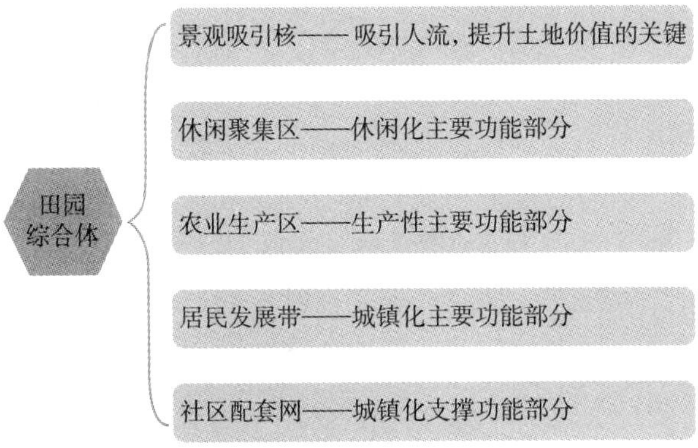

图 1-10 田园综合体

1. 景观吸引核

景观吸引核是吸引人流、提升土地价值的关键所在，是田园综合体打造的关键。田园综合体通常位于地形丰富多变、景观资质良好的地段，往往依托观赏型农田、瓜果园，观赏苗木、花卉展示区、湿地风光区、水际风光区等，可使游人感受田园风光和自然美景，使游人放松身心、体会农业魅力。

综合来看，作为田园综合体的文化景观区，将以农村文明为背景，以农村田园景观、现代农业设施、农业生产活动和优质特色农产品为基础，开发特色主题观光区域，以田园风光和生态宜居，增强综合体的吸引力。

2. 休闲聚集区

休闲聚集区是为满足由核心吸引物带来客源的各种休闲需求而创造的综合休闲产品体系，实际上是各休闲业态的聚集（Mall 构架的游憩方式）。主要包括庄园别墅、小木屋、传统民居等农家风情建筑与垂钓区、特色商街、主题演艺广场等乡村风情活动场所。休闲聚集区使游人能够深入农村特色的生活空间。

因此，田园综合体应构建为满足城乡居民各种休闲需求而设置的综合休闲产品体系，包括游览、赏景、登山、玩水等休闲活动和体验项目等，使城乡居民能够深入农村特色的生活空间，体验乡村田园活动，享受休闲体验乐趣。

3. 农业生产区

农业生产区主要引入现代农业科技，开展循环农业、农业创意和农业体验并实现农产品的有效流通，同时可开展生态农业示范、农业科普教育示范、农业科技示范等项目。通过浓缩的典型科技农业和农业传统知识的推广，向游人展示农业独具魅力的一面，增强游人的农业意识，加深对农业的了解。

这是有别于乡村特色小镇与城市社区最显著的标志，农业生产区主要是从事种植养殖等农业生产活动和农产品加工制造、储藏保鲜、市场流通的区域，是确立综合体根本定位，为综合体发展和运行提供产业支撑及发展动力的核心区域。

4. 居民发展带

居民发展带是田园综合体迈向城镇化结构的重要支撑。旅游各要素的延伸带动农业产业与休闲产业发展，形成以农业为基础、休闲为支撑的泛休闲农业产业。

通过产业融合与产业集群形成农民城镇化居住、产业人口聚集居住、外来游客居住、外来休闲居住、外来度假居住五类人口相对集中居住，最终打造成依托休闲农业产业的城镇人口以及为此建设的居住社区，构建城镇化的核心基础。

---

① 《打造田园综合体的六大建设理念及五大核心要素》，《发展》2017 年第 8 期。

5. 社区配套网

社区配套网是为综合体各项功能和组织运行提供服务及保障的功能区域，包括服务农业生产领域的金融、技术、物流、电商等和服务居民生活领域的医疗、教育、商业、康养、培训等内容。功能区域之间不是机械叠加，而是功能融合和要素聚集，以功能区域衔接互动为主体，使综合体成为城乡一体化发展背景下的新型城镇化生产生活区。

田园综合体必须具备城镇化支撑功能，即规划社会服务区，服务于农业、休闲产业的金融、医疗、教育、商业等产业配套，由此形成产城一体化的公共配套网络。

（四）产业体系

田园综合体产业链的扩展与构建是农业核心竞争力的物质基础。其重点内容是综合体内的生产与加工业转型升级，服务业丰富发展，在农业生产、农产品加工、服务业紧密融合的基础上派生新产业。因此，综合体产业链扩展既要高度重视三次产业链的高端性，又要强调经济效益、社会效益、生态效益与资源效益的全面性。

1. 综合产业体系的构建

田园综合体的主题定位与功能开发对产业链扩展有特定的要求与限定。在产业规模、技术水平、公共服务平台、科研力量和品牌积累等方面具有一定比较优势的基础上，借鉴国际产业集群演化与整合趋势，对照农业价值链演化规律，依据产业补链、伸链、优链的需要，形成综合产业链。

田园综合体综合产业体系可形成包括核心产业、支持产业、配套产业、衍生产业四个层次的产业群，各产业之间相互带动。其中，核心产业是指以特色农产品和园区为载体的农业生产和农业休闲活动；支持产业是指直接支持休闲农产品的研发、加工、推介和促销的企业群及金融、媒体等企业；配套产业是指为创意农业提供良好的环境和氛围的企业群，如旅游、餐饮、酒吧、娱乐、培训等；衍生产业是以特色农产品和文化创意成果为要素投入的其他企业群。

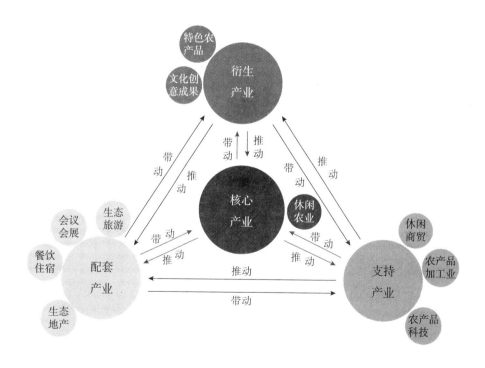

图 1-11　综合产业体系

2. 农业与农事延伸开发

以农村合作社为载体，集循环农业、创意农业和农事劳动为一体是延伸田园综合体农业发展的关键。

第一，循环农业。利用物质循环再生原理和物质多层次利用技术，兼顾生态效益、经济效益、社会效益，实现资源利用效率最大化、废弃污染最小化的一种环境友好型农作方式。

第二，创意农业。以审美体验、农事体验为主题，具有养生、养美、体验、品味的功能和快乐，让在快节奏工作中的人在此放松，增添被高楼大厦包裹外的乐趣，目的是让农民增收、农村增美、企业增效、城市增辉。借助创意产业的思维逻辑和发展理念，人们有效地将科技和人文要素融入农业生产，进一步拓展农业功能、整合资源，把传统农业发展为融生产、生活、生态为一体的现代农业。

第三，农事劳动。将休闲农业中的农业生产、自然生态、农村文化和农家生活变成商品出售，城市居民则身临其境地体验农业、农村资源，满足其愉悦身心的需求。

3. 一二三产业互动设计

将各产业进行融合、渗透加以拓展，形成田园综合体的产业链，以市场为导向，以农村的生产、生活、生态为资源，将农产品与文化、休闲度假、艺术创意相结合，以提升现代农业的价值与产值，创造出优质农产品，拓展农村消费市场和旅游市场。

田园综合体发展的休闲农业具有高文化品位、高科技性、高附加值、高融合性，是现代农业发展的重点，是现代农业发展演变的新趋势。通过各个产业的相互渗透融合，把休闲娱乐、养生度假、文化艺术、农业技术、农副产品、农耕活动等有机结合起来，能够拓展现代农业原有的研发、生产、加工、销售产业链。

在该产业体系延伸下，一二三产业互融互动，传统产业和现代产业有效嫁接，文化与科技紧密融合，传统的功能单一的农业及加工食用的农产品成为现代休闲产品的载体，发挥着引领新型消费潮流的多种功能，开辟了新市场，拓展了新的价值空间，产业价值的乘数效应显著。

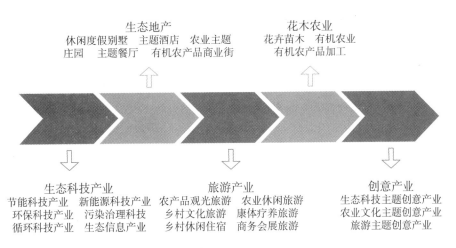

生态地产
休闲度假别墅　主题酒店　农业主题
庄园　主题餐厅　有机农产品商业街

花木农业
花卉苗木　有机农业
有机农产品加工

生态科技产业
节能科技产业　新能源科技产业
环保科技产业　污染治理科技
循环科技产业　生态信息产业

旅游产业
农产品观光旅游　农业休闲旅游
乡村文化旅游　康体疗养旅游
乡村休闲住宿　商务会展旅游

创意产业
生态科技主题创意产业
农业文化主题创意产业
旅游主题创意产业

图 1-12 互动设计

田园综合体产业链的扩展与构建是农业核心竞争力的物质基础。其重点内容是综合体内的生产与加工业转型升级，服务业丰富发展，在农业生产、农产品加工、服务业紧密融合的基础上派生新产业。因此，综合体产业链扩展既要高度重视三次产业链的高端性，又要强调经济效益、社会效益、生态效益与资源效益的全面性。

五、美丽乡村（田园综合体）开发思路

（一）发展结构

打造田园综合体，应深度挖掘乡村特色资源，倡导低碳、生态等科学理念，以乡村旅游资源与土地为基础，以乡村旅游休闲为脉络，以休闲商业为配套，以乡村休闲地产为核心，以高品

质服务为保障，对项目地进行综合开发，把乡村打造成一个"岛式圈层"结构的田园综合体，满足政府、企业、居民、乡村旅游者等多方需求①。

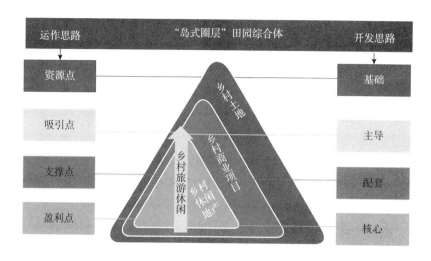

图1-13 发展结构

一是最外围圈层，指乡村资源和乡村土地，主要是农业产业聚集区，如渔业、采摘林业等；二是中间圈层，指乡村商业项目，主要指为乡村居民和乡村旅游者提供服务，具有多重功能的商业配套设施，如提供餐饮、娱乐、休闲服务的商业街、酒店集群等；三是核心圈层，指乡村休闲地产，主要指以居住功能为主体的传统地产、居住小区、产权式酒店等乡村居所型地产，如乡村景观地产、乡村度假地产、乡村养老地产、乡村主题地产等；四是乡村旅游休闲，这是串起各个圈层的连接线。

值得注意的是，"岛式圈层"结构的田园综合体中，各个圈层之间并不是机械的，针对不同的乡村本底，各个圈层有不同的开发方向和主题，从而形成各具特色的田园综合体。

（二）运作思路

首先，以乡村和乡村土地为资源点。乡村不仅拥有丰富的土地资源，还有以乡村景观为代表的自然资源，以建筑、文化、民族等为代表的人文资源，以人与人交往、乡村生活方式为代表的社会资源，这些资源构成了田园综合体的本底资源。其次，以乡村旅游休闲（主要是指乡村旅游休闲产品的合理组合）为吸引点，引爆田园综合

体目标市场，对乡村资源进行合理开发，打造不同类型、不同规模、不同层次的乡村旅游产品，使其成为吸引点。再次，以乡村休闲商业项目为支撑点，为乡村旅游者和居民提供配套商业服务，完善服务体系。最后，以乡村休闲地产为核心盈利点，取得相应回报。

（三）开发策略

1. 基础+资源点——乡村土地资源

乡村旅游资源包括自然乡村旅游资源和人工打造的乡村旅游资源，即泛乡村旅游资源，决定了项目地乡村旅游产品开发的核心导向。土地资源决定了田园综合体的规模，影响着乡村旅游产品的配比结构。

根据"岛式圈层"田园综合体的开发模式，乡村旅游资源和乡村土地为最外围圈层，通过运用合理的综合开发手段，以农业深层次开发（如循环农业、创意农业、生态农业）和农业规模化发展为主，辅以农产品加工销售、科研、教育、医疗、培训等其他产业，并形成产业间的联动。

2. 主导+吸引点——乡村旅游休闲

乡村旅游休闲功能是在田园综合体开发的主导下，合理开发与之相适应的不同类型、不同层次、不同规模的乡村旅游产品，使其成为整个田

---

① 《田园综合体：精准扶贫的新路子》，中国乡村旅游网，2017年7月21日。

园综合体的重要吸引点，撬动乡村旅游市场。同时，各个乡村旅游休闲项目之间通过有机组合而形成的若干条旅游线将扮演重要连接线的角色，串联起田园综合体的各个圈层。

乡村旅游休闲项目可融合乡村观光、游乐、休闲、运动、体验、度假、会议、养老、居住等多种旅游功能，打造特有的"田园综合旅游休闲"，如开设休闲垂钓、农场动物园、采摘、农事体验等乡村旅游项目。在具体开发中，可根据各自地脉、文脉等具体情况，侧重打造其中某一项或几项功能，形成各具特色的乡村旅游休闲项目，从而带动整个区域的发展。

3. 配套+支撑点——休闲商业项目

结合乡村生态环境、生态景观等生态优势，可分期、分步、合理地建设生态化乡村休闲度假酒店、乡村特色商业街、乡村 MALL 等商业设施，作为田园综合体的商业配套板块，综合性地体现生活、休闲、购物、娱乐等多项功能，为整个区域提供较高品质的服务。

4. 核心+盈利点——乡村休闲地产

乡村休闲地产以生态化的乡村环境为导向而打造，主要指以居住功能为主体的传统地产、居住小区、产权式酒店等乡村居所型地产。适合开发的乡村休闲地产大致分为乡村景观地产，乡村度假地产，乡村养老地产，乡村主题地产如创意地产、民俗地产、酒庄等多种类型，并可融入低碳、环保、节能、科学、高效等现代化理念。乡村休闲地产是田园综合体开发的最核心板块，是盈利的核心所在。

（四）落地操作

1. 做好前期规划，构建支撑产业体系

夯实基础，搭建平台。按照适度超前、综合配套、集约利用的原则，集中连片开展高标准农田建设，加强田园综合体区域内"田园+农村"基础设施建设，整合资金完善供电、通信、污水垃圾处理、游客集散、公共服务等配套设施条件。

突出特色，壮大产业。立足资源禀赋和基础条件，围绕田园资源和农业特色，做大做强传统特色优势主导产业，推动土地规模化利用和三产融合发展，大力打造农业产业集群；稳步发展创意农业，开发农业多功能性，推进农业产业与旅

游、教育、文化、康养等产业深度融合，推进农村电商、物流服务业发展。

2. 盘活土地资源，提高土地利用质量

要创新土地开发模式，按照 2017 年中央一号文件提出的"完善新增建设用地的保障机制"，将年度新增建设用地计划指标确定一定比例，用于支持农村新产业、新业态的发展，允许通过村庄整治、宅基地整理等节约的建设用地，通过入股、联营等方式，重点支持乡村休闲旅游、养老等产业和农村三产融合的发展。完善新增建设用地的保障机制，探索解决田园综合体建设用地问题。

通过土地流转、股份合作、代耕代种、土地托管等方式促进农业适度规模经营，优化农业生产经营体系。依据农村当地的土地利用现状进行开发，最大限度地发挥地域与地缘优势。目前主要有两种方式可以参考，一种是田园体验度假村地产运营模式，另一种是综合休闲配套地产模式。

3. 引进社会资本，创新项目融资模式

在资金投入上，要改进财政资金投入方式，综合考虑运用补助、贴息、担保基金、风险补偿金等多种方式，提升财政使用效益。积极与农行、农发行、国家开发银行等金融机构对接合作，通过"财金融合"等方式创新投融资机制，充分发挥财政与金融资本的协同效应。田园综合体建设主体多元，不同的利益诉求决定了建设资金来源渠道广泛多样，要通过财政撬动、贴息贷款、融资担保、产权入股、PPP 等模式，引入更多的金融和社会资本。

4. 处理多方关系，形成新型合作模式

确定合理的建设运营管理模式，妥善处理政府、企业和农民三者关系，明确责任重点。政府重点负责政策引导和规划引领，营造有利于田园综合体发展的外部环境；企业、村集体组织、农民合作组织及其他市场主体要充分发挥在产业发展和实体运营中的作用；农民通过合作化、组织化等方式参与综合体建设并多重受益。

田园综合体建设内容丰富，涉及面广，对资金、土地、科技、人才等要素有着较大需求。要坚持以政府投入和政策支持为引领，充分发挥市场机制作用，激发综合体内生发展动力和创新活

力。要积极鼓励基层和市场主体，以田园综合体为平台，在运行机制、管理方式、业态形式、建设模式等方面进行探索，用创新的办法解决建设过程中遇到的问题和瓶颈。积极壮大新型农业经营主体实力，完善农业社会化服务体系，逐步将小农户生产、生活引入现代农业农村发展轨道。

5. 健全管理模式，完善配套设施体系

绿色发展，改善生态。优化田园景观资源配置，深度挖掘农业生态价值，统筹农业景观功能和体验功能，凸显宜居宜业新特色。积极发展循环农业，充分利用农业生态环保生产新技术，促进农业资源的节约化、农业生产残余废弃物的减量化和资源化再利用。培育和开发农业的多功能，促进绿水青山变为金山银山。

完善功能，强化服务。要完善区域内的生产性服务体系，通过发展适应市场需求的产业和公共服务平台，聚集市场、资本、信息、人才等现代生产要素，推动城乡产业链双向延伸对接，推动农村新产业、新业态蓬勃发展。在完善科技支撑、吸引人才聚集、发展新产业新业态、健全运行服务体系等方面，坚持以市场机制为主，配合相关政策支持，使综合体走上充满活力的良性发展轨道。注重田园综合体建设经验积累和规律总结，为全面推开试点奠定基础。

政策篇

中共中央 国务院印发《乡村振兴战略规划（2018~2022年）》

中共中央、国务院印发了《乡村振兴战略规划（2018~2022年）》，并发出通知，要求各地区各部门结合实际认真贯彻落实。

《乡村振兴战略规划（2018~2022年）》主要内容如下。

目录

前言

前言

党的十九大提出实施乡村振兴战略，是以习近平同志为核心的党中央着眼党和国家事业全局，深刻把握现代化建设规律和城乡关系变化特征，顺应亿万农民对美好生活的向往，对"三农"工作作出的重大决策部署，是决胜全面建成小康社会、全面建设社会主义现代化国家的重大历史任务，是新时代做好"三农"工作的总抓手。从党的十九大到二十大，是"两个一百年"奋斗目标的历史交汇期，既要全面建成小康社会、实现第一个百年奋斗目标，又要乘势而上开启全面建设社会主义现代化国家新征程，向第二个百年奋斗目标进军。为贯彻落实党的十九大、中央经济工作会议、中央农村工作会议精神和政府工作报告要求，描绘好战略蓝图，强化规划引领，科学有序推动乡村产业、人才、文化、生态和组织振兴，根据《中共中央、国务院关于实施乡村振兴战略的意见》，特编制《乡村振兴战略规划（2018~2022年）》。

本规划以习近平总书记关于"三农"工作的重要论述为指导，按照产业兴旺、生态宜居、乡风文明、治理有效、生活富裕的总要求，对实施乡村振兴战略作出阶段性谋划，分别明确至2020年全面建成小康社会和2022年召开党的二十大时的目标任务，细化实化工作重点和政策措施，部署重大工程、重大计划、重大行动，确保乡村振兴战略落实落地，是指导各地区各部门分类有序推进乡村振兴的重要依据。

第一篇　规划背景

党的十九大作出中国特色社会主义进入新时代的科学论断，提出实施乡村振兴战略的重大历史任务，在我国"三农"发展进程中具有划时代的里程碑意义，必须深入贯彻习近平新时代中国特色社会主义思想和党的十九大精神，在认真总结农业农村发展历史性成就和历史性变革的基础上，准确研判经济社会发展趋势和乡村演变发展态势，切实抓住历史机遇，增强责任感、使命感、紧迫感，把乡村振兴战略实施好。

第一章　重大意义

乡村是具有自然、社会、经济特征的地域综合体，兼具生产、生活、生态、文化等多重功能，与城镇互促互进、共生共存，共同构成人类活动的主要空间。乡村兴则国家兴，乡村衰则国家衰。我国人民日益增长的美好生活需要和不平衡不充分的发展之间的矛盾在乡村最为突出，我国仍处于并将长期处于社会主义初级阶段的特征很大程度上表现在乡村。全面建成小康社会和全面建设社会主义现代化强国，最艰巨最繁重的任务在农村，最广泛最深厚的基础在农村，最大的潜力和后劲也在农村。实施乡村振兴战略，是解决新时代我国社会主要矛盾、实现"两个一百年"奋斗目标和中华民族伟大复兴中国梦的必然要求，具有重大现实意义和深远历史意义。

实施乡村振兴战略是建设现代化经济体系的重要基础。农业是国民经济的基础，农村经济是现代化经济体系的重要组成部分。乡村振兴，产业兴旺是重点。实施乡村振兴战略，深化农业供给侧结构性改革，构建现代农业产业体系、生产体系、经营体系，实现农村一二三产业深度融合发展，有利于推动农业从增产导向转向提质导向，增强我国农业创新力和竞争力，为建设现代化经济体系奠定坚实基础。

实施乡村振兴战略是建设美丽中国的关键举措。农业是生态产品的重要供给者，乡村是生态涵养的主体区，生态是乡村最大的发展优势。乡村振兴，生态宜居是关键。实施乡村振兴战略，统筹山水林田湖草系统治理，加快推行乡村绿色发展方式，加强农村人居环境整治，有利于构建人与自然和谐共生的乡村发展新格局，实现百姓富、生态美的统一。

实施乡村振兴战略是传承中华优秀传统文化的有效途径。中华文明根植于农耕文化，乡村是中华文明的基本载体。乡村振兴，乡风文明是保障。实施乡村振兴战略，深入挖掘农耕文化蕴含的优秀思想观念、人文精神、道德规范，结合时代要求在保护传承的基础上创造性转化、创新性发展，有利于在新时代焕发出乡风文明的新气象，进一步丰富和传承中华优秀传统文化。

实施乡村振兴战略是健全现代社会治理格局的固本之策。社会治理的基础在基层，薄弱环节在乡村。乡村振兴，治理有效是基础。实施乡村振兴战略，加强农村基层基础工作，健全乡村治理体系，确保广大农民安居乐业、农村社会安定有序，有利于打造共建共治共享的现代社会治理格局，推进国家治理体系和治理能力现代化。

实施乡村振兴战略是实现全体人民共同富裕的必然选择。农业强不强、农村美不美、农民富不富，关乎亿万农民的获得感、幸福感、安全感，关乎全面建成小康社会全局。乡村振兴，生活富裕是根本。实施乡村振兴战略，不断拓宽农民增收渠道，全面改善农村生产生活条件，促进社会公平正义，有利于增进农民福祉，让亿万农民走上共同富裕的道路，汇聚起建设社会主义现代化强国的磅礴力量。

第二章　振兴基础

党的十八大以来，面对我国经济发展进入新常态带来的深刻变化，以习近平同志为核心的党中央推动"三农"工作理论创新、实践创新、制度创新，坚持把解决好"三农"问题作为全党工作重中之重，切实把农业农村优先发展落到实处；坚持立足国内保证自给的方针，牢牢把握国家粮食安全主动权；坚持不断深化农村改革，激发农村发展新活力；坚持把推进农业供给侧结构性改革作为主线，加快提高农业供给质量；坚持绿色生态导向，推动农业农村可持续发展；坚持在发展中保障和改善民生，让广大农民有更多获得感；坚持遵循乡村发展规律，扎实推进生态宜居的美丽乡村建设；坚持加强和改善党对农村工作的领导，为"三农"发展提供坚强政治保障。这些重大举措和开创性工作，推动农业农村发展取得历史性成就、发生历史性变革，为党和国家事业全面开创新局面提供了有力支撑。

农业供给侧结构性改革取得新进展，农业综合生产能力明显增强，全国粮食总产量连续5年保持在1.2万亿斤以上，农业结构不断优化，农村新产业新业态新模式蓬勃发展，农业生态环境恶化问题得到初步遏制，农业生产经营方式发生重大变化。农村改革取得新突破，农村土地制度、农村集体产权制度改革稳步推进，重要农产品收储制度改革取得实质性成效，农村创新创业和投资兴业蔚然成风，农村发展新动能加快成长。城乡发展一体化迈出新步伐，5年间8000多万农业转移人口成为城镇居民，城乡居民收入差距相对缩小，农村消费持续增长，农民收入和生活水平明显提高。脱贫攻坚开创新局面，贫困地区农民收入增速持续快于全国平均水平，集中连片特困地区内生发展动力明显增强，过去5年累计6800多万贫困人口脱贫。农村公共服务和社会事业达到新水平，农村基础设施建设不断加强，人居环境整治加快推进，教育、医疗卫生、文化等社会事业快速发展，农村社会焕发新气象。

同时，应当清醒地看到，当前我国农业农村基础差、底子薄、发展滞后的状况尚未根本改变，经济社会发展中最明显的短板仍然在"三农"，现代化建设中最薄弱的环节仍然是农业农村。主要表现在：农产品阶段性供过于求和供给不足并存，农村一二三产业融合发展深度不够，农业供给质量和效益亟待提高；农民适应生产力发展和市场竞争的能力不足，农村人才匮乏；农村基础设施建设仍然滞后，农村环境和生态问题比较突出，乡村发展整体水平亟待提升；农村民生领域欠账较多，城乡基本公共服务和收入水平差距仍然较大，脱贫攻坚任务依然艰巨；国家支农体系相对薄弱，农村金融改革任务繁重，城乡之间要素合理流动机制亟待健全；农村基层基础工作存在薄弱环节，乡村治理体系和治理能力亟待强化。

第三章　发展态势

从 2018 年到 2022 年，是实施乡村振兴战略的第一个 5 年，既有难得机遇，又面临严峻挑战。从国际环境看，全球经济复苏态势有望延续，我国统筹利用国内国际两个市场两种资源的空间将进一步拓展，同时国际农产品贸易不稳定性不确定性仍然突出，提高我国农业竞争力、妥善应对国际市场风险任务紧迫。特别是我国作为人口大国，粮食及重要农产品需求仍将刚性增长，保障国家粮食安全始终是头等大事。从国内形势看，随着我国经济由高速增长阶段转向高质量发展阶段，以及工业化、城镇化、信息化深入推进，乡村发展将处于大变革、大转型的关键时期。居民消费结构加快升级，中高端、多元化、个性化消费需求将快速增长，加快推进农业由增产导向转向提质导向是必然要求。我国城镇化进入快速发展与质量提升的新阶段，城市辐射带动农村的能力进一步增强，但大量农民仍然生活在农村的国情不会改变，迫切需要重塑城乡关系。我国乡村差异显著，多样性分化的趋势仍将延续，乡村的独特价值和多元功能将进一步得到发掘和拓展，同时应对好村庄空心化和农村老龄

化、延续乡村文化血脉、完善乡村治理体系的任务艰巨。

实施乡村振兴战略具备较好条件。有习近平总书记把舵定向，有党中央、国务院的高度重视、坚强领导、科学决策，实施乡村振兴战略写入党章，成为全党的共同意志，乡村振兴具有根本政治保障。社会主义制度能够集中力量办大事，强农惠农富农政策力度不断加大，农村土地集体所有制和双层经营体制不断完善，乡村振兴具有坚强制度保障。优秀农耕文明源远流长，寻根溯源的人文情怀和国人的乡村情结历久弥深，现代城市文明导入融汇，乡村振兴具有深厚文化土壤。国家经济实力和综合国力日益增强，对农业农村支持力度不断加大，农村生产生活条件加快改善，农民收入持续增长，乡村振兴具有雄厚物质基础。农业现代化和社会主义新农村建设取得历史性成就，各地积累了丰富的成功经验和做法，乡村振兴具有扎实工作基础。

实施乡村振兴战略，是党对"三农"工作一系列方针政策的继承和发展，是亿万农民的殷切期盼。必须抓住机遇，迎接挑战，发挥优势，顺势而为，努力开创农业农村发展新局面，推动农业全面升级、农村全面进步、农民全面发展，谱写新时代乡村全面振兴新篇章。

第二篇　总体要求

按照到 2020 年实现全面建成小康社会和分两个阶段实现第二个百年奋斗目标的战略部署，2018 年至 2022 年这 5 年间，既要在农村实现全面小康，又要为基本实现农业农村现代化开好局、起好步、打好基础。

第四章　指导思想和基本原则

第一节　指导思想

深入贯彻习近平新时代中国特色社会主义思想，深入贯彻党的十九大和十九届二中、三中全会精神，加强党对"三农"工作的全面领导，坚持稳中求进工作总基调，牢固树立新发展理念，落实高质量发展要求，紧紧围绕统筹推进"五位一体"总体布局和协调推进"四个全面"战略布局，坚持把解决好"三农"问题作为全党工作重中之重，坚持农业农村优先发展，按照产业兴

旺、生态宜居、乡风文明、治理有效、生活富裕的总要求，建立健全城乡融合发展体制机制和政策体系，统筹推进农村经济建设、政治建设、文化建设、社会建设、生态文明建设和党的建设，加快推进乡村治理体系和治理能力现代化，加快推进农业农村现代化，走中国特色社会主义乡村振兴道路，让农业成为有奔头的产业，让农民成为有吸引力的职业，让农村成为安居乐业的美丽家园。

第二节　基本原则

——坚持党管农村工作。毫不动摇地坚持和加强党对农村工作的领导，健全党管农村工作方面的领导体制机制和党内法规，确保党在农村工作中始终总揽全局、协调各方，为乡村振兴提供坚强有力的政治保障。

——坚持农业农村优先发展。把实现乡村振兴作为全党的共同意志、共同行动，做到认识统一、步调一致，在干部配备上优先考虑，在要素配置上优先满足，在资金投入上优先保障，在公共服务上优先安排，加快补齐农业农村短板。

——坚持农民主体地位。充分尊重农民意愿，切实发挥农民在乡村振兴中的主体作用，调动亿万农民的积极性、主动性、创造性，把维护农民群众根本利益、促进农民共同富裕作为出发点和落脚点，促进农民持续增收，不断提升农民的获得感、幸福感、安全感。

——坚持乡村全面振兴。准确把握乡村振兴的科学内涵，挖掘乡村多种功能和价值，统筹谋划农村经济建设、政治建设、文化建设、社会建设、生态文明建设和党的建设，注重协同性、关联性，整体部署，协调推进。

——坚持城乡融合发展。坚决破除体制机制弊端，使市场在资源配置中起决定性作用，更好发挥政府作用，推动城乡要素自由流动、平等交换，推动新型工业化、信息化、城镇化、农业现代化同步发展，加快形成工农互促、城乡互补、全面融合、共同繁荣的新型工农城乡关系。

——坚持人与自然和谐共生。牢固树立和践行绿水青山就是金山银山的理念，落实节约优先、保护优先、自然恢复为主的方针，统筹山水林田湖草系统治理，严守生态保护红线，以绿色发展引领乡村振兴。

——坚持改革创新、激发活力。不断深化农村改革，扩大农业对外开放，激活主体、激活要素、激活市场，调动各方力量投身乡村振兴。以科技创新引领和支撑乡村振兴，以人才汇聚推动和保障乡村振兴，增强农业农村自我发展动力。

——坚持因地制宜、循序渐进。科学把握乡村的差异性和发展走势分化特征，做好顶层设计，注重规划先行、因势利导，分类施策、突出重点，体现特色、丰富多彩。既尽力而为，又量力而行，不搞层层加码，不搞一刀切，不搞形式主义和形象工程，久久为功，扎实推进。

第五章　发展目标

到2020年，乡村振兴的制度框架和政策体系基本形成，各地区各部门乡村振兴的思路举措得以确立，全面建成小康社会的目标如期实现。到2022年，乡村振兴的制度框架和政策体系初步健全。国家粮食安全保障水平进一步提高，现代农业体系初步构建，农业绿色发展全面推进；农村一二三产业融合发展格局初步形成，乡村产业加快发展，农民收入水平进一步提高，脱贫攻坚成果得到进一步巩固；农村基础设施条件持续改善，城乡统一的社会保障制度体系基本建立；农村人居环境显著改善，生态宜居的美丽乡村建设扎实推进；城乡融合发展体制机制初步建立，农村基本公共服务水平进一步提升；乡村优秀传统文化得以传承和发展，农民精神文化生活需求基本得到满足；以党组织为核心的农村基层组织建设明显加强，乡村治理能力进一步提升，现代乡村治理体系初步构建。探索形成一批各具特色的乡村振兴模式和经验，乡村振兴取得阶段性成果。

专栏1 乡村振兴战略规划主要指标

分类	序号	主要指标	单位	2016年基期值	2020年目标值	2022年目标值	2022年比2016年增加〔累计提高百分点〕	属性
产业兴旺	1	粮食综合生产能力	亿吨	>6	>6	>6	—	约束性
	2	农业科技进步贡献率	%	56.7	60	61.5	〔4.8〕	预期性
	3	农业劳动生产率	万元/人	3.1	4.7	5.5	2.4	预期性
	4	农产品加工产值与农业总产值比	—	2.2	2.4	2.5	0.3	预期性
	5	休闲农业和乡村旅游接待人次	亿人次	21	28	32	11	预期性
生态宜居	6	畜禽粪污综合利用率	%	60	75	78	〔18〕	约束性
	7	村庄绿化覆盖率	%	20	30	32	〔12〕	预期性
	8	对生活垃圾进行处理的村占比	%	65	90	>90	〔>25〕	预期性
	9	农村卫生厕所普及率	%	80.3	85	>85	〔>4.7〕	预期性
乡风文明	10	村综合性文化服务中心覆盖率	%	—	95	98		预期性
	11	县级及以上文明村和乡镇占比	%	21.2	50	>50	〔>28.8〕	预期性
	12	农村义务教育学校专任教师本科以上学历比例	%	55.9	65	68	〔12.1〕	预期性
	13	农村居民教育文化娱乐支出占比	%	10.6	12.6	13.6	〔3〕	预期性
治理有效	14	村庄规划管理覆盖率	%	—	80	90		预期性
	15	建有综合服务站的村占比	%	14.3	50	53	〔38.7〕	预期性
	16	村党组织书记兼任村委会主任的村占比	%	30	35	50	〔20〕	预期性
	17	有村规民约的村占比	%	98	100	100	〔2〕	预期性
	18	集体经济强村比重	%	5.3	8	9	〔3.7〕	预期性
生活富裕	19	农村居民恩格尔系数	%	32.2	30.2	29.2	〔-3〕	预期性
	20	城乡居民收入比	—	2.72	2.69	2.67	-0.05	预期性
	21	农村自来水普及率	%	79	83	85	〔6〕	预期性
	22	具备条件的建制村通硬化路比例	%	96.7	100	100	〔3.3〕	约束性

注：1. 本指标体系和规划中非特定称谓的"村"均指村民委员会和涉农居民委员会所辖地域。

2. 后续专栏中定量指标未说明年份的均为2022年目标值。

第六章 远景谋划

到2035年，乡村振兴取得决定性进展，农业农村现代化基本实现。农业结构得到根本性改善，农民就业质量显著提高，相对贫困进一步缓解，共同富裕迈出坚实步伐；城乡基本公共服务均等化基本实现，城乡融合发展体制机制更加完善；乡风文明达到新高度，乡村治理体系更加完善；农村生态环境根本好转，生态宜居的美丽乡村基本实现。

到2050年，乡村全面振兴，农业强、农村美、农民富全面实现。

第三篇 构建乡村振兴新格局

坚持乡村振兴和新型城镇化双轮驱动，统筹城乡国土空间开发格局，优化乡村生产生活生态空间，分类推进乡村振兴，打造各具特色的现代版"富春山居图"。

第七章 统筹城乡发展空间

按照主体功能定位，对国土空间的开发、保护和整治进行全面安排和总体布局，推进"多规合一"，加快形成城乡融合发展的空间格局。

第一节 强化空间用途管制

强化国土空间规划对各专项规划的指导约束作用，统筹自然资源开发利用、保护和修复，按照不同主体功能定位和陆海统筹原则，开展资源环境承载能力和国土空间开发适宜性评价，科学划定生态、农业、城镇等空间和生态保护红线、永久基本农田、城镇开发边界及海洋生物资源保护线、围填海控制线等主要控制线，推动主体功能区战略格局在市县层面精准落地，健全不同主体功能区差异化协同发展长效机制，实现山水林田湖草整体保护、系统修复、综合治理。

第二节 完善城乡布局结构

以城市群为主体构建大中小城市和小城镇协调发展的城镇格局，增强城镇地区对乡村的带动能力。加快发展中小城市，完善县城综合服务功能，推动农业转移人口就地就近城镇化。因地制宜发展特色鲜明、产城融合、充满魅力的特色小镇和小城镇，加强以乡镇政府驻地为中心的农民生活圈建设，以镇带村、以村促镇，推动镇村联动发展。建设生态宜居的美丽乡村，发挥多重功能，提供优质产品，传承乡村文化，留住乡愁记忆，满足人民日益增长的美好生活需要。

第三节 推进城乡统一规划

通盘考虑城镇和乡村发展，统筹谋划产业发展、基础设施、公共服务、资源能源、生态环境保护等主要布局，形成田园乡村与现代城镇各具特色、交相辉映的城乡发展形态。强化县域空间规划和各类专项规划引导约束作用，科学安排县域乡村布局、资源利用、设施配置和村庄整治，推动村庄规划管理全覆盖。综合考虑村庄演变规律、集聚特点和现状分布，结合农民生产生活半径，合理确定县域村庄布局和规模，避免随意撤并村庄搞大社区、违背农民意愿大拆大建。加强乡村风貌整体管控，注重农房单体个性设计，建设立足乡土社会、富有地域特色、承载田园乡愁、体现现代文明的升级版乡村，避免千村一面，防止乡村景观城市化。

第八章 优化乡村发展布局

坚持人口资源环境相均衡、经济社会生态效益相统一，打造集约高效生产空间，营造宜居适度生活空间，保护山清水秀生态空间，延续人和自然有机融合的乡村空间关系。

第一节 统筹利用生产空间

乡村生产空间是以提供农产品为主体功能的国土空间，兼具生态功能。围绕保障国家粮食安全和重要农产品供给，充分发挥各地比较优势，重点建设以"七区二十三带"为主体的农产品主产区。落实农业功能区制度，科学合理划定粮食生产功能区、重要农产品生产保护区和特色农产品优势区，合理划定养殖业适养、限养、禁养区域，严格保护农业生产空间。适应农村现代产业发展需要，科学划分乡村经济发展片区，统筹推进农业产业园、科技园、创业园等各类园区建设。

第二节 合理布局生活空间

乡村生活空间是以农村居民点为主体、为农民提供生产生活服务的国土空间。坚持节约集约用地，遵循乡村传统肌理和格局，划定空间管控边界，明确用地规模和管控要求，确定基础设施用地位置、规模和建设标准，合理配置公共服务设施，引导生活空间尺度适宜、布局协调、功能齐全。充分维护原生态村居风貌，保留乡村景观特色，保护自然和人文环境，注重融入时代感、现代性，强化空间利用的人性化、多样化，着力构建便捷的生活圈、完善的服务圈、繁荣的商业圈，让乡村居民过上更舒适的生活。

第三节 严格保护生态空间

乡村生态空间是具有自然属性、以提供生态产品或生态服务为主体功能的国土空间。加快构建以"两屏三带"为骨架的国家生态安全屏障，全面加强国家重点生态功能区保护，建立以国家公园为主体的自然保护地体系。树立山水林田湖草是一个生命共同体的理念，加强对自然生态空间的整体保护，修复和改善乡村生态环境，提升生态功能和服务价值。全面实施产业准入负面清单制度，推动各地因地制宜制定禁止和限制发展产业目录，明确产业发展方向和开发强度，强化准入管理和底线约束。

第九章 分类推进乡村发展

顺应村庄发展规律和演变趋势，根据不同村庄的发展现状、区位条件、资源禀赋等，按照集聚提升、融入城镇、特色保护、搬迁撤并的思路，分类推进乡村振兴，不搞一刀切。

第一节　集聚提升类村庄

现有规模较大的中心村和其他仍将存续的一般村庄，占乡村类型的大多数，是乡村振兴的重点。科学确定村庄发展方向，在原有规模基础上有序推进改造提升，激活产业、优化环境、提振人气、增添活力，保护保留乡村风貌，建设宜居宜业的美丽村庄。鼓励发挥自身比较优势，强化主导产业支撑，支持农业、工贸、休闲服务等专业化村庄发展。加强海岛村庄、国有农场及林场规划建设，改善生产生活条件。

第二节　城郊融合类村庄

城市近郊区以及县城城关镇所在地的村庄，具备成为城市后花园的优势，也具有向城市转型的条件。综合考虑工业化、城镇化和村庄自身发展需要，加快城乡产业融合发展、基础设施互联互通、公共服务共建共享，在形态上保留乡村风貌，在治理上体现城市水平，逐步强化服务城市发展、承接城市功能外溢、满足城市消费需求能力，为城乡融合发展提供实践经验。

第三节　特色保护类村庄

历史文化名村、传统村落、少数民族特色村寨、特色景观旅游名村等自然历史文化特色资源丰富的村庄，是彰显和传承中华优秀传统文化的重要载体。统筹保护、利用与发展的关系，努力保持村庄的完整性、真实性和延续性。切实保护村庄的传统选址、格局、风貌以及自然和田园景观等整体空间形态与环境，全面保护文物古迹、历史建筑、传统民居等传统建筑。尊重原住居民生活形态和传统习惯，加快改善村庄基础设施和公共环境，合理利用村庄特色资源，发展乡村旅游和特色产业，形成特色资源保护与村庄发展的良性互促机制。

第四节　搬迁撤并类村庄

对位于生存条件恶劣、生态环境脆弱、自然灾害频发等地区的村庄，因重大项目建设需要搬迁的村庄，以及人口流失特别严重的村庄，可通过易地扶贫搬迁、生态宜居搬迁、农村集聚发展搬迁等方式，实施村庄搬迁撤并，统筹解决村民生计、生态保护等问题。拟搬迁撤并的村庄，严格限制新建、扩建活动，统筹考虑拟迁入或新建村庄的基础设施和公共服务设施建设。坚持村庄搬迁撤并与新型城镇化、农业现代化相结合，依托适宜区域进行安置，避免新建孤立的村落式移民社区。搬迁撤并后的村庄原址，因地制宜复垦或还绿，增加乡村生产生态空间。农村居民点迁建和村庄撤并，必须尊重农民意愿并经村民会议同意，不得强制农民搬迁和集中上楼。

第十章　坚决打好精准脱贫攻坚战

把打好精准脱贫攻坚战作为实施乡村振兴战略的优先任务，推动脱贫攻坚与乡村振兴有机结合相互促进，确保到2020年我国现行标准下农村贫困人口实现脱贫，贫困县全部摘帽，解决区域性整体贫困。

第一节　深入实施精准扶贫精准脱贫

健全精准扶贫精准脱贫工作机制，夯实精准扶贫精准脱贫基础性工作。因地制宜、因户施策，探索多渠道、多样化的精准扶贫精准脱贫路径，提高扶贫措施针对性和有效性。做好东西部扶贫协作和对口支援工作，着力推动县与县精准对接，推进东部产业向西部梯度转移，加大产业扶贫工作力度。加强和改进定点扶贫工作，健全驻村帮扶机制，落实扶贫责任。加大金融扶贫力度。健全社会力量参与机制，引导激励社会各界更加关注、支持和参与脱贫攻坚。

第二节　重点攻克深度贫困

实施深度贫困地区脱贫攻坚行动方案。以解决突出制约问题为重点，以重大扶贫工程和到村到户到人帮扶为抓手，加大政策倾斜和扶贫资金整合力度，着力改善深度贫困地区发展条件，增强贫困农户发展能力。推动新增脱贫攻坚资金、新增脱贫攻坚项目、新增脱贫攻坚举措主要用于"三区三州"等深度贫困地区。推进贫困村基础设施和公共服务设施建设，培育壮大集体经济，确保深度贫困地区和贫困群众同全国人民一道进入全面小康社会。

第三节　巩固脱贫攻坚成果

加快建立健全缓解相对贫困的政策体系和工作机制，持续改善欠发达地区和其他地区相对贫困人口的发展条件，完善公共服务体系，增强脱贫地区"造血"功能。结合实施乡村振兴战略，压茬推进实施生态宜居搬迁等工程，巩固易地扶贫搬迁成果。注重扶志扶智，引导贫困群众克服

"等靠要"思想，逐步消除精神贫困。建立正向激励机制，将帮扶政策措施与贫困群众参与挂钩，培育提升贫困群众发展生产和务工经商的基本能力。加强宣传引导，讲好中国减贫故事。认真总结脱贫攻坚经验，研究建立促进群众稳定脱贫和防范返贫的长效机制，探索统筹解决城乡贫困的政策措施，确保贫困群众稳定脱贫。

第四篇　加快农业现代化步伐

坚持质量兴农、品牌强农，深化农业供给侧结构性改革，构建现代农业产业体系、生产体系、经营体系，推动农业发展质量变革、效率变革、动力变革，持续提高农业创新力、竞争力和全要素生产率。

第十一章　夯实农业生产能力基础

深入实施藏粮于地、藏粮于技战略，提高农业综合生产能力，保障国家粮食安全和重要农产品有效供给，把中国人的饭碗牢牢端在自己手中。

第一节　健全粮食安全保障机制

坚持以我为主、立足国内、确保产能、适度进口、科技支撑的国家粮食安全战略，建立全方位的粮食安全保障机制。按照"确保谷物基本自给、口粮绝对安全"的要求，持续巩固和提升粮食生产能力。深化中央储备粮管理体制改革，科学确定储备规模，强化中央储备粮监督管理，推进中央、地方两级储备协同运作。鼓励加工流通企业、新型经营主体开展自主储粮和经营。全面落实粮食安全省长责任制，完善监督考核机制。强化粮食质量安全保障。加快完善粮食现代物流体系，构建安全高效、一体化运作的粮食物流网络。

第二节　加强耕地保护和建设

严守耕地红线，全面落实永久基本农田特殊保护制度，完成永久基本农田控制线划定工作，确保到 2020 年永久基本农田保护面积不低于 15.46 亿亩。大规模推进高标准农田建设，确保到 2022 年建成 10 亿亩高标准农田，所有高标准农田实现统一上图入库，形成完善的管护监督和考核机制。加快将粮食生产功能区和重要农产品生产保护区细化落实到具体地块，实现精准化管理。加强农田水利基础设施建设，实施耕地质量保护和提升行动，到 2022 年农田有效灌溉面积达到 10.4 亿亩，耕地质量平均提升 0.5 个等级（别）以上。

第三节　提升农业装备和信息化水平

推进我国农机装备和农业机械化转型升级，加快高端农机装备和丘陵山区、果菜茶生产、畜禽水产养殖等农机装备的生产研发、推广应用，提升渔业船舶装备水平。促进农机农艺融合，积极推进作物品种、栽培技术和机械装备集成配套，加快主要作物生产全程机械化，提高农机装备智能化水平。加强农业信息化建设，积极推进信息进村入户，鼓励互联网企业建立产销衔接的农业服务平台，加强农业信息监测预警和发布，提高农业综合信息服务水平。大力发展数字农业，实施智慧农业工程和"互联网+"现代农业行动，鼓励对农业生产进行数字化改造，加强农业遥感、物联网应用，提高农业精准化水平。发展智慧气象，提升气象为农服务能力。

专栏2　农业综合生产能力提升重大工程
（一）"两区"建管护
率先在"两区"建立精准化建设、管护、管理和支持制度，构建现代农业生产数字化监测体系，建立生产责任与精准化补贴相挂钩的管理制度。
（二）高标准农田建设
优先建设确保口粮安全的高标准农田，开展土地平整、土壤改良、灌溉排水、田间道路、农田防护以及其他工程建设，大规模改造中低产田。建设国家耕地质量调查监测网络，推进耕地质量大数据应用。
（三）主要农作物生产全程机械化
建设主要农作物生产全程机械化示范县，推动装备、品种、栽培及经营规模、信息化技术等集成配套，构建全程机械化技术体

续表

系，促进农业技术集成化、劳动过程机械化、生产经营信息化。

（四）数字农业农村和智慧农业

制定实施数字农业农村规划纲要。发展数字田园、智慧养殖、智能农机，推进电子化交易。开展农业物联网应用示范县和农业物联网应用示范基地建设，全面推进村级益农信息社建设，改造升级国家农业数据中心。加强智慧农业技术与装备研发，建设基于卫星遥感、航空无人机、田间观测一体化的农业遥感应用体系。

（五）粮食安全保障调控和应急

在粮食物流重点线路、重要节点以及重要进出口粮食物流节点，新建或完善一批粮食安全保障调控和应急设施。重点支持多功能一体化的粮食物流（产业）园区，以及铁路散粮运输和港口散粮运输系统建设。改造建设一批区域骨干粮油应急配送中心。

第十二章　加快农业转型升级

按照建设现代化经济体系的要求，加快农业结构调整步伐，着力推动农业由增产导向转向提质导向，提高农业供给体系的整体质量和效率，加快实现由农业大国向农业强国转变。

第一节　优化农业生产力布局

以全国主体功能区划确定的农产品主产区为主体，立足各地农业资源禀赋和比较优势，构建优势区域布局和专业化生产格局，打造农业优化发展区和农业现代化先行区。东北地区重点提升粮食生产能力，依托"大粮仓"打造粮肉奶综合供应基地。华北地区着力稳定粮油和蔬菜、畜产品生产保障能力，发展节水型农业。长江中下游地区切实稳定粮油生产能力，优化水网地带生猪养殖布局，大力发展名优水产品生产。华南地区加快发展现代畜禽水产和特色园艺产品，发展具有出口优势的水产品养殖。西北、西南地区和北方农牧交错区加快调整产品结构，限制资源消耗大的产业规模，壮大区域特色产业。青海、西藏等生态脆弱区域坚持保护优先、限制开发，发展高原特色农牧业。

第二节　推进农业结构调整

加快发展粮经饲统筹、种养加一体、农牧渔结合的现代农业，促进农业结构不断优化升级。统筹调整种植业生产结构，稳定水稻、小麦生产，有序调减非优势区籽粒玉米，进一步扩大大豆生产规模，巩固主产区棉油糖胶生产，确保一定的自给水平。大力发展优质饲料牧草，合理利用退耕地、南方草山草坡和冬闲田拓展饲草发展空间。推进畜牧业区域布局调整，合理布局规模化养殖场，大力发展种养结合循环农业，促进养殖废弃物就近资源化利用。优化畜牧业生产结构，大力发展草食畜牧业，做大做强民族奶业。加强渔港经济区建设，推进渔港渔区振兴。合理确定内陆水域养殖规模，发展集约化、工厂化水产养殖和深远海养殖，降低江河湖泊和近海渔业捕捞强度，规范有序发展远洋渔业。

第三节　壮大特色优势产业

以各地资源禀赋和独特的历史文化为基础，有序开发优势特色资源，做大做强优势特色产业。创建特色鲜明、优势集聚、市场竞争力强的特色农产品优势区，支持特色农产品优势区建设标准化生产基地、加工基地、仓储物流基地，完善科技支撑体系、品牌与市场营销体系、质量控制体系，建立利益联结紧密的建设运行机制，形成特色农业产业集群。按照与国际标准接轨的目标，支持建立生产精细化管理与产品品质控制体系，采用国际通行的良好农业规范，塑造现代顶级农产品品牌。实施产业兴村强县行动，培育农业产业强镇，打造一乡一业、一村一品的发展格局。

第四节　保障农产品质量安全

实施食品安全战略，加快完善农产品质量和食品安全标准、监管体系，加快建立农产品质量分级及产地准出、市场准入制度。完善农兽药残留限量标准体系，推进农产品生产投入品使用规范化。建立健全农产品质量安全风险评估、监测预警和应急处置机制。实施动植物保护能力提升工程，实现全国动植物检疫防疫联防联控。完善农产品认证体系和农产品质量安全监管追溯系统，着力提高基层监管能力。落实生产经营者主体责任，强化农产品生产经营者的质量安全意识。建立农资和农产品生产企业信用信息系统，对失信市场主体开展联合惩戒。

第五节 培育提升农业品牌

实施农业品牌提升行动，加快形成以区域公用品牌、企业品牌、大宗农产品品牌、特色农产品品牌为核心的农业品牌格局。推进区域农产品公共品牌建设，擦亮老品牌，塑强新品牌，引入现代要素改造提升传统名优品牌，努力打造一批国际知名的农业品牌和国际品牌展会。做好品牌宣传推介，借助农产品博览会、展销会等渠道，充分利用电商、"互联网+"等新兴手段，加强品牌市场营销。加强农产品商标及地理标志商标的注册和保护，构建我国农产品品牌保护体系，打击各种冒用、滥用公用品牌行为，建立区域公用品牌的授权使用机制以及品牌危机预警、风险规避和紧急事件应对机制。

第六节 构建农业对外开放新格局

建立健全农产品贸易政策体系。实施特色优势农产品出口提升行动，扩大高附加值农产品出口。积极参与全球粮农治理。加强与"一带一路"沿线国家合作，积极支持有条件的农业企业走出去。建立农业对外合作公共信息服务平台和信用评价体系。放宽农业外资准入，促进引资引技引智相结合。

专栏3 质量兴农重大工程

（一）特色农产品优势区创建

到2020年，创建并认定300个左右国家级特色农产品优势区，打造一批"中国第一、世界有名"的特色农产品品牌，增强绿色优质中高端特色农产品供给能力，加大对特色农产品优势区品牌的宣传和推介力度。

（二）动植物保护能力提升

针对动植物保护体系、外来生物入侵防控体系的薄弱环节，通过工程建设和完善运行保障机制，形成监测预警体系、疫情灾害应急处置体系、农药风险监控体系和联防联控体系。

（三）农业品牌提升

加强农业品牌认证、监管、保护等各环节的规范与管理，提升我国农业品牌公信力。加强与大型农产品批发市场、电商平台、各类商超组织的合作，创新产销衔接机制，搭建品牌农产品营销推介平台。

（四）特色优势农产品出口提升行动

促进重点水果、蔬菜、茶叶和水产品出口，支持企业申请国际认证认可，参与国际知名展会。

（五）产业兴村强县行动

坚持试点先行、逐步推开，争取到2022年培育和发展一批产业强、产品优、质量好、功能全、生态美的农业强镇，培育县域经济新动能。

（六）优质粮食工程

完善粮食质量安全检验和质量风险监测体系，完善粮食产后服务体系。开展"中国好粮油"行动，建立优质粮油产业经济发展评价体系、优质粮油质量标准、测评技术体系和线上营销体系，积极培育消费者认可的"中国好粮油"产品。

第十三章 建立现代农业经营体系

坚持家庭经营在农业中的基础性地位，构建家庭经营、集体经营、合作经营、企业经营等共同发展的新型农业经营体系，发展多种形式适度规模经营，发展壮大农村集体经济，提高农业的集约化、专业化、组织化、社会化水平，有效带动小农户发展。

第一节 巩固和完善农村基本经营制度

落实农村土地承包关系稳定并长久不变政策，衔接落实好第二轮土地承包到期后再延长30年的政策，让农民吃上长效"定心丸"。全面完成土地承包经营权确权登记颁证工作，完善农村承包地"三权分置"制度，在依法保护集体所有权和农户承包权前提下，平等保护土地经营权。建立农村产权交易平台，加强土地经营权流转和规模经营的管理服务。加强农用地用途管制。完善集体林权制度，引导规范有序流转，鼓励发展家庭林场、股份合作林场。发展壮大农垦国有农业经济，培育一批具有国际竞争力的农垦企业集团。

第二节 壮大新型农业经营主体

实施新型农业经营主体培育工程，鼓励通过多种形式开展适度规模经营。培育发展家庭农场，提升农民专业合作社规范化水平，鼓励发展农民专业合作社联合社。不断壮大农林产业化龙头企业，鼓励建立现代企业制度。鼓励工商资本到农村投资适合产业化、规模化经营的农业项目，提供区域性、系统性解决方案，与当地农户形成互惠共赢的产业共同体。加快建立新型经营主体支持政策体系和信用评价体系，落实财政、税收、土地、信贷、保险等支持政策，扩大新型经营主体承担涉农项目规模。

第三节　发展新型农村集体经济

深入推进农村集体产权制度改革，推动资源变资产、资金变股金、农民变股东，发展多种形式的股份合作。完善农民对集体资产股份的占有、收益、有偿退出及抵押、担保、继承等权能和管理办法。研究制定农村集体经济组织法，充实农村集体产权权能。鼓励经济实力强的农村集体组织辐射带动周边村庄共同发展。发挥村党组织对集体经济组织的领导核心作用，防止内部少数人控制和外部资本侵占集体资产。

第四节　促进小农户生产和现代农业发展有机衔接

改善小农户生产设施条件，提高个体农户抵御自然风险能力。发展多样化的联合与合作，提升小农户组织化程度。鼓励新型经营主体与小农户建立契约型、股权型利益联结机制，带动小农户专业化生产，提高小农户自我发展能力。健全农业社会化服务体系，大力培育新型服务主体，加快发展"一站式"农业生产性服务业。加强工商企业租赁农户承包地的用途监管和风险防范，健全资格审查、项目审核、风险保障金制度，维护小农户权益。

专栏4　现代农业经营体系培育工程

（一）新型农业经营主体培育

培育一批一二三产业融合、适度规模经营多样、社会化服务支撑、与"互联网+"紧密结合的各类新型经营主体。实施现代农业人才支撑计划，推进新型经营主体带头人轮训计划，实施现代青年农场经营者、农村实用人才和新型职业农民培育工程。运用互联网信息化手段，为新型经营主体点对点提供服务。

（二）农垦国有经济培育壮大

加快垦区集团化和农场企业化改革进程，全面推行现代企业制度，健全法人治理结构。支持农垦率先建立农产品质量等级评价标准体系和农产品质量安全追溯平台。全面推广中国农垦公共品牌，切实加强农垦加工、仓储、物流、渠道等关键环节建设。

（三）供销合作社培育壮大

全面深化供销合作社综合改革，支持供销合作社创新体制机制，加强联合社层级间的联合合作，推动供销合作社高质量发展。大力实施"基层社组织建设工程"和"千县千社"振兴计划，增强基层社为农服务能力。

（四）新型农村集体经济振兴计划

编制集体产权制度改革"菜单式"行动指引，指导各地因地制宜制定改革方案，以差异化扶持政策为导向，实行分类施策、重点推进，增强集体经济发展活力和实力。

第十四章　强化农业科技支撑

深入实施创新驱动发展战略，加快农业科技进步，提高农业科技自主创新水平、成果转化水平，为农业发展拓展新空间、增添新动能，引领支撑农业转型升级和提质增效。

第一节　提升农业科技创新水平

培育符合现代农业发展要求的创新主体，建立健全各类创新主体协调互动和创新要素高效配置的国家农业科技创新体系。强化农业基础研究，实现前瞻性基础研究和原创性重大成果突破。加强种业创新、现代食品、农机装备、农业污染防治、农村环境整治等方面的科研工作。深化农业科技体制改革，改进科研项目评审、人才评价和机构评估工作，建立差别化评价制度。深入实施现代种业提升工程，开展良种重大科研联合攻关，培育具有国际竞争力的种业龙头企业，推动建设种业科技强国。

第二节　打造农业科技创新平台基地

建设国家农业高新技术产业示范区、国家农业科技园区、省级农业科技园区，吸引更多的农业高新技术企业到科技园区落户，培育国际领先的农业高新技术企业，形成具有国际竞争力的农业高新技术产业。新建一批科技创新联盟，支持农业高新技术企业建立高水平研发机构。利用现有资源建设农业领域国家技术创新中心，加强重大共性关键技术和产品研发与应用示范。建设农业科技资源开放共享与服务平台，充分发挥重要公共科技资源优势，推动面向科技界开放共享，整合和完善科技资源共享服务平台。

第三节　加快农业科技成果转化应用

鼓励高校、科研院所建立一批专业化的技术转移机构和面向企业的技术服务网络，通过研发合作、技术转让、技术许可、作价投资等多种形式，实现科技成果市场价值。健全省市县三级科技成果转化工作网络，支持地方大力发展技术交易市场。面向绿色兴农重大需求，加大绿色技术供给，加强集成应用和示范推广。健全基层农业技术推广体系，创新公益性农技推广服务方式，支持各类社会力量参与农技推广，全面实施农技推广服务特聘计划，加强农业重大技术协同推广。健全农业科技领域分配政策，落实科研成果转化及农业科技创新激励相关政策。

专栏5　农业科技创新支撑重大工程

（一）农业科技创新水平提升

建立现代农业产业技术体系、创新联盟、创新中心"三位一体"的创新平台。加强农业面源污染防治、化肥农药减量增效、农业节水、农业废弃物资源化利用、绿色健康养殖、防灾减灾、荒漠化石漠化治理、森林质量提升等关键技术研发，推进成果集成应用。

（二）现代种业自主创新能力提升

加强种质资源保存、育种创新、品种测试与检测、良种繁育等能力建设，建立现代种业体系。高标准建设国家南繁育种基地，推进甘肃、四川国家级制种基地建设与提档升级，加快区域性良繁基地建设。建立农业野生植物原生境保护区和种质资源库（圃）。

（三）农业科技园区建设

突出农业科技园区的"农、高、科"定位，强化体制机制创新，推进农业科技园区建设。用高新技术改造提升农业产业，壮大生物育种、智能农机、现代食品制造等高新技术产业，培育农业高新技术企业超过1.5万家。

第十五章　完善农业支持保护制度

以提升农业质量效益和竞争力为目标，强化绿色生态导向，创新完善政策工具和手段，加快建立新型农业支持保护政策体系。

第一节　加大支农投入力度

建立健全国家农业投入增长机制，政府固定资产投资继续向农业倾斜，优化投入结构，实施一批打基础、管长远、影响全局的重大工程，加快改变农业基础设施薄弱状况。建立以绿色生态为导向的农业补贴制度，提高农业补贴政策的指向性和精准性。落实和完善对农民直接补贴制度。完善粮食主产区利益补偿机制。继续支持粮改饲、粮豆轮作和畜禽水产标准化健康养殖，改革完善渔业油价补贴政策。完善农机购置补贴政策，鼓励对绿色农业发展机具、高性能机具以及保证粮食等主要农产品生产机具实行敞开补贴。

第二节　深化重要农产品收储制度改革

深化玉米收储制度改革，完善市场化收购加补贴机制。合理制定大豆补贴政策。完善稻谷、小麦最低收购价政策，增强政策灵活性和弹性，合理调整最低收购价水平，加快建立健全支持保护政策。深化国有粮食企业改革，培育壮大骨干粮食企业，引导多元市场主体入市收购，防止出现卖粮难。深化棉花目标价格改革，研究完善食糖（糖料）、油料支持政策，促进价格合理形成，激发企业活力，提高国内产业竞争力。

第三节　提高农业风险保障能力

完善农业保险政策体系，设计多层次、可选择、不同保障水平的保险产品。积极开发适应新型农业经营主体需求的保险品种，探索开展水稻、小麦、玉米三大主粮作物完全成本保险和收入保险试点，鼓励开展天气指数保险、价格指数保险、贷款保证保险等试点。健全农业保险大灾风险分散机制。发展农产品期权期货市场，扩大

"保险+期货"试点，探索"订单农业+保险+期货（权）"试点。健全国门生物安全查验机制，推进口岸动植物检疫规范化建设。强化边境管理，打击农产品走私。完善农业风险管理和预警体系。

第五篇　发展壮大乡村产业

以完善利益联结机制为核心，以制度、技术和商业模式创新为动力，推进农村一二三产业交叉融合，加快发展根植于农业农村、由当地农民主办、彰显地域特色和乡村价值的产业体系，推动乡村产业全面振兴。

第十六章　推动农村产业深度融合

把握城乡发展格局发生重要变化的机遇，培育农业农村新产业新业态，打造农村产业融合发展新载体新模式，推动要素跨界配置和产业有机融合，让农村一二三产业在融合发展中同步升级、同步增值、同步受益。

第一节　发掘新功能新价值

顺应城乡居民消费拓展升级趋势，结合各地资源禀赋，深入发掘农业农村的生态涵养、休闲观光、文化体验、健康养老等多种功能和多重价值。遵循市场规律，推动乡村资源全域化整合、多元化增值，增强地方特色产品时代感和竞争力，形成新的消费热点，增加乡村生态产品和服务供给。实施农产品加工业提升行动，支持开展农产品生产加工、综合利用关键技术研究与示范，推动初加工、精深加工、综合利用加工和主食加工协调发展，实现农产品多层次、多环节转化增值。

第二节　培育新产业新业态

深入实施电子商务进农村综合示范，建设具有广泛性的农村电子商务发展基础设施，加快建立健全适应农产品电商发展的标准体系。研发绿色智能农产品供应链核心技术，加快培育农业现代供应链主体。加强农商互联，密切产销衔接，发展农超、农社、农企、农校等产销对接的新型流通业态。实施休闲农业和乡村旅游精品工程，发展乡村共享经济等新业态，推动科技、人文等元素融入农业。强化农业生产性服务业对现代农业产业链的引领支撑作用，构建全程覆盖、区域

集成、配套完备的新型农业社会化服务体系。清理规范制约农业农村新产业新业态发展的行政审批事项。着力优化农村消费环境，不断优化农村消费结构，提升农村消费层次。

第三节　打造新载体新模式

依托现代农业产业园、农业科技园区、农产品加工园、农村产业融合发展示范园等，打造农村产业融合发展的平台载体，促进农业内部融合、延伸农业产业链、拓展农业多种功能、发展农业新型业态等多模式融合发展。加快培育农商产业联盟、农业产业化联合体等新型产业链主体，打造一批产加销一体的全产业链企业集群。推进农业循环经济试点示范和田园综合体试点建设。加快培育一批"农字号"特色小镇，在有条件的地区建设培育特色商贸小镇，推动农村产业发展与新型城镇化相结合。

第十七章　完善紧密型利益联结机制

始终坚持把农民更多分享增值收益作为基本出发点，着力增强农民参与融合能力，创新收益分享模式，健全联农带农有效激励机制，让农民更多分享产业融合发展的增值收益。

第一节　提高农民参与程度

鼓励农民以土地、林权、资金、劳动、技术、产品为纽带，开展多种形式的合作与联合，依法组建农民专业合作社联合社，强化农民作为市场主体的平等地位。引导农村集体经济组织挖掘集体土地、房屋、设施等资源和资产潜力，依法通过股份制、合作制、股份合作制、租赁等形式，积极参与产业融合发展。积极培育社会化服务组织，加强农技指导、信用评价、保险推广、市场预测、产品营销等服务，为农民参与产业融合创造良好条件。

第二节　创新收益分享模式

加快推广"订单收购+分红"、"土地流转+优先雇用+社会保障"、"农民入股+保底收益+按股分红"等多种利益联结方式，让农户分享加工、销售环节收益。鼓励行业协会或龙头企业与合作社、家庭农场、普通农户等组织共同营销，开展农产品销售推介和品牌运作，让农户更多分享产业链增值收益。鼓励农业产业化龙头企业通过设立风险资金、为农户提供信贷

担保、领办或参办农民合作组织等多种形式，与农民建立稳定的订单和契约关系。完善涉农股份合作制企业利润分配机制，明确资本参与利润分配比例上限。

第三节　强化政策扶持引导

更好发挥政府扶持资金作用，强化龙头企业、合作组织联农带农激励机制，探索将新型农业经营主体带动农户数量和成效作为安排财政支持资金的重要参考依据。以土地、林权为基础的各种形式合作，凡是享受财政投入或政策支持的承包经营者均应成为股东方。鼓励将符合条件的财政资金特别是扶贫资金量化到农村集体经济组织和农户后，以自愿入股方式投入新型农业经营主体，对农户土地经营权入股部分采取特殊保护，探索实行农民负盈不负亏的分配机制。

第十八章　激发农村创新创业活力

坚持市场化方向，优化农村创新创业环境，放开搞活农村经济，合理引导工商资本下乡，推动乡村大众创业万众创新，培育新动能。

第一节　培育壮大创新创业群体

推进产学研合作，加强科研机构、高校、企业、返乡下乡人员等主体协同，推动农村创新创业群体更加多元。培育以企业为主导的农业产业技术创新战略联盟，加速资金、技术和服务扩散，带动和支持返乡创业人员依托相关产业链创

业发展。整合政府、企业、社会等多方资源，推动政策、技术、资本等各类要素向农村创新创业集聚。鼓励农民就地创业、返乡创业，加大各方资源支持本地农民兴业创业力度。深入推行科技特派员制度，引导科技、信息、资金、管理等现代生产要素向乡村集聚。

第二节　完善创新创业服务体系

发展多种形式的创新创业支撑服务平台，健全服务功能，开展政策、资金、法律、知识产权、财务、商标等专业化服务。建立农村创新创业园区（基地），鼓励农业企业建立创新创业实训基地。鼓励有条件的县级政府设立"绿色通道"，为返乡下乡人员创新创业提供便利服务。建设一批众创空间、"星创天地"，降低创业门槛。依托基层就业和社会保障服务平台，做好返乡人员创业服务、社保关系转移接续等工作。

第三节　建立创新创业激励机制

加快将现有支持"双创"相关财政政策措施向返乡下乡人员创新创业拓展，把返乡下乡人员开展农业适度规模经营所需贷款按规定纳入全国农业信贷担保体系支持范围。适当放宽返乡创业园用电用水用地标准，吸引更多返乡人员入园创业。各地年度新增建设用地计划指标，要确定一定比例用于支持农村新产业新业态发展。落实好减税降费政策，支持农村创新创业。

专栏6　构建乡村产业体系重大工程

（一）电子商务进农村综合示范

在2019年对具备条件的国家级贫困县实现全覆盖的基础上，进一步挖掘具备潜力的县深化农村电商示范工作，逐步培育一批电子商务进农村综合示范县，建设和完善农村电商公共服务体系。

（二）农商互联

推动农产品流通企业与新型农业经营主体对接，通过订单农业、直采直销、投资合作等方式，打造产销稳定衔接、利益紧密联结的农产品全产业链条，加强全国性、区域性、田头市场三级产地市场体系建设。

（三）休闲农业和乡村旅游精品工程

改造一批休闲农业村庄道路、供水、停车场、厕所等设施，树立和推介一批休闲农业和乡村旅游精品品牌，培育一批美丽休闲乡村、休闲农庄（园）、休闲观光园区、国家森林步道、康养基地、森林人家、乡村民宿、乡村旅游区（点）等精品。搭建发布推介平台，开展休闲农业和乡村旅游精品发布推介活动。

续表

（四）国家农村一二三产业融合发展示范园创建计划

到 2020 年建成 300 个农村一二三产业融合发展示范园，通过复制推广先进经验，加快延伸农业产业链、提升农业价值链、拓展农业多种功能、培育农村新产业新业态。

（五）农业循环经济试点示范

选择粮食主产区等具备基础的地区，建设 20 个工农复合型循环经济示范区，推进秸秆、禽畜粪污等大宗农业废弃物的综合利用，推进废旧农膜、农药包装物等回收利用。推动建立农业循环经济评价指标体系和评价考核制度。

（六）农产品加工业提升行动

完善国家农产品加工技术研发体系，建设一批农产品加工技术集成基地。促进农产品加工业增品种、提品质、创品牌。大力培育农产品加工业各类专门人才。依托现有农产品精深加工集聚区、产业园、工业区等，打造升级一批农产品精深加工示范基地，促进农业提质增效和农民增收。

（七）农村"星创天地"

打适农村版众创空间，以农业科技园区、新农村发展研究院、科技型企业、科技特派员创业基地、农民专业合作社等为载体，利用线下孵化载体和线上网络平台，面向科技特派员、大学生、返乡农民工、职业农民等建设 3000 个"星创天地"。

（八）返乡下乡创业行动

研究制定并组织实施农村双创百县千乡万名带头人培育行动方案。整合现有渠道，用 3 年时间培训 40 万名农村双创人员和双创导师。创建 100 个具有区域特色的农村双创示范园区（基地）。实施返乡下乡创业培训专项行动。实施育才强企计划，支持有条件的创业企业建设技能大师工作室。深入推进农村青年创业致富"领头雁"培养计划，培养一批全国农村青年致富带头人。实施引才回乡工程，在返乡下乡创业集中地区设立专家服务基地，吸引各类人才回乡服务。

第六篇　建设生态宜居的美丽乡村

牢固树立和践行绿水青山就是金山银山的理念，坚持尊重自然、顺应自然、保护自然，统筹山水林田湖草系统治理，加快转变生产生活方式，推动乡村生态振兴，建设生活环境整洁优美、生态系统稳定健康、人与自然和谐共生的生态宜居美丽乡村。

第十九章　推进农业绿色发展

以生态环境友好和资源永续利用为导向，推动形成农业绿色生产方式，实现投入品减量化、生产清洁化、废弃物资源化、产业模式生态化，提高农业可持续发展能力。

第一节　强化资源保护与节约利用

实施国家农业节水行动，建设节水型乡村。深入推进农业灌溉用水总量控制和定额管理，建立健全农业节水长效机制和政策体系。逐步明晰农业水权，推进农业水价综合改革，建立精准补贴和节水奖励机制。严格控制未利用地开垦，落实和完善耕地占补平衡制度。实施农用地分类管理，切实加大优先保护类耕地保护力度。降低耕地开发利用强度，扩大轮作休耕制度试点，制定轮作休耕规划。全面普查动植物种质资源，推进种质资源收集保存、鉴定和利用。强化渔业资源管控与养护，实施海洋渔业资源总量管理、海洋渔船"双控"和休禁渔制度，科学划定江河湖海限捕、禁捕区域，建设水生生物保护区、海洋牧场。

第二节　推进农业清洁生产

加强农业投入品规范化管理，健全投入品追溯系统，推进化肥农药减量施用，完善农药风险评估技术标准体系，严格饲料质量安全管理。加快推进种养循环一体化，建立农村有机废弃物收集、转化、利用网络体系，推进农林产品加工剩余物资源化利用，深入实施秸秆禁烧制度和综合利用，开展整县推进畜禽粪污资源化利用试点。推进废旧地膜和包装废弃物等回收处理。推行水产健康养殖，加大近海滩涂养殖环境治理力度，严格控制河流湖库、近岸海域投饵网箱养殖。探索农林牧渔融合循环发展模式，修复和完善生态廊道，恢复田间生物群落和生态链，建设健康稳定田园生态系统。

第三节　集中治理农业环境突出问题

深入实施土壤污染防治行动计划，开展土壤污染状况详查，积极推进重金属污染耕地等受污染耕地分类管理和安全利用，有序推进治理与修复。加强重有色金属矿区污染综合整治。加强农业面源污染综合防治。加大地下水超采治理，控制地下水漏斗区、地表水过度利用区用水总量。

严格工业和城镇污染处理、达标排放，建立监测体系，强化经常性执法监管制度建设，推动环境监测、执法向农村延伸，严禁未经达标处理的城镇污水和其他污染物进入农业农村。

专栏7 农业绿色发展行动

（一）国家农业节水行动

将农业用水总量指标分解到各灌区。加强灌溉试验站网建设和灌溉试验，制定不同区域、不同作物灌溉用水定额。加强节水灌溉工程与农艺、农机、生物、管理等措施的集成与融合。全国节水灌溉面积达到6.5亿亩，其中高效节水灌溉面积达到4亿亩。

（二）水生生物保护行动

建立长江流域重点水域禁捕补偿制度，率先在水生生物保护区实现禁捕。引导和支持渔民转产转业，将渔船控制目标列入地方政府和有关部门约束性考核指标。继续清理整治"绝户网"和涉渔"三无"船舶。实施珍稀濒危物种拯救行动，形成覆盖各海区和内陆主要江河湖泊的水生生物养护体系。

（三）农业环境突出问题治理

扩大农业面源污染综合治理、华北地下水超采区综合治理、重金属污染耕地防控修复的实施范围，对东北黑土地实行战略性保护，促进土壤有机质恢复与提升。推进北方农牧交错带已垦草原治理，加强人工草地建设。

（四）农业废弃物资源化利用

集中支持500个左右养殖大县开展畜禽粪污资源化利用整县推进试点，全国畜禽粪污综合利用率提高到75%以上。在种养密集区域，探索整县推进畜禽粪污、秸秆、病死畜禽、农田残膜、农村垃圾等废弃物全量资源化利用。

（五）农业绿色生产行动

集成推广测土配方施肥、水肥一体化、机械深施等施肥模式，强化统防统治、绿色防控，集成应用全程农药减量增效技术，主要农作物化肥、农药利用率达到40%以上，制定农兽药残留限量标准总数达到1.2万项，覆盖所有批准使用的农兽药品种和相应农产品。

第二十章 持续改善农村人居环境

以建设美丽宜居村庄为导向，以农村垃圾、污水治理和村容村貌提升为主攻方向，开展农村人居环境整治行动，全面提升农村人居环境质量。

第一节 加快补齐突出短板

推进农村生活垃圾治理，建立健全符合农村实际、方式多样的生活垃圾收运处置体系，有条件的地区推行垃圾就地分类和资源化利用。开展非正规垃圾堆放点排查整治。实施"厕所革命"，结合各地实际普及不同类型的卫生厕所，推进厕所粪污无害化处理和资源化利用。梯次推进农村生活污水治理，有条件的地区推动城镇污水管网向周边村庄延伸覆盖。逐步消除农村黑臭水体，加强农村饮用水水源地保护。

第二节 着力提升村容村貌

科学规划村庄建筑布局，大力提升农房设计水平，突出乡土特色和地域民族特点。加快推进通村组道路、入户道路建设，基本解决村内道路泥泞、村民出行不便等问题。全面推进乡村绿化，建设具有乡村特色的绿化景观。完善村庄公共照明设施。整治公共空间和庭院环境，消除私搭乱建、乱堆乱放。继续推进城乡环境卫生整洁行动，加大卫生乡镇创建工作力度。鼓励具备条件的地区集中连片建设生态宜居的美丽乡村，综合提升田水路林村风貌，促进村庄形态与自然环境相得益彰。

第三节 建立健全整治长效机制

全面完成县域乡村建设规划编制或修编，推进实用性村庄规划编制实施，加强乡村建设规划许可管理。建立农村人居环境建设和管护长效机制，发挥村民主体作用，鼓励专业化、市场化建设和运行管护。推行环境治理依效付费制度，健全服务绩效评价考核机制。探索建立垃圾污水处理农户付费制度，完善财政补贴和农户付费合理分担机制。依法简化农村人居环境整治建设项目审批程序和招投标程序。完善农村人居环境标准体系。

专栏8　农村人居环境整治行动

（一）农村垃圾治理

建立健全村庄保洁体系，因地制宜确定农村生活垃圾处理模式，交通便利且转运距离较近的村庄可依托城镇无害化处理设施集中处理，其他村庄可就近分散处理。总结推广农村生活垃圾分类和资源化利用百县示范经验，基本覆盖所有具备条件的县（市）。到2020年，完成农村生活垃圾全面治理逐省验收。

（二）农村生活污水治理

有条件的地区推进城镇污水处理设施和服务向城镇近郊的农村延伸，在离城镇较远、人口密集的村庄建设污水处理设施进行集中处理，人口较少的村庄推广建设户用污水处理设施。开展生活污水源头减量和尾水回收利用。鼓励具备条件的地区采用人工湿地、氧化塘等生态处理模式。

（三）厕所革命

加快实施农村改厕，东部地区、中西部城市近郊区以及其他环境容量较小地区村庄，加快推进户用卫生厕所建设和改造，同步实施厕所粪污治理。其他地区要按照群众接受、经济适用、使用和维护方便、不污染公共水体的要求，普及不同水平的卫生厕所。推进农村新建住房及保障性安居工程等项目配套建设无害化卫生厕所，人口规模较大村庄配套建设公共厕所。

（四）乡村绿化行动

全面实施乡村绿化行动，严格保护乡村古树名木，重点推进村内绿化、围村片林和农田林网建设。每年绿化美化2万个乡村。建设1万个国家森林乡村，8万个省市县级森林乡村。基本农田林网控制率达90%以上，古树名木挂牌保护率达到95%，基本实现"山地森林化、农田林网化、村屯园林化、道路林荫化、庭院花果化"的乡村绿化格局。

（五）乡村水环境治理

开展乡村湿地保护恢复和综合治理工作，整治乡村河湖水系，建设乡村湿地小区。以供水人口多、环境敏感的水源以及农村饮水安全工程规划建设的水源为重点，完成农村饮用水水源保护区（或保护范围）划定，加强农村饮用水水源地保护。采取综合措施，逐步消除农村黑臭水体，提升农村水环境质量。

（六）宜居宜业美丽乡村建设

以建设美、经营美和传承美"三美同步"推进为重点，选择一批具有建设条件的乡村，着力充实和拓展美丽乡村建设内容，积极引导社会资本多元化投入，健全美丽乡村建设成果共建共享机制，打造美丽中国的乡村样板。

第二十一章　加强乡村生态保护与修复

大力实施乡村生态保护与修复重大工程，完善重要生态系统保护制度，促进乡村生产生活环境稳步改善，自然生态系统功能和稳定性全面提升，生态产品供给能力进一步增强。

第一节　实施重要生态系统保护和修复重大工程

统筹山水林田湖草系统治理，优化生态安全屏障体系。大力实施大规模国土绿化行动，全面建设三北、长江等重点防护林体系，扩大退耕还林还草，巩固退耕还林还草成果，推动森林质量精准提升，加强有害生物防治。稳定扩大退牧还草实施范围，继续推进草原防灾减灾、鼠虫草害防治、严重退化沙化草原治理等工程。保护和恢复乡村河湖、湿地生态系统，积极开展农村水生态修复，连通河湖水系，恢复河塘行蓄能力，推进退田还湖还湿、退圩退垸还湖。大力推进荒漠化、石漠化、水土流失综合治理，实施生态清洁小流域建设，推进绿色小水电改造。加快国土综合整治，实施农村土地综合整治重大行动，推进农用地和低效建设用地整理以及历史遗留损毁土地复垦。加强矿产资源开发集中地区特别是重有色金属矿区地质环境和生态修复，以及损毁山体、矿山废弃地修复。加快近岸海域综合治理，实施蓝色海湾整治行动和自然岸线修复。实施生物多样性保护重大工程，提升各类重要保护地保护管理能力。加强野生动植物保护，强化外来入侵物种风险评估、监测预警与综合防控。开展重大生态修复工程气象保障服务，探索实施生态修复型人工增雨工程。

第二节　健全重要生态系统保护制度

完善天然林和公益林保护制度，进一步细化各类森林和林地的管控措施或经营制度。完善草原生态监管和定期调查制度，严格实施草原禁牧和草畜平衡制度，全面落实草原经营者生态保护主体责任。完善荒漠生态保护制度，加强沙区天然植被和绿洲保护。全面推行河长制湖长制，鼓励将河长湖长体系延伸至村一级。推进河湖饮用水水源保护区划定和立界工作，加强对水源涵养区、蓄洪滞涝区、滨河滨湖带的保护。严格落实自然保护区、风景名胜区、地质遗迹等各类保护地保护制度，支持有条件的地方结合国家公园体制试点，探索对居住在核心区域的农牧民实施生态搬迁试点。

第三节　健全生态保护补偿机制

加大重点生态功能区转移支付力度，建立省以下生态保护补偿资金投入机制。完善重点领域生态保护补偿机制，鼓励地方因地制宜探索通过赎买、租赁、置换、协议、混合所有制等方式加强重点区位森林保护，落实草原生态保护补助奖励政策，建立长江流域重点水域禁捕补偿制度，鼓励各地建立流域上下游等横向补偿机制。推动市场化多元化生态补偿，建立健全用水权、排污权、碳排放权交易制度，形成森林、草原、湿地等生态修复工程参与碳汇交易的有效途径，探索实物补偿、服务补偿、设施补偿、对口支援、干部支持、共建园区、飞地经济等方式，提高补偿

的针对性。

第四节　发挥自然资源多重效益

大力发展生态旅游、生态种养等产业，打造乡村生态产业链。进一步盘活森林、草原、湿地等自然资源，允许集体经济组织灵活利用现有生产服务设施用地开展相关经营活动。鼓励各类社会主体参与生态保护修复，对集中连片开展生态修复达到一定规模的经营主体，允许在符合土地管理法律法规和土地利用总体规划、依法办理建设用地审批手续、坚持节约集约用地的前提下，利用1%~3%治理面积从事旅游、康养、体育、设施农业等产业开发。深化集体林权制度改革，全面开展森林经营方案编制工作，扩大商品林经营自主权，鼓励多种形式的适度规模经营，支持开展林权收储担保服务。完善生态资源管护机制，设立生态管护员工作岗位，鼓励当地群众参与生态管护和管理服务。进一步健全自然资源有偿使用制度，研究探索生态资源价值评估方法并开展试点。

专栏9　乡村生态保护与修复重大工程

（一）国家生态安全屏障保护与修复

继续推进京津风沙源区、岩溶石漠化区、西藏生态安全屏障、青海三江源区、祁连山等重点区域综合治理工程，深化山水林田湖草生态保护修复试点，加快构筑国家生态安全屏障。

（二）大规模国土绿化

全面推进三北、长江等重点防护林体系建设和天然林资源保护工程，完成营造林3128万公顷。全面完成《新一轮退耕还林还草总体方案》确定的建设任务。在条件适宜地区推进规模化林场建设。积极推进森林质量精准提升工程，完成森林质量精准提升2000万公顷。加快国家储备林及用材林基地建设，完成国家储备林建设333万公顷。

（三）草原保护与修复

继续推进退牧还草、草原防灾减灾、鼠虫草害防治、严重退化沙化草原治理、农牧交错带已垦草原治理等重大工程，严格实施草原禁牧和草畜平衡制度，落实草原生态保护补助奖励政策。

（四）湿地保护与修复

全面加强湿地保护，在国际和国家重要湿地、湿地自然保护区、国家湿地公园实施湿地保护与修复工程，对功能降低、生物多样性减少的湿地进行综合治理。建成一批生态型河塘，开展湿地可持续利用示范。

（五）重点流域环境综合治理

加快推进重点流域水污染防治，对现状水质达到或优于Ⅲ类的湖库水体开展生态环境安全评估，强化湖泊生态环境保护，加强重点湖库蓝藻水防控。

（六）荒漠化、石漠化、水土流失综合治理

通过因地制宜实施封育保护、小流域综合治理、坡耕地治理等措施，新增水土流失治理面积28万平方公里，建成一批生态清洁小流域。持续推进防沙治沙和荒漠化防治，完成石漠化治理面积20万公顷。

续表

（七）农村土地综合整治

统筹开展农村地区建设用地整理和土地复垦，优化农村土地利用格局，提高农村土地利用效率。到 2020 年，开展 300 个土地综合整治示范村镇建设，基本形成农村土地综合整治制度体系；到 2022 年，示范村镇建设扩大到 1000 个，形成具备推广到全国的制度体系。

（八）重大地质灾害隐患治理

完善调查评价、监测预警、综合治理、应急防治等地质灾害防治体系，实现山地丘陵区地质灾害气象预警预报全覆盖，全面完成山地丘陵区地质灾害详细调查和重点地区地面沉降、地裂缝和岩溶塌陷调查，完成已发现的威胁人员密集区重大地质灾害隐患工程治理。

（九）生物多样性保护

开展生物多样性调查和评估，摸清生物多样性家底；构建生物多样性保护网络，掌握生物多样性动态变化趋势。推进自然保护区保护管理能力建设，保护和改善濒危野生动物栖息地，积极开展拯救繁育和野化放归。加强极小种群野生植物生境恢复和人工拯救。

（十）近岸海域综合治理

加快实施蓝色海湾整治行动，推动辽东湾、渤海湾、黄河口、胶州湾等重点河口海湾综合整治，强化海岸带保护与修复，完善入海排污口管理制度。

（十一）兴林富民行动

优化资源要素配置，构建布局合理、功能完备、结构优化的林业产业体系、服务体系，建立一批标准化、集约化、规模化示范基地。加快智慧林业发展，推动林区网络和信息基础设施基本全覆盖，建设林业基础数据库、资源监管体系、新型林区综合公共服务平台。大力推进森林生态标志产品认证，建立森林生态产品品牌保证监督体系和产品追溯体系，建设森林生态产品信息发布和网上交易平台。

第七篇　繁荣发展乡村文化

坚持以社会主义核心价值观为引领，以传承发展中华优秀传统文化为核心，以乡村公共文化服务体系建设为载体，培育文明乡风、良好家风、淳朴民风，推动乡村文化振兴，建设邻里守望、诚信重礼、勤俭节约的文明乡村。

第二十二章　加强农村思想道德建设

持续推进农村精神文明建设，提升农民精神风貌，倡导科学文明生活，不断提高乡村社会文明程度。

第一节　践行社会主义核心价值观

坚持教育引导、实践养成、制度保障三管齐下，采取符合农村特点的方式方法和载体，深化中国特色社会主义和中国梦宣传教育，大力弘扬民族精神和时代精神。加强爱国主义、集体主义、社会主义教育，深化民族团结进步教育。注重典型示范，深入实施时代新人培育工程，推出一批新时代农民的先进模范人物。把社会主义核心价值观融入法治建设，推动公正文明执法司法，彰显社会主流价值。强化公共政策价值导向，探索建立重大公共政策道德风险评估和纠偏机制。

第二节　巩固农村思想文化阵地

推动基层党组织、基层单位、农村社区有针对性地加强农村群众性思想政治工作。加强对农村社会热点难点问题的应对解读，合理引导社会预期。健全人文关怀和心理疏导机制，培育自尊自信、理性平和、积极向上的农村社会心态。深化文明村镇创建活动，进一步提高县级及以上文明村和文明乡镇的占比。广泛开展星级文明户、文明家庭等群众性精神文明创建活动。深入开展"扫黄打非"进基层。重视发挥社区教育作用，做好家庭教育，传承良好家风家训。完善文化科技卫生"三下乡"长效机制。

第三节　倡导诚信道德规范

深入实施公民道德建设工程，推进社会公德、职业道德、家庭美德、个人品德建设。推进诚信建设，强化农民的社会责任意识、规则意识、集体意识和主人翁意识。建立健全农村信用体系，完善守信激励和失信惩戒机制。弘扬劳动最光荣、劳动者最伟大的观念。弘扬中华孝道，强化孝敬父母、尊敬长辈的社会风尚。广泛开展好媳妇、好儿女、好公婆等评选表彰活动，开展寻找最美乡村教师、医生、村官、人民调解员等活动。深入宣传道德模范、身边好人的典型事迹，建立健全先进模范发挥作用的长效机制。

第二十三章　弘扬中华优秀传统文化

立足乡村文明，吸取城市文明及外来文化优秀成果，在保护传承的基础上，创造性转化、创新性发展，不断赋予时代内涵、丰富表现形式，为增强文化自信提供优质载体。

第一节　保护利用乡村传统文化

实施农耕文化传承保护工程，深入挖掘农耕文化中蕴含的优秀思想观念、人文精神、道德规范，充分发挥其在凝聚人心、教化群众、淳化民风中的重要作用。划定乡村建设的历史文化保护线，保护好文物古迹、传统村落、民族村寨、传统建筑、农业遗迹、灌溉工程遗产。传承传统建筑文化，使历史记忆、地域特色、民族特点融入乡村建设与维护。支持农村地区优秀戏曲曲艺、少数民族文化、民间文化等传承发展。完善非物质文化遗产保护制度，实施非物质文化遗产传承发展工程。实施乡村经济社会变迁物证征藏工程，鼓励乡村史志修编。

第二节　重塑乡村文化生态

紧密结合特色小镇、美丽乡村建设，深入挖掘乡村特色文化符号，盘活地方和民族特色文化资源，走特色化、差异化发展之路。以形神兼备为导向，保护乡村原有建筑风貌和村落格局，把民族民间文化元素融入乡村建设，深挖历史古韵，弘扬人文之美，重塑诗意闲适的人文环境和田绿草青的居住环境，重现原生田园风光和原本乡情乡愁。引导企业家、文化工作者、退休人员、文化志愿者等投身乡村文化建设，丰富农村文化业态。

第三节　发展乡村特色文化产业

加强规划引导、典型示范，挖掘培养乡土文化本土人才，建设一批特色鲜明、优势突出的农耕文化产业展示区，打造一批特色文化产业乡镇、文化产业特色村和文化产业群。大力推动农村地区实施传统工艺振兴计划，培育形成具有民族和地域特色的传统工艺产品，促进传统工艺提高品质、形成品牌、带动就业。积极开发传统节

日文化用品和武术、戏曲、舞龙、舞狮、锣鼓等民间艺术、民俗表演项目，促进文化资源与现代消费需求有效对接。推动文化、旅游与其他产业深度融合、创新发展。

第二十四章　丰富乡村文化生活

推动城乡公共文化服务体系融合发展，增加优秀乡村文化产品和服务供给，活跃繁荣农村文化市场，为广大农民提供高质量的精神营养。

第一节　健全公共文化服务体系

按照有标准、有网络、有内容、有人才的要求，健全乡村公共文化服务体系。推动县级图书馆、文化馆总分馆制，发挥县级公共文化机构辐射作用，加强基层综合性文化服务中心建设，实现乡村两级公共文化服务全覆盖，提升服务效能。完善农村新闻出版广播电视公共服务覆盖体系，推进数字广播电视户户通，探索农村电影放映的新方法新模式，推进农家书屋延伸服务和提质增效。继续实施公共数字文化工程，积极发挥新媒体作用，使农民群众能便捷获取优质数字文化资源。完善乡村公共体育服务体系，推动村健身设施全覆盖。

第二节　增加公共文化产品和服务供给

深入推进文化惠民，为农村地区提供更多更好的公共文化产品和服务。建立农民群众文化需求反馈机制，推动政府向社会购买公共文化服务，开展"菜单式"、"订单式"服务。加强公共文化服务品牌建设，推动形成具有鲜明特色和社会影响力的农村公共文化服务项目。开展文化结对帮扶。支持"三农"题材文艺创作生产，鼓励文艺工作者推出反映农民生产生活尤其是乡村振兴实践的优秀文艺作品。鼓励各级文艺组织深入农村地区开展惠民演出活动。加强农村科普工作，推动全民阅读进家庭、进农村，提高农民科学文化素养。

第三节　广泛开展群众文化活动

完善群众文艺扶持机制，鼓励农村地区自办文化。培育挖掘乡土文化本土人才，支持乡村文化能人。加强基层文化队伍培训，培养一支懂文艺爱农村爱农民、专兼职相结合的农村文化工作队伍。传承和发展民族民间传统体育，广泛开展形式多样的农民群众性体育活动。鼓励开展群众

性节日民俗活动，支持文化志愿者深入农村开展丰富多彩的文化志愿服务活动。活跃繁荣农村文化市场，推动农村文化市场转型升级，加强农村文化市场监管。

专栏10　乡村文化繁荣兴盛重大工程
（一）农耕文化保护传承 　　按照在发掘中保护、在利用中传承的思路，制定国家重要农业文化遗产保护传承指导意见。开展重要农业文化遗产展览展示，充分挖掘和弘扬中华优秀传统农耕文化，加大农业文化遗产宣传推介力度。
（二）戏曲进乡村 　　以县为基本单位，组织各级各类戏曲演出团体深入农村基层，为农民提供戏曲等多种形式的文艺演出，促进戏曲艺术在农村地区的传播普及和传承发展，争取到2020年在全国范围实现戏曲进乡村制度化、常态化、普及化。
（三）贫困地区村综合文化服务中心建设 　　在贫困地区百县万村综合文化服务中心示范工程和贫困地区民族自治县、边境县村综合文化服务中心覆盖工程的基础上，加大对贫困地区村级文化设施建设的支持力度，实现贫困地区村级综合文化服务中心全覆盖。
（四）中国民间文化艺术之乡 　　深入发掘农村各类优秀民间文化资源，培育特色文化品牌，培养一批扎根农村的乡土文化人才，每3年评审命名一批"中国民间文化艺术之乡"。
（五）古村落、古民居保护利用 　　完成全国重点文物保护单位和省级文物保护单位集中成片传统村落整体保护利用项目。吸引社会力量，实施"拯救老屋"行动，开展乡村遗产客栈示范项目，探索古村落古民居利用新途径，促进古村落的保护和振兴。
（六）少数民族特色村寨保护与发展 　　遴选2000个基础条件较好、民族特色鲜明、发展成效突出、示范带动作用强的少数民族特色村寨，打造成为少数民族特色村寨建设典范。深化民族团结进步教育，铸牢中华民族共同体意识，加强各民族交往交流交融。
（七）乡村传统工艺振兴 　　实施中国传统工艺振兴计划，从贫困地区试点起步，以非物质文化遗产传统工艺技能培训为抓手，帮助乡村群众掌握一门手艺或技术。支持具备条件的地区搭建平台，整合资源，提高传统工艺产品设计、制作水平，形成具有一定影响力的地方品牌。
（八）乡村经济社会变迁物证征藏 　　支持有条件的乡村依托古遗址、历史建筑、古民居等历史文化资源，建设遗址博物馆、生态（社区）博物馆、户外博物馆等，通过对传统村落、街区建筑格局、整体风貌、生产生活等传统文化和生态环境的综合保护与展示，再现乡村文明发展轨迹。

第八篇　健全现代乡村治理体系

把夯实基层基础作为固本之策，建立健全党委领导、政府负责、社会协同、公众参与、法治保障的现代乡村社会治理体制，推动乡村组织振兴，打造充满活力、和谐有序的善治乡村。

第二十五章　加强农村基层党组织对乡村振兴的全面领导

以农村基层党组织建设为主线，突出政治功能，提升组织力，把农村基层党组织建成宣传党的主张、贯彻党的决定、领导基层治理、团结动员群众、推动改革发展的坚强战斗堡垒。

第一节　健全以党组织为核心的组织体系

坚持农村基层党组织领导核心地位，大力推进村党组织书记通过法定程序担任村民委员会主任和集体经济组织、农民合作组织负责人，推行村"两委"班子成员交叉任职；提倡由非村民委员会成员的村党组织班子成员或党员担任村务监督委员会主任；村民委员会成员、村民代表中党员应当占一定比例。在以建制村为基本单元设置党组织的基础上，创新党组织设置。推动农村基层党组织和党员在脱贫攻坚和乡村振兴中提高威信、提升影响。加强农村新型经济组织和社会组织的党建工作，引导其始终坚持为农民服务的正确方向。

第二节　加强农村基层党组织带头人队伍建设

实施村党组织带头人整体优化提升行动。加大从本村致富能手、外出务工经商人员、本乡本土大学毕业生、复员退伍军人中培养选拔力度。以县为单位，逐村摸排分析，对村党组织书记集中调整优化，全面实行县级备案管理。健全从优秀村党组织书记中选拔乡镇领导干部、考录乡镇公务员、招聘乡镇事业编制人员机制。通过本土人才回引、院校定向培养、县乡统筹招聘等渠道，每个村储备一定数量的村级后备干部。全面向贫困村、软弱涣散村和集体经济薄弱村党组织派出第一书记，建立长效机制。

第三节　加强农村党员队伍建设

加强农村党员教育、管理、监督，推进"两学一做"学习教育常态化制度化，教育引导广大党员自觉用习近平新时代中国特色社会主义思想武装头脑。严格党的组织生活，全面落实"三会一课"、主题党日、谈心谈话、民主评议党员、党员联系农户等制度。加强农村流动党员管理。注重发挥无职党员作用。扩大党内基层民主，推进党务公开。加强党内激励关怀帮扶，定期走访慰问农村老党员、生活困难党员，帮助解决实际困难。稳妥有序开展不合格党员组织处置工作。加大在青年农民、外出务工人员、妇女中发展党员力度。

第四节　强化农村基层党组织建设责任与保障

推动全面从严治党向纵深发展、向基层延伸，严格落实各级党委尤其是县级党委主体责任，进一步压实县乡纪委监督责任，将抓党建促脱贫攻坚、促乡村振兴情况作为每年市县乡党委书记抓基层党建述职评议考核的重要内容，纳入巡视、巡察工作内容，作为领导班子综合评价和选拔任用领导干部的重要依据。坚持抓乡促村，整乡推进、整县提升，加强基本组织、基本队伍、基本制度、基本活动、基本保障建设，持续整顿软弱涣散村党组织。加强农村基层党风廉政建设，强化农村基层干部和党员的日常教育管理监督，加强对《农村基层干部廉洁履行职责若干规定（试行）》执行情况的监督检查，弘扬新风正气，抵制歪风邪气。充分发挥纪检监察机关在督促相关职能部门抓好中央政策落实方面的作用，加强对落实情况特别是涉农资金拨付、物资调配等工作的监督，开展扶贫领域腐败和作风问题专项治理，严厉打击农村基层黑恶势力和涉黑涉恶腐败及"保护伞"，严肃查处发生在惠农资金、征地拆迁、生态环保和农村"三资"管理领域的违纪违法问题，坚决纠正损害农民利益的行为，严厉整治群众身边腐败问题。全面执行以财政投入为主的稳定的村级组织运转经费保障政策。满怀热情关心关爱农村基层干部，政治上激励、工作上支持、待遇上保障、心理上关怀。重视发现和树立优秀农村基层干部典型，彰显榜样力量。

第二十六章　促进自治法治德治有机结合

坚持自治为基、法治为本、德治为先，健全和创新村党组织领导的充满活力的村民自治机制，强化法律权威地位，以德治滋养法治、涵养自治，让德治贯穿乡村治理全过程。

第一节　深化村民自治实践

加强农村群众性自治组织建设。完善农村民主选举、民主协商、民主决策、民主管理、民主监督制度。规范村民委员会等自治组织选举办法，健全民主决策程序。依托村民会议、村民代表会议、村民议事会、村民理事会等，形成民事民议、民事民办、民事民管的多层次基层协商格局。创新村民议事形式，完善议事决策主体和程序，落实群众知情权和决策权。全面建立健全村务监督委员会，健全务实管用的村务监督机制，推行村级事务阳光工程。充分发挥自治章程、村规民约在农村基层治理中的独特功能，弘扬公序良俗。继续开展以村民小组或自然村为基本单元的村民自治试点工作。加强基层纪委监委对村民委员会的联系和指导。

第二节　推进乡村法治建设

深入开展"法律进乡村"宣传教育活动，提高农民法治素养，引导干部群众尊法学法守法用法。增强基层干部法治观念、法治为民意识，把政府各项涉农工作纳入法治化轨道。维护村民委员会、农村集体经济组织、农村合作经济组织的特别法人地位和权利。深入推进综合行政执法改革向基层延伸，创新监管方式，推动执法队伍整合、执法力量下沉，提高执法能力和水平。加强乡村人民调解组织建设，建立健全乡村调解、县市仲裁、司法保障的农村土地承包经营纠纷调处机制。健全农村公共法律服务体系，加强对农民的法律援助、司法救助和公益法律服务。深入开展法治县（市、区）、民主法治示范村等法治创建活动，深化农村基层组织依法治理。

第三节　提升乡村德治水平

深入挖掘乡村熟人社会蕴含的道德规范，结合时代要求进行创新，强化道德教化作用，引导农民向上向善、孝老爱亲、重义守信、勤俭持家。建立道德激励约束机制，引导农民自我管理、自我教育、自我服务、自我提高，实现家庭和睦、邻里和谐、干群融洽。积极发挥新乡贤作用。深入推进移风易俗，开展专项文明行动，遏制大操大办、相互攀比、"天价彩礼"、厚葬薄养等陈规陋习。加强无神论宣传教育，抵制封建迷信活动。深化农村殡葬改革。

第四节　建设平安乡村

健全落实社会治安综合治理领导责任制，健全农村社会治安防控体系，推动社会治安防控力量下沉，加强农村群防群治队伍建设。深入开展扫黑除恶专项斗争。依法加大对农村非法宗教、邪教活动打击力度，严防境外渗透，继续整治农村乱建宗教活动场所、滥塑宗教造像。完善县乡村三级综治中心功能和运行机制。健全农村公共安全体系，持续开展农村安全隐患治理。加强农村警务、消防、安全生产工作，坚决遏制重特大安全事故。健全矛盾纠纷多元化解机制，深入排查化解各类矛盾纠纷，全面推广"枫桥经验"，做到小事不出村、大事不出乡（镇）。落实乡镇政府农村道路交通安全监督管理责任，探索实施"路长制"。探索以网格化管理为抓手，推动基层服务和管理精细化精准化。推进农村"雪亮工程"建设。

第二十七章　夯实基层政权

科学设置乡镇机构，构建简约高效的基层管理体制，健全农村基层服务体系，夯实乡村治理基础。

第一节　加强基层政权建设

面向服务人民群众合理设置基层政权机构、调配人力资源，不简单照搬上级机关设置模式。根据工作需要，整合基层审批、服务、执法等方面力量，统筹机构编制资源，整合相关职能设立综合性机构，实行扁平化和网格化管理。推动乡村治理重心下移，尽可能把资源、服务、管理下放到基层。加强乡镇领导班子建设，有计划地选派省市县机关部门有发展潜力的年轻干部到乡镇任职。加大从优秀选调生、乡镇事业编制人员、优秀村干部、大学生村官中选拔乡镇领导班子成员力度。加强边境地区、民族地区农村基层政权建设相关工作。

第二节　创新基层管理体制机制

明确县乡财政事权和支出责任划分，改进乡镇财政预算管理制度。推进乡镇协商制度化、规范化建设，创新联系服务群众工作方法。推进直接服务民生的公共事业部门改革，改进服务方式，最大限度方便群众。推动乡镇政务服务事项一窗式办理、部门信息系统一平台整合、社会服务管理大数据一口径汇集，不断提高乡村治理智能化水平。健全监督体系，规范乡镇管理行为。改革创新考评体系，强化以群众满意度为重点的考核导向。严格控制对乡镇设立不切实际的"一票否决"事项。

第三节　健全农村基层服务体系

制定基层政府在村（农村社区）治理方面的权责清单，推进农村基层服务规范化标准化。整合优化公共服务和行政审批职责，打造"一门式办理"、"一站式服务"的综合服务平台。在村庄普遍建立网上服务站点，逐步形成完善的乡村便民服务体系。大力培育服务性、公益性、互助性农村社会组织，积极发展农村社会工作和志愿服务。开展农村基层减负工作，集中清理对村级组织考核评比多、创建达标多、检查督查多等突出问题。

专栏11　乡村治理体系构建计划

（一）乡村便民服务体系建设

按照每百户居民拥有综合服务设施面积不低于30平方米的标准，加快农村社区综合服务设施覆盖。实施"互联网+农村社区"计划，推进农村社区公共服务综合信息平台建设。培育发展农村社区社会组织，加强农村社区工作者队伍建设，健全分级培训制度。

（二）"法律进乡村"宣传教育

开展"送法律进农村，维稳定促发展"农村主题法治宣传教育活动。利用农贸会、庙会和农村各种集市，组织法治宣传员、志愿者、人民调解员等进行现场法律咨询，发放宣传资料和普法读物。组织法治文艺演出，以农民群众喜闻乐见的形式把法律送到千家万户。

（三）"民主法治示范村"创建

健全"民主法治示范村"创建标准体系，深入推进农村民主选举、民主协商、民主决策、民主管理、民主监督，推进村务、财务公开，实现农民自我管理、自我教育、自我服务，提高农村社会法治化管理水平。

（四）农村社会治安防控体系建设

健全农村人防、技防、物防有机结合的防控网，增加农村集贸市场、庙会、商业网点、文化娱乐场所、车站码头、旅游景点等重点地区治安室与报警点设置，加强农村综治中心规范化建设，深化拓展农村网格化服务管理，加强农村消防、交通、危险物品、大型群众性活动安全监管，形成具有农村特色的社会治安防控格局。

（五）乡村基层组织运转经费保障

强化村级组织运转经费保障落实工作，开展定期检查督导，建立完善激励约束机制，健全公共财政支持和村级集体经济收益自我补充的保障机制，不断提高村级组织建设和运转的保障能力，为实施乡村振兴战略发挥基层组织的领导作用奠定基础。

第九篇　保障和改善农村民生

坚持人人尽责、人人享有，围绕农民群众最关心最直接最现实的利益问题，加快补齐农村民生短板，提高农村美好生活保障水平，让农民群众有更多实实在在的获得感、幸福感、安全感。

第二十八章　加强农村基础设施建设

继续把基础设施建设重点放在农村，持续加大投入力度，加快补齐农村基础设施短板，促进城乡基础设施互联互通，推动农村基础设施提档升级。

第一节　改善农村交通物流设施条件

以示范县为载体全面推进"四好农村路"建设，深化农村公路管理养护体制改革，健全管理养护长效机制，完善安全防护设施，保障农村地区基本出行条件。推动城市公共交通线路向城市周边延伸，鼓励发展镇村公交，实现具备条件的建制村全部通客车。加大对革命老区、民族地区、边疆地区、贫困地区铁路公益性运输的支持力度，继续开好"慢火车"。加快构建农村物流基础设施骨干网络，鼓励商贸、邮政、快递、供销、运输等企业加大在农村地区的设施网络布局。加快完善农村物流基础设施末端网络，鼓励有条件的地区建设面向农村地区的共同配送中心。

第二节　加强农村水利基础设施网络建设

构建大中小微结合、骨干和田间衔接、长期发挥效益的农村水利基础设施网络，着力提高节水供水和防洪减灾能力。科学有序推进重大水利工程建设，加强灾后水利薄弱环节建设，统筹推进中小型水源工程和抗旱应急能力建设。巩固提升农村饮水安全保障水平，开展大中型灌区续建配套节水改造与现代化建设，有序新建一批节水型、生态型灌区，实施大中型灌排泵站更新改造。推进小型农田水利设施达标提质，实施水系连通和河塘清淤整治等工程建设。推进智慧水利建设。深化农村水利工程产权制度与管理体制改革，健全基层水利服务体系，促进工程长期良性运行。

第三节　构建农村现代能源体系

优化农村能源供给结构，大力发展太阳能、浅层地热能、生物质能等，因地制宜开发利用水能和风能。完善农村能源基础设施网络，加快新一轮农村电网升级改造，推动供气设施向农村延伸。加快推进生物质热电联产、生物质供热、规模化生物质天然气和规模化大型沼气等燃料清洁化工程。推进农村能源消费升级，大幅提高电能在农村能源消费中的比重，加快实施北方农村地区冬季清洁取暖，积极稳妥推进散煤替代。推广农村绿色节能建筑和农用节能技术、产品。大力发展"互联网+"智慧能源，探索建设农村能源革命示范区。

第四节　夯实乡村信息化基础

深化电信普遍服务，加快农村地区宽带网络

和第四代移动通信网络覆盖步伐。实施新一代信息基础设施建设工程。实施数字乡村战略，加快物联网、地理信息、智能设备等现代信息技术与农村生产生活的全面深度融合，深化农业农村大数据创新应用，推广远程教育、远程医疗、金融服务进村等信息服务，建立空间化、智能化的新型农村统计信息系统。在乡村信息化基础设施建设过程中，同步规划、同步建设、同步实施网络安全工作。

专栏12 农村基础设施建设重大工程

（一）农村公路建设

对具备条件的乡镇、建制村全部实现通硬化路，加强窄路基或窄路面路段加宽改建。对存在安全隐患的路段增设安全防护设施，改造农村公路危桥。有序推进较大人口规模的撤并建制村通硬化路。开展国有农场林场林区道路建设。

（二）农村交通物流基础设施网络建设

支持农贸市场、农村"夫妻店"等传统流通网点改进提升现有设施设备，拓展配送等物流服务功能。到2020年，在行政村和具备条件的自然村基本实现物流配送网点全覆盖。完善农村客货运服务网络，支持县级客运站和乡镇客运综合服务站建设和改造。鼓励创新农村客运和物流配送组织模式，推进城乡客运、城乡配送协调发展。

（三）农村水利基础设施网络建设

完成流域面积3000平方公里及以上的244条重要河流治理，加快推进流域面积200~3000平方公里中小河流治理；实施1.3万余座小型病险水库除险加固；开展543个县的农村基层防汛预报预警体系建设。完成大型灌区续建配套节水改造任务。新建廖坊二期、大桥二期等一批大型灌区。完成大型灌排泵站更新改造任务。

（四）农村能源基础设施建设

因地制宜建设农村分布式清洁能源网络，开展分布式能源系统示范项目。开展农村可再生能源千村示范。启动农村燃气基础设施建设，扩大清洁气体燃料利用规模。农村电网供电可靠率达到99.8%，综合电压合格率达到97.9%，户均配变容量不低于2千伏安，天然气基础设施覆盖面和通达度显著提高。

（五）农村新一代信息网络建设

高速宽带城乡全覆盖，2018年提前实现98%行政村通光纤，重点支持边远地区等第四代移动通信基站建设。持续加强光纤到村建设，完善4G网络向行政村和有条件的自然村覆盖，到2020年，中西部农村家庭宽带普及率达到40%，在部分地区推进"百兆乡村"示范及配套支撑工程。改造提升乡镇及以下区域光纤宽带渗透率和接入能力，开展有关城域网扩容，实现90%以上宽带用户接入能力达到50Mbps以上，有条件地区可提供100Mbps以上接入服务能力。

第二十九章 提升农村劳动力就业质量

坚持就业优先战略和积极就业政策，健全城乡均等的公共就业服务体系，不断提升农村劳动者素质，拓展农民外出就业和就地就近就业空间，实现更高质量和更充分就业。

第一节 拓宽转移就业渠道

增强经济发展创造就业岗位能力，拓宽农村劳动力转移就业渠道，引导农村劳动力外出就业，更加积极地支持就地就近就业。发展壮大县域经济，加快培育区域特色产业，拓宽农民就业空间。大力发展吸纳就业能力强的产业和企业，结合新型城镇化建设合理引导产业梯度转移，创造更多适合农村劳动力转移就业的机会，推进农村劳动力转移就业示范基地建设。加强劳务协作，积极开展有组织的劳务输出。实施乡村就业促进行动，大力发展乡村特色产业，推进乡村经济多元化，提供更多就业岗位。结合农村基础设施等工程建设，鼓励采取以工代赈方式就近吸纳农村劳动力务工。

第二节 强化乡村就业服务

健全覆盖城乡的公共就业服务体系，提供全方位公共就业服务。加强乡镇、行政村基层平台建设，扩大就业服务覆盖面，提升服务水平。开展农村劳动力资源调查统计，建立农村劳动力资源信息库并实行动态管理。加快公共就业服务信息化建设，打造线上线下一体的服务模式。推动建立覆盖城乡全体劳动者、贯穿劳动者学习工作终身、适应就业和人才成长需要的职业技能培训制度，增强职业培训的针对性和有效性。在整合资源基础上，合理布局建设一批公共实训基地。

第三节　完善制度保障体系

推动形成平等竞争、规范有序、城乡统一的人力资源市场，建立健全城乡劳动者平等就业、同工同酬制度，提高就业稳定性和收入水平。健全人力资源市场法律法规体系，依法保障农村劳动者和用人单位合法权益。完善政府、工会、企业共同参与的协调协商机制，构建和谐劳动关系。落实就业服务、人才激励、教育培训、资金奖补、金融支持、社会保险等就业扶持相关政策。加强就业援助，对就业困难农民实行分类帮扶。

专栏13　乡村就业促进行动

（一）农村就业岗位开发

发展壮大县域经济，优化农村产业结构，加快推进农村一二三产业融合发展。鼓励在乡村地区新办环境友好型和劳动密集型企业。发展乡村特色产业，振兴传统工艺，培育一批家庭工场、手工作坊、乡村车间。

（二）农村劳动力职业技能培训

通过订单、定向和定岗式培训，对农村未升学初高中毕业生等新生代农民工开展就业技能培训，累计开展农民工培训4000万人次。继续实施春潮行动，到2020年，使各类农村转移就业劳动者都有机会接受1次相应的职业培训。

（三）城乡职业技能公共实训基地建设

充分利用现有设施设备，结合地区实际，建设一批区域性大型公共实训基地、市级综合型公共实训基地和县级地方产业特色型公共实训基地，构筑布局合理、定位明确、功能突出、信息互通、协调发展的职业技能实训基地网络。

（四）乡村公共就业服务体系建设

加强县级公共就业和社会保障服务机构及乡镇、行政村基层服务平台建设，合理配备经办管理服务人员，改善服务设施设备，推进基层公共就业和社会保障服务全覆盖。推进乡村公共就业服务全程信息化，开展网上服务，进行劳动力资源动态监测。开展基层服务人员能力提升计划。

第三十章　增加农村公共服务供给

继续把国家社会事业发展的重点放在农村，促进公共教育、医疗卫生、社会保障等资源向农村倾斜，逐步建立健全全民覆盖、普惠共享、城乡一体的基本公共服务体系，推进城乡基本公共服务均等化。

第一节　优先发展农村教育事业

统筹规划布局农村基础教育学校，保障学生就近享有有质量的教育。科学推进义务教育公办学校标准化建设，全面改善贫困地区义务教育薄弱学校基本办学条件，加强寄宿制学校建设，提升乡村教育质量，实现县域校际资源均衡配置。发展农村学前教育，每个乡镇至少办好1所公办中心幼儿园，完善县乡村学前教育公共服务网络。继续实施特殊教育提升计划。科学稳妥推行民族地区乡村中小学双语教育，坚定不移推行国家通用语言文字教育。实施高中阶段教育普及攻坚计划，提高高中阶段教育普及水平。大力发展面向农村的职业教育，加快推进职业院校布局结构调整，加强县级职业教育中心建设，有针对性地设置专业和课程，满足乡村产业发展和振兴需要。推动优质学校辐射农村薄弱学校常态化，加强城乡教师交流轮岗。积极发展"互联网＋教育"，推进乡村学校信息化基础设施建设，优化数字教育资源公共服务体系。落实好乡村教师支持计划，继续实施农村义务教育学校教师特设岗位计划，加强乡村学校紧缺学科教师和民族地区双语教师培训，落实乡村教师生活补助政策，建好建强乡村教师队伍。

第二节　推进健康乡村建设

深入实施国家基本公共卫生服务项目，完善基本公共卫生服务项目补助政策，提供基础性全方位全周期的健康管理服务。加强慢性病、地方病综合防控，大力推进农村地区精神卫生、职业病和重大传染病防治。深化农村计划生育管理服务改革，落实全面两孩政策。增强妇幼健康服务能力，倡导优生优育。加强基层医疗卫生服务体系建设，基本实现每个乡镇都有1所政府举办的乡镇卫生院，每个行政村都有1所卫生室，每个乡镇卫生院都有全科医生，支持中西部地区基层医疗卫生机构标准化建设和设备提档升级。切实加强乡村医生队伍建设，支持并推动乡村医生申请执业（助理）医师资格。全面建立分级诊疗制度，实行差别化的医保支付和价格政策。深入推进基层卫生综合改革，完善基层医疗卫生机构绩效工资制度。开展和规范家庭医生签约服务。树立大卫生大健康理念，广泛开展健康教育活动，倡导科学文明健康的生活方式，养成良好卫生习惯，提升居民文明卫生素质。

第三节　加强农村社会保障体系建设

按照兜底线、织密网、建机制的要求，全面建成覆盖全民、城乡统筹、权责清晰、保障适度、可持续的多层次社会保障体系。进一步完善城乡居民基本养老保险制度，加快建立城乡居民基本养老保险待遇确定和基础养老金标准正常调整机制。完善统一的城乡居民基本医疗保险制度和大病保险制度，做好农民重特大疾病救助工作，健全医疗救助与基本医疗保险、城乡居民大病保险及相关保障制度的衔接机制，巩固城乡居民医保全国异地就医联网直接结算。推进低保制度城乡统筹发展，健全低保标准动态调整机制。全面实施特困人员救助供养制度，提升托底保障能力和服务质量。推动各地通过政府购买服务、设置基层公共管理和社会服务岗位、引入社会工作专业人才和志愿者等方式，为农村留守儿童和妇女、老年人以及困境儿童提供关爱服务。加强和改善农村残疾人服务，将残疾人普遍纳入社会保障体系予以保障和扶持。

第四节　提升农村养老服务能力

适应农村人口老龄化加剧形势，加快建立以居家为基础、社区为依托、机构为补充的多层次农村养老服务体系。以乡镇为中心，建立具有综合服务功能、医养相结合的养老机构，与农村基本公共服务、农村特困供养服务、农村互助养老服务相互配合，形成农村基本养老服务网络。提高乡村卫生服务机构为老年人提供医疗保健服务的能力。支持主要面向失能、半失能老年人的农村养老服务设施建设，推进农村幸福院等互助型养老服务发展，建立健全农村留守老年人关爱服务体系。开发农村康养产业项目。鼓励村集体建设用地优先用于发展养老服务。

第五节　加强农村防灾减灾救灾能力建设

坚持以防为主、防抗救相结合，坚持常态减灾与非常态救灾相统一，全面提高抵御各类灾害综合防范能力。加强农村自然灾害监测预报预警，解决农村预警信息发布"最后一公里"问题。加强防灾减灾工程建设，推进实施自然灾害高风险区农村困难群众危房改造。全面深化森林、草原火灾防控治理。大力推进农村公共消防设施、消防力量和消防安全管理组织建设，改善农村消防安全条件。推进自然灾害救助物资储备体系建设。开展灾害救助应急预案编制和演练，完善应对灾害的政策支持体系和灾后重建工作机制。在农村广泛开展防灾减灾宣传教育。

专栏14　农村公共服务提升计划

（一）乡村教育质量提升

合理布局农村地区义务教育学校，保留并办好必要的小规模学校，乡村小规模学校和乡镇寄宿制学校全部达到基本办学标准。实施加快中西部教育发展行动计划，逐步实现乡村义务教育公办学校的师资标准化配置和校舍、场地标准化。加大对教育薄弱地区高中阶段教育发展支持力度，努力办好乡镇普通高中。加强乡村普惠性幼儿园建设。推进师范生实训中心和乡村教师发展机构建设，加大对乡村学校校长教师的培训力度。继续实施并扩大特岗计划规模，逐步达到每年招聘10万人，落实好特岗教师待遇。加快实施"三通两平台"建设工程，继续支持农村中小学信息化基础设施建设。

（二）健康乡村计划

加强乡镇卫生院、社区卫生服务机构和村卫生室标准化建设，基层医疗卫生机构标准化达标率达到95%以上，公有产权村卫生室比例达到80%以上，部分医疗服务能力强的中心乡镇卫生院医疗服务能力达到或接近二级综合医院水平，乡村两级医疗机构的门急诊人次占总诊疗人次65%左右。深入实施国家基本公共卫生服务项目。开展健康乡村建设，建成一批整洁有序、健康宜居的示范村镇。

续表

（三）全民参保计划

实施全民参保计划，基本实现法定人员全覆盖。开展全民参保登记，建立全面、完整、准确、动态更新的社会保险基础数据库。以在城乡之间流动就业和居住农民为重点，鼓励持续参保，积极引导在城镇稳定就业的农民工参加职工社会保险。实施社会保障卡工程，不断提高乡村持卡人口覆盖率。

（四）农村养老计划

通过邻里互助、亲友相助、志愿服务等模式，大力发展农村互助养老服务。依托农村社区综合服务中心（站）、综合性文化服务中心、村卫生室、农家书屋、全民健身设施等，为老年人提供关爱服务。统筹规划建设公益性养老服务设施，50%的乡镇建有1所农村养老机构。

第十篇　完善城乡融合发展政策体系

顺应城乡融合发展趋势，重塑城乡关系，更好激发农村内部发展活力、优化农村外部发展环境，推动人才、土地、资本等要素双向流动，为乡村振兴注入新动能。

第三十一章　加快农业转移人口市民化

加快推进户籍制度改革，全面实行居住证制度，促进有能力在城镇稳定就业和生活的农业转移人口有序实现市民化。

第一节　健全落户制度

鼓励各地进一步放宽落户条件，除极少数超大城市外，允许农业转移人口在就业地落户，优先解决农村学生升学和参军进入城镇的人口、在城镇就业居住5年以上和举家迁徙的农业转移人口以及新生代农民工落户问题。区分超大城市和特大城市主城区、郊区、新区等区域，分类制定落户政策，重点解决符合条件的普通劳动者落户问题。全面实行居住证制度，确保各地居住证申领门槛不高于国家标准、享受的各项基本公共服务和办事便利不低于国家标准，推进居住证制度覆盖全部未落户城镇常住人口。

第二节　保障享有权益

不断扩大城镇基本公共服务覆盖面，保障符合条件的未落户农民工在流入地平等享受城镇基本公共服务。通过多种方式增加学位供给，保障农民工随迁子女以流入地公办学校为主接受义务教育，以普惠性幼儿园为主接受学前教育。完善就业失业登记管理制度，面向农业转移人口全面提供政府补贴职业技能培训服务。将农业转移人口纳入社区卫生和计划生育服务体系，提供基本医疗卫生服务。把进城落户农民完全纳入城镇社会保障体系，在农村参加的养老保险和医疗保险规范接入城镇社会保障体系，做好基本医疗保险关系转移接续和异地就医结算工作。把进城落户农民完全纳入城镇住房保障体系，对符合条件的采取多种方式满足基本住房需求。

第三节　完善激励机制

维护进城落户农民土地承包权、宅基地使用权、集体收益分配权，引导进城落户农民依法自愿有偿转让上述权益。加快户籍变动与农村"三权"脱钩，不得以退出"三权"作为农民进城落户的条件，促使有条件的农业转移人口放心落户城镇。落实支持农业转移人口市民化财政政策，以及城镇建设用地增加规模与吸纳农业转移人口落户数量挂钩政策，健全由政府、企业、个人共同参与的市民化成本分担机制。

第三十二章　强化乡村振兴人才支撑

实行更加积极、更加开放、更加有效的人才政策，推动乡村人才振兴，让各类人才在乡村大施所能、大展才华、大显身手。

第一节　培育新型职业农民

全面建立职业农民制度，培养新一代爱农业、懂技术、善经营的新型职业农民，优化农业从业者结构。实施新型职业农民培育工程，支持新型职业农民通过弹性学制参加中高等农业职业教育。创新培训组织形式，探索田间课堂、网络教室等培训方式，支持农民专业合作社、专业技术协会、龙头企业等主体承担培训。鼓励各地开展职业农民职称评定试点。引导符合条件的新型职业农民参加城镇职工养老、医疗等社会保障制度。

第二节 加强农村专业人才队伍建设

加大"三农"领域实用专业人才培育力度，提高农村专业人才服务保障能力。加强农技推广人才队伍建设，探索公益性和经营性农技推广融合发展机制，允许农技人员通过提供增值服务合理取酬，全面实施农技推广服务特聘计划。加强涉农院校和学科专业建设，大力培育农业科技、科普人才，深入实施农业科研杰出人才计划和杰出青年农业科学家项目，深化农业系列职称制度改革。

第三节 鼓励社会人才投身乡村建设

建立健全激励机制，研究制定完善相关政策措施和管理办法，鼓励社会人才投身乡村建设。以乡情乡愁为纽带，引导和支持企业家、党政干部、专家学者、医生教师、规划师、建筑师、律师、技能人才等，通过下乡担任志愿者、投资兴业、行医办学、捐资捐物、法律服务等方式服务乡村振兴事业，允许符合要求的公职人员回乡任职。落实和完善融资贷款、配套设施建设补助、税费减免等扶持政策，引导工商资本积极投入乡村振兴事业。继续实施"三区"（边远贫困地区、边疆民族地区和革命老区）人才支持计划，深入推进大学生村官工作，因地制宜实施"三支一扶"、高校毕业生基层成长等计划，开展乡村振兴"巾帼行动"、青春建功行动。建立城乡、区域、校地之间人才培养合作与交流机制。全面建立城市医生教师、科技文化人员等定期服务乡村机制。

专栏15 乡村振兴人才支撑计划

（一）农业科研杰出人才计划和杰出青年农业科学家项目

加快培养农业科技领军人才和创新团队。面向生物基因组学、土壤污染防控与治理、现代农业机械与装备等新兴领域和交叉学科，每年选拔支持100名左右杰出青年农业科学家开展重大科技创新。

（二）乡土人才培育计划

开展乡土人才示范培训，实施农村实用人才"职业素质和能力提升计划"，培育一批"土专家"、"田秀才"、产业发展带头人和农村电商人才，扶持一批农业职业经理人、经纪人，培养一批乡村工匠、文化能人和非物质文化遗产传承人。

（三）乡村财会管理"双基"提升计划

以乡村基础财务会计制度建设、基本财会人员选配和专业技术培训为重点，提升农村集体经济组织、农民合作组织、自治组织的财务会计管理水平和开展各类基本经济活动的规范管理能力。

（四）"三区"人才支持计划

每年引导10万名左右优秀教师、医生、科技人员、社会工作者、文化工作者到边远贫困地区、边疆民族地区和革命老区工作或提供服务。每年重点扶持培养1万名左右边远贫困地区、边疆民族地区和革命老区急需紧缺人才。

第三十三章 加强乡村振兴用地保障

完善农村土地利用管理政策体系，盘活存量，用好流量，辅以增量，激活农村土地资源资产，保障乡村振兴用地需求。

第一节 健全农村土地管理制度

总结农村土地征收、集体经营性建设用地入市、宅基地制度改革试点经验，逐步扩大试点，加快土地管理法修改。探索具体用地项目公共利益认定机制，完善征地补偿标准，建立被征地农民长远生计的多元保障机制。建立健全依法公平取得、节约集约使用、自愿有偿退出的宅基地管理制度。在符合规划和用途管制前提下，赋予农村集体经营性建设用地出让、租赁、入股权能，明确入市范围和途径。建立集体经营性建设用地增值收益分配机制。

第二节 完善农村新增用地保障机制

统筹农业农村各项土地利用活动，乡镇土地利用总体规划可以预留一定比例的规划建设用地指标，用于农业农村发展。根据规划确定的用地结构和布局，年度土地利用计划分配中可安排一定比例新增建设用地指标专项支持农业农村发展。对于农业生产过程中所需各类生产设施和附属设施用地，以及由于农业规模经营必须兴建的配套设施，在不占用永久基本农田的前提下，纳入设施农用地管理，实行县级备案。鼓励农业生产与村庄建设用地复合利用，发展农村新产业新业态，拓展土地使用功能。

第三节　盘活农村存量建设用地

完善农民闲置宅基地和闲置农房政策，探索宅基地所有权、资格权、使用权"三权分置"，落实宅基地集体所有权，保障宅基地农户资格权和农民房屋财产权，适度放活宅基地和农民房屋使用权，不得违规违法买卖宅基地，严格实行土地用途管制，严格禁止下乡利用农村宅基地建设别墅大院和私人会馆。在符合土地利用总体规划前提下，允许县级政府通过村土地利用规划调整优化村庄用地布局，有效利用农村零星分散的存量建设用地。对利用收储农村闲置建设用地发展农村新产业新业态的，给予新增建设用地指标奖励。

第三十四章　健全多元投入保障机制

健全投入保障制度，完善政府投资体制，充分激发社会投资的动力和活力，加快形成财政优先保障、社会积极参与的多元投入格局。

第一节　继续坚持财政优先保障

建立健全实施乡村振兴战略财政投入保障制度，明确和强化各级政府"三农"投入责任，公共财政更大力度向"三农"倾斜，确保财政投入与乡村振兴目标任务相适应。规范地方政府举债融资行为，支持地方政府发行一般债券用于支持乡村振兴领域公益性项目，鼓励地方政府试点发行项目融资和收益自平衡的专项债券，支持符合条件、有一定收益的乡村公益性建设项目。加大政府投资对农业绿色生产、可持续发展、农村人居环境、基本公共服务等重点领域和薄弱环节支持力度，充分发挥投资对优化供给结构的关键性作用。充分发挥规划的引领作用，推进行业内资金整合与行业间资金统筹相互衔接配合，加快建立涉农资金统筹整合长效机制。强化支农资金监督管理，提高财政支农资金使用效益。

第二节　提高土地出让收益用于农业农村比例

开拓投融资渠道，健全乡村振兴投入保障制度，为实施乡村振兴战略提供稳定可靠资金来源。坚持取之于地、主要用之于农的原则，制定调整完善土地出让收入使用范围、提高农业农村投入比例的政策性意见，所筹集资金用于支持实施乡村振兴战略。改进耕地占补平衡管理办法，建立高标准农田建设等新增耕地指标和城乡建设用地增减挂钩节余指标跨省域调剂机制，将所得收益通过支出预算全部用于巩固脱贫攻坚成果和支持实施乡村振兴战略。

第三节　引导和撬动社会资本投向农村

优化乡村营商环境，加大农村基础设施和公用事业领域开放力度，吸引社会资本参与乡村振兴。规范有序盘活农业农村基础设施存量资产，回收资金主要用于补短板项目建设。继续深化"放管服"改革，鼓励工商资本投入农业农村，为乡村振兴提供综合性解决方案。鼓励利用外资开展现代农业、产业融合、生态修复、人居环境整治和农村基础设施等建设。推广一事一议、以奖代补等方式，鼓励农民对直接受益的乡村基础设施建设投工投劳，让农民更多参与建设管护。

第三十五章　加大金融支农力度

健全适合农业农村特点的农村金融体系，把更多金融资源配置到农村经济社会发展的重点领域和薄弱环节，更好满足乡村振兴多样化金融需求。

第一节　健全金融支农组织体系

发展乡村普惠金融。深入推进银行业金融机构专业化体制机制建设，形成多样化农村金融服务主体。指导大型商业银行立足普惠金融事业部等专营机制建设，完善专业化的"三农"金融服务供给机制。完善中国农业银行、中国邮政储蓄银行"三农"金融事业部运营体系，明确国家开发银行、中国农业发展银行在乡村振兴中的职责定位，加大对乡村振兴信贷支持。支持中小型银行优化网点渠道建设，下沉服务重心。推动农村信用社省联社改革，保持农村信用社县域法人地位和数量总体稳定，完善村镇银行准入条件。引导农民合作金融健康有序发展。鼓励证券、保险、担保、基金、期货、租赁、信托等金融资源聚焦服务乡村振兴。

第二节　创新金融支农产品和服务

加快农村金融产品和服务方式创新，持续深入推进农村支付环境建设，全面激活农村金融服务链条。稳妥有序推进农村承包土地经营权、农民住房财产权、集体经营性建设用地使用权抵押贷款试点。探索县级土地储备公司参与农村承包土地经营权和农民住房财产权"两权"抵押试点工作。充分发挥全国信用信息共享平台和金融信用信息基础数据库的作用，探索开发新型信用类金融支农产品和服务。结合农村集体产权制度改革，探索利用量化的农村集体资产股权的融资方式。提高直接融资比重，支持农业企业依托多层次资本市场发展壮大。创新服务模式，引导持牌金融机构通过互联网和移动终端提供普惠金融服务，促进金融科技与农村金融规范发展。

第三节 完善金融支农激励政策

继续通过奖励、补贴、税收优惠等政策工具支持"三农"金融服务。抓紧出台金融服务乡村

振兴的指导意见。发挥再贷款、再贴现等货币政策工具的引导作用，将乡村振兴作为信贷政策结构性调整的重要方向。落实县域金融机构涉农贷款增量奖励政策，完善涉农贴息贷款政策，降低农户和新型农业经营主体的融资成本。健全农村金融风险缓释机制，加快完善"三农"融资担保体系。充分发挥好国家融资担保基金的作用，强化担保融资增信功能，引导更多金融资源支持乡村振兴。制定金融机构服务乡村振兴考核评估办法。改进农村金融差异化监管体系，合理确定金融机构发起设立和业务拓展的准入门槛。守住不发生系统性金融风险底线，强化地方政府金融风险防范处置责任。

专栏16　乡村振兴金融支撑重大工程

（一）金融服务机构覆盖面提升

稳步推进村镇银行县市设立工作，扩大县域银行业金融机构服务覆盖面。在严格保持县域网点稳定的基础上，推动银行业金融机构在风险可控、有利于机构可持续发展的前提下，到空白乡镇设立标准化固定营业网点。

（二）农村金融服务"村村通"

在具备条件的行政村，依托农村社区超市、供销社经营网点，广泛布设金融电子机具、自助服务终端和网络支付端口等，推动金融服务向行政村延伸。

（三）农村金融产品创新

深化"银保合作"，开发设计以贷款保证保险为风险缓释手段的小额贷款产品。探索开展适合新型农业经营主体的订单融资和应收账款融资，以及农业生产设备、设施抵押贷款等业务。

（四）农村信用体系建设

搭建以"数据库+网络"为核心的信用信息服务平台，提高信用体系覆盖面和应用成效。积极推进"信用户"、"信用村"、"信用乡镇"创建，提升农户融资可获得性，降低融资成本。

第十一篇　规划实施

实行中央统筹、省负总责、市县抓落实的乡村振兴工作机制，坚持党的领导，更好履行各级政府职责，凝聚全社会力量，扎实有序推进乡村振兴。

第三十六章　加强组织领导

坚持党总揽全局、协调各方，强化党组织的领导核心作用，提高领导能力和水平，为实现乡村振兴提供坚强保证。

第一节　落实各方责任

强化地方各级党委和政府在实施乡村振兴战略中的主体责任，推动各级干部主动担当作为。坚持工业农业一起抓、城市农村一起抓，把农业

农村优先发展原则体现到各个方面。坚持乡村振兴重大事项、重要问题、重要工作由党组织讨论决定的机制，落实党政一把手是第一责任人、五级书记抓乡村振兴的工作要求。县委书记要当好乡村振兴"一线总指挥"，下大力气抓好"三农"工作。各地区要依照国家规划科学编制乡村振兴地方规划或方案，科学制定配套政策和配置公共资源，明确目标任务，细化实化政策措施，增强可操作性。各部门要各司其职、密切配合，抓紧制定专项规划或指导意见，细化落实并指导地方完成国家规划提出的主要目标任务。建立健全规划实施和工作推进机制，加强政策衔接和工作协调。培养造就一支懂农业、爱农村、爱农民的"三农"工作队伍，带领群众投身乡村振兴伟大事业。

第二节　强化法治保障

各级党委和政府要善于运用法治思维和法治方式推进乡村振兴工作，严格执行现行涉农法律法规，在规划编制、项目安排、资金使用、监督管理等方面，提高规范化、制度化、法治化水平。完善乡村振兴法律法规和标准体系，充分发挥立法在乡村振兴中的保障和推动作用。推动各类组织和个人依法依规实施和参与乡村振兴。加强基层执法队伍建设，强化市场监管，规范乡村市场秩序，有效促进社会公平正义，维护人民群众合法权益。

第三节　动员社会参与

搭建社会参与平台，加强组织动员，构建政府、市场、社会协同推进的乡村振兴参与机制。创新宣传形式，广泛宣传乡村振兴相关政策和生动实践，营造良好社会氛围。发挥工会、共青团、妇联、科协、残联等群团组织的优势和力量，发挥各民主党派、工商联、无党派人士等积极作用，凝聚乡村振兴强大合力。建立乡村振兴专家决策咨询制度，组织智库加强理论研究。促进乡村振兴国际交流合作，讲好乡村振兴的中国故事，为世界贡献中国智慧和中国方案。

第四节　开展评估考核

加强乡村振兴战略规划实施考核监督和激励约束。将规划实施成效纳入地方各级党委和政府及有关部门的年度绩效考评内容，考核结果作为有关领导干部年度考核、选拔任用的重要依据，确保完成各项目标任务。本规划确定的约束性指标以及重大工程、重大项目、重大政策和重要改革任务，要明确责任主体和进度要求，确保质量和效果。加强乡村统计工作，因地制宜建立客观反映乡村振兴进展的指标和统计体系。建立规划实施督促检查机制，适时开展规划中期评估和总结评估。

第三十七章　有序实现乡村振兴

充分认识乡村振兴任务的长期性、艰巨性，保持历史耐心，避免超越发展阶段，统筹谋划，典型带动，有序推进，不搞齐步走。

第一节　准确聚焦阶段任务

在全面建成小康社会决胜期，重点抓好防范化解重大风险、精准脱贫、污染防治三大攻坚战，加快补齐农业现代化短腿和乡村建设短板。在开启全面建设社会主义现代化国家新征程时期，重点加快城乡融合发展制度设计和政策创新，推动城乡公共资源均衡配置和基本公共服务均等化，推进乡村治理体系和治理能力现代化，全面提升农民精神风貌，为乡村振兴这盘大棋布好局。

第二节　科学把握节奏力度

合理设定阶段性目标任务和工作重点，分步实施，形成统筹推进的工作机制。加强主体、资源、政策和城乡协同发力，避免代替农民选择，引导农民摒弃"等靠要"思想，激发农村各类主体活力，激活乡村振兴内生动力，形成系统高效的运行机制。立足当前发展阶段，科学评估财政承受能力、集体经济实力和社会资本动力，依法合规谋划乡村振兴筹资渠道，避免负债搞建设，防止刮风搞运动，合理确定乡村基础设施、公共产品、制度保障等供给水平，形成可持续发展的长效机制。

第三节　梯次推进乡村振兴

科学把握我国乡村区域差异，尊重并发挥基层首创精神，发掘和总结典型经验，推动不同地区、不同发展阶段的乡村有序实现农业农村现代化。发挥引领区示范作用，东部沿海发达地区、人口净流入城市的郊区、集体经济实力强以及其他具备条件的乡村，到2022年率先基本实现农业农村现代化。推动重点区加速发展，中小城市和小城镇周边以及广大平原、丘陵地区的乡村，涵盖我国大部分村庄，是乡村振兴的主战场，到2035年基本实现农业农村现代化。聚焦攻坚区精准发力，革命老区、民族地区、边疆地区、集中连片特困地区的乡村，到2050年如期实现农业农村现代化。

发改委关于印发《促进乡村旅游发展提质升级行动方案（2017年）》的通知

发改社会〔2017〕1292号

各省、自治区、直辖市及计划单列市、新疆生产建设兵团发展改革委、工信厅（委）、财政厅（局）、国土资源厅（局）、环保厅（局）、住建厅（规划国土委、规划局、规划国土局）、交通运输厅（局、委）、农业（农牧、农村经济）厅（局、委、办）、人民银行上海总部、各分行营业管理部、各省会（首府）城市中心支行、各副省级城市中心支行、林业厅（局）、旅游局（旅发委）、扶贫办、银监局、文物局：

为促进乡村旅游发展提质升级，进一步发挥乡村旅游在稳增长、促消费、减贫困、惠民生等方面的积极作用，巩固我国当前经济稳中向好势头，国家发展改革委会同有关部门共同研究制定了《促进乡村旅游发展提质升级行动方案（2017年）》。现印发你们，请认真贯彻实施。

附件：促进乡村旅游发展提质升级行动方案（2017年）

国家发展改革委 工业和信息化部
财政部 国土资源部 环境保护部
住房城乡建设部 交通运输部
农业部 人民银行
林业局 旅游局 扶贫办
银监会 文物局
2017年7月11日

附件 促进乡村旅游发展提质升级行动方案（2017年）

乡村旅游市场需求旺盛、富民效果突出、发展潜力巨大，是新时期居民休闲度假旅游消费的重要方式，也是促进农民增收、农业增效和农村经济社会全面发展的重要力量。为推动我国乡村旅游持续健康发展，进一步发挥乡村旅游在稳增长、促消费、减贫困、惠民生等方面的积极作用，巩固当前我国经济稳中向好势头，特制定本行动方案。

一、总体要求

（一）指导思想

全面贯彻党的十八大和十八届三中、四中、五中、六中全会精神，牢固树立和贯彻落实创新、协调、绿色、开放、共享发展理念，统筹推进"五位一体"总体布局和"四个全面"战略布局，以供给侧结构性改革为主线，持续深化放管服改革，坚持区域化引导、多元化推动、特色化建设、规范化管理，2017年集中采取一批有力有效的政策措施，加大扶持力度，创新发展机制，改善基础设施条件，提高公共服务水平，健全市场监管环境，强化乡村生态环境和乡村风貌保护，全面提升乡村旅游发展质量和服务水平，推动乡村旅游成为促进农村经济发展、农业结构调整、农民增收致富的重要力量，成为建设美丽乡村的重要载体。

（二）基本原则

因地制宜，突出特色。强化规划引领，根据各地资源环境禀赋和产业基础，明确乡村旅游发展重点，因地制宜、科学制定路线图、时间表和任务书，集中力量培育发展特色化、多样化、差异化乡村旅游产品和品牌。产业协同，融合发展。强化政策扶持，促进乡村旅游与红色旅游、生态旅游、民俗旅游等业态相结合，以乡村旅游为核心带动餐饮、住宿、娱乐、观光、购物、种养、手工业等相关产业发展，推动农业一二三产业深度融合。以农为本，注重保护。强化规范开发，严守生态保护红线，以农业、农村、农民作为乡村旅游发展的基本依托，加强对乡村环境和乡村风貌的保护，保持村庄原有格局肌理和整体风貌，通过发展乡村旅游带动乡村环境改善，促进农民增收、农业增效。政府引导，社会参与。强化政府引导，充分发挥市场在资源配置中的决定性作用，积极调动行业协会等社会组织积极性，借助大专院校、科研机构智力资源，汇众智、聚众力，形成推进乡村旅游协调、规范、健康发展的强劲合力。

（三）行动目标

通过组织落实各项行动任务，推动形成体系完善、布局合理、品质优良、百花齐放的乡村旅游发展格局，争取 2017 年全国乡村旅游实际完成投资达到约 5500 亿元，年接待人数超过 25 亿人次，乡村旅游消费规模增至 1.4 万亿元，带动约 900 万户农民受益。

二、行动任务

（一）激发投资活力，改善乡村旅游基础设施和配套服务

1. 鼓励和引导民间投资通过 PPP、公建民营等方式参与厕所及污水处理、停车场、游客咨询服务中心等乡村基础设施建设和运营。对自身欠缺营利性的建设项目，可采用周边餐饮住宿项目等优质资源捆绑方式吸引民间投资。探索通过购买服务等方式由第三方提供垃圾处理、环境整治等公共服务。（地方有关部门，国家发展改革委、财政部、环境保护部）

2. 推动民间投资新建自驾车旅居车营地 100 个左右，着力打造一批乡村旅游精品自驾路线，完善配套指示标识、应急救援等设施和服务。（地方有关部门，国家旅游局、国家发展改革委、交通运输部）

3. 加强今年已安排中央预算内投资的旅游基础设施和公共服务设施建设项目的组织实施，力争实现年内 100% 开工，有条件的地方要加快项目建设进程，争取年内建成投入使用；强化储备项目前期工作力度，争取 2018 年能有更多的旅游基础设施建设项目具备开工建设条件。（地方有关部门，国家发展改革委、国家旅游局）

4. 对国家 5A 级旅游景区内乡村旅游重点村的停车设施建设情况进行摸底调查，研究相关支持政策；在中央预算内投资安排中，对集中连片特困地区符合条件的乡村旅游重点村通村硬化路工程予以重点倾斜。（地方有关部门，国家旅游局、国家发展改革委）

（二）完善发展环境，强化乡村旅游扶持政策和长效机制

5. 落实以长期租赁、先租后让、租让结合方式提供乡村旅游项目建设用地等政策；在符合相关规划的前提下，鼓励农村集体经济组织依法使用农村集体建设用地以土地使用权入股、联营等方式，与其他单位和个人共同举办住宿、餐饮、停车场等乡村旅游接待服务企业；推动各省（区、市）制定管理办法，允许本地居民利用自有住宅或者其他条件依法从事乡村旅游经营。（地方有关部门，国土资源部、农业部、国家旅游局）

6. 强化村集体的组织和带头作用，探索实行股份公司、专业合作社等新型经营管理模式，重点培育农民专业合作社等新型经营主体。鼓励村民、村集体、投资者等各方建立紧密型利益联结机制，明确各方在公共环境维护、农业文化遗产保护等方面的权利义务。引导乡村旅游投资者、经营者和村集体共同组成地区性行业协会、联合会等，发挥协会作用，加强行业自律。（地方有关部门，农业部）

7. 促进"旅游+农业+互联网"融合发展，推动 1000 个乡村旅游重点村与旅游电商、现代物流等企业建立合作关系，持续推进"乡村旅游后备厢工程"、"一村一品"产业建设专项行动。鼓励和引导乡村旅游与互联网等现代信息技术相结合，发展智慧乡村旅游。（国家旅游局、农业部、工信部，地方有关部门）

8. 推动东部地区与中西部和东北适宜发展乡

村旅游的地区结对定点帮扶，建立人才交流互访和资源共享机制。推动大学生村官工作与乡村旅游扶贫开发相结合，鼓励和引导大学生从事乡村旅游创新创业。鼓励各地采用政府购买服务等方式，组织本地从业人员就近就地参加乡村旅游食宿服务、管理运营、市场营销等技能培训，重点培养1000名以上乡村旅游带头人。（国家旅游局、农业部、国务院扶贫办，地方有关部门）

9. 推动目前已经实行淡旺季门票差异化政策的景区加大淡季优惠力度，鼓励依托重要文化和自然遗产地等公共资源建设的景区，在符合景区承载力前提下，在淡季探索实行免费开放日（周），带动周边乡村发展民宿、餐饮、购物等业态。（地方有关部门，住房城乡建设部、环境保护部、国家文物局、国家林业局、国家旅游局）

10. 推动普惠金融发展，引导金融机构面向乡村旅游项目和企业创新开展乡村旅游贷等小额信贷业务，鼓励融资担保公司开展适应乡村旅游特点的融资担保业务，建立健全乡村旅游信用评级体系，引入外部第三方信用评级，通过揭示并防范信用风险，加大对乡村旅游经营主体特别是中小企业和个体经营户的金融支持力度。（地方有关部门，中国人民银行、银监会）

11. 加强乡村旅游信用体系建设。对乡村旅游经营主体建立信用记录，纳入全国信用信息共享平台，并依法在"信用中国"网站向社会公示。构建以信用为核心的乡村旅游监管体制，采用信用分级差异化监管方式，并建立守信联合激励和失信联合惩戒机制。（地方有关部门，国家旅游局、国家发展改革委）

（三）加强分类指导，推动乡村旅游区域差异化发展

12. 东中西部地区乡村旅游发展政策要实行差异化引导。东部地区重点鼓励和引导中小资本参与乡村旅游开发，针对重要城市群居民休闲度假消费特征，宣传推广一批特色突出、带动作用强的乡村旅游品牌，推动乡村旅游提质升级。中西部地区选取条件适宜的乡村规划发展乡村旅游，着力改善基础设施和配套服务设施，结合危房改造、易地扶贫搬迁、新农村建设等工作，重点发展康养度假、农耕体验、生态体验等旅游业态，调动多方资源增强乡村旅游脱贫富民功能。东北地区利用气候环境优势，打造一批融滑雪、登山、徒步、露营等为一体的冰雪旅游度假区，统筹周边乡村旅游推出冬季复合型冰雪旅游基地和夏季避暑休闲度假胜地，强化"景区带村"辐射作用。（地方有关部门，国家旅游局、农业部、国家发展改革委、国家林业局）

13. 各地根据经济社会条件、资源环境禀赋出台乡村旅游发展指引，明确本地区乡村旅游发展重点和发展路径，培育具有鲜明地域特征的乡村旅游品牌，提出改善基础设施条件、提高公共服务水平、提升旅游产品质量、健全市场监管环境、强化乡村生态环境和乡村风貌保护等方面的具体举措，大力推进乡村旅游模范村、美丽休闲乡村、休闲农庄、乡村旅游模范户、乡村旅游创客示范基地建设，引导本地区乡村旅游特色化、差异化、规范化发展。（地方有关部门，国家旅游局、国家发展改革委、环境保护部、农业部）

三、组织实施

各地各部门要充分认识发展乡村旅游在巩固经济稳中向好势头中的重要作用，整合优化现有资源，形成促进乡村旅游发展提质升级的合力，2017年底前各项任务取得突出进展。各地有关部门要在地方政府统一领导下，紧密结合实际，年内制定乡村旅游发展指引并报国家发展改革委、国家旅游局备案，明确责任主体，建立工作台账，明确时间表、路线图，切实落实各项行动任务，实现本地区乡村旅游发展的提质升级。各相关部门要按照职责分工，强化统筹，密切配合，完善措施，加强对地方的工作指导，着力营造乡村旅游良好发展环境。

农业部办公厅关于开展中国美丽休闲乡村推介工作的通知

农办加〔2016〕8号

为深入贯彻落实党的十八届五中全会和中央一号文件精神，总结各地发展休闲农业和乡村旅游的经验，树立一批发展典型，促进美丽宜居乡村建设，农业部决定开展中国美丽休闲乡村推介活动。现就有关事项通知如下。

一、目标要求

牢固树立并切实贯彻创新、协调、绿色、开放、共享的新发展理念，按照"政府指导、农民主体、多方参与、共建共享"的思路，以建设美丽宜居乡村为目标，以推进生态文明、实现人与自然和谐发展为核心，以传承农耕文明、展示民俗文化、保护传统民居、建设美丽田园、发展休闲农业为重点，加强组织领导，完善政策措施，加大公共服务，带动农民创建，实行动态管理，打造一批天蓝、地绿、水净，安居、乐业、增收的美丽休闲乡村，培育消费新增长点，增强经济发展新动能，推动农业供给侧结构性改革，为促进新型城镇化和城乡一体化发展，推进社会主义新农村和美丽中国建设添彩。

二、基本条件

中国美丽休闲乡村推介活动以村为主体单位，包括历史古村、特色民居村、现代新村、特色民俗村等类型，集中连片发展较好的形成休闲农业特色的乡镇也可推荐申报。参加推介的村应以农业为基础、农民为主体、乡村为单元，依托悠久的村落建筑、独特的民居风貌、厚重的农耕文明、浓郁的乡村文化、多彩的民俗风情、良好的生态资源，因地制宜发展休闲农业和乡村旅游，功能特色突出，文化内涵丰富，品牌知名度高，农民利益分享机制完善，具有很强的示范辐射和推广作用。被我部认定过中国最有魅力休闲乡村和中国最美休闲乡村的村不再纳入此次推介范围。具体条件为：

（一）**优美的生态环境。**能够贯彻落实中央保护环境的要求，制定了具体有效的环境保护措施，自觉推动绿色发展、循环发展和低碳发展，形成山水林田湖有机生命综合体和资源节约型空间格局、产业结构、生产方式和生活方式。

（二）**多元的产业功能。**农业功能得到充分拓展，农耕文明、田园风貌、民俗文化得到传承，农业生产功能与休闲功能有机结合，一二三产业有机融合，就地吸纳农民创业就业容量大，带动农民增收能力强。

（三）**独特的村容景致。**乡土民俗文化内涵丰富，村落民居原生状态保持完整，基础设施功能齐全，乡村各要素统一协调，传统文化与现代文明交相辉映，浑然一体，村容景致令人流连忘返。

（四）**良好的精神风貌。**基层组织健全，管理民主，社会和谐；村民尊老爱幼，邻里相互关爱，村民生活怡然自得；民风淳朴，热情好客，诚实守信。

三、推荐程序

申报推介的组织工作由各省、自治区、直辖市及计划单列市、新疆生产建设兵团农业管理部门负责。此次推介为政府公益活动，不收取任何费用。

（一）**乡村申报**。各村在对照推介条件进行自我评估的基础上，填写《中国美丽休闲乡村申报表》，向县级农业管理部门提出申请，并附本村综合情况材料。

（二）**县级审核**。县级农业管理部门负责对本县的申报乡村进行考核，符合条件的向省级农业管理部门推荐，并登录中国休闲农业网（www.crr.gov.cn）填写相关材料的电子申报文档。

（三）**省级推荐**。省级农业管理部门初审后择优申报。每省（自治区、直辖市）最多申报6个村，计划单列市和新疆生产建设兵团最多申报3个村。请省级部门将确定推荐的村排好序，正式报送纸质推荐文件，同时登录中国休闲农业网（www.crr.gov.cn）将拟申报的村进行提交（注：各县和各省确定的村的申报材料只通过网络提交，不需报纸质材料）。

（四）**申报时间**。2016年的申报截止时间为2016年7月15日。

四、认定管理

（一）**专家审核**。我部把各地的申报材料提交休闲农业专家委员会进行审核，筛选出一批中国美丽休闲乡村。

（二）**网上公示**。经我部审定后，对拟认定的中国美丽休闲乡村在中国农业信息网和中国休闲农业网上进行公示。

（三）**正式认定**。网上公示无异议的村，由我部认定为中国美丽休闲乡村并授牌。

（四）**动态管理**。农业部对认定的中国美丽休闲乡村加强考核、实行动态管理，违反国家法律法规、侵害消费者权益、危害农民利益、发生重大安全事故，不按时整改的，取消其资格。

五、组织实施

（一）**加强组织领导**。各级农业管理部门要精心组织安排，创新遴选机制，注重遴选过程，按照标准从优筛选，从严控制申报数量，确保推荐的村具有示范带动作用。由于此次申报采取电子文档形式，请各级农业部门做好工作部署安排。

（二）**强化政策扶持**。各地要以推介工作为契机，进一步增强服务意识，完善服务体系，拓展服务领域，与中国传统村落保护和美丽宜居乡村建设等项目有机结合，加大政府投入和扶持力度，促进美丽宜居乡村建设。

（三）**搞好宣传推介**。各地要加大宣传力度，让中国美丽休闲乡村推介成为农民的内在需求和自觉行动。通过推介活动，树立一批典型，打造一批品牌，富裕一方农民，营造美丽乡村和美丽中国建设的良好氛围。

六、联系方式

联系人：辛　欣　曹　宇
电　话：010-59192271，59192797
通讯地址：北京市朝阳区农展南里11号
邮　编：100125
附件：2016年中国美丽休闲乡村申报表

农业部办公厅
2016年4月19日

附件　2016 年中国美丽休闲乡村申报表

乡村名称：_____

省（区、市）：_____

中华人民共和国农业部制

		省（区、市）　　　　县（区）　　　　镇（乡）　　　　村		
村庄资讯	联系人	姓名：　　　　　职务：　　　　　手机：		
	类型	历史古村 □　　　　特色民居村 □ 现代新村 □　　　　特色民俗村 □ （在方框内打√）		
	乘车及行车路线			
	最佳休闲时间			
基本情况	基本概况主要包括地理位置、人口情况、特色之处；建设美丽休闲乡村的发展成效、做法、经验，以及对当地经济社会带动状况等，字数不少于1000字。			

县级农业部门（盖章）

年　月　日

省级农业部门（盖章）

年　月　日

农业部关于公布 2016 年中国美丽休闲乡村推介结果的通知

农加发〔2016〕4 号

美丽乡村是美丽中国的重要组成部分。加快建设美丽休闲乡村，对于传承农耕文明、保护传统民居，培育消费新增长点，增强乡村经济发展新动能，推动农业供给侧结构性改革，带动农民就业增收、促进新型城镇化和城乡一体化发展具有重要作用。

为深入贯彻落实党中央国务院建设美丽宜居乡村和美丽中国的决策部署，总结各地休闲农业和乡村旅游发展经验，树立发展典型，促进美丽宜居乡村建设，推进生态文明建设，2016 年，农业部按照"政府指导、农民主体、多方参与、共建共享"的思路，组织开展了中国美丽休闲乡村推介活动。经过地方推荐、专家审核和网上公示等程序，形成了 2016 年中国美丽休闲乡村推介名单，现予以公布。

希望此次推介的乡村要珍惜荣誉，加强管理，进一步拓展农业功能，挖掘农耕文化，保育生态环境，改善服务设施，开发特色产品，提升服务质量，不断提升本村的休闲农业和乡村旅游发展水平，切实发挥好示范带动作用。各级休闲农业管理部门要进一步加强组织领导，完善政策措施，加大公共服务，强化宣传推介，培育一批知名品牌，让推介的中国美丽休闲乡村保持天蓝、地绿、水净，安居、乐业、增收的良好状态，成为发展现代农业、增加农民收入、建设社会主义新农村的典范，成为市民观光旅游、休闲度假、养生养老、回忆乡愁的好去处，为建设美丽宜居乡村、健康乡村和美丽中国、健康中国做出新的更大的贡献。

附件：2016 年中国美丽休闲乡村推介名单

农业部

2016 年 9 月 13 日

附件　2016 年中国美丽休闲乡村推介名单

特色民居村（40 个）

北京市延庆区下湾村
天津市蓟县小穿芳峪村
山西省平定县理家庄村
内蒙古自治区伊金霍洛旗龙活音扎巴村
辽宁省盘锦市大洼区石庙子村
吉林省长春市九台区平安堡村
上海市浦东新区旗杆村
上海市金山区中华村
江苏省昆山市姜杭村
江苏省盐城市亭湖区黄尖居委会
浙江省桐庐县芦茨村
浙江省玉环县山里村
浙江省青田县洞背村
浙江省德清县五四村
福建省大田县东坂村
福建省晋江市围头村
江西省大余县大龙村
山东省临沂市蒙山旅游区李家石屋村
山东省济南市长清区马套村
山东省荣成市东楮岛社区
河南省沈丘县卢庄村

湖北省十堰市郧阳区樱桃沟村

湖北省麻城市洪家河村

湖北省来凤县土家寨村

广东省乐昌市茶料村

广西壮族自治区南宁市兴宁区围村

重庆市开州区马营村

四川省芦山县青龙场村

贵州省遵义市播州区花茂村

贵州省盘县岩脚村

云南省水富县邵女坪村

云南省泸西县菊畹村

西藏自治区错那县麻玛村

陕西省蓝田县簸箕掌村

陕西省山阳县前店子村

甘肃省肃南县大都麻村

青海省门源县大庄村

宁夏回族自治区西吉县大庄村

新疆维吾尔自治区乌鲁木齐县甘沟乡

新疆生产建设兵团第六师军户农场二畦镇

特色民俗村（44个）

北京市昌平区康陵村

天津市滨海新区崔庄村

河北省武强县周窝村

河北省安次县第什里村

河北省广平县胡堡村

内蒙古自治区鄂伦春旗多布库尔猎民村

辽宁省新民市蒲河新村

吉林省龙井市仁化村

吉林省延吉市春兴村

吉林省珲春市防川村

黑龙江省齐齐哈尔市梅里斯区哈拉新村

上海市金山区中洪村

江苏省南京市高淳区蓝溪村

江苏省宜兴市白塔村

浙江省常山县黄塘村

安徽省南陵县丫山村

安徽省金寨县小南京村

福建省惠安县大岞村

江西省泰和县蜀口村

山东省平原县花园村

山东省长岛县土岛村

河南省孟州市莫沟村

湖北省咸丰县钟塘村

湖南省通道侗族自治县皇都侗族文化村

湖南省张家界市永定区马头溪村

湖南省江永县浦美村

广东省揭阳市榕城区长美村

广西壮族自治区三江县丹洲村

海南省三亚市吉阳区中廖村

重庆市酉阳县何家岩村

贵州省平塘县京舟村

云南省勐海县勐景来村

云南省广南县大牡露村

云南省澜沧县勐根村

西藏自治区波密县巴卡村

陕西省岚皋县宏大村

陕西省淳化县咀头村

陕西省大荔县平罗村

甘肃省文县石门沟村

青海省湟源县前沟村

青海省互助县多士代村

宁夏回族自治区吴忠市利通区穆民新村

新疆维吾尔自治区昭苏县苏吾克托海村

新疆维吾尔自治区和田市库木巴格村

现代新村（43个）

北京市平谷区玻璃台村

天津市武清区灰锅口村

天津市宁河区小闫村

河北省滦平县周台子村

山西省长治县振兴村

山西省汾阳市贾家庄村

内蒙古自治区扎赉特旗红卫村

辽宁省铁岭县当铺屯村

吉林省桦甸市色洛河村

黑龙江省农垦红兴隆管理局八五三农场（燕窝岛）

黑龙江省东宁市洞庭村

黑龙江省肇东市飞跃村

黑龙江省依安县新合村

江苏省常州市天宁区牟家村

浙江省安吉县横山坞村

安徽省岳西县榆树村

福建省福鼎市杜家村

江西省共青城市双桥村

江西省武宁县长水村

河南省济源市东沟村

河南省新郑市泰山村

湖北省阳新县南市村

湖北省京山县马岭村

湖南省常德市柳叶湖旅游度假区太阳谷美丽乡村示范片

湖南省安仁县山塘村

广东省汕头市潮南区东华村

广西壮族自治区玉林市玉东新区鹿塘社区

重庆市万州区永胜村

重庆市潼南区罐坝村

重庆市武隆县木根村

四川省成都市新都区回南村

四川省郫县青杠树村

四川省内江市市中区尚腾新村

四川省宣汉县洋烈村

贵州省普定县秀水村

陕西省凤县永生村

甘肃省景泰县龙湾村

宁夏回族自治区银川市兴庆区掌政村

宁夏回族自治区彭阳县杨坪村

新疆维吾尔自治区霍城县四宫村

大连市瓦房店市前进村

青岛市胶州市纪家庄村

新疆生产建设兵团第四师 66 团金梁子镇

历史古村（23 个）

北京市房山区水峪村

河北省黄骅市聚馆村

山西省和顺县许村

山西省天镇县新平堡村

内蒙古自治区清水河县老牛湾村

辽宁省新宾县赫图阿拉村

江苏省南京市浦口区侯冲社区

浙江省新昌县外婆坑村

安徽省黟县卢村

安徽省泾县黄田村

福建省古田县桃溪村

福建省泰宁县际溪村

江西省高安市贾家古村

河南省夏邑县青铜寺村

湖南省岳阳县张谷英村

广东省信宜市八坊村

广西壮族自治区灵山县马肚塘村

广西壮族自治区灵川县长岗岭村

贵州省石阡县佛顶山（尧上仡佬民族文化）村

西藏自治区拉萨市柳梧新区达东村

甘肃省山丹县祁店村

宁波市余姚市中村村

厦门市同安区郭山村

农业部办公厅关于组织开展"美丽乡村"创建试点申报工作的通知

根据《农业部办公厅关于开展"美丽乡村"创建活动的意见》（农办科〔2013〕10号），我部今年将遴选1000个"美丽乡村"创建试点乡村。现就有关事项通知如下：

一、申报条件

"美丽乡村"创建试点的申报主体是村、乡（镇），鼓励符合以下条件的村或乡（镇）优先申报。

（一）农业生产、农民生活、农村生态和乡村文明基础良好；

（二）人文风貌或自然景观等方面有一定特色；

（三）申报主体和当地政府开展创建的积极性高；

（四）对照《农业部"美丽乡村"创建目标体系》（见附件1），通过创建能够达到预期目标。

二、申报程序

按照"创建单位申请，县级农业部门审核，省级农业行政主管部门复核，农业部审定"的程序进行申报。

（一）申请。申报主体提出申请，填写"美丽乡村"创建试点申请表（格式见附件2）。申报主体是村的，申请表须加盖村民委员会公章；申报主体是乡（镇）的，须加盖乡（镇）人民政府公章。

（二）审核。县级农业行政主管部门对申报主体的申请表进行审核，并以正式文件一式三份报省（区、市）农业行政主管部门。

（三）复核。省（区、市）农业行政主管部门依据农业部"美丽乡村"创建活动相关规定和要求，并结合本省（区、市）实际对材料进行复核，统筹确定本省申报对象并报送农业部。申报文件应附申报单位汇总表和创建主体申请表。

（四）评定。农业部组织专家对各省（区、市）申报材料进行审核，研究确定"美丽乡村"创建单位，并以适当方式向社会公布。

三、申报名额

2013年在全国范围内共遴选1000个创建试点乡村，其中上半年遴选300个，下半年遴选700个。各省（区、市）要基于不同资源条件、经济发展水平和产业类型等实际，按名额分配表（见附件3）推荐创建试点乡村，不得超额申报。

四、申报时间

各省（区、市）将申报材料以正式文件一式三份报送农业部科教司（同时报送电子版，邮箱附后），其中上半年申报材料于2013年6月10日前报送，下半年申报材料于2013年8月31日前报送。

同时，今年还将开展"美丽乡村"创建活动典型人物推介活动，推介方案见附件4，不再另发申报通知。

五、有关要求

各省（区、市）农业行政主管部门要精心组织好本辖区的申报工作，对申报材料进行认真审核把关，确保申报对象符合要求，确保申报内容属实、创建内容重点突出和科学合理，确保申报工作公开公平合理。

六、联系方式

联系人：毕海滨　电话：010-59196397
　　　　陈　明　电话：010-59192129

E-mail：nybstzzhbc@163.com

通讯地址：北京市朝阳区麦子店街 24 号楼 5 层，农业部农业生态与资源保护总站环境保护处。（若邮寄材料，请在信封注明"美丽乡村申报材料"）

邮政编码：100125

附件：

1. 农业部"美丽乡村"创建目标体系
2. 农业部"美丽乡村"创建试点申请表
3. "美丽乡村"创建各省（区、市）名额分配表
4. 农业部"美丽乡村"创建活动典型人物推介方案

农业部办公厅
2013 年 5 月 5 日

附件 1　农业部"美丽乡村"创建目标体系

（试行）

为指导和规范"美丽乡村"创建工作，依据《农业部办公厅关于开展"美丽乡村"创建活动的意见》精神，特制定本目标体系。

一、总体目标

按照生产、生活、生态和谐发展的要求，坚持"科学规划、目标引导、试点先行、注重实效"的原则，以政策、人才、科技、组织为支撑，以发展农业生产、改善人居环境、传承生态文化、培育文明新风为途径，构建与资源环境相协调的农村生产生活方式，打造"生态宜居、生产高效、生活美好、人文和谐"的示范典型，形成各具特色的"美丽乡村"发展模式，进一步丰富和提升新农村建设内涵，全面推进现代农业发展、生态文明建设和农村社会管理。

二、分类目标

（一）产业发展

1. 产业形态。主导产业明晰，产业集中度高，每个乡村有一到两个主导产业；当地农民（不含外出务工人员）从主导产业中获得的收入占总收入的 80% 以上；形成从生产、贮运、加工到流通的产业链条并逐步拓展延伸；产业发展和农民收入增速在本县域处于领先水平；注重培育和推广"三品一标"，无农产品质量安全事故。

2. 生产方式。按照"增产增效并重、良种良法配套、农机农艺结合、生产生态协调"的要求，稳步推进农业技术集成化、劳动过程机械化、生产经营信息化，实现农业基础设施配套完善，标准化生产技术普及率达到 90%；土地等自然资源适度规模经营稳步推进；适宜机械化操作的地区（或产业）机械化综合作业率达到 90% 以上。

3. 资源利用。资源利用集约高效，农业废弃物循环利用，土地产出率、农业水资源利用率、农药化肥利用率和农膜回收率高于本县域平均水平；秸秆综合利用率达到 95% 以上，农业投入品包装回收率达到 95% 以上，人畜粪便处理利用率达到 95% 以上，病死畜禽无害化处理率达到 100%。

4. 经营服务。新型农业经营主体逐步成为生产经营活动的骨干力量；新型农业社会化服务体系比较健全，农民合作社、专业服务公司、专业技术协会、农民经纪人、涉农企业等经营性服务组织作用明显；农业生产经营活动所需的政策、农资、科技、金融、市场信息等服务到位。

（二）生活舒适

5. 经济宽裕。集体经济条件良好，一村一品或一镇一业发展良好，农民收入水平在本县域内高于平均水平，改善生产、生活的愿望强烈且具备一定的投入能力。

6. 生活环境。农村公共基础设施完善、布局合理、功能配套，乡村景观设计科学，村容村貌整洁有序，河塘沟渠得到综合治理；生产生活实现分区，主要道路硬化；人畜饮水设施完善、安全达标；生活垃圾、污水处理利用设施完善，处理利用率达到95%以上。

7. 居住条件。住宅美观舒适，大力推广应用农村节能建筑；清洁能源普及，农村沼气、太阳能、小风电、微水电等可再生能源在适宜地区得到普遍推广应用；省柴节煤炉灶炕等生活节能产品广泛使用；环境卫生设施配套，改厨、改厕全面完成。

8. 综合服务。交通出行便利快捷，商业服务能满足日常生活需要，用水、用电、用气和通信等生活服务设施齐全，维护到位，村民满意度高。

（三）民生和谐

9. 权益维护。创新集体经济有效发展形式，增强集体经济组织实力和服务能力，保障农民土地承包经营权、宅基地使用权和集体经济收益分配权等财产性权利。

10. 安全保障。遵纪守法蔚然成风，社会治安良好有序；无刑事犯罪和群体性事件，无生产和火灾安全隐患，防灾减灾措施到位，居民安全感强。

11. 基础教育。教育设施齐全，义务教育普及，适龄儿童入学率100%，学前教育能满足需求。

12. 医疗养老。新型农村合作医疗普及，农村卫生医疗设施健全，基本卫生服务到位；养老保险全覆盖，老弱病残贫等得到妥善救济和安置，农民无后顾之忧。

（四）文化传承

13. 乡风民俗。民风朴实、文明和谐，崇尚科学、反对迷信，明理诚信、尊老爱幼，勤劳节俭、奉献社会。

14. 农耕文化。传统建筑、民族服饰、农民艺术、民间传说、农谚民谣、生产生活习俗、农业文化遗产得到有效保护和传承。

15. 文体活动。文化体育活动经常性开展，有计划、有投入、有组织、有实施，群众参与度高、幸福感强。

16. 乡村休闲。自然景观和人文景点等旅游资源得到保护性挖掘，民间传统手工艺得到发扬光大，特色饮食得到传承和发展，农家乐等乡村旅游和休闲娱乐得到健康发展。

（五）支撑保障

17. 规划编制。试点乡村要按照"美丽乡村"创建工作总体要求，在当地政府指导下，根据自身特点和实际需要，编制详细、明确、可行的建设规划，在产业发展、村庄整治、农民素质、文化建设等方面明确相应的目标和措施。

18. 组织建设。基层组织健全、班子团结、领导有力，基层党组织的战斗堡垒作用和党员先锋模范作用充分发挥；土地承包管理、集体资产管理、农民负担管理、公益事业建设和村务公开、民主选举等制度得到有效落实。

19. 科技支撑。农业生产、农村生活的新技术、新成果得到广泛应用，公益性农技推广服务到位，村内有农民技术员和科技示范户，农民学科技、用科技的热情高。

20. 职业培训。新型农民培训全覆盖，培育一批种养大户、家庭农场、农民专业合作社、农业产业化龙头企业等新型农业生产经营主体，农民科学文化素养得到提升。

附件 2 农业部"美丽乡村"创建试点申请表

申报单位（盖章）：

乡村名			自然村数量 （个）			所属市、县及乡镇 （街道）	
户籍人口 （人）		常住人口 （人）	农民人均纯收入 （元）				
村域面积			耕地面积 （亩）			村均集体年均收入 （万元）	
创建工作负责人	姓名		日常工作联系		姓名		
	职务				职务		
	电话				电话		
	手机				手机		
一、自然环境和经济概括（200字左右）							
二、创建基础条件（1000字左右）							
三、创建内容（1000字左右）	从发展定位、创建模式、工作重点等方面叙述						
四、典型推荐	1. 典型人物（按照"五星一员"要求并附证明材料） 2. 典型生产模式、生活方式和技术体系及成果（在促进农业生产、改善农民生产生活环境、提高农民收入和培育文明新风方面起着重要作用的技术、模式及内容） 3. 典型乡土文化（在当地有一定历史的有利于保护环境提高文明程度的民俗和习惯） 可附件并提供相关材料						
五、多媒体证明材料	提供相关照片、录像、新闻报道等（在此栏备注材料名称、时间、地点，相应材料以附件形式附录）						
申请单位 （盖章） 年 月 日			县（区）主管部门审核意见 （盖章） 年 月 日				
			省级主管部门复核意见 （盖章） 年 月 日				

附件3 "美丽乡村"创建各省（区、市）名额分配表

省份	上半年	下半年	合计
北京市	3	7	10
天津市	3	7	10
河北省	12	28	40
山西省	9	21	30
内蒙古自治区	12	28	40
辽宁省	12	28	40
吉林省	12	28	40
黑龙江省	12	28	40
上海市	3	7	10
江苏省	12	28	40
浙江省	12	28	40
安徽省	12	28	40
福建省	9	21	30
江西省	12	28	40
山东省	12	28	40
河南省	12	28	40
湖北省	12	28	40
湖南省	12	28	40
广东省	9	21	30
广西壮族自治区	9	21	30
海南省	6	14	20
重庆市	6	14	20
四川省	12	28	40
贵州省	12	28	40
云南省	9	21	30
西藏自治区	6	14	20
陕西省	9	21	30
甘肃省	9	21	30
青海省	6	14	20
宁夏回族自治区	6	14	20
新疆维吾尔自治区	6	14	20
大连市	2	3	5
青岛市	2	3	5
宁波市	2	3	5
厦门市	2	3	5
深圳市	2	3	5
新疆生产建设兵团	2	3	5
部属农垦系统	3	7	10

附件4 农业部"美丽乡村"创建活动
典型人物推介方案

根据《农业部办公厅关于开展"美丽乡村"创建活动的意见》（农办科〔2013〕10号）要求，现就"美丽乡村"创建活动典型人物推介工作，制定方案如下：

一、活动宗旨

按照"客观公正、公开透明"的原则，以"群众参与、社会评选"为主要方式，推出科技之星、沼气之星、环保之星、致富之星、文明之星和农民满意的农技员（以下简称"五星一员"）等典型人物。倡导广大农民学科技、用科技，崇尚健康向上的生活风尚，积极参与农业农村生态文明建设，展示农民新形象、农村新风貌。引导广大基层农技人员热心事业、献身基层、助力增收，充分发挥在基层农技推广中的主力军作用，讴歌他们丰沛的感人功绩。通过典型引路、示范带动，全面推进"美丽乡村"创建活动。

二、推介范围与数量

在全国1000个"美丽乡村"试点单位中，推出科技之星、沼气之星、环保之星、致富之星、文明之星和农民满意的农技员等典型人物各10名，总共60名。

三、推介条件

（一）科技之星

1. 农民中学科技、用科技的带头人；
2. 从事农业社会化服务的优秀农机手；
3. 农民专业合作社或协会的科技带头人。

（二）沼气之星

1. 熟练掌握农村沼气日常管理和安全使用，并依靠沼气彻底改变了生活状态的农村妇女典型；
2. 在开展沼气、沼渣和沼液综合利用与科学利用等方面，做出较大贡献的农村妇女；
3. 在从事农村沼气管理、技术推广和后续服务方面做出较大贡献的农民技术员。

（三）环保之星

1. 庭院干净卫生、住房明亮整洁，关心公共卫生、爱护公共环境，身体力行、践行环保理念的农民；
2. 在开展农业农村废弃物资源化利用，防止农业面源污染，发展生态农业和循环农业方面有较大影响的农民；
3. 热心农村环保事业，积极传播环保理念，倡导低碳生活，尽心竭力，贡献突出的农村典型人物。

（四）致富之星

1. 依靠科技、依靠勤劳、依靠智慧增收致富，在当地有较大影响的农民；
2. 积极传递农业信息、帮助农民销售、引导产业调整，在当地有积极影响的农村经纪人；
3. 热爱农业、善于钻研、任劳任怨，带富一方百姓的农村带头人。

（五）文明之星

1. 为人诚实、待人礼貌，遵纪守法、遵守公德，家庭和睦、邻里亲善，心态积极、健康向上的优秀农民；
2. 积极参加健康的文化娱乐活动，热心公益事业，弘扬社会主义新风尚的农村人物；
3. 农民中涌现出来的其他相关先进模范人物。

（六）农民满意的农技员

1. 常年进村入户，深入田间地头生产一线，开展技术指导，帮助农民增产增收，取得显著成效的基层农技员；
2. 有细心、耐心、热心和恒心，技能优秀，善于与农民沟通，深受农民爱戴的基层农技员；
3. 为农技推广事业发展做出较大贡献的其他基层农技员。

四、推介程序

（一）组织推荐

请各省"美丽乡村"农业行政主管部门高度重视，认真组织。根据推介条件，通过一定程序公平公正地组织本省"五星一员"推荐工作。向我部推荐的名单中每个省、自治区每类各2名，每个直辖市、计划单列市、新疆生产建设兵团和黑龙江农垦总局每类各1名。

每名人选须填写农业部"美丽乡村"创建活动典型人物（"五星一员"）推荐表（详见附表），同时提供1张证件照、3张工作和生活照片（均为电子版，JPG格式，1MB以上），以及1500字事迹材料（通讯题材，格式：大标题为2号华文中宋，小标题为3号楷体，内容为3号仿宋）。请于2013年9月底之前将推荐表一式三份报送至农业部"美丽乡村"创建活动领导小组办公室，并同时报送"五星一员"推荐表电子版、照片和事迹材料电子版。

（二）社会评选

10月中上旬组织开展社会评选活动。在报纸、刊物、网络等媒体，公布"五星一员"候选人员名单，接受读者、网民和社会各界投票。主要媒体包括：《农民日报》、中国农业信息网、美丽乡村网（www.beautifulcountryside.net）、中国农业科教信息网、CCTV-7农业频道网、农业部"美丽乡村"创建活动腾讯、新浪和网易官方微博等。

（三）名单公布

社会评选活动结束后，农业部"美丽乡村"创建活动领导小组办公室组织对网络投票情况进行汇总和审核，确定推介人员名单后将以文件形式公布最终人员名单。

（四）宣传推介

充分发挥广播、电视、报刊和网络等新闻媒体的作用，组织记者深入基层，深度挖掘"五星一员"典型人物先进事迹，扩大社会影响，为"美丽乡村"创建活动营造良好舆论氛围。

五、联系方式

联系人：郝先荣

单　　位：农业部科技教育司能源生态处

地　　址：北京市朝阳区农展馆南里11号

邮　　编：100125

电　　话：010-59193032

传　　真：010-59193076

E-mail：kjsnyc@126.com

附表　农业部"美丽乡村"创建活动典型人物推荐表

推荐类别：

姓名			性别		出生年月	
民族		文化程度			政治面貌	
单位						
电话			职务/职称			
事迹简介（300字以内）						
省级"美丽乡村"创建活动农业行政主管部门意见			（公章） 　　年　月　日			
农业部"美丽乡村"创建活动领导小组办公室意见			（公章） 　　年　月　日			

农业部办公厅
关于公布"美丽乡村"创建工作领导小组和
专家指导组成员名单的通知

农办科〔2013〕49号

为了进一步加强对全国"美丽乡村"创建活动的指导,同时更好地调动相关资源形成工作合力,根据《农业部办公厅关于开展"美丽乡村"创建活动的意见》(农办科〔2013〕10号)要求,我部组织成立了"美丽乡村"创建工作领导小组和"美丽乡村"创建工作专家指导组,办公室设在农业部科技教育司。现将领导小组和专家指导组名单予以公布。

农业部办公厅
2013年7月31日

附件1 "美丽乡村"创建工作领导小组成员名单

组 长:	张桃林	农业部副部长
成 员:	唐 珂	农业部科技教育司司长
	陶怀颖	农业部办公厅巡视员、副主任
	张红宇	农业部产业政策与法规司司长
	孙中华	农业部农村经济体制与经营管理司司长
	钱克明	农业部发展计划司司长
	李健华	农业部财务司司长
	杨泽钊	农业部乡镇企业局副巡视员
	胡元坤	农业部机关党委常务副书记
	于 群	文化部公共文化司司长
	刘 旭	中国农业科学院副院长

王衍亮　农业部农业生态与资源保护总站站长
杨雄年　农业部科技发展中心主任
王秀忠　农业部农村社会事业发展中心主任
朱 明　农业部规划设计研究院院长
赵泽琨　中国农业电影电视中心总编辑
唐园结　农民日报社社长
王新程　中国环境出版社社长

"美丽乡村"创建工作领导小组办公室设在科技教育司,主任:唐珂;常务副主任:王衍亮;副主任:郭立彬、高尚宾。

附件2 "美丽乡村"创建工作专家指导组成员名单

主 任:	陈萌山	中国农业科学院党组书记	
副主任:	刘 旭	院 士	中国农业科学院

成 员: 南志标　院 士　中国科学院
邓秀新　院 士　华中农业大学

唐启升	院　士	中国水产科学研究院
康绍忠	院　士	中国农业大学
徐小青	研究员	国务院发展研究中心
吴文良	教　授	中国农业大学
朱信凯	教　授	中国人民大学
邹国元	研究员	北京市农林科学院
吴普特	教　授	西北农林科技大学
万建民	教　授	中国农业科学院
杜永臣	研究员	中国农业科学院
王汉中	研究员	中国农业科学院
梅旭荣	研究员	中国农业科学院
任天志	研究员	农业部环境保护科研监测所
朱　明	研究员	农业部规划设计研究院

李　明	研究员	中国农业科学院
秦　富	教　授	中国农业科学院
邓　宇	研究员	农业部成都沼气科学研究所
刘英杰	研究员	中国水产科学研究院
刘国道	研究员	中国热带农业科学院
邹瑞苍	研究员	中国农学会
刘　平	研究员	农业部科技发展中心
刘天金	副研究员	中央农业广播电视学校
郑向群	副研究员	农业部环境保护科研监测所

农业部办公厅关于开展"美丽乡村" 创建活动的意见

农办科〔2013〕10号

各省、自治区、直辖市及计划单列市农业（农牧、农村经济）厅（委、局），新疆生产建设兵团农业局：

为深入贯彻党的十八大精神，落实2013年中央一号文件关于推进农村生态文明、建设美丽乡村的要求，我部决定从今年起组织开展"美丽乡村"创建活动。

一、充分认识开展"美丽乡村"创建活动的重要意义

（一）创建"美丽乡村"是落实党的十八大精神，推进生态文明建设的需要。党的十八大明确提出要"把生态文明建设放在突出位置，融入经济建设、政治建设、文化建设、社会建设各方面和全过程，努力建设美丽中国，实现中华民族永续发展"，确定了建设生态文明的战略任务。农业农村生态文明建设是生态文明建设的重要内容，开展"美丽乡村"创建活动，重点推进生态农业建设、推广节能减排技术、节约和保护农业资源、改善农村人居环境，是落实生态文明建设的重要举措，是在农村地区建设美丽中国的具体行动。

（二）创建"美丽乡村"是加强农业生态环境保护，推进农业农村经济科学发展的需要。近年来农业的快速发展，从一定程度上来说是建立在对土地、水等资源超强开发利用和要素投入过度消耗基础上的，农业乃至农村经济社会发展越来越面临着资源约束趋紧、生态退化严重、环境污染加剧等严峻挑战。开展"美丽乡村"创建，

推进农业发展方式转变，加强农业资源环境保护，有效提高农业资源利用率，走资源节约、环境友好的农业发展道路，是发展现代农业的必然要求，是实现农业农村经济可持续发展的必然趋势。

（三）创建"美丽乡村"是改善农村人居环境，提升社会主义新农村建设水平的需要。我国新农村建设取得了令人瞩目的成绩，但总体而言广大农村地区基础设施依然薄弱，人居环境脏乱差现象仍然突出。推进生态人居、生态环境、生态经济和生态文化建设，创建宜居、宜业、宜游的"美丽乡村"，是新农村建设理念、内容和水平的全面提升，是贯彻落实城乡一体化发展战略的实际步骤。

二、准确把握开展"美丽乡村"创建工作的总体思路

（四）明确"美丽乡村"创建的目标要求。以科学发展观为指导，以促进农业生产发展、人居环境改善、生态文化传承、文明新风培育为目标，加强工作指导，从全面、协调、可持续发展的角度，构建科学、量化的评价目标体系，建设一批天蓝、地绿、水净，安居、乐业、增收的"美丽乡村"，树立不同类型、不同特点、不同发展水平的标杆模式，推动形成农业产业结构、农民生产生活方式与农业资源环境相互协调的发展模式，加快我国农业农村生态文明建设进程。

（五）把握"美丽乡村"创建的基本原则。以人为本，强化主体。明确并不断强化乡村在创

建工作中的主体地位，把农民群众利益放在首位，发挥农民群众的创造性和积极性，尊重他们的知情权、参与权、决策权和监督权，引导发展生态经济、自觉保护生态环境、加快建设生态家园。

生态优先，科学发展。按照人与自然和谐发展的要求，遵循自然规律，切实保护农村生态环境，展示农村生态特色，统筹推进农村生态人居、生态环境、生态经济和生态文化建设。

规划先行，因地制宜。充分考虑各地的自然条件、资源禀赋、经济发展水平、民俗文化差异，差别性制定各类乡村的创建目标，统筹编制"美丽乡村"建设规划，形成模式多样的"美丽乡村"建设格局，贴近实际，量力而行，突出特色，注重实效。

典型引路，整体推进。强化总结提升和宣传发动，向社会推介一批涵盖不同区域类型、不同经济发展水平的"美丽乡村"典型建设模式，发挥示范带动作用，以点带面，有计划、有步骤地引导、推动"美丽乡村"创建工作。同时，鼓励各地自主开展"美丽乡村"创建工作，不断丰富创建模式和内容。

三、切实抓好开展"美丽乡村"创建的重点工作

（六）制定"美丽乡村"目标体系。广泛组织开展调研，充分考虑不同区域类型和经济发展水平，从农村经济发展、农业功能拓展、农民素质提升、农业技术推广、乡村建设布局、资源开发利用、生态环境保护、乡村文化建设等方面，研究制定"美丽乡村"目标体系。

（七）组织"美丽乡村"创建试点。采取创建乡村申请，县级农业行政主管部门审核，省级农业行政主管部门复核，农业部审定的方式，2013~2015年，在全国选择产生1000个"美丽乡村"创建试点单位。基于不同资源条件、经济发展水平和产业类型等因素，今年上半年遴选300个左右基础条件较好、领导班子得力、创建愿望强烈、有望较快取得成效的乡村，先期开展工作，下半年再遴选700个左右。后两年全面开展创建工作。各地要因地制宜，制定工作方案，尽快组织实施。

（八）推介"美丽乡村"创建典型。按照客观公正、公开透明的原则，以群众参与、社会评选为主要方式，挖掘、评选一批"美丽乡村"建设典范，推出一批科技之星、沼气之星、环保之星、致富之星、文明之星和农民满意的农技人员等典型人物，发挥典型引路、示范带头的积极作用，依托新闻单位，加大宣传力度，扩大社会影响。开展"美丽乡村"典型模式收集与调研，总结提炼一批"美丽乡村"典型模式与技术体系，适时向社会推介发布。

（九）强化"美丽乡村"创建的科技支撑。针对目前农业资源与环境、农村能源发展中存在的制约因素和技术瓶颈，加大关键技术研发力度，加强农业科技合作交流与协同创新，尽快产出一批生态农业建设、农业面源污染防治、农产品产地污染修复、农业清洁生产等新技术、新成果。围绕"美丽乡村"创建需求，加快总结和筛选一批轻简、低耗、配套的实用技术模式，依托农技推广体系，推进技术成果进村入户，大力发展绿色、有机和无公害农产品，提高科技水平和产品附加值。扎实开展农民培训，在"美丽乡村"创建试点乡村全面开展农民培训，提高农民素质和务农技能，培育一批综合素质高、生产经营能力强、主体作用发挥明显、适应发展现代农业需要的新型职业农民。

（十）加大农业生态环境保护力度。在"美丽乡村"建设过程中，大力发展生态农业、循环农业，引导农民采用减量化、再利用、资源化的农业生产方式。实施农村清洁工程，推进人畜粪便、生活垃圾、污水等农村废弃物资源化利用，探索农村废弃物资源循环利用的新型农村清洁模式。加强农产品产地土壤重金属污染综合防治，加大农业清洁生产示范，推广一批节肥、节药、节水、节能的绿色农业生产技术，突出抓好畜禽养殖污染减排，防治农业面源污染。加大农业野生植物资源保护力度，切实做好外来入侵生物防治工作。

（十一）推动农村可再生能源发展。坚持"因地制宜、多能互补、综合利用、讲求效益"的方针，结合不同区域的资源禀赋、气候特点、经济条件、生活习俗，根据农民需求，集成推广农村沼气、省柴节煤灶、高效低排生物质炉、架

空炕连灶、太阳能热水器、太阳灶、小型风电等技术和产品，系统解决炊事、采暖、洗浴、照明等需求，增加清洁能源供应，提升生活用能品位，保护和改善农村生态环境，推进农村生态文明建设。

（十二）**大力发展健康向上的农村文化**。按照党的十八大精神和十七届六中全会决定，大力发展积极向上的农村文化。挖掘当地传统文化，发扬光大团结友爱、互帮互助、尊老爱幼等中华传统美德，倡导资源节约、环境友好型生产方式和生活方式，推动农村书屋、农民书架、文化大院等文体设施建设工作，大力普及科学技术，破除封建迷信，引导广大农民养成爱科学、学技术的良好习惯。

四、大力加强开展"美丽乡村"创建的组织落实

（十三）**加强组织领导**。各级农业行政主管部门要提高认识，加强领导，切实把"美丽乡村"创建工作摆在农业农村经济工作的重要位置。农业部高度重视"美丽乡村"创建工作，由部领导挂帅，科技教育司牵头负责，联合有关司局和相关单位加强政策研究、综合协调、指标制定和技术指导等工作；地方农业行政主管部门要按照统一部署，明确工作职责，落实各项工作措施；要充分发挥农村基层组织作用，调动和鼓励它们积极开展创建活动，把工作落到实处。

（十四）**创新工作机制**。坚持从实际出发，围绕"美丽乡村"创建，深入调研分析新情况，科学把握新特点，创造性提出新思路，明确工作着力点。充分尊重基层和农民的首创精神，积极探索推进"美丽乡村"创建的新途径。创新机制，鼓励和引导企业、社会组织和个人支持和参与创建活动，努力使"美丽乡村"的创建理念融入并成为农村文化的重要组成部分，逐步形成"政府指导、目标引导、乡村主体、科技帮扶、项目带动、多方参与"的工作机制，凝聚强大工作合力，共同推进"美丽乡村"创建活动的深入实施。

（十五）**抓好创建试点**。在创建推进过程中，充分整合现有各类项目、资金、人才、技术资源，引导各方力量、多种资源积极参与创建活动，加强协调，形成合力。要及时总结交流经验，发现典型，树立不同模式的创建样板，充分发挥典型和样板的示范带动作用，放大"美丽乡村"创建活动的效应。

（十六）**加大宣传引导**。充分发挥广播、电视、报刊、网络等新闻媒体的作用，广泛宣传"美丽乡村"创建的重要意义，做到家喻户晓、深入人心。通过聘请形象大使、制作公益广告、发布白皮书、出版宣传杂志等方式，扩大"美丽乡村"创建活动的社会影响力，通过张贴宣传贴画、发放明白纸等易于接受的形式，广泛发动农民群众，调动农民参与建设的积极性，让"美丽乡村"创建成为农民的内在需求和自觉行动。对在创建活动中表现突出的单位和个人给予表扬，营造比学赶帮超的良好社会氛围，推动创建活动扎实深入开展。

农业部办公厅
2013 年 2 月 22 日

农业部办公厅关于公布"美丽乡村"创建试点乡村名单的通知

农办科〔2013〕64号

各省、自治区、直辖市及计划单列市农业（农牧、农村经济）厅（委、局），新疆生产建设兵团农业局，黑龙江省农垦总局，广东省农垦总局：

为深入贯彻党的十八大精神，加快推进美丽乡村建设，我部今年启动了"美丽乡村"创建活动。按照《农业部办公厅关于开展"美丽乡村"创建活动的意见》（农办科〔2013〕10号）和《农业部办公厅关于组织开展"美丽乡村"创建试点申报工作的通知》（农办科〔2013〕30号）的要求，我部按照规定程序对各省相关主管部门推荐的名单进行了研究，最终确定北京市韩村河村等1100个乡村为全国"美丽乡村"创建试点乡村，现予以公布。

在同时开展的"美丽乡村"创建典型人物推介活动中，涌现出了一批在农业科技、农村能源、农业环保和带动农民致富方面发挥了带头作用的模范农民和模范农技人员，现将评选出的"美丽乡村"创建活动典型人物推介人员名单一并公布。

为切实将"美丽乡村"创建工作做实做好，我部将加大项目资源整合力度，优先向"美丽乡村"创建试点乡村倾斜，沼气建设、农民培训、农技推广、农村清洁工程等方面的各类项目资金要集中投放，形成合力，放大效应，为"美丽乡村"建设提供强有力的项目支撑。同时，从大产业、大生态、大农村的角度，不断创新机制，着力构建美丽乡村建设的政策投入保障体系，完善科技支撑体系，加快成熟的技术和模式推广应用，推进"美丽乡村"建设健康持续发展。

各地要组织好本地区"美丽乡村"创建试点工作，对涌现出的先进集体个人、典型模式和宝贵经验要及时进行总结，以"美丽乡村"创建典型人物评选活动为契机，加大宣传力度，营造良好的工作氛围，为在全国深入开展"美丽乡村"创建活动做出积极贡献。

附件1：农业部"美丽乡村"创建试点乡村名单

附件2：农业部"美丽乡村"创建活动典型人物推介人员名单

农业部办公厅
2013年11月13日

附件1 农业部"美丽乡村"创建试点乡村名单

北京市

房山区	韩村河镇韩村河村
门头沟区	妙峰山镇樱桃沟村
通州区	于家务乡仇庄村
顺义区	马坡镇石家营村
昌平区	十三陵镇康陵村
大兴区	长子营镇留民营村

怀柔区	渤海镇北沟村	张家口市	张北县油篓沟乡喜顺沟村
平谷区	大华山镇挂甲峪村		蔚县南留庄镇白后堡村
密云县	溪翁庄镇黑山寺村		阳原县东城镇东城村
延庆县	千家店镇		万全县洗马林镇沙地房村
		承德市	开发区冯营子乡冯营子村

天津市

			承德县下板城镇朝梁子村
西青区	辛口镇水高庄村		平泉县卧龙镇八家社区
	精武镇小南河村		滦平县张百湾镇周台子村
北辰区	双街镇双街村		围场满族蒙古族自治县御
武清区	大碱厂镇南辛庄村		道口乡御道口村
	大孟庄镇蒙村店村	沧州市	青县清州镇司马庄村
宝坻区	八门城镇欢喜庄村		盐山县韩集镇薛堂村
宁河县	岳龙镇小闫村		献县河城街镇小屯村
静海县	双塘镇西双塘村		河间市故仙乡小故仙村
	大丰堆镇史家庄村	廊坊市	安次区落垡镇邢官营村
蓟县	穿芳峪镇毛家峪村		广阳区白家务乡兴隆场村

河北省

			永清县刘街乡土楼胜利村
石家庄市	高新区东佐村		霸州市南孟镇西粉营村
	正定县正定镇塔元庄村	衡水市	枣强县大营镇芍药村
	赞皇县土门乡秦家庄村		武强县周窝镇周窝村
	平山县北冶乡黄安村		故城县青罕镇南王庄村
	晋州市周家庄乡第九生		
	产队		

山西省

唐山市	滦南县姚王庄镇李营村	太原市	杏花岭区中涧河乡长沟村
	乐亭县胡家坨镇大黑坨村		清徐县王答乡北录树村
	迁西县汉儿庄乡太阳峪村		古交市马兰镇营立村
	遵化市兴旺寨乡何家裕村	大同市	南郊区口泉乡
秦皇岛市	山海关区石河镇望峪村	阳泉市	郊区荫营镇上千亩坪村
	北戴河区戴河镇西古城村		平定县锁簧镇前锁簧村
	昌黎县十里铺乡西山场村		平定县岔口乡甘泉井村
邯郸市	涉县河南店镇石岗村	长治市	郊区西白兔乡南村
	磁县陶泉乡南王庄村		长治县振兴新区振兴村
	永年县姚寨乡西河东堡村		长治县荫城镇荆圪道村
	武安市淑村镇白沙村	晋城市	阳城县北留镇皇城村
邢台市	巨鹿县西郭城镇河北庄村		沁水县郑村镇湘峪村
	威县洺州镇戚霍寨村		高平市米山镇侯家庄村
	沙河市白塔镇栾卸村	朔州市	朔城区南榆林乡青钟村
保定市	易县西山北乡于家庄村		怀仁县马辛庄乡鲁沟村
	博野县南小王乡大北河村	晋中市	榆次区东阳镇庞志村
	高碑店市辛立庄镇平辛		昔阳县大寨镇大寨村
	庄村		介休市龙凤镇张壁村
		运城市	临猗县耽子镇高堆村

	闻喜县东镇镇上镇村		鄂托克旗阿尔巴斯苏木赛乌素嘎查
	绛县横水镇新庄村		伊金霍洛旗阿勒腾席热镇乌兰木伦村
	夏县庙前镇西村		
忻州市	定襄县神山乡崔家庄村		
	岢岚县大涧乡吴家庄村	呼伦贝尔市	海拉尔区哈克镇团结村
	河曲县文笔镇蚰蜒茆村		莫力达瓦达斡尔族自治旗塔温敖宝镇顺斯堤村
临汾市	曲沃县史村镇西海村		
	翼城县南唐乡符册村		额尔古纳市恩和俄罗斯民族乡
	吉县东城乡柏东村		
吕梁市	方山县圪洞镇庄上村		阿荣旗音河达斡尔鄂温克民族乡富吉村
	孝义市新义街道办事处贾家庄村		
	汾阳市栗家庄乡栗家庄村	巴彦淖尔市	临河区双河镇进步村

内蒙古自治区

呼和浩特市	新城区保合少乡恼包村		五原县新公中镇永联村
	赛罕区金河镇根堡村		磴口县沙金套海苏木巴音毛道嘎查
	和林格尔县舍必崖乡小甲赖村		乌拉特前旗西小召镇公田村
包头市	九原区哈业胡同镇		杭锦后旗陕坝镇春光村
	固阳县银号乡银号村	乌兰察布市	凉城县麦胡图镇
	达尔罕茂明安联合旗乌克镇大汗海村		丰镇市巨宝庄镇巨宝庄村
赤峰市	元宝山区元宝山镇木头沟村	兴安盟	科尔沁右翼前旗巴拉格歹办事处兴安村
	松山区王府镇敖包村		扎赉特旗好力保乡永兴村
	林西县五十家子镇五十家子村		突泉县六户镇巨兴村
	克什克腾旗热水镇		突泉县东杜尔基镇杜祥村
	翁牛特旗乌丹镇赛沁塔拉嘎查	锡林郭勒盟	西乌珠穆沁旗浩勒图高勒镇脑干哈达嘎查
	喀喇沁旗王爷府镇		太仆寺旗千斤沟镇后店村
	宁城县汐子镇汐子村		太仆寺旗贡宝拉格苏木道海嘎查
通辽市	科尔沁区丰田镇建新村		多伦县蔡木山乡一家河村
	科尔沁左翼中旗舍伯吐镇那仁嘎查		

辽宁省

	开鲁县东风镇	沈阳市	苏家屯区八一街道办事处来胜堡村
	扎鲁特旗鲁北镇哈日朝鲁嘎查		东陵区祝家街道办事处田家洼村
鄂尔多斯市	东胜区罕台镇撒家塔村		棋盘山开发区望滨街道办事处闫家村
	准格尔旗十二连城乡五家尧村		辽中县冷子堡镇社甲村
			辽中县潘家堡镇蔡伯街村
		鞍山市	台安县高力房镇乔坨村

	岫岩满族自治县新甸镇合顺村		喀喇沁左翼蒙古族自治县官大海农场
	海城市西柳镇		凌源市东城街道办事处辛杖子村
抚顺市	抚顺县后安镇佟庄村	葫芦岛市	南票区虹螺岘镇板石沟
	新宾满族自治县永陵镇赫图阿拉村		绥中县塔山屯镇
	清原满族自治县南口前镇王家堡村		建昌县魏家岭乡宁杖子村
	清原满族自治县南山城镇大北岔村		建昌县小德营子乡新立屯村
本溪市	本溪满族自治县东营坊乡	**吉林省**	
	桓仁满族自治县五里甸镇老黑山村	长春市	朝阳区乐山镇糖坊村
丹东市	振安区五龙背镇		绿园区合心镇岳家村
	宽甸满族自治县长甸镇河口村		双阳区齐家镇曙光村
	东港市北井子镇獐岛村		农安县合隆镇陈家店村
	凤城市凤山街道办事处大梨树村		九台市苇子沟镇拉拉屯村
锦州市	黑山县段家乡蛇山子村		九台市纪家镇二十家子村
	龙栖湾新区娘娘宫镇祥茂村		榆树市大坡镇西山村
	北镇市观音阁街道办事处河洼村		榆树市恩育乡红庙村
营口市	盖州市九寨镇九寨村		德惠市米沙子镇太平沟村
阜新市	阜新蒙古族自治县大固本镇梅力营子村	吉林市	蛟河市新农街道办事处南荒地村
	阜新蒙古族自治县卧凤沟乡公官营子村		桦甸市桦郊乡友谊村
	彰武县哈尔套镇富有村		舒兰市金马镇金马村
辽阳市	弓长岭区汤河镇		舒兰市莲花乡东大村
	辽阳县唐马寨镇康明村		磐石市松山镇爱耕村
盘锦市	大洼县新兴镇腰岗子村	四平市	梨树县梨树镇高家村
	大洼县唐家镇北窑村		伊通满族自治县河源镇保南村
	盘山县胡家镇红岩村		公主岭市环岭街道办事处火炬村
	盘山县得胜镇得胜村		双辽市辽东街道办事处勃山村
铁岭市	昌图县三江口镇刘胡村		
	调兵山市晓南镇锁龙沟村	辽源市	东辽县金州乡德志村
	开原市庆云堡镇兴隆台村	通化市	东昌区金厂镇
朝阳市	朝阳县南双庙乡双庙村		通化县快大茂镇赶马河村
	建平县万寿街道办事处小平房村		通化县英额布镇
			柳河县安口镇烧锅村
			集安市榆林镇榆林村
		白山市	江源区大阳岔镇小洋桥村
			抚松县仙人桥镇黄家崴子村

	临江市六道沟镇三道阳岔村		杜尔伯特蒙古族自治县烟筒屯镇当奈村
松原市	宁江区大洼镇房身村	伊春市	嘉荫县保兴乡互助村
	宁江区伯都乡杨家村		铁力市年丰朝鲜族乡吉松村
	扶余市蔡家沟镇珠山村	佳木斯市	东风区建国镇建国村
	扶余市弓棚子镇广发村		抚远县乌苏镇赫哲族村
白城市	洮北区平安镇中兴村	牡丹江市	东宁县东宁镇夹信子村
	洮南市万宝镇新丰村		绥芬河市绥芬河镇
	大安市四棵树乡建设村		宁安市江南朝鲜族满族乡明星村
延边朝鲜族自治州	延吉市朝阳川镇仲坪村		
	图们市月晴镇水口村		穆棱市下城子镇保安新村
	敦化市雁鸣湖镇腰店村	黑河市	北安市赵光镇东丰村
	珲春市板石镇孟岭村		五大连池市龙镇发展村
	和龙市西城镇金达莱村	绥化市	北林区东富乡
	汪清县汪清镇春和村		望奎县望奎镇红五村

黑龙江省

	兰西县红光乡红光村
哈尔滨市	呼兰区双井街道办事处护路村
	青冈县祯祥镇
	阿城区金龙山镇吉兴村
	安达市卧里屯乡
	方正县伊汉通乡得莫利村
	肇东市肇东镇东跃村
	宾县宾州镇友联村
	海伦市向荣乡向荣村
	通河县富林乡德兴村
	双城市农丰满族锡伯族镇双利锡伯族村
	尚志市元宝镇元宝村
	五常市二河乡新庄村

大兴安岭地区	呼玛县白银纳鄂伦春族民族乡白银纳村

齐齐哈尔市	龙江县鲁河乡鲁河村
	甘南县兴十四镇兴十四村
	克东县克东镇光明村

上海市

鸡西市	滴道区滴道河乡金铁村
	鸡东县鸡林朝鲜族乡鸡林村
	密山市白鱼湾镇湖沿村

闵行区	浦江镇新风村
宝山区	罗店镇天平村
嘉定区	华亭镇毛桥村
浦东新区	周浦镇棋杆村
	书院镇塘北村
金山区	廊下镇中华村
松江区	泖港镇
青浦区	朱家角镇张马村
奉贤区	庄行镇新叶村
崇明县	横沙乡

鹤岗市	萝北县太平沟乡太平沟村
双鸭山市	友谊县凤岗镇
	宝清县宝清镇红新村

江苏省

大庆市	大庆市龙凤区龙凤镇向阳村
	肇州县二井镇实现新村
	肇源县义顺乡东义顺村
	林甸县东兴乡旭日村

南京市	江宁区谷里街道周村
	江宁区横溪街道石塘村
	六合区竹镇镇大泉村
	溧水区洪蓝镇傅家边村
	高淳区桠溪镇蓝溪村

无锡市	锡山区东港镇山联村	温州市	永嘉县大若岩镇埭头村
	惠山区阳山镇		永嘉县岩头镇下日川村
	江阴市华士镇华西村		文成县西坑畲族镇西坑社
	江阴市顾山镇红豆村		区梧溪村
	宜兴市湖㳇镇张阳村		文成县黄坦镇培头村
徐州市	贾汪区青山泉镇马庄村	嘉兴市	嘉善县大云镇
	丰县华山镇大程庄村		嘉善县姚庄镇
	沛县张寨镇陈油坊村		海宁市盐官镇桃园村
	新沂市邵店镇沂北村		桐乡市石门镇桂花村
常州市	武进区雪堰镇雅浦村	湖州市	南浔区和孚镇荻港村
	金坛市薛埠镇上阮村		安吉县溪龙乡黄杜村
苏州市	吴中区东山镇三山村		安吉县山川乡高家堂村
	常熟市支塘镇蒋巷村	绍兴市	绍兴县王坛镇南岸村
	张家港市南丰镇永联村		绍兴县漓渚镇棠棣村
	昆山市张浦镇姜杭村		新昌县澄潭镇坑下村
	吴江区同里镇北联村		诸暨市东白湖镇斯宅村
	太仓市城厢镇东林村		诸暨市东和乡十里坪村
南通市	通州区东社镇香台村	金华市	武义县桃溪镇陶村
	海门市海永乡		磐安县尖山镇管头村
连云港市	赣榆县塔山镇土城村		义乌市城西街道何斯路村
淮安市	盐都区潘黄街道仰徐村		义乌市佛堂镇桥西村
	盐都区郭猛镇杨侍村		永康市江南街道园周村
	东台市梁垛镇临塔村	衢州市	开化县桐村镇黄石村
	大丰市大中镇恒北村		开化县音坑乡下淤村
扬州市	广陵区泰安镇金湾村		龙游县大街乡贺田村
	仪征市铜山办事处长山村		龙游县沐尘畲族乡沐尘村
	高邮市菱塘回族乡		江山市贺村镇永兴坞
镇江市	丹徒区世业镇	舟山市	定海区干览镇新建村
	丹阳市后巷镇前巷村		普陀区展茅街道沙井村
	扬中市新坝镇新治村	台州市	黄岩区头陀镇白湖塘村
	句容市后白镇		黄岩区屿头乡布袋坑村
泰州市	姜堰区沈高镇河横村		仙居县淡竹乡石盟垟村
	姜堰区溱潼镇湖南村	丽水市	莲都区大港头镇利山村
	泰兴市黄桥镇祁巷村		遂昌县大柘镇大田村
宿迁市	宿豫区顺河镇林苗圃居委会		遂昌县三仁畲族乡坑口村
	泗阳县李口镇八堡村		庆元县屏都街道洋背村
			庆元县淤上乡局下村

浙江省

安徽省

杭州市	桐庐县江南镇		
	淳安县文昌镇王家源村	合肥市	长丰县水湖镇费岗村
	淳安县枫树岭镇下姜村		肥西县官亭镇回民社区
	临安市板桥镇上田村		庐江县汤池镇果树村

芜湖市	繁昌县孙村镇中分村		石台县矶滩乡沟汀村
	南陵县大浦镇大浦新村	宣城市	郎溪县凌笪乡钱桥村
蚌埠市	禹会区秦集镇宗洼村		宁国市港口镇山门村
	怀远县鲍集镇薛场村		

福建省

淮南市	五河县头铺镇八岔村	福州市	晋安区寿山乡寿山村
	潘集区祁集镇陈郢村		闽侯县白沙镇孔元村
	凤台县丁集乡张巷社区		连江县潘渡乡贵安村
马鞍山市	当涂县护河镇桃花村		永泰县嵩口镇月洲村
淮北市	濉溪县濉溪镇蒙村		永泰县塘前乡芋坑村
铜陵市	铜陵县西联乡梨桥村	平潭综合试验区	平潭县白青乡国彩村
安庆市	怀宁县洪铺镇五桥村	莆田市	城厢区华亭镇涧口村
	枞阳县会宫镇会宫村		涵江区白沙镇坪盘村
	潜山县痘姆乡求职村		荔城区西天尾镇后黄村
	宿松县洲头乡		仙游县园庄镇岭北村
	望江县高士镇童岭村	三明市	梅列区列西街道小蕉村
	桐城市范岗镇樟枫村		将乐县万安镇万安村
黄山市	屯溪区黎阳镇凤霞村		泰宁县梅口乡水际村
	黄山区甘棠镇庄里村		永安市小陶镇八一村
	黄山区新明乡猴坑村	泉州市	安溪县湖头镇山都村
	徽州区福溪乡光明村		永春县五里街镇高垅村
	歙县雄村乡卖花渔村		德化县国宝乡佛岭村
	休宁县海阳镇盐铺村		晋江市磁灶镇大埔村
	黟县宏村镇宏村村		南安市码头镇大庭村
	黟县西递镇西递村		南安市康美镇兰田村
	祁门县渚口镇渚口村	漳州市	漳浦县南浦乡后坑村
滁州市	来安县汊河镇相官村小李庄		诏安县梅岭镇田厝村
	全椒县石沛镇黄栗树村		长泰县马洋溪生态旅游区
	凤阳县小溪河镇小岗村		山重村
阜阳市	颍东区正午镇田楼居委会		平和县文峰镇三坪村
	太和县旧县镇张槐村		华安县仙都镇大地村
	界首市林场红石桥新村		龙海市东园镇东宝村
宿州市	埇桥区桃源镇光明村	南平市	顺昌县埔上镇张墩村
	灵璧县虞姬乡虞姬村		浦城县富岭镇双同村
六安市	金安区木厂镇新庄村		建瓯市小松镇湖头村
	裕安区苏埠镇南楼村		建阳市潭城街道考亭村
	寿县安丰镇梧桐村		建阳市将口镇芹口村
	舒城县桃溪镇红光村	龙岩市	新罗区龙门镇洋畲村
	金寨县双河镇河西村		长汀县策武镇南坑村
亳州市	谯城区十河镇大周村		上杭县古田镇五龙村
	利辛县王人镇曹店村		连城县宣和乡培田村
	利辛县永兴镇诸王村		漳平市永福镇西山村
池州市	贵池区乌沙镇乌沙社区		

宁德市	蕉城区金涵乡上金贝村		上高县塔下乡田北村
	寿宁县犀溪镇西浦村		靖安县香田乡石马村
	福安市赛岐镇狮子头村		丰城市董家镇付家村
	福鼎市硖门畲族乡柏洋村	抚州市	黎川县日峰镇永兴桥村
			宜黄县棠阴镇民主村
江西省			金溪县秀谷镇先锋村
南昌市	江西省蚕桑茶叶研究所凤凰村	上饶市	三清山风景名胜区三清乡上西坑村
	南昌县蒋巷镇埠上村		玉山县怀玉乡玉峰村
	新建县樵舍镇朱坊村		铅山县武夷山镇
	安义县长均乡观察村		横峰县红桥垦殖场白沙岭分场
	进贤县前坊镇太平村		
景德镇市	乐平市礼林镇围渡村		婺源县江湾镇
萍乡市	湘东区麻山镇幸福村		婺源县大鄣山乡通源村
	上栗县福田镇战山村		
九江市	庐山区海会镇	**山东省**	
	星子县温泉镇	济南市	历城区西营镇藕池村
	湖口县大垅乡联丰村		长清区双泉镇
	彭泽县马当镇船形村		商河县贾庄镇南庞村
新余市	孔目江经济生态区欧里镇昌坊村		章丘市宁家埠镇向高村
	仙女湖区九龙山乡	淄博市	淄川区双杨镇藏梓村
鹰潭市	余江县黄庄乡藕塘村		博山区山头街道乐疃村
	贵溪市雷溪乡		临淄区金山镇东崖村
赣州市	章贡区沙石镇火燃村		高青县常家镇樊家村
	经济技术开发区谭东镇龙井村	枣庄市	峄城区榴园镇北孙庄村
	上犹县社溪镇沙塅村		山亭区城头镇西城头村
	崇义县上堡乡水南村		滕州市洪绪镇龙庄村
	宁都县田埠乡东龙村	东营市	东营区龙居镇
	于都县靖石乡黄沙村		垦利县垦利街道左一村
	兴国县方太乡宝石村		广饶县李鹊镇
	南康市横市镇增坑村	烟台市	莱阳市姜疃镇濯村
吉安市	吉州区兴桥镇钓源村		莱州市金仓街道
	青原区富滩镇张家渡村		蓬莱市刘家沟镇马家沟村
	吉安县横江镇濠云村		栖霞市桃村镇国路夼村
	峡江县水边镇湖洲村	潍坊市	临朐县城关街道东朱封村
	泰和县马市镇蜀口村		青州市何官镇南张楼村
	永新县高溪乡大塘村		寿光市孙家集镇岳寺高村
	井冈山市厦坪镇菖蒲村		寿光市双王城生态经济园区
宜春市	袁州区竹亭镇南池村	济宁市	微山县西平乡西平村
	奉新县甘坊镇横桥村		泗水县泗张镇王家庄村
			曲阜市小雪街道武家村

泰安市	岱岳区天平街道大陡山村	平顶山市	汝州市庙下镇小寨村
	岱岳区满庄镇滩清湾村		宝丰县赵庄乡袁庄村
	宁阳县鹤山乡	安阳市	龙安区龙泉镇
	新泰市龙廷镇掌平洼村		安阳县永和乡西街村
威海市	文登市界石镇		滑县留固镇温庄村
	荣成市寻山街道青鱼滩村	鹤壁市	淇县北阳镇卧羊湾村
	荣成市成山镇西霞口村	新乡市	新乡县七里营镇刘庄村
	乳山市冯家镇唐家店子村		新乡县合河乡前村
日照市	东港区西湖镇竖旗岭村		卫辉市顿坊店乡比干社区
莱芜市	莱城区大王庄镇竹园子村		辉县市上八里镇松树坪村
临沂市	沂水县泉庄镇	焦作市	修武县岸上乡岸上村
	沂水县院东头镇		博爱县金城乡西金城村
	苍山县卞庄街道代村	济源市	承留镇卫佛安村
	莒南县洙边镇	许昌市	禹州市磨街乡玉泉村
	蒙阴县野店镇毛坪村	濮阳市	濮阳县五星乡安寨村
	临沭县曹庄镇朱村	漯河市	舞阳县莲花镇半李村
德州市	德城区黄河涯镇		临颍县杜曲镇北徐庄村
	齐河县刘桥乡洪州社区	三门峡市	灵宝市大王镇后地村
	乐陵市黄夹镇梁锥希森新村		灵宝市焦村镇杨家村
			卢氏县文峪乡庙沟村
聊城市	东昌府区湖西办事处姜堤村	南阳市	宛城区瓦店镇逵营村
	冠县兰沃乡韩路村		西峡县丹水镇谭沟村
	高唐县清平镇		内乡县余关乡黄楝村
	临清市松林镇亢庙村		邓州市穰东镇穰西社区
滨州市	沾化县富国街道西刘村	商丘市	民权县龙塘镇吴堂村
	博兴县湖滨镇柳桥村		虞城县张集镇林堂村
	邹平县韩店镇西王村		永城市芒山镇柿园村
菏泽市	牡丹区马岭岗镇穆李村	信阳市	平桥区五里店街道办事处郝堂村
	东明县武胜桥镇玉皇新村		
河南省			新县香山湖管理区水塝村
			商城县伏山乡里罗城村
郑州市	二七区侯寨乡		固始县方集镇小畈村
	巩义市小关镇水道口村	周口市	扶沟县韭园镇湾赵村
	巩义市大峪沟镇民权村		沈丘县冯营乡李寨村
	荥阳市环翠峪管委会二郎庙村		淮阳县葛店乡朱庄村
	新密市超化镇黄固寺村	驻马店市	确山县竹沟镇鲍棚村
开封市	开封县朱仙镇		遂平县槐树乡李兴楼村
洛阳市	孟津县平乐镇平乐村	**湖北省**	
	孟津县送庄镇梁凹村		
	栾川县庙子镇庄子村	武汉市	东西湖区东山办事处内燃村
	伊川县彭婆镇许营村		蔡甸区玉山街道星光村
			江夏区法泗街大路村

黄石市	阳新县兴国镇宝塔村	**湖南省**	
十堰市	张湾区西沟乡相公村		
	郧县茶店镇樱桃沟村	长沙市	望城区靖港镇
	竹山县麻家渡镇罗家坡村		望城区格塘镇杨家山村
	丹江口市官山镇吕家河村		长沙县福临镇金坑桥村
宜昌市	兴山县峡口镇普安村		长沙县开慧镇
	秭归县水田坝乡王家桥村		宁乡县金洲镇关山社区
	宜都市五眼泉乡鸡头山村		浏阳市北盛镇马战村
	枝江市问安镇关庙山村	株洲市	茶陵县下东乡黄堂村
襄阳市	南漳县巡检镇峡口村		炎陵县霞阳镇山垅村
	谷城县五山镇堰河村		醴陵市浦口镇贯古村
鄂州市	鄂城区长港镇峒山村	湘潭市	雨湖区姜畲镇梅花村
荆门市	京山县孙桥镇沙岭湾村		湘乡市东山街道办事处张
	沙洋县高阳镇歇张村		江村
	钟祥市石牌镇彭墩村		韶山市韶山村
孝感市	云梦县城关镇西王村	衡阳市	南岳区拜殿乡拜殿村
	安陆市棠棣镇李园村		衡阳县金兰镇金沙村
	汉川市庙头镇中心村		衡山县白果镇涓水村
荆州市	监利县朱河镇花园村	邵阳市	邵东县堡面前乡大羊村
	石首市桃花山镇李花山村		新邵县寸石镇龙竹村
	洪湖市瞿家湾镇		隆回县虎形山瑶族乡
	松滋市斯家场镇万年桥村	岳阳市	华容县护城乡五星村
黄冈市	团风县团风镇黄湖郧阳村		平江县园艺场园艺村
	罗田县九资河镇圣仁堂村		汨罗市白水镇西长村
	英山县温泉镇百丈河村	常德市	汉寿县岩汪湖镇岩汪湖村
	浠水县兰溪镇盐客树村		桃源县茶庵铺镇茶庵铺村
	蕲春县张榜镇下车门村		桃源县马鬃岭镇木槎桥村
咸宁市	咸安区双溪桥镇九彬村		石门县秀坪园艺场
	嘉鱼县官桥镇官桥村		津市市灵泉镇
	崇阳县白义镇油市村		贺家山原种场大洲分场
	赤壁市沧湖开发区普安村	张家界市	永定区王家坪镇石堰坪村
随州市	曾都区南郊办事处椅子山村		武陵源区天子山镇泗南峪
	广水市武胜关镇桃源村		居委会
恩施土家族	恩施市芭蕉侗族乡戽口村		桑植县洪家关白族乡实竹
苗族自治州	利川市毛坝乡夹壁村		坪村
	宣恩县高罗镇板寮村	益阳市	赫山区八字哨镇金家堤村
	咸丰县黄金洞乡麻柳溪村		高新区谢林港镇清溪村
	来凤县三胡乡黄柏园村		南县青树嘴镇四美村
仙桃市	三伏潭镇栗林嘴村		南县浪拨湖镇南红村
潜江市	园林办事处工农村		沅江市三眼塘镇荷花村
天门市	天门市岳口镇健康村	郴州市	北湖区华塘镇三合村
神农架林区	松柏镇八角庙村委会		苏仙区望仙镇和平村

	桂阳县黄沙坪街道办事处沙坪村
	汝城县土桥镇黄家村
永州市	冷水滩区伊塘镇
	祁阳县下马渡镇栗山村
	蓝山县新圩镇上清涵村
怀化市	鹤城区黄岩管理处白马村
	会同县青朗乡客寨村
	芷江侗族自治县木叶溪乡小渔溪村
	靖州苗族侗族自治县寨牙乡大林村
娄底市	双峰县甘棠镇盐井村
	新化县奉家镇下团村
	涟源市杨市镇
湘西土家族苗族自治州	凤凰县管庄乡大湾村
	花垣县麻栗场镇立新村
	永顺县高坪乡西米村
	龙山县苗儿滩镇捞车河村

广东省

广州市	番禺区南村镇坑头村
	花都区梯面镇红山村
	南沙区横沥镇冯马三村
	萝岗区九龙镇洋田村
	增城市正果镇黄屋村
韶关市	乳源瑶族自治县游溪镇八一瑶族新村
珠海市	斗门区连洲镇连江村
	金湾区平沙镇平塘社区
	万山区担杠镇外伶仃洋村
汕头市	潮阳区和平镇合浦社区
	潮南区陇田镇东华村
	南澳县深澳镇后花园村
佛山市	南海区九江镇烟南村
江门市	鹤山市鹤城镇五星村
湛江市	徐闻县曲界镇龙门村
	吴川市黄陂镇水潭村
茂名市	茂南区镇盛镇彭村
肇庆市	德庆县官圩镇金林村
惠州市	惠阳区平潭镇阳光村
梅州市	梅县松口镇大黄村

	梅县南口镇桥乡村
	大埔县百侯镇侯南村
	蕉岭县三圳镇
汕尾市	陆河县螺溪镇螺溪村
河源市	连平县坡头镇
阳江市	阳春市合水镇平北村
中山市	三乡镇古鹤村
揭阳市	揭西县京溪园镇粗坑村
云浮市	郁南县连滩镇兰寨村

广西壮族自治区

柳州市	融水苗族自治县融水镇新国村古选屯
	三江侗族自治县丹洲镇丹洲村
桂林市	兴安县严关镇杉树村委马头山村
	永福县百寿镇瓦瑶生态园
	灌阳县黄关镇龙吟村毛栗坪屯
	龙胜各族自治县和平乡龙脊村
	恭城瑶族自治县莲花镇红岩村
	平乐县桥亭乡显堆村委大塘口自然村
	荔浦县东昌镇东阳村扒齿屯
梧州市	苍梧县梨埠镇沙地村
	藤县和平镇座洞村
	岑溪市归义镇荔枝村
北海市	合浦县廉州镇马江村
防城港市	东兴市东兴镇竹山村
钦州市	钦南区康熙岭镇高沙村
玉林市	福绵管理区沙田镇六龙村
	陆川县沙坡镇高庆村
	兴业县葵阳镇四新村
	北流市民乐镇罗政村
百色市	田阳县百育镇四那村那生屯
	田东县祥周镇中平村
	平果县果化镇龙色村龙东屯
	靖西县新甲乡新荣村古

	风屯
	西林县普合苗族乡新丰村
贺州市	八步区贺街镇西南村新兴寨
	昭平县文竹镇桂花村
	钟山县钟山镇榕马村
	富川瑶族自治县朝东镇秀水村
河池市	宜州市屏南乡合寨村果地屯
来宾市	兴宾区凤凰镇龙岩村委长福村
	忻城县城关镇板河村内城屯
	象州县象州镇石里村
	武宣县东乡镇河马村委下莲塘村
	金秀瑶族自治县三江乡古范村
崇左市	扶绥县渠旧镇濑滤村
	大新县雷平镇新立村
凭祥市	新鸣村板小屯

海南省

海口市	琼山区三门坡镇龙鳞村
三亚市	市辖区凤凰镇槟榔村
	市辖区吉阳镇
五指山市	毛阳镇毛贵村
	南圣镇红合村
琼海市	潭门镇
	博鳌镇朝烈村
儋州市	那大镇石屋村
	和庆镇美万新村
文昌市	东路镇永丰村
万宁市	长丰镇文通村
东方市	大田镇报白村
	定安县定城镇水冲坡村委会
	龙湖镇桐树村
屯昌县	屯城镇后久塘村
	乌坡镇冯宅村
澄迈县	金江镇龙坡村委会
	老城镇罗驿村
	福山镇敦茶村

临高县	调楼镇洋林下村
白沙黎族自治县	福门镇老周三村
	元门乡罗帅村
乐东黎族自治县	佛罗镇丹村
陵水黎族自治县	光坡镇旺村

重庆市

万州区	太安镇凤凰村
涪陵区	南沱镇连丰村
沙坪坝区	曾家镇虎峰山村
北碚区	金刀峡镇胜天湖村
万盛经济开发区	万东镇五和村
巴南区	二圣镇集体村
渝北区	统景镇印盒村
黔江区	小南海镇新建村
长寿区	石堰镇麒麟村
江津区	吴滩镇郎家村
合川区	涞滩镇
永川区	南大街办事处黄瓜山村
南川区	木凉乡汉场坝村
綦江区	永城镇复兴村
潼南县	崇龛镇临江村
铜梁县	南城街道鱼溅村
大足区	宝顶镇倒庙村
荣昌县	古昌镇玉带村
璧山县	正兴镇卫寺村
梁平县	合兴镇龙滩村
城口县	岚天乡岚溪村
	河鱼乡
丰都县	江池镇横梁村
垫江县	太平镇牡丹村
武隆县	仙女山镇
忠县	拔山镇杨柳村
开县	南门镇莲池村
云阳县	清水土家族乡清水村
奉节县	兴隆镇三桥村
巫山县	官渡镇杨坝村
	骡坪镇茶园村
巫溪县	尖山镇大包村
石柱土家族自治县	黄水镇万胜坝村

秀山土家族苗族自治县	孝溪乡檬子村	达州市	华蓥市阳和镇祝家坝村
			开江县甘棠镇龙井坝村
酉阳土家族苗族自治县	黑水镇大泉村		大竹县庙坝镇长乐村
		雅安市	雨城区中里镇张沟村
彭水苗族土家族自治县	润溪乡白果村		汉源县双溪乡申沟村
		巴中市	巴州区清江镇巾字村

四川省

成都市	温江区和盛镇友庆社区
	双流县彭镇羊坪社区
	郫县友爱镇农科村
	新津县文井乡李柏村
	都江堰市虹口乡高原村
自贡市	自流井区农团乡东升村
	沿滩区黄市镇红旗村
攀枝花市	米易县普威镇独树村
泸州市	江阳区华阳街道西岸村
	泸县福集镇龙桥文化生态园
德阳市	旌阳区新中镇龙居村
	罗江县慧觉镇黄荆村
	广汉市连山镇锦花村
	绵竹市遵道镇棚花村
绵阳市	涪城区杨家镇团阳寺村
	安县花荄镇联丰村
	江油市新安镇黑滩村
广元市	利州区龙潭乡建设村
	昭化区紫云乡紫云村
	苍溪县石门乡文家角村
遂宁市	船山区唐家乡东山村
	射洪县沱牌镇百战村
内江市	市中区永安镇太平寺村
乐山市	市中区土主镇铁牛村
	井研县集益乡繁荣村
南充市	南部县火峰乡化林村
	营山县东升镇玉帝村
	西充县凤鸣镇双龙桥村
眉山市	东坡区白马镇龚村
	丹棱县双桥镇梅湾村
	青神县白果乡甘家沟村
宜宾市	珙县巡场镇箐林村
广安市	广安区大龙乡果坝村

资阳市	雁江区碑记镇半月村
	简阳市贾家镇菠萝村
阿坝藏族羌族自治州	汶川县三江镇河坝村
甘孜藏族自治州	丹巴县格什扎乡布科村
凉山彝族自治州	西昌市西乡凤凰村

贵州省

贵阳市	花溪区青岩镇龙井村
	乌当区新堡乡马头村
	白云区牛场乡蓬莱村
	观山湖区百花湖乡石操村
	开阳县南江乡龙广村
	开阳县禾丰乡马头村
	清镇市红枫湖镇大冲村
六盘水市	水城县米箩镇倮么村
	盘县普古乡舍烹村
遵义市	红花岗区深溪镇高坊村
	绥阳县温泉镇双河村
	道真仡佬族苗族自治县隆兴镇浣溪村
	务川仡佬族苗族自治县大坪镇龙潭村
	湄潭县湄江镇核桃坝村
	余庆县白泥镇
	习水县大坡乡龙灯村
安顺市	西秀区大西桥镇鲍屯村
	平坝县天龙镇天龙村
	镇宁布依族苗族自治县大山镇大寨村
	黄果树风景名胜区黄果树镇石头寨村
铜仁市	江口县太平乡云舍村
	印江土家族苗族自治县朗

(其中 通江县沙溪镇王坪村 / 平昌县驷马镇元峰村)

	溪镇河西村		丁村
	石阡县坪山乡尧上村	楚雄彝族	永仁县永定镇太平地村
	松桃苗族自治县正大乡苗	自治州	武定县狮山镇狮山村委会
	王城村	红河哈尼族	建水县西庄镇团山村
黔西南布依族	兴义市万峰林街道办事处	彝族自治州	石屏县宝秀镇郑营村
苗族自治州	兴义市郑屯镇民族村		弥勒市西三镇可邑村
	兴仁县屯脚镇鲤鱼坝村	文山壮族苗	砚山县干河彝族乡马鞍山村
毕节市	七星关区青场镇青坝村	族自治州	马关县仁和镇阿峨新寨村
	大方县羊场镇桶井村	西双版纳傣	景洪市勐罕镇曼听村
	金沙县岩孔镇板桥村	族自治州	
	织金县熊家场乡白马村	大理白族	大理市大理镇龙龛村龙下
黔东南苗族	施秉县牛大场镇牛大场村	自治州	登村
侗族自治州	三穗县台烈镇寨头村		漾濞彝族自治县苍山西镇
	剑河县岑松镇温泉村		光明村
	黎平县茅贡乡地扪村		宾川县鸡足山镇寺前村
	雷山县西江镇西江村	德宏傣族景	瑞丽市勐卯镇姐东村喊
黔南布依族	荔波县玉屏社区福利村	颇族自治州	沙村
苗族自治州	贵定县盘江镇音寨村		芒市风平镇法帕村
	罗甸县董当乡大井村	怒江傈僳	泸水县鲁掌镇三河村
	龙里县羊场镇走马村	族自治州	
	龙里县湾寨乡场坝村	迪庆藏族自治州	维西傈僳族自治县塔城镇

云南省 西藏自治区

昆明市	西山区团结街道办事处和	拉萨市	尼木县吞巴乡
	平社区		曲水县南木乡
	禄劝彝族苗族自治县翠华		曲水县才纳乡才纳村
	镇兴隆村		堆龙德庆县羊达乡通嘎村
曲靖市	麒麟区沿江乡庄家圩社区		达孜县邦堆乡林阿村
	会泽县金钟镇乌龙村	昌都地区	类乌齐县桑多镇恩达村
玉溪市	通海县秀山街道办事处大		边坝县草卡镇苏东行政村
	树社区	山南地区	乃东县泽当镇金鲁居委会
保山市	隆阳区板桥镇北汉庄村		扎囊县扎塘镇羊噶居委会
	腾冲县界头镇		贡嘎县吉雄镇扎庆社区
昭通市	昭阳区永丰镇三甲村	日喀则地区	日喀则市聂日雄乡
	盐津县中和镇清河社区		南木林县艾玛乡恰热村
丽江市	古城区七河镇共和村		江孜县江孜镇东郊村
	宁蒗彝族自治县永宁乡落		拉孜县曲下镇吉如村
	水村	那曲地区	聂荣县色庆乡帕玉村
	玉龙纳西族自治县拉市镇	林芝地区	林芝县鲁朗镇扎西岗村
普洱市	澜沧县惠民镇景迈村		工布江达县巴河镇东玛村
	西盟县勐卡镇马散村		波密县倾多镇热西村
临沧市	沧源佤族自治县勐角乡翁		察隅县古玉乡罗马村

陕西省

西安市	阎良区新兴街道办井家村
	蓝田县焦岱镇鲍旗寨村
	周至县楼观镇周一村
	户县甘亭镇东韩村
铜川市	耀州区锦阳路街道办事处水峪村
	耀州区董家河镇王家砭村
宝鸡市	凤翔县城关镇周家门前村
	眉县金渠镇田家寨村
	太白县黄柏塬镇
咸阳市	杨凌区五泉镇斜上村
	泾阳县三渠镇挡驾桥村
	彬县太峪镇
	淳化县石桥镇咀头村
渭南市	临渭区官道镇武赵村
	大荔县埝桥镇黄营村
	澄城县王庄镇水洼村
	富平县庄里镇王庄村
延安市	子长县杨家园则镇
	吴起县铁边城镇铁边城村
汉中市	汉台区铺镇狮子村
	城固县桔园镇刘家营村
	勉县勉阳镇黄家沟村
	留坝县武关驿镇河口村
榆林市	靖边县红墩界镇尔德井村
	佳县坑镇赤牛村
安康市	汉阴县城关镇五一村
	平利县长安镇
	旬阳县石门镇
商洛市	丹凤县棣花镇万湾村
	商南县城关镇任家沟村
	山阳县漫川关镇

甘肃省

兰州市	永登县武胜驿镇
	皋兰县什川镇
	榆中县来紫堡乡冯湾村
金昌市	金川区宁远堡镇中牌村
	金川区双湾镇
	永昌县城关镇金川东村
白银市	白银区水川镇桦皮川村

	景泰县中泉乡龙湾村
天水市	麦积区伯阳镇曹石村
	武山县马力镇北顺村
武威市	凉州区黄羊镇上庄村
	民勤县三雷镇中陶村
	天祝藏族自治县天堂镇天堂村
张掖市	甘州区长安乡前进村
	山丹县位奇镇芦堡村
平凉市	灵台县西屯乡店子村
	庄浪县南湖镇石阳村
酒泉市	肃州区银达镇
	玉门市赤金镇
庆阳市	庆城县玄马镇孔桥村
	华池县南梁镇
定西市	安定区青岚山乡大坪村
	陇西县首阳镇首阳村
	临洮县八里铺镇王家大庄村
	漳县四族乡牙里村
陇南市	武都区马街镇姜家山村
	两当县张家乡
临夏回族自治州	永靖县太极镇大川村
	广河县庄窠集镇大庄村
	和政县三十里铺镇三十里铺村

青海省

西宁市	大通县东峡镇元墩子村
	大通县景阳镇小寨村
	大通县景阳镇土关村
	湟源县日月乡山根村
	湟源县日月乡日月山村
	湟源县和平乡小高陵村
	湟中县共和镇苏吉尔村
	湟中县拦隆口镇班仲营村
	湟中县李家山镇新添堡村
海东地区	民和回族土族自治县马场垣乡翠泉村
	民和回族土族自治县马场垣乡下川口村
	乐都县瞿昙镇官隆湾村
	乐都县蒲台乡李家台村

	互助土族自治县丹麻镇松德村
	互助土族自治县塘川镇高羌村
	互助土族自治县东沟乡大庄村
海北藏族自治州	门源县泉口镇大庄村
	门源县东川镇孔家庄村
	门源县珠固乡东旭村
	贵德县河西镇格尔家村
	贵德县尕让乡松巴村

宁夏回族自治区

银川市	金凤区良田镇和顺新村
	灵武市郝家桥镇王家嘴村
石嘴山市	惠农区燕子墩乡路家营村
	平罗县陶乐镇王家庄村
吴忠市	利通区扁担沟镇同利村
	利通区金积镇秦坝关村
	同心县丁塘镇新华村
	同心县王团镇沟南村
	青铜峡市叶盛镇
	青铜峡市瞿靖镇瞿靖村
固原市	隆德县城关镇杨店村
	隆德县神林乡辛平村
	隆德县沙塘镇清泉村
	彭阳县古城镇皇甫村
	彭阳县新集乡团结村
	彭阳县城阳乡杨坪村
中卫市	沙坡头区迎水桥镇夹道村
	沙坡头区柔远镇冯庄村
	中宁县石空镇太平村
	中宁县大战场镇宁原村

新疆维吾尔自治区

乌鲁木齐市	乌鲁木齐县水西沟镇
吐鲁番地区	吐鲁番市亚尔乡
	鄯善县连木沁镇巴扎村
	鄯善县东巴扎乡
哈密地区	伊吾县苇子峡乡沙依巴克恰村
昌吉回族自治州	昌吉市佃坝乡二畦村
	玛纳斯县乐土驿镇

	玛纳斯县旱卡子滩乡加尔苏瓦提村
博尔塔拉蒙古自治州	博乐市贝林哈日莫敦乡
	精河县茫丁乡
巴音郭楞蒙古自治州	且末县阿热勒乡
克孜勒苏柯尔克孜自治州	阿图什市阿扎克乡
阿克苏地区	阿克苏市良种场托万克乔格达勒村
	新和县依其艾日克乡加依村
喀什地区	麦盖提县央塔克乡跃进村
和田地区	和田县拉依喀乡库木艾日克村
	墨玉县喀尔赛乡赛先巴扎村
	于田县奥依托格拉克乡兰干吾斯塘村
伊犁哈萨克自治州	伊宁县阿热吾斯塘乡古库热提曼村
	霍城县芦草沟镇四宫村
	特克斯县喀拉达拉镇琼库什台村
塔城地区	沙湾县大泉乡三道沟村
阿勒泰地区	布尔津县杜来提乡

大连市

	旅顺口区铁山街道王家村
	长海县獐子岛镇
	瓦房店市许屯镇东马屯村
	普兰店市石河街道石河村
	庄河市光明山镇小营村

青岛市

	崂山区王哥庄街道青山社区
	城阳区城阳街道后田社区
	开发区灵珠山街道办事处
	平度市南村镇姜家埠村
	即墨市龙山街道办事处石源村

宁波市

象山县石浦镇
奉化市萧王庙街道滕头村
镇海区庄市街道光明村
鄞州区下应街道湾底村
余姚市泗门镇

厦门市

同安区洪塘镇郭山村
同安区莲花镇军营村
翔安区新圩镇

新疆生产建设兵团

农一师　　　十团
农三师　　　四十八团
农六师　　　一〇五团
农六师　　　共青团农场

农八师　　　石河子总场北泉镇

黑龙江农垦总局

宝泉岭管理局　　普阳农场
红兴隆管理局　　红旗岭农场
建三江管理局　　七星农场
牡丹江管理局　　八五七农场
　　　　　　　　海林农场
北安管理局　　　尾山农场
九三管理局　　　鹤山农场
齐齐哈尔管理局　富裕牧场第二管理区

广东农垦总局

茂名农垦局　　　建设农场9队
阳江农垦局　　　平岗农场
湛江农垦局　　　华海糖业发展有限公司勇
　　　　　　　　士12队

附件2　农业部"美丽乡村"创建活动典型人物推介人员名单

科技之星

李永军　　天津市清水思源农作物种植专业合作社（宝坻区八门城镇欢喜庄村）
谭英　　辽宁省铁岭市开原市庆云堡镇兴隆台村
李上彬　　江苏省无锡市宜兴市湖㳇镇张阳村
邹尤远　　广西壮族自治区来宾市兴宾区凤凰镇龙岩村委长福村
张文辉　　重庆市梁平县龙滩柚子专业合作社
范敬超　　四川省乐山市井研县集益乡繁荣村11组
张扩伟　　云南省大理白族自治州大理市大理镇龙龛村11组
果果　　西藏自治区拉萨市达孜县邦堆乡农业产业园区
王金燕　　宁夏回族自治区银川市金凤区农牧水务局
麦尔旦·麦麦提敏　　新疆维吾尔自治区和田地区墨玉县喀尔赛乡赛先巴扎村

沼气之星

薛金虎　　山西省临汾市翼城县南唐乡符册村
关田喜　　内蒙古自治区通辽市科左中旗舍伯吐镇那仁嘎查
仇阳平　　浙江省衢州市开化县能源环保公司
刘景清　　山东省临沂市莒南县洙边镇洙边社区
刘占涛　　河南省许昌市禹州市磨街乡玉泉村
胡贤和　　湖北省武汉市江夏区法泗街大路村
兰争婧　　广西壮族自治区柳州市三江侗族自治县丹洲镇丹洲村
拉姆措吉　　西藏自治区山南地区乃东县泽当镇金鲁居委会
冯辉　　大连市瓦房店市许屯镇东马屯村
游空　　黑龙江省农垦总局牡丹江管理局

海林农场绿源沼气站

环保之星

左洪泽　辽宁省抚顺市清原满族自治县南口前镇王家堡村

柏连福　吉林省白山市抚松县仙人桥镇黄家崴子村

叶发娣　浙江省湖州市安吉县溪龙乡黄杜村

阳和尚　江西省九江市彭泽县马当镇船形村

闻荣贵　河南省南阳市邓州市穰东镇穰西社区

张业阔　湖北省天门市岳口镇健康村

谭学明　陕西省西安市蓝田县焦岱镇鲍旗寨村

张祖平　甘肃省庆阳市庆城县玄马镇孔桥村

林永法　宁波市象山县石浦镇石浦渔村

张晶华　黑龙江省农垦总局红兴隆管理局红旗岭农场

致富之星

田　雄　北京市房山区韩村河镇韩村河村

王海军　河北省邯郸市磁县陶泉乡南王庄村

丁雪其　江苏省泰州市泰兴市黄桥镇祁巷村

何允辉　浙江省金华市义乌市城西街道何斯路村

吴海英　福建省平潭综合试验区白青乡国彩村

樊海风　河南省郑州市新密市超化镇黄固寺村

黄付仁　海南省澄迈县金江镇龙坡村委会山内坡村

宋春梅　贵州省黔西南布依族苗族自治州兴义市万峰林街道办纳录村七组

赵思旺　云南省玉溪市通海县秀山街道办事处大树社区

冶建海　青海省海东地区民和回族土族自治县马场垣乡翠泉村

文明之星

侯二河　河北省邯郸市武安市淑村镇白沙村

陈章琦　上海市崇明县横沙乡新北村

鲍远峰　安徽省六安市裕安区苏埠镇南楼村

李四琴　江西省九江市彭泽县马当镇船形村

史国成　湖北省荆州市监利县朱河镇花园村

廖明知　湖南省永州市蓝山县新圩镇上清涵村

赵承华　广东省珠海市斗门区斗门镇南门村

姜兆阳　青岛市崂山区王哥庄街道青山社区

张胜民　新疆生产建设兵团农三师四十八团一连

张瑞金　广东省农垦总局阳江农垦局平岗农场

农民满意的农技员

葛成稳　山西省临汾市吉县东城乡政府

闫　瑞　内蒙古自治区赤峰市喀喇沁旗王爷府镇农科站

姚淑珍　黑龙江省绥化市北林区东兴办事处农牧业综合服务中心

张元祥　上海市崇明县横沙乡农业服务中心农业科

程来品　江苏省盐城市盐都区潘黄农业技术综合服务中心

林忠华　福建省莆田市荔城区沼气技术协会

白洪峰　山东省济南市长清区双泉镇农业技术推广站

李东明　湖南省张家界市永定区王家坪镇农技站

吉立斌　海南省三亚市吉阳镇

曾维友　重庆市江津区经济作物站

特别奉献人物

周小贺　湖北省安陆市植保站原站长

农业部办公厅关于公布 2017 年中国美丽休闲乡村推介结果的通知

农办加〔2017〕26 号

加快建设美丽休闲乡村，打造休闲农业和乡村旅游知名品牌，对于传承农耕文明，保护传统民居，培育消费新增长点，增强乡村经济发展新动能，推动农业供给侧结构性改革，带动农民就业增收，促进新型城镇化和城乡一体化发展具有重要作用。

为深入贯彻落实党中央国务院建设美丽乡村和美丽中国的决策部署，总结各地休闲农业和乡村旅游发展经验，树立发展典型，推进生态文明建设，2017 年，农业部按照"政府指导、农民主体、多方参与、共建共享"的思路，组织开展了中国美丽休闲乡村推介活动。经过地方推荐、专家审核和网上公示等程序，形成了 2017 年中国美丽休闲乡村推介名单，现予以公布。

希望获得推介的乡村珍惜荣誉，加强管理，拓展农业功能，挖掘农耕文化，保育生态环境，改善服务设施，开发特色产品，提升服务质量，不断提升休闲农业和乡村旅游发展水平，切实发挥好示范带动作用，促进农业增效、农民增收、农村增美。各级休闲农业管理部门要进一步加强组织领导，完善政策措施，加大公共服务，强化宣传推介，培育一批知名品牌，让推介的中国美丽休闲乡村保持天蓝、地绿、水净，安居、乐业、增收的良好状态，成为发展现代农业、增加农民收入、建设社会主义新农村的典范，成为市民观光旅游、休闲度假、养生养老、回忆乡愁的好去处，为建设美丽乡村、健康乡村和美丽中国、健康中国做出新的更大的贡献。

农业部办公厅
2017 年 9 月 19 日

2017 年中国美丽休闲乡村推介名单

特色民居村（41 个）

北京市平谷区黄草洼村
河北省邯郸市永年区东街村
河北省秦皇岛市北戴河区北戴河村
河北省滦平县小城子村
吉林省吉林市丰满区孟家村
吉林省东辽县朝阳村
黑龙江省同江市八岔赫哲族村
上海市嘉定区毛桥村
上海市金山区水库村

上海市青浦区蔡浜村
江苏省宜兴市张阳村
江苏省苏州市吴中区旺山村
江苏省连云港市赣榆区谢湖村
浙江省长兴县顾渚村
浙江省嘉善县汾南村
安徽省潜山县官庄村
福建省南靖县书洋镇
江西省井冈山市神山村
江西省广昌县姚西村
江西省萍乡市安源区红旗分场

山东省滨州市经济技术开发区狮子刘村
山东省淄博市淄川区朱水湾村
河南省西平县芦庙村
湖北省南漳县峡口村
湖北省神农架林区红花朵村
湖北省来凤县石桥村
湖南省龙山县捞车河村
广西壮族自治区容县龙镇村
四川省武胜县观音桥村
四川省平昌县龙尾村
贵州省贞丰县纳孔村
云南省腾冲市银杏村
西藏自治区江孜县玉堆村
西藏自治区林芝市巴宜区唐地村
陕西省商洛市商州区江山村
甘肃省嘉峪关市河口村
青海省西宁市城北区晋家湾村
新疆维吾尔自治区新源县肖尔布拉克新村
大连市庄河市马道口村
青岛市崂山区晓望社区
青岛市黄岛区大泥沟头村

特色民俗村（35 个）

北京市延庆区南湾村
北京市大兴区魏庄村
北京市顺义区河北村
山西省灵丘县上北泉村
内蒙古自治区托克托县郝家窑村
内蒙古自治区克什克腾旗小红山子嘎查
辽宁省东港市大鹿岛村
吉林省通化县老岭村
江苏省南京市江宁区孟墓社区
浙江省开化县龙门村
安徽省绩溪县尚村
福建省漳浦县大埔村
山东省莱州市初家村
山东省长岛县北城村
湖南省洞口县宝瑶村
广东省翁源县南塘村
海南省儋州市铁匠村
海南省陵水县坡村
重庆市梁平区聚宝村

四川省平武县桅杆村
四川省阿坝县神座村
贵州省荔波县水甫村
云南省建水县西庄镇
西藏自治区隆子县斗玉村
陕西省宜君县淌泥河村
陕西省佳县赤牛坬村
甘肃省平凉市崆峒区西沟村
青海省湟中县卡阳村
宁夏回族自治区吴忠市利通区牛家坊村
宁夏回族自治区隆德县新和村
宁夏回族自治区中卫市沙坡头区鸣沙村
新疆维吾尔自治区焉耆县下岔河村
新疆维吾尔自治区新和县加依村
新疆维吾尔自治区温宿县帕克勒克村
新疆生产建设兵团第四师 77 团阔克托别镇

现代新村（48 个）

天津市武清区韩指挥营村
天津市宁河区齐心庄村
河北省枣强县八里庄村
河北省隆化县西道村
山西省长治县东掌村
山西省阳泉市郊区桃林沟村
内蒙古自治区乌审旗神水台村
内蒙古自治区伊金霍洛旗乌兰木伦村
辽宁省鞍山市千山风景名胜区上石桥村
辽宁省盘山县新村村
吉林省德惠市十三家子村
黑龙江省漠河县北极村
黑龙江省农垦宝泉岭管理局绥滨农场
黑龙江省甘南县兴十四村
上海市崇明区丰乐村
江苏省太仓市电站村
安徽省金寨县响洪甸村
安徽省凤阳县小岗村
福建省惠安县下坑村
福建省福清市牛宅村
江西省新余市渝水区下保村
江西省南昌市新建区石咀村
河南省武陟县西滑封村
河南省信阳市浉河区甘冲村

河南省济源市韩彦村
湖北省荆州市高新技术开发区移民新村
湖北省枝江市关庙山村
湖南省浏阳市东门村
湖南省桃江县朱家村
广东省蕉岭县九岭村
广西壮族自治区南丹县巴平村
广西壮族自治区鹿寨县中渡镇大兆村
重庆市石柱县万胜坝村
重庆市永川区八角寺村
重庆市北碚区北泉村
四川省彭州市宝山村
四川省雅安市名山区红草村
贵州省福泉市双谷村
云南省楚雄市紫溪彝村
陕西省凤县马场村
陕西省南郑县瓦石溪村
甘肃省康县花桥村
甘肃省天水市秦州区孙集村
青海省海东市乐都区王佛寺村
宁夏回族自治区隆德县清凉村
大连市瓦房店市渤海村
新疆生产建设兵团第四师可克达拉市可克达拉镇
新疆生产建设兵团第十师 188 团 1 连

天津市蓟州区西井峪村
山西省临县李家山村
山西省晋中市榆次区后沟村
辽宁省绥中县新堡子村
江苏省江阴市红豆村
浙江省松阳县西坑村
安徽省黟县柯村
福建省政和县念山村
江西省婺源县延村
山东省郓城县后彭庄村
河南省商水县邓城镇邓东村
河南省漯河市郾城区裴城村
湖南省祁阳县八尺村
广东省中山市南区曹边村
广西壮族自治区武宣县下莲塘村
广西壮族自治区灵山县苏村
海南省琼海市大园古村
海南省澄迈县罗驿村
贵州省天柱县地良村
云南省剑川县寺登村
陕西省礼泉县烽火村
宁波市海曙区李家坑村
宁波市余姚市芝林村
厦门市海沧区青礁村
厦门市翔安区金柄村

历史古村（26 个）

北京市怀柔区红螺镇村

农业部办公厅关于召开全国
休闲农业和乡村旅游大会的通知

农办加〔2017〕26号

为贯彻落实党中央、国务院决策部署，深入学习践行习近平总书记提出的"绿水青山就是金山银山"理论，主动适应经济发展新常态，深入推进农业供给侧结构性改革，大力促进休闲农业和乡村旅游持续健康发展，我部决定于2017年4月在浙江省安吉县召开全国休闲农业和乡村旅游大会。现将有关事项通知如下。

一、会议内容

会议以"践行'两山'理论发展休闲农业"为主题，由启动仪式、现场考察、专业论坛、对接推介等内容组成。

（一）启动"中国美丽乡村休闲旅游行"活动。贯彻落实今年中央一号文件决策部署，深入学习习近平总书记"两山"理论，发布《全国休闲农业和乡村旅游安吉倡议》，向2016年认定的全国休闲农业和乡村旅游示范县和星级企业（园区）授牌，为全国休闲农业联盟成立揭牌，进行休闲农业和乡村旅游点现场推介和休闲旅游节目展演等，拉开2017年中国美丽乡村休闲旅游的序幕。韩长赋部长出席并讲话。

（二）现场考察。组织参会代表考察中国美丽休闲乡村、田园综合体、家庭休闲农场集聚区、茶文化展示体验区和竹加工工艺展示区等休闲农业和乡村旅游点，学习培育新主体、增强新动能、发展新产业、打造新业态、探索新模式等方面的经验。

（三）专业论坛。陈晓华副部长作主旨报告。请省、市、县、村、合作社、企业等方面的代表介绍休闲农业和乡村旅游发展经验。请有关专家学者、行业管理人员、知名企业和休闲农业聚集村代表等，围绕行业发展突出问题研讨交流。

（四）对接推介。发布一批休闲农业和乡村旅游合作项目、精品景点和优质农产品，推动工商资本、旅行社和电子商务平台与其对接，促成一批合作项目，为产业发展提供支撑。

二、参会人员

（1）各省（区、市）、计划单列市及新疆生产建设兵团休闲农业和乡村旅游行政管理部门业务主管负责同志和业务处室负责同志各1名，2016年认定的全国休闲农业和乡村旅游示范县1名业务主管负责同志。

（2）邀请国家发展改革委、工业和信息化部、财政部、国土资源部、住房城乡建设部、水利部、文化部、人民银行、林业局、旅游局、国务院扶贫办、文物局、全国妇联1名司局级负责同志参加。

（3）农业部部领导，部办公厅、人事司、经管司、计划司、财务司、科教司、种植业司、畜牧业司、农垦局、渔业渔政局等负责同志各1名。

（4）相关媒体记者。

会议人数总规模不超过150人。

三、会议时间、地点

会议时间：4月11～12日，会期两天，10日报到。

会议地点：浙江省安吉县天荒坪镇"大年初一"酒店（地址：浙江省安吉县天荒坪镇天荒坪

路 1 号）。

四、有关要求

（一）会议准备

1. 有典型发言的省份，请认真准备典型发言材料，发言材料控制在 1200 字以内并制作 PPT，按照要求时间发送电子邮件至 xqjxxc @ agri. gov. cn。

2. 大会将为各省提供小型展示推介平台，请围绕本省休闲农业和乡村旅游业发展特点和景点线路，自行设计制作具有本地特色的宣传资料，印制 1000 份带至现场进行展示推介。

（二）报名要求

1. 会议规模有限，请各参会单位按照要求确定参会人员，严格控制参会人数。

2. 请各参会单位于 3 月 17 日前通过电子邮件统一反馈报名回执（见附件），发送至 xqjxxc @ agri. gov. cn，邮件标题统一使用"全国休闲农业和乡村旅游大会 ×× 省报名"。

3. 4 月 10 日全天在杭州萧山国际机场、高铁杭州东站、高铁湖州站安排接站，12 日中午至 13 日中午分别安排送站。

会议严格遵守中央八项规定，统一安排食宿，往返差旅费自理。

五、联系方式

农业部农产品加工局（乡镇企业局）

辛　欣　电话：010-59192271，13811176456

曹　宇　电话：010-59192797

浙江省农业厅

杨　薇　电话：13857180016

林家琦　电话：13588742500

安吉县农业局

陈　婷　电话：13567275347

"大年初一"酒店

电话：0572-5850000

附件：全国休闲农业和乡村旅游大会报名回执（略）

农业部办公厅

2017 年 3 月 2 日

财政部关于开展田园综合体建设试点工作的通知

财办〔2017〕29 号

各省、自治区、直辖市、计划单列市财政厅（局），新疆生产建设兵团财务局：

为贯彻落实中央农村工作会议和《中共中央国务院关于深入推进农业供给侧结构性改革 加快培育农业农村发展新动能的若干意见》的部署与要求，推动农业现代化与城乡一体化互促共进，加快培育农业农村发展新动能，提高农业综合效益和竞争力，探索农业农村发展新模式，实现"村庄美、产业兴、农民富、环境优"的目标，财政部决定开展田园综合体建设试点工作。现就有关事项通知如下。

一、总体要求

（一）**指导思想**。认真贯彻党中央、国务院决策部署，深入推进农业供给侧结构性改革，适应农村发展阶段性需要，遵循农村发展规律和市场经济规律，围绕农业增效、农民增收、农村增绿，支持有条件的乡村加强基础设施、产业支撑、公共服务、环境风貌建设，实现农村生产生活生态"三生同步"、一二三产业"三产融合"、农业文化旅游"三位一体"，积极探索推进农村经济社会全面发展的新模式、新业态、新路径，逐步建成以农民合作社为主要载体，让农民充分参与和受益，集循环农业、创意农业、农事体验于一体的田园综合体。

（二）**基本原则**。——坚持以农为本。要以保护耕地为前提，提升农业综合生产能力，突出农业特色，发展现代农业，促进产业融合，提高农业综合效益和现代化水平；要保持农村田园风光，留住乡愁，保护好青山绿水，实现生态可持续发展；要确保农民参与和受益，着力构建企业、合作社和农民利益联结机制，带动农民持续稳定增收，让农民充分分享田园综合体发展成果。

——坚持共同发展。要充分发挥农村集体组织在乡村建设治理中的主体作用，通过农村集体组织、农民合作社等渠道让农民参与田园综合体建设进程，提高区域内公共服务的质量和水平，逐步实现农村社区化管理；要把探索发展集体经济作为产业发展的重要途径，积极盘活农村集体资产，发展多种形式的股份合作，增强和壮大集体经济发展活力和实力，真正让农民分享集体经济发展和农村改革成果。

——坚持市场主导。按照政府引导、企业参与、市场化运作的要求，创新建设模式、管理方式和服务手段，全面激活市场、激活要素、激活主体，调动多元化主体共同推动田园综合体建设的积极性。政府重点做好顶层设计、提供公共服务等工作，防止大包大揽。政府投入要围绕改善农民生产生活条件，提高产业发展能力，重点补齐基础设施、公共服务、生态环境短板，提高区域内居民特别是农民的获得感和幸福感。

——坚持循序渐进。要依托现有农村资源，特别是要统筹运用好农业综合开发、美丽乡村等建设成果，从各地实际出发，遵循客观规律，循序渐进，挖掘特色优势，体现区域差异性，提倡形态多元性，建设模式多样性；要创新发展理念，优化功能定位，探索一条特色鲜明、宜居宜业、惠及各方的田园综合体建设和发展之路，实现可持续、可复制、可推广。

二、重点建设内容

围绕田园综合体的建设目标和功能定位，重点抓好生产体系、产业体系、经营体系、生态体系、服务体系、运行体系六大支撑体系建设。

（一）夯实基础，完善生产体系发展条件。 要按照适度超前、综合配套、集约利用的原则，集中连片开展高标准农田建设，加强田园综合体区域内"田园+农村"基础设施建设，整合资金完善供电、通信、污水垃圾处理、游客集散、公共服务等配套设施条件。

（二）突出特色，打造涉农产业体系发展平台。 立足资源禀赋、区位环境、历史文化、产业集聚等比较优势，围绕田园资源和农业特色，做大做强传统特色优势主导产业，推动土地规模化利用和三产融合发展，大力打造农业产业集群；稳步发展创意农业，利用"旅游+"、"生态+"等模式，开发农业多功能性，推进农业产业与旅游、教育、文化、康养等产业深度融合；强化品牌和原产地地理标志管理，推进农村电商、物流服务业发展，培育形成1~2个区域农业知名品牌，构建支撑田园综合体发展的产业体系。

（三）创业创新，培育农业经营体系发展新动能。 积极壮大新型农业经营主体实力，完善农业社会化服务体系，通过土地流转、股份合作、代耕代种、土地托管等方式促进农业适度规模经营，优化农业生产经营体系，增加农业效益。同时，强化服务和利益联结，逐步将小农户生产、生活引入现代农业农村发展轨道，带动区域内农民可支配收入持续稳定增长。

（四）绿色发展，构建乡村生态体系屏障。 牢固树立绿水青山就是金山银山的理念，优化田园景观资源配置，深度挖掘农业生态价值，统筹农业景观功能和体验功能，凸显宜居宜业新特色。积极发展循环农业，充分利用农业生态环保生产新技术，促进农业资源的节约化、农业生产残余废弃物的减量化和资源化再利用，实施农业节水工程，加强农业环境综合整治，促进农业可持续发展。

（五）完善功能，补齐公共服务体系建设短板。 要完善区域内的生产性服务体系，通过发展适应市场需求的产业和公共服务平台，聚集市场、资本、信息、人才等现代生产要素，推动城乡产业链双向延伸对接，推动农村新产业、新业态蓬勃发展。完善综合体社区公共服务设施和功能，为社区居民提供便捷高效服务。

（六）形成合力，健全优化运行体系建设。 妥善处理好政府、企业和农民三者关系，确定合理的建设运营管理模式，形成健康发展的合力。政府重点负责政策引导和规划引领，营造有利于田园综合体发展的外部环境；企业、村集体组织、农民合作组织及其他市场主体要充分发挥在产业发展和实体运营中的作用；农民通过合作化、组织化等方式，实现在田园综合体发展中的收益分配、就近就业。

三、试点立项条件

（一）功能定位准确。 围绕有基础、有优势、有特色、有规模、有潜力的乡村和产业，按照农田田园化、产业融合化、城乡一体化的发展路径，以自然村落、特色片区为开发单元，全域统筹开发，全面完善基础设施。突出农业为基础的产业融合、辐射带动等主体功能，具备循环农业、创意农业、农事体验一体化发展的基础和前景。明确农村集体组织在建设田园综合体中的功能定位，充分发挥其在开发集体资源、发展集体经济、服务集体成员等方面的作用。

（二）基础条件较优。 区域范围内农业基础设施较为完备，农村特色优势产业基础较好，区位条件优越，核心区集中连片，发展潜力较大；已自筹资金投入较大且有持续投入能力，建设规划能积极引入先进生产要素和社会资本，发展思路清晰；农民合作组织比较健全，规模经营显著，龙头企业带动力强，与村集体组织、农民及农民合作社建立了比较密切的利益联结机制。

（三）生态环境友好。 能落实绿色发展理念，保留青山绿水，积极推进山水田林湖整体保护、综合治理，践行看得见山、望得到水、记得住乡愁的生产生活方式。农业清洁生产基础较好，农业环境突出问题得到有效治理。

（四）政策措施有力。 地方政府积极性高，在用地保障、财政扶持、金融服务、科技创新应用、人才支撑等方面有明确举措，水、电、路、网络等基础设施完备。建设主体清晰，管理方式创新，搭建了政府引导、市场主导的建设格局。积极在田园综合体建设用地保障机制等方面作出探索，为产业发展和田园综合体建设提供条件。

（五）**投融资机制明确。**积极创新财政投入使用方式，探索推广政府和社会资本合作，综合考虑运用先建后补、贴息、以奖代补、担保补贴、风险补偿金等，撬动金融和社会资本投向田园综合体建设。鼓励各类金融机构加大金融支持田园综合体建设力度，积极统筹各渠道支农资金支持田园综合体建设。严控政府债务风险和村级组织债务风险，不新增债务负担。

（六）**带动作用显著。**以农村集体组织、农民合作社为主要载体，组织引导农民参与建设管理，保障原住农民的参与权和受益权，实现田园综合体的共建共享。通过构建股份合作、财政资金股权量化等模式，创新农民利益共享机制，让农民分享产业增值收益。

（七）**运行管理顺畅。**根据当地主导产业规划和新型经营主体发展培育水平，因地制宜探索田园综合体的建设模式和运营管理模式。可采取村集体组织、合作组织、龙头企业等共同参与建设田园综合体，盘活存量资源、调动各方积极性，通过创新机制激发田园综合体建设和运行内生动力。

（八）**不予受理的情况。**未突出以农为本，项目布局和业态发展上与农业未能有机融合，以非农业产业为主导产业；不符合产业发展政策；资源环境承载能力较差；违反国家土地管理使用相关法律法规，违规进行房地产开发和私人庄园会所建设；乡、村举债搞建设；存在大拆大建、盲目铺摊子等情况。

四、扶持政策

综合考虑各地发展建设基础、开展试点意愿、改革创新工作推进、试点代表性等因素，按照三年规划、分年实施的方式，2017年，财政部确定河北、山西、内蒙古、江苏、浙江、福建、江西、山东、河南、湖南、广东、广西、海南、重庆、四川、云南、陕西、甘肃18个省份开展田园综合体建设试点，中央财政从农村综合改革转移支付资金、现代农业生产发展资金、农业综合开发补助资金中统筹安排，每个试点省份安排试点项目1~2个，各省可根据实际情况确定具体试点项目个数。在不违反农村综合改革和国家农业综合开发现行政策规定的前提下，试点项目资金和项目管理具体政策由地方自行研究确定。同时，各试点省份、县级财政部门要统筹使用好现有各项涉农财政支持政策，创新财政资金使用方式，采取资金整合、先建后补、以奖代补、政府与社会资本合作、政府引导基金等方式支持开展试点项目建设。经财政部年度考核评价合格后，试点项目可继续安排中央财政资金。对试点效果不理想的项目将不再安排资金支持。

同时，鼓励有条件的省份参照本通知精神开展省级田园综合体试点，每个省份数量控制在1~2个。如建设成效较好，符合政策要求，今后可逐步纳入国家级试点范围。

五、有关工作要求

（一）**强化组织领导。**各试点省份要建立健全财政部门牵头负责（重庆市试点工作由重庆市农业综合开发办公室牵头负责，下同），农村综合改革机构、农业综合开发机构分别具体组织并互相支持配合的工作机制，协调发挥好各职能部门的作用，细化工作任务，认真组织实施，确保试点工作开好头起好步。要加强与地方政府的沟通协调，引导和鼓励地方政府积极搭建田园综合体基础设施和产业政策平台。引导地方政府因地制宜选择田园综合体建设模式，建立运行顺畅的建设管理机制，为项目建设创造良好的发展环境。

（二）**科学编制规划和年度实施方案。**各有关地区要科学编制试点项目发展规划和年度实施方案，内容应包括拟建设田园综合体的基本情况、目标任务、区域功能布局、主要建设内容和任务；水土资源开发和生态环境保护；建设、管理和运营体制机制；投资估算与资金筹措方案；资源环境评估分析；政策保障措施等内容。

（三）**严格试点项目管理。**拟开展试点项目的县（市、区），要成立以县级人民政府主要领导任组长，财政部门及农村综合改革机构、农业综合开发机构牵头落实，发改、国土、环保、水利、农业、林业等有关部门参加的田园综合体建设领导小组，统筹组织试点项目的申报和实施工作；县级人民政府组织编制试点规划和实施方案，按规定程序报送省级财政部门。

（四）坚持省级竞争立项。田园综合体建设试点项目由省级财政部门统一组织以竞争立项的方式确定。要建立健全公开透明、客观公正、科学规范的项目竞争立项机制，择优选项。竞争立项结果应按照政府信息公开的要求，作为主动公开事项向社会公开。省级财政部门要根据竞争立项的结果，将试点规划和实施方案报财政部备案。

（五）加强资金监管和考核评价。各级财政部门及农村综合改革机构、农业综合开发机构要严格执行相关制度，确保资金安全有效使用。要加强项目实施和资金管理的跟踪问效和综合分析评价，根据有关政策对违规违纪问题进行处理。建立激励约束机制，实行动态管理，财政部将根据正式备案的试点规划和实施方案，对试点项目进行重点考核。对考核评价结果较好的试点省份予以连续扶持并加大投入力度，继续安排扩大试点范围；对试点工作开展不力的将取消试点资格。

（六）及时总结试点经验。开展田园综合体试点项目建设是一项全新的工作，各地要进一步加强调查研究，及时掌握和跟踪项目实施及运行情况，不断总结经验，针对存在的问题，及时完善相关政策措施，确保取得预期成效。财政部将会同中央有关单位和部门，对各地开展田园综合体的建设情况进行跟踪调研指导，总结经验，不断完善试点政策。

（七）材料报送及要求。试点省份财政部门应于2017年6月30日前，分别向财政部农业司（国务院农村综改办）、国家农发办报送田园综合体试点材料（附电子文档光盘）。在实施过程中有关具体工作及要求，另行通知。

在申报过程中，如有疑问，请及时与财政部联系。

财政部
2017年5月24日

财政部关于做好2017年田园综合体试点工作的意见

财办农〔2017〕71号

有关省、自治区财政厅：

为贯彻落实中央农村工作会议和2017年中央一号文件的部署与要求，财政部印发了《关于开展田园综合体建设试点工作的通知》（财办〔2017〕29号）。根据部内商定的分工方案，财政部农业司、国务院农村综合改革办公室牵头负责在内蒙古、江苏、浙江、江西、河南、湖南、广东、甘肃8个省份开展试点工作，为进一步推动试点工作，现就做好有关具体工作提出如下意见。

一、加强组织领导，做好协同推进工作

各试点省份要建立健全财政部门牵头负责，农村综合改革处（办）具体组织、农业处配合的工作机制，协调发挥好各职能部门的作用。要细化工作任务，落实工作责任，确保试点工作开好头起好步。开展首批试点的县（市、区）政府要高度重视，加强对试点片区的领导和指导工作，确保高标准、高起点、有规模、有特色。县级财政部门要统筹使用好相关涉农财政支持政策。要争取未来两三年有大发展大变化，让各方从中借鉴学习成功经验和做法，让人们从中感到农业是充满希望的现代产业、农民是令人羡慕的体面职业、农村是宜居宜业的美好家园。

二、明确试点条件，做好综合体选点工作

各试点地方要支持有基础、有优势、有特色、有规模、有潜力的乡镇（村）、特色片区，全域统筹开发，按照"政府引导、市场主体"的原则，选择农民合作组织健全、农业龙头企业和新型农业经营主体带动力强、农村特色优势产业基础较好、生产组织化程度较高、区位和生态等资源环境条件优越、核心区集中连片、开发主体已自筹资金投入较大且自身有持续投入能力、发展潜力较大的片区，开展乡村田园综合体试点工作。

三、突出目标要求，做好建设内容选择工作

各试点地方要按照现代乡村田园综合体要求，认真选择好试点项目建设内容。积极发展循环农业，充分利用农业生态环保生产新技术，提高农业资源利用效率和农业生产经济效益，促进生态环境友好型农业可持续发展。大力发展智慧农业，充分应用现代信息技术与农业生产集成融合的新成果，加快推动传统农业向现代农业生产方式转变。稳步发展创意农业，开展农事体验活动，创新农业生产过程、场景和农产品的展示形式，融合农业文明、园艺展示和人文价值、生活趣味等文化要素，结合旅游休闲、展览演示等活动方式，引导社会大众参与农事体验活动，展现推介农村农业新功能。

要适应农业供给侧结构性改革需要，做大做强传统特色优势主导产业，推动土地规模化利用和一二三产业融合发展，强化品牌和原产地地理标志管理，促进当地农产品提质增效。积极推进农村电商、物流服务业发展，拓宽农民增收致富的新通道。依托宜居宜业美丽乡村建设成果，发

挥乡村优质生态环境、美丽田园风光和优秀传统文化等独特资源优势，开发与保护并重，推进农、林、牧业与休闲观光、康养农业等产业深度融合，推动农村（牧区）绿色发展，打造一批环境美、产业兴、品牌响、农民富、生态优，具有浓郁"田园牧歌"风情的乡村田园综合体。

四、创新投入方式，做好支持政策统筹工作

各试点地方要创新财政投入方式，积极探索推广政府和社会资本合作，综合考虑运用先建后补、贴息、以奖代补、担保补贴、风险补偿金等，撬动金融和社会资本投向田园综合体建设。鼓励各类金融机构加大金融支持田园综合体建设力度，积极统筹各渠道支农资金支持田园综合体建设。严控政府债务风险和村级组织债务风险，不新增债务负担。

2017年，农村综合改革转移支付资金已下达到各试点省份，农业生产发展资金也将于6月下达。各试点省份财政部门农村综合改革处（办）、农业处要积极配合，统筹安排农村综合改革转移支付资金、农业生产发展资金共同支持田园综合体试点项目。

五、认真编制方案，做好组织实施工作

各试点地方要统筹运用田园综合体、美丽乡村、村级集体经济、现代农业产业园区和特色农业等方面已有的建设成果，明确农民合作组织、农业龙头企业在试点中的定位，结合区位条件、产业基础、居民人口、发展潜力等基本条件，科学规划，合理布局，实事求是地编制好试点方案。各试点地方在选点过程中要加强调研论证，

尊重农民意愿和考虑现有发展条件，不得加重农民负担。要健全收益分配机制和监督管理机制，保证农民适度参与和受益，促进农民就业和增收。

各试点地方财政、农村综合改革部门要深入基层，跟踪调研督导，及时掌握新情况，解决实际问题，认真做好组织实施工作。财政部农业司、国务院农村综合改革办公室将组织中央有关单位、部门和专家学者，深入试点地方开展研究指导，及时总结经验，完善试点政策。适时组织考评，实施动态调整，对试点成效显著的，中央财政继续给予奖补；对试点工作开展不力、试点成效不明显的，将取消试点资格并通报。

六、开展立项评审，做好方案报评工作

各试点省份财政部门农村综合改革处（办）、农业处要按照《财政部关于开展田园综合体建设试点工作的通知》（财办〔2017〕29号）和本意见要求，共同组织项目立项评审，并可适当邀请有关职能部门专家参与评审工作。请于2017年6月30日前，向财政部农业司、国务院农村综合改革办公室报送实施方案等试点材料（附电子文档）。财政部农业司、国务院农村综合改革办公室将对实施方案进行审核评议，并及时将审评意见反馈各省份。各省份结合审评意见修改完善实施方案后，于8个工作日内报财政部农业司、国务院农村综合改革办公室备案。

试点过程中如有疑问或遇到新情况新问题，请及时与财政部农业司、国务院农村综合改革办公室联系。

财政部办公厅

2017年6月1日

住房城乡建设部 财政部关于组织申报
2017 年改善农村人居环境示范村的通知

建村函〔2017〕117 号

各省、自治区、直辖市住房城乡建设厅（建委）、财政厅（局），北京市、天津市农委，新疆生产建设兵团建设局、财务局：

根据住房城乡建设部、财政部等部门《关于开展改善农村人居环境示范村创建活动的通知》（建村〔2016〕274 号）要求，现就 2017 年改善农村人居环境示范村申报工作通知如下：

一、示范村名额

住房城乡建设部、财政部根据各省（区、市）村庄数量、农村人居环境普查结果、村庄规划编制与实施情况、环境整治重点工作进展、地方各级组织推进力度等因素，确定 2017 年各省（区、市）改善农村人居环境保障基本示范村、环境整治示范村、美丽宜居示范村 3 类示范村名额（见附件）。

二、示范村遴选要求

省级住房城乡建设、财政等部门要严格按照建村〔2016〕274 号文件要求，细化本地区 3 类示范村创建具体标准，制定评审工作办法，组织现场核查和专家评审，逐村给出现场核查和专家评审意见。要针对每类示范的特点，遴选出具有本地特色、符合农村实际、代表性强、经验可复制可推广的示范村。

对村庄自身努力程度较高、自发投入建设发展并成效显著的村庄，遴选时可优先考虑。对建设发展中过度举债、增加农民负担，以及村两委班子不团结、干群关系不和谐的村庄，原则上不予推荐。

三、示范村申报要求

省级住房城乡建设、财政等部门应在协商一致的基础上，将推荐名单、评审工作情况报告以及每个村的申请材料、省级评审意见、现场核查情况于 2017 年 5 月 15 日前联合报送住房城乡建设部、财政部。省级推荐的示范村数量不得超过限额数量的 1.2 倍，如超过则不予受理。

申请材料应包括示范类型、村庄基本情况、主要做法、重要经验、示范前后对比等，要逐项对照建村〔2016〕274 号文件确定的示范创建条件提供证明材料，并配有反映村庄人居环境状况的足够数量的照片及说明。申请材料要制作成 PPT 文稿，有条件的村庄可提供 10 分钟以内的视频资料。

联系人及电话：

住房城乡建设部村镇建设司

胡建坤 010-58933609

财政部农业司

王健鹏 010-68552425

附件：2017 年各省（区、市）改善农村人居环境 3 类示范村名额表

中华人民共和国住房和城乡建设部
中华人民共和国财政部
2017 年 4 月 14 日

（此件主动公开）

抄送：中央农村工作领导小组办公室、环境保护部、农业部。

附件　2017 年各省（区、市）改善农村人居环境 3 类示范村名额表

省　份	分配名额数（个）			
	合计	保障基本示范村名额	环境整治示范村名额	美丽宜居示范村名额
全　国	300	100	100	100
北　京	5	0	2	3
天　津	5	0	2	3
河　北	8	3	3	2
山　西	8	3	3	2
内蒙古	9	5	2	2
辽　宁	9	0	6	3
吉　林	8	4	2	2
黑龙江	6	4	1	1
上　海	5	0	0	5
江　苏	13	0	5	8
浙　江	15	0	6	9
安　徽	12	4	5	3
福　建	12	0	5	7
江　西	11	6	3	2
山　东	17	0	8	9
河　南	10	3	4	3
湖　北	10	3	4	3
湖　南	12	4	4	4
广　东	11	0	5	6
广　西	13	7	3	3
海　南	8	2	4	2
重　庆	8	4	2	2
四　川	14	8	3	3
贵　州	11	6	3	2
云　南	10	6	2	2
西　藏	7	5	1	1
陕　西	10	6	2	2
甘　肃	7	5	1	1
青　海	7	5	1	1
宁　夏	7	5	1	1
新　疆	7	2	4	1
新疆生产建设兵团	5	0	3	2

住房城乡建设部办公厅关于开展第一批农村生活垃圾分类和资源化利用示范工作的通知

建办村函〔2017〕390号

各省、自治区、直辖市住房城乡建设厅（建委），北京市城市管理委员会，天津市农村工作委员会，上海市绿化和市容管理局，重庆市市政管理委员会，新疆生产建设兵团建设局：

按照《住房城乡建设部等部门关于全面推进农村垃圾治理的指导意见》（建村〔2015〕170号）和《住房城乡建设部关于推广金华市农村生活垃圾分类和资源化利用经验的通知》（建村函〔2016〕297号）要求，在各地推荐基础上，经组织专家复核，决定在北京市门头沟区等100个县（市、区）开展第一批农村生活垃圾分类和资源化利用示范工作（名单附后）。

开展示范的县（市、区）要在2017年确定符合本地实际的农村生活垃圾分类方法，并在半数以上乡镇进行全镇试点，两年内实现农村生活垃圾分类覆盖所有乡镇和80%以上的行政村，并在经费筹集、日常管理、宣传教育等方面建立长效机制。

各省级住房城乡建设部门要及时总结有关县（市、区）可借鉴、可复制的典型经验并进行推广，到2020年底前在具备条件的县（市、区）普遍开展农村生活垃圾分类和资源化利用工作。

我部将对各地农村生活垃圾分类和资源化利用工作开展督促、检查和指导。到2020年底前每年组织一批县（市、区）开展农村生活垃圾分类和资源化利用示范工作。对工作进展明显、成效突出、模式成熟的示范，召开现场会推广其经验，并组织中央媒体进行集中宣传报道，相关经验将纳入有关国家标准或技术指南等文件。

附件：第一批农村生活垃圾分类和资源化利用示范县（区、市）名单

中华人民共和国住房和城乡建设部办公厅

2017年6月6日

（此件主动公开）

附件 第一批农村生活垃圾分类和资源化利用示范县（区、市）名单

一、北京市（3个）

门头沟区
怀柔区
延庆区

二、河北省（2个）

邯郸市邱县
保定市满城区

三、山西省（3个）

长治市长子县
晋中市灵石县
忻州市岢岚县

四、内蒙古自治区（4个）

包头市九原区
鄂尔多斯市伊金霍洛旗

兴安盟阿尔山市

阿拉善盟阿拉善左旗

五、辽宁省（4个）

抚顺市新宾满族自治县

丹东市东港市

辽阳市辽阳县

盘锦市大洼区

六、吉林省（4个）

辽源市东辽县

通化市通化县

白山市抚松县

白城市镇赉县

七、上海市（3个）

松江区

奉贤区

崇明区

八、江苏省（3个）

南京市高淳区

徐州市沛县

泰州市高港区

九、浙江省（7个）

宁波市象山县

嘉兴市海盐县

湖州市德清县

湖州市安吉县

金华市金东区

金华市浦江县

衢州市江山市

十、安徽省（6个）

合肥市巢湖市

马鞍山市和县

淮北市相山区

滁州市来安县

滁州市全椒县

宣城市宁国市

十一、福建省（2个）

三明市明溪县

漳州市长泰县

十二、江西省（3个）

九江市瑞昌市

赣州市崇义县

宜春市靖安县

十三、山东省（7个）

淄博市博山区

枣庄市市中区

济宁市邹城市

泰安市肥城市

临沂市费县

聊城市冠县

菏泽市郓城县

十四、河南省（5个）

郑州市新密市

许昌市禹州市

济源市

兰考县

汝州市

十五、湖北省（5个）

武汉市东西湖区

宜昌市夷陵区

鄂州市梁子湖区

荆门市京山县

仙桃市

十六、湖南省（5个）

长沙市望城区

株洲市攸县

常德市津市市

郴州市永兴县

永州市宁远县

十七、广东省（4个）

汕头市南澳县

佛山市顺德区
惠州市博罗县
云浮市罗定市

十八、广西壮族自治区（2个）

南宁市横县
玉林市北流市

十九、海南省（2个）

白沙黎族自治县
陵水黎族自治县

二十、重庆市（3个）

万盛经济技术开发区
忠县
秀山土家族苗族自治县

二十一、四川省（7个）

成都市温江区
成都市蒲江县
泸州市纳溪区
德阳市罗江县
眉山市丹棱县
宜宾市筠连县
雅安市宝兴县

二十二、贵州省（3个）

遵义市湄潭县

安顺市西秀区
黔东南苗族侗族自治州麻江县

二十三、云南省（4个）

玉溪市澄江县
楚雄彝族自治州大姚县
红河哈尼族彝族自治州弥勒市
大理白族自治州宾川县

二十四、陕西省（4个）

西安市高陵区
渭南市大荔县
延安市宝塔区
安康市岚皋县

二十五、甘肃省（2个）

天水市清水县
张掖市甘州区

二十六、青海省（1个）

海东市平安区

二十七、宁夏回族自治区（1个）

银川市永宁县

二十八、新疆维吾尔自治区（1个）

乌鲁木齐市乌鲁木齐县

住房城乡建设部办公厅关于做好第五批
中国传统村落调查推荐工作的通知

建办村〔2017〕52 号

各省、自治区住房城乡建设厅，直辖市建委，北京市农委，上海市规划和国土资源局，新疆生产建设兵团建设局：

为贯彻落实党中央、国务院关于加大力度保护传统村落的要求，进一步完善中国传统村落名录，现就做好第五批中国传统村落调查推荐工作通知如下：

一、高度重视调查推荐工作

自 2012 年以来，我部会同相关部门先后数次组织传统村落调查，分 4 批将 4153 个有重要保护价值的村落列入了中国传统村落名录，涵盖全国所有省 272 个地级市、43 个民族，大部分传统村落已列入名录。但是，仍有部分地区未开展深入调查挖掘，一些有价值的村落没有列入保护范围。第五批中国传统村落调查是最后一次全国性调查，力争将所有有重要保护价值的村落全部纳入中国传统村落名录，建立基本完善的中国传统村落名录。各地要高度重视，充分利用现有资料，组织做好传统村落调查推荐工作，特别是要对尚未深入开展传统村落调查挖掘的县（市）、乡镇和民族地区进行调查。要调动大专院校、科研设计单位、社会团体及专家学者等社会各方面力量，开展深入挖掘调查，确保推荐上报的传统村落具有一定保护价值。

二、调查对象

传统村落是指村落形成较早，拥有较丰富的传统资源，现存比较完整，具有较高历史、文化、科学、艺术、社会、经济价值的村落。调查对象原则上为行政村，现存比较完整，具有重要保护价值、村落户数不少于 30 户、相对独立的自然村也可作为调查对象。调查对象应符合下列条件：

（一）**历史文化积淀较为深厚**。村落在历史上曾经作为政治、经济、文化、交通中心或者军事要地；或与重要历史名人以及曾经发生过的重要历史事件有关；村落蕴含深厚的儒家思想、道家思想、宗亲文化、传统美德和人文精神等，能够集中反映本地区的地域或民族特色。

（二）**选址格局肌理保存较完整**。村落延续传统选址，顺应自然山水，延续历史文脉，具有传统特色和地方代表性。村落空间结构、格局肌理融入自然环境，延续传统格局，整体风貌协调。村落格局与生产生活密切相关，反映特定历史文化背景。

（三）**传统建筑具有一定保护价值**。村落中文物古迹、历史建筑、传统建筑分布集中连片，或数量超过村庄建筑总量的 1/3，较完整体现一定历史时期的传统风貌。历史建筑、传统建筑历史悠久、建筑精美、保存完整。

（四）**非物质文化遗产传承良好**。村落中拥有较为丰富的非物质文化遗产资源，拥有省级以上非物质文化遗产代表性项目，传承良好，至今仍以活态延续，与村庄依存度较高。村落经常举办民俗活动，内容丰富。

（五）**村落活态保护基础好**。村落中仍有大量的村民居住，村民知晓传统村落推荐事宜，村两委能够在村落日常管理中发挥作用。

三、调查内容

村落调查应按照第五批传统村落调查推荐表（见附件）的内容进行。调查内容包括：村落基本数据、村落简介、村落历史等村落概况；村落的自然环境、风景名胜、文物古迹等周围环境；村落选址、村落格局、村落风貌、建村智慧等选址格局相关内容；村落中有重要保护价值的传统建筑、历史环境要素，包括每一栋传统建筑权属信息、建筑概况、重要改建历史、建筑中发生的故事及每一个历史环境要素概况，并分别用图示的方式标示传统建筑、历史环境要素的位置；村落民俗文化，包括非物质文化遗产的基本信息、存续状况及一般节庆活动、祭祀崇礼、婚丧嫁娶等民俗活动；村落生产生活状态及村志族谱，包括特色物产、商业集市、服装服饰、美味美食等生产生活内容及村志、族谱、村规民约等。

四、调查组织

住房城乡建设部会同文化部、国家文物局、财政部、国土资源部、农业部、国家旅游局负责全国传统村落调查的组织、指导和监督，组织专家委员会对推荐村落进行审核，对重点地区及存疑村落进行实地考察，公布第五批列入中国传统村落名录的名单。

各省级住房城乡建设部门会同相关部门组织做好本省（区、市）传统村落调查工作，制定调查方案，组织专家初审，对县级住房城乡建设部门推荐村落进行实地抽查，将符合要求的村落推荐上报住房城乡建设部等7部门。

此次调查推荐工作以县为单元，各县级住房城乡建设部门会同相关部门组织做好入村调查，按"一村一表"要求如实完整填写第五批传统村落调查推荐表，对填报材料进行精准核实，保证填报材料准确、真实。属于同一行政村两个以上自然村的，原则上以行政村为单位合并推荐。

五、上报材料

推荐上报传统村落应提交下列材料：

（一）第五批传统村落调查推荐表。

（二）推荐村落PPT。 PPT要反映村落概况、历史文脉、格局肌理、传统建筑、历史环境要素、民俗文化（非物质文化遗产）、生产生活、村志族谱，尤其要提供反映村落全貌的村落鸟瞰图，有条件的可以提供视频资料。

（三）《行政区划手册》中村落信息页复印件。 如有调整，应出具省级人民政府关于行政区划调整的批复复印件。

推荐上报村落名称要与行政区划名称一致，上报材料要与村落实际相符，非物质文化遗产及民俗文化活动照片应为本村相关活动照片。

六、时间要求

县级住房城乡建设等部门应于2017年10月20日之前将拟推荐村落名单及上述推荐村落材料上报省级住房城乡建设部门，并将所有材料全部录入"第五批传统村落调查"信息管理系统（网址：www.dmctv.cn）。

省级住房城乡建设部门应于2017年11月30日前将初审通过的拟推荐村落名单及上述推荐村落材料报住房城乡建设部，并在"第五批传统村落调查"信息管理系统（网址：www.dmctv.cn）填写初审意见。

联系人：贾一石　丁皓　侯希冉

联系电话：010-58934432，58934431

传　真：010-58934431

邮　箱：zgctcl5@126.com

附件：第五批传统村落调查推荐表

中华人民共和国住房和城乡建设部办公厅

2017年7月28日

抄送：文化部办公厅、国家文物局办公室、财政部办公厅、国土资源部办公厅、农业部办公厅、国家旅游局办公室。

附件 编号：××××××（县级行政区域代码）-×××号

第五批传统村落调查推荐表

村落名称：＿＿＿＿＿＿＿＿＿＿＿＿＿＿ 所属镇（乡）：＿＿＿＿＿＿＿＿＿＿ 所属

县（区、市、旗）：＿＿＿＿＿＿＿＿＿＿＿所属市（地区、州、盟）：＿＿＿＿＿＿＿

所属省（自治区、直辖市）：＿＿＿＿＿＿＿＿＿ 制作单位（盖章）：＿＿＿＿＿＿

制作负责人签字：

填表日期：＿＿＿＿年＿＿＿月＿＿＿日

一、村落概况

村落概况表

村落名称	省　　　市　　　县（市）　　镇（乡）　　村		
村落属性	□行政村　□自然村	村落形成年代	□元代以前　□明代 □清代　□民国时期 □新中国成立以后
地理信息	经度： 纬度： 海拔：	地形地貌特征	□高原　□山地　□平原 □丘陵　□河网地区
村域面积	平方千米	村庄占地面积	亩
户籍人口	人	常住人口	人
村集体年收入	万元	村民人均年收入	元
主要民族	＿＿＿＿族	主要产业	
村民对传统村落是否了解	□不了解　□了解 村民了解方式：□村民大会　□张贴通知　□其他方式：＿＿＿＿＿＿		
本行政村是否已有中国传统村落	□无　□有：村名：＿＿＿＿＿＿		
村落是否列入各级保护或示范名录	传统村落保护名录：　　□省级　□市级　□县级 列入历史文化名村：　　□国家级　□省级 列入特色景观旅游名村：　□国家级　□省级 列入少数民族特色村寨试点示范　□是　□否 其他，请注明名称及由哪一级认定公布：＿＿＿＿＿＿		
村落简介	一句话（10个字以内）概括村落特点：		
	描述村落地理环境：地理位置、行政管属、自然条件（气候、地貌、地质、水文、土壤、植被、动物、主要灾害等）、村落面积、布局等。		
	描述村落宗族、分布、人口、户数等。		
	描述村落产业、村民收入、经济状况。		

续表

村落历史	描述村落迁徙历史。	
	描述村落建村历史过程。	
	描述村落建制变迁史。	
重要历史人物	描述主要历史人物的生卒年、重要事迹、依据等。	
重要历史事件	描述主要历史事件的发生时间、经过，出处等。	
掌故逸事	简要讲述村庄历史上发生的趣事逸闻等。	

二、周围环境

周围环境表

项目	内容
自然环境	描述村域范围内的山川水系、地质地貌、植被动物等自然环境要素。
风景名胜	描述村落周边的风景名胜的位置、级别、类别、环境和主要内容介绍。
文物古迹	描述村落内现存的文物古迹的建造年代、发生的故事、保存状况。

三、选址格局

选址格局表

项目	内容
村落选址	描述村落选址特点、形成背景等。
村落格局	描述聚落形态、格局、分布、主要街巷，描述民居、祠堂、庙宇、书院、鼓楼、花桥等分布情况。
村落风貌	描述村庄风貌特征，包括村落自然风貌、环境风貌、建筑风貌、重要节点特征等。
建村智慧	描述最早先人落户于此，至今建村过程中的精彩智慧。

四、传统建筑

1. 传统建筑总表

基本信息	编号	建筑名称	保护级别
	JZ-001		
	JZ-002		
	JZ-003		
	……		
	注：JZ-001 为分布图编号，各栋建筑编号从 JZ-002 开始。建筑名称与后续建筑表一致。以院落的形式存在的，可以院落为单位编号、填表、提交资料。		
传统建筑分布情况简介	图示传统建筑分布情况，简介传统建筑整体上的主要特点和文化内涵等。		

2. 重要传统建筑及图照表（每栋建筑一个表）

权属信息	编号	JZ-×××		
	产权归属	□个人　　　□集体　　　□政府 （如归个人，需填写以下其他家庭信息）		
	户主姓名		户籍人口	常住人口
	始建时间	□元代以前　□明代　□清代　□民国时期　□新中国成立以后		
	建筑是否列入各级保护名录	如是，请注明：＿＿＿＿＿＿		
	保护状况	□保护状况良好　□保护状况一般　□保护状况差、损毁严重		
	是否列入农村危房改造范围	□是　□否		
	利用状况	□闲置　□居住　□利用，用途：＿＿＿＿＿＿		
	总占地面积	平方米	建筑面积	平方米
	建筑层数	层	房屋间数	间
建筑概述	总体描述建筑概况，包括：建筑外观、朝向、色彩、层数、屋顶形式等建筑特征，建筑材料、门窗、装饰、功能空间设置以及精神信仰空间等。			
建筑图照	提交建筑的鸟瞰、正面、侧面、背面、室内、重要装饰等照片。			
重要的改建历史	请将有记录的重大改建和重修时间，改重建原因等信息按时间顺序排列。			
建筑中的故事	描述建筑中发生的各种有意义、有趣的故事。			

五、历史环境要素

1. 历史环境要素总表

基本信息	编号	历史环境要素名称	保护级别
	HJ-002		
	HJ-003		
	HJ-004		
	HJ-005		
	……		
	注：历史环境要素名称与各分表中需一致。		
历史环境要素分布情况及简介	图示历史环境要素的分布情况，简要介绍历史环境要素种类、分布、数量、年代、功能、特点和文化内涵等。		

2. 历史环境要素及图照表（每项一个表）

名称				编号	
类型		规模		年代	
功能用途				保存状况	
简介	简要介绍历史环境要素的形成年代、功能、特点和文化内涵等。				
历史环境要素图照	提供三张照片：与周围环境的关系、全貌、细节。				

六、民俗文化

1. 民俗文化总表

基本信息	序号	非物质文化遗产、特色民俗项目名称	保护级别
	MS-001		
	MS-002		
	MS-003		
	MS-004		
	……		

2. 非遗项目表（每个项目一个表，可复制）

编号	
名称	
非遗级别	□国家级　□省级　□市级　□县级（如果是非遗，请填选此项）
类型	□民间文学　□传统音乐　□传统舞蹈　□传统戏剧　□曲艺　□民俗　□传统体育 □游艺与杂技　□传统美术　□传统技艺　□传统医药
是否确定传承人	□是　□否

项目存续情况	□传承良好　□传承一般，无专门管理　□濒危状态
与村落依存程度	□必须依托村落存在　□不需依托村落存在
活动规模	□10人以下　□10~30人　□30人以上　□全村参与
传承时间	□连续100年以上　□连续50年以上
非遗项目简介	要求：概述民俗文化产生和发展、至今是否仍以活态方式传承、与村落的密切关系、传承活动内容与形式。 附照片：

3. 其他民俗文化项目

节庆活动	给出节庆项目名称，描述活动内容、时间、规模、参加人数等。 附照片：
祭祀崇礼	给出祭祀活动名称，描述祭祀对象、祭品种类、祭祀场所、祭祀活动内容等。 附照片：
婚丧嫁娶	描述村落婚丧嫁娶习俗，包括习俗过程、内容、主要参加人等。 附照片：
其他项目	主要描述村内除非遗以外的特色民俗项目，如音乐、舞蹈、诗歌、书画、剪纸、杂技、体育等。 附照片：

七、生产生活

生产生活表

项目	内容描述（并附照片）
特色物产	描述本村的农作物的种植、生长、收获、产量、价值等，描述有特点的农副产品、手工艺品以及各种村落生产的特色产品。 附照片：
商业集市	描述商业或集市的分布、形态、规模、辐射范围、主要交易商品内容、参与人群等情况，以及集市的举办周期等。 附照片：
服装服饰	描述村落服饰样式、不同性别年龄人群穿着的款式、配饰、制作方式等。 附照片：
美味美食	制成品的制作过程、式样、分哪些具体品种、有无特定食用时间、保存方式等信息。 附照片：

八、村志族谱

1. 村志族谱总表

基本信息	序号	资料类型	资料名称
	CZ-001		
	CZ-002		
	……		

2. 村志族谱表

项目	描述内容
村志	描述村志的版本信息、编撰过程、主要内容等。 附照片：

续表

项目	描述内容
族谱	描述族谱的编撰历史、版本信息、主要内容等。 附照片：
村规民约	将村内历史上比较重要的村规民约内容全文录入此栏。 附照片：

九、推荐意见表

推荐意见表

单位	意见（盖章）	
县级人民政府	推荐意见： （盖章） 日期：	
县级联系人	电话（手机）	
省级住房城乡建设部门	初审意见： （盖章） 日期：	
省级住房城乡建设部门负责人	电话（手机）	
文件制作单位	单位地址	
邮编	E-mail	
负责人	电话（手机）	
联系人	电话（手机）	

住房城乡建设部等部门关于公布
2017年改善农村人居环境示范村名单的通知

建村函〔2017〕236号

各省、自治区、直辖市住房城乡建设厅（建委）、党委农村工作综合部门、财政厅（局）、环境保护厅（局）、农业（农牧、农村经济）厅（局、委），新疆生产建设兵团建设局（环保局）、财务局、农业局：

按照《住房城乡建设部等部门关于开展改善农村人居环境示范村创建活动的通知》（建村〔2016〕274号）和《住房城乡建设部 财政部关于组织申报2017年改善农村人居环境示范村的通知》（建村函〔2017〕117号）要求，在各省（区、市）申报基础上，经组织专家审查并公示，决定将河北省保定市阜平县龙泉关镇骆驼湾村等99个村公布为保障基本示范村，将北京市顺义区高丽营镇高丽营一村等97个村公布为环境整治示范村，将北京市通州区于家务乡仇庄村等99个村公布为美丽乡村示范村，3类示范村共295个。

附件：2017年各省（区、市）改善农村人居环境示范村名单

中华人民共和国住房和城乡建设部
中央农村工作领导小组办公室
中华人民共和国财政部
中华人民共和国环境保护部
中华人民共和国农业部
2017年8月26日
（此件主动公开）

附件 2017年各省（区、市）改善农村人居环境示范村名单

一、北京市（5个）

环境整治示范村
顺义区高丽营镇高丽营一村
密云区溪翁庄镇东智北村
美丽乡村示范村
通州区于家务乡仇庄村
大兴区青云店镇东辛屯村
怀柔区渤海镇北沟村

二、天津市（5个）

环境整治示范村
津南区北闸口镇前进村
宁河区宁河镇杨泗村
美丽乡村示范村
武清区梅厂镇小雷庄村
宝坻区八门城镇欢喜庄村
静海区蔡公庄镇惠丰西村

三、河北省（8个）

保障基本示范村
保定市阜平县龙泉关镇骆驼湾村
张家口市蔚县草沟堡乡白庄子村
承德市平泉市党坝镇永安村
环境整治示范村
石家庄市正定县曲阳桥乡西里寨村

唐山市迁安市五重安乡万宝沟村

廊坊市大厂回族自治县祁各庄镇亮甲台村

美丽乡村示范村

秦皇岛市北戴河区戴河镇北戴河村

邯郸市馆陶县寿山寺乡寿东村

四、山西省（7个）

保障基本示范村

太原市娄烦县杜交曲镇下石家庄村

朔州市山阴县北周庄镇燕庄村

晋中市左权县桐峪镇下武村

环境整治示范村

大同市南郊区口泉乡杨家窑村

临汾市襄汾县古城镇关村

吕梁市离石区信义镇归化村

美丽乡村示范村

长治市长治县振兴新区振兴村

五、内蒙古自治区（9个）

保障基本示范村

赤峰市喀喇沁旗西桥镇雷营子村

通辽市科尔沁左翼后旗甘旗卡镇束力古台嘎查

呼伦贝尔市鄂伦春自治旗大杨树镇新华村

乌兰察布市察哈尔右翼前旗平地泉镇南村

兴安盟科尔沁右翼前旗察尔森镇察尔森嘎查

环境整治示范村

包头市九原区哈林格尔镇兰桂村

锡林郭勒盟二连浩特市赛乌素嘎查

美丽乡村示范村

赤峰市宁城县存金沟乡草沟门村

巴彦淖尔市五原县隆兴昌镇刘四拉新村

六、辽宁省（9个）

环境整治示范村

鞍山市海城市西柳镇古树村

本溪市本溪满族自治县小市镇谢家崴子村

丹东市东港市孤山镇大鹿岛村

营口市老边区柳树镇东岗子村

朝阳市北票市台吉镇东台吉村

朝阳市凌源市四官营子镇小窝铺村

美丽乡村示范村

沈阳市沈北新区石佛街道孟家台村

阜新市细河区四合镇黄家沟村

盘锦市大洼区田家街道大堡子村

七、吉林省（8个）

保障基本示范村

吉林市桦甸市公吉乡公郎头村

辽源市东辽县安石镇朝阳村

通化市柳河县安口镇半拉背村

延边朝鲜族自治州敦化市雁鸣湖镇腰甸村

环境整治示范村

长春市九台区土门岭街道办事处马鞍山村

通化市通化县兴林镇曲柳川村

美丽乡村示范村

长春市九台区波泥河街道办事处平安堡村

长春市德惠市朱城子镇良种场村

八、黑龙江省（5个）

保障基本示范村

哈尔滨市延寿县玉河乡新城村

鹤岗市绥滨县绥滨镇向日村

大庆市林甸县宏伟乡治安村

环境整治示范村

绥化市肇东市昌五镇昌盛村

美丽乡村示范村

佳木斯市郊区西格木乡草帽村

九、上海市（5个）

美丽乡村示范村

浦东新区书院镇塘北村

金山区廊下镇中丰村

松江区泖港镇黄桥村

青浦区朱家角镇张马村

崇明区竖新镇仙桥村

十、江苏省（13个）

环境整治示范村

无锡市江阴市璜土镇璜土村

盐城市东台市梁垛镇临塔村

扬州市高邮市菱塘回族乡清真村

泰州市姜堰区溱潼镇湖南村

宿迁市泗阳县李口镇八堡村

美丽乡村示范村

南京市江宁区江宁街道牌坊社区

无锡市宜兴市湖镇张阳村

徐州市睢宁县姚集镇高党村

常州市溧阳市竹箦镇陶庄村

苏州市吴中区临湖镇石舍村

南通市如皋市如城街道顾庄社区

连云港市连云区高公岛街道黄窝村

镇江市句容市后白镇西冯村

十一、浙江省（15个）

环境整治示范村

嘉兴市南湖区新丰镇乌桥村

湖州市长兴县虹星桥镇郑家村

金华市开发区汤溪镇节义村

衢州市开化县华埠镇金星村

台州市温岭市石塘镇五岙村

丽水市缙云县舒洪镇仁岸村

美丽乡村示范村

杭州市临安市太湖源镇指南村

宁波市奉化区萧王庙街道青云村

温州市文成县南田镇武阳村

嘉兴市平湖市广陈镇高新村

湖州市德清县下渚湖街道二都村

绍兴市诸暨市赵家镇东溪村

衢州市江山市大陈乡大陈村

台州市三门县横渡镇岩下潘村

丽水市龙泉市竹垟畲族乡盖竹村

十二、安徽省（10个）

保障基本示范村

淮南市寿县迎河镇李台村

安庆市潜山县水吼镇黄龛村

六安市金寨县果子园乡果子园村

亳州市利辛县永兴镇诸王村

环境整治示范村

合肥市庐江县汤池镇三冲村

铜陵市义安区东联乡合兴村

宣城市宁国市中溪镇狮桥村

美丽乡村示范村

黄山市歙县雄村镇卖花渔村

池州市贵池区梅村镇霄坑村

宣城市绩溪县瀛洲镇仁里村

十三、福建省（12个）

环境整治示范村

福州市永泰县嵩口镇大喜村

莆田市涵江区白沙镇坪盘村

漳州市长泰县岩溪镇珪后村

南平市政和县石屯镇石圳村

宁德市福安市潭头镇南岩村

美丽乡村示范村

福州市晋安区寿山乡前洋村

莆田市荔城区西天尾镇后黄村

泉州市安溪县尚卿乡黄岭村

泉州市晋江市深沪镇运伙村

漳州市南靖县书洋镇塔下村

南平市浦城县富岭镇双同村

宁德市霞浦县溪南镇半月里村

十四、江西省（11个）

保障基本示范村

赣州市上犹县社溪镇严湖村

赣州市瑞金市叶坪乡朱坊村

赣州市瑞金市叶坪乡大胜村

吉安市泰和县马市镇柳塘村

吉安市井冈山市柏露乡楠木坪村

上饶市上饶县五府山镇船坑畲族村

环境整治示范村

景德镇市浮梁县江村乡严台村

九江市武宁县罗坪镇长水村

新余市渝水区良山镇下保村

美丽乡村示范村

南昌市进贤县前坊镇太平村

宜春市高安市华林山镇艮山村

十五、山东省（17个）

环境整治示范村

枣庄市峄城区阴平镇斜屋村

日照市莒县陵阳镇陵阳街村

莱芜市雪野旅游区大王庄镇竹园子村

临沂市沂水县院东头镇四门洞村

德州市禹城市辛店镇修庄村

聊城市冠县北馆陶镇魏庄村
滨州市经济技术开发区杜店街道狮子刘村
菏泽市郓城县张营镇彭庄村

美丽乡村示范村

济南市章丘区文祖街道三德范村
青岛市城阳区惜福镇街道棉花社区
淄博市桓台县起凤镇华沟村
东营市垦利区黄河口镇五七村
烟台市蓬莱市小门家镇岳家圈村
潍坊市昌邑市饮马镇山阳村
济宁市兖州区小孟镇苏户村
泰安市肥城市潮泉镇柳沟村
威海市文登区界石镇梧桐庵村

十六、河南省（10个）

保障基本示范村

信阳市商城县河凤桥乡田湾村
周口市沈丘县冯营乡李寨村
兰考县许河乡董西村

环境整治示范村

焦作市武陟县嘉应观乡杨庄村
许昌市禹州市花石镇河东张庄村
信阳市平桥区明港镇新集村
长垣县蒲西街道云寨村

美丽乡村示范村

安阳市林州市临淇镇南庄村
三门峡市灵宝市豫灵镇文峪村
南阳市西峡县二郎坪镇中坪村

十七、湖北省（10个）

保障基本示范村

黄石市阳新县黄颡口镇太平村
十堰市房县军店镇中村
恩施土家族苗族自治州来凤县大河镇冷水
溪村

环境整治示范村

武汉市蔡甸区永安街炉房村
十堰市丹江口市习家店镇茯苓村
襄阳市枣阳市兴隆镇白土村
潜江市张金镇小河村

美丽乡村示范村

十堰市郧阳区茶店镇樱桃沟村

荆门市钟祥市客店镇南庄村
随州市大洪山风景名胜区长岗镇绿水村

十八、湖南省（12个）

保障基本示范村

岳阳市平江县安定镇横冲村
益阳市安化县仙溪镇山口村
永州市双牌县理家坪镇坦田村
怀化市溆浦县北斗溪镇坪溪村

环境整治示范村

长沙市宁乡市花明楼镇杨林桥村
湘潭市韶山市银田镇银田村
邵阳市邵东县堡面前乡大羊村
岳阳市岳阳县新墙镇清水村

美丽乡村示范村

长沙市长沙县开慧镇白沙村
长沙市浏阳市沿溪镇沙龙村
衡阳市珠晖区茶山坳镇金甲岭村
郴州市苏仙区飞天山镇和平村

十九、广东省（11个）

环境整治示范村

广州市从化区吕田镇莲麻村
韶关市翁源县江尾镇连溪村
江门市鹤山市址山镇禾南村
揭阳市榕城区仙桥街道篮兜村
云浮市罗定市附城街道丰盛村

美丽乡村示范村

广州市番禺区石楼镇大岭村
汕头市潮南区成田镇简朴村
清远市英德市九龙镇塘坑村
中山市南区曹边村
揭阳市空港经济区砲台镇南潮村
云浮市云城区思劳镇城村

二十、广西壮族自治区（12个）

保障基本示范村

南宁市马山县金钗镇龙塘村
南宁市上林县大丰镇云里村
柳州市融水苗族自治县融水镇小荣村
贺州市富川瑶族自治县柳家乡下湾村

河池市金城江区保平乡下洛村
河池市南丹县芒场镇巴平村
河池市天峨县六排镇都隆村
环境整治示范村
桂林市恭城瑶族自治县平安乡新街村
贵港市港南区湛江镇平江村
美丽乡村示范村
桂林市龙胜各族自治县泗水乡周家村
桂林市恭城瑶族自治县莲花镇门等村
来宾市象州县罗秀镇纳禄村

二十一、海南省（8个）

保障基本示范村
陵水黎族自治县隆广镇石关村
琼中黎族苗族自治县湾岭镇中朗村
环境整治示范村
海口市秀英区石山镇建新村
三亚市天涯区文门村
澄迈县福山镇敦茶村
琼中黎族苗族自治县湾岭镇水央村
美丽乡村示范村
海口市龙华区新坡镇仁里村
琼海市大路镇新村

二十二、重庆市（8个）

保障基本示范村
万州区武陵镇下中村
合川区隆兴镇天佑村
忠县花桥镇显周村
秀山土家族苗族自治县洪安镇新田沟村
环境整治示范村
涪陵区武陵山乡乐道村
永川区南大街街道黄瓜山村
美丽乡村示范村
九龙坡区金凤镇九凤村
南川区大观镇中江村

二十三、四川省（14个）

保障基本示范村
广元市旺苍县木门镇天星村
乐山市马边彝族自治县民主乡玛瑙村
南充市仪陇县日兴镇黎明村

宜宾市屏山县鸭池乡越红村
巴中市平昌县驷马镇天生村
阿坝藏族羌族自治州茂县永和乡腊普村
甘孜藏族自治州色达县翁达镇翁达村
凉山彝族自治州昭觉县大坝乡拖都村
环境整治示范村
遂宁市蓬溪县常乐镇拱市村
广安市华蓥市禄市镇月亮坡村
雅安市雨城区碧峰峡镇黄龙村
美丽乡村示范村
成都市新都区新繁镇高院村
自贡市沿滩区仙市镇百胜村
泸州市龙马潭区双加镇大冲头村

二十四、贵州省（11个）

保障基本示范村
毕节市大方县兴隆苗族乡菱角村
铜仁市江口县太平镇云舍村
黔西南布依族苗族自治州兴仁县屯脚镇鲤
鱼村
黔东南苗族侗族自治州剑河县革东镇屯州村
黔东南苗族侗族自治州麻江县宣威镇翁保村
黔南布依族苗族自治州贵定县盘江镇音寨村
环境整治示范村
贵阳市息烽县永靖镇黎安村
安顺市西秀区大西桥镇下九溪村
黔东南苗族侗族自治州三穗县台烈镇颇洞村
美丽乡村示范村
遵义市播州区枫香镇花茂村
遵义市湄潭县兴隆镇龙凤村

二十五、云南省（10个）

保障基本示范村
昆明市禄劝彝族苗族自治县中屏镇植桂村
楚雄彝族自治州永仁县猛虎乡迤帕拉村
普洱市江城哈尼族彝族自治县整董镇整董村
大理白族自治州永平县龙街镇古富村
怒江傈僳族自治州兰坪白族普米族自治县通
甸镇下甸村
临沧市凤庆县洛党镇鹿鸣村
环境整治示范村
红河哈尼族彝族自治州蒙自市雨过铺镇永

宁村

大理白族自治州祥云县下庄镇金旦村

美丽乡村示范村

昆明市石林彝族自治县石林街道五棵树村

德宏傣族景颇族自治州陇川县勐约乡广瓦村

二十六、西藏自治区 （7个）

保障基本示范村

拉萨市堆龙德庆区德庆乡顶嘎村

昌都市贡觉县莫洛镇多吉村

山南市措美县措美镇玉美村

阿里地区日土县日松乡甲岗村

林芝市察隅县古玉乡罗马村

环境整治示范村

日喀则市江孜县紫金乡孜庆努村

美丽乡村示范村

拉萨市柳梧新区柳梧乡达东村

二十七、陕西省 （10个）

保障基本示范村

铜川市耀州区董家河镇王家砭村

宝鸡市太白县桃川镇灵丹庙村

咸阳市长武县亭口镇宇家山村

延安市宝塔区万花山乡佛道坪村

榆林市吴堡县辛家沟镇深砭焉村

商洛市山阳县漫川关镇前店子村

环境整治示范村

西安市高陵区通远镇何村

杨凌示范区杨陵区五泉镇蒋家寨村

美丽乡村示范村

渭南市大荔县城关街道畅家村

安康市平利县城关镇三里垭村

二十八、甘肃省 （7个）

保障基本示范村

天水市清水县黄门镇小河村

张掖市民乐县六坝镇新民村

酒泉市玉门市柳湖乡岷州村

定西市岷县麻子川乡吴纳村

陇南市康县碾坝镇小河村

环境整治示范村

金昌市金川区双湾镇陈家沟村

美丽乡村示范村

天水市麦积区麦积镇后川村

二十九、青海省 （7个）

保障基本示范村

西宁市湟源县大华镇莫布拉村

海北藏族自治州门源回族自治县浩门镇头塘村

黄南藏族自治州同仁县扎毛乡扎毛村

海南藏族自治州共和县铁盖乡上合乐寺村

海西蒙古族藏族自治州格尔木市大格勒乡查那村

环境整治示范村

海东市平安区三合镇新安村

美丽乡村示范村

西宁市湟中县拦隆口镇卡阳村

三十、宁夏回族自治区 （7个）

保障基本示范村

固原市原州区张易镇大店村

固原市隆德县陈靳乡新和村

固原市泾源县六盘山镇东山坡村

固原市泾源县兴盛乡红星村

固原市彭阳县古城镇刘高庄村

环境整治示范村

中卫市沙坡头区迎水桥镇姚滩村

美丽乡村示范村

银川市西夏区镇北堡镇昊苑村

三十一、新疆维吾尔自治区 （7个）

保障基本示范村

喀什地区塔什库尔干塔吉克自治县塔什库尔干乡托格伦夏村

和田地区和田县罕艾日克镇巴依买来村

环境整治示范村

乌鲁木齐市乌鲁木齐县水西沟镇大庙村

昌吉回族自治州玛纳斯县旱卡子滩乡加尔苏瓦提村

博尔塔拉蒙古自治州博乐市小营盘镇努克特克日木村

塔城地区额敏县玉什喀拉苏镇喀拉尕什村

美丽乡村示范村

巴音郭楞蒙古自治州若羌县吾塔木乡尤勒滚
艾日克村

三十二、新疆生产建设兵团（5个）

环境整治示范村

第三师五十团夏河连队居住区（夏河社区）

第六师一〇五团二连

第七师一三七团阿吾斯奇牧场

美丽乡村示范村

第十师一八一团克木齐中心连队

第十二师西山农牧场烽火台小镇

国家旅游局关于对"中国优秀国际乡村旅游目的地"的公示名单

为切实做好乡村旅游品牌培育打造，不断提升乡村旅游的国际吸引力、国际认知度和综合服务水平，国家旅游局开展了中国优秀国际乡村旅游目的地推荐工作。

在各地自愿申报和各省区市旅游委（局）推荐的基础上，国家旅游局组织专家，按照总量控制、严格条件、优中选强、宁缺毋滥的原则，从乡村旅游产品具有稀缺性和独特性、国际旅游市场知名度和游客美誉度、基础设施和国际化接待服务水平、科学管理水平以及国际化营销网络建设水平等方面进行了评审，并经国家旅游局领导批准，拟认定江苏省昆山市周庄·香村等10家单位为"中国优秀国际乡村旅游目的地"。现予以公示。公示期自2017年7月31日至8月4日。

如对公示名单有异议，可在公示期内向国家旅游局规划财务司反映，相关材料需加盖单位公章或签署真实姓名并留下联系地址和电话。

联系电话：010-65201548

邮　　箱：chanyechu@cnta.gov.cn

邮寄地址：北京市建国门内大街甲9号（国家旅游局）

附件：拟认定"中国优秀国际乡村旅游目的地"单位名单

国家旅游局

2017年7月30日

附件　拟认定"中国优秀国际乡村旅游目的地"单位名单

北京市（1个）
延庆区

黑龙江省（1个）
雪乡景区

湖南省（1个）
韶山市韶山旅游区

安徽省（1个）
黄山市黟县

江西省（1个）
上饶市婺源县

江苏省（1个）
昆山市周庄·香村

浙江省（1个）
金华市东阳花园村

广西壮族自治区（1个）
桂林市阳朔县

海南省（1个）
琼海市北仍村

贵州省（1个）
西江千户苗寨

国家旅游局关于对全国第三批
"中国乡村旅游创客示范基地"公示名单

根据《国务院办公厅关于进一步促进旅游投资和消费的若干意见》（国办发〔2015〕62号）中"建设一批乡村旅游创客示范基地"的要求和《国家旅游局办公室关于开展百村万人乡村旅游创客行动的通知》（旅办发〔2015〕154号）的部署，为深入推进乡村旅游创客行动，推动乡村旅游转型升级、提质增效，国家旅游局开展了中国乡村旅游创客示范基地推荐认定工作。

在各地自愿申报和各省区市旅游委（局）推荐的基础上，国家旅游局组织专家从乡村旅游创客集聚、创业特色是否浓厚、发展基础是否扎实、创业前景是否广阔、旅游创业政策落实和建设方案是否具有示范引领性等方面进行了评审，并经国家旅游局领导批准，拟认定上海"阡陌云间"农业休闲观光园等40个单位为全国第三批"中国乡村旅游创客示范基地"。现予以公示。公示期自2017年7月31日至8月4日。

如对公示名单有异议，可在公示期内向国家旅游局规划财务司反映，相关材料需加盖单位公章或签署真实姓名并留下联系地址和电话。

联系电话：010-65201548
邮　　箱：chanyechu@cnta.gov.cn
邮寄地址：北京市建国门内大街甲9号（国家旅游局）

附件：拟认定全国第三批"中国乡村旅游创客示范基地"单位名单

国家旅游局
2017年7月30日

附件　拟认定全国第三批"中国乡村旅游创客示范基地"单位名单

北京（1个）
怀柔区渤海镇长城国际旅游度假小镇

天津（1个）
齐心农业示范园区

上海（1个）
上海"阡陌云间"农业休闲观光园

重庆（1个）
凉风"梦乡村"

河北（1个）
北戴河村艺术村落

河南（1个）
中国牡丹画第一村

山东（2个）
淄博市淄川区太河镇峨庄片区
泗水县等闲谷艺术粮仓

山西（1个）
左权县莲花岩风景区

辽宁（1个）
沈阳市沈北新区锡伯龙地

吉林（1个）
延边州乡村旅游创客示范基地

黑龙江（1个）
扎龙乡村旅游创客基地

内蒙古（1个）
鄂尔多斯伊旗哈沙图创客创业基地

湖北（1个）
广水市武胜关镇桃源村创客创业基地

湖南（1个）
铜官创新创客基地

安徽（1个）

大别山仙人冲画家村

江西（1个）

大余丫山风景区

江苏（2个）

阳山镇乡村旅游创客基地

沛县昭阳庄园文化创客基地

浙江（3个）

瓯窑小镇文化创意中心

松阳县云上平田乡村慢生活体验区

龙溪动漫花谷乡村旅游集聚区

福建（2个）

厦门市海沧区青礁村院前社

培田乡村旅游创客示范基地

广东（2个）

仓东文化遗产保育与发展中心

广东1978文化创意产业园

广西（1个）

龙脊梯田景区

海南（1个）

白沙县邦溪镇芭蕉村

云南（1个）

鹤庆县草海镇新华村

贵州（2个）

遵义市播州区枫香镇花茂村

黔南州惠水县好花红乡

四川（2个）

洛带古镇文化艺术

成都市郫都区青杠树村香草湖

陕西（1个）

西咸新区茯茶镇

甘肃（1个）

陇南市康县长坝镇花桥村

宁夏（1个）

永宁县闽宁镇原隆村

青海（1个）

慕容古寨文化旅游创客示范基地

新疆（1个）

麦盖提县刀郎画乡

西藏（1个）

鲁朗国际旅游小镇

新疆生产建设兵团（1个）

十团锦绣家园休闲农业观光园

国家旅游局关于印发《全域旅游示范区创建工作导则》的通知

旅发〔2017〕79号

各省、自治区、直辖市旅游发展委员会、旅游局，新疆生产建设兵团旅游局：

　　现将《全域旅游示范区创建工作导则》印发给你们，请各地结合实际，认真抓好示范区创建工作。

国家旅游局
2017年5月17日

全域旅游示范区创建工作导则

第一章　总　则

　　1.1　为深入贯彻习近平总书记系列重要讲话精神和治国理政新理念、新思想、新战略，认真落实党中央、国务院关于全域旅游的决策部署，按照"五位一体"总体布局、"四个全面"战略布局和创新、协调、绿色、开放、共享发展理念，推动旅游业转型升级、提质增效、科学发展、全面发展，持续增加旅游有效供给，切实满足人民群众不断增长的旅游需求，指导和规范全域旅游示范区（以下简称示范区）创建工作，特制定本导则。

　　1.2　全域旅游是指将一定区域作为完整旅游目的地，以旅游业为优势产业，进行统一规划布局、公共服务优化、综合统筹管理、整体营销推广，促进旅游业从单一景点景区建设管理向综合目的地服务转变，从门票经济向产业经济转变，从粗放低效方式向精细高效方式转变，从封闭的旅游自循环向开放的"旅游+"转变，从企业单打独享向社会共建共享转变，从围墙内民团式治安管理向全面依法治理转变，从部门行为向党政统筹推进转变，努力实现旅游业现代化、集约化、品质化、国际化，最大限度满足大众旅游时代人民群众消费需求的发展新模式。

　　1.3　示范区创建工作坚持"注重实效、突出示范，宽进严选、统一认定，有进有出、动态管理"的方针，成熟一批、命名一批，并建立相应的管理和退出机制。

　　1.4　示范区创建工作按照地方申报、审核公布、创建实施、评估监测、考核命名、复核督导的程序进行。其中，示范区创建由所在地人民政府提出申请，由省级旅游行政管理部门或省级人民政府向国家旅游局推荐申报，国家旅游局审核公布；创建工作日常指导、评估监测、复核督导由国家旅游局或国家旅游局委托省级旅游行政管理部门负责；考核命名工作由国家旅游局统一组织实施。

　　1.5　本导则适用于国家旅游局公布的所有

全域旅游示范区创建单位，包括相关的省（自治区和直辖市）、市（地州盟）和县（市区旗）。

第二章　创建原则

2.1　突出改革创新。将发展全域旅游作为旅游业贯彻落实五大发展理念的主要途径，始终把改革创新作为创建工作的主线，坚持目标导向和问题导向，针对旅游发展中的重大问题，形成适应全域旅游发展的体制机制、政策措施、产业体系等，构建全域旅游发展新局面。

2.2　突出党政统筹。发挥地方党委、政府的领导作用，从区域发展战略全局出发，把推进全域旅游作为地方经济社会发展的重要抓手，统一规划、统筹部署、整合资源、协调行动，形成推动全域旅游发展新合力。

2.3　突出融合共享。大力推进"旅游+"，实现旅游业与其他行业的磨合、组合和融合，促进旅游功能全面增强，使发展成果惠及各方，让游客能满意、居民得实惠、企业有发展、百业添效益、政府增税收，形成全域旅游共建共享新格局。

2.4　突出创建特色。注重产品、设施与项目特色，不同层级、不同地区要确立符合实际的发展规划、主打产品、主题形象等，不搞一个模式，防止千城一面、千村一面、千景一面，形成各具特色、差异化推进的全域旅游发展新方式。

2.5　突出绿色发展。树立"绿水青山就是金山银山"理念，守住生态底线，合理有序开发，防止破坏环境，杜绝竭泽而渔，摒弃运动式盲目开发，实现经济、社会、生态效益共同提升，开辟全域旅游发展新境界。

2.6　突出示范导向。强化创建示范引领作用，打造省、市、县全域旅游示范典型，努力在推进全域旅游、促进城乡建设、产业发展、公共服务、整体营销等方面形成可借鉴可推广的经验和方式，树立全域旅游发展新标杆。

第三章　创建目标

3.1　旅游治理规范化。坚持党委、政府对旅游工作的领导，建立各部门联动、全社会参与的旅游综合推进机制。坚持依法治旅，提升治理效能，形成综合产业综合抓的局面，成为体制机制改革创新的典范。

3.2　旅游发展全域化。推进全域统筹规划、全域合理布局、全域整体营销、全域服务提升，构建良好自然生态环境、亲善人文社会环境、放心旅游消费环境，实现全域宜居宜业宜游和全域接待海内外游客，成为目的地建设的典范。

3.3　旅游供给品质化。加大旅游产业融合开放力度，提高科技水平、文化内涵、绿色含量，增加创意产品，发展融合业态，提供高质量、精细化的旅游服务，增加有效供给，成为满足大众旅游消费需求的典范。

3.4　旅游参与全民化。增强全社会参与意识，引导居民以主人翁态度共同参与旅游建设，营造文明旅游新风尚，健全旅游发展受益机制，出台旅游惠民政策，切实保证居民、企业参与收益分配，成为全民参与共建共享的典范。

3.5　旅游效应最大化。把旅游业作为经济社会发展的重要支撑，发挥旅游"一业兴百业"的带动作用，促进传统产业提档升级，孵化一批新产业、新业态，旅游对当地经济和就业的综合贡献达到较高水平，成为惠民生、稳增长、调结构、促协调、扩开放的典范。

第四章　创建任务

4.1　创新体制机制，构建现代旅游治理体系。

4.1.1　建立党政主要领导挂帅的全域旅游组织领导机制，加强部门联动，充分发挥宣传、组织、政法等党委部门和发改、公安、财政、国土、环保、住建、交通、水利、农业、文化、体育、统计、林业等政府部门在合力推进全域旅游工作中的积极作用。

4.1.2　探索建立与全域旅游发展相适应的旅游综合管理机构，如旅游发展委员会，有效承担旅游资源整合与统筹协调、旅游规划与产业促进、旅游监督管理与综合执法、旅游营销推广与形象提升、旅游公共服务与专项资金管理、旅游数据统计与综合考核等职能。

4.1.3　积极推动公安、工商、司法等部门构建管理内容覆盖旅游领域的新机制，切实加强旅游警察、旅游市场监督、旅游法庭、旅游质监执法等工作和队伍建设。

4.1.4　积极创新旅游配套机制，建立相应的旅游联席会议、旅游项目联审、旅游投融资、旅游规划公众参与、旅游标准化、文明旅游共创、旅游志愿者组织、旅游人才培养、党政干部培训、旅游工作考核激励等机制。

4.1.5　推动政策创新。出台支持全域旅游发展的综合性政策文件。加大财政支持力度，逐年增加旅游发展专项资金，加大对旅游基础和公共服务设施建设投入力度，鼓励统筹各部门资金支持全域旅游建设。对全域旅游重大建设项目优先纳入旅游投资优选项目名录，优先安排政府贷款贴息。创新旅游投融资机制，推进旅游资产证券化试点，促进旅游资源市场化配置，因地制宜建立旅游资源资产交易平台，鼓励有条件的地方政府设立旅游产业促进基金，引导各类资金参与全域旅游建设，鼓励开发性金融为全域旅游项目提供支持。强化旅游用地保障，在年度用地指标中优先支持旅游项目，探索实行重点旅游项目点状供地等用地改革，优化旅游项目用地政策。

4.2　加强规划工作，做好全域旅游顶层设计。

4.2.1　将旅游发展作为重要内容纳入经济社会发展、城乡建设、土地利用、基础设施建设和生态环境保护等相关规划中。由所在地人民政府编制旅游发展规划，同时依法开展规划环评。在实施"多规合一"中充分体现旅游主体功能区建设的要求。

4.2.2　城乡基础设施、公共服务设施和产业发展中的重大建设项目，在立项、规划设计和竣工验收等环节，可就其旅游影响及相应旅游配套征求旅游部门的意见。

4.2.3　完善旅游规划体系。编制旅游产品指导目录，制定旅游公共服务、营销推广、市场治理、人力资源等专项规划和实施计划或行动方案。形成包含总体规划、控制性详规、重大项目设计规划等层次分明、相互衔接、规范有效的规划体系。

4.2.4　加强旅游规划实施管理。全域旅游发展总体规划及重点项目规划应报请人大或政府批准，提升规划实施的法律效力，并建立旅游规划评估与实施督导机制。

4.3　加强旅游设施建设，创造和谐旅游环境。

4.3.1　推动"厕所革命"覆盖城乡全域。推进乡村旅游、农家乐厕所整体改造，5A级景区厕所设置第三卫生间，主要旅游景区、旅游度假区、旅游场所、旅游线路和乡村旅游点的厕所要实现数量充足、干净卫生、实用免费、管理有效。鼓励对外服务场所厕所免费对游客开放。推进市场多元供给和以商建厕、以商管厕、以商养厕。通过使用能源、材料、生物、信息等新技术，切实解决旱厕、孤厕及其污物处理、厕所信息服务等难题。引导游客爱护设施、文明如厕，营造健康文明的厕所文化。

4.3.2　构建畅达便捷交通网络。完善综合交通体系，科学安排支线机场新建和扩建，优化旅游旺季和通重点客源市地航班配置，加强覆盖旅游景区的通用机场建设。改善区域公路通达条件，提升区域可进入性，提高乡村旅游道路的建设等级，推进干线公路与景区公路连接线以及相邻区域景区之间公路建设，形成旅游交通网络。提高游客运输组织能力，开通旅游客运班车、旅游公交车和观光巴士等。推进旅游风景道、城市绿道、骑行专线、登山步道、交通驿站等公共休闲设施建设，打造具有通达、游憩、体验、运动、健身、文化、教育等复合功能的主题旅游线路。

4.3.3　完善集散咨询服务体系。在建好景区游客中心的基础上，合理布局建立全域旅游集散中心，设立多层级旅游集散网络，因地制宜在商业街区、交通枢纽、景点景区等游客集聚区设立旅游咨询服务中心（点），有效提供景区、线路、交通、气象、安全、医疗急救等必要信息和咨询服务。

4.3.4　规范完善旅游引导标识系统。在全域建立使用规范、布局合理、指向清晰、内容完整的旅游引导标识体系，重点涉旅场所规范使用符合国家标准的公共信息图形符号。

4.3.5　合理配套建设旅游停车场。建设与游客承载量相适应、分布合理、配套完善、管理科学的生态停车场。鼓励在国省干线公路和通景区公路沿线增设旅游服务区、驿站、观景台、自驾车营地等设施，推动高速公路服务区向交通、生态、旅游等复合型服务区转型升级。

4.4 提升旅游服务，推进服务人性化品质化。

4.4.1 充分发挥标准在全域旅游工作中的服务、指引和规范作用。完善旅游业标准体系，扩大旅游标准覆盖范围，强化标准实施与监督，加强涉旅行业从业人员培训，提高从业人员服务意识与服务能力，树立友善好客旅游服务形象。

4.4.2 按照旅游需求个性化要求，实施旅游服务质量标杆引领计划，鼓励企业实行旅游服务规范和承诺，建立优质旅游服务商目录，推出优质旅游服务品牌。开展以游客评价为主的旅游目的地评价，不断提高游客满意度。

4.4.3 推进服务智能化。建立地区旅游服务线上"总入口"和旅游大数据中心，形成集交通、气象、治安、客流信息等为一体的综合信息服务平台。涉旅场所实现免费 Wi-Fi、通信信号、视频监控全覆盖，主要旅游消费场所实现在线预订、网上支付，主要旅游区实现智能导游、电子讲解、实时信息推送。开发建设游客行前、行中和行后各类咨询、导览、导游、导购、导航和分享评价等智能化旅游服务系统。

4.4.4 完善旅游志愿服务体系。建立服务工作站，制定管理激励制度，开展志愿服务公益行动，提供文明引导、游览讲解、信息咨询和应急救援等服务，打造旅游志愿服务品牌。

4.5 坚持融合发展、创新发展，丰富旅游产品，增加有效供给。

4.5.1 "旅游+城镇化、工业化和商贸"。突出中国元素、体现区域风格，建设美丽乡村、旅游小镇、风情县城、文化街区、宜游名城以及城市绿道、骑行公园等慢行系统，支持旅游综合体、主题功能区、中央游憩区等建设。利用工业园区、工业展示区、工业历史遗迹等因地制宜开展工业旅游，鼓励发展旅游用品、户外休闲用品和旅游装备制造业。完善城市商业区旅游服务功能，开发具有自主知识产权和鲜明地方特色的时尚性、实用性、便携性旅游商品，提高旅游购物在旅游收入中的比重，积极发展商务会展旅游。

4.5.2 "旅游+农业、林业和水利"。大力发展观光农业、休闲农业和现代农业庄园，鼓励发展田园艺术景观、阳台农艺等创意农业和具备旅游功能的定制农业、会展农业、众筹农业、家庭农场、家庭牧场等新型农业业态。因地制宜建设森林公园、湿地公园、沙漠公园，鼓励发展"森林人家"、"森林小镇"。鼓励水利设施建设融入旅游元素和标准，充分依托水域和水利工程，开发观光、游憩、休闲度假等水利旅游。

4.5.3 "旅游+科技、教育、文化、卫生和体育"。积极利用科技工程、科普场馆、科研设施等发展科技旅游。以弘扬社会主义核心价值观为主线，发展红色旅游，开发爱国主义和革命传统教育、国情教育、夏（冬）令营等研学旅游产品。依托非物质文化遗产、传统村落、文物遗迹及美术馆、艺术馆等文化场所，推进剧场、演艺、游乐、动漫等产业与旅游业融合，发展文化体验旅游。开发医疗健康旅游、中医药旅游、养生养老旅游等健康旅游业态。积极发展冰雪运动、山地户外、水上运动、汽车摩托车运动等体育旅游新产品。

4.5.4 "旅游+交通、环保和国土"。建设自驾车房车旅游营地，打造旅游风景道和铁路遗产、大型交通工程等特色交通旅游产品，推广精品旅游公路自驾游线路，支持发展邮轮游艇旅游，开发多类型、多功能的低空旅游产品和线路。建设生态旅游区、地质公园、矿山公园以及山地旅游、海洋海岛旅游、避暑旅游等旅游产品。

4.5.5 提升旅游产品品质。深入挖掘历史文化、地域特色文化、民族民俗文化、传统农耕文化等，提升旅游产品文化含量。积极利用新能源、新材料、现代信息和新科技装备，提高旅游产品的科技含量。大力推广使用资源循环利用、生态修复、无害化处理等生态技术，加强环境综合治理，提高旅游开发的生态含量。

4.5.6 丰富品牌旅游产品。增强要素型旅游产品吸引力，深入挖掘民间传统小吃，建设特色餐饮街区，进一步提升星级饭店和绿色旅游饭店品质，发展精品饭店、文化主题饭店、经济型和度假型酒店、旅游民宿、露营、帐篷酒店等新型住宿业态，打造特色品牌。提升园区型旅游产品品质，强化 A 级景区、旅游度假区、旅游休闲区、旅游综合体、城市公园、主题乐园、大型实景演出和博物馆、文化馆、科技馆、规划馆、展览馆、纪念馆、动植物园等园区型旅游产品设施配套，实现节约、集成和系统化发展，打造整体品牌。发展目的地型产品，按照村、镇、县、市、省打造具有国际影响力的目的地品牌。

4.5.7 推动主体创新。培育和引进有竞争力的旅游骨干企业和大型旅游集团，促进规模化、品牌化、网络化经营。支持旅游企业通过自主开发、联合开发、并购等方式发展知名旅游品牌。发展旅游电子商务，支持互联网旅游企业整合上下游及平行企业资源。促进中小微旅游企业特色化、专业化发展，建设发展产业创新、服务创新、管理创新、技术创新的特色涉旅企业。构建产学研一体化平台，提升旅游业创新创意水平和科学发展能力。

4.6 实施整体营销，凸显区域旅游品牌形象。

4.6.1 制定全域旅游整体营销规划和方案。把营销工作纳入全域旅游发展大局，坚持以需求为导向，树立整体营销和全面营销观念，明确市场开发和营销战略，加强市场推广部门与生产供给部门的协调沟通，实现产品开发与市场开发无缝对接。设立旅游营销专项资金，鼓励制定相应的客源市场开发奖励办法，切实做好入境旅游营销。

4.6.2 拓展营销内容。在做好景点景区、饭店宾馆等传统产品推介的同时，进一步挖掘和展示地区特色，将商贸活动、科技产业、文化节庆、体育赛事、特色企业、知名院校、城乡社区、乡风民俗、优良生态等拓展为目的地宣传推介的重要内容，提升旅游整体吸引力。

4.6.3 实施品牌营销战略。塑造特色鲜明的旅游目的地形象，打造主题突出、传播广泛、社会认可度高的旅游目的地品牌。提升区域内各类品牌资源，建立多层次、全产业链的品牌体系，变旅游产业优势为品牌优势。

4.6.4 建立政府部门、行业、企业、媒体、公众等参与的营销机制，充分发挥企业在推广营销中的作用，整合利用各类宣传营销资源和方式，建立推广联盟合作平台，形成上下结合、横向联动、多方参与的全域旅游营销格局。

4.6.5 创新全域旅游营销方式。有效运用高层营销、公众营销、内部营销、网络营销、互动营销、事件营销、节庆营销、反季营销等多种方式。借助大数据分析，充分利用微博、微信、微电影、APP客户端等新兴媒体，提高全域旅游宣传营销的精准度、现代感和亲和力。

4.7 加强旅游监管，切实保障游客权益。

4.7.1 加强旅游执法。强化旅游质监执法队伍的市场监督执法功能，严肃查处损害游客权益、扰乱旅游市场秩序的违法违规行为，曝光重大违法案件，实现旅游执法检查的常态化。公安、工商、质监、物价等部门按照职责加强对涉旅领域执法检查。建立健全旅游与相关部门的联合执法机制，净化旅游市场环境，维护游客合法权益。

4.7.2 加强旅游投诉举报处理。建立统一受理旅游投诉机制，积极运用12301智慧旅游服务平台、12345政府服务热线以及手机APP、微信公众号、热线电话、咨询中心等多样化手段，形成线上线下联动、高效便捷畅通的旅游投诉受理、处理、反馈机制，做到受理热情友好、处理规范公正、反馈及时有效，不断提高旅游投诉的结案率、满意率。

4.7.3 强化事中事后监管。加快建立旅游领域社会信用体系，依托全国信用信息共享平台，归集旅游企业和从业人员失信行为，并对失信行为开展联合惩戒行动。扩大旅游"红黑榜"应用，将旅游景区点纳入旅游"红黑榜"评价机制。发挥旅游行业协会自律作用。积极应用全国旅游监管服务平台，加强对旅行社、导游人员日常监管，保障导游人员合法劳动权益。

4.7.4 加强旅游文明建设。全面推行国内旅游文明公约和出境旅游文明指南，培育文明旅游典型，建立旅游不文明行为记录制度和部门间信息通报机制。组织开展旅游警察、旅游工商和旅游法庭等工作人员的执法培训，提高旅游执法专业化和人性化水平。

4.8 优化城乡环境，推进共建共享。

4.8.1 加强资源环境生态保护。强化对自然生态系统、生物多样性、田园风光、传统村落、历史文化和民族文化等保护，保持生态系统完整性、生物多样性、环境质量优良性、传统村镇原有肌理和建筑元素。注重文化挖掘和传承，构筑具有特色的城乡建筑风格。倡导绿色旅游消费，实施旅游能效提升计划，降低资源消耗，推广节水节能产品、技术和新能源燃料的使用，推进节水节能型景区、酒店和旅游村镇建设。

4.8.2 推进全域环境整治。开展主要旅游线路沿线风貌集中整治，在路边、水边、山边等区域开展洁化、绿化、美化行动，在重点旅游村镇实行"改厨、改厕、改客房、整理院落"和垃圾污水无害化、生态化处理，全面优化旅游环境。

4.8.3 强化旅游安全保障。加强旅游安全制度建设，强化旅游、公安、交通、安监、卫生、食药监等有关部门安全监管责任，由安监部门牵头组织景区开展安全风险评估。加强景点景区最大承载量警示，加大出游安全风险提示，落实旅行社、饭店、景区安全规范。强化对客运索道、大型游乐设施等特种设备和旅游用车、旅游节庆活动等重点领域及环节的监管。建立政府救助与商业救援相结合的旅游救援体系。完善旅游保险产品，扩大保险覆盖面，提升保险理赔服务水平。

4.8.4 大力促进旅游创业就业。建设旅游就业需求服务平台，加强信息引导，加大技术支持，进一步改善传统旅游企业吸纳就业的政策环境，切实为新型旅游企业招募员工创造便利条件。积极引导科技、艺术、创意设计等各类专业人才跨界参与旅游开发建设。重视发展创业型的个体私营旅游经济和家庭手工业。鼓励高等院校和职业院校发展旅游教育，开设特色旅游专业，提升本地旅游人力资源规模和水平。

4.8.5 大力推进旅游扶贫和旅游富民。通过整合旅游资源，发展旅游产业，从整体增加贫困地区财政收入、村集体收入和农民人均收入。以景区带村、能人带户、"企业+农户"和直接就业、定点采购、输送客源、培训指导、建立农副土特产品销售区和乡村旅游后备厢基地等各类灵活多样的方式，促进贫困地区和贫困人口脱贫致富。大力实施旅游富民工程，通过旅游创业、旅游经营、旅游服务、资产收益等方式促进增收

致富。

4.8.6 营造旅游发展良好社会环境。树立"处处都是旅游环境，人人都是旅游形象"的理念，向目的地居民开展旅游相关知识宣传教育，强化目的地居民的旅游参与意识、旅游形象意识、旅游责任意识。加强旅游惠民便民服务，推动公共博物馆、文化馆、图书馆、科技馆、纪念馆、城市休闲公园、红色旅游景区和爱国主义教育基地免费开放，鼓励旅游场所对特定人群实行价格优惠，加强对老年人、残疾人等特殊群体的旅游服务。

第五章 评估管理

5.1 创建工作应由本地区党委政府统筹负责，研究制定全域旅游示范区创建工作方案，建立全域旅游示范区创建工作目标责任考核体系，各级旅游行政管理部门具体负责创建工作考核，确保各项工作务实高效推进。

5.2 省（自治区和直辖市）示范区创建工作由国家旅游局负责年度评估监测。市（地州盟）和县（市区旗）示范区创建工作由省级旅游行政管理部门负责年度评估监测，并向国家旅游局提交评估报告。

5.3 国家旅游局依据本导则制定《全域旅游示范区考核命名和管理办法》，示范区考核命名工作由国家旅游局依照本导则和相关办法进行，对符合条件和标准并能发挥示范作用的，予以命名。

5.4 对已命名的示范区适时组织复核，对于复核不达标或发生重大旅游违法案件、重大旅游生产安全责任事故、严重不文明旅游现象、严重破坏生态环境行为的示范区，视情况予以警告或撤销。

第六章 附 则

6.1 本导则自印发之日起施行。

6.2 本导则由国家旅游局负责解释并修订。

中华人民共和国国家标准
公　告
2015 年第 11 号

关于批准发布《美丽乡村建设指南》国家标准的公告

国家质量监督检验检疫总局、国家标准化管理委员会批准《美丽乡村建设指南》国家标准，现予以公布（见附件）。

国家质检总局　国家标准委
2015 年 4 月 29 日

《美丽乡村建设指南》国家标准
2015 年 6 月 1 日实施

前　言

本标准按照 GB/T1.1—2009 给出的规则起草。

本标准由国务院农村综合改革工作小组办公室提出。

本标准由中国标准化研究院归口。

本标准起草单位：浙江省湖州市安吉县人民政府，浙江省标准化研究院、福建省标准化研究院、中国标准化研究院、农业部科技教育司、贵州省标准化院、安徽省质量和标准化研究院、广西壮族自治区标准技术研究院、重庆市质量和标准化研究院。

本标准起草人：郑勤、应珊婷、云振宇、闵杰峰、王彬彬、华歆雨、刘文、魏玉栋、郑玉艳、王全水、邱克斌、马静、郑在文、白雪、陆军、郦东、董秀云、杨伟、张俐、李健、方桥坤、章安民、折小荣、袁清、姚晗君、程军。

美丽乡村建设指南

范围

本标准规定了美丽乡村的村庄规划和建设、生态环境、经济发展、公共服务、乡风文明、基层组织、长效管理等建设要求。

本标准适用于指导以村为单位的美丽乡村的建设。

规范性引用文件

下列文件对于本文件的应用是必不可少的。凡是注日期的引用文件，仅注日期的版本适用于本文件。凡是不注日期的引用文件，其最新版本（包括所有的修改单）适用于本文件。

GB/T156　标准电压

GB3095　环境空气质量标准

GB3096　噪声环境质量标准

GB3097　海水水质标准

GB3838　地表水环境质量标准

GB4285　农药安全使用标准

GB5749　生活饮用水卫生标准

GB5768.1　道路交通标志和标线第1部分：总则

GB5768.2　道路交通标志和标线第2部分：道路交通标志

GB7959　粪便无害化卫生要求

GB/T8321　（所有部分）农药合理使用准则

GB15618　土壤环境质量标准

GB/T16453　（所有部分）水土保持综合治理技术规范

GB18596　畜禽养殖业污染物排放标准

GB19379　农村户厕卫生规范

GB/T27774　病媒生物应急监测与控制通则

GB/T29315　中小学、幼儿园安全技术防范系统要求

GB/T30600　高标准农田建设通则

GB50039　农村防火规范

GB50201　防洪标准

GB20288　灌溉与排水工程设计规范

GB50445　村庄整治技术规范

DL493　农村安全用电规程

DL/T5118　农村电力网规划设计导则

HJ25.4　污染场地土壤修复技术导则

HJ588　农业固体废物污染控制技术导则

NY/T496　肥料合理使用准则通则

建标109　农村普通中小学校建设标准

术语和定义

下列术语和定义适用于本文件。

3.1　美丽乡村 beautiful village

经济、政治、文化、社会和生态文明协调发展，规划科学、生产发展、生活宽裕、乡风文明、村容整洁、管理民主、宜居、宜业的可持续发展乡村（包括建制村和自然村）。

总则

4.1　坚持政府引导、村民主体、以人为本、因地制宜的原则，持续改善农村人居环境

4.2　规划先行，统筹兼顾，生产、生活、生态和谐发展

4.3　村务管理民主规范，村民参与积极性高

4.4　集体经济发展，公共服务改善，村民生活品质提升

村庄规划

5.1　规划原因

5.1.1　因地制宜。

5.1.1.1　根据乡村资源禀赋，因地制宜编制村庄规划，注重传统文化的保护和传承，维护乡村风貌，突出地域特色。

5.1.1.2　村庄规模较大、情况较复杂时，宜编制经济可行的村庄整治等专项规划。历史文化名村和传统村落应编制历史文化名村保护规划和传统村落保护发展规划。

5.1.2　村民参与。

5.1.2.1　村庄规划编制应深入农户实地调查，充分征求意见，并宣讲规划意图和规划内容。

5.1.2.2　村庄规划应经村民会议或村民代表会议讨论通过，规划总平面图及相关内容应在村庄显著位置公示，经批准后公布、实施。

5.1.3　合理布局。

5.1.3.1　村庄规划应符合土地利用总体规划，做好与镇域规划、经济社会发展规划和各项专业规划的协调衔接，科学区分生产生活区域，功能布局合理、安全、宜居、美观、和谐，配套完善。

5.1.3.2　结合地形地貌、山体、水系等自然环境条件，科学布局，处理好山形、水体、道路、建筑的关系。

5.1.4　节约用地。

5.1.4.1　村庄规划应科学、合理、统筹配置土地，依法使用土地，不得占用基本农田，慎用山坡地。

5.1.4.2　公共活动场所的规划与布局应充分利用闲置土地、现有建筑及设施等。

5.2　规划编制要素

5.2.1　编制规划应以需求和问题为导向，综合评价村庄的发展条件，提出村庄建设与治理、产业发展和村庄管理的总体要求。

5.2.2　统筹村民建房、村庄整治改造，并进行规划设计，包含建筑的平面改造和立面

整饰。

5.2.3 确定村民活动、文体教育、医疗卫生、社会福利等公共服务和管理设施的用地布局和建设要求。

5.2.4 确定村域道路、供水、排水、供电、通信等各项基础设施配置和建设要求，包括布局、管线走向、敷设方式等。

5.2.5 确定农业及其他生产经营设施用地。

5.2.6 确定生态环境保护目标、要求和措施，确定垃圾、污水收集处理设施和公厕等环境卫生设施的配置和建设要求。

5.2.7 确定村庄防灾减灾的要求，做好村级避灾场所建设规划；对处于山体滑坡、崩塌、地陷、地裂、泥石流、山洪冲沟等地质隐患地段的农村居民点，应经相关程序确定搬迁方案。

5.2.8 确定村庄传统民居、历史建筑物与构筑物、古树名木等人文景观的保护与利用措施。

5.2.9 规划图文表达应简明扼要、平实直观。

村庄建设

6.1 基本要求

6.1.1 村庄建设应按规划执行。

6.1.2 新建、改建、扩建住房与建筑整治应符合建筑卫生、安全要求，注重与环境协调；宜选择具有乡村特色和地域风格的建筑图样；倡导建设绿色农房。

6.1.3 保持和延续传统格局和历史风貌，维护历史文化遗产的完整性、真实性、延续性和原始性。

6.1.4 整治影响景观的棚舍、残存或倒塌的墙体，清除临时搭盖，美化影响村庄空间外观视觉的外墙、屋顶、窗户、栏杆等，规范太阳能热水器、屋顶空调等设施的安装。

6.1.5 逐步实施危旧房的改造、整治。

6.2 生活设施

6.2.1 道路。

6.2.1.1 村主干道建设应进出畅通，路面硬化率达100%。

6.2.1.2 村内道路应以现有道路为基础，顺应现有村庄格局，保留原始形态走向，就地取材。

6.2.1.3 村主干道应按照 GB5768.1 和 GB5768.2 的要求设置道路交通标志，村口应设村名标识；历史文化名村、传统村落、特色景观旅游景点应设置指示牌。

6.2.1.4 利用道路周边、空余场地，适当规划公共停车场（泊位）。

6.2.2 桥梁。

6.2.2.1 安全美观，与周围环境相协调，体现地域风格，提倡使用本地天然材料，保护古桥。

6.2.2.2 维护、改造可采用可加固基础、新铺桥面、增加护栏等措施，并设置安全设施和警示标志。

6.2.3 供水。

6.2.3.1 应根据村庄分布特点、生活水平和区域水资源等条件，合理确定用水量指标、供水水源和水压要求。

6.2.3.2 应加强水源地保护，保障农村饮水安全，生活饮用水的水质应符合 GB5749 的要求。

6.2.4 供电。

6.2.4.1 农村电力网建设与改造的规划设计应符合 DL/T5118 的要求，电压等级应符合 GB/T156 的要求，供电应能满足村民基本生产生活需要。

6.2.4.2 电线杆应排列整齐，安全美观，无私拉乱接电线、电缆现象。

6.2.4.3 合理配置照明路灯，宜使用节能灯具。

6.2.5 通信。

广播、电视、电话、网络、邮政等公共通信设施齐全，信号通畅，线路架设规范，安全有序；有条件的村庄可采用管道下地敷设。

6.3 农业生产设施

6.3.1 结合实际开展土地整治和保护；适合高标准农田建设的重点区域，按 GB/T30600 的要求进行规范建设。

6.3.2 开展农田水利设施治理；防洪、排涝和灌溉保证率等达到 GB50201 和 GB50288 的要求；注重抗旱、防风等防灾基础设施的建设和配备。

6.3.3 结合产业发展，配备先进、适用的现代化农业生产设施。

生态环境

7.1 环境质量

7.1.1 大气、噪声、土壤环境质量应分别达到 GB3095、GB3096、GB15618 中与当地环境功能区相对应的要求。

7.1.2 村域内主要河流、湖泊、水库等地表水体质，沿海村庄的近岸海域海水水质应分别达到 GB3838、GB3097 中与当地环境功能区和对应的要求。

7.2 污染防治

7.2.1 农业污染防治。

7.2.1.1 推广植物病虫害统防统治，采用农业、物理、生物、化学等综合防治措施，不得使用明令禁止的高毒高残留农药，按照 GB4285、GB/T8321 的要求合理用药。

7.2.1.2 推广测土配方施肥技术，施用有机肥、缓释肥；肥料使用符合 NY/T496 的要求。

7.2.1.3 农业固体废物污染控制和资源综合利用可按 HJ588 的要求进行；农药瓶、废弃塑料薄膜、育秧盘等农业生产废弃物及时处理；农膜回收率≥80%；农作物秸秆综合利用率≥70%。

7.2.1.4 畜禽养殖场（小区）污染物排放应符合 GB18596 的要求，畜禽粪便综合利用率≥80%；病死畜禽无害化处理率达 100%；水产养殖废水应达标排放。

7.2.2 工业污染防治。

村域内工业企业生产过程中产生的废水、废气、噪声、固体废物等污染物达标排放，工业污染源达标排放率达 100%。

7.2.3 生活污染防治。

7.2.3.1 生活垃圾处理。

7.2.3.1.1 应建立生活垃圾收运处置体系，生活垃圾无害化处理率≥80%。

7.2.3.1.2 应合理配置垃圾收集点、建筑垃圾堆放点、垃圾箱、垃圾清运工具等，并保持干净整洁，不破损、不外溢。

7.2.3.1.3 推行生活垃圾分类处理和资源化利用；垃圾应及时清运，防止二次污染。

7.2.3.2 生活污水处理。

7.2.3.2.1 应以粪污分流、雨污分流为原则，综合人口分布、污水水量、经济发展水平、环境特点，气候条件，地理状况，以及现有的排水体制、排水管网等确定生活污水收集模式。

7.2.3.2.2 应根据村落和农户的分布，可采用集中处理或分散处理或集中与分散处理相结合的方式，建设污水处理系统并定期维护，生活污水处理农户覆盖率≥70%。

7.2.3.3 清洁能源使用。

应科学使用并逐步减少木、草、秸秆、竹等传统燃料的直接使用，推广使用电能、太阳能、风能、沼气、天然气等清洁能源，使用清洁能源的农户数比例≥70%。

7.3 生态保护与治理

7.3.1 对村庄山体、森林、湿地、水体、植被等自然资源进行生态保育，保持原生态自然环境。

7.3.2 开展水土流失综合治理，综合治理技术按 GB/T16453 的要求执行；防止人为破坏造成新的水土流失。

7.3.3 开展荒漠化治理，实施退耕还林还草。规范采沙、取水、取土、取石行为。

7.3.4 按 GB50445 的要求对村庄内坑塘河道进行整治，保持水质清洁和水流通畅，保护原生植被。岸边宜种植适生植物，绿化配置合理、养护到位。

7.3.5 改善土壤环境，提高农田质量，对污染土壤按 HJ25.4 的要求进行修复。

7.3.6 实施增殖放流和水产养殖生态环境修复。

7.3.7 外来物种引种应符合相关规定，防止外来生物入侵。

7.4 村容整治

7.4.1 村容维护。

7.4.1.1 村域内不应有露天焚烧垃圾和秸秆的现象，水体清洁、无异味。

7.4.1.2 道路路面平整，不应有坑洼、积水等现象；道路及路边、河道岸坡、绿化带、花坛、公共活动场地等可视范围内无明显垃圾。

7.4.1.3 房前屋后整洁，无污水溢流，无散落垃圾；建材、柴火等生产生活用品集中有序存放。

7.4.1.4 按规划在公共通道两侧划定一定范围的公用空间红线，不得违章占道和占用红线。

7.4.1.5 宣传栏、广告牌等设置规范，整治有序；村庄内无乱贴乱画乱刻现象。

7.4.1.6 划定畜禽养殖区域，人畜分离；农家庭院畜禽圈养，保持圈舍卫生，不影响周边生活环境。

7.4.1.7 规范殡葬管理，尊重少数民族的丧葬习俗，倡导生态安葬。

7.4.2 环境绿化。

7.4.2.1 村庄绿化宜采用本地果树林木花草品种，兼顾生态、经济和景观效果，与当地的地形地貌相协调；林草覆盖率山区为≥80%，丘陵≥50%，平原≥20%。

7.4.2.2 庭院、屋顶和围墙提倡立体绿化和美化，适度发展庭院经济。

7.4.2.3 古树名木采取设置围护栏或砌石等方法进行保护，并设标志牌。

7.4.3 厕所改造。

7.4.3.1 实施农村户用厕所改造，户用卫生厕所普及率≥80%，卫生应符合GB19379的要求。

7.4.3.2 合理配置村庄内卫生公厕，不应低于1座/600户，按GB7959的要求进行粪便无害化处理，卫生公厕所有专人管理，定期进行卫生消毒，保持干净整洁。

7.4.3.3 村内无露天粪坑和简易茅厕。

7.4.4 病媒生物综合防治。

按照GB/T27774的要求组织进行鼠、蝇、蚊、蟑螂等病媒生物综合防治。

经济发展

8.1 基本要求

8.1.1 制定产业发展规划，三产结构合理、融合发展，注重培育惠及面广、效益高、有特色的主导产业。

8.1.2 创新产业发展模式，培育特色村、专业村，带动经济发展，促进农民增收致富。

8.1.3 村级集体经济有稳定的收入来源，能够满足开展村务活动和自身发展的需要。

8.2 农业发展

8.2.1 农业。

8.2.1.1 发展种养大户，家庭农场、农民专业合作社等新型经营主体。

8.2.1.2 发展现代农业，积极推广适合当地农业生产的新品种、新技术、新机具及新种养

模式，促进农业科技成果转化；鼓励精细化、集约化、标准化生产，培育农业特色品牌。

8.2.1.3 发展现代林业，提倡种植高效生态的特色经济林果和花卉苗木；推广先进适用的林下经济模式，促进集约化、生态化生产。

8.2.1.4 发展现代畜牧业、推广畜禽生态化，规模化养殖。

8.2.1.5 沿海或水资源丰富的村庄，发展现代渔业，推广生态养殖、水产良种和渔业科技，落实休渔制度，促进捕捞业可持续发展。

8.2.2 工业。

8.2.2.1 结合产业发展规划，发展农副产品加工、林产品加工、手工制作等产业，提高农产品附加值。

8.2.2.2 引导工业企业进入工业园区，防止化工、印染、电镀等高污染、高能耗、高排放企业向农村转移。

8.2.3 服务业。

8.2.3.1 依托乡村自然资源、人文禀赋、乡土风情及产业特色，发展形式多样、特色鲜明的乡村传统文化、餐饮、旅游休闲产业，配备适当的基础设施。

8.2.3.2 发展家政、商贸、美容美发、养老托幼等生活性服务业。

8.2.3.3 鼓励发展农业推广、动植物疫病防控、农资供应、农业信息化、农业机械化、农产品流通、农业金融、保险服务等农业社会化服务业。

公共服务

9.1 医疗卫生

9.1.1 建立健全基本公共卫生服务体系。建有符合国家相关规定、建筑面积≥60平方米的村卫生室；人口较少的村可合并设立，社区卫生服务中心或乡镇卫生院所在地的村可不设。

9.1.2 建立统一、规范的村民健康档案，提供计划免疫、传染病防治及儿童、孕产妇、老年人保健等基本公共卫生服务。

9.2 公共教育

9.2.1 村庄幼儿园和中小学建设应符合教育部门布点规划要求。村庄幼儿园、中小学学校建设应分别符合GB/T29315、建标109的要求，并符合国家卫生标准与安全标准。

9.2.2 普及学前教育和九年义务教育。学前一年毛入园率≥85%；九年义务教育目标人群覆盖率达100%，巩固率≥93%。

9.2.3 通过宣传栏、广播等渠道加强村民普法，科普宣传教育。

9.3 文化体育

9.3.1 基础设施。

9.3.1.1 建设具有娱乐、广播、阅读、科普等功能的文化活动场所。

9.3.1.2 建设篮球场、乒乓球台等体育活动设施。

9.3.1.3 少数民族村能为村民提供本民族语言文字出版的书刊、电子音像制品。

9.3.2 文体活动。

定期组织开展民俗文化活动、文艺演出、讲座展览、电影放映、体育比赛等群众性文体活动。

9.3.3 文化保护与传承。

9.3.3.1 发掘古村落、古建筑、古文物等乡村物质文化，进行整修和保护。

9.3.3.2 搜集民间民族表演艺术，传统戏剧和曲艺、传统手工技艺、传统医药、民族服饰、民俗活动、农业文化、口头语言等乡村非物质文化，进行传承和保护。

9.3.3.3 历史文化遗存村庄应挖掘并宣传古民俗风情、历史沿革、典故传说、名人文化、祖训家规等乡村特色文化。

9.3.3.4 建立乡村传统文化管护制度，编制历史文化遗存资源清单，落实管护责任单位和责任人，形成传统文化保护与传承体系。

9.4 社会保障

9.4.1 村民普遍享有城乡居民基本养老保险，基本实现全覆盖，鼓励建设农村养老机构、老人日托中心、居家养老照料中心等，实现农村基本养老服务。

9.4.2 家庭经济困难且生活难以自理的失能半失能65岁及以上村民基本养老服务补贴覆盖率≥50%。农村五保供养目标人群覆盖率达100%，集中供养能力≥50%。

9.4.3 村民享有城乡居民基本医疗保险参保率≥90%。

9.4.4 被征地村民按相关规定享有相应的社会保障。

9.5 劳动就业

9.5.1 加强村民的素质教育和技能培训，培养新型职业农民。

9.5.2 协助开展劳动关系协调、劳动人事争议调解、维权等权益保护活动。

9.5.3 收集并发布就业信息，提供就业政策咨询、职业指导和职业介绍等服务；为就业困难人员、零就业家庭和残疾人提供就业援助。

9.6 公共安全

9.6.1 根据不同自然灾害类型建立相应防灾设施和避灾场所，并按有关要求管理。

9.6.2 应制定和完善自然灾害救助应急预案，组织应急演练。

9.6.3 农村消防安全应符合GB50039的要求。

9.6.4 农村用电安全应符合DL493的要求。

9.6.5 健全治安管理制度，配齐村级综治管理人员，应急响应迅速有效，有条件的可在人口集中居住区和重要地段安装社会治安动态视频监控系统。

9.7 便民服务

9.7.1 建有具备综合服务功能的村便民服务机构，提供代办、计划生育、信访接待等服务，每一事项应编制服务指南、推进标准化服务。

9.7.2 村庄有客运站点，村民出行方便。

9.7.3 按照生产生活需求，建设商贸服务网点，鼓励有条件的地区推行电子商务。

乡风文明

10.1 组织开展爱国主义、精神文明、社会主义核心价值观、道德、法治、形势政策等宣传教育

10.2 制定并实施村规民约，倡导崇善向上、勤劳致富、邻里和睦、尊老爱幼、诚信友善等文明乡风

10.3 开展移风易俗活动，引导村民摒弃陋习、培养健康、文明、生态的生活方式和行为习惯

基层组织

11.1 组织建设

应依法设立村级基层组织，包括村党组织、村民委员会、村务监督机构、村集体经济组织、村民兵连及其他民间组织。

11.2　工作要求

11.2.1　遵循民主决策、民主管理、民主选举、民主监督。

11.2.2　制定村民自治章程、村民议事规则、村务公开、重大事项决策、财务管理等制度，并有效实施。

11.2.3　具备协调解决纠纷和应急的能力。

11.2.4　建立并规范各项工作的档案记录。

长效管理

12.1　公众参与

12.1.1　通过健全村民自治机制等方式，保障村民参与建设和日常监督管理，充分发挥村民主体作用。

12.1.2　村民可通过村务公开栏、网络、广播、电视、手机信息等形式，了解美丽乡村建设动态、农事、村务、旅游、商务、防控、民生等信息，参与并监督美丽乡村建设。

12.1.3　鼓励开展第三方村民满意度调查，及时公开调查结果。

12.2　保障与监督

12.2.1　建立健全村庄建设、运行管理、服务等制度，落实资金保障措施，明确责任主体、实施主体，鼓励有条件的村庄采用市场化运作模式。

12.2.2　建立并实施公共卫生保洁、园林绿色养护、基础设施维护等管护机制，配备与村级人口相适应的管护人员，比例不低于常住人口的2‰。

12.2.3　综合运用检查、考核，奖惩等方式，对美丽乡村的建设与运行实施动态监督和管理。

北京市人民政府办公厅
关于印发《提升农村人居环境 推进美丽乡村建设的 实施意见（2014~2020 年）》的通知

京政办发〔2014〕36 号

各区、县人民政府，市政府各委、办、局，各市属机构：

《提升农村人居环境 推进美丽乡村建设的实施意见（2014~2020 年）》已经市政府同意，

现印发给你们，请结合实际认真贯彻落实。

北京市人民政府办公厅
2014 年 6 月 10 日

提升农村人居环境 推进美丽乡村建设的实施意见
（2014~2020 年）

为贯彻落实习近平总书记系列重要讲话特别是考察北京工作时的重要讲话精神以及全国改善农村人居环境工作会议要求，努力把北京建设成为国际一流的和谐宜居之都，根据《国务院办公厅关于改善农村人居环境的指导意见》（国办发〔2014〕25 号）和市委、市政府关于加快推进城乡发展一体化的决策部署，2014~2020 年，本市将大力实施提升农村人居环境、推进美丽乡村建设工作。现提出如下实施意见。

一、基本原则

坚持因地制宜、分类指导。从村庄的资源禀赋、所处地域特点以及农民的需求出发，确定建设重点，防止"一刀切"。

坚持规划先行、突出特色。科学编制和完善村庄规划，做到不规划不施工，注重保留农村特色和田园风貌，保护和弘扬传统文化。

坚持量力而行、循序推进。遵循农村发展和建设规律，合理安排整治和建设内容，建管并重，防止举债建设和大拆大建。

坚持政策集成、农民主体。统筹市、区县各项惠农政策，尊重农民意愿，广泛动员农民参与建设。

二、目标任务

自 2014 年起，郊区各区县每年以不低于现有村庄 15% 的比例，推进美丽乡村建设。通过整治、建设与发展，每年建成一批"北京美丽乡村"；继续开展"寻找北京最美的乡村"活动，发挥宣传示范作用，不断提高建设水平。力争到 2020 年将郊区农村基本建成绿色低碳田园美、生态宜居村庄美、健康舒适生活美、和谐淳朴人文美的美丽乡村。

三、实施重点

1. 大力推进农村地区"减煤换煤、清洁空气"行动。落实《北京市 2013~2017 年清洁空气行动计划》，通过实施优质燃煤替代、取暖"煤改电"、天然气入户、液化石油气下乡以及推广使用太阳能、生物质能、热泵等新能源新技术，到 2017 年，完成减少劣质燃煤使用量和符合北京燃煤排放标准的优质型煤替代量共计 430 万吨。鼓励在农业生产设施、公共设施中使用清洁能源，鼓励农村企事业单位并引导农村地区外来住户使用清洁能源。继续推进"农村亮起来、农民暖起来、农业资源循环起来"工程建设。

2. 开展新一轮农村电网改造。编制《北京市农村电网扩容改造规划》，利用 5 年时间全面完成郊区农村新一轮电网改造，使农村户均用电容量达到 6~9 千瓦。同步加快上一级电力设施的提升改造，全面提高农村的供电能力和保障水平。

3. 实施农民住宅抗震节能改造。编制《北京市农民住宅抗震节能改造工程建设规划（2014-2017 年）》，每年完成 10 万户左右的改造任务，到 2017 年，全市农民住宅要达到节能保温标准，新建翻建和综合改造的同时达到抗震要求。继续支持新型农村社区试点建设、山区地质灾害易发区和生存条件恶劣地区农户搬迁工程以及农村优抚对象、低保对象、五保供养对象危旧房翻建维修工作，建设具有地方特色的新民居，加强农村防灾减灾，改善和提升农村居民的居住条件。

4. 加大农村污水处理力度。编制《北京市农村生活污水治理规划》和《北京市农村生活污水处理工艺指南》，将水源保护地的村庄和民俗旅游村，经济发达、人口密集、污水排放量较大的村庄以及其他确需建设污水处理设施的村庄纳入全市农村污水处理计划，每年完成计划总量的 15% 左右，到 2020 年全部建设完成。探索推广造价低、耗能小、维护便利、处理水质好的处理工艺和国内外试用成功的户用小型处理设施及湿地处理等新技术。充分发挥基层水务站、农民用水者协会及管水员作用，落实管护责任和措施。同时，对已建农村污水处理设施使用效果进行评估，对从未利用或利用效果不好的要提出改造方案，确保已建设施良好运转并得到充分使用。到 2020 年，实现农村地区污水排放达标。

5. 抓好村庄绿化美化。总结推广各区县好做法、好经验，鼓励各村在村域内可绿化的边角空地栽花种草、植树绿化，形成"村庄周围园林化、村内道路林荫化、河渠公路风景化、基本农田林网化"的景观效果。每年重点抓好一批绿化示范村，有效带动农村村容村貌和居住环境改善，提升郊区绿化美化整体水平。到 2020 年，全市创建首都绿色村庄累计达到 1000 个。

6. 继续搞好村庄环境综合整治。加快推进郊区县生活垃圾处理设施建设。坚持垃圾"户分类、村收集、乡镇运输、区县处理"，严禁露天焚烧，实现农村垃圾减量化、资源化、无害化处理。加强村庄环境综合整治，拆除违章建筑，疏浚坑塘水渠，保持环境干净整洁。净化农产品产地环境，实施绿色生态景观农业。积极推进农业污染物减排和农业资源循环利用。引导和支持农村开展畜禽粪便沼气化利用和沼气纯化技术利用，严禁露天焚烧秸秆，提高秸秆综合利用水平，规范农药包装物、农膜等废弃物管理，逐步建立农村死亡动物无害化处理系统。继续开展"环境优美乡镇"、"生态村"创建活动。到 2020 年，本市 80% 以上村庄达到市级生态村标准，全面实现秸秆综合利用，全面实施规模养殖场粪污治理工程，广泛实现节水农业、生态农业。

7. 做好农村医疗卫生服务。根据行政村调整和人口布局变化，完善农村基层卫生服务网络，实现远郊平原地区和山区居民分别出行 20 分钟、30 分钟以内即可享受到社区卫生服务。强化农村居民健康管理，实现家庭医生式服务知晓率达到 100%，电子健康档案建档率达到 65% 以上。完善新型农村合作医疗制度，农民参合率达到 95% 以上。加强传染病防控，做好计划免疫工作，免疫预防接种门诊达到 A 级以上标准，儿童免疫接种率保持在 99% 以上，为 60 岁以上老年人群免费提供流感疫苗接种。广泛开展乡村健康教育和健康促进工作，到 2020 年，农村居民中具备健康素养的人数达到总人数的 20%。

8. 保护传承农村历史文化。按照以人为本、保护为先、发展为重的原则，支持传统村落编制保护和发展规划。在编制村庄规划时，要充分考虑传统村落中古民居的价值，探索古民居保护与改善农村居民生活条件的有效实现形式，优化村庄公共空间环境。加强郊区各级文物保护单位、不可移动文物的修缮和地下文物的保护以及传统建筑（含古民居）、井泉沟渠、古树名木等乡村历史文化传承要素的修复和整治，挖掘整理农村非物质文化遗产，保护和利用好农村历史文脉和现有自然景观。处理好传统村落保护与发展的关系，对于郊区农村文物保护项目的修复修缮，区县政府可积极申报，纳入市级文物和历史文化保护专项资金支持范围。

9. 健全长效管护机制和制度。市各有关部门和各相关区县政府要严格落实《北京市人民政府关于加强农村基础设施维护和管理的意见》（京政发〔2011〕28号）规定，完善管护标准，履行管护责任。各区县政府要进一步明确农村各项基础设施维护和管理的责任主体、出资主体、监管主体；要统筹使用市财政下划的新农村五项基础设施和新农村建设专项资金，优先用于农村基础设施管护运行，不足部分由区县自筹，确保已建设施特别是农村公厕、太阳能公共浴室、供水和污水处理设施、道路等正常运行。市级部门要按照管护标准和管护情况，建立完善考核和奖惩机制。

四、保障措施

1. 加强领导，完善机制。市新农村建设领导小组统一领导美丽乡村建设工作，市新农办负责制定年度实施方案，统筹各项工作。各成员单位要充分发挥职能作用，加强对区县的业务指导和督促检查，共同推进各项任务落实。区县政府是此项工作的责任主体，要结合实际制定实施方案和相关政策。各区县新农办负责统筹协调推进本区县具体工作，确保年度任务顺利完成。

2. 分级负责，共同推进。结合新农村建设实际，市相关部门要加大投入力度，重点推进农村地区"减煤换煤、清洁空气"行动、新一轮农村电网改造和农民住宅抗震节能改造等工作；各区县政府要积极组织实施农村污水处理、村庄绿化美化、村庄环境综合整治、农村医疗卫生服务、保护传承农村历史文化和农村基础设施长效管护机制建设等工作。

3. 集成政策，形成合力。各区县政府要按照每年至少15%的比例确定当年实施美丽乡村建设的村庄名单，并根据村庄实际确定建设项目。村级公益事业建设"一事一议"财政奖补资金要优先安排提升农村人居环境建设美丽乡村项目。要建立村庄规划员进村指导制度，统筹各项工程建设时序。同时，积极动员社会力量参与建设。对已建成"北京美丽乡村"的村庄给予奖励。市、区县相关部门要集成政策、集中项目、形成合力、统筹推进，加强资金使用监管，完善工程项目招投标、施工监理和验收机制，严禁套取、挤占、挪用资金。

4. 广泛宣传，鼓励参与。加大宣传力度，动员广大农村居民积极支持、参与美丽乡村建设，在提升环境质量的同时促进农民增收。进一步完善农村集体建设项目民主决策机制，满足群众共同需求。完善村务公开制度，接受监督和考评。

上海市人民政府办公厅
转发市农委、市财政局《关于本市推进美丽乡村建设工作的意见》的通知

沪府办〔2014〕17号

有关区、县人民政府，市政府有关委、办、局：

市农委、市财政局《关于本市推进美丽乡村建设工作的意见》已经市政府同意，现转发给你们，请认真按照执行。

上海市人民政府办公厅

2014年3月14日

关于本市推进美丽乡村建设工作的意见

为贯彻全国改善农村人居环境工作会议和上海市农村工作会议精神，现就本市推进美丽乡村建设工作提出如下意见：

一、指导思想

深入贯彻落实党的十八大和十八届二中、三中全会精神，围绕建设美丽中国、生态文明的总体要求，坚持生产方式决定生活方式的原则，按照"规划先行、分步实施，因地制宜、分类指导，整合资源、聚焦政策，以民为本、体现特色"的思路，大力推进本市美丽乡村建设工作，切实保障村民基本生产生活条件，优化农村人居环境，弘扬农村优秀传统文化，促进农村全面健康可持续发展，努力在城乡统筹和新农村建设方面走在全国前列。

二、工作目标

以农村村庄改造作为本市美丽乡村建设的重要载体，聚焦规划保留的基本农田保护地区，加大推进力度，加快推进速度，计划到2020年：一是在已完成基本农田保护地区的约32万户农户村庄改造的基础上，进一步完成其余农户的改造。二是从2014年起，依据美丽乡村建设导则，每年评选15个左右的宜居、宜业、宜游的美丽乡村示范村，累计形成100个左右的美丽乡村示范村，引领和带动全市美丽乡村建设。三是不断扩大美丽乡村建设成果，促进农村人居环境的持续改善和村民素质的整体提升。

三、主要任务

（一）加快推进农村村庄改造。全面实施村内基础设施建设、村庄环境综合整治、村公共服务设施建设三大类工程。

1. 建设农村基础设施。完善农村道路系统，硬化村主路，合理改造村支路，整修村内危桥，保障村民出行安全。推进农村信息基础设施建设，因地制宜开展农村生活污水处理项目建设，按需建设公共厕所、垃圾箱房等农村环卫设施，安装村内照明装置。有条件的地区开展供水管网改造、燃气管网安装等。

2. 整治村庄综合环境。疏浚治理河道水系，改善村庄水环境。开展宅前屋后环境整治，拆除各类违章建筑，规范农户家庭养殖，适当美化农宅墙体。集中收集处理生活垃圾，开展庭院经

济、林果、苗木等多种形式的村庄绿化，营造整洁文明的居住氛围。

3. 搞好公共服务设施配套。整理农村公共场地，完善"三室一站一店"和小型村民活动场所、健身场地、休闲绿地、公共停车场等服务设施，方便村民生活。

（二）开展美丽乡村示范村建设。以村庄改造为基础，以"美在生态、富在产业、根在文化"为主线，深化美丽乡村建设内涵，不断提升农村生态品质，促进农村产业发展，挖掘乡村文化元素。

1. 提升农村生态品质。进一步完善优化农村生态布局，创新农村造林机制，打造农村生态景观。深入开展农村生活垃圾、生活污水、畜禽粪便的源头治理，加大农业生态环境保护力度，积极发展生态农业、循环农业。

2. 促进农村产业发展。加快转变农业发展方式，发展家庭农场、村民合作社，促进农业规模化、专业化、集约化发展。做优做强农业旅游，出精品、出亮点、成规模，提升乡村旅游品质。优化区域产业布局，增强农村集体经济实力，带动村民收入增长。

3. 挖掘乡村文化内涵。深入挖掘、修复、传承和弘扬优秀的本土非物质文化遗产，展示浓郁乡土风情，体现上海江南水乡特色。开展形式多样的科技普及、思想教育、文体活动，提高村民群众的整体素养，培育新型社区文化。

（三）建立美丽乡村长效管理机制。围绕村容整洁、设施完好，管理有序、运行正常的目标，按照"政府扶持、村级为主"的原则，建立符合本市农村特点，常态化、规范化的美丽乡村长效管理机制。

1. 建立长效管理制度。建立覆盖村内路桥设施、污水处理设施、环卫设施、公共场所等各项设施、设备以及河道水系、村容环境、村庄绿化等的长效管理制度。按照不同类型、不同性质的管护对象，分类确定责任主体、实施主体，落实管护资金，建立奖惩制度。

2. 落实村庄管理工作。充实完善现有的村庄保洁、保绿、保养、联防等基层管理队伍，制定长效管理标准，综合运用检查、考核、奖励等方式，加强对管护队伍的管理。各项管护定区域、定人员、定职责，确保不留死角。制定村规民约，引导广大村民共同维护村容环境。

四、具体措施

（一）强化工作推进机制。建立由市农委、市发展改革委、市商务委、市民政局、市财政局、市建设管理委、市经济信息化委、市规划国土资源局、市环保局、市水务局、市文广影视局、市卫生计生委、市体育局、市旅游局、市绿化市容局、市住房保障房屋管理局等部门参加的美丽乡村建设工作领导小组，其办公室设在市农委。各涉农区县实行"一把手"负责制，建立领导协调机构，明确牵头部门和相关部门的责任，狠抓工作落实，并把美丽乡村建设工作情况纳入党政班子政绩考核，建立奖惩机制，促进干部履职。同时，由领导小组对每年评选的美丽乡村示范村给予表彰鼓励。

（二）加快村庄规划编制。以规划为引领，坚持"一张蓝图绘到底"。进一步优化本市城乡规划体系，完善镇域规划，明确村庄布局。在此基础上，有序推进村庄规划编制工作，对村庄生态、生产和生活进行科学合理的整体布局，确保规划落地实施，进一步发挥规划对农村的形态调整和发展引导功能。抓紧制定美丽乡村建设年度实施计划。各有关部门要整合力量、聚焦政策、分步实施、有序推进。

（三）加大资金投入力度。一是加大财政投入力度。围绕到2020年全面完成全市基本农田保护区村庄改造工作目标，按照美丽乡村建设规划、年度实施计划和户均财政奖补标准，编制年度预算，市和区县财政加大投入力度。坚持量力而行、尽力而为，认真实施年度工作计划，安排年度财政资金。二是落实长效管理资金。安排必要的专项资金，为实现长效管理提供重要保障，并科学核定日常村庄管理维护支出标准。建立由区县财政补助，村集体、村民共同参与的管护经费分担机制。三是加大资源整合力度。在村庄规划和项目计划明确的前提下，市各条线专项资金按照"渠道不改、用途不变、统筹安排、集中投入、各负其责、形成合力"的原则，在区县平台统一聚焦整合。

（四）建立社会参与机制。结合本市农村综

合帮扶工作，完善城乡结对帮扶机制，动员社会各方和有经济实力的企事业单位支持美丽乡村建设。探索市场化的建设资金投入机制，鼓励社会资本参与农家乐、生态旅游等项目开发。搭建融资平台，为村民提供农家乐、旅游服务等创业支持，引导村民共同经营美丽乡村。

（五）充分发挥村民主体作用。尊重广大村民的自主权，充分听取村民对美丽乡村建设工作的意见建议，引导村民参与建设项目的决策与管理。进一步完善村务公开制度，主动接受村民监督和评议。积极引导村民参与项目建设，发动村民开展环境整治，共同建设美好家园。

上海市农业委员会

上海市财政局

2014 年 2 月 26 日

天津市人民政府办公厅
转发市农委、市建委、市环保局《关于改善我市农村人居环境　加快美丽乡村建设的实施意见》的通知

津政办发〔2015〕28号

有农业的区、县人民政府，有关委、局，有关单位：

市农委、市建委、市环保局《关于改善我市农村人居环境　加快美丽乡村建设的实施意见》

已经市人民政府同意，现转发给你们，请照此执行。

2015年4月21日

关于改善我市农村人居环境　加快美丽乡村建设的实施意见

市农委　市建委　市环保局

为深入贯彻落实《国务院办公厅关于改善农村人居环境的指导意见》（国办发〔2014〕25号）精神和市委、市政府关于美丽天津建设的总体部署，进一步改善我市农村人居环境，加快推进美丽乡村建设，现提出如下实施意见：

一、总体要求

（一）指导思想。深入贯彻落实党的十八大和十八届三中、四中全会精神，按照国务院办公厅关于改善农村人居环境的指导意见和市委、市政府关于美丽天津建设的决策部署，以建设宜居村庄、改善农村生产生活条件为目标，以村庄基础设施与公共服务设施建设、农村住房改善、村庄环境整治和农村生态环境提升为主要内容，高起点规划，高标准建设，高效能管理，着力改善农村人居环境，持续推进美丽乡村建设。

（二）目标任务。到2020年，村庄基础设施、公共服务设施建设水平显著提高，农村居民生活条件显著改善，农村环境面貌显著提升，努力把我市村庄建设成为美丽、生态、宜居的家园。

二、主要任务

（一）加快编制村庄规划。在区县及镇总体规划中，做好村镇体系规划，合理确定基础设施和公共服务设施的项目与建设标准，明确不同区位、不同类型村庄人居环境改善的重点和时序。加快编制武清区、宝坻区、宁河县、静海县、蓟县建设活动较多或具有历史文化特色村庄的规划。村庄规划要符合农村实际，满足农民需求，体现乡村特色，突出生态和谐。规划编制要深入实地调查，坚持问题导向，保证农民参与，做好与土地利用总体规划等规划的衔接，防止强行拆

并村庄。规划成果要通俗易懂，主要项目要达到可实施的深度，相关要求可纳入村规民约。制定传统村落保护发展规划，完善历史文化名村、传统村落和民居名录，建立健全保护和监管机制。认真组织人居环境调查工作，建立农村人居环境信息系统。到 2020 年，完成规划保留村庄和建设活动较多的村庄规划编制工作。

（二）推进农村住房改善。大力推动农村危房改造、农村住房既有建筑节能改造和绿色农房建设。积极开展建筑节能示范，推广房屋建筑节能新技术，从危房户中安排一定比例作为农房节能示范户。加强农房建设质量安全监管，做好农村建筑工匠培训和管理，落实农房抗震安全基本要求，提升农房节能性能。到 2020 年，重点解决农村房屋低洼淹泡、重大灾害隐患等危陋现象，基本完成我市农村危房改造任务，整体提升农房建设水平。

（三）开展美丽村庄建设。以文明、生态、宜居、优美新农村为目标，以开展村庄基础设施"六化"建设、提升公共服务设施"六有"水平为主要内容，大力推进美丽村庄建设。在美丽村庄创建村实施村庄主干路、里巷路整体硬化，安装街道路灯，配备垃圾箱、垃圾运输车等垃圾收运处理设施，建设污水处理站、排水管网和其他简易污水处理设施，整治村内坑塘，开展旱厕改造，推广太阳能灯、太阳能热水器等清洁能源利用，开展村庄绿化，见缝插绿、尽力增绿，推动小花园、小果园、小菜园等"微田园"建设，建设村庄广场、公园，建设宣传栏、宣传橱窗。在美丽村庄创建村现有党员活动室、文化活动室、农家书屋、便民超市、卫生所、村邮站等公共服务设施"六有"的基础上，进一步完善软件、硬件设施，提升公共服务设施的服务功能。通过精心规划、加大投入、高质量建设，使美丽村庄创建村达到"六化"、"六有"标准。同时，大力推进村庄产业发展，加强精神文明建设、基层民主政治建设，努力打造生态宜居、文明发展的美丽村庄。到 2020 年，建成美丽村庄 1000 个。

（四）实施清洁村庄行动。以改善农村整体环境面貌为目标，以农村生活垃圾和生活污水治理为主要内容，大力实施清洁村庄行动。按照科学规划、因地制宜和"一村一策"的思路，统筹编制垃圾、污水治理规划和实施方案，加快设施配备。垃圾治理主推"村收、镇运、区县处理"的垃圾处理模式，普遍推行垃圾源头减量、资源化利用，构建完善的农村生活垃圾收集、运输、处理体系。污水治理采取集中建污水处理站、就近接入市政管网和通过建设生态塘、三格化粪池等简易处理污水方式，按照适宜的处理模式逐村建设污水处理设施。全面治理村内坑塘，推进村庄公厕改造，开展村旁、宅旁、水旁、路旁"四旁"绿化，改善村庄生态环境。以重要节假日为时间节点，开展覆盖全部村庄的环境集中清整活动，并使清整活动常态化。加强体制机制建设，围绕村庄保洁人员到位、扶持政策到位、保洁制度到位、巡查检查到位、保洁效果到位"五个到位"，建立完善的村庄保洁长效管护机制，建立将农村生活垃圾、污水纳入城乡统筹治理的管理体制和有效保障的经费筹集机制，确保垃圾、污水处理体系正常运转。强化对广大农民群众的教育引导，让广大农民群众树立环境意识和爱护环境的良好行为习惯。到 2020 年，农村生活垃圾收集处理率达到 100%，农村污水治理水平显著提高，重点村的污水实现达标排放，农村环境面貌实现"洁、净、清、整、绿"的目标。

（五）实施绿化美化行动。按照生态、大绿、自然的总体要求，围绕道路、河流、村庄、园区等重点区域，大力实施绿化美化行动。按照多树种、多层次、多色彩，合理搭配、高低错落、疏密相间的绿化方式，加大植树绿化力度，实施"一环两河七园"等一批重点绿化工程，完成造林 120 万亩。到 2020 年，全市林木绿化率达到 25%。

（六）开展农村环境连片整治。结合国家"以奖促治"政策，涉农区县要调查摸清辖区内存在突出环境问题的村庄，以乡镇政府为实施主体积极申报"以奖促治"项目，争取中央农村环保专项资金支持，治理村庄生活污染，并对地域空间上相对聚集在一起的多个村庄同步实施集中整治。根据我市及京津冀协同发展统一规划相关要求，推动对农村污水处理设施的提标改造工作，使农村污水处理设施出水标准逐步达到相应水环境功能区要求。到 2020 年，全市农村生活污染治理问题得到有效解决，农村环境面貌显著改善。

（七）推进农村用地整治。按照有利生产、方便生活、改善环境的要求，以建设旱涝保收高标准基本农田为重点，统筹推进田、水、路、林、村综合整治。开展土地平整工程，合理规划设计农田田块，提高田块归并程度，实现耕作田块相对集中。实施灌溉与排水工程，逐步形成"旱能灌、涝能排、渍能降"的灌排系统。完善田间道路，实现田间道路通达。加强农田防护建设，实施农田林网、岸坡防护、沟道治理等防护与生态环境保持工程，保障农田生态系统安全。统筹开展农村建设用地整治、历史遗留工矿废弃地和自然灾害损毁土地的整治。提高农村建设用地利用率和效率，积极盘活农村空闲地、闲置建设用地，建立城乡建设用地增减挂钩试点周转指标库制度，逐步试行经营性用地供应与农村空闲、闲置等土地盘活相挂钩政策。严格落实土地使用标准管控制度，强化土地利用总体规划的整体管控作用。

（八）推进农村信息化与农村电网建设。加快提升完善农村通信与广电网络宽带接入水平和农村信息服务水平，进一步聚集涉农信息服务资源，大力推进农村医院门诊预约挂号、邮政、自助银行、售电等网点建设，实现宽带网络和信息服务进村入户，方便广大农民日常生活。以武清区、宝坻区、宁河县、静海县、蓟县为主要区域，以建设坚强农村电网为重点提高农村电网供电能力，继续推进新农村电气化建设，满足农村电力负荷及用电量的增长需要，解决农网网架薄弱、供电质量不高、供电损耗大问题，促进农网智能化水平和接纳分布式新电源能力的提高，构建结构合理、技术先进、供电质量高、电能损耗低、与城市电网和主网协调发展的农村供电网络。到2020年，农村电网供电可靠率达到99.96%，全面实现新农村电气化目标。

（九）实施农业面源污染治理。推广施用配方肥、缓控释肥料和商品有机肥料。在大田作物和设施作物上积极开展不同模式的水肥一体化技术示范推广。扩大秸秆还田腐熟技术推广规模。大力推广绿色植保技术，加强病虫害生物防治、生态控制、物理防治、化学防治等关键实用技术的集成应用，加大生物农药和高效低毒低残留化学农药的推广力度，全面提高农药利用率和病虫害科学防控水平。积极开展农业清洁生产技术示范，在示范村范围内积极开展以测土配方施肥、蔬菜废弃物堆沤肥处置等为主的农业清洁生产技术示范推广。深入开展规模化畜禽养殖场、养殖小区粪污综合治理，因地制宜发展规模化沼气和户用沼气。到2020年，全市配方肥应用面积达到500万亩，化肥、农药污染得到有效控制，面源污染状况得到明显改善。

（十）开展秸秆禁烧和综合利用。坚持政府主导、部门协作、财政扶持、疏堵结合的原则，全面推进秸秆禁烧与综合利用。鼓励农民实施秸秆田间机械化粉碎还田作业，推进秸秆在再生能源、再生资源及新型建材等领域的综合利用，示范带动秸秆资源化、商品化利用形成规模化产能。结合畜牧业集约化、规模化发展，大力推广饲料机械化收获技术及秸秆青贮、氨化、微贮、颗粒饲料加工技术，进一步推进秸秆饲料化利用。支持企业、农民专业合作社组织、农机社会化服务主体、农民经纪人等开展秸秆收集、打捆、储运作业，加快建立完善秸秆收集储运体系，为秸秆资源化、商品化利用提供支撑。到2020年，全市秸秆综合利用率达到95%以上。

（十一）实施农村骨干河渠治理工程。围绕"美丽天津·一号工程"清水河道行动，以恢复提高河道排水能力、改善水质为主要目标，实施农村骨干河道和骨干排沥沟渠清淤治理工程。采取接管截污、河道清淤、生态护岸、水体置换等工程措施，开展41条、587.6公里二级河道治理，实施中小河流治理重点县工程建设。到2020年，农村骨干河渠全部清淤治理一遍，恢复河渠蓄排能力，使农村水生态环境得到明显改善。

（十二）实施农村饮水提质增效工程。根据天津市农村饮水提质增效工程规划方案，开展以城市供水管网延伸工程、集中联片供水工程、供水设施提升工程、分散式供水工程、水质检测能力建设工程为主要内容的农村饮水提质增效工程，着力解决2542个村、涉及221.1万人的管网水氟化物、微生物指标超标等问题，达到国家生活饮用水卫生标准。另有723个村、涉及97.7万人的供水问题，随示范小城镇基础设施建设一并解决。到2020年，农村供水水质达到国家

《生活饮用水卫生标准》(GB5749—2006),建立起村镇供水良性运行管理机制,让全市农村居民都能喝上干净水、放心水。

(十三)推进休闲农业和乡村旅游发展。大力发展休闲农业等村庄特色产业,整合休闲农业资源,形成由政府统筹,教育、农业、科技、财政、人力社保等部门共同参与的休闲农业和乡村旅游管理体制。培养有文化、懂技术、会经营、善管理的新型农民,高水平规划建设9条精品线路,打造一批高品质休闲农业聚集区,认定200个以上休闲农业精品示范园区和示范村(点),规范3000个以上农(渔)家乐经营户。加大乡村旅游从业人员培训力度和政策支持力度。到2020年,在行业管理、接待能力、发展规模、品牌效益等方面得到明显提升,基本建成能够改善农村人居环境、促进农民就业增收、满足城乡居民休闲需求的民生产业。

三、保障措施

(一)加强组织领导。市农委、市建委、市环保局、市发展改革委、市工业和信息化委、市交通运输委、市容园林委、市规划局、市国土房管局、市财政局、市水务局、市林业局、市电力公司等部门要各负其责,按照国家和我市要求,完成各自承担的工作任务。市农委、市建委、市环保局负责综合协调,建立例会制度,加强沟通衔接,及时反映情况,协调推动改善农村人居环境工作有序开展。各有关部门要统筹安排年度计划,每年由市农委、市建委、市环保局汇总并报市人民政府审定后,及时报送住房城乡建设部、中央农村工作领导小组办公室、环境保护部、农业部备案。区县人民政府作为改善农村人居环境工作的实施主体,组织制定具体实施方案,强化工作措施,抓好各项任务落实。

(二)强化规划引领。市建委会同有关部门编制改善农村人居环境"十三五"规划。涉农区县要组织力量编制本区县改善农村人居环境实施规划,统筹安排本区县改善农村人居环境各项建设,明确建设重点和时序,严格依规建设,抓好规划落实。

(三)健全投入机制。市各有关部门要加强与国家对口部门的对接、沟通,积极争取国家对我市改善农村人居环境工作的支持。不断加大市和区县财政投入力度,多方筹措建设资金,建立起财政投入、项目整合、社会帮扶、农民自筹的多元化投入机制。

(四)注重舆论宣传。充分利用电台、电视台、网络、报纸等媒体,广泛宣传改善农村人居环境的意义、内容、成效,使人居环境建设工作深入人心,引导广大农民群众自觉参与。积极探索内容丰富、形式多样的活动载体,有针对性地开展宣传活动,提高宣传工作的实效性,创造良好的社会氛围。

重庆市农业委员会办公室　关于印发《重庆市"美丽乡村"建设规划纲要（2013~2017）》的通知

渝农办发〔2013〕146 号

各区县（自治县）农业（农林水利、农业水利）委（局），万盛经开区农林局：

现将《重庆市"美丽乡村"建设规划纲要（2013~2017）》印发给你们，请结合实际，认真贯彻落实。

重庆市农业委员会办公室
2013 年 7 月 16 日

重庆市"美丽乡村"建设规划纲要（2013~2017）

前　言

近年来，全市农村经济社会发展有了较大进步，已经具备加快美丽乡村建设的现实基础和良好条件。农村经济实力明显增强，农业优势产业体系加快形成，人居环境整体改善，拥有丰富的资源、良好的生态、淳朴的民风，为美丽乡村建设奠定了坚实的基础。

本《纲要》以深入贯彻落实党的十八大精神和 2013 年中央"一号文件"精神为指导，主要阐述规划期内全市推进美丽乡村建设的战略意图及政策导向，提出美丽乡村建设的主要任务，为全市各地美丽乡村建设相关规划编制提供指导。

本《纲要》规划期为 2013~2017 年。

第一章　规划总则

一、规划依据

1.《坚定不移沿着中国特色社会主义道路前进　为全面建成小康社会而奋斗》（党的十八大报告 2012 年 11 月 8 日）。

2.《中共中央　国务院关于加快发展现代农业　进一步增强农村发展活力的若干意见》（2012 年 12 月 31 日）。

3.《农业部办公厅关于开展"美丽乡村"创建活动的意见》（农办科〔2013〕10 号）。

4.《重庆市"美丽乡村"建设行动方案》（渝委农工组办〔2013〕4 号）。

二、规划背景

建设美丽乡村，是"建设美丽中国，实现中国梦"在"三农"领域的具体行动，是广大农民的共同梦想。党的十八大强调，农村是生态文明建设的重中之重，要把生态文明建设放在突出位置，努力建设美丽中国，实现中华民族永续发展。近年来，全市农村经济实力明显增强，农业优势产业体系加快形成，人居环境整体改善，拥有丰富的资源、良好的生态、淳朴的民风，为美丽乡村建设奠定了坚实的基础。随着时代发展、城乡融合、农民收入增长以及综合素质的提高，农民群众对居住环境、生活品质的追求越来越高，他们不仅盼便利盼增收，更盼居住环境优美、生活舒适美好。加快我市美丽乡村建设，提高农民生活质量、改善农村生态环境，实现民富村美，对科学发展、富民兴渝具有重要意义。

三、规划期限

2013~2017 年。

第二章　总体思路

一、指导思想

认真贯彻落实党的十八大和 2013 年中央"一号文件"精神，按照市委、市政府关于"生产、生活、生态和谐发展"的总体部署和要求，坚持"农民为本、生态优先、因地制宜、区县为主"的原则，以政策、人才、科技、基础为支撑，以发展农村经济、改善人居环境、传承生态文化、培育文明新风为途径，创新与全市功能区划相一致、资源环境相协调的农村生产生活方式，打造一大批"生态宜居、生产高效、生活美好、人文和谐"的美丽乡村。

二、基本原则

（一）规划先行。美丽乡村建设要注重规划，示范村产业发展规划、城乡建设规划、土地利用规划、生态环保规划要"四规合一"，相互衔接，确保建设内容在规划的指导下分步实施。

（二）农民为本。充分尊重农民意愿，紧紧依靠农民的积极性，让美丽乡村建设成为农民广泛参与、勤劳致富的过程。

（三）生态优先。切实保护农村生态环境，展示农村生态特色，统筹推进农村生态经济、生态环境和生态文明建设。

（四）因地制宜。各区县立足本地自然地理条件、经济发展水平、民俗文化差异等实际，打造各具风格、特色鲜明的美丽乡村。

（五）区县为主。区县组织实施，以点带面，有计划、有步骤地推进美丽乡村建设。市级相关部门加强指导、支持和服务。

三、建设目标

2013~2017 年，每年启动 100 个美丽乡村市级示范村建设，各区县（自治县）启动 3 个以上美丽乡村区县级示范村建设。到 2017 年，全市建成市和区县两级 1000 个以上经济活跃、环境优美、乡风文明的美丽乡村。

第三章　建设内容

一、主要任务

遵循生产、生活、生态和谐发展，围绕全市功能区划分的总体布局，因地制宜，突出重点，扎实推进生态经济、生态人居、生态环境和生态文明建设。

二、建设标准

（一）五有。有现代的产业支撑；有清洁的田园风光；有优美的生活环境；有民主的管理制度；有幸福的生活质量。

（二）四无。无刑事案件；无重大安全事故；无农产品质量安全事故；无规定动物疫病发生。

（三）三覆盖。"普九"全覆盖；农民医疗保险参保全覆盖；农民养老保险参保全覆盖。

三、建设要求

美丽乡村建设要做到"七个结合"：一是与发展特色效益农业相结合，二是与搞好高山生态扶贫搬迁相结合，三是与发展乡村旅游业相结合，四是与改善农村生态环境相结合，五是与保障和改善农村民生相结合，六是与繁荣发展农村文化相结合，七是与健全农村社会管理相结合。

四、区划布局

主城区县要着力围绕都市休闲农业、渝西区县着力围绕现代农业示范、渝东北区县着力围绕山地特色效益农业、渝东南着力围绕武陵山区生态农业开展美丽乡村建设。

第四章　发展乡村经济

一、壮大特色产业

稳定发展粮油，提升扩大蔬菜，稳量调优畜牧，重抓晚熟柑橘，发展生态渔业，开发特色林果，加快培育中药材、花卉、茶叶、蚕桑和烟叶等特色产业。立足各地资源特点和现实基础，不断优化细化产业布局，加快现代农业园区建设，优先在示范村推行生态循环农业，注重引导农民采用减量化、再利用、资源化的生产方式，促进产业与环境协调发展。

二、开发乡村旅游

依托美丽乡村建设，在有基础、有条件的地方着力发展乡村旅游业。突出乡村特色，注重体现巴渝传统文化，坚持开发与保护并重，加强保护农村文物遗迹和民居、街道等古老建筑和历史人文资源，挖掘原生态古村落、民族村寨和民俗风情的文化内涵、民族风俗以及生产生活特色，培育具有浓郁巴渝文化的乡村旅游名村。提升乡村休闲旅游水平，不断增强乡村旅游竞争力。积极开拓乡村旅游市场，搭建美丽乡村展示推介平台，多形式吸引城市居民到乡村休闲消费。

三、深化农产品加工

支持各类投资主体兴办农产品加工项目，引导农业龙头企业以"村企合作"形式发展农产品加工。扶持农民专业合作社，发展农产品初级加工，延伸产业链条。深入挖掘乡村特色资源，发展乡村低能耗、低排放加工业。开展乡村加工业污染集中治理，促进可持续发展。

四、培育新型职业农民

坚持以农民为主体，推动美丽乡村建设。探索新型职业农民培训模式，培育专业大户、家庭农场等新型经营主体。支持农民积极参与特色效益农业发展。加强农民素质教育，增强环境保护意识，引导农民应用信息化技术。

第五章　美化乡村环境

一、改善农村人居

整合专项扶贫、以工代赈、农村危房改造等资金，结合园区建设、城镇发展、新农村建设等，有效组织和大力推进高山生态扶贫搬迁，改变贫困地区农民的生产生活条件。进一步完善新农村居民点建设规划，突出古朴、古雅的"巴渝民居"特色风貌。引导和推动民居适度集中，鼓励农户减少宅基地使用面积，实现合理、集约用地。

二、夯实基础设施

推进行政村通畅工程，提高农村公路通达、通畅水平。加强农村公路管护，确保公路通畅。推进农村人行便道建设，对主要生产生活道路实行油化硬化。加强农村人畜饮水工程建设，确保农村居民饮水安全。

三、加强环境整治

实施农村清洁工程，深入推进农村沼气建设，加强农村污染治理和环境连片整治。加强农业废弃物循环利用，集约高效利用资源，提高土地产出率、农业水资源利用率、农膜回收率和秸秆综合利用率。建立农村环保设施管护长效机制，加大农村植树造林力度，增强农民环境保护责任意识。

四、推广清洁能源

结合不同区域的资源禀赋、气候特点、经济条件、生活习俗，根据农民需求，集成推广农村沼气、省柴节煤灶、高效低排生物质灶、太阳能热水器、太阳灶、小型风电等技术产品。

第六章　丰富乡村文化

一、完善农村文化设施

依托村级公共服务中心，推进农家书屋、文化广场、体育健身等设施建设。加快农村信息化建设，强化后期管护，确保长期管用有效。加快农村宽带网络体系建设，加快形成市、区（县）、镇（乡）、村4级农业信息网络体系，建设村级信息服务点，提高综合信息服务水平。

二、培育农村文化市场

将公共文化服务向农村倾斜，健全完善政府购买农村文化服务的长效机制，繁荣农村文化市场，形成"传播正能量、弘扬新风尚"的文化导向。

三、深化精神文明创建

坚持开展形式多样的农村精神文明宣传教育活动，引导广大农民树立文明道德礼仪，破除农村封建迷信和愚昧思想。组织实施文明村、星级文明户创建活动，挖掘农村精神文明建设先进典型。

第七章　构建和谐乡村

一、加强基层组织建设

推进农村基层党组织、村委会建设管理，不断提高推动发展、服务群众、凝聚人心、促进和谐的素质和能力。加强村级后备干部培养，抓好群团组织建设，加快培育农村能人发挥"领头雁"作用。

二、强化民主管理

完善村级组织民主决策机制，完善"一事一议"运行机制，加强村级财务、重大工程等监督管理。切实搞好村务公开，加强农村公共服务，为村民全程提供社会保障、优抚救助、计划生育、合作医疗、技术信息等服务事项，积极推进产前、产中、产后的农业社会化服务，提高农业生产效率。

三、完善农村保障体系

深入推进农村养老、医疗卫生服务体系建设，健全农村养老院、村级卫生服务站，逐步提高农民保障水平，扩大保障范围。加强农村贫困户、五保户、残疾户等弱势群体的帮扶和关爱，规范农村最低生活保障制度。推进农村应急救灾体系建设，提高应对突发事件救援能力。

四、推进农村平安建设

深化农村法治建设，广泛开展普法教育，提高农民法律素质。推进农村社会治安综合治理，有效防止重大刑事、重大安全以及群体性事件发生。加强农村矛盾纠纷预防、排查和调处。切实加强农村法律援助，畅通农民利益诉求渠道，保护农民合法利益，努力营造安定、有序、祥和的农村社会环境。

第八章　保障措施

一、加强组织领导

美丽乡村建设以区县为主，市里统筹协调。市农委牵头、相关部门和单位配合。各区县、镇乡党委、政府要把美丽乡村建设作为"三农"工作的重要任务，加强组织领导，明确部门职责，建立工作机制，上下联动，确保各项任务有力有序有效推进。

二、强化规划引领

各区县、镇乡要按照统筹城乡经济社会发展的要求，把美丽乡村建设纳入当地经济和社会发展的总体规划，分阶段明确工作思路、目标和措施。要充分考虑农民的切身利益和发展要求，在促进农村经济发展的基础上，区分轻重缓急，突出建设重点。要尊重自然规律、经济规律和社会发展规律，广泛听取基层和农民群众的意见和建议，提高规划的科学性、民主性、可行性。

三、开展试点创建

2013年起，通过"自下而上、自主申报、公开竞争、审核批准"的方式，以新农村建设示范村为主体，每年选择100个具有较强带动作用的村作为市级示范村重点推进。同时，在市级示范村中选择部分村向农业部申报国家级美丽乡村创建试点。

四、加大支持力度

各级要积极调整国民收入分配格局，健全完善"三农"投入稳定增长机制，保证对农业农村投入的增长幅度高于经常性财政收入的增长幅度。用好国家的支持政策和资金，进一步加大支农资金整合力度，提高资金使用效益。鼓励和引导社会资本参与美丽乡村建设。各金融机构要增加贷款投放。村社要完善农村一事一议和筹资筹劳制度，调动农民参与美丽乡村建设的积极性。

五、注重舆论宣传

广播、电视、报纸、网络等新闻媒体要广泛深入宣传美丽乡村建设的重大意义。各级各部门要组织开展形式多样的学习宣传活动。要通过宣传、教育和引导，不断激发广大农民群众关心、支持、参与美丽乡村建设的积极性。

六、严格督促检查

各区县要结合实际，细化规划期内各年度的任务目标及工作进度。坚持为群众办实事，不搞政绩工程、形象工程；坚持办好事、办实事、办事关长远发展的大事，不搞短期行为；坚持量力而行，不增加群众负担。建立绩效督查机制，制定科学的目标考核体系，奖励先进，鞭策后进，确保各项任务落到实处。

安徽省美丽乡村建设工作领导小组办公室
关于印发 2016 年度全省美丽乡村建设名单的通知

皖美办发〔2016〕1 号

各市、县美丽乡村建设工作领导小组，省美丽乡村建设工作领导小组各成员单位：

近日，通过各地自主申报，省里组织审核，并经省美丽乡村建设工作领导小组审定，现就 2016 年度全省美丽乡村批准建设名单通知如下：

1. 批准肥东县牌坊回族满族乡等 599 个乡镇开展驻地建成区整治建设，整治建设周期 1 年左右。合肥等 15 个市申报的 270 个处于城镇总体规划确定的建设用地范围之内的村，需结合实际，与所在乡镇政府驻地建成区同步开展环境整治。

2. 批准庐江县同大镇施丰行政村施丰中心村等 569 个村为 2016 年度省级中心村，建设周期 1 年左右。

3. 批准合肥市巢湖市等 14 个县（市、区）为美丽乡村建设整县推进试点县（市、区）。

附件：

1. 2016 年度开展驻地建成区整治建设的乡镇名单

2. 2016 年度省级中心村名单

3. 美丽乡村建设整县推进试点县（市、区）名单

安徽省美丽乡村建设工作领导小组办公室

2016 年 1 月 31 日

附件 1　2016 年度开展驻地建成区整治建设的乡镇名单
（599 个）

合肥市（34 个）

肥东县（7 个）牌坊回族满族乡、众兴乡、包公镇、杨店乡、张集乡、白龙镇、长临河镇

肥西县（4 个）高店乡、柿树岗乡、铭传乡、丰乐镇

长丰县（7 个）庄墓镇、左店乡、吴山镇、杨庙镇、朱巷镇、罗塘乡、义井乡

庐江县（9 个）同大镇、石头镇、汤池镇、万山镇、白湖镇、泥河镇、白山镇、柯坦镇、乐桥镇

巢湖市（7 个）栏杆集镇、黄麓镇、柘皋镇、炯炀镇、苏湾镇、庙岗乡、坝镇

淮北市（11 个）

相山区（1 个）渠沟镇

杜集区（3 个）石台镇、朔里镇、段园镇

烈山区（1 个）宋疃镇

濉溪县（6 个）刘桥镇、韩村镇、临涣镇、百善镇、五沟镇、南坪镇

亳州市（37 个）

谯城区（9 个）芦庙镇、双沟镇、古井镇、大杨镇、赵桥乡、观堂镇、十河镇、华佗镇、城父镇

蒙城县（7 个）许疃镇、白杨林场、三义镇、

范集工业园区、岳坊镇、小辛集乡、篱笆镇

涡阳县（10个）公吉寺镇、曹市镇、陈大镇、石弓镇、青疃镇、高炉镇、高公镇、临湖镇、花沟镇、西阳镇

利辛县（11个）永兴镇、马店孜镇、胡集镇、江集镇、阚疃镇、城北镇、望疃镇、中疃镇、张村镇、孙集镇、展沟镇

宿州市（41个）

埇桥区（8个）朱仙庄镇、蕲县镇、北杨寨行管区、桃园镇、永镇乡、支河乡、永安镇、曹村镇

砀山县（8个）李庄镇、周寨镇、关帝庙镇、朱楼镇、官庄坝镇、曹庄镇、玄庙镇、薛楼板材加工园

萧县（9个）丁里镇、白土镇、王寨镇、闫集镇、杜楼镇、大屯镇、新庄镇、赵庄镇、杨楼镇

灵璧县（9个）渔沟镇、大路乡、冯庙镇、浍沟镇、韦集镇、游集镇、禅堂乡、朝阳镇、黄湾镇

泗县（7个）屏山镇、草庙镇、丁湖镇、长沟镇、大庄镇、山头镇、刘圩镇

蚌埠市（22个）

蚌山区（1个）燕山乡

怀远县（8个）魏庄镇、陈集乡、淝河乡、唐集镇、古城镇、河溜镇、淝南乡、双桥集镇

五河县（7个）沱湖乡、浍南镇、小圩镇、申集镇、新集镇、双忠庙镇、朱顶镇

固镇县（6个）王庄镇、新马桥镇、连城镇、濠城镇、湖沟镇、仲兴乡

阜阳市（74个）

颍州区（4个）西湖镇、程集镇、三塔集镇、九龙镇

颍泉区（2个）宁老庄镇、闻集镇

颍东区（5个）新乌江镇、枣庄镇、正午镇、插花镇、袁寨镇

颍上县（15个）五十铺乡、六十铺镇、西三十铺镇、十八里铺镇、红星镇、陈桥镇、八里河镇、夏桥镇、江店孜镇、盛堂乡、黄桥镇、谢桥镇、关屯乡、半岗镇、润河镇

界首市（7个）代桥镇、舒庄镇、顾集镇、砖集镇、光武镇、泉阳镇、大黄镇

临泉县（16个）谭棚镇、杨桥镇、牛庄乡、张营乡、白庙镇、铜城镇、艾亭镇、宋集镇、杨小街镇、长官镇、单桥镇、陶老乡、韦寨镇、瓦店镇、姜寨镇、迎仙镇

阜南县（10个）田集镇、龙王乡、王堰镇、段郢乡、公桥乡、苗集镇、中岗镇、黄岗镇、张寨镇、方集镇

太和县（15个）洪山镇、清浅镇、肖口镇、苗老集镇、双浮镇、胡总镇、马集乡、大庙镇、双庙镇、阮桥镇、郭庙乡、赵集乡、关集镇、坟台镇、税镇镇

淮南市（27个）

寿县（10个）隐贤镇、迎河镇、正阳关镇、张李乡、小甸镇、瓦埠镇、刘岗镇、安丰镇、茶庵镇、双庙集镇

凤台县（7个）李冲回族乡、朱马店镇、尚塘乡、大兴集镇、新集镇、杨村镇、桂集镇

大通区（1个）上窑镇

田家庵区（1个）曹庵镇

谢家集区（1个）孙庙乡

八公山区（1个）山王镇

潘集区（5个）古沟回族乡、架河镇、潘集镇、平圩镇、芦集镇

毛集实验区（1个）焦岗湖镇

滁州市（46个）

南谯区（5个）施集镇、珠龙镇、大柳镇、乌衣镇、章广镇

天长市（7个）秦栏镇、铜城镇、汊涧镇、杨村镇、石梁镇、冶山镇、万寿镇

明光市（7个）潘村镇、古沛镇、桥头镇、女山湖镇、石坝镇、涧溪镇、张八岭镇

全椒县（4个）武岗镇、石沛镇、西王镇、大墅镇

来安县（5个）汊河镇、半塔镇、水口镇、施官镇、张山乡

凤阳县（7个）小溪河镇、红心镇、大溪河镇、总铺镇、殷涧镇、板桥镇、大庙镇

定远县（11个）范岗乡、三和集镇、仓镇、二龙回族乡、连江镇、桑涧镇、西卅店镇、永康镇、池河镇、严桥乡、张桥镇

六安市（74个）

霍山县（9个）佛子岭镇、东西溪乡、大化坪镇、黑石渡镇、太阳乡、落儿岭镇、漫水河镇、单龙寺镇、磨子潭镇

霍邱县（18个）姚李镇、洪集镇、曹庙镇、长集镇、夏店镇、户胡镇、龙潭镇、岔路镇、河口镇、宋店乡、冯井镇、范桥镇、周集镇、孟集镇、冯瓴乡、花园镇、彭塔乡、众兴集镇

金寨县（13个）白塔畈镇、油坊店乡、张冲乡、麻埠镇、天堂寨镇、吴家店镇、斑竹园镇、果子园乡、关庙乡、沙河乡、汤家汇镇、古碑镇、槐树湾乡

舒城县（12个）柏林乡、桃溪镇、千人桥镇、南港镇、春秋乡、汤池镇、河棚镇、高峰乡、山七镇、晓天镇、万佛湖镇、阙店乡

金安区（9个）东河口镇、木厂镇、先生店乡、翁墩乡、张店镇、马头镇、横塘岗乡、毛坦厂镇、中店乡

裕安区（10个）丁集镇、徐集镇、苏埠镇、分路口镇、狮子岗乡、青山乡、新安镇、独山镇、顺河镇、固镇镇

叶集区（3个）孙岗乡、三元镇、平岗办事处

马鞍山市（16个）

含山县（4个）林头镇、运漕镇、陶厂镇、铜闸镇

和县（4个）乌江镇、香泉镇、善厚镇、西埠镇

当涂县（5个）太白镇、黄池镇、乌溪镇、大陇乡、护河镇

博望区（1个）新市镇

示范园区（1个）年陡镇

郑蒲港新区（1个）姥桥镇

芜湖市（20个）

无为县（10个）襄安镇、泥汊镇、泉塘镇、石涧镇、蜀山镇、鹤毛乡、红庙镇、陡沟镇、赫店镇、十里墩乡

芜湖县（3个）红杨镇、花桥镇、六郎镇

繁昌县（3个）荻港镇、新港镇、峨山镇

南陵县（4个）烟墩镇、工山镇、家发镇、三里镇

宣城市（43个）

宣州区（9个）周王镇、水东镇、沈村镇、洪林镇、狸桥镇、溪口镇、朱桥乡、养贤乡、黄渡乡

郎溪县（4个）新发镇、毕桥镇、凌笪乡、涛城镇

广德县（5个）邱村镇、柏垫镇、东亭乡、四合乡、誓节镇

宁国市（6个）南极乡、云梯乡、梅林镇、霞西镇、中溪镇、港口镇

泾县（7个）云岭镇、桃花潭镇、黄村镇、昌桥乡、茂林镇、琴溪镇、蔡村镇

绩溪县（6个）长安镇、伏岭镇、板桥头乡、家朋乡、金沙镇、临溪镇

旌德县（6个）白地镇、庙首镇、三溪镇、蔡家桥镇、俞村镇、兴隆镇

铜陵市（16个）

郊区（2个）大通镇、铜山镇

义安区（4个）西联乡、顺安镇、天门镇、胥坝乡

枞阳县（10个）藕山镇、雨坛乡、会宫镇、义津镇、麒麟镇、项铺镇、横埠镇、长沙乡、钱桥镇、陈瑶湖镇

池州市（25个）

贵池区（5个）涓桥镇、牛头山镇、乌沙镇、牌楼镇、梅街镇

东至县（7个）官港镇、昭潭镇、龙泉镇、葛公镇、青山乡、泥溪镇、张溪镇

石台县（5个）七都镇、小河镇、仙寓镇、矶滩乡、丁香镇

青阳县（7个）杨田镇、丁桥镇、陵阳镇、朱备镇、乔木乡、庙前镇、新河镇

九华山风景区（1个）九华乡

安庆市（64 个）

迎江区（1 个）新洲乡

大观区（1 个）海口镇

宜秀区（3 个）五横乡、罗岭镇、杨桥镇

怀宁县（8 个）马庙镇、凉亭乡、公岭镇、黄龙镇、清河乡、小市镇、平山镇、雷埠乡

桐城市（6 个）范岗镇、吕亭镇、唐湾镇、嬉子湖镇、双港镇、青草镇

潜山县（10 个）官庄镇、塔畈乡、源潭镇、余井镇、梅城镇、天柱山镇、水吼镇、痘姆乡、黄铺镇、王河镇

太湖县（7 个）刘畈乡、寺前镇、北中镇、弥陀镇、牛镇镇、徐桥镇、江塘乡

宿松县（11 个）趾凤乡、隘口乡、五里乡、陈汉乡、佐坝乡、凉亭镇、破凉镇、二郎镇、千岭乡、洲头乡、九姑乡

望江县（6 个）长岭镇、鸦滩镇、漳湖镇、高士镇、赛口镇、杨湾镇

岳西县（11 个）白帽镇、石关乡、温泉镇、姚河乡、中关乡、青天乡、头陀镇、来榜镇、主簿镇、黄尾镇、河图镇

黄山市（49 个）

市经济开发区（1 个）新潭镇

屯溪区（1 个）黎阳镇

黄山区（7 个）仙源镇、耿城镇、焦村镇、乌石镇、新华乡、新丰乡、龙门乡

徽州区（3 个）潜口镇、富溪乡、杨村乡

歙县（16 个）雄村镇、许村镇、郑村镇、深渡镇、桂林镇、富堨镇、杞梓里镇、街口镇、北岸镇、岔口镇、三阳镇、昌溪乡、上丰乡、坑口乡、金川乡、狮石乡

休宁县（10 个）溪口镇、齐云山镇、商山镇、东临溪镇、蓝田镇、流口镇、汪村镇、渭桥乡、鹤城乡、板桥乡

黟县（3 个）宏村镇、西递镇、柯村镇

祁门县（8 个）金字牌镇、闪里镇、小路口镇、新安镇、箬坑乡、溶口乡、渚口乡、柏溪乡

附件 2　2016 年度省级中心村名单
（569 个）

合肥市（37 个）

庐江县（8 个）同大镇施丰行政村施丰中心村、石头镇望城行政村望城中心村、汤池镇汤池行政村汤池中心村、万山镇长岗行政村长岗中心村、白湖镇六岗行政村六岗中心村、泥河镇泥河社区泥河中心村、柯坦镇虎洞行政村虎洞中心村、乐桥镇大化行政村大化中心村

巢湖市（29 个）坝镇石塘行政村牌楼中心村、坝镇姥山行政村姥山中心村、坝镇青山行政村青山中心村、坝镇夏店行政村枣树棵中心村、栏杆集镇青岗行政村陈泗湾中心村、栏杆集镇赵集社区赵集中心村、栏杆集镇柳集社区柳集中心村、烔炀镇曙光行政村四许中心村、烔炀镇凤凰行政村凤凰集中心村、烔炀镇太和行政村太和集中心村、黄麓镇临湖社区童家岗中心村、庙岗乡莲花社区莲花新村中心村、庙岗乡清涧行政村清涧中心村、庙岗乡方集行政村方集中心村、庙岗乡军高行政村军高中心村、庙岗乡童坛行政村彭杨中心村、夏阁镇独山行政村西峰集中心村、夏阁镇里岗行政村里岗中心村、夏阁镇尉桥行政村尉桥集中心村、银屏镇白牡山行政村芦塘新村中心村、柘皋镇兴坝行政村塘头赵中心村、柘皋镇板桥行政村分路埠中心村、柘皋镇汪桥行政村汪桥集中心村、中垾镇广严行政村大吴中心村、苏湾镇坊集社区坊集中心村、苏湾镇梁帝行政村梁帝中心村、散兵镇佛岭行政村佛岭新村中心村、散兵镇姥山行政村大王中心村、槐林镇万年行政村万年庄中心村

淮北市（2 个）

濉溪县（2 个）五沟镇白沙行政村白沙中心村、南坪镇黄沟行政村黄沟中心村

亳州市（52个）

谯城区（3个）芦庙镇王楼行政村王楼中心村、十河镇十河行政村十河中心村、赵桥乡赵桥行政村赵桥中心村

蒙城县（1个）白杨林场三李行政村三李中心村

利辛县（48个）马店孜镇四李行政村镇北中心村、马店孜镇水寨行政村美徽新村中心村、马店孜镇新建行政村龙王中心村、张村镇柳西行政村柳西中心村、张村镇李集行政村李集中心村、展沟镇和谐行政村和谐中心村、永兴镇永顺行政村吕营中心村、永兴镇双龙社区双龙中心村、新张集乡前圩行政村曙光中心村、新张集乡金桥行政村王湾中心村、西潘楼镇镇北行政村纪庄中心村、西潘楼镇张楼行政村张楼中心村、西潘楼镇郭楼行政村郭楼中心村、望疃镇玉光行政村许楼中心村、王市镇中王行政村尚湖中心村、王市镇刘寨行政村刘寨中心村、王人镇五里行政村五里中心村、王人镇刘营行政村刘营中心村、王人镇东李行政村东李中心村、孙庙乡民主行政村程新中心村、孙庙乡和谐行政村庙李中心村、孙集镇梁营行政村梁营中心村、孙集镇冯楼行政村冯楼中心村、汝集镇朱集行政村朱集中心村、汝集镇中华行政村肖夏中心村、阚疃镇张湾行政村八一中心村、阚疃镇大桥行政村宋台中心村、旧城镇王集行政村两桥中心村、江集镇双营行政村江南楼中心村、江集镇江老家行政村江老家中心村、纪王场乡三和行政村三里江中心村、纪王场乡向阳行政村马桥中心村、胡集镇新矿社区新矿中心村、胡集镇陈营行政村陈营中心村、巩店镇魏寨行政村魏寨中心村、巩店镇刘寨行政村刘寨中心村、大李集镇院寺社区院寺中心村、大李集镇南街行政村南街中心村、大李集镇高集行政村高集中心村、程家集镇谭集行政村谭集中心村、程家集镇北街行政村北街中心村、城关镇武寨行政村武寨中心村、城关镇武杨楼行政村胜利中心村、城关镇吕桥行政村吕桥中心村、城北镇翟腰楼行政村翟腰楼中心村、城北镇刘染行政村刘染中心村、望疃镇富康行政村徐寨中心村、纪王场乡路集行政村路集中心村

宿州市（43个）

埇桥区（7个）朱仙庄镇矿南行政村矿南中心村、北杨寨行管区池湖行政村池湖中心村、桃园镇桃园行政村桃园中心村、永镇乡关湖行政村关湖中心村、支河乡城孜行政村城孜中心村、永安镇街西行政村边家中心村、曹村镇闵祠行政村闵祠中心村

砀山县（8个）李庄镇卞楼社区卞楼中心村、周寨镇朱小楼行政村汤楼中心村、关帝庙镇黄屯行政村大李楼中心村、朱楼镇朱楼行政村回龙集中心村、官庄坝镇黄集行政村土山中心村、曹庄镇曹庄社区尚庄中心村、玄庙镇果园新村行政村果园中心村、薛楼板材加工园神湖社区姚楼中心村

萧县（9个）丁里镇胜利行政村石碑座中心村、白土镇白土行政村白土中心村、王寨镇王寨行政村王寨中心村、闫集镇闫集行政村闫集中心村、杜楼镇杜楼行政村杜楼中心村、大屯镇大屯行政村镇南中心村、新庄镇新庄行政村新庄中心村、赵庄镇赵庄行政村王庄中心村、杨楼镇新廷行政村大刘庄中心村

灵璧县（5个）大路乡大路行政村孙谷中心村、韦集镇丁李行政村后王中心村、禅堂乡双李行政村赵汪中心村、朝阳镇韩家行政村韩家中心村、黄湾镇双桥行政村姚桥中心村

泗县（14个）泗城镇大吴行政村彭铺中心村、草庙镇草庙行政村贺梨园中心村、刘圩镇刘圩行政村西陈中心村、丁湖镇吴圩行政村吴圩中心村、丁湖镇丁湖行政村丁湖中心村、屏山镇老山行政村老山中心村、屏山镇屏山行政村涂山中心村、草沟镇瓦韩行政村瓦韩中心村、草沟镇于韩行政村于韩中心村、瓦坊乡瓦坊行政村瓦坊中心村、大杨乡杨集行政村杨集中心村、墩集镇墩集行政村墩集中心村、山头镇山头行政村山头中心村、山头镇大柏行政村大柏中心村

蚌埠市（26个）

蚌山区（1个）燕山乡仲集行政村仲集中心村

怀远县（8个）魏庄镇胡郢行政村胡郢中心村、陈集乡陈集行政村陈家庙中心村、涡河乡马

路行政村骆湖中心村、唐集镇山前行政村上陈中心村、古城镇张八郢行政村张八郢中心村、河溜镇倪桥行政村裴湖中心村、淝南乡双沟行政村惠岗中心村、双桥集镇双桥行政村赵桥中心村

五河县（5个）浍南镇肖许刘行政村肖许刘中心村、小圩镇大王行政村大王中心村、新集镇王场行政村王场中心村、双忠庙镇张滩行政村张滩中心村、朱顶镇三塘行政村三塘中心村

固镇县（12个）王庄镇镇北行政村洪曹中心村、新马桥镇花谷行政村花庄中心村、濠城镇丁楼行政村丁楼中心村、湖沟镇王洲行政村王洲中心村、仲兴乡孟庙行政村孟庙中心村、城关镇张桥行政村张桥中心村、城关镇皇店行政村皇店中心村、城关镇七里行政村七里中心村、城关镇唐南行政村唐南中心村、连城镇禹庙行政村禹庙中心村、连城镇连城行政村连城中心村、濠城镇东苟行政村东苟中心村

阜阳市（25个）

颍州区（1个）九龙镇叶寨行政村郭庄中心村

颍东区（1个）枣庄镇蒋楼行政村王庄中心村

颍上县（3个）五十铺乡公桥行政村公桥中心村、六十铺镇五十铺行政村五十铺中心村、八里河镇潘冲社区潘冲中心村

界首市（15个）代桥镇扎把集行政村扎把集中心村、舒庄镇大鲁行政村大鲁中心村、顾集镇于庄行政村李纥营中心村、砖集镇黄庄行政村黄庄中心村、光武镇苗桥行政村梁庄中心村、泉阳镇胡集行政村杨庄中心村、大黄镇筛子李行政村金寨中心村、芦村镇芦村行政村芦村中心村、邴集乡姜楼行政村张忙中心村、新马集镇于楼行政村于范中心村、靳寨乡段寨行政村祝楼中心村、田营镇李能行政村卢窑中心村、陶庙镇赵寨行政村王满中心村、任寨乡杨庄行政村杨庄中心村、王集镇陆集行政村陆集中心村

临泉县（1个）杨桥镇新安社区新安中心村

太和县（4个）阮桥镇斤沟行政村斤沟中心村、赵集乡界牌行政村界牌中心村、大庙镇和谐行政村和谐中心村、坟台镇镇西行政村镇西中心村

淮南市（25个）

寿县（10个）隐贤镇隐贤街道镇东中心村、迎河镇常圩行政村常圩中心村、正阳关镇建设行政村建设中心村、张李乡南场行政村小圩中心村、小甸镇小甸街道黄庄中心村、瓦埠镇瓦埠街道渔民新村中心村、刘岗镇烟店行政村西鄂中心村、安丰镇甲贝行政村甲贝中心村、茶庵镇精神行政村前进中心村、双庙集镇周岗行政村店西中心村

凤台县（6个）李冲回族乡李冲行政村李冲中心村、朱马店镇联民行政村太庙中心村、尚塘乡郭王行政村王庄中心村、大兴集乡武集行政村武集新街中心村、杨村镇杨村行政村杨村中心村、桂集镇大王行政村小王中心村

大通区（1个）上窑镇马庙行政村马庙中心村

田家庵区（1个）曹庵镇宋王行政村王郢中心村

谢家集区（1个）孙庙乡刘庙行政村刘大郢中心村

八公山区（1个）山王镇林场行政村林场中心村

潘集区（4个）古沟回族乡蔡庙行政村东圩中心村、潘集镇魏圩行政村魏庄中心村、平圩镇李桥行政村李桥中心村、芦集镇董圩行政村董圩新村中心村

毛集实验区（1个）焦岗湖镇史集行政村王圩中心村

滁州市（21个）

南谯区（1个）章广镇太平集行政村太平集中心村

天长市（7个）铜城镇龙岗社区龙岗中心村、杨村镇小关社区小关中心村、石梁镇蔡河行政村蔡河中心村、冶山镇晏公行政村晏公中心村、大通镇坝田社区坝田中心村、张铺镇平安社区平安中心村、郑集镇川桥行政村川桥中心村

明光市（1个）涧溪镇白沙王行政村白沙王中心村

全椒县（2个）武岗镇康合行政村康合中心村、西王镇隆兴行政村隆兴中心村

来安县（4个）汉河镇黄牌行政村黄牌中心村、半塔镇大余郢行政村大余郢中心村、水口镇上蔡行政村上蔡中心村、张山乡长山村长山中心村

凤阳县（1个）小溪河镇金庄行政村金庄中心村

定远县（5个）三和集镇大陈行政村石庙王中心村、仓镇回民行政村陶庄中心村、二龙回族乡岗镇行政村老安中心村、连江镇江巷社区燕岗中心村、池河镇池河行政村金湾中心村

六安市（86个）

霍山县（7个）东西溪乡西溪社区月亮畈中心村、太阳乡太阳行政村太阳畈中心村、落儿岭镇古桥畈行政村鹿吐石铺中心村、漫水河镇新铺沟行政村新铺沟中心村、单龙寺镇扫帚河行政村朱家畈中心村、磨子潭镇宋家河行政村宋家河中心村、衡山镇迎驾厂社区三星中心村

霍邱县（8个）岔路镇草楼行政村草楼中心村、河口镇柏树林行政村柏树林中心村、宋店乡留城寺行政村留城寺中心村、冯井镇八里行政村八里中心村、范桥镇王老庄行政村王老庄中心村、孟集镇桥塘行政村桥塘中心村、冯瓴乡冯瓴行政村冯瓴中心村、彭塔乡千金田行政村千金田中心村

金寨县（49个）白塔畈镇白大街道行政村白大街道中心村、白塔畈镇项冲行政村项冲中心村、白塔畈镇龚店行政村龚店中心村、油坊店乡面冲行政村面冲中心村、油坊店乡东莲行政村东莲中心村、油坊店乡西莲行政村西莲中心村、张冲乡张冲行政村张冲中心村、张冲乡流波行政村黄楼中心村、麻埠镇齐山行政村齐山中心村、天堂寨镇马石行政村马石中心村、天堂寨镇黄河行政村黄河中心村、吴家店镇吴家店行政村吴家店中心村、吴家店镇飞机场行政村飞机场中心村、吴家店镇吴畈行政村吴畈中心村、斑竹园镇斑竹园行政村斑竹园中心村、斑竹园镇王氏祠行政村王氏祠中心村、斑竹园镇漆店行政村漆店中心村、果子园乡吴湾行政村吴湾中心村、果子园乡姚冲行政村姜湾中心村、果子园乡姚冲行政村严下湾中心村、关庙乡关庙行政村关庙中心村、关庙乡胭脂行政村沙坪中心村、沙河乡街道行政村街道中心村、沙河乡高牛行政村老湾中心村、沙河乡楼房行政村楼房中心村、汤家汇镇街道行政村街道中心村、汤家汇镇上畈行政村朱家湾中心村、汤家汇镇瓦屋基行政村宴湾中心村、汤家汇镇豹迹岩行政村枣林中心村、汤家汇镇银山畈行政村银山畈中心村、古碑镇七邻行政村七邻中心村、古碑镇司马行政村司马中心村、古碑镇留坪行政村留坪中心村、槐树湾乡槐树湾行政村槐树湾中心村、槐树湾乡码头行政村码头中心村、梅山镇三湾行政村三湾中心村、燕子河镇杨树行政村杨树中心村、燕子河镇闻家店行政村闻家店中心村、燕子河镇金坪行政村金坪中心村、长岭乡长春行政村柯店中心村、长岭乡长山冲行政村石墙中心村、花石乡黄堰行政村中湾中心村、南溪镇横畈行政村平济中心村、南溪镇丁埠行政村李集中心村、双河镇大畈行政村悬剑山中心村、双河镇黄龙行政村黄龙中心村、桃岭乡桐岗行政村桐岗中心村、铁冲乡铁冲行政村铁冲中心村、全军乡全军行政村全军中心村

舒城县（8个）柏林乡秦桥行政村秦桥中心村、桃溪镇枣林行政村糍粑店中心村、春秋乡仓房行政村楼塘中心村、河棚镇泉石行政村泉石中心村、高峰乡陶湾行政村陶湾中心村、晓天镇和岗行政村和岗中心村、晓天镇晓天街道中大街中心村、阙店乡转湾行政村转水湾中心村

金安区（9个）东河口镇牌楼行政村牌楼中心村、木厂镇姜圩行政村西套中心村、先生店乡硤石行政村胜利中心村、翁墩乡翁墩行政村翁墩中心村、张店镇金冲行政村红嘴中心村、马头镇高皇行政村高皇中心村、横塘岗乡九里行政村九里中心村、毛坦厂镇八角塘行政村八角塘中心村、中店乡中店行政村中兴中心村

裕安区（3个）丁集镇光明行政村新楼中心村、新安镇枫庙行政村前楼中心村、固镇镇六合行政村六合中心村

叶集区（2个）孙岗乡塘湾行政村塘湾中心村、平岗办事处富岗行政村富岗中心村

马鞍山市（19个）

含山县（4个）林头镇隐龙行政村指吴中心村、运漕镇三台行政村耿庄中心村、陶厂镇西山行政村徐关中心村、铜闸镇塔岗行政村上王中

心村

和县（4个）乌江镇黄坝行政村黄坝中心村、香泉镇孙堡行政村孙堡中心村、善厚镇陶店行政村陶店中心村、西埠镇枣林行政村枣林中心村

当涂县（8个）太白镇永宁行政村胡家中心村、黄池镇福光行政村福光中心村、乌溪镇七房行政村周埠中心村、大陇乡霍村行政村霍村中心村、护河镇护河行政村护河中心村、石桥镇起垅行政村起垅中心村、塘南镇大高行政村大高中心村、大陇乡韩村行政村韩村中心村

博望区（1个）新市镇新禄行政村西夏中心村（含东夏）

示范园区（1个）年陡镇港东行政村陈村中心村

郑蒲港新区（1个）姥桥镇菱湖行政村菱湖中心村

芜湖市（17个）

无为县（5个）襄安镇襄安社区襄安中心村、襄安镇襄安行政村季冲中心村、泥汊镇保安行政村夏国中心村、陡沟镇陡沟社区陡沟中心村、赫店镇平安行政村头埠新村中心村

芜湖县（5个）红杨镇幸福社区西河中心村、花桥镇沿山行政村吴村中心村、六郎镇郎桥社区王屋中心村、湾沚镇百花行政村苏大中心村、陶辛镇沙墩行政村上水中心村

繁昌县（3个）荻港镇鹊江行政村曹洼中心村、新港镇新东行政村强圩中心村、峨山镇东岛行政村东岛中心村

南陵县（4个）烟墩镇刘店行政村朱墩中心村、工山镇万安行政村万安中心村、家发镇麻桥行政村麻桥中心村、三里镇孔村行政村孔村中心村

宣城市（37个）

宣州区（9个）周王镇扎门行政村扎门中心村、水东镇稽亭行政村大梅中心村、沈村镇武村行政村武村中心村、洪林镇棋盘行政村棋盘新村中心村、狸桥镇蒋山行政村蒋山中心村、溪口镇吕辉行政村河西中心村、朱桥乡浑水行政村四甲中心村、养贤乡仁义行政村谷丰中心村、黄渡乡黄渡行政村大郭中心村

郎溪县（3个）涛城镇黄墅行政村沙桥中心村、新发镇官桥行政村月牙潭中心村、毕桥镇施宏行政村吴湾中心村

广德县（1个）东亭乡东亭社区凤凰榜中心村

宁国市（3个）南极乡永宁行政村永宁中心村、云梯乡云梯行政村云梯中心村、中溪镇狮桥行政村狮桥中心村

泾县（6个）琴溪镇琴溪行政村琴溪中心村、蔡村镇蔡村行政村蔡村中心村、昌桥乡昌桥行政村昌桥中心村、桃花潭镇南冲行政村南冲中心村、云岭镇长园行政村长园中心村、黄村镇九峰行政村九峰中心村

绩溪县（5个）长安镇梧川行政村梧川中心村、伏岭镇水村行政村水村中心村、板桥头乡校头行政村校头中心村、家朋乡富强行政村石门口中心村、金沙镇38号桥行政村38号桥中心村

旌德县（10个）旌阳镇凫山行政村村部中心村、版书镇白沙行政村白沙中心村、俞村镇凫阳行政村凫阳中心村、蔡家桥镇乔亭行政村乔亭中心村、云乐乡洪村行政村洪村中心村、三溪镇双河行政村双河中心村、兴隆镇三峰行政村陈村中心村、孙村镇新建行政村丁字街中心村、庙首镇东山行政村上东山中心村、白地镇江村行政村江村中心村

铜陵市（25个）

铜官区（1个）西湖镇农林行政村龙形中心村

义安区（14个）西联乡钟仓行政村钟仓街道中心村、西联乡姚汪行政村姚汪中心村、西联乡北埝行政村北埝王中心村、西联乡兴桥行政村杨坦孙中心村、西联乡三义行政村钟家村中心村、顺安镇城山行政村焦埠中心村、顺安镇新湖行政村炉铺中心村、天门镇金塔行政村张灯中心村、天门镇兴化行政村龙山中心村、胥坝乡旭光行政村大垄中心村、胥坝乡长杨行政村朱家墩中心村、钟鸣镇金山行政村龙潭肖中心村、老洲乡成德行政村小洲中心村、东联乡长河行政村吴家中心村

枞阳县（10个）藕山镇大港行政村兴旺中心村、雨坛乡雨坛行政村雨坛中心村、会宫镇老桥

行政村姚畈中心村、义津镇义津行政村桃园中心村、麒麟镇麒麟行政村施冲中心村、项铺镇项金行政村林巷中心村、横埠镇谋道行政村新庄中心村、长沙乡长沙行政村长沙中心村、钱桥镇钱桥行政村学堂凹中心村、陈瑶湖镇水圩行政村水圩中心村

池州市（25个）

贵池区（2个）牌楼镇神山行政村神山家园中心村、唐田镇沙山行政村西长中心村

东至县（8个）官港镇官港行政村官正中心村、昭潭镇昭潭行政村上街中心村、龙泉镇龙泉行政村龙泉中心村、葛公镇葛公行政村王桥中心村、青山乡青山行政村青倪中心村、泥溪镇隐东行政村隐东中心村、张溪镇六联行政村六联中心村、花园乡南溪行政村色阳中心村

石台县（4个）仙寓镇南源行政村南村中心村、仙寓镇占坡行政村河东中心村、大演乡新火行政村泮巷中心村、大演乡新火行政村严家古村中心村

青阳县（11个）杨田镇仙梅行政村陈家村中心村、杨田镇黄泥行政村桥头中心村、新河镇十里岗行政村黄檀新村中心村、木镇镇黄山行政村木铺中心村、朱备镇将军行政村深垅中心村、西华镇宋冲行政村宋冲中心村、杜村乡长坑行政村九子岭中心村、杜村乡宗文行政村宗文中心村、蓉城镇杨冲行政村斗胜中心村、蓉城镇新中行政村江村中心村、丁桥镇牛山行政村联盟中心村

安庆市（86个）

迎江区（1个）新洲乡天然行政村新圩中心村

大观区（1个）海口镇镇江行政村何墩中心村

宜秀区（3个）五横乡五横行政村五横中心村、罗岭镇妙山行政村妙山中心村、杨桥镇鹿山行政村鹿山中心村

怀宁县（8个）马庙镇合一社区合一中心村、凉亭乡凉亭社区金花中心村、公岭镇公岭社区刘新屋中心村、黄龙镇黄龙社区黄舌中心村、清河乡清河社区李柳林中心村、小市镇平坦社区唐婆岭中心村、平山镇平山社区牌楼中心村、雷埠乡

李店社区怀堂中心村

桐城市（6个）范岗镇高黄行政村杨屋中心村、吕亭镇鲁谼山行政村倪店中心村、唐湾镇大塘行政村望狮岭中心村、嬉子湖镇珠檀行政村黄庄中心村、双港镇龙山行政村吴湾中心村、青草镇徐漕行政村徐屋中心村

潜山县（34个）官庄镇戈元行政村戈元中心村、官庄镇金城行政村河西大屋中心村、官庄镇水贵行政村水贵中心村、官庄镇平峰行政村平峰中心村、官庄镇乐平行政村乐平中心村、黄柏镇大水行政村团屋中心村、塔畈乡周祠行政村染坊中心村、塔畈乡彭河行政村彭河中心村、槎水镇木岗行政村枫树林中心村、槎水镇逆水行政村逆水中心村、槎水镇中畈行政村中畈中心村、源潭镇双林行政村双林中心村、源潭镇东畈行政村东畈中心村、源潭镇东红行政村东红中心村、源潭镇赵冲行政村赵冲中心村、余井镇建军行政村潘庄中心村、余井镇天圣行政村中庄中心村、龙潭乡湖田行政村湖田中心村、龙潭乡暗冲行政村暗冲中心村、梅城镇凤凰行政村中屋中心村、油坝乡唐埠行政村南片中心村、天柱山镇茶庄行政村中屋中心村、水吼镇高峰行政村高峰中心村、水吼镇驾雾行政村驾雾中心村、水吼镇天堂行政村杨庄中心村、五庙乡程冲行政村程冲中心村、五庙乡新建行政村油坊中心村、痘姆乡孙塝行政村孙塝中心村、黄铺镇金龙行政村中洲中心村、黄铺镇陈桥行政村湾塘中心村、黄铺镇桃铺行政村桃花铺中心村、王河镇丰收行政村丰收中心村、黄泥镇龙坦行政村潘湾中心村、黄泥镇胜利行政村小沿河中心村

太湖县（9个）刘畈乡刘畈行政村潘家大屋中心村、寺前镇其林行政村其林中心村、北中镇沙河行政村沙河中心村、弥陀镇界岭行政村芦花中心村、牛镇镇龙湾行政村龙湾中心村、徐桥镇新丰行政村新丰中心村、江塘乡江塘行政村王屋中心村、汤泉乡金鹰行政村金鹰中心村、汤泉乡龙潭寨行政村龙潭寨中心村

宿松县（12个）趾凤乡趾凤行政村趾凤中心村、隘口乡毕凉行政村毕凉中心村、五里乡金龙行政村雷公岭中心村、陈汉乡河口行政村河口中心村、佐坝乡王岭行政村王岭中心村、凉亭镇太阳行政村花屋中心村、破凉镇先觉行政村先觉中

心村、二郎镇卓岭行政村卓岭中心村、千岭乡雨福行政村雨福中心村、洲头乡小瓜行政村小瓜中心村、九姑乡九姑行政村九姑中心村、柳坪乡大地行政村大地中心村

望江县（6个）长岭镇长岭行政村詹老屋中心村、杨湾镇曾墩行政村曾墩中心村、漳湖镇六合行政村六合中心村、高士镇武昌行政村张屋中心村、赛口镇金堤行政村金堤中心村、鸦滩镇码头行政村码头中心村

岳西县（6个）温泉镇龙井行政村海形中心村、主簿镇金塘行政村大塘中心村、黄尾镇严家行政村严家中心村、白帽镇土桥行政村马山中心村、响肠镇响肠行政村上街中心村、店前镇店前行政村上街中心村

黄山市（43个）

黄山区（12个）仙源镇龙山行政村麻西中心村、耿城镇金桥行政村汪家中心村、耿城镇沟村行政村沟村中心村、焦村镇龙源行政村龙源中心村、焦村镇陈村行政村社屋中心村、乌石镇乌石行政村徐家样中心村、乌石镇夏村行政村王家中心村、新华乡董家湾行政村董家湾中心村、新丰乡新丰行政村河磅中心村、龙门乡龙源行政村油榨坑中心村、谭家桥镇东黄山行政村西谭中心村、永丰乡洪田行政村洪田中心村

徽州区（3个）潜口镇潜口行政村潜口中心

村、富溪乡富溪行政村富溪中心村、杨村乡胡川行政村胡川中心村

歙县（9个）雄村镇柘岱行政村柘林中心村、许村镇箬岭行政村前山中心村、深渡镇淮源行政村棉溪中心村、三阳镇叶村行政村叶村中心村、昌溪乡万二行政村万二中心村、上丰乡上丰行政村蕃村中心村、坑口乡薛坑口行政村坑口中心村、金川乡金川行政村金川中心村、狮石乡营川行政村营川中心村

休宁县（9个）流口镇流口行政村流口中心村、渭桥乡渭桥行政村渭桥中心村、鹤城乡渔塘行政村渔塘中心村、板桥乡板桥行政村板桥中心村、万安镇万新行政村万安老街中心村、溪口镇花桥行政村木梨硔中心村、白际乡项山行政村项山中心村、海阳镇秀阳行政村溪头中心村、汪村镇田里行政村岭脚中心村

黟县（3个）宏村镇龙江行政村北庄中心村、西递镇潭口行政村潭口中心村、柯村镇翠林行政村翠林中心村

祁门县（7个）金字牌镇石川行政村石川中心村、闪里镇文堂行政村文堂中心村、小路口镇胜利行政村二都中心村、箬坑乡箬坑行政村箬坑中心村、溶口乡溶口行政村溶口中心村、渚口乡三联行政村三联中心村、柏溪乡新联行政村新联中心村

附件3　美丽乡村建设整县推进试点县（市、区）名单
（14个）

合肥市巢湖市、亳州市利辛县、宿州市泗县、蚌埠市固镇县、阜阳市界首市、滁州市天长市、六安市金寨县、马鞍山市当涂县、芜湖市芜湖县、宣城市旌德县、铜陵市义安区、池州市青阳县、安庆市潜山县、黄山市黄山区

安徽省人民政府
关于印发《安徽省美好乡村建设规划
（2012～2020年）》的通知

皖政〔2012〕97号

各市、县人民政府，省政府各部门、各直属机构：

现将《安徽省美好乡村建设规划（2012～2020年）》印发给你们，请认真组织实施。

安徽省人民政府
2012年9月10日

安徽省美好乡村建设规划（2012～2020年）

为指导美好乡村建设，构筑分区、分类、分步骤的美好乡村建设路径，实现"生态宜居村庄美、兴业富民生活美、文明和谐乡风美"的总体目标，特制定本规划。

规划范围为安徽省行政辖区，国土面积为14.01万平方公里。规划期限为2012～2020年，规划近期至2016年，远期至2020年，重大问题展望至2030年。

一、背景和意义

（一）现实基础。

安徽省是农业大省，也是农村改革的发源地，农业资源丰富，区位条件优越。经过多年的努力，农业和农村经济发展积累了丰富经验，潜力和优势正逐步显现，农业综合生产能力不断提高，农业发展方式加快转变，农民收入构成由单一化向多元化转变，农村改革由单项改革向综合配套改革转变，传统农业正向现代农业加速演进，为安徽省美好乡村建设奠定了较为坚实的基础。

2011年，安徽省户籍人口6675.9万，常住人口5968万，城镇化率44.8%；乡村常住人口3294万，占总人口比重为55.2%；农村居民人均纯收入6232元。全省共有行政村15539个，比2000年减少14206个；自然村228763个，比2000年减少63407个。全省村庄建设用地面积1.14万平方公里，占城乡建设用地总量的72%。

安徽省村庄空间布局、乡村人口、经济状况分布不均衡。皖北地区村庄规模较大，分布密度高，农民人均纯收入低于全省平均水平；皖中、沿江地区村庄规模中等，分布密度较高，农民人均纯收入高于全省平均水平；皖西地区村庄规模较小，分布密度中等，农民人均纯收入低于全省平均水平；皖南地区村庄规模较小，分布密度低，农民人均纯收入高于全省平均水平。

安徽省处于工业化、城镇化加速推进阶段，乡村人口逐年减少，以工补农、以城带乡的能力不断增强，但乡村发展分区差异明显，还存在村庄体系不够稳定、基础设施配套不完善、可持续发展能力较弱等问题。同时，村庄建设缺乏规划指引，风貌特色彰显不足。

（二）重大意义。

建设美好乡村，是加快建设经济繁荣、生态

良好、人民幸福、社会和谐美好安徽的基础性工作，是打造"三个强省"的具体行动。通过美好乡村建设，有利于推进乡村产业与经济发展，促进农民致富增收，构建安徽城乡统筹发展的新途径；有利于挖掘乡村文化资源，传承优秀民俗文化以及非物质文化，拓展安徽文化展示和传承的新空间；有利于保护乡村山水生态资源的完整性和连续性，构建绿色乡村体系，打造生态强省的新亮点。

二、目标与原则

（一）指导思想。

以邓小平理论和"三个代表"重要思想为指导，深入贯彻落实科学发展观，推动工业化、信息化、城镇化、农业现代化同步发展，以统筹城乡经济社会发展为方略，以增加农民收入、提升农民生活品质为核心，以村庄建设、环境整治和农田整理为突破口，同步推进产业发展和社会管理，加快建设资源节约型、环境友好型乡村，努力打造宜居、宜业、宜游的农民幸福生活美好家园。

（二）总体目标。

总体目标是建设"生态宜居村庄美、兴业富民生活美、文明和谐乡风美"的美好乡村。

生态宜居村庄美是指：村庄规划科学合理，农民住房实用美观，中心村道路、电力、供排水、信息网络等基础设施配套完善，垃圾污水得到有效处理，村容村貌整洁有序，自然生态保护良好，人居环境明显优化。

兴业富民生活美是指：现代农业产业体系基本形成，农业产业水平大幅提升，农民就业创业空间不断拓展，收入水平大幅提高，农村公共事业加快发展，初步实现城乡基本公共服务均等化。

文明和谐乡风美是指：村民自治机制不断完善，村规民约基本健全，乡村特色文化得到传承发展，农民精神风貌积极向上，生活方式文明健康，社会保持和谐稳定。

到2016年，力争全省40%以上的中心村达到美好乡村建设要求。到2020年，力争全省80%以上的中心村达到美好乡村建设要求。到2030年，全省中心村全面达到美好乡村建设要求。

（三）基本原则。

1. 坚持以人为本，农民主体。始终把维护农民切身利益放在首位，充分尊重农民意愿，把群众认同、群众参与、群众满意作为根本要求，切实做好新形势下群众工作，依靠群众的智慧和力量建设美好家园。

2. 坚持城乡一体，统筹发展。建立以工促农、以城带乡的长效机制，统筹推进新型城镇化和美好乡村建设，深化户籍制度改革，加快农民市民化步伐，加快城镇基础设施和公共服务向农村延伸覆盖，着力构建城乡经济社会发展一体化新格局。

3. 坚持规划引领，示范带动。强化规划的引领和指导作用，科学编制美好乡村建设规划，切实做到先规划后建设、不规划不建设。按照统一规划、集中投入、分批实施的思路，坚持试点先行、量力而为，逐村整体推进，逐步配套完善，确保建一个成一个，防止一哄而上、盲目推进。

4. 坚持生态优先，彰显特色。把农村生态建设作为生态强省建设的重点，大力开展农村植树造林，加强以森林和湿地为主的农村生态屏障的保护和修复，实现人与自然和谐相处。规划建设要适应农民生产生活方式，突出乡村特色，保持田园风貌，体现地域文化风格，注重农村文化传承，不能照搬城市建设模式，防止"千村一面"。

5. 坚持因地制宜，分类指导。针对各地发展基础、人口规模、资源禀赋、民俗文化等方面的差异，切实加强分类指导，注重因地制宜、因村施策，现阶段应以旧村改造和环境整治为主，不搞大拆大建，实行最严格的耕地保护制度，防止中心村建设占用基本农田。

6. 坚持以县为主，合力推进。县级党委、政府在美好乡村建设中承担主要职责，以县为单位整体谋划、整合资源、统筹推进。省市两级加强政策扶持和指导督察，形成上下联动、分工负责的工作格局。

三、空间布局

（一）村庄体系。

中心村为乡村基本服务单元，主要建设任务是完善基本乡村公共服务及支农服务功能。选择人口较多，经济基础较好，公共设施和基础设施较完善，交通较便捷，用地条件较好或耕地资源较丰富，有利于生态保育和环境保护的村庄，将其培育成为中心村。中心村应与城镇和其他村庄有一定间距，在合理半径内可利用现有设施服务周边村庄。中心村应规划为村"两委"驻地，按标准建设服务设施，吸引人口向中心村集聚。

自然村为乡村基层单元，主要建设任务是保留乡村特色，改善人居环境。

中心村、自然村分别配套不同标准的基本公共服务设施和基础设施。

（二）空间分区。

根据省内区域差异明显的特征，综合考虑地理、文化、经济发展水平和城乡关系等因素，将全省分为皖北片区、皖中片区、沿江片区、皖西片区、皖南片区，实行差别化的美好乡村建设路径。

1. 皖北片区，包括亳州市、淮北市、宿州市、蚌埠市、阜阳市。该片区美好乡村建设以推进现代农业发展、舒适人居建设与生态环境保护为重点；按照城镇化和农业现代化的要求，加强村庄整合和人居环境整治，大力推进土地整治，注重生态环境保护，加快建设新型农村社区。

2. 皖中片区，包括合肥市、六安市（不包括霍山县、金寨县）、淮南市，以及安庆市的桐城市。该片区美好乡村建设以推进乡村环境整治、土地集约利用和乡村产业发展为重点；有序引导农民向城镇转移，加强村庄整治和土地整治，加快都市农业和现代设施农业发展，加快建设优质特色农副产品生产基地。

3. 沿江片区，包括芜湖市、马鞍山市、铜陵市、池州市（不包括石台县、青阳县）、滁州市、宣城市（不包括旌德县、绩溪县）、安庆市（不包括岳西县、潜山县、太湖县、桐城市）。该片区美好乡村建设以优化人居环境、加快产业发展和加强社会建设为重点；突出土地整治、新型农村社区建设、产业提升、风貌塑造和文化保护等内容，加快建设宜居宜业的都市城郊型乡村。

4. 皖西片区，包括六安市的金寨县、霍山县，安庆市的岳西县、潜山县、太湖县。该片区美好乡村建设以加强生态保护、推进舒适人居建设与发展乡村特色旅游为重点；突出生态保育，适度发展林木业和果品产业，在保持山村空间特色及肌理的基础上，加强风貌整治、村庄治理，提高基础设施配套水平，适度开发乡村旅游，打造中国原生态乡村品牌。

5. 皖南片区，包括黄山市，宣城市的旌德县、绩溪县，池州市的石台县、青阳县。该片区美好乡村建设以保护乡村自然资源、文化遗产、民风民俗为重点；加强综合配套与人居环境建设，突出山村空间肌理，彰显传统风貌特色，大力发展乡村旅游，打造世界文化乡村品牌。

（三）村庄布点。

1. 统筹乡村人口分布。根据《安徽省城镇体系规划（2012~2030年）》，到2016年，全省城镇化率为53%，乡村常住人口规模为3040万；到2020年，全省城镇化率为58%，乡村常住人口规模2800万；到2030年，全省城镇化率为70%，乡村常住人口规模2200万。规划到2016年，全省中心村1.5万个左右，自然村17万个；到2020年，全省中心村1.3万个左右，自然村12万个；到2030年，全省中心村1万个左右，自然村7万个。

优化村庄空间布局，完善配套基础设施，促进乡村人口向中心村集聚。规划到2016年，中心村人口占乡村人口比重达到30%以上，2020年达到35%以上，2030年达到50%以上。

2. 分区村庄规模。依据现状，逐步引导皖北片区中心村实现平均服务常住人口规模3000人左右，皖中、沿江片区2000人左右，皖西片区1500人左右，皖南片区1000人左右。皖北片区中心村集聚人口规模不少于1000人，皖中、沿江片区不少于500人，皖西、皖南片区不少于200人。皖北片区保留自然村人口规模不少于400人，皖中、沿江片区不少于200人，皖西、皖南片区不少于100人。

（四）分类引导。

1. 依托资源，引导村庄特色发展。村庄按照地理位置可分为城郊型村庄和乡村型村庄。

（1）城郊型村庄是指城市、镇规划控制范围内，城镇建设用地以外的村庄。城郊型村庄应综合考虑工业化、城镇化和村庄自身发展影响，合理控制村庄规模，注重与城镇基础设施、公共服务设施衔接，不断改善村庄居住环境。

（2）乡村型村庄是指城市、镇规划控制范围外的村庄。乡村型村庄应充分考虑丘陵、平原、水网等不同自然地理条件和产业发展需求，注重与环境协调，合理建设基础设施和公共服务设施，避免空间布局过度分散，营造清新优美环境和浓郁乡土风情。

乡村型村庄按产业及资源条件，可分为种植型、养殖型、林业型、旅游型、保护型等。

种植型村庄应结合种植类型，推进规模化、绿色化生产，促进村庄环境与田园风貌相结合。

养殖型村庄应注重污染治理，严格保护环境。具有一定规模的村庄养殖产业应相对集中布置，并配套建设安全防护设施，满足卫生防疫要求。

林业型村庄应结合林特产品生产和生态保护需要，适度集中布局，促进村庄环境与林业生态建设相结合。

旅游型村庄应根据旅游资源特点，统筹配套设施建设，合理安排旅游服务功能，注重对旅游资源和生态环境的保护。

对具有重要历史文化保护价值的村庄，应按照有关法律法规规定，编制专项保护规划，严格保护传统村落和特色村落，整治影响或破坏传统特色风貌的建筑物、构筑物，妥善处理新建住宅与传统村落之间的关系。

2. 因地制宜，采用不同建设模式。美好乡村村庄建设主要采用改造提升、拆迁新建、旧村整治、特色保护4种模式。其中，中心村一般宜采用改造提升或拆迁新建模式，保留的自然村一般宜采用旧村整治或特色保护模式。

（1）改造提升型村庄。主要指具有较好的经济基础和对外交通条件，已有一定的建设规模和基础设施配套，周边用地能满足改扩建需求的村庄。规划在原有规模基础上进行改扩建，逐步完善基础设施，美化村庄环境，引导周边散落的居民点向村庄集中，有序推进改造提升。

（2）拆迁新建型村庄。主要指因城镇建设、重点项目建设（如重大基础设施建设项目、土地整治项目、采煤塌陷区和矿山地质环境恢复治理项目等）和村庄安全需要，必须进行整体拆迁的村庄。新建村庄应做到选址安全、布局合理，并按新型社区标准进行建设。其中，规划将被纳入城镇建设用地的村庄，应按城镇标准建设新社区。

（3）旧村整治型村庄。主要指配套设施不完善但近期需要保留的村庄，规划重点是有步骤地开展危旧房改造，改善村庄环境和生产、生活条件。

（4）特色保护型村庄。主要指具有特殊人文景观（古村落、古建筑、古民居）和自然景观等，需要保护的村庄。规划在保持村庄基础格局、布局形态、建筑风貌的前提下，对现有建筑进行保护、修缮和改造，美化村庄环境。

四、建设要求

（一）总体原则。

在村庄建设和整治中，要坚持不破坏自然环境、不破坏自然水系、不破坏村庄肌理、不破坏传统风貌，做到尊重自然、注重安全、远近结合、因地制宜。

（二）选址布局。

1. 选址要求。新建村庄的选址，应遵循"科学安全、有利生产、方便生活、顺应自然、体现特色、保护文化、传承文明"的原则，便于基础设施配套建设，尽量不占或少占耕地，尊重群众意愿，提倡相对集中。乡村居民点和乡村住房选址，应避让自然保护区、风景名胜区及历史文化保护区核心区域。

2. 村庄布局。按照融入自然、彰显特色的原则，保护生态环境和生态空间，保持绿色山野空间和自然景观，充分尊重当地生活习俗及传统村落布局模式，结合地形、植被、水体等自然因素，形成地域性的乡村风貌。

规模较大的村落，宜结合自然条件分为多个院落布局，院落规模不宜超过30户。院落布局和组合方式应注重相融性与多样性结合，顺应地形、显山露水，宜聚则聚、宜散则散，同时满足农民生产生活需要、符合乡村生活习惯。

单体布局可采用独门独户与多户组合等方式，处理好每户出入口与公共空间之间的关系。

（三）建筑风貌。

1. 一般要求。乡村住房建筑设计应针对乡村生产生活特点，体现"经济、适用、安全"，避免照搬城市住宅设计方法。建筑外观应充分考虑地方历史文化和地域特色，在整体协调的基础上体现多样性。建筑立面力求高低错落，进退变化，层次丰富，与周边环境相呼应，形成优美的天际线。乡村住房一般不宜超过三层，对于人均宅基地较少或建设用地较局促的乡村居民点，可结合实际确定建筑层数。公共配套建筑外观应尽量体现地方特色，使之成为村落的标志性建筑。

平面布局应充分考虑农民生产生活需要，满足面积、通风、采光和朝向等要求。平面设计应提供灵活、可变的功能设计方案，在适宜发展旅游业的区域，为农户经营"农家乐"或"乡村酒店"预留条件。

2. 建筑风格。强化皖北、皖中、沿江、皖西、皖南片区的建筑风格特色。

（1）皖北片区总体建筑风格宜采用中原地区风格。建筑形式敦实、厚重、质朴、方整、规则，前后庭院开敞，围合度较高。墙体色彩深厚；屋顶坡度平缓，以偏青冷色调为主，部分区域可考虑红色。

（2）皖中片区总体建筑风格宜融合皖南民居和皖北民居的特点。建筑形式多样，组合自由。墙体色彩以白色为主；屋顶采用坡屋顶，以青冷色调为主。

（3）沿江片区总体建筑风格宜融合江南水乡和皖南民居特点。建筑形式较多样，前门开阔，后院紧凑。墙体色彩以白色为主；屋顶坡度较大，以灰色为主，注重与圩区地形地貌融合。

（4）皖西片区总体建筑风格宜带有部分徽派元素，建筑形式简洁流畅。墙体色彩以白色为主；屋顶坡度较大，檐口挑檐较宽，以灰色为主，部分可采用红色等饱和度较高的颜色，注重与山区自然风貌融合。

（5）皖南片区总体建筑风格为徽派建筑风格。保护型村庄应注重保护以祠堂为中心、布局紧凑的村落格局和传统建筑，做到修旧如旧。新建村庄应在保持粉墙黛瓦整体风格的基础上，尽量采用传统徽派建筑元素，注重与整体地理人文环境相融合。

（四）环境美化。

乡村环境应合理利用地形，保持田园风光，结合民俗民风，体现乡土气息。

1. 村口景观。景观营造应自然、亲切、宜人，通过小品配置、植物造景、活动场地与建筑空间建设等，突出景观效果，体现村庄特色与标志性风貌。

2. 水体景观。整治疏通河道水系，改善水质环境。河道坡岸尽量随岸线自然走向，采用自然斜坡形式。滨水驳岸以生态驳岸形式为主，采用硬质驳岸的不宜过长，断面形式宜采用台阶式。滨水绿化以亲水型植物为主，丰富河岸景观。

3. 绿化景观。以村口、道路两侧、宅院周边、滨水地区以及不宜建设地段为绿化重点。道路两侧绿化以种植乔木为主、灌木为辅，宅院周边绿化景观应品种适应、尺度适宜。滨水地区以及不宜建设地段应做到见缝插绿。绿化景观材料以本地品种、乡土材料为主，不宜采用维护成本高的绿化树种。注重保护古树名木。

4. 村庄活动空间。结合乡村居民生产生活习惯和民风民俗，适当布置休息、健身和文化设施。注重营造和谐宜居的邻里交往空间，丰富群众文化生活。在适宜发展旅游业的村庄，合理设置游客休闲设施。

5. 庭院环境。庭院环境应注重对围墙、绿篱等围合构筑物和庭院出入口的美化处理，不宜采用大面积的硬质铺装；植物配植采用乔、灌、草结合方式。鼓励村民积极美化庭院，营造户户皆美景的环境效果。

（五）公共服务。

中心村配置"11+4"基本公共服务和基础设施。11项公共服务包括小学、幼儿园、卫生所、文化站、图书室、乡村金融服务网点、邮政所、农资店、便民超市、农贸市场、公共服务中心（村"两委"及科技、就业、警务等便民服务场所）。4项基础设施即公交站、垃圾收集点、污水处理设施、公厕。

自然村配置"2+1"基本公共服务和基础设施。2项公共服务包括健身活动场地、便民超市，1项基础设施即垃圾收集点。

村内服务设施应尽量布置在村庄几何中心附近，方便居民使用。兼有对外服务功能的设施，宜布置在交通便利的路旁或村口。

（六）设施建设。

道路交通工程。道路选线应顺应地形，尽量利用原有乡村道路，避让地质灾害隐患点等不良工程地质条件，按交通需求合理确定道路宽度。主要道路路面采用水泥或其他硬质材料，次要道路路面采用石板、碎石、鹅卵石等乡土材料，具有历史文化特色的街巷路面应采用传统建筑材料。结合邻里交往和休闲健身需求，合理布置村庄步行道。机耕道、巷、梯、坎、径、埂与主次道路连接处，应设置简易警示柱。

给水工程。在城镇供水服务半径内的村庄，应优先采用管网延伸供水。不在城镇供水服务半径内且具备水源条件的大、中型村庄，应采用独立集中供水。小型村庄和相邻村庄可结合实际采用区域集中供水，散户宜采用简易独立供水。选择水源时必须开展水资源勘查，保证水质良好、水量充沛。对村庄生活饮用水水源地，应建立水源保护区实施保护。

排水工程。在确保既有农田排灌水系不受影响及防洪排涝安全的前提下，雨水排放宜采用明沟方式，特殊区段（如人口密集区段等）可用管道或暗沟。生产生活污水应由管沟收集，经污水处理系统处理后排放。新建村庄应采用雨污分流排水系统。

燃料。在城镇供气服务半径内的村庄，应同步敷设天然气管网。不具备生活供气条件的村庄，应优先推广使用新型燃具、灶具，倡导使用沼气、秸秆、农作物残弃物等燃料，鼓励使用太阳能等清洁能源。积极探索秸秆发酵沼气、大中型畜禽粪便处理沼气等集中供气试点和推广工作。

环卫工程。按照"村收集、乡镇运、县处理"的模式，逐步实现村庄垃圾分类收集、封闭运输、无害化处理和资源化利用。对乡村地区医疗废弃物、突发性死亡畜禽、病害农作物等特别废弃物，应预留专门场地进行收集处理。中心村及旅游型村庄应设置水冲式公共厕所。

电气工程。村庄供电线路宜采用架空线方式，沿道路架设，特殊地段可结合地形合理确定路径。低压架空线与建筑物的安全距离、变压器及电气装置应满足相关安全要求。

通信。中心村应设置有线电视节点，按光纤/同轴电缆混合有线电视网方式组网。中心村实现光纤到村，村村通电话。

防灾减灾。应采取主动防灾方式，规划建设生命线工程及重要基础设施。大中型村庄道路应设置两个以上出入口，并在较为开阔的安全地带设置避难场所。集中供水的村庄应布设消防栓等设施，不具备集中供水条件的，可利用既有水系或建设人工消防水池满足消防要求。生产或储存易燃易爆物品的工厂、仓库、堆场等，应设置在相对独立的安全地带。村庄防洪应达到当地和流域防洪标准，易涝地段应规划建设排涝设施。

（七）产业发展。

1. 因地制宜发展农产品生产。依据全省农业发展现状及资源条件，规划构建5个农产品生产集聚区。

（1）淮北平原地区粮食生产集聚区，包括阜阳市、亳州市、淮南市、宿州市、淮北市、蚌埠市。规划形成以小麦、玉米、棉花、大豆生产为主导，以中药材种植和桑果种植为特色，以农产品生产加工、流通为配套的农业生产集聚区。

（2）江淮丘陵区农业生产集聚区，包括六安市、滁州市、合肥市。规划形成以双低优质油菜生产、畜禽养殖为主导，以农产品生产加工、流通为配套的农业生产集聚区。

（3）沿江平原区农业生产集聚区，包括马鞍山市、芜湖市、铜陵市、池州市以及安庆市的沿江平原地区。规划形成以水稻、小麦、棉花、油菜生产，及水产品、畜禽养殖主导，以农产品加工、流通为配套，以观光农业、休闲农业为特色的农业生产加工产业集聚区。

（4）皖南特色农业生产集聚区，包括黄山市，宣城市的旌德县、绩溪县，池州市的石台县、青阳县。规划形成以茶叶、桑果种植和加工为主导，以观光休闲农业为配套的特色农业生产基地。

（5）皖西大别山区特色农业生产集聚区，包括六安市的金寨县、霍山县，安庆市的岳西县、潜山县、太湖县。规划形成以油茶、茶叶、竹、林木和苗木花卉生产为主导，以生态休闲农业和农业加工为配套的农业产业集聚区。

2. 保障传统产业发展。发展高产、优质、高效、生态、安全农业，加快完善现代农业产业体系。严格保护耕地，加强农田水利设施建设，改造中低产田，大规模建设旱涝保收高标准农田。

3. 积极发展特色产业。以自然资源为基础，依托传统产业，因地制宜发展农副产品加工、畜牧水产养殖、观光农业、乡村物流等产业。

（八）文化保护。

保护乡村历史文化。以"西递、宏村皖南古

村落"世界文化遗产为核心，以旌德县江村、绩溪县龙川村、凤阳县小岗村等历史文化名村为重点，系统保护乡村历史文化遗产、景观风貌和人文资源。

发展特色文化。适度保留乡村地区传统节庆活动与文化艺术活动等非物质文化遗产的空间载体，传承乡土文化形式和内涵。强化徽州文化生态保护实验区和中国花鼓灯原生态保护区的建设与管理，促进黄梅戏等地方戏的保护与传承。

五、行动建议

（一）分步实施。

从2013年开始，每年重点培育建设1500个左右中心村，全面推进环境整治、基础设施建设和公共服务配套，建设周期2年；每年治理改造10000个左右自然村，以村庄环境综合整治为重点，建设周期1年。

（二）规划引导。

1. 建立规划体系。以县（市、区）为单位修编完善村庄布点规划，科学确定中心村布点，明确需要保留的自然村数量，并具体分解到镇（乡）。以镇（乡）为单位编制村庄体系规划，明确中心村规模，落实自然村布点。以中心村、自然村为单位编制村庄规划，明确村庄、宅基地和房屋布局及建设要求。

2. 强化技术和经费支持。大力开展村镇干部村庄规划建设专项培训，推进建设干部下基层担任村镇规划建设指导员。设立省级美好乡村建设专项资金，采取以奖代补方式，重点支持中心村规划建设。各市、县（市、区）设立美好乡村建设专项资金，主要用于中心村建设和自然村治理。

福建省人民政府
关于进一步改善农村人居环境 推进美丽乡村建设的实施意见

闽政〔2014〕57号

各市、县（区）人民政府，平潭综合实验区管委会，省人民政府各部门、各直属机构，各大企业：

为贯彻落实《国务院办公厅关于改善农村人居环境的指导意见》（国办发〔2014〕25号），进一步改善我省农村人居环境，推进美丽乡村建设，现提出以下实施意见：

一、明确目标任务

全面实施宜居环境建设行动计划，推动城乡环境整治"点线面"攻坚，以改善农村人居环境为重点，在农村社区规划整治建设"七好"要求基础上，拓展美丽乡村建设内涵，加快推进美丽乡村特色景观带建设，形成串点连线成片的规模效应，全面提升农村生产生活条件，努力建设机制活、产业优、百姓富、生态美的新福建。

——2015年，实施新一轮"千村整治、百村示范"工程，整治改善1000个村庄人居环境，创建100个美丽宜居村庄（美丽乡村示范村），打造30条以上各具特色的美丽乡村景观带。完成合福铁路沿线景观整治，实施造福工程危房改造5万户、20万人，全面完成"十二五"农村饮水安全建设任务。

——到2016年，全省完成3000个村庄人居环境整治，创建300个美丽宜居村庄（美丽乡村示范村），打造90条以上各具特色的美丽乡村景观带。完成福厦、温福、厦深铁路沿线景观整治，实施造福工程危房改造15万户、60万人，完成存栏5000头以上生猪规模养殖场标准化改

造任务，基本实现病死猪无害化处理。

——到2018年，完成5000个村庄人居环境整治，创建500个美丽宜居村庄（美丽乡村示范村），打造150条以上各具特色的美丽乡村景观带。基本完成公路铁路沿线整治提升，实施造福工程危房改造25万户、100万人，全面完成存栏250~5000头的生猪规模养殖场标准化改造任务，全省辖区内生猪养殖场基本实现排放达标。建设改造村道8000公里，全省80%以上的2000人以上建制村实现通达双车道公路。

——到2020年，全省建设改造村道10000公里，符合运营条件的建制村通客车，基本完成现有农村危房改造任务，农村居民住房、饮水和出行等基本生活条件明显改善，人居环境基本实现干净、整洁、便捷，建成800个以上美丽宜居村庄（美丽乡村示范村）。

责任单位：各市、县（区）人民政府，省住建厅牵头，省直相关部门配合

二、规划先行，分类指导推进

（一）强化规划引领。不断完善村庄规划，增强规划的适用性和可操作性，推进规划落实到位。

1. 分层面完善规划。要在县城（城市）规划修编时进一步完善县域村镇体系规划，明确包括重点镇、中心村在内的镇村整体布局，合理确定基础设施、公共服务设施的项目和建设标准，提出不同区位、不同条件村庄环境改善的类型和时序。要抓紧修编或重新编制时间较长已不适应

发展需要，或者编制不到位甚至"套图"的村庄规划；严格按照住房城乡建设部《历史文化名镇名村保护规划编制要求》和《传统村落保护发展规划编制基本要求》，加快组织推进历史文化名镇名村、传统村落保护规划的编制，科学指导保护和建设工作。

2. 优化规划内容。村庄规划要深入实地调查，坚持问题导向，发动农民充分参与，做到符合村情村貌，满足村民需求，并与土地利用总体规划等规划相衔接；要保护农村的自然生态、田园风光；加大普查力度，挖掘认定历史建筑、特色建筑，明确切实可行的保护措施，做到"望得见山、看得见水、记得住乡愁"。要明确公共项目的实施方案，提出加强危房改造、村民建房质量和风貌管控的要求，合理区分生产生活区域，统筹安排生产性基础设施；规划成果要通俗易懂、简单管用，主要项目要达到可直接实施的深度，并履行法定报批程序。

3. 提高规划执行力。村民是规划实施的主体，要组织规划编制人员和基层村镇建设管理人员，进村入户宣讲村庄规划，让村民了解规划、熟悉规划、看懂规划、认同规划。要把规划实施的相关规定写入村规民约，将规划转化为村民自觉的行动，实现村民对规划要求的自我约束、自我维护、自我管理。

责任单位：各市、县（区）人民政府，省住建厅、文化厅、国土厅、民政厅

（二）分类指导推动。各地要结合实际，按照三个层面分类指导村庄人居环境治理，推进美丽乡村建设。

1. 基本整治村。对于经济基础比较薄弱、区位比较偏远、基本生活条件尚未完善的村庄，按基本整治村来改善村庄人居环境，重点做好水电路气房改厕等基础设施建设，整治旧房裸房和环境卫生，做到村容整洁、环境干净。

2. 重点整治村。对于有一定经济基础、基本生活条件比较完善的村庄，按重点整治村来改善村庄人居环境，着重围绕旧房裸房、垃圾处理、污水治理、村道硬化、村庄绿化（房前宅后菜地化）、河塘沟渠疏通改善等内容开展环境整治，并推进畜禽粪污综合治理、秸秆和沼气综合利用、农村户厕改造、生产性设施和公共场所建

设、乱堆乱放乱搭建清理以及土地整治，明显改善村庄人居环境质量。

3. 美丽乡村示范村。对于区位条件比较优越、经济基础比较好、村民积极性比较高的村庄，按美丽宜居村庄来改善村庄人居环境，引导其按照"三整治、三提升"的整治建设内容开展整治，努力打造美丽乡村示范村。旅游资源丰富、基础设施和交通条件较好的村庄，特别是古镇名村，在创建美丽宜居村庄（美丽乡村示范村）的同时，应按照我省乡村旅游休闲集镇（村）标准，科学规划，注重保护，充分融入旅游要素，建设美丽乡村的升级版——乡村旅游特色村，打造美丽乡村精品项目。

责任单位：各市、县（区）人民政府，省住建厅、农业厅（农办）、环保厅、国土厅、旅游局

三、突出重点，深化整治建设

（一）抓好村庄整治建设。在改善村庄人居环境过程中，尽可能遵循"六不六多"的原则，即不推山、不填塘、不砍树、不搞村里的宽马路、不过多使用水泥钢筋、不在门前屋后搞过度硬化；多依山就势、多因地制宜、多做庭院菜地、多搞村庄绿化、多用乡土材料、多搞地方特色的建筑。各地可按分类推进的要求，合理确定整治重点和建设内容。

1. 整治生活环境。深化农村"家园清洁"行动，推动生活垃圾资源化利用。对金属、瓶罐、纸张、塑料等可再生垃圾进行回收利用；对瓜果蔬菜、易腐垃圾等进行作肥农用；其余垃圾按照"村收集、镇转运、县处理"方式集中处理。健全村庄保洁制度，完善处理设施，按2人/千人以上标准配足保洁人员，市、县、镇、村四级要共同做好卫生保洁资金投入的保障工作。梳理规范各种线路杆线，引导村民使用环保天然气、液化气，规范晒衣架，有序堆放柴火等杂物，整治占用乡村道路晾晒、堆放等现象。在环境可承载范围内，依规划建设水冲式生态环保家禽家畜圈养场所，推进规模化畜禽养殖区和居民生活区的科学分离，做好畜禽粪污综合治理和利用。合理处置病死动物、农药包装物、农膜等废弃物。

责任单位：各市、县（区）人民政府，省住

建厅、农业厅（农办）、环保厅、通信管理局、新闻出版广电局、电力公司

2. 整治农村生活污水。城镇周边的村庄，通过延伸管网纳入现有污水处理厂处理；规模较大、有条件的村庄可集中处理；其他村庄可采取几户合并或单户分散处理。对居住集中、管网施工条件较好的村庄，可建设生活污水管网收集处理；对污染程度小、人口分散的村庄，按"旱季零排放、中雨小雨小溢流、大雨暴雨冲着走"的原则，改造现有沟渠用于生活污水收集。要选择生活污水处理适用技术。一般采用整体式粪池、三格式粪池、氧化塘等简易处理技术，处理后向田间排放；对排放水质要求更高的区域，可采用化粪池加人工湿地，或微动力生态处理，或生物滤池等处理后向田间排放。加快无害化卫生厕所建设或改造步伐，合理配建水冲式公厕。

责任单位：各市、县（区）人民政府，省住建厅、环保厅

3. 整治旧房裸房。旧房裸房外墙可采取个性化装饰或统一简易装饰，屋顶可进行"平改坡"或挑檐等改造，与传统瓦屋面相衔接，突出地域特色；维修和保护历史建筑、特色建筑，形成整体风貌和地域特色。结合土地整治、"两违"清理和村民合理的建房需求，加强公共空间治理，整治农房院落、废弃住房、临时搭盖、闲置宅基地及闲置用地，制定农村危房改造规划，加快危改步伐，建立健全农村基本住房安全保障长效机制。推进农村建筑工匠认证，加强农房建设质量安全和抗震监管，做好地质灾害点房屋搬迁，出台绿色农房建设技术细则，提升农房节能性能。

责任单位：各市、县（区）人民政府，省住建厅、农业厅（农办）、国土厅、文化厅

4. 提升公用设施建设水平。改善村庄内部道路，地面铺装优先考虑砂石路面等，不行车的可选择透水砖等生态材料，严禁利用水泥过度硬化；村道走向应顺应地形，保留原始形态。加强乡村水源水质监测和饮用水源周边企业监管，完成全省农村饮水安全工程"十二五"规划任务，加快解决饮水安全问题。乡镇政府要加强村庄防灾避灾场所、防洪和消防设施建设，推进小城镇基础设施以及商业服务设施向乡村延伸，加快农村互联网基础设施建设，推动宽带网络全面覆盖。同时，发展户用沼气，促进乡村养殖业发展，引导农民开展秸秆还田和秸秆养畜等综合利用，支持秸秆能源化利用设施建设。要考虑种养大户等新型农业经营主体规模化生产的实际需求，统筹规划建设晾晒场、农机棚等生产性公用设施。

责任单位：各市、县（区）人民政府，省住建厅、交通运输厅、农业厅（农办）、水利厅、民政厅、经信委、通信管理局

5. 提升生态保护修复水平。县（市、区）要加强乡村水土流失区综合治理，治理修复辖区内水流域和旅游景区；乡镇要大力开展水保生态村和绿色村庄创建活动，加固山体边坡，采取生态手法整治、疏通和修复水塘沟渠；村庄要加强风水林和古树名木保护，推进"四旁四地"（村旁、宅旁、水旁、路旁；宜林荒山荒地、低质低效林地、坡耕地、坡荒地）和裸露地块绿化或四季种菜，多种乡土乔木、花灌木，少种大草坪和造型植物，尽可能做到黄土不露天，并做好农田菜地之间的隔离带绿化美化，提升田园景观风貌。通过上下联动，保护山水田林、水乡风韵和山村风貌，使村庄整体风貌与自然环境相协调。

责任单位：各市、县（区）人民政府，省农业厅（农办）、水利厅、林业厅、住建厅

6. 提升经济社会发展水平。培育休闲农业、乡村旅游、文化创意等产业，分类引导产业发展。美丽乡村示范村要注重打造特色产业，树立"一村一品"；历史文化名村、传统村落要挖掘地域文化特色，引导发展乡村文化体验游；其他村庄要因势利导推进乡村产业发展，增加农民收入。推进乡村社会建设，维护社会和谐稳定。树立文明新风，保护传承建筑文化、民间文化、农耕文化等乡村文明。

责任单位：各市、县（区）人民政府，省农业厅（农办）、旅游局、住建厅、文化厅

（二）建设美丽乡村景观带。景观带建设要做到"四个到位"：一是整体规模到位，景观带长度一般不小于10公里，能凸显环境整治连线成片效果；二是村庄整治到位，景观带两侧各300米范围内村庄要按美丽乡村三个层面分类整治建设；三是绿化美化到位，景观带沿线两侧开展生态林和经济林建设，按要求在公路铁路沿线

因地制宜建设绿化带，形成有序和富有特色的绿色生态景观；四是生态修复到位，治理沿线乱采滥挖，保护和清洁湖泊、河流、渔塘等水系水域，恢复因公路、铁路施工遭破坏的山体、地表、水面等原有自然环境景观，沿线山水、田林等环境要素比较自然生态，体现比较浓郁的乡村风貌和田园风光。

责任单位：各市、县（区）人民政府，省住建厅、林业厅、交通运输厅、水利厅、环保厅、农业厅（农办）

（三）加快公路铁路沿线整治绿化。要以"三整治二构建一建立"（整治城乡结合部、整治沿线村庄、整治企业环境、构建绿色通道、构建生态环境、建立长效机制）为主要整治内容，以高铁沿线、高速公路互通口至城区、铁路车站至城区、城镇连接新区和风景名胜区、国道省道、省级绿道、福厦泉绕城高速公路及快速通道等为重点整治区域，加快推进沿线两侧城乡结合部、村庄、企业厂房的环境整治，大力开展植树绿化，恢复和保护自然生态，进一步改善和提升公路铁路沿线环境景观面貌。

责任单位：各市、县（区）人民政府，省住建厅、交通运输厅、林业厅、经信委、农业厅（农办）、水利厅、国土厅、环保厅、铁办

（四）深化流域治理。扩大整治面，推进水流域综合整治由小流域向"六江两溪"、旅游景区拓展，形成重点景观区域、小流域和重要流域全面推进的治理格局，整体提升环境保护整治水平。要突出生态修复，提升生态水利工程设计水平，加强生态护坡、驳岸及岸线景观建设，重塑溪流河道的弯曲岸线，营造自然深潭浅滩和泛洪漫滩，为生物提供多样化的生态环境。要加快推进"六江两溪"流域1公里范围内和土楼保护区范围内292个乡镇、3080个建制村的污水处理设施和管网建设。2015年前，292个乡镇建成污水处理设施和垃圾转运站，实现污水有效处理；2016年前，1500个建制村实现污水有效处理；2018年前，3080个建制村全部实现污水有效处理。

责任单位：各市、县（区）人民政府，省水利厅、住建厅、环保厅、农业厅（农办）、林业厅、财政厅、旅游局、发改委、国土厅

四、加强保障，完善体制机制

（一）创新投入方式。加大各级资金投入，建立政府主导、村民参与、社会支持的投入机制。省级安排专项资金，实施"以奖代补"。以县级为主加强涉农资金整合，做到渠道不乱、用途不变、统筹安排、形成合力。乡镇和村集体要积极筹集整治建设资金，进一步完善村级公益事业建设一事一议财政奖补机制。引导农民通过投工投劳等方式，参与农村人居环境建设。发动乡贤通过赞助、冠名等模式，支持乡村人居环境改善。引入社会资本，参与农村人居环境整治和乡村旅游开发，保护和开发利用历史文化名镇名村和传统村落。同时，研究、推动政府通过委托、承包、采购等方式向社会购买村庄规划建设、垃圾收运处理、污水处理、河道管护等公共服务。各地可根据自身实际，参照泉州市按村庄常住人口每人每年不少于30元标准安排保洁经费的做法，采取市、县（区）、乡镇各承担10元的筹资方式，建立健全保洁经费保障长效机制。

责任单位：各市、县（区）人民政府，省财政厅、住建厅、农业厅（农办）、水利厅、文化厅、民政厅、交通运输厅、林业厅、旅游局

（二）建立共管长效机制。推进乡村规划师选拔培训试点工作，从村民中选拔培训乡村规划师，协助乡镇村建站和村"两委"落实美丽乡村规划。强化农民主体地位，村"两委"要指导成立人居环境改善或美丽乡村建设治理村民理事会，制定村规民约，建立农村人居环境改善治理自下而上的民主决策机制，以多数群众的共同需求为导向，不搞形象工程，推行村内事"村民议村民定、村民建村民管"的治理机制，防止政府大包大揽，并引导村民全过程参与项目规划、建设、管理和监督，不得强制或变相摊派，增加农民负担。完善村务公开制度，推行项目公开、合同公开、投资额公开，接受村民监督和评议。县、乡镇两级要抓好村民建房图集推广等技术服务，推进"两违"综合治理，建立污水垃圾、村道河道、供水等公用设施长效管护制度，把管理责任落实到人。

责任单位：各市、县（区）人民政府，省住建厅、农业厅（农办）、财政厅、民政厅

（三）加强领导和督查。各级各有关部门要把改善农村人居环境，作为推进生态文明先行示范区建设和科学发展、跨越发展的重要载体和重大举措，切实加强组织领导和宣传发动，统筹考虑、同步推进农村整治建设和经济社会发展。市、县（区）政府要加强乡镇村建站机构建设，充实专业技术人员，统筹人居环境改善和美丽乡村建设，科学编制和实施规划，合理安排年度建设任务。省政府将改善农村人居环境工作纳入省宜居环境建设行动计划统一督查考核，省宜居环境建设指挥部办公室要牵头加强协调督促、统筹推进，指挥部各成员单位要按职能分工主动作为，强化指导，形成合力，抓好落实。

责任单位：各市、县（区）人民政府，省住建厅、农业厅（农办）、财政厅、编办

福建省人民政府
2014 年 11 月 21 日

广西壮族自治区人民政府办公厅
关于印发《乡土特色建设示范工作方案》的通知

桂政办发〔2015〕60号

各市、县人民政府，自治区人民政府各组成部门、各直属机构：

《乡土特色建设示范工作方案》已经自治区人民政府同意，现印发给你们，请认真组织实施。

广西壮族自治区人民政府办公厅
2015年7月2日

乡土特色建设示范工作方案

为加快推进广西"美丽乡村"建设，延续历史文脉，凝聚故土情结，记忆乡愁思绪，根据中央和自治区相关文件精神，现就我区实施乡土特色建设示范制定本方案。

一、总体要求

（一）指导思想。

深入学习贯彻习近平总书记系列重要讲话精神，全面贯彻落实党的十八大和十八届三中、四中全会精神，按照自治区党委、自治区人民政府的决策部署，坚持以新型城镇化为引领，以"美丽广西·乡村建设"为平台，以传承乡村农耕文明、彰显壮乡桂韵魅力为目标，以深化乡村规划建设管理制度改革为抓手，以现有建筑的乡土化改造、新建建筑的乡土化引导、乡村环境要素的乡土化重构、乡村规划建设管理制度化完善等为重点，着力改善农村人居环境，突出"乡土、乡情、乡愁"，提升"精气神"，打造有韵味、有特点的村落民居，建设农业功能充分发挥、农村发展生机勃勃、农民幸福指数较高的社会主义新农村，成为统筹城乡发展和新型农村建设的新平台、新亮点。

（二）基本原则。

1. 统筹谋划，点面结合。按照沿线、成片的要求和"点、线、面"结合的方式推进，在"点"上打造精品，示范带动；在"线"上统筹谋划，突出对流域、路网沿线的集中推进，形成线状、块状规模和亮点；在"面"上大力推广，调动地方探索推进乡土特色建设的积极性，提升乡村建设整体水平。

2. 循序渐进，量力而行。将乡土特色建设示范作为全区农村经济社会发展的重大项目，整合各方力量，大力推进。各地应从实际出发，立足现有条件和财力可能，统筹谋划、分期实施，不搞遍地开花，防止大拆大建。

3. 发动群众，尊重意愿。正确处理"好看"与"好用"的关系，广泛发动群众积极参与，坚持"政府作引领，专家提建议，群众定主意"的规划设计原则，把实施乡土特色建设示范与促进"三农"工作相结合，尊重群众意愿，避免大包大揽，不搞形象工程，不增加农民负担。将乡土特色建设示范作为"凝聚故土情结、记忆乡愁思绪"的重大工作，引导群众自愿投工投劳、捐款捐物参与建设，鼓励有社会责任感的企业在自愿的基础上开展帮扶。

4. 因地制宜，凸显特色。以我区山水环境、民族文化、乡土特色为依托，推进特色鲜明的乡土建筑和环境改造，充分发挥地方和群众的自主性、创造性，实施差异化建设、特色化打造，彰显不同区域的乡村特色。

5. 整合资源，集中投入。完善乡村建设的"整合资源，集中投入"模式，按照"美丽广西·乡村建设"活动的总体部署，与旅游强县、现代特色农业核心示范区建设，以及自治区级以上传统村落、历史文化名镇名村、宜居村镇、特色景观旅游名镇名村建设相结合，进一步整合相关涉农资金集中投放，在推进乡土建筑和环境改造的同时，完善乡村基础设施和公共服务。

二、目标任务

（一）工作目标。

2015~2017年，力争打造15个乡土特色建设示范县、200个乡土特色建设示范村，带动建成约2000个美丽宜居村庄、宜居社区，基本完成流域、路网沿线等区域集中整治。示范县的乡村规划建设制度完善、管理有序，乡土建材、技术服务、工匠储备、工作机制等成熟完备，乡土建设特色鲜明、成效明显。示范村呈现民族风情浓郁、乡土特色鲜明、人文环境和谐的新风貌。集中整治的流域、路网沿线村庄环境整洁、生态优美、设施完善、特色鲜明、乡土气息浓厚，成为靓丽的风景。

2015~2017年，深化乡村规划建设管理制度改革取得初步成效，县级规划建设主管部门—乡镇建设管理站—村委会—乡村规划理事会（乡村规划协管员）四级管理体系基本建立；村庄规划接地气、合实情、能读懂、易操作，作为统筹村庄经济社会发展的实施纲要；乡村规划建设管理总体进入规范化轨道。

2015~2017年，全区农村基础设施和公共服务进一步完善，污水和垃圾得到全面有效处理，历史文化名村和传统村落得到有效保护与发展，农村人居环境得到全面改善，在乡土特色建设示范村中建成50个广西特色名村。

（二）主要任务，即"四化、两改、三示范"。

1. "四化"，即存量农房乡土化、农房居住舒适化、建设用材本土化和乡村美景特色化。

（1）开展修缮改造，实现存量农房乡土化。对存量农房进行乡土化改造。以村庄自然环境为依托，以农房原有建材为基础，开展必要的修缮和改造，增添适量构件和元素，使现代建筑有特色、传统建筑有韵味、使用功能有提升、建筑安全有保障。以满足群众生产生活要求为基础，因地制宜、因村而异、因材施策。砖混结构的，以增加构件和局部改造为主；生土、砖木等结构的，以内部加固、外部还原为主。保留房屋原有墙体饰面，按照地域文化和民族特色适当改造，重在增加构件和元素，不搞千篇一律的"涂脂抹粉"，不搞"大拆大建"，倡导协调美观、求同存异，确保改造后的农房与村庄整体风貌、自然环境和谐统一。

（2）加强设计引导，实现农房居住舒适化。坚持以人为本，按照经济适用、美观宜居、舒适时尚的要求，加强农房设计、建材使用、装修装饰的指导，以及规划建设服务工作，不断满足农民群众对改善居住条件、居住环境的需求。

（3）推广新型建材，实现建设用材本土化。一是推进新型墙材的本土化。充分发挥地方建材成本低的优势，加强新型墙体材料革新，积极推进混凝土砌块等新型建筑材料生产线的技术改造、更新升级，生产符合节能要求、为群众接受、经济实用的混凝土清水砖、砾岩烧结砖等新型墙材，提高墙材的光洁度、平整度和强度。二是推进其他建筑用材的本土化，广泛采用毛竹、卵石、篱笆、废石材边角料、青石板、片石、三合土等本土材料。三是加强对农村新建房屋的乡土化引导。一方面，注重新建农房的特色塑造，通过政策和资金的支持，引导农民、农村建房使用本土化的新型墙材，形成广西特色的混凝土清水墙、砾岩烧结砖清水墙，减少以至替代外立面涂料、瓷砖等的使用；引导农民按照标准图集和地域特色新建农房，凸显桂北、岭南、桂中、滨海、沿边等区域和民族地区的特色风格。另一方面，加强农村建筑工匠使用本土建材的培训，引导各地成立农村建筑工匠自治组织，提高建筑工匠的建筑技能和乡土化建设水平。

（4）实施环境修复，实现乡村景观特色化。以村屯原始风貌为参照，按照村庄原有的格局肌理，在村庄现状格局、道路、绿化、水系、院落等基础上充实完善和修复性重建。一是保护延续传统格局。对村屯原有的格局进行挖掘提炼，尽量保持原有的发展格局，沿原有的文化脉络布局发展。二是开展乡土化建设。道路方面，新区主干道或部分次干道、旧区主干道可进行水泥或沥青硬化（历史文化名村、传统村落等古村落需要保护的道路除外），次干道和巷道等乡村道路尽量使用青石板、三合土、卵石等乡土建材。排水排污方面，尽量在原有自排系统的基础上进行改造，污水要尽量通过沼气池或三级化粪池处理后进入排水系统收集，进行集中或分散处理。垃圾处理方面，推进垃圾处理减量化、资源化，以及垃圾分类收集和处理，积极探索就近就地处理的适用技术。绿化方面，种植地方树种，注重乔木、灌木、花草的搭配和绿化、果化、彩化、美化的要求，加大古树名木保护力度。水系方面，保护自然岸线，并采用本土化材料进行加固或种植竹子等进行固化，疏通村内水系。农村院落方面，进行果化、美化和发展庭院经济。村屯整治方面，注重配套相应的基础设施和公共服务设施，做好山水风情、民族特色、田园风光的文章；注重采用生态措施对村屯环境进行综合整治，推广植物墙、边坡绿植、巷道绿廊、巷道挂篮和栅栏，以及微菜园、微田园、微果园建设，重塑乡村美景，使村庄延续农耕文明，展现安居乐业、宁静祥和的特色美景。

2. "两改"，即改革乡村规划建设管理体制、改善农村人居环境。

（1）改革乡村规划建设管理制度。一是构建县级规划建设主管部门—乡镇规划建设管理站—村委会—乡村规划理事会（乡村规划协管员）四个层级的乡村规划建设管理体制机制，探索建立政府与农民对话的协调机制，推进政府与农村自治组织、农民对基础设施、公共服务设施的合作管理；实行乡村规划建设许可制，坚持先批后建、一户一宅、面积控制、建新拆旧；建立村镇建设工程质量监管机制和查处"两违"建设的有效机制，推行民办公助、村民自建机制，全面提升管理效能。

二是转变村屯规划编制理念和村屯规划实施的组织形式。转变过去按照城市规划的理论和方式来编制村庄规划的理念，把村屯规划作为农村经济发展的纲要来统筹谋划、精心设计、系统运作。坚持实用性与艺术性相统一、历史性和前瞻性相协调，充分体现地方特点、文化特色和时代特征，充分考虑农民创业和村级集体经济发展的需要，融田园风光、人文景观、现代文明、经济发展于一体，促进农民就地就近就业和增加工资性收入。转变规划编制和实施的组织形式，发挥乡村规划理事会在参与村屯规划编制和实施中的作用，注重采纳基层干部和群众的合理意见建议，严格按照程序公示、审批。

三是开展"两活动"，推进"四试点"建设。在乡土特色建设示范中开展乡村规划建设管理示范县、示范乡镇、示范村屯建设和"村屯规划我做主"活动；探索建立乡村规划师与乡镇挂钩联系机制试点、基础设施建设引领试点、农村建筑工匠领建试点、建筑用材本土化试点。

（2）改善农村人居环境。一是深化拓展"美丽广西·乡村建设"活动。在完善农村生活垃圾"村收镇运县处理"体系建设的基础上，重点推进"村收镇运片区处理"终端建设，以及农村生活垃圾就近就地处理设施更新改造，加快建立长效机制，形成垃圾处理的常态化模式；加强农村垃圾处理适用新技术、新机制、新模式的研究和推广，探索后发展地区农村垃圾处理的有效实现形式。

二是加强基础设施建设。以村屯道路硬化为抓手，引导各地采用不同材质、不同技术方案、不同特色风格建设村道、巷道；整合相关部门资源同步完善排水、生活污水处理、绿化等相关基础设施和公共服务，进一步改善群众的生产生活条件。

三是加强历史文化名村、传统村落保护发展。开展传统村落补充调查，进一步摸清广西传统村落底数和现状，基本完成自治区级以上传统村落保护发展规划编制；推进各类型村落保护发展试点建设，探索土地调整、产权置换等保护发展新途径；加快推进传统村落申报中国历史文化名村；加强广西特色名村建设。

加强对农民按规划和要求开展农房改造建设

的引导。自治区、市、县（市）财政安排一定的资金，在乡土特色建设示范框架内，对农户按规划和要求改造、建设农房，给予差别化的奖补，对农户改造、建设符合规划要求、建筑特色鲜明的农房，给予较高档次的奖补。制定确权登记和信用等级评定的激励政策，依法依规对农房实行区别化分类确权登记颁证。在国土资源部门确认宅基地合法的前提下，住房城乡建设部门对农房符合建设规划控制要求、建筑设计要求、建筑特色风貌要求等规划设计条件做出评价，国土资源部门颁证或换证时将评价意见在产权证书上标注并纳入信息系统，金融部门在信用评定时将农房评价信息作为农户信用等级评定的重要参数，并赋予一定的权重，促进乡村规划建设管理水平的提升。

3. "三示范"，即按照"点、线、面"相结合的方式，分层次推进乡土特色建设示范县、示范区和示范村建设。

（1）示范县。结合创建城镇化示范县、旅游名县、现代农业核心示范区，以及保护历史文化名村、传统村落等，每年选取 5 个左右县开展乡土特色建设示范，主要开展乡村规划建设管理制度改革试点，存量农房乡土化改造、乡土建筑材料推广使用，农村建筑工匠培训及相关机制建立，乡土建设图集推广等工作，每个县建设 5 个左右示范村。

（2）示范区。以"美丽广西·乡村建设"活动重点区域的江河流域、交通路网等作为基本片区，块状、线状地推进乡土特色建设示范，主要开展人居环境整治、建筑特色塑造、新型墙材推广等工作，并选择其中节点村屯开展示范村建设，形成块状、片状规模和亮点。

（3）示范村。除示范县、示范区之外，每年按照自愿申报或以奖代补的方式，选取 60 个左右建筑特色鲜明、文化内涵丰富、现状基础条件较好、群众积极性较高的村作为乡土特色建设示范村，按照整村推进的办法实施"四化、两改"工作。

各级示范单位的遴选，采用竞争性立项的方式，在各地自主申报的基础上，由住房城乡建设厅、财政厅组织竞争性立项评审，报请自治区人民政府审定后实施。

三、资金筹措和安排

（一）自治区本级资金筹措和安排。

延续城乡风貌改造资金整合和筹措方式，整合相关部门资金集中投入。其中：自治区本级将原城乡风貌改造资金整体用于乡土特色建设示范；对自治区民委、国土资源厅、环境保护厅、住房城乡建设厅、交通运输厅、水利厅、农业厅、林业厅、文化厅、旅游发展委等部门相关涉农项目资金，继续采用"菜单式管理、标准件建设"的办法，在明确建设对象后对口安排项目资金，各级各有关部门根据项目资金安排承担相应的工作职责。

（二）补助资金和市县资金配套要求。

1. 示范县和示范村。自治区本级按每个示范县 400 万元、每个示范村 150 万元的标准进行补助，各地按照自治区审定的创建广西乡土特色建设示范县或示范村的工作方案组织实施，不足部分由各市、县（市）自筹解决；示范县建设总投资一般不低于 800 万元，示范村建设总投资一般不低于 300 万元。

2. 示范区内沿线村庄人居环境整治项目投入，按照各部门的要求组织实施，其建筑乡土化改造按照 3000 元/户的标准补助。

四、实施范围和时限

（一）实施范围。

示范县的选取，主要考虑广西特色旅游名县、城镇化示范县。每年将 3 个左右的特色旅游名县和 2 个左右的城镇化示范县纳入建设范围。示范区的选取，主要考虑"美丽广西·乡村建设"活动重点区域、现代特色农业核心示范区，漓江、西江、柳江、左右江、盘阳河等重要江河流域，以及贵广高铁、南广高铁和高等级公路等重要交通干线，每年推进 1~2 条线路的集中整治和示范建设。示范村的选取，优先考虑传统村落、历史文化名村、特色景观旅游名村以及未列入示范县的广西特色旅游名县、城镇化示范县、现代特色农业核心示范区等的重要节点村落。

（二）实施时限。

2015~2017 年，各级示范建设周期为 2 年。

五、工作措施

（一）加强组织领导，明确工作职责。

将广西乡土特色建设示范工作纳入"美丽广西·乡村建设"中，在"美丽广西·乡村建设"领导小组的统一领导下，由住房城乡建设厅牵头会同相关部门共同推进。各地也要按照自治区的部署和安排，构建在当地"美丽广西·乡村建设"领导小组统一领导下，住房城乡建设部门牵头，相关部门共同参与的工作机制。

（二）转变设计理念，提升建设水平。

实施乡土特色建设，规划设计是基础，建设水平是关键。要树立"把农村建设得更像农村"的规划设计理念，在规划内容上加强风格特色研究，在设计手法上优先考虑整体环境，在改造方案上突出"保护、修缮、改造"，在建筑用材上倡导"本土、实用、节约"。要注重挖掘传统文化，配套建设村史室，将文化内涵植入村庄的山水田园、农房院落、生产生活等。要建立广西乡土特色建设的研究和服务机构，加强技术指导服务，实行服务机构与示范县、示范村挂钩联系制度；推广乡土特色建设实用图集和技术导则，在具备条件的地方探索农村建房现代化、产业化模式。充分发挥农村能工巧匠的作用，及时解决项目建设中遇到的问题；要强化监督检查，完善工作机制，确保工程进度和质量安全。

（三）加大整合力度，形成工作合力。

进一步拓宽筹资渠道，加大建设投入，形成工作合力。要将绿满八桂、文物维修、特色村寨建设、村屯道路硬化、土地增减挂钩、扶贫开发、一事一议等涉农项目资金统筹使用，做到"渠道不改、用途不变、统筹安排、形成合力"。充分引入市场机制，积极引入社会资本参与具有市场前景和招商可能的项目建设，坚持"谁投资、谁经营、谁受益"的原则。加强结对帮扶，鼓励有社会责任感的企业或农民企业家与自己的家乡或贫困村开展"一企一村"结对建设活动，进一步激发农民群众建设家园、美化家园和热爱家园的热情，促进乡土特色建设示范项目顺利实施。

（四）强化人才培养，增强技术支撑。

将乡村建设管理人才培养作为提升乡村建设管理水平的重要工作。自治区有关部门要加强与高等院校、职教培训机构的沟通联系，将乡村规划、设计和建设管理等内容纳入教育课程，开设定向培养或专门培训班。各地住房城乡建设部门要选派优秀人才参加乡村规划建设的继续教育和培训，培养一批懂专业、了解乡村的工匠型技术人才。要加强农民工匠的培训和管理，提升农民工匠的政策理论水平和建筑技艺，探索农民工匠自治管理的新模式。

（五）加强宣传引导，营造良好氛围。

把宣传发动工作贯穿于乡土特色建设示范实施的全过程，注意宣传方式创新，采用网络、微信平台等形式对实施乡土特色建设示范的重要意义、目标任务、政策措施、工程进展等进行全方位的宣传和报道；采用山歌、大手拉小手等方式提升宣传效果，使其家喻户晓、深入人心。要加强经验总结，及时推广，让干部农民群众看到成效，知晓过程；要强化目标考核，把乡土特色建设示范工作作为对市、县（市、区）年度考核的重要依据，纳入绩效考评范围。

（六）创新机制模式，实现健康持续。

加大乡村规划建设管理改革创新力度，建立健全管理机构和体制，下移管理重心，加强农村住宅建设的引导，向农民免费提供乡土化住宅和环境设计方案，探索符合我区农村特点、有利于乡土特色塑造的农房改造、建设的奖励模式，促进乡土建筑在农村地区推广应用；创新乡村基础设施、公共服务设施管护长效机制，逐步实现城乡管理一体化。

贵州省人民政府
关于实施贵州省"四在农家·美丽乡村"
基础设施建设六项行动计划的意见

黔府发〔2013〕26号

各市、自治州人民政府，贵安新区管委会，各县（市、区、特区）人民政府，省政府各部门、各直属机构：

根据国家实施美丽乡村建设要求，按照省委"四在农家·美丽乡村"决策部署，特制定本意见，请认真贯彻执行。

一、重要意义

贵州与全国同步全面建成小康社会，重点在农村，关键在农民。实施贵州省"四在农家·美丽乡村"基础设施建设——小康路、小康水、小康房、小康电、小康讯、小康寨六项行动计划（以下简称六项行动计划），加快推动基础设施向乡镇以下延伸，是广大农民群众最期盼、最想做的事，是党的群众路线教育实践活动中基层提出的普遍性民生需求实事，是推进农村生态文明建设的迫切要求。把这项政治工程、发展工程、民生工程办实办好，为"四在农家·美丽乡村"建设提供硬件支撑，切实改善农村生产生活条件，对拉动投资、扩大内需、优化公共资源配置、推动城乡发展一体化、提高扶贫开发成效、加快农村全面小康建设进程，进一步巩固党在农村的执政基础，具有十分重要的意义。各级各部门要统一思想、提高认识、同心同力、艰苦奋战，力争用5~8年时间，建成生活宜居、环境优美、设施完善的美丽乡村。

二、工作原则

——坚持以人为本，突出农民利益保障。始终把农民群众的利益放在首位，切实解决农民群众反映最普遍、最迫切的民生需求，尊重农民群众的知情权、参与权、决策权和监督权，做到乡村基础设施群众共建、共管、共用。

——坚持规划优先，突出资源优化配置。因地制宜，立足山区特色、民族特色、生态特色，注重实在、实用、实效，全面覆盖、分类实施、分步推进，实行差别化建设路径，科学编制规划，明确建设时序，确定实施重点。

——坚持分级负责，突出县乡主体责任。省负总责、市（州）和贵安新区负管理责任、县（市、区、特区）负主要责任、乡（镇、街道）负直接责任、村（社区）负具体责任，以县为单位通盘考虑、整合资源、多方参与，整村整寨统筹推进。

三、目标任务

按照"十二五"期末的2015年、本届政府任期结束的2017年、与全国实现同步小康的2020年三个时间节点安排建设任务，重点以到2017年为时间节点安排建设时序和资金，分年度确定工作任务和工程量，在2015年、2017年有阶段性成果。

（一）实施"四在农家·美丽乡村"基础设施建设——小康路行动计划。围绕建成结构合理、功能完善、畅通美化、安全便捷的小康路，到2015年建制村通畅率、通客运率达到75%，2013~2015年建设通组（寨）公路2.4万公里、人行步道1.92万公里；到2017年实现建制村

100%通油路、100%通客运，累计建设通组（寨）公路4万公里、人行步道3.2万公里；到2020年全面实现"组组通公路"、原"撤并建"行政村100%通畅的目标，累计建设通组（寨）公路6.5万公里、人行步道5.2万公里。

牵头单位：省交通运输厅、省财政厅（省农村综合改革领导小组办公室）；责任单位：各市（州）人民政府、贵安新区管委会、县（市、区、特区）人民政府，省发展改革委、省国土资源厅、省农委、省水利厅、省林业厅、省扶贫办、省移民局、省烟草专卖局等。

（二）实施"四在农家·美丽乡村"基础设施建设——小康水行动计划。围绕建设安全有效、保障有力的小康水，到2015年全面完成"十二五"规划农村饮水安全任务（2014～2015年解决468.04万人），2013～2015年小型水利工程发展耕地灌溉面积278.04万亩；到2016年全面完成农村饮水安全任务（当年解决696.96万人）；到2017年小型水利工程发展耕地灌溉面积累计463.4万亩；到2020年小型水利工程发展耕地灌溉面积累计662万亩。

牵头单位：省水利厅；责任单位：各市（州）人民政府、贵安新区管委会、县（市、区、特区）人民政府，省发展改革委、省财政厅、省国土资源厅、省农委、省移民局、省烟草专卖局等。

（三）实施"四在农家·美丽乡村"基础设施建设——小康房行动计划。围绕建设安全适用、经济美观的小康房，2014～2015年完成51万户农村危房改造任务；到2017年累计完成102万户农村危房改造任务和5万户小康房建设任务；到2020年累计完成178.63万户农村危房改造任务。

牵头单位：省住房城乡建设厅；责任单位：各市（州）人民政府、贵安新区管委会、县（市、区、特区）人民政府，省发展改革委、省财政厅、省国土资源厅、省农委、省扶贫办、省扶贫生态移民办等。

（四）实施"四在农家·美丽乡村"基础设施建设——小康电行动计划。围绕建设安全可靠、智能绿色的小康电，到2015年农村一户一表率达到95%，2013～2015年新建及改造电网线路2.48万公里；到2017年农村一户一表率达到100%，新建及改造农村电网线路累计4.18万公里；到2020年新建及改造电网线路累计6.75万公里。

牵头单位：省发展改革委、贵州电网公司；责任单位：各市（州）人民政府、贵安新区管委会、县（市、区、特区）人民政府，省经济和信息化委、省财政厅、省国土资源厅、省交通运输厅等。

（五）实施"四在农家·美丽乡村"基础设施建设——小康讯行动计划。围绕建设宽带融合、普遍服务的小康讯，到2015年99%以上的自然村通电话和行政村通宽带，实现乡镇邮政网点全覆盖；到2017年全面实现自然村通电话和行政村通宽带，在100个乡镇开办快递服务网点，在500个行政村设置村级邮件接收场所；到2020年完成同步小康创建活动"电话户户通"目标任务，建成现代邮政。

牵头单位：省通信管理局、省邮政管理局；责任单位：各市（州）人民政府、贵安新区管委会、县（市、区、特区）人民政府，省发展改革委、省经济和信息化委、省财政厅、省国土资源厅、省交通运输厅、省林业厅、省邮政公司、中国电信贵州分公司、中国移动贵州分公司、中国联通贵州分公司等。

（六）实施"四在农家·美丽乡村"基础设施建设——小康寨行动计划。围绕建设功能齐全、设施完善、环境优美的小康寨，按计划确定的目标任务，实施村寨道路、农户庭院硬化，实施农村改厕、改圈、改灶工程和农民体育健身工程，建设农村垃圾污水处理、照明、文化活动场所等设施。到2015年覆盖2.58万个村寨；到2017年累计覆盖4.3万个村寨；到2020年累计覆盖6.9万个村寨。

牵头单位：省财政厅（省农村综合改革领导小组办公室）；责任单位：各市（州）人民政府、贵安新区管委会、县（市、区、特区）人民政府，省发展改革委、省民族事务委、省国土资源厅、省环境保护厅、省住房城乡建设厅、省农委、省文化厅、省林业厅、省体育局、省旅游局、省扶贫办、省扶贫生态移民办、省移民局、省供销社、省烟草专卖局等。

四、保障措施

（一）强化组织领导。各级、各有关部门要把六项行动计划作为"四在农家·美丽乡村"创建活动的主要抓手，纳入经济社会发展总体规划及土地利用等专项规划，做到主要领导亲自抓、分管领导具体抓、一个村一个寨地抓、一个项目一个项目地抓、一级抓一级、层层抓落实。省政府统筹调度。省长定期听取六项行动计划实施情况汇报，研究解决重大问题。常务副省长、分管副省长分别牵头组织协调推动，建立联席会议制度，研究解决实际问题。省直部门和市（州）人民政府、贵安新区管委会组织实施。牵头单位和责任单位要认真履行职责，加强沟通协调，今年年底前编制完成实施规划，明确年度任务、具体项目和工作要求，出台配套政策措施。市（州）要制定具体实施意见，对区域内建设任务、资金安排、项目实施等重大问题进行研究，推动工作落实。县乡负责具体实施。县（市、区、特区）要成立工作领导小组，主要负责人任组长，分管负责人任副组长，明确组织实施单位和具体责任人，每项计划都要做到有总体部署、有年度目标、有考核细则、有奖惩措施。乡（镇）负责人和驻村干部要分片包干，定责定岗定时，组织村支两委做好群众发动、征地拆迁、矛盾化解等工作，确保项目顺利实施。

（二）强化资金投入。六项行动计划预计总投入1510.68亿元，其中，2013～2017年预计投入1422.47亿元。采取争取增量、统筹存量、企业自筹、市场运作、社会参与和群众投工投劳等方式解决。积极争取国家支持。抢抓国家将我省列入全国美丽乡村建设重点试点省的机遇，积极主动加强与国家部委沟通，千方百计争取中央专项资金支持。认真梳理中央对我省交通、水利、农村危房改造、烟水配套、"一事一议"财政奖补、扶贫开发等各项补助政策，积极争取中央延续现有补助政策，并扩大补助规模。根据国家扩内需的重点，谋划一批农村基础设施项目，争取中央投资。统筹用好财政资金。坚持存量适当调整、增量重点倾斜，省财政厅要组织有关部门制定财政资金整合使用管理办法，指导县级政府按照"渠道不变、管理不乱、各负其责、各记其

功"的原则，根据建设规划，从项目申报环节抓起，推进资金整合。改革省级财政资金使用方法，除国家有特殊规定的专项资金外，省级各部门相关专项资金50%以上按因素法分配到县，其余资金通过竞争立项或以奖代补等方式投入到县，以县为单位进行资金统筹整合。支持有条件的县运用市场机制吸引社会资金参与建设，充分发挥财政资金"四两拨千斤"杠杆作用，撬动社会投资。要积极调整财政支出结构，省财政新增农村基础设施等的增量主要用于"四在农家·美丽乡村"基础设施建设六项行动计划，市、县应积极筹措资金，将六项行动计划项目配套资金列入财政预算，确保自筹资金到位。拓宽融资渠道。金融机构要加大信贷支持力度，对六项行动计划项目优先安排贷款，充分发挥公路、水利、民生等投融资平台的作用。各地要积极探索依法取得的农村集体经营性建设用地使用权、生态项目特许经营权、污水和垃圾处理收费权以及水利设施、林地、矿山、宅基地使用权等作为抵押物进行抵押贷款。支持金融机构在乡村开设服务网点。鼓励不同经济成分和各类投资主体以独资、合资、承包、租赁等多种形式参与建设。电力、通信、邮政等单位要积极争取总部支持，督促引导所属企业筹措建设资金。积极争取对口帮扶城市和广泛动员社会力量捐赠捐助或投资参建。动员组织群众投工投劳。完善"一事一议"财政奖补机制，在坚持群众自愿、民主决策的前提下，引导农民对直接受益的农村基础设施建设投工投劳，发动农民群众自建、自用、自管。对小农水、农业综合开发等农村基础设施建设项目，优先安排给农民专业合作社组织实施。对群众参与积极、基层干部工作得力的村寨给予优先扶持和奖励。

（三）强化政策支持。确保项目用地。严格集约节约用地，强化土地利用规划统筹，推进村庄空闲地、闲置地和废弃土地盘活利用，用好土地利用增减挂钩试点等政策，加强农村土地综合整治，保障建设用地需求。县、乡、村要积极配合做好项目建设用地选址工作，提供建设用地，受赠新建公共体育设施的乡村应无偿提供实施项目建设用地。村委会应提供邮件捎转服务场所。简化审批程序。减少前置条件，缩短审批时限。技术要求高、施工难度大的项目，通过招投标选

择有实力的公司组织实施建设。除施工技术复杂、安全系数要求高的项目外，原则上采取"一事一议"财政奖补办法，由群众投工投劳自主建设或乡村组织施工队伍完成，不得发包、转包、分包。总投资1000万元及以下项目，通过"一事一议"方式组织实施的，可以不招投标。减免相关费用。依法减免六项行动计划建设新增路款等税费，制定建设项目豁免管理名录。小康电建设项目享受农网项目相关优惠政策，减免管线建设地方规费。公共场所和设施对通信基础设施免费开放，免收"通信村村通"管线穿越公路等基础设施入场、占用等费用。省直相关部门指导市（州）、贵安新区制定和完善六项行动计划项目建设征地拆迁、青苗补偿标准和办法。六项行动计划建设项目涉及"5个100工程"的，按照《省人民政府关于支持"5个100工程"建设政策措施的意见》（黔府发〔2013〕15号）文件执行。

（四）强化监督管理。加强质量监管。省直牵头部门要研究制定具体建设标准，指导工程实施，全程加强监管，未经批准不得随意变更设计、调整概预算、降低建设标准，确保工程质量。加强资金监管。严格执行建设项目资金公示制，资金数额、用途、程序、效果等要向农民群众及时公开。审计部门要加强前置审计、在建审计、跟踪审计、结算审计和绩效审计，确保资金使用安全高效。纪检监察机关要加强行政监督，严肃查处工程实施中的违纪违法行为。加强工程管护。加快农村公路、水利等非经营性公共基础设施法规建设，明确建设主体、产权归属、职责权益等。建立"政府主导、分级负责、共建共管"的长效管护机制，以县为单位，建立健全农村公共服务设施运行维护机制，加强后续管护，确保工程长期发挥效益。鼓励采取承包、租赁、拍卖、转让等多种形式，明确小型农村基础设施

管护责任，充分调动广大农民投资建设和管好农村小型基础设施的积极性。加强工作调度。省直牵头部门要对六项行动计划按月调度、按季抽查、半年通报、年终考核。省政府督查室要强化专项督查，督查结果及时通报。统计部门要组织行业主管部门建立六项行动计划统计指标体系，进行季度、半年、年度统计。加强考评奖惩。省政府办公厅要组织有关部门建立六项行动计划考评奖惩办法，定期开展绩效评估，强化绩效考核，严格兑现奖惩，及时有效整改，严肃行政问责。

（五）强化氛围营造。充分发挥电视、广播、报刊、网络等媒体作用，开展形式多样、生动活泼的宣传教育活动，提高广大基层干部群众的知晓率、认同感、参与度。要认真总结成功经验，大力宣传先进典型，形成全社会关心、支持和监督六项行动计划实施的良好氛围。

附件：1. 贵州省"四在农家·美丽乡村"基础设施建设——小康路行动计划（2013~2020年）

2. 贵州省"四在农家·美丽乡村"基础设施建设——小康水行动计划（2013~2020年）

3. 贵州省"四在农家·美丽乡村"基础设施建设——小康房行动计划（2014~2020年）

4. 贵州省"四在农家·美丽乡村"基础设施建设——小康电行动计划（2014~2020年）

5. 贵州省"四在农家·美丽乡村"基础设施建设——小康讯行动计划（2014~2020年）

6. 贵州省"四在农家·美丽乡村"基础设施建设——小康寨行动计划（2014~2020年）

7. 贵州省"四在农家·美丽乡村"基础设施建设六项行动计划资金筹措方案（2013~2017年）

贵州省人民政府
2013年9月13日

附件1 贵州省"四在农家·美丽乡村"基础设施建设——小康路行动计划（2013~2020年）

按照省委"四在农家·美丽乡村"决策部署，根据党的群众路线教育实践活动听取基层群众提出的普遍性民生需求，尽快建立结构合理、功能完善、畅通美化、安全便捷的乡村道路体

系，完善农村硬件设施，结合我省农村实际，制订本行动计划。

一、基本情况

截至2012年底，全省农村公路总里程15.2万公里。其中，县道1.76万公里，乡道1.85万公里，村道11.53万公里，专用公路741公里；等级公路7.4万公里，等外公路7.8万公里；沥青（水泥）路面4.12万公里，泥结碎石路面10.51万公里，无路面5690公里。县乡公路比重23.7%，低于全国平均水平19.4个百分点；等级公路比重48.7%，低于全国平均水平36个百分点；铺装路面比重27.1%，低于全国平均水平11个百分点；建制村通畅率仅43.5%，低于全国平均水平43个百分点；村通客运比例64%，低于全国平均水平10个百分点。农村公路主要指标均排全国后列，与全省经济社会发展需求存在较大差距。

二、主要任务

按照"公路上等级、路网趋优化、管养全覆盖、通行提能力、安全有保障、环境更优美、建成小康路"的总体要求，突出"制度创新、规模扩大、建养并重、质量保证、效益提升"五个重点，抓住"责任落实、资金筹措、政策配套、力量整合、群众参与、示范带动"六个关键，着力实施农村公路"硬化、畅化、安全、优化提等、信息化、绿化美化、运输通达"七大工程，推进农村公路"建管养运"一体化发展，大力提高农村客货交通运输质量和水平，全面改善乡村出行条件，努力构建城乡交通运输一体化，为实现与全国同步全面建成小康社会提供强有力的交通运输支撑和保障。

三、工作目标

（一）总体目标。2013~2020年，全省乡村道路总投资1068.62亿元。到2020年，建成通村沥青（水泥）路7.37万公里，原"撤并建"行政村通村沥青（水泥）路2.86万公里；实施县乡道改造5060公里、乡道泥路改沥青（水泥）路2300公里；新建已硬化通村公路桥梁4万延米；新建通组（寨）公路6.5万公里、人行步道

5.2万公里；实施农村公路安保工程1.2万公里、危桥改造4.2万延米、油路大中修3200公里；新建乡镇等级客运站581个、建制村招呼站2.18万个。全面实现"村村通油路、村村通客运、组组通公路、村寨路面硬化"目标，基本形成结构合理、功能完善、畅通美化、安全便捷的"四在农家·美丽乡村"小康路。

（二）阶段目标。

——攻坚突破阶段（2013~2015年）。打好集中连片特困地区农村公路建设攻坚战，投资433.42亿元，建成通村沥青（水泥）路4.2万公里；建制村通畅率达75%；实施县乡道改造1860公里，乡道泥路改沥青（水泥）路1500公里，已硬化通村公路桥梁1.5万延米；实施农村公路安保工程4500公里、危桥改造1.65万延米、油路大中修1200公里；全面启动示范推进通组（寨）公路建设，建设通组（寨）公路2.4万公里、人行步道1.92万公里；建设乡镇客运站424个，建制村招呼站1.73万个，建制村通客运率达75%以上，大幅提升建制村通畅、客运通达、通组（寨）公路和村内道路硬化覆盖率，降低农村公路交通安全事故率，提高乡村道路通行能力，支持具备条件的地区适度超前发展。

——全面推进阶段（2016~2017年）。全面实施"四在农家·美丽乡村"小康路各项工程，加快通村沥青（水泥）路、通组（寨）公路、村内道路硬化。投资310.2亿元，建成通村沥青（水泥）路3.17万公里，建制村通畅率达100%；实施乡道改造1300公里、乡道泥路改沥青（水泥）路800公里；新建已硬化通村公路桥梁1万延米；建设通组（寨）公路1.6万公里、人行步道1.28万公里；实施农村公路安保工程3000公里、危桥改造1.1万延米、油路大中修800公里；建设乡镇客运站157个、建制村招呼站4534个，全面实现"村村通油路、村村通客运"。

——巩固提高阶段（2018~2020年）。进一步健全农村公路管养体系，提升农村公路管理水平和道路优良率，推进农村公路网络化、信息化、绿化美化发展，全面提高农村群众出行质量。投资325亿元，建设原"撤并建"行政村通沥青（水泥）路2.86万公里，实施县乡道改造1900公里；新建已硬化通村公路桥梁1.5万延

米；建设通组（寨）公路 2.5 万公里、人行步道 2 万公里；实施农村公路安保工程 4500 公里、危桥改造 1.45 万延米、油路大中修 1200 公里。农村公路重点监控路段信息化管理覆盖率达到 100%，乡村道宜林路段绿化美化率大幅提升，全面实现"组组通公路"、原"撤并建"行政村 100% 通畅的目标，全面完成乡村道路建设各项扫尾工程。

四、重点项目

（一）实施农村公路硬化工程。统筹兼顾生态移民规划、新农村建设，合理确定乡村道路建设时序、建设重点，分步有序推进建制村、原"撤并建"行政村通村公路和通组（寨）公路三项硬化工程，进一步优化农村群众出行条件，有效服务村寨环境整治和新农村建设。

（二）实施农村公路优化提等工程。结合"5个 100 工程"的实施，加快建设一批具有县乡际出口通道功能，连接工业园区、农业产业区园、旅游景区和矿产资源开发地的经济路、产业路，全省县乡公路三级及以上公路比重提高到 15% 以上，实现重点工业园区、示范小城镇、现代高效农业示范园区、旅游景区等所在地有等级公路连接，农村物流点、旅游点等节点对外通行条件明显改善。

（三）实施农村公路畅化工程。建立"政府主导、交通主力、部门参与、分级负责、群管群养"的养护机制，推进管养工作常态化，实现有路必养、养必优良，有路必管、管必到位，全面提升管养水平，确保已建成农村公路基本通畅。

（四）实施农村公路安全工程。深入开展农村公路安全隐患排查，着力推进隐患整治和农村公路安保工程；新建、改建、扩建农村公路，大力推行交通安全设施与公路建设主体工程同时设计、同时施工、同时投入使用。建立农村公路超载超限治理工作保障制度，大力整治道路货物运输源头超限行为，构筑群防群治的治超体系。建立桥梁定期检测、风险点动态监管和应急处置制度，全面提升农村公路安全水平和应急保障能力。

（五）实施农村公路信息化工程。大力推广卫星定位客运安全监管、路政巡查和源头治超监控等现代信息技术的应用，采用信息化管理手段，整合农村公路项目计划、建设进度、养护管理、运输监管、路政管理等系统，努力提高农村公路信息化管理水平。

（六）实施农村公路绿化美化工程。坚持"融入本土、形式多样、节约节俭、大方美观"，科学设计沿线景观，着力打造生态乡村路、人文景观路、产业景观路。加大公路两侧违法建筑、非公路标志牌和"脏、乱、差、丑"综合整治力度，营造良好车辆通行环境。

（七）实施运输通达工程。加快乡镇客运站、村招呼站建设，基本形成以乡镇客运站为支点、农村招呼站为网络的农村客运体系。到 2020 年，实现 100% 的乡镇有客运站、100% 建制村有招呼站。制定农村客运发展扶持政策，建立"以城带乡、干支互补、以热补冷"的资源配置机制，推行片区经营、延伸经营、捆绑经营，适度扩大农村客运经营自主权。有重点、分阶段发展"乡（镇）村公交"，促进农村客运安全、便捷、经济、舒适发展，更高层次满足群众出行需求。

五、保障措施

（一）加强组织领导。建立全省"四在农家·美丽乡村"小康路行动计划工作联席会议制度，由分管交通运输工作的省政府领导任召集人，省发展改革委、省财政厅、省环境保护厅、省国土资源厅、省住房城乡建设厅、省交通运输厅、省水利厅、省林业厅、省扶贫办、省旅游局、省移民局、省烟草专卖局及各市（州）人民政府、贵安新区管委会负责同志为成员，定期研究推进工作。加快理顺农村公路管理体制和机构，成立县级质量监督组，提高工程项目管控能力，全力推进行动计划实施。

（二）明确责任主体。坚持"县级主体责任、部门规划管理、逐级目标落实"的原则，纳入全省目标综合考核，实行挂牌督办。各县（市、区、特区）人民政府为实施责任主体，负责统筹各级项目资金的使用，组织落实年度计划，推进辖区内乡村道路"建、管、养、运"各项工作。各市（州）人民政府、贵安新区管委会负责组织辖区内规划项目的实施，协调、监督、指导县（市、区、特区）计划执行。省交通运输厅负责统筹村及以上农村公路发展规划实施。省财政厅（省农村综合改革领导小组办公室）负责统筹村级以下道路规划实施。

（三）强化资金筹措。

1. 加大财政投入。省财政每年安排一般预算 5.52 亿元对提前实施的 2.76 万公里通村沥青（水泥）路项目实施补助；每年安排 3.55 亿元对乡道泥路改沥青（水泥）路、已硬化通村公路桥梁建设项目实施"以奖代补"。省财政厅（省农村综合改革领导小组办公室）统筹安排"一事一议"财政奖补资金、生态移民工程资金，重点用于通组（寨）公路建设，同时积极争取国家支持。

2. 整合使用资金。按照"渠道不变、用途不乱、统筹使用、各记其功"原则，整合省发展改革、国土、农业、水利、林业、扶贫、移民、烟草等部门资金用于乡村道路建设，其中省发展改革委每年安排中央预算内资金 2 亿元以上用于通村公路硬化；省国土资源厅、省农委、省水利厅、省扶贫办、省移民局、省烟草专卖局每年分别投入资金 2 亿元、0.14 亿元、0.32 亿元、0.6 亿元、0.65 亿元、2 亿元以上用于乡村道路建设。

3. 多种形式筹措资金。鼓励采取出让公路冠名权、广告权、路域资源开发权等多种方式，推进农村公路建设和养护。广泛动员和引导工商企业、民营企业、外出成功人士、爱心人士等参与农村公路建设。支持农村客运站场及配套服务设施市场化、多元化运作筹集资金。积极探索农村集体经营性建设用地使用权、集体项目特许经营权以及林地、矿山使用权等作为抵押物进行抵押贷款，引导金融资金投入。

4. 加强农村公路养护资金投入力度。省交通运输厅以 2013 年为基数，按一定比例递增安排成品油消费税用于农村公路养护。各市（州）人民政府、贵安新区管委会、县（市、区、特区）人民政府将乡村道路建设及农村公路小修保养资金纳入财政预算，并按一定比例逐年递增，加快推进农村公路建设融资。

（四）加强计划管理。各市（州）、贵安新区、县（市、区、特区）按照适度超前原则，科学编报年度建设计划。各级交通运输部门建立"美丽乡村小康路"规划项目库，实行信息化动态管理。省发展改革委、省财政厅、省交通运输厅视地方政府乡村道路建设资金到位、投工投劳等情况，统筹下年度计划安排。省财政厅要会同省有关部门，按照集中安排原则联合下达通组（寨）公路、村内道路硬化项目计划。建立"以建定建、以养定建"考评体系，对市（州）、贵安新区、县（市、区、特区）年度计划执行进行综合量化测评，根据测评情况适度核增（减）市（州）、贵安新区次年乡村道路建设各项计划规模，最大限度调动地方积极性。坚持先行先试、以点带面、逐步扩大、全面推开，支持自然条件、经济状况、政策配套较好的县（市、区、特区）通村公路硬化、通组（寨）公路建设、村内道路硬化建设、客运发展等项目提前实施。分批选取积极性较高的经济强县（市、区、特区）、集中连片特困地区县（市、区、特区）作为试点开展工作，积极组织开展示范乡镇、示范路创建活动，发挥示范带动作用。

（五）动员群众参与。改革农村公路建设模式，按照农村公路群众"自建、自管、自养、自用"原则，由各市（州）、贵安新区、县（市、区、特区）建立完善"一事一议"财政奖补工作制度，降低建设成本，充分调动基层积极性；发动农民群众主动、自愿调整土地和投工投劳，解决农村公路建设和养护投入不足问题。制定贷款、税收、原材料保障等支持政策，对通村沥青（水泥）路、通组（寨）公路、村内道路硬化项目统一实施"以奖代补"，推广通村沥青（水泥）路改造"群众打底子、政府铺面子"做法，对含通组（寨）公路、村内道路硬化一律推行"一事一议"财政奖补、群众投工投劳、村组自建自养。

（六）建立监管体系。全面推行发展规划、建设计划、补助政策、招标过程、施工过程管理、质量监督、竣工验收、资金使用"八公开"，推进公开领域向客运线路审批事项、执法领域、人事管理、站场建设审批四个领域拓展，实现行业监管向社会监督转变。建立农村公路建养信用评价体系，加强工程招投标或竞争性选择建养单位管理工作，认真落实廉政合同制度。分级建立农村公路巡查监察制度，重点对招投标、转包分包、原材料采购等进行监督检查，实现关口前移、超前防范。强化质量安全管理，逐级落实质量安全管理责任，由省交通建设工程质监局负责"美丽乡村小康路"建设质量监督指导工作；市（州）、贵安新区、县（市、区、特区）交通运输部门具体负责组织本辖区质量监督工作，督促项目业主落实质量安全主体职责、质量问题举报调查办理等监管制度。加强环境保护监管，减少农村公路建设可能对环境产生的影响，保护和改善农村生活环境与生态环境。

（七）营造良好环境。各地各部门要强化服务意识，采取切实有效措施，加强项目前期和施工环境治理工作，共同营造稳定、和谐的工作环境。县（市、区、特区）政府要采取有效措施，充分调动和激发群众的积极性和创造力，营造有利于乡村道路发展的社会环境；加强沿线村民引导和驾驶员教育培训工作，提高爱路护路意识。新闻单位要加大宣传力度，充分利用广播、电视、报纸、网络等宣传行动计划实施先进典型、经验做法、执行效果等，为行动计划实施营造良好的氛围。

附件2　贵州省"四在农家·美丽乡村"基础设施建设——小康水行动计划（2013~2020年）

按照省委"四在农家·美丽乡村"决策部署，根据党的群众路线教育实践活动听取基层群众提出的普遍性民生需求，尽快建立安全有效、保障有力的农村供水体系，完善农村硬件设施，结合我省农村实际，制订本行动计划。

一、基本情况

水利是支撑经济社会发展的重要基础。在党中央、国务院的大力支持下，通过全省各族干部群众的艰苦努力，我省农村水利建设取得了较大的成绩。截至2012年底，已建成蓄、引、提等水利工程6万余处，其中小（二）型以上蓄水工程2300余处，建成"小塘坝、小渠道、水泵站、小堰闸、小水池（窖）"工程50余万处，全省农村饮水安全达标人口1480.66万人，现有水利工程灌溉面积2129.22万亩，农村人均基本口粮田达到0.42亩。

二、主要任务

针对我省农村水利基础薄弱，工程性缺水问题突出，特别是大中型骨干水源工程未能覆盖的乡村，存在大量耕地缺乏灌溉和农村群众饮水不安全问题，通过"四在农家·美丽乡村"小康水行动计划，解决好水利基础设施向下延伸问题，建立起小型水利灌溉工程和农村饮水安全保障体系，从根本上解决农村饮水安全问题并使适宜发展灌溉的耕地得到有效灌溉，农村居民的生活环境和农业生产条件得到明显改善，为与全国同步全面建成小康社会提供坚实的水利保障。

三、工作目标

（一）农村饮水安全目标。2013~2016年，全部解决所涉及的12913个行政村1415.4万人（2013年已实施250.4万人，余1165万人）的饮水安全问题。具体包括：已经纳入国家饮水安全规划但尚未实施的718.44万人；在国家饮水安全规划编制时因各省区平衡而调减的68万人；早年已实施农村"渴望工程"、"解困工程"但因建设标准低且工程老化，年久失修的466.13万人；因生态移民需配套供水设施的130.26万人；因修建交通设施、矿山开采等项目建设造成水源枯竭、污染等而产生新的饮水安全问题的32.57万人。到2016年全面完成农村饮水安全任务。其中，2014~2015年解决468.04万人，2016年解决696.96万人。

（二）农村耕地灌溉目标。2013~2017年，基本解决行政村周边100亩以上集中连片耕地的灌溉问题。2013~2015年小型水利工程发展耕地灌溉面积278.04万亩；2016~2017年小型水利工程发展耕地灌溉面积185.36万亩；2018~2020年小型水利工程发展耕地灌溉面积198.6万亩。

四、重点项目

（一）示范村建设。按照资金有保障、农村

群众居住集中、耕地集中连片、缺水较严重、靠近县城（产业园区）、群众积极性高等原则，在全省优选出 1277 个示范村，解决 128.9 万农村群众的饮水安全问题。

（二）小型水利水源工程建设。建设小型水利水源工程（小塘坝、小泵站、小堰闸、小水池、小水窖）23.4 万个。

（三）水利管网建设。建设灌溉渠道 4.63 万公里、农村供水主管道 6.5 万公里。

五、保障措施

（一）工作措施。

1. 加强组织领导，明确责任分工。省水利厅要以农村饮水安全工程和小型水利设施为重点，扎实推进全省农村水利基础设施建设，主要领导亲自抓，列入工作计划和议事日程。各级水行政主管部门要按照本行动计划确定的发展目标任务，明确责任分工，细化工作方案，全力推进。

2. 强化政策支持，加大投入力度。要充分利用西部大开发、国发〔2012〕2 号文件提出的水利投资政策，全力争取国家加大对我省小康水行动计划的投入支持。省级、县级财政在现有资金渠道内要加大对小康水行动计划的支持力度。明确地方政府责任，整合财政转移支付、土地出让金、小型农田水利建设专项资金、农村饮水安全、农业综合开发、土地开发整理、农村扶贫开发、以工代赈等不同渠道资金，统筹用于小康水行动计划，形成合力，提高效益。

3. 完善建管体系，建立长效机制。加快推进小型水利设施产权制度改革，充分调动农民和社会力量参与小康水行动计划建设和设施管护的积极性，完善基层水利服务体系。以县为单位，建立农村饮水安全工程统管机构和以省、市、县三级财政预算资金为主的农村饮水安全工程维修养护基金，建立保障制度，确保工程长期发挥效益。

4. 建立协作机制，加大宣传力度。水利、发展改革、农业等部门要加强协作，建立信息共享、沟通顺畅、密切合作、运转高效的工作协作机制，组织开展形式多样的宣传培训活动，提高农民群众管理、保护水利工程的意识。

5. 加强水源保护，保证用水安全。严格执行国家有关法律，做好水源保护工作。按照《中华人民共和国水法》，因违反规划造成江河和湖泊水域使用功能降低、地下水超采、地面沉降、水体污染的，应当承担治理责任。开采矿藏或者建设地下工程，因疏干排水导致地下水水位下降、水源枯竭或者地面塌陷，采矿单位或者建设单位应当采取补救措施；对他人生活和生产造成损失的，依法给予补偿。

（二）资金筹措。到 2017 年，需投入资金 266.5 亿元。其中，农村饮水安全总投资 104 亿元，小型水利灌溉设施建设总投资 162.5 亿元。小型水利灌溉设施按照 2013 年测算，中央和省级每年用于小型农田水利建设的资金大概 10.5 亿元，2013~2017 年能投入 52.5 亿元，可解决 138 万亩。整合农发部门资金 26.9 亿元、国土部门资金 81 亿元，分别解决 110 万亩和 215 万亩农田的灌溉；实施 15 个中型灌区建设，每个投资 1500 万元，共计 2.1 亿元。以上资金，按照"政府主导、市场参与、统筹使用、形成合力"的原则整合，集中投入，确保工程建设顺利实施。

附件 3　贵州省"四在农家·美丽乡村"基础设施建设——小康房行动计划（2014~2020 年）

按照省委"四在农家·美丽乡村"决策部署，根据党的群众路线教育实践活动听取基层群众提出的普遍性民生需求，尽快建立安全适用、经济美观的农村住房，改善住房条件，结合我省农村实际，制订本行动计划。

一、基本情况

近年来，全省大力总结推广"四在农家·美丽乡村"活动经验，以改善农村人居环境为切入点，以高速公路和铁路沿线、风景区周边以及经济基础好、群众积极性高的村庄为重点，对2000余个村庄开展了村庄整治，改造农村危房172.44万户，农村人居环境和住房条件得到较大改善，困难群众基本上实现住有所居。但由于我省经济总量小、人均水平低、贫困人口多，农村建设缺乏科学的规划引导和管理，农民建房普遍存在水平低、功能不全、设施不配套、质量安全有隐患等问题，加上近年来自然灾害频发，各地均不同程度产生了新的农村危房。据统计，2008年5月～2013年6月，全省新增农村危房178.63万户，实施小康房行动计划十分必要。

二、主要任务

围绕建设安全适用、功能配套、布局合理、特色鲜明、节能环保的小康房，重点抓好以下工作。

（一）编制技术标准。引导农民建房从注重房屋面积向注重完善使用功能转变，农房风格从简单模仿向注重安全、具有民族地方特色转变，从粗放式建设向注重节地、节能、节材、节水、提高抵御自然灾害能力转变。

（二）加强规划管理。各市（州）、贵安新区要结合当地实际，组织编制《小康房设计图集》，免费提供给农民使用。各乡（镇）要严格依据乡村建设规划和统筹安排建设用地、合理布局、集约用地、保护耕地、突出风貌的原则，指导农民选址建房。

（三）提升居住质量。对于前期已完成"四在农家·美丽乡村"民居改造、农村危房改造、扶贫生态移民点的农村住宅，按照小康房建设标准进行提升建设，进一步完善功能、布局、设施及周边环境。引导新增的178.63万户农村危房和扶贫生态移民安置房按照小康房建设标准进行改造和建设。

三、工作目标

（一）总体目标。

在实施农村危房改造的基础上，结合村庄整治、扶贫生态移民、地质灾害搬迁工程，对农民住宅建设进行正确引导，帮助农民建设美观、实用、建筑形式多样化、具有地方及民族特色的住房，逐步实现农村住宅向安全适用、功能配套、布局合理、特色鲜明、节能环保方向发展。

（二）阶段目标。

1. 从2014年起，平均每年完成25.5万户农村危房改造任务。2015年累计完成51万户农村危房改造任务，2017年累计完成102万户农村危房改造任务，2020年累计完成178.63万户农村危房改造任务（具体改造任务量根据中央下达我省年度农村危房改造任务及补助资金实际情况进行调整和细化）。

2. 对农村住房进行提升和改造，完善功能、设施、布局及周边环境。2017年累计完成5万户小康房建设任务。其中：贵阳市0.5万户，遵义市0.65万户，六盘水市0.4万户，安顺市0.5万户，毕节市0.65万户，铜仁市0.55万户，黔东南州0.65万户，黔南州0.55万户，黔西南州0.55万户。

3. 结合"四在农家·美丽乡村"工作安排，引导相对集中村寨的农户自建房按照《小康房建设技术标准》进行建设。

四、工作要求

2014年2月底前，省住房城乡建设厅完成《小康房建设技术标准》编制工作。2014年4月底前，各市（州）、贵安新区完成《小康房设计图集》编制工作。2014年5月，各市（州）、贵安新区选择农村危房较集中和开始实施扶贫生态移民工程的村寨，先行开展小康房建设工作，打造示范点，以点带面带动周边农村住宅的小康房建设。各地根据小康房建设实际需求，积极编制村庄规划，结合村庄整治抓好路网、水网、电网、通信网、互联网、广播电视网、生态环保网建设，通过支持和引导农村改水、改厨、改灶、改厕、改圈，建设沼气池、文化室、宣传栏、体育或休闲娱乐场所等，推进基础设施和社会服务设施向村庄延伸，不断改善农村生产生活环境。

五、保障措施

（一）加强组织领导。建立工作联席会议制度，由省政府分管住房城乡建设工作的领导担任召集人，省有关部门为成员单位，全面负责全省小康房建设工作的组织领导和统筹协调。各市（州）人民政府、贵安新区管委会、县（市、区、特区）人民政府按照目标任务抓好辖区内小康房建设工作。农民在向乡（镇）人民政府提出建房申请时，乡（镇）人民政府要按照乡村规划和《小康房设计图集》等要求，积极引导农民建设。要进一步整合资源、合力打造，形成"省级负总体责任、市级负管理责任、县级负主要责任、乡级负直接责任、村级负具体责任"的组织领导体系和责任体系，确保小康房建设工作顺利实施。

（二）加强资金保障。改造完成178.63万户农村危房共需投入政府补助资金205.71亿元。其中：申请中央补助资金151.84亿元（2014~2020年平均每年申请补助21.69亿元）；省级财政补助资金11.75亿元（2014~2020年平均每年补助1.68亿元）；市、县财政匹配资金42.12亿元（2014~2020年平均每年匹配6.02亿元）。除中央补助资金外，省、市、县财政应根据年度任务需求，足额安排专项补助资金。其他类别小康房建设资金，各市（州）、贵安新区、县（市、区、特区）财政要设立小康房建设专项资金，并统筹村庄整治专项资金和农村村级公益事业"一事一议"财政奖补专项资金，形成"政府引导、部门帮助、社会赞助、农民自助"的多渠道投入机制。

（三）积极整合资源。加强统筹协调，积极整合住房城乡建设、发展改革、民委、民政、财政、国土资源、农委、水利、林业、扶贫、广播电视、残联、电力等部门资源，本着"渠道不乱、投向不变、统筹安排、各记其功"的原则，多渠道筹集资金。鼓励和支持党政机关、企事业单位、人民团体、社会各界通过捐款捐物、对口帮扶等多种形式积极参与和支持小康房建设工作。

（四）广泛宣传发动。住房城乡建设部门要会同当地乡（镇、街道）加大宣传力度，大力开展形式多样的小康房建设宣传教育活动，充分引导、提高农民参与小康房建设的积极性和自觉性，形成人人关心、支持和参与小康房建设的良好氛围。

（五）严格考核制度。各市（州）、贵安新区、县（市、区、特区）要将小康房建设工作纳入年度目标绩效管理，强化领导，加强检查，并将年度考核情况报省联席会议。

（六）强化人才培训。建立小康房建设培训制度。分期分批培训村镇建设管理干部和农村建筑工匠。加强对小康房建设工作基本技能的培训，提高农民的参与能力。有计划地组织各种形式的观摩学习，总结交流各地的经验，充分发挥各地试点的引导、带动和辐射作用，取长补短，相互借鉴。

附件4 贵州省"四在农家·美丽乡村"基础设施建设——小康电行动计划（2013~2020年）

按照省委"四在农家·美丽乡村"决策部署，根据党的群众路线教育实践活动听取基层群众提出的普遍性民生需求，尽快建立安全可靠、智能绿色的农村电网，完善农村硬件设施，结合我省农村实际，制订本行动计划。

一、基本情况

目前，全省88个县级供电企业中，除1个为"代管"县级供电企业外，其余87个均实现了"直管"。贵州电网公司电网覆盖范围内实现了城乡居民"户户通电"，理顺管理体制区域内完成了农村电网改造。截至2012年底，全省农村电网（含县城）线路总长度为163704公里，其中，10千伏线路142521公里、35千伏线路16085公里、110千伏线路5098公里；35千伏及以上变电站932座，主变1358台，容量2239万千伏安。农村电网基本能满足农村生产生活用电需要，但局部地区电网结构仍然较为薄弱，特别是部分农林场电网和没有理顺管理体制区域内的部分行政村电网还未完成全面改造。

二、主要任务

按照科学布局、合理规划、高效利用、统筹协调的原则，以改善农村用电质量、提高农网供电能力和供电可靠性为总抓手，以解决农网"卡脖子"问题为突破点，着力实施"农村电网改造升级、农村用电公共服务均等化、理顺电网管理体制、农村电网电压质量提升"四大工程，强化农村供电服务基础管理，统筹城乡电网协调发展，提高农村电网装备、自动化、信息化水平。到2020年，全面实现城乡居民生活用电"同网同价"，建成智能、高效、可靠的绿色农村电网，保障农村居民生活用电，解决农业生产用电问题。

三、工作目标

（一）总体目标。到2020年，新建35千伏和110千伏线路4500公里，新建、扩建110千伏和35千伏变电站240座，新增主变270台，新增容量750万千伏安。新建及改造10千伏及以下线路6.3万公里，新建及改造配变24000台，新增容量360万千伏安，新建及改造一户一表477万户，农村一户一表率达100%，新增无功补偿设备4500兆乏。新增便民电费代收网点3742个。

（二）阶段目标。

——推进阶段（2013~2015年）。新建35千伏和110千伏线路1800公里，新建、扩建110千伏和35千伏变电站80座，新增主变90台，新增容量250万千伏安。新建及改造10千伏及以下线路2.3万公里，配变9000台，新增容量135千伏安，新增及改造一户一表240万户，实现农村一户一表率95%，新增无功补偿设备1500兆乏。新增便民电费代收网点2342个。

——提升阶段（2016~2017年）。新建35千伏和110千伏线路1000公里，新建、扩建110千伏和35千伏变电站60座，新增主变70台，新增容量200万千伏安。新建及改造10千伏及以下线路1.6万公里，新建及改造配变6000台，新增容量90万千伏安，新增及改造一户一表137万户，实现农村一户一表率100%，新增无功补偿设备1500兆乏。新增便民电费代收网点1400个。

——巩固阶段（2018~2020年）。新建35千伏和110千伏线路1700公里，新建、扩建110千伏和35千伏变电站100座，新增主变110台，新增容量300万千伏安。新建及改造10千伏及以

下线路2.4万公里，新建及改造配变9000台，新增容量135万千伏安，改造一户一表100万户，新建无功补偿和移动式储能系统1500兆乏。

四、重点项目

（一）实施农村电网改造升级工程。按照"小康电"建设标准和要求，采取增加变电站布点、新建及更换输配电线路和新增输配电设备等措施，对供电能力不足的农村电网实施改造升级，解决现有变电容量不足、布点不够、线径过小等问题，提高电网供电能力，适度超前提高农村电网供电可靠率，到2017年实现农村供电可靠率99.9%，用户平均停电时间小于8.76小时；到2020年实现农村供电可靠率99.925%，用户平均停电时间小于6.56小时。

（二）实施农村用电公共服务均等化工程。推广"村电共建"、"省心柜台"服务模式，拓展交费渠道，创新交费方式。加快建设便民电费代收网点，切实解决城乡居民用电客户交费难问题，缩小城乡电力服务差距，实现城乡公共服务均等化。到2017年城乡居民半小时交费圈覆盖90%以上乡镇；到2020年城乡居民半小时交费圈覆盖95%以上乡镇。

（三）理顺电网管理体制。按照《国务院办公厅转发发展改革委关于实施新一轮农村电网改造升级工程意见的通知》（国办发〔2011〕23号）要求，取消县级供电企业"代管"体制，争取理顺兴义市地方电力公司管理体制，推进农村电网改造升级工程实施。全面理顺农村电网和农林场电网管理体制，并对已理顺管理体制的农林场等电网加快实施改造，全面取消地台变和中低压线路木杆架设，增大农林场供电线路导线截面，增加农村变压器布点。

（四）农村电网电压质量提升工程。努力解决农村电网供电质量不高、低压用电"卡脖子"问题，增加农网无功补偿设备和移动式储能系统的应用，到2017年实现农村居民端电压合格率达97%；到2020年实现农村居民端电压合格率达98%。

五、保障措施

（一）加强组织领导。成立由省政府分管领

导任组长，省发展改革委、省国土资源厅、省住房城乡建设厅、省环境保护厅、贵州电网公司及各市（州）人民政府、贵安新区管委会负责人为成员的联席会议制度，具体负责行动计划实施、督促、指导和考核工作，协调项目实施过程中遇到用地、农民阻工和青苗赔偿等问题，并定期组织开展督查工作。联席会议办公室设在省发展改革委。

（二）积极协调筹措资金。初步测算，2013~2017年需投资165.6亿元，计划通过争取国家支持、企业自筹、省级财政补助解决。在确保国家安排我省农网改造升级资本金3亿元/年（即按2013年资本金规模）的基础上，由省发展改革委牵头协调国家发展改革委提高国家资本金补助，力争达到小康电总投资的20%；其余由企业自筹资金（贷款）解决；由省级财政每年对企业自筹部分给予全额贴息补助。

（三）规范项目建设管理。推行基建安全生产风险管理体系建设，强化安全管理，规范施工工序流程和工艺标准，提高"小康电"工程质量工艺水平，严格执行中国南方电网有限公司标准设计和典型造价，提高配套电网设计质量，控制工程造价。按照以点带面、逐步扩大、全面推开

的原则，着力打造"小康电"示范点工程，支持电网基础条件较好、经济状况和政策配套较好的县、乡围绕规划建设、供电服务、运行维护三个方面，积极建设"小康电"服务示范点，发挥示范带动作用。

（四）强化督查考核。对目标任务进行分解，细化工作措施，制定工作时间表，落实责任单位和责任人。省目标办要制定具体考核办法，将目标任务完成情况纳入年度目标考核。各级政府要将"小康电"项目纳入重点工作进行督办、考核。对工作不力、影响项目推进的地区，给予通报批评，造成严重后果的，追究有关单位和责任人的责任。对支持力度大、外部环境好、项目实施顺利的地区，在电网投资和供电指标安排上予以倾斜。

（五）营造良好环境。各地各部门要强化服务意识，加强协调配合，采取切实有效措施，加强项目前期和施工环境治理工作，共同营造稳定、和谐的工作环境。各地要及时制定配套政策，抓好政策落实，充分调动和激发群众的积极性和创造力，营造良好环境。新闻单位要充分利用广播、电视、报纸、网络等宣传先进典型、经验做法、执行效果等，营造良好氛围。

附件5　贵州省"四在农家·美丽乡村"基础设施建设——小康讯行动计划（2013~2020年）

按照省委"四在农家·美丽乡村"决策部署，根据党的群众路线教育实践活动听取基层群众提出的普遍性民生需求，尽快建立宽带融合、普遍服务农村通信和邮政体系，完善农村硬件设施，结合我省农村实际，制订本行动计划。

一、基本情况

小康讯行动计划主要分为通信和邮政两部分。通信方面。截至2012年底，全省已实现"乡乡通宽带"和行政村"村村通电话"，已通电自然村通电话数达108991个，占已通电自然村总数的96%；行政村通宽带数达12037个，占比达63.3%。但尚有近4600个自然村未通电话，近6900个行政村未通宽带，主要集中在经济社

会发展较为落后的农村地区。邮政方面。截至2012年底，全省已建成农村邮政普遍服务网点747处，"三农"服务站55处。但邮政普遍服务发展与东中部地区差距仍然很大，邮政行业发展不平衡，全省40%以上的乡镇邮政局所未开办或开全邮政普遍服务业务，绝大部分行政村未设置村邮站，农村地区邮政服务水平较低。

二、主要任务

通信方面。加快推进全省行政村"村村通宽带"和自然村"村村通电话"工程，提高乡村通信基础设施配套水平，提升乡村通信网络覆盖质量，做好农村通信基础设施的维护及信息服务提升工作。邮政方面。着力实施乡乡设所、深化村

邮、邮政网点改造、快递下乡四大工程和农村邮政普遍服务网点运营保障，不断完善邮政普遍服务体系建设，优化农村用邮环境，满足经济社会发展和群众用邮需要。

三、工作目标

（一）2013～2015年。新增4300个自然村通电话，新增6700个行政村通宽带，实现99%以上自然村通电话和行政村通宽带。完成658个空白乡镇邮政局所补建工作，对330处农村危旧网点实施局房改造和设备更新，在农村地区设置500个村级邮件接收场所，提供邮件捎转服务，实现全省乡镇100%的邮政网点覆盖和"乡乡通邮"。鼓励有条件的快递企业向乡镇延伸服务，探索邮政行业公共服务新形式。

（二）2016～2017年。完成剩余未通电话自然村和未通宽带行政村建设任务，全面实现自然村"村村通电话"和行政村"村村通宽带"。继续在有条件的行政村设置500个村级邮件接收场所，提供邮件捎转服务，未设置村邮站的地区通过设立流动服务点、代投和捎转点等形式逐渐实现邮政"足不出村、尽享邮政"的服务目标。结合"5个100工程"，在全省主要产业园区、旅游景区和部分经济较为发达的乡镇，开办100个快递服务网点，提供快递服务；30个省级示范小城镇率先实现现代邮政业的建设。

（三）2018～2020年。完成同步小康创建活动"电话户户通"任务目标，全面建成与小康社会相适应的现代邮政业。

四、重点项目

（一）实施"自然村通电话"工程。按照工业和信息化部《通信业"十二五"发展规划》要求，到2015年底前99%已通电的20户以上自然村基本通电话，加强工程协调管理和督促指导，督促承担"自然村通电话"项目任务的各通信运营企业加快推进自然村通电话工程，确保按时限完成目标任务。

（二）实施"行政村通宽带"工程。到2015年底前99%以上行政村通宽带。加强工程协调管理和督促指导，强化"村村通宽带"工程与教育部门"宽带网络校校通"工程有机结合，加快推

进行政村通宽带工程，确保按时限完成目标任务。

（三）实施邮政"乡乡设所"工程。围绕提高邮政普遍服务水平，增强广大农村群众通信权益保障能力要求，完成658个空白乡镇邮政局所的补建工作，实现开办邮政业务的网点均具有邮政普遍服务标准所要求的邮政信函、包裹、印刷品、汇兑、收寄功能和党报党刊以及适合农村需要的物流配送功能。

（四）实施深化村邮工程。大力推进集农资、邮政、通信、报刊和其他农村服务的综合性村邮站建设，设置1000个村级邮件接收场所，有条件的村委会可在村级办公场所或农村级综合服务站提供场地，并安排人员对邮件开展捎转服务，基本实现大部分农村"足不出村、尽享邮政"的通邮目标。

（五）实施邮政网点改造工程。分期分批对农村邮政网点实施改造，力争全省电子化网点比例达到75%以上，所有普遍服务网点均开办法定普遍服务业务，并提高邮件全程时限准时率。

（六）实施快递下乡工程。鼓励有条件的民营快递企业在有条件的乡镇开设100个农村快递服务网点，逐步实现两个以上品牌快递企业服务延伸至乡镇。建立完善竞争机制，促进服务水平提升，为群众提供更优质、多选择的寄递服务。

（七）保障农村邮政普遍服务网点运营。积极探索研究农村邮政普遍服务网点运营保障机制，企业加大投资，政府加大投入，通过适当开发公益性岗位和增加服务项目等方式，将国家投资转化为服务能力，尽快改变邮政农村网点规模较小、服务功能不全、服务水平较低的面貌。引导业务创新，尽早扭转邮政企业农村网点长期处于亏损的局面，更好地服务地方经济发展。

五、保障措施

（一）加强组织领导。由省政府分管领导牵头，建立工作联席会议制度，明确各单位职责和任务，具体负责行动计划的实施、协调、督促、指导和考核等工作，及时解决计划实施过程中遇到的重大问题。

（二）强化资金保障。通信方面。到2017年共需投入资金25.53亿元。其中，"行政村通宽

带"工程4.14亿元，"自然村通电话"工程21.39亿元。2013～2015年，省经济和信息化委从省工业和信息化发展专项资金中每年安排0.12亿元"通信村村通"工程"以奖代补"资金；各在黔通信运营企业自筹解决25.17亿元。同时，省通信管理局积极争取工业和信息化部支持，组织在黔通信运营企业分别向集团公司汇报，加大对行动计划建设项目和资金倾斜和扶持。邮政方面。到2017年共需投入资金3.22亿元。其中，658个空白乡镇邮政局所的补建资金，由国家给予一次性定额补助用于土建和装修，地方财政承担征地拆迁费用和建筑装修不足部分，邮政企业承担投入运营后所需的机具设备。330处农村邮政普遍服务网点改造、车辆及设备的更新，由政府和邮政集团按4∶6的比例出资。在40%的政府出资当中，中央预算内投资和地方财政性资金分别负担30%和10%。

（三）抓好监督考核。制定具体实施规划，对行动计划的目标任务进行分解，细化工作措施，制定工作时间表，落实责任单位和责任人。有关部门要扎实做好各项工程的行业审查，加强对项目的招标、施工过程、质量监督、竣工验收、资金使用等方面的监督管理，控制好工程造价。省目标办要制定具体考核办法，将目标任务完成情况纳入年度目标考核。各级政府要将计划纳入重点工作进行督办、考核。对工作不力、影响项目推进的地区给予通报批评，造成严重后果的，追究有关单位和责任人的责任。

（四）营造良好环境。各地各部门要强化服务意识，加强协调配合，采取切实有效措施，加强项目前期和施工环境治理工作，共同营造稳定、和谐的工作环境。各地要及时制定配套政策，抓好政策落实，采取有效措施，充分调动和激发群众的积极性和创造力，营造有利于行动计划实施的社会环境。新闻单位要加大宣传力度，充分利用广播、电视、报纸、网络等宣传行动计划实施先进典型、经验做法、执行效果等，营造良好氛围。

附件6　贵州省"四在农家·美丽乡村"基础设施建设——小康寨行动计划（2013～2020年）

按照省委"四在农家·美丽乡村"决策部署，根据党的群众路线教育实践活动听取基层群众提出的普遍性民生需求，建立功能齐全、设施完善、环境优美的村寨，改善农村生活环境，结合我省农村实际，制订本行动计划。

一、基本情况

小康寨建设以自然村寨为对象，内容包括除交通、水利、房屋、电力、电讯、邮政以外的文体环卫等基础设施，以及便民服务中心等服务设施。长期以来，各级住房城乡建设、环境保护、体育、财政等相关部门围绕小康寨建设开展了大量工作。特别是2009年我省开展村级公益事业建设"一事一议"财政奖补工作以来，各级财政累计投入奖补资金22.4亿元，累计修建垃圾收集点4860个、公共厕所6300座、文体活动场所20多万平方米，安装路灯12860座，项目覆盖全省6.7万个自然村寨、1025万人，覆盖率分别为34%、28.8%。

二、主要任务

坚持从实际出发，紧紧围绕"富、学、乐、美"，认真开展自然村寨文体环卫等基础设施建设工作，提高农村生产生活质量，提升农村居民幸福感，加快实现城乡一体化，为与全国同步全面建成小康社会提供强有力的支持。

三、工作目标

（一）总体目标。2013～2020年，在对全省文、体、环、卫及便民设施建设统一规划的基础上，按照人口集中优先的原则，到2020年，计划完成6.9万个自然村寨建设，新增覆盖人口1598万人，累计覆盖2623万人，占届时预计农村户籍人口3729万人的70%。省住房城乡建设厅计划完成5000个村的村庄整治；省环境保护厅计划完成800个行政村的集中式饮用水源地保护；省体育局计划完成 1303 个乡（镇）和 14000 个行政村的村级体育设施建设。省农村综合改革领导小组办公室计划重点打造 4000 个示范村寨，实现"五化"目标：一是道路硬化。通寨路、村内步道、农户庭院实现水泥路面硬化。二是卫生净化。实现垃圾收集、堆放、搬运和处理有序，污水定向排放并进行净化处理，建有公共厕所等。三是村庄亮化。对村庄和民居建设统一规划，对村内道路及公共活动场所安装照明设施等。四是环境美化。道路两侧、公共闲散地和村庄周围环境绿化，对村寨周边的小堰塘和村内用于美化环境及解决生活用水的小型引水工程等进行整治，实现山清水秀。五是生活乐化。主要是文体活动场所等方面的建设，丰富农民群众的物质和精神生活。

（二）阶段目标。

2013～2015 年，计划覆盖 2.58 万个自然村寨建设，新增受益人口 599 万人，累计受益 1624 万人。实施 121 万户"三改"及庭院硬化工程；计划对 840 个乡镇开展垃圾收集处理工作；开展 300 个行政村集中式饮用水源地保护工作；修建 0.71 万个行政村的公共厕所及文体活动场所、农家书屋、村务宣传栏等便民服务设施；实现 1.35 万个自然村寨的污水处理设施全覆盖；新增安排 23.6 万台套太阳能照明设施，实现 2.58 万个自然村寨的照明设施全覆盖。

2016～2017 年，计划覆盖 1.72 万个自然村寨建设，新增受益人口 400 万人，累计受益 2024 万人。实施 80.2 万户"三改"及庭院硬化工程；计划对 560 个乡镇开展垃圾收集处理工作；开展 200 个行政村集中式饮用水源地保护工作；修建 0.48 万个行政村的公共厕所及文体活动场所、村务宣传栏等便民服务设施；实现 0.9 万个自然村寨的污水处理设施全覆盖；新增安排 15.65 万台套太阳能照明设施，实现 1.72 万个自然村寨的照明设施全覆盖。

2018～2020 年，计划覆盖 2.6 万个自然村寨建设，新增受益人口 599 万人，累计受益 2623 万人。实施 121 万户"三改"及庭院硬化工程；计划对 840 个乡镇开展垃圾收集处理工作；开展 300 个行政村集中式饮用水源地保护工作；修建 0.71 万个行政村的公共厕所及文体活动场所、村

务宣传栏等便民服务设施；实现 1.35 万个自然村寨的污水处理设施全覆盖；新增安排 23.6 万台套太阳能照明设施，实现 2.58 万个自然村寨的照明设施全覆盖。

四、建设内容

（一）"三改"工程。按照以农户自建为主，政府奖励补助的原则，对农户实施改厕、改圈、改灶"三改"工程，着力改善农民群众生活环境，倡导科学健康文明的生活方式。

（二）垃圾收集、搬运、处理。原则上每户安装 1 个垃圾桶，每村配置 1 个垃圾箱，每乡配置 1 辆搬运车，每县建设 1 个垃圾填埋场或垃圾焚烧厂，探索建立健全农村垃圾户清理、村收集、乡搬运（处理）、县集中处理的运行机制。

（三）集中式饮用水源地保护。划定集中式饮用水水源保护区，完善环保设施（界碑、界桩、警示牌和围网等），加大饮用水水源环境监管力度，定期开展水质监测，开展水源地保护，进行环境污染集中整治，确保水源水质安全。

（四）污水处理。按照"先规划、后建设，先地下、后地上"的原则，修建排污沟或铺设排污管道，实现雨污分流，确保村寨生活污水收集处理率不低于 50%。

（五）公共厕所。原则上保证每个行政村建有公共厕所，逐步完成农村公共厕所的全面覆盖，改善农村公共环境质量，农民群众环保意识明显提升。

（六）照明设施。原则上以太阳能灯具为主，布局及功能要美观有效，灯源、灯杆高度、蓄电池、电池板等技术参数配置要经济适用，每天正常照明时间不低于 5 小时，三年之内由供应商免费维修。

（七）庭院硬化。通过农户自建为主，政府奖励补助的方式，引导农户对自家庭院进行硬化，改善农村人居环境，为提升农村居民幸福感创造必要的条件。

（八）文体活动场所等。围绕丰富农民群众精神文化生活，建设文体活动设施、村务宣传栏等，为实现农民生活乐化创造条件。文体活动设施包括场所及简易座位、体育健身器材等；农家

书屋、村务宣传栏等纳入相关美丽乡村行动计划。

五、工作保障措施

（一）建立健全组织领导机构。在省农村综合改革领导小组的统一领导下，建立联席会议制度，明确各单位职责和任务。将小康寨行动计划与同步小康驻村帮扶等相结合，借助工作组（队）的力量推进实施。

（二）加强资金保障。预计到2017年共需资金100.5亿元（其中："三改"工程约20.12亿元；垃圾收集、搬运、处理约14亿元；集中式饮用水源地保护约2亿元；污水处理约22.5亿元；公共厕所约4.75亿元；照明设施约15.7亿元；庭院硬化约10.06亿元；文体活动场所等约11.37亿元）。为确保项目建设顺利进行，计划主要通过以下渠道解决。

1. 统筹安排存量资金。省住房城乡建设厅、省环境保护厅、省体育局、省农村综合改革领导小组办公室等部门要对现有专项资金认真清理，调整结构，在项目资金安排上向小康寨行动计划重点倾斜。

2. 加大"一事一议"财政奖补投入力度。2013年，全省"一事一议"财政奖补资金共投入小康寨建设7.5亿元。力争以后年度年均增长8%，年均投入达到8.1亿元，到2017年累计投入40.5亿元。

3. 争取中央支持农民体育健身工程专项资金。2013～2015年，国家体育总局安排农民体育健身村级工程专项资金，对西部地区按4∶1的比例支持。2013年，我省各级财政安排1200万元（其中：省级彩票公益金安排400万元，市、县安排800万元），中央补助4800万元。2014～2015年，从省级彩票公益金中安排3000万元（其中：省级专项彩票公益金1000万元，省体育局留存的体育彩票公益金2000万元），省级"一事一议"财政奖补资金中安排3000万元用于农民体育健身工程。按此计算，2013～2015年中央和省筹集村级农民体育健身工程专项资金3.6亿

元，完成农民体育健身村级工程覆盖率55%。

4. 加大环保专项投入。省环境保护厅每年投入省级专项资金1500万元，争取环保部支持2500万元，到2017年累计投入2亿元。

5. 整合相关专项资金。按资金用途整合新农村建设补助资金、清洁工程补助资金、烟草示范工程补助资金、水库移民补助资金等20余项专项资金，到2017年计划累计整合32.95亿元。

6. 市、县筹措资金。通过调整地方支出结构、预算安排、对口帮扶、社会赞助等渠道筹措资金21.45亿元。

7. 创新投入机制，拓展融资渠道。探索通过财政贴息方式，支持依法取得的农村集体经营性建设用地使用权、生态项目特许经营权、污水和垃圾处理收费权以及林地、矿山使用权等作为抵押物进行抵押贷款，引导金融资金参与小康寨建设。

通过以上措施可筹措资金100.5亿元，基本满足小康寨行动计划2013～2017年的资金需求。

（三）健全工作机制。坚持"党政引导、村寨自治、部门服务、资源整合"和"政府补助、部门指导、社会赞助、群众自建"的运行、投入机制。县级党委、政府在小康寨建设中承担主要职责，以县为单位整体谋划、整合资源、统筹推进。省市两级加强政策扶持和指导督查，形成上下联动、分工负责的工作格局。

（四）完善考评机制。将小康寨行动计划落实情况纳入市（州）人民政府、贵安新区管委会、县（市、区、特区）人民政府工作实绩考核评价体系，纳入全面建成小康社会考评体系，每年对市（州）、贵安新区、县（市、区、特区）工作推进情况进行量化考核。

（五）营造良好的工作氛围。充分发挥电视、广播、报刊、网络等媒体的作用，开展形式多样、生动活泼的宣传教育活动，形成全社会关心、支持和监督小康寨建设的良好氛围。通过规划公示、专家听证、项目共建等途径，广泛动员和引导社会各界力量参与和支持小康寨行动计划。

附件7 贵州省"四在农家·美丽乡村"基础设施建设六项行动计划资金筹措方案（2013~2017 年）

为确保贵州省"四在农家·美丽乡村"基础设施建设六项行动计划顺利实施，特制定本方案。

一、资金需求

（一）小康路行动计划。到 2017 年，村以上道路预计投入 631.62 亿元，通组（寨）道路和村内道路预计投入 112 亿元（不含投工投劳），两项合计 743.62 亿元。

（二）小康水行动计划。到 2017 年，预计投入 266.5 亿元。

（三）小康房行动计划。到 2020 年，预计投入 205.71 亿元。

（四）小康电行动计划。到 2017 年，预计投入 165.6 亿元。

（五）小康讯行动计划。到 2017 年，"通信村村通"预计投入 25.53 亿元，"便捷邮政"预计投入 3.22 亿元，两项合计 28.75 亿元。

（六）小康寨行动计划。到 2017 年，预计投入 100.5 亿元。

六项行动计划预计总投入 1510.68 亿元。其中，到 2017 年预计投入 1422.47 亿元，小康房行动计划 2018~2020 年预计投入 88.21 亿元。

二、资金筹措方案

六项行动计划建设所需资金可通过争取国家支持、盘活财政存量、激励企业投入、广集社会资金、运用市场融资等多渠道筹措。到 2017 年预计可筹措资金 1422.47 亿元（其中：政府投资 1263.85 亿元，企业自筹 158.62 亿元），可满足到 2017 年的建设需要（见附表 1）。

各行动计划具体筹资情况如下：

（一）小康路行动计划。包括村以上道路建设和通组（寨）道路、村内道路硬化两部分，预计可筹措资金 743.62 亿元，无资金缺口（见附表 2）。

1. 村以上部分。按"十二五"和"十三五"规划的资金渠道，预计到 2017 年可筹措资金

631.62 亿元。其中：通过申请中央车购税 402.95 亿元，整合省级部门资金 19.85 亿元，市县筹集 208.82 亿元。加上成本控制，可基本满足建设需求。如 2013~2017 年完成规划任务，由省政府与交通运输部签署"先建后补"协议，明确中央补助资金用于我省偿还提前实施规划任务的贷款本息。对于提前实施部分，省级财政每年安排 3 亿元，对完成目标任务并经考核验收的县给予奖补贴息支持。具体实施办法由省财政厅商省交通运输厅等部门另行制定。

2. 村以下部分。一是继续安排"一事一议"财政奖补资金投入。按 2013 年各级财政"一事一议"财政奖补资金用于村内道路建设 18 亿元（中央 7.2 亿元，省级 3.6 亿元，市县 7.2 亿元）测算，到 2017 年预计可筹集资金 90 亿元。二是争取中央加大对我省支持力度。按中央每年在 2013 年基础上定比增长 8%，到 2017 年预计可筹集资金 7.4 亿元（中央 3 亿元，省级 1.5 亿元，市县 2.9 亿元）。三是整合资金。目前，发展改革部门的以工代赈资金、民族事务部门的少数民族发展资金等每年均有部分用于通组（寨）道路、村内道路建设，2013 年约 3 亿元，按此测算，到 2017 年预计可筹集资金 14.6 亿元。通过以上渠道合计可筹措资金 112 亿元，基本满足建设需要。如果国家补助政策有调整，相应调整建设计划。

（二）小康水行动计划。到 2017 年，计划解决农村 1165 万人饮水安全问题，计划新增有效灌溉面积 463 万亩（见附表 3）。

1. 农村饮水安全。一是通过完成"十二五"人饮安全规划任务解决 468 万人，预计投入 25 亿元。二是通过水利建设"三大会战"解决 697 万人，仅地下水（机井）开发利用预计投入 79 亿元。其中，计划新增机井 7000 口，预计投入 70 亿元（省级负责 3000 口、资金 30 亿元，市级负责 1800 口、资金 18 亿元，县级负责 2200 口、资金 22 亿元）；省级负责 1200 口已打未用成井配套设施建设，按每口 75 万元补助，预计投入 9

亿元。

2. 新增有效灌溉面积。除水利建设"三大会战"（骨干水源工程、引提水工程和黔中水利枢纽工程）等灌区建设外，仅小型农田水利建设预计投入162.5亿元，主要通过省国土资源厅规划高标准农田建设治理、省财政厅农业综合开发高标准农田建设及中低产田改造治理和省水利厅中央小型农田水利重点县建设等解决。以上预计筹资266.5亿元，无资金缺口。

（三）小康房行动计划。按现有中央补助标准，申请中央补助资金86.7亿元。按2013年省财政扶贫生态移民资金和农村危房改造资金配套措施，省级每年安排扶贫生态移民搬迁工程6亿元专项资金统筹用于新一轮农村危房改造及扶贫生态移民搬迁工程，共计24亿元，市县筹资6.8亿元，以上预计筹资117.5亿元，缺口资金88.21亿元（在2018~2020年解决）。考虑到中央补助资金的不确定性，年度具体实施任务视中央实际下达资金情况，结合我省实际作相应调整和安排（见附表4）。

（四）小康电行动计划。在确保国家安排我省农网改造升级资本金3亿元/年（即按2013年资本金规模）的基础上，由省发展改革委牵头协调国家发展改革委提高国家资本金补助，力争达到小康电总投资的20%，预计33.1亿元，其余132.5亿元由企业自筹资金（贷款）解决，省级财政每年对企业自筹部分给予全额贴息补助，以上预计筹资165.6亿元，无资金缺口（见附表5）。

（五）小康讯行动计划。各级政府投入2.61亿元，企业自筹26.14亿元，合计筹措资金28.75亿元，无资金缺口（见附表6）。

（六）小康寨行动计划。一是按2013年各级财政"一事一议"财政奖补资金用于村内公益事业建设水平7.5亿元（中央3亿元、省级1.5亿元，市县3亿元）测算，到2017年预计筹集资金37.5亿元。二是争取中央加大对我省支持力度。按中央每年在2013年基础上定比增长8%，到2017年预计可筹集资金3亿元（中央1.2亿元，省级0.6亿元，市县1.2亿元）。三是整合扶贫旅游专项、新农村建设补助、清洁工程补助、烟草示范工程补助、水库移民后扶补助等20余项专项资金32.95亿元。四是争取中央支持农民体育健身工程专项资金3.6亿元。五是投入环保专项资金2亿元。六是市、县投入及对口帮扶、社会捐赠等21.45亿元。以上合计筹资100.5亿元，无资金缺口（见附表7）。

三、政策建议

（一）坚持以县为主。在规划的基础上，以县为主整合资源、组织实施，中央、省、市（州）资金与"以县为单位同步小康目标"进程考核挂钩。

（二）改革省级专项资金分配方式。按照"渠道不变、管理不乱、各负其责、各记其功"的原则，除国家有特殊规定的专项资金外，省级各部门相关专项资金50%以上按因素法分配到县；其余资金通过竞争立项或以奖代补等方式投入到县，支持有条件的县运用市场机制吸引社会资金参与建设。

（三）推广"一事一议"财政奖补机制。充分发挥农民群众的主体作用，尊重农民群众意愿，建立健全农民群众自建、自管的长效机制。重点支持省级示范村寨特色优势产业发展，推进农村集体经济组织和农民专业合作组织建设，增强村级集体经济实力，促进农村社会经济可持续发展。

附表（略）

海南省人民政府
关于印发《海南省美丽乡村建设三年行动计划（2017~2019）》的通知

琼府〔2017〕23号

各市、县、自治县人民政府，省政府直属各单位：

　　现将《海南省美丽乡村建设三年行动计划（2017~2019）》印发给你们，请认真贯彻实施。

海南省人民政府
2017年2月25日

海南省美丽乡村建设三年行动计划（2017~2019）

　　为全面推进美丽乡村建设，改善农村人居环境，统筹城乡发展，依据《海南省改善农村人居环境实施意见（2015~2020年）》、《海南省美丽乡村建设五年行动计划（2016~2020）》，结合我省实际，制定本计划。

一、总体要求

　　全面贯彻落实党的十八大和十八届三中、四中、五中、六中全会精神，坚持创新、协调、绿色、开放、共享发展理念，把美丽乡村建设与促进农村经济、社会、生态协调发展结合起来，通过加强农村环境卫生整治，提升生态人居品质，促进经济产业发展，弘扬特色乡土文化，推动美丽乡村建设从"点"到"线"向"面"发展，助力全域旅游示范省建设，推动全面建成小康社会，将海南打造成全国生态文明示范区、中外游客的度假天堂和海南人民的幸福家园。

二、主要目标

　　按照"规划引领、示范带动、全面推进、配套建设、突出特色、持续提升"的要求，全面推进美丽乡村建设，持续改善农村人居环境，不断提高新农村建设水平。到2017年5月底，各市县农村生活垃圾治理通过国家考核验收，全省农村环境"脏乱差"现象得到根本改善。按照宜居、宜业、宜游的标准，全省每个乡镇每年建成1~2个美丽乡村示范村，每个市县每年建成20个美丽乡村示范村；到2017年底全省建成不少于400个美丽乡村示范村，到2018年底建成不少于700个美丽乡村示范村，到2019年底建成不少于1000个美丽乡村示范村，同时建成一批乡村旅游特色民宿示范村和美丽乡村休闲旅游度假景区。

三、工作任务

　　（一）加强农村环境卫生整治。

　　——深入开展"清洁家园"专项整治。全面清理农村陈年生活垃圾，完善村庄保洁制度，健全"户分类、村收集、乡镇转运、市县处理"的垃圾处理模式，探索区域共建共享合作模式，促进农村垃圾就地减量和分类处理。到2017年5月底，农村垃圾集中收集的村庄全域覆盖，按服务人口合理配备专职或兼职保洁员，每个村庄至少配备一个垃圾收集箱；每个乡镇建有 1 个以上垃圾中转站或收集站，根据需要至少配备 1 辆以上垃圾转运车，各市县农村垃圾治理达到国家规定的"五有标准"（即有设备、有人员、有技术、有经费、有机制），通过国家十部委农村生活垃圾治理考核验收；到 2019 年，新增生活垃圾处理设施 19 座，升级改造渗滤液处理设施 14 座，新增生活垃圾转运设施 58 座。（责任单位：各市县政府（含洋浦经济开发区管委会，下同）；配合单位：省住房城乡建设厅、省财政厅、省发展改革委、省生态环保厅、省农业厅）

——深入开展"清洁田园"专项整治。重点清除田间地头农业生产废弃物，推进农业清洁生产，防治农业面源污染。严格实行"谁污染、谁负责，谁污染、谁治理"的工作机制，到 2017 年基本清除农药、化肥包装物及农用塑料薄膜等生产废弃物，到 2019 年化肥、化学农药实现"零增长"，提升田园生态环境质量。（责任单位：各市县政府；配合单位：省农业厅、省住房城乡建设厅、省生态环保厅）

——深入开展"清洁水源"专项整治。全面排查饮用水源保护区和周边工业、生活、畜禽污染源，依法清除、取缔有污染影响的各类排污口和污染源。加强河道水体清淤治理，到 2017 年底，农村池塘、河道水体垃圾污物全部清理。加强农村生活污水收集处理，做好农村化粪池的防漏防渗工作，统筹考虑分散处理、就近处理或集中处理等方式，推广生活污水湿地处理技术；到 2019 年底，农村生活污水治理行政村覆盖率达到 80% 以上。合理确定村庄畜禽养殖区域和养殖规模，科学规划建设村庄养殖小区，推行粪污集中处理和资源综合利用；实现农村居民饮水安全。（责任单位：各市县政府；配合单位：省生态环保厅、省住房城乡建设厅、省水务厅、省财政厅、省发展改革委、省农业厅）

（二）提升农村生态人居品质。

——加强村庄规划编制和实施。以"多规合一"成果及全省美丽乡村建设专项规划为依据，2017 年 7 月底前编制完成所有县（市）域乡村建设规划，完善提升千个美丽乡村规划。规划编制中，应听取村民意见，报批前应经村民会议或村民代表会议讨论通过，并在村内公示，增强规划的可操作性。乡村居民建房规划报建工作在全省全面铺开，简化业务流程，实施"一表一证"，提高工作效率，免收报建费用；帮助农户选用或量身设计体现海南地域特征、民族特色和时代风貌的农房建筑方案，鼓励采用坡屋顶等传统建筑形式，引导形成特色乡村风貌。（责任单位：各市县政府；配合单位：省住房城乡建设厅、省国土资源厅、省林业厅、省农业厅）

——加大农村危房改造力度。结合精准扶贫、精准脱贫加快推进农村危房改造，到 2018 年基本完成建档立卡贫困户危房改造，到 2019 年基本完成 17.5 万套农村 D 级危房改造。发挥农村危房改造示范带动作用，推动农房报建和风貌管控，建设绿色农房、绿色村庄。（责任单位：各市县政府；配合单位：省住房城乡建设厅、省财政厅、省扶贫办、省民宗委、省民政厅）

——加强农村无害化卫生厕所建设。从 2017 年开始，所有新建、改建的农村住宅均要配套建设带三级化粪池的卫生厕所，加快现有无卫生厕所住宅的改厕工作，到 2019 年，全省 85% 以上农户通过新建或改厕，完成家庭无害化卫生厕所建设。（责任单位：各市县政府；配合单位：省卫生计生委、省住房城乡建设厅、省生态环保厅、省水务厅）

——加强基础设施配套。加强农村道路、公共停车场、安全饮水、供电、通信、邮政等基础设施建设。积极开展农村低碳社区建设，引导使用沼气、太阳能、风能等可再生能源。完善提升农村道路系统和农村对外交通路网体系，到 2019 年，村主干道路进出通畅，村庄道路铺装硬化率达到 95%，客运通达率达到 100%；村内道路以现有道路为基础，保留原始形态走向，就地取材加以完善。（责任单位：各市县政府；配合单位：省交通运输厅、省住房城乡建设厅、省财政厅、省发展改革委、省工业和信息化厅、省国土资源厅、省林业厅、省农业厅）

——加强村庄绿化、美化、亮化、海绵化改造。做好村庄绿化，多运用本土植物，并使乔、灌、花、草合理搭配，形成多层次、错落有序的绿色空间。实施村庄风貌提升工程，实现"白天看绿化、晚上看亮化、晴天看美化、雨天看净化、建筑看文化、村庄景区化"。完善村庄电力设施，主要村道、巷口、公共活动场所有路灯，达到基本亮化水平。打造"海绵村庄"，村庄广场、道路应增加透水性材料铺装，保护自然水系，减少硬化率。（责任单位：各市县政府；配合单位：省住房城乡建设厅、省林业厅、省农业厅、海南电网公司）

——加快公共服务设施配套。着力建好村"两委"活动场所和便民服务中心、农民培训中心、文化体育中心、卫生计生中心、综治调解中心、农家购物中心。有条件的地方要拓展幼儿园、社会综合服务管理工作站、金融服务网点等配套设施建设，形成公共服务与管理一体化的农村社区综合体。推进农村信息基础设施建设，光纤宽带网络向农村延伸，加快4G网络全面覆盖。（责任单位：各市县政府；配合单位：省住房城乡建设厅、省民政厅、省文化广电出版体育厅、省卫生计生委、省司法厅、省工商局、省教育厅、省政府金融办、省工业和信息化厅、省通信管理局、省国土资源厅）

（三）促进农村经济产业发展。

——大力发展乡村生态农业。深入推进现代农业，推广种养结合等新型农作制度，大力发展热带高效农业，扩大无公害农产品、绿色食品、有机食品生产。突出培养具有海南特色的"名、特、优、新"产品，推进"一村一品"生态农业。积极引进电商龙头企业，打造海南特色农产品电商品牌。加快推进农村土地流转，促进土地成片集中，提升农村土地规模效益。开展农民产业技能培训，培养科技致富带头人。（责任单位：各市县政府；配合单位：省农业厅、省海洋与渔业厅、省林业厅、省商务厅、省工商局、省工业和信息化厅、省住房城乡建设厅、省国土资源厅、省邮政管理局）

——大力发展乡村生态旅游业。加大休闲农业基础设施建设力度，挖掘乡村旅游文化内涵，把特色产业风情小镇打造成独具特色魅力的旅游服务基地，把每个美丽乡村打造成旅游景点，把农户建筑作为一个文化小品来改造建设，形成"一村一品、一村一景、一村一韵"的乡村旅游景观。到2019年，力争乡村休闲旅游年接待游客1200万人次以上。（责任单位：各市县政府；

配合单位：省旅游委、省住房城乡建设厅、省财政厅、省发展改革委、省国土资源厅）

——大力发展乡村特色民宿业。依托海南独特的自然风光、生态环境和人文底蕴，以市场为导向，优先在城市近郊、景区周边、文化遗存地等，以文明生态村、美丽宜居村庄、特色景观旅游名村、传统村落等为载体，培育健康、人本、精致的乡村特色民宿。到2019年，集中培育600个以上乡村特色民宿村，创建200个以上乡村民宿型农家乐综合体。（责任单位：各市县政府；配合单位：省住房城乡建设厅、省旅游委、省财政厅、省发展改革委、省国土资源厅、省卫生计生委、省食品药品监管局、省工商局）

（四）大力弘扬农村特色文化。

——培育特色文化村庄。充分挖掘和保护古村落、古民居、古建筑等农村物质文化遗产，传承和保护农村民俗风情、历史沿革、典故传说、祖训家规等农村非物质文化；完善历史文化名村、传统村落、少数民族特色村寨和特色民居名录，建立健全保护和监管机制。编制和实施传统村落保护规划，加强传统村落保护，村庄建设规划应有体现乡村传统建筑特色的专篇。（责任单位：各市县政府；配合单位：省文明办、省住房城乡建设厅、省文化广电出版体育厅、省民宗委、省教育厅、海南广播电视总台）

——开展文明素质教育。深入开展社会主义核心价值观和生态文明理念教育，提升农民文明素质，提高环境卫生治理意识。整合农村文化资源，开辟生态文明橱窗等生态文化阵地，运用村级文化教育场所，开展形式多样的生态文明知识宣传、培训活动，形成农村生态文明新风尚。（责任单位：各市县政府；配合单位：省文明办、省住房城乡建设厅、省文化广电出版体育厅、省教育厅、海南广播电视总台）

——促进乡村社会和谐。积极推行以村党组织为核心和民主选举法制化、民主决策程序化、民主管理规范化、民主监督制度化为内容的农村"四化一核心"工作机制，建立村规民约，合理调节农村居民利益关系，有序引导农民合理诉求，有效化解农村矛盾纠纷，维护农村社会和谐稳定。（责任单位：各市县政府；配合单位：省委组织部、省文明办、省住房城乡建设厅、省高

级法院、海南广播电视总台)

（五）积极推进美丽乡村旅游示范区建设。

通过发掘利用自然生态、环岛滨海、中部山地、地域文化、历史文化等优势资源，积极引导在全省打造"一圈、三纵、三横、多带"的美丽乡村旅游格局。重点推进以环岛高铁、高速公路、滨海旅游公路等为依托的"美丽乡村环岛旅游圈"，以海南岛交通轴为主骨架的"三纵三横"（三纵即 G223/G224/G225 国道沿线；三横即沿文昌—定安—澄迈—临高线，沿万宁—琼中—儋州—洋浦线，沿陵水—保亭—五指山—乐东—东方线）美丽乡村旅游带以及沿"三江三河"（即南渡江、昌化江、澜昌江，万泉河、太阳河、南圣河）两岸建设的美丽乡村旅游带，大力推进乡村旅游业发展。（责任单位：各市县政府；配合单位：省住房城乡建设厅、省旅游委、省财政厅、省发展改革委、省农业厅、省海洋与渔业厅、省国土资源厅）

四、保障措施

（一）加强组织领导。各市县政府要高度重视美丽乡村建设工作，市县党政主要负责人要亲自部署，将其纳入重要议事日程和工作考核内容，建立本市县美丽乡村建设工作领导机制和联席会议制度，加强美丽乡村建设工作统筹协调，制定美丽乡村建设行动计划年度实施方案，形成"一级抓一级、层层抓落实"的工作机制。充分发挥省、市县、镇、村领导干部分级包片、包镇驻村负责工作机制，发挥驻村"第一书记"和定点帮扶责任单位的帮扶作用，强力推进美丽乡村建设。

（二）形成工作合力。住房城乡建设部门负责美丽乡村组织统筹工作，制定有关政策、规划和技术标准，实施农村垃圾和污水治理、农房改造、风貌管控，组织美丽乡村的考核验收等工作；文明办负责村庄文化建设；发展改革部门负责将美丽乡村纳入相关规划，研究制定支撑政策；财政部门加大对美丽乡村建设资金的支持；环境保护部门负责农村污水治理；水务部门负责农村给水；农业部门负责农田环境治理，生态农业发展等；林业部门负责村庄绿化、美化；其他

相关部门按照责任分工，各司其职、密切配合，共同推进美丽乡村建设工作。

（三）加大投入力度。全省各级财政要积极支持美丽乡村建设，对创建美丽乡村行动积极、目标明确、任务具体、措施有力，按标准开展创建的村庄，作为省级美丽乡村创建示范点，省财政将以市县为平台，整合多项涉农资金予以支持；旅游、农业、住建、国土、环保、水务、林业、交通等部门涉及农村建设的资金也要按照"渠道不乱、捆绑使用、统筹安排、用途不变、各记其功"的要求给予集中支持。同时，用好惠农政策，创新投入方式，鼓励采取 PPP 等方式引进社会资本，探索政府投入连片建设模式、企业投入景区带动模式、政企合作建设特色村庄模式、政企村合作经营发展模式等，凝聚多方力量，共同推进美丽乡村建设。

（四）动员群众参与。大力开展宣传教育，采取多种形式宣传美丽乡村建设要求、村民参与义务等，动员村民投工投劳，做好房前屋后环境卫生整治和绿化美化工作，开展文明农户、美丽家庭等评选活动，激发村民建设美好家园的积极性和主动性。推行村内事"村民议村民定、村民建村民管"的实施机制，发挥村务监督委员会、村民理事会等村民组织的作用，引导村民全过程参与项目规划、建设、管理和监督。

（五）加强监督考核。省美丽乡村建设领导小组负责美丽乡村建设工作的检查指导工作，并依据《海南省美丽乡村建设考核办法》实行考核、问责机制，对按照《海南省美丽乡村建设标准》建设达标的村庄，给予命名授牌，给予每个达标村庄不少于 20 万元的资金奖励，用于美丽乡村基础设施的维护和管理。对美丽乡村创建成绩突出的市县（区）、乡镇政府和先进个人予以表扬，对行动滞后，措施不力的市县、单位及相关责任人给予通报批评。省美丽乡村建设领导小组办公室将建立信息报送及定期通报制度，将各市县美丽乡村建设信息报送情况列入各地美丽乡村建设年度考核内容。

附件：海南省美丽乡村三年（2017～2019年）创建名录

附件 海南省美丽乡村三年（2017~2019 年）创建名录

市县	乡镇（区、开发区、经济区、农场）	2017 年	2018 年	2019 年
海口市（122）	东山镇	环湖村 儒万村 前进村 射钗村	光明村 东星村 玉下村	东溪村 东升村
	石山镇	建新村 道堂村 北铺村	岭西村 扬佳村	和平村 安仁村
	永兴镇	美东村 罗经村 建群村	永德村 建中村	雷虎村 永秀村 博强村
	龙桥镇	永东村 三角园村	玉符村	玉荣村
	龙泉镇	大叠村 翰香村 仁新村	雅咏村 新联村	椰子头村 美仁坡村
	新坡镇	新坡村 民丰村 群丰村	光荣村 新彩村 文山村	文丰村 仁南村
	遵谭镇	东谭村		
	大坡镇	福昌村	大坡村	
	红旗镇	龙榜村 红旗村 合群村	道崇村 龙发村	苏寻三村
	甲子镇	甲子村 甲新村 昌西村	益民村 新民村	益新村 民昌村 青云村
	旧州镇	岭南村 雅秀村 旧州村	联星村 联丰村	池连村 光明村
	龙塘镇	仁三村 龙富村	新民村 龙光村	文道村
	三门坡镇	新德村 友爱村 文岭村	美城村 清泉村	谷桥村
	云龙镇	云蛟村 云岭村 长泰村	云阁村	云龙村
	演丰镇	山尾村 演东村 演南村	演丰居委会 演海村	塔市村
	大致坡镇	昌福村 栽群村	咸来村	金堆村 美桐村
	三江镇	苏寻三村 三江村	江源村	上云村
	灵山镇	大林村 大昌村 红丰村 东营村	林昌村 爱群村 锦丰村	晋文村 美庄村 东和村 东平村
	三江农场	三江湾管理区 新埠洋管理区	新马管理区 新美管理区	新成管理区
	桂林洋开发区	迈进居委会 高山居委会 振家居委会	五一居委会 丰兴居委会	永卫居委会 新群居委会
	小计（个）	54	36	32
三亚市（36）	海棠区	龙楼村	东溪村 升昌村	
	吉阳区	大茅村 安罗村	红花村 南丁村 博后村	六盘村 落笔村
	天涯区	台楼村 抱龙村	立新村 扎南村 新联村	梅村 塔岭村 华丽村 过岭村
	崖州区	抱古村 南山村 水南村	保平村 临高村 凤岭村	赤草村 海棠村 长山村
	育才生态区	那受村 马亮村	雅林村 那会村 明善村	抱安村 马脚村 青法村
	小计（个）	10	14	12
三沙市（1）		永兴居委会		
	小计（个）	1	0	0

市县	乡镇（区、开发区、经济区、农场）	2017 年	2018 年	2019 年
儋州市（62）	那大镇	侨南村　抱龙村	清平村	茶山村
	兰洋镇	南罗村　番新村	头竹村	三雅村
	大成镇	新营村　推赛村	南盛村	南乐村
	和庆镇	美万村	新村村	罗便村
	峨蔓镇	盐丁村	龙门村　高跟村	峨蔓村
	海头镇	红坎村	岭地村　大屯村	新洋村　红洋村
	中和镇	七里村	五里村　中和居委会	长村村　西边村
	雅星镇	调打村	新让村	文山村
	东成镇	崖碧村	加悦村　抱舍村	里仁村　洪山村
	南丰镇	苗族村	南丰村	武教村
	新州镇	大屯村	泮山村	新地村
	王五镇	新地村　东光村	赤坎村　光村村	山营村　新方村
	木棠镇	铁匠村　蒌根村	梁宅村	大文村
	排浦镇	南华村	禾丰村	沙沟村
	白马井镇	寨基村	旧地村	兰城村
	光村镇	光红村	泊潮社区	挺进村
小计（个）		21	21	20
琼海市（89）	会山镇	加略村	大火村	溪仔村
	潭门镇	日新村　北埇村　福田村　凤头村	潭门村　苏区村	草塘村　墨香村
	大路镇	石桥村　亭子坡村　新村村	堆头村	安竹村　蔗园坡村
	万泉镇	夏坡村　大雅村　沐皇村　西河村	新市村　文曲居委会	罗凌村
	阳江镇	阳江村　红色村　文市村　桥园村	阳江村　红色村　上课村	益良村
	中原镇	大锡村　书斋村	仙村村　锦武村	联光村　迈汤村
	博鳌镇	东海村　培兰村	乐城村　莫村村	北山村　博鳌村
	嘉积镇	大礼村　里邦村　乌石村　泮水村　新潮村　参古村	礼都村　桥头村　田头村　上埇村　下寨冬村　黄崖村　温泉村	万石村　益群村　奉田村　龙池村
	龙江镇	博文村　滨滩村	深造村　蓝山村	蒙养村　南面村
	石壁镇	石壁村　下朗村	水口仔村　南通村	岸田村
	长坡镇	良玖村　社学村　福石岭村	青葛村　烟塘村　福头村	礼昌村　多异村　孟文村
	塔洋镇	联丰村　珍寨村　先亮村	群良村　加贤村　红花村	诗书村
	彬村山华侨经济区	十三队		
小计（个）		37	30	22

续表

市县	乡镇（区、开发区、经济区、农场）	2017 年	2018 年	2019 年
文昌市 （74）	铺前镇	东坡村　仕后村	铺前村　铺港村	林梧村　七岭村
	文教镇	加美村　立新村	文南村	培龙村
	潭牛镇	古城村　大庙村	潭牛村	新桥村
	抱罗镇	东宛村　山梅村	抱功村　先锋村	抱英村
	文城镇	青山村　玉山村	南阳村　堂福村	南海村
	昌洒镇	东群村	庆龄村	昌茂村
	冯坡镇	白茅村　凤尾村	贝山村　合坡村	白沙村　蛟龙村
	东阁镇	侠夫村　天伦村	新群村　红旗村	美柳村　群建村
	会文镇	会文村　冠南村　沙港村	湖丰村　边海村	白延村
	公坡镇	水北村	锦东村	力群村
	重兴镇	东风村	加昌村	重兴村
	蓬莱镇	干塘村	高金村　典昌村	罗宝村　石壁村
	龙楼镇	红海村	山海村	
	翁田镇	西村村	博文村	明月村
	东路镇	蛟塘村	东路村	大坡村
	锦山镇	下溪坡村　罗民村	乐安村　录家村	福坡村　罗民村　上洪村
	东郊镇	建华山村	椰林村	椰海村
小计（个）		27	25	22
万宁市 （88）	龙滚镇	新市村　文渊村　福塘村	多格村　河头村	排园村　河头村
	山根镇	排溪村　大石岭村　多扶村	华明村　横山村	水央堀村　扶提村
	大茂镇	群星村　红石村　大联村	龙尾村　红光村	联民村　联光村
	北大镇	坚西村　坚东村	内罗村　映田村	大崛村　军田村
	后安镇	坡头村　茶山村　坡仔村	潮港村　安坡村	龙田村　后安村
	长丰镇	福田村　牛漏村	南联村　黄加村	黄山村　马坡村
	礼纪镇	莲花村　三星村　贡举村	竹林村　农联村	礼明村　群坡村
	万城镇	联星村　永范村　乌场村	番村村　集庄村	春园村　裕光村
	和乐镇	六连村　盐墩村　港上村	英豪村　罗万村	联丰村　乐群村
	南桥镇	桥南村　高龙村	高龙村　桥中村	小管村　新坡村
	三更罗镇	内岭村　头村村　田堆村	南平村　加苗村	上溪村　二村村
	东澳镇	蓝田村　集丰村　明星村	明丰村　岛光村　新群村	大造村　乐南村
	兴隆农场	二管区	四管区　五管区	一管区　三管区
	东岭农场	红园队		
小计（个）		35	27	26
东方市 （89）	八所镇	青山村　下红兴村 下名山村	大坡田村　上名山村 福久村　老欧村	斯文村　塘马园村 报坡村　平山村
	板桥镇	下园村　南港村　老方村	文质村　利章村　元兴村	田头村　桥北村　板桥村 桥南村

续表

市县	乡镇（区、开发区、经济区、农场）	2017 年	2018 年	2019 年
东方市（89）	感城镇	入学村	加富村　尧文村	宝西村　凤亭村
	四更镇	赤坎村　大新村	英显村　居多村　日新村	旦场村　旦场园村
	三家镇	岭村	红草村	水东村
	大田镇	俄乐村　老马村　牙炮村　戈枕村	乐妹村　玉道村　居便村	新宁坡村　抱板村　抱英村　俄龙村　短草村　南尧村
	东河镇	冲南村　金炳村	苗村村　万丁村　玉龙村	佳头村　佳西村　广坝村
	天安乡	芭蕉村　长田村　光益村	抱由村　安都村　陈龙村　陀类村	天村村　温村村　王沟村　赤好村
	新龙镇	上通天村　道达村	新村村　布道村	龙佑村　那斗村
	江边乡	江边营村　老村村	江边村　俄查村	布温村　冲俄村
	华侨经济区	大坡队　农场三队　农场八队	农场二队　柴头队　农场十四队	王外村　农场一队　农场十一队
小计（个）		26	30	33
五指山市（37）	番阳镇	布伦村	加艾村	孔首村
	水满乡	方龙村　水满新村	牙排村	毛脑村　水满村
	毛道乡	毛道村	毛枝村	
	南圣镇	毛祥村　同甲村	什兰村	牙南村
	毛阳镇	毛路村　空联村　牙力村	毛阳村　毛旦村	牙胡村　毛贵村
	通什镇	番茅村　什保村　应示村	太平村　番赛村	福关村　福安村　番香村
	畅好乡	草办村　什奋村	番贺村　畅好村	保国村
	畅好农场	一队	四队	农七队
小计（个）		15	11	11
乐东黎族自治县（97）	抱由镇	延红村　多建村　保定村　光明村　永明村	德霞村　抱由村　抱北村　山荣村	红水村　抱邱村　扬力村　南美村
	千家镇	扎灶村　只文村　前号村　千家村	抱平村　青岭村　福报村　抱郎村　抱伦村　抱梅村	抱用村　温仁村　奋跃村　抱串村　永益村　只峨村
	万冲镇	万冲村　山明村　南流村	友谊村　三柏村	洋老村　排慎村
	志仲镇（保国农场）	志强村　保国村　谭培村	多元村　塔丰村	志仲村　抗美村
	大安镇	礼乐村　西黎村　昂外村	加巴村　南仇村　大安村	木棉村　大炮村
	九所镇	四所村　十所村　抱荀村　老坡村	龙栖湾社区　镜湖村	新庄村　赤公村
	利国镇	新联村　新民村　乐一村　乐二村	乐三村　乐四村　球港村	荷口村　秦标村　赤塘村　茅坡村
	黄流镇	孔汶村　东孔村　抱二村　镇远村	佛老村　高道村　新民村　赖元村	水内村　多一村　尖界村　新荣村
	佛罗镇	响地村　新坡村　白井村	长青村　田头村	丰塘村　求雨村

续表

市县	乡镇（区、开发区、经济区、农场）	2017 年	2018 年	2019 年
乐东黎族自治县（97）	莺歌海镇	新兴社区	新一社区	
	尖峰镇	海滨村　长安村	白沙村　岭头村	山道村　尖峰村
小计（个）		36	31	30
澄迈县（68）	金江镇	大催村　京岭村　美亭村	太平村　大塘村　茂坡村	北河村　六山村　大坡村　名山村
	老城镇	白莲村　石联村	老城村	大亭村　马村村
	福山镇	官族村　博才村　迈岭村　红光居第一作业区居委会	红光居第八作业区居委会	闻社村　花场村
	大丰镇	五村村　美桃村	大丰村　安丰村	荣友村　美玉村
	永发镇	卜罗村	排坡村	永跃村　赛玉村
	瑞溪镇	番丁村　群庄村	村内村	里加村
	桥头镇	沙土村　桥头村	桥东村	善丰村
	中兴镇	旺商村　和安大队	中兴村　仁洞村	加龙村　群昌大队
	仁兴镇	美厚村　吴案村　四联村　仁兴作业区　美合作业区	岭仑村　荔枝头作业区	松运村　大朗作业区
	加乐镇	加桐村	加茂村　长岭村	加乐村
	文儒镇	珠宝岭村　石浮村　乐溪管区	山心村	槟榔根村　东联管区
	金安农场	潭烈村	新田村	白岸村
小计（个）		28	18	22
临高县（86）	临城镇	邦浪村　奇地村　文书村　龙跃村　兰秦村　美梅村	群玉村　仙还村　兰罗村　禄到村　杨梅村　德老村	罗万村　发豪村　抱瑞村　奇地村　调俗村
	新盈镇	仓米村　和贵村　彩桥村　龙兰村	龙昆村　昆社村	良爱村　头咀村
	和舍镇	铺仔村　布大村	新风村　布佛村	先光村　罗爷村
	皇桐镇	美香村　居仁村　洋黄村　富雄村	和伍村　文贤村	头文村　古风村
	调楼镇	调楼居委会　黄龙村　抱才村　东里村	隆道村　拔色村　东春村	博贤村　龙田村　抱社村
	东英镇	文连村　居留村	兰刘村	博纵村
	南宝镇	松梅村	古道村　松明村	博廉村　光吉村
	多文镇	头神村　美文村　头龙村	兰合村　抱利村　多狼村	风雅村　美巢村
	博厚镇	美略村　乐豪村　加禄村　加六村	龙吟村　龙来村　文德村　礼堂村	三架村　抱西村　博厚村
	波莲镇	美鳌村　和勋村	冰廉村　美珠村　太坡村	多贤村　古柏村　乾彩村　抱才村
小计（个）		32	28	26

续表

市县	乡镇（区、开发区、经济区、农场）	2017 年	2018 年	2019 年
定安县（42）	定城镇	美太村　洁秀村　仙屯村　美钗坡村	高龙村　平和村	水冲坡村　巡崖村
	雷鸣镇	龙梅村	南九村　南安村	雷鸣村
	龙门镇	久温塘村	里沙塘村	双塘村
	岭口镇	佳巷村　濡沐塘村	鲁古井村	群山村
	翰林镇	翰林村　沐塘村	章塘村	深水村
	龙河镇	旧村	龙介村　平塘村	西坡村
	富文镇	新联村	大坡村	南埠村
	新竹镇	大株村	新竹村	白堆村
	龙湖镇	正统村　里变村	永丰村　居丁村	桐树村
	黄竹镇	白塘村　河头村	莲堆村	南保村
小计（个）		17	14	11
屯昌县（36）	西昌镇	仁教村　西群村	群星村	合格村
	新兴镇	沙田村　下园村		
	乌坡镇	美华村　从良村　乌石坡村　青梯村	南东村　坡心村	村仔村　鸭塘村
	屯城镇	大东村　水口村　屯新村	大长坡村　光明村	大同村　龙水村
	坡心镇	高朗村	关朗村　高坡村	加买村　白石村
	南坤镇	石岭村　坡林村	石坡村　长圮村	黄岭村　石雷村
	枫木镇	市坡村	罗案村	大葵村
	南吕镇	田寮村		
小计（个）		16	10	10
陵水黎族自治县（35）	新村镇	南湾村		
	文罗镇	坡村村	龙马村	
	椰林镇	卓杰村　桃源村	沟仔农村	桃万村　坡留村
	隆广镇	广新村　石关村	五一村	新光村
	三才镇	港演村	牛堆村	大园村
	本号镇	格择村　中央村	军普村　长埇村	军昌村　白石村
	光坡镇	坡尾村　武山村	妙景村	新岭村
	提蒙乡	老长村　远景村	曾山村	提蒙村
	英州镇	赤岭村　英州村	新坡村　岗山村	大石村
	南平农场	云田生产队		
小计（个）		16	10	9
昌江黎族自治县（28）	七叉镇	七叉村　乙在村	重合村	尼下村
	王下乡	洪水村	大炎村	三派村
	十月田镇	王炸村　好清村	才地村　保平村	塘坊村

市县	乡镇（区、开发区、经济区、农场）	2017 年	2018 年	2019 年
昌江黎族自治县（28）	昌化镇	昌化村	昌田村	昌城村
	石碌镇	山竹村　牙营村	水头村	鸡实村　保突村
	海尾镇	海渔村　海农村	三联村　新港村	白沙村　沙渔塘村
	乌烈镇	峨港村	道隆村	
小计（个）		11	9	8
保亭黎族苗族自治县（35）	保城镇	毛介村　西坡村	石硐村	抄抗村
	加茂镇	半弓村	界水村	加茂村
	三道镇	三弓村　甘什村	田滚村	首弓村
	什玲镇	大田村　巡亲村	八村　抄寨村	排寮村　什玲村
	响水镇	响水村　合口村	毛岸村	徒水河村
	新政镇	新建村　毛朋村	毛文村　什那村	新政村
	毛感乡	南好村	毛位村	
	南林乡	东方村	南林村	罗葵村
	六弓乡	田案村	大妹村	田圯村
	新星农场	1 个作业区		
小计（个）		15	11	9
琼中黎族苗族自治县（64）	营根镇	那柏村　朝根村　加钗村　湴湾村　营中岭村	营根村　百花村　新朗村	红岭村　番沟村　岭头分场 16 队
	湾岭镇	孟田坡村　加章村　南久村　录南村	湾岭村　新仔村　乌石村	大墩村　高坡村　乌石农场 8 队
	黎母山镇	握岱村　榕木村	新村村	南利村　腰子村
	中平镇	黎明村　南坵村	南茂村　思河村	大坡村
	和平镇	贝湾村　长沙村	林田村	新兴村
	长征镇	潮村村	深联村　罗反村	什仍村　南什村
	红毛镇	草南村　番响村	坎茂村　金屏村	罗担村　什卓村
	什运乡	什统村	什运村	南平村　三联村
	上安乡	什坡村　南万村　抄方村	什育村　中兴村	长安村　行干村
	吊罗山乡	长田村　新安村	太平村　大美村	什插村
	阳江农场	阳江七队	大丰七队	
小计（个）		25	20	19
白沙黎族自治县（36）	七坊镇	高石村　木棉村　拥阜村	英歌村　阜途村	可好村　南洋村
	打安镇	打安村　合水村	朝安村　可程村	子雅村　南达村
	邦溪镇	南班村　大米村	邦新村	
	牙叉镇	对俄村	方香村	志针村
	元门乡	翁村　南训村	元门村　向民村	红茂村　红旗村
	阜龙乡	可任村	天堂村	
	荣邦乡	俄朗村　岭尾村	光村　高峰村	
	白沙农场	白沙片二十三队	白沙片四队　牙叉片三队	白沙片 8 队　牙叉片二十队

续表

市县	乡镇（区、开发区、经济区、农场）	2017 年	2018 年	2019 年
	小计（个）	14	13	9
洋浦经济开发区（3）		冠英村	棠柏村	西照村
	小计（个）	1	1	1
	合计（个）	437	359	332
	总计（个）	1128		

海南省人民政府办公厅
关于成立海南省美丽乡村建设领导小组的通知

琼府办〔2016〕244号

各市、县、自治县人民政府，省政府直属各单位：

为加强对我省美丽乡村建设工作的组织领导，经六届省政府第70次常务会议审议通过，决定成立海南省美丽乡村建设领导小组（以下简称领导小组）。现将有关事项通知如下：

一、领导小组组成人员

组　长：王　路（省政府副省长）

副组长：种润之（省政府副秘书长）
　　　　丁式江（省住房城乡建设厅厅长）

成　员：夏　斐（省委农村工作领导小组办公室主任）

　　　　符秀容（省精神文明建设指导委员会办公室副主任）

　　　　戚弘超（省发展改革委副主任）

　　　　陈铁军（省旅游委副主任）

　　　　寇建平（省农业厅副厅长）

　　　　王惠平（省财政厅副厅长）

　　　　孔令德（省教育厅厅长）

　　　　刘　曦（省文化广电出版体育厅副厅长）

　　　　杜建伟（省卫生计生委副巡视员）

范高净（省民政厅副厅长）

王　艳（省民宗委副巡视员）

张信芳（省国土资源厅总工程师）

陈孝京（省住房城乡建设厅副厅长）

刘保锋（省交通运输厅副厅长）

赵庆慧（省科技厅副厅长）

沈仲韬（省水务厅副厅长）

黄金城（省林业厅副厅长）

岳　平（省生态环保厅副厅长）

符立东（省扶贫办副主任）

二、工作职责

领导小组负责统筹推进全省美丽乡村建设工作；督促各市县政府及有关部门认真履行工作职责。领导小组各成员单位要根据各自职能加强对美丽乡村建设工作的协调配合。

领导小组下设办公室（设在省住房城乡建设厅），承担领导小组日常工作，办公室主任由省住房城乡建设厅厅长丁式江兼任。

海南省人民政府办公厅

2016年9月30日

海南省人民政府
关于印发《海南省美丽乡村建设五年行动计划（2016~2020）》的通知

琼府〔2016〕18号

各市、县、自治县人民政府，省政府直属各单位：

《海南省美丽乡村建设五年行动计划（2016~2020)》已经六届省政府第55次常务会议审议通过。现印发给你们，请认真贯彻实施。

海南省人民政府
2016年2月5日

海南省美丽乡村建设五年行动计划（2016~2020）

为落实全面建成小康社会的总体要求，扎实开展农村人居环境整治，推进我省农村基础设施建设和城乡基本公共服务均等化，加快改善农村生产生活条件，高标准建设美丽乡村，促进农村经济社会持续发展，提高海南社会主义新农村建设水平，制定本行动计划。

一、总体要求

（一）指导思想。

深入贯彻党的十八届五中全会精神和习近平总书记系列重要讲话精神，认真落实《中共中央 国务院关于加快推进生态文明建设的意见》（中发〔2015〕12号）、《国务院办公厅关于改善农村人居环境的指导意见》（国办发〔2014〕25号）等文件精神和中共海南省委六届九次全会关于建设美丽乡村的总体部署，坚持创新、协调、绿色、开放、共享发展理念，把改善农村人居环境与促进农村经济社会生态协调发展结合起来，以治理农村生活垃圾污水和农业面源污染为重点，深入开展农村"清洁家园、清洁田园、清洁水源"三大整治，大力推进农村

"生态人居、生态经济、生态文化"三项建设，全面推进美丽乡村建设，促进农村地区全面建成小康社会，将全省打造成全国生态文明示范区、海南人民的幸福家园、中华民族的四季花园和中外游客的度假天堂。

（二）主要目标。

按照"规划引领、示范带动、全面推进、配套建设、突出特色、持续提升"的要求，持续改善农村人居环境，不断提高文明生态村建设水平，推进美丽乡村建设工作。总体实现以下目标。

——生态人居提升改善。村庄规划应充分尊重和吸收村民意见，内容应坚持简化、实用，指导推进农村基础设施和公共服务设施配套建设，完成农村危房改造，改善农民居住条件，构建有乡村特色的人居环境。

——生态环境整洁优美。农村垃圾、污水以及农业面源污染得到有效治理，村庄绿化美化水平不断提高，农村环境卫生长效保洁机制基本建立，农村生态环境干净整洁优美。

——生态经济加快发展。农村生态经济、服

务业加快发展，生态农业、休闲农业、乡村旅游业得到发展，新型农业经营体系和现代农业产业新格局基本形成，农民经济收入持续增加，城乡一体化发展加快。

——生态文化不断进步。农民生态文明素质不断提高，农村传统特色文化得到有效发掘、保护和弘扬，勤劳致富、遵纪守法、崇德向善、健康文明的生活理念深入人心，农村安定祥和，农民安居乐业。2017 年，各市县农村垃圾治理通过国家考核验收，全省农村环境"脏乱差"问题基本消除，建成不少于 500 个宜居、宜业、宜游的美丽乡村示范点；到 2020 年，农村居民住房、饮水、出行、卫生等基本生活生产条件明显改善，人居环境实现干净整洁、舒适美观、文明有序，建成不少于 1000 个宜居、宜业、宜游的美丽乡村示范点。建成一批乡村旅游特色民宿示范村和美丽乡村休闲旅游度假景区。

（三）基本原则。

坚持以民为本。尊重农民意愿，保障农民参与权、决策权和监督权，防止大包大揽、大拆大建，节约集约用地，把改善农村人居环境，建设美丽乡村变成农民广泛参与的群众活动。

坚持因地制宜。立足农村经济基础、地形地貌等实际，充分考虑资源禀赋、乡土文化等差异，突出建设重点，挖掘文化内涵，展现各自特色。坚持生态优先。牢固树立生态文明理念，切实保护农村生态环境，慎砍树、禁挖山、不填湖、少拆房，尊重自然、顺应自然、保护自然、敬畏自然，促进人与自然和谐相处。坚持协调发展。把改善农村人居环境与促进经济社会协调发展结合起来，改善农村生产生活条件，推动农村脱贫致富，促进城乡协调发展。坚持统筹推进。改善农村人居环境、建设美丽乡村工作以市县为主，属地管理，通盘考虑、整体推进。省直相关部门加强支持和指导，形成合力。

二、主要任务

（一）深入开展农村清洁家园、清洁田园、清洁水源三大专项整治。按照"村容整洁环境美"的要求，突出重点、系统推进、健全机制，全面治理村庄道路、庭院、水体、田园等环境卫生，实现并保持村容村貌干净整洁。

一是深入开展"清洁家园"专项整治。全面清理农村陈年生活垃圾，完善村庄保洁制度，健全"户分类、村收集、乡镇转运、市县处理"的垃圾处理模式，探索区域共建共享的合作模式，促进农村垃圾就地减量和分类处理。到 2017 年，农村垃圾集中收集的村庄全域覆盖，按服务人口的 2‰~3‰ 的标准配备专职或兼职保洁员，每个村庄配备至少一个垃圾收集箱，每个乡镇建有 1 个以上垃圾中转站或收集站，根据需要配备至少 1 辆以上垃圾转运车；到 2020 年，新增生活垃圾处理设施 19 座，升级改造渗滤液处理设施 14 座，新增生活垃圾转运设施 58 座。

二是深入开展"清洁田园"专项整治。重点是清除田间地头农业生产废弃物、推进农业清洁生产、防治农业面源污染。在组织发动基层干部、农业生产经营者和农民群众进行集中清捡的同时，严格实行"谁污染、谁负责，谁污染、谁治理"的工作机制，到 2017 年基本清除农药、化肥包装物及农用塑料薄膜等生产废弃物，到 2020 年化肥、化学农药分别减量 20% 和 30%，提升田园生态环境质量。

三是深入开展"清洁水源"专项整治。全面排查饮用水源保护区和周边工业、生活、畜禽污染源，依法清除、取缔有污染影响的各类排污口和污染源。加强河道水体清淤治理，到 2017 年底，农村池塘、河道水体垃圾、污物全部清理。加强农村生活污水收集处理，统筹考虑分散处理、就近处理或集中处理等方式，推广生活污水湿地处理技术，到 2020 年底，农村生活污水治理行政村覆盖率达到 85% 以上。合理确定村庄畜禽养殖区域和养殖规模，科学规划建设村庄养殖小区，推行粪污集中处理和资源综合利用。实现农村居民饮水安全。

（二）大力推进农村生态人居、生态经济、生态文化三大建设行动。

1. 大力推进"生态人居"建设行动。按照"规划科学布局美"的要求，完善村庄建设规划，改造农村危房，加强基础设施建设，推进特色村庄建设，构建舒适的农村生态人居环境。

——加强村庄规划的编制和实施。根据"多规合一"成果，加快编制市（县）域乡村建设规划，完善和提升村庄建设规划，提高村民参与度、知情度，强化规划的科学性和可操作性。全面建立农村建房报建制度和风貌管控制度，引导村民选用特色民居建筑方案。加强违法整治，依法查处违规乱建行为。

——加大农村危房改造力度。结合精准扶贫、精准脱贫加快推进农村危房改造，到 2018 年基本完成建档立卡贫困户危房改造，到 2020 年基本完成现有 17.5 万户农村 D 级危房改造。发挥农村危房改造示范带动作用，推动农房报建和风貌管控工作，建设绿色农房、绿色村庄。

——加强农村无害化卫生厕所建设。从 2016 年开始，所有新建、改建的农村住宅均要配套建设带三格化粪池的卫生厕所；加快现有无卫生厕所住宅的改厕工作，到 2020 年，全省 85% 以上农户通过新建或改厕，完成家庭无害化卫生厕所建设。

——加强基础设施配套。加强农村道路、公共停车场、安全饮水、供电、通信、邮政等基础设施建设。积极开展农村低碳社区建设，引导使用沼气、太阳能、风能等可再生能源。完善提升农村道路系统和农村对外交通路网体系；到 2020 年，村主干道路应进出通畅，村庄道路铺装硬化率达到 95%，客运通达率达到 100%；村内道路以现有道路为基础，保留原始形态走向，就地取材加以完善。

——开展村庄绿化美化。按照花化美化、经济实效的原则开展好村庄绿化。村内结合庭院经济打造花园村庄，形成村内花果园、村边防风林、村外绿田洋的乡村田园风光格局。组织规模化种植名贵乡土树种，打造农村绿色银行。到 2020 年，平原、台地、丘陵、山地四种类型的村庄林木覆盖率分别达到 45%、55%、65%、75% 以上。

——加快公共服务设施配套。着力建好村"两委"活动场所和便民服务中心、农民培训中心、文化体育中心、卫生计生中心、综治调解中心、农家购物中心。有条件的地方要拓展幼儿园、社会综合服务管理工作站、金融服务网点等配套设施建设，形成公共服务与管理一体化的农村社区综合体。推进农村信息基础设施建设，光纤宽带网络向农村延伸，加快 4G 网络全面覆盖。

2. 大力推进"生态经济"建设行动。按照"创业增收生活美"的要求，编制农村现代产业发展规划，加快海南品牌农业发展，推进产业集聚升级。在农村组织发展"互联网+乡村旅游业"、乡村生态加工商贸业等产业，促进农民创业就业，构建高效的农村生态产业体系。

——发展乡村生态农业。深入推进现代农业，推广种养结合等新型农作制度，大力发展热带高效农业，扩大无公害农产品、绿色食品、有机食品生产。突出培养具有海南特色的"名、特、优、新"产品，推进"一村一品"的生态农业。积极引进国内电商龙头企业布局海南农村市场，打造海南特色农产品电商品牌。加快推进农村土地流转，促进土地成片集中，提升农村土地规模效益。开展农民产业技能培训，培养科技致富带头人。

——发展乡村生态旅游业。加大休闲农业基础设施建设力度，挖掘乡村旅游文化内涵，把特色产业风情小镇打造成独具特色魅力的旅游服务基地，把每个美丽乡村打造成旅游景点，把农户建筑作为一个文化小品来改造建设，形成"一村一品、一村一景、一村一韵"的乡村旅游景观。到 2020 年，力争乡村休闲旅游年接待游客 1200 万人次以上。

——发展乡村特色民宿业。依托我省独特的自然风光、生态环境和人文底蕴，以市场为导向，以文明生态村、美丽宜居村庄、特色景观旅游名村、传统村落等为载体，优先在城市近郊、景区周边、文化遗存地，培育健康、人本、精致的乡村特色民宿。到 2020 年，集中培育 600 个以上乡村特色民宿村，创建 200 个以上乡村民宿型农家乐综合体。

3. 大力推进"生态文化"建设行动。按照"乡风文明身心美"的要求，以提高农民群众生态文明素养、形成农村生态文明新风尚为目标，加强生态文明理念教育，形成科学、健康、文明、低碳的生产生活和行为方式，构建和谐的农村生态文化体系。

——培育特色文化村庄。充分挖掘和保护古村落、古民居、古建筑等农村物质文化，传承和保护农村民俗风情、历史沿革、典故传说、祖训家规等农村非物质文化；完善历史文化名村、传统村落和民居名录，建立健全保护和监管机制；

编制和实施传统村落保护规划，加强传统村落保护，村庄建设规划应有体现乡村传统建筑特色的专篇。

——开展文明素质教育。深入开展社会主义核心价值观和生态文明理念教育，提升农民文明素质，提高环境卫生治理意识。整合农村文化资源，开辟生态文明橱窗等生态文化阵地，运用村级文化教育场所，开展形式多样的生态文明知识宣传、培训活动，形成农村生态文明新风尚。

——促进乡村社会和谐。积极推行以村党组织为核心和民主选举法制化、民主决策程序化、民主管理规范化、民主监督制度化为内容的农村"四化一核心"工作机制，建立村规民约，合理调节农村居民利益关系，有序引导农民合理诉求，有效化解农村矛盾纠纷，维护农村社会和谐稳定。

（三）高标准抓好美丽乡村建设"千村示范工程"。开展美丽乡村建设"千村示范工程"，即到2020年完成打造1000个美丽村庄示范村。按照《海南省美丽乡村建设标准》，突出生态环境、生态人居、地域文化、产业发展和社会进步等要素，加强分类指导，引导村庄根据自然禀赋、文化特点、发展水平，因地制宜推进产业发展型、生态保护型、城郊集约型、文化传承型、渔业开发型、环境整治型、休闲旅游型、高效农业型等类型村庄建设。对创建美丽乡村行动积极、目标明确、任务具体、措施有力，按标准开展创建的村庄，作为省级美丽乡村示范，省财政通过村级公益事业建设"一事一议"奖补资金给予专项支持，其他旅游、农业、住房城乡建设、国土资源、生态环保、水务、林业、交通运输等部门涉及农村建设的资金也要按照"渠道不乱、捆绑使用、统筹安排、用途不变、各记其功"的要求给予集中支持。同时，用好惠农政策，创新投入方式，引进社会资本，探索政府投入连片建设模式、企业投入景区带动模式、政企合作建设特色村庄模式、政企村合作经营发展模式等，凝聚多方力量，共同推进美丽乡村建设。

（四）积极推进美丽乡村旅游示范区建设。发掘利用自然生态、环岛滨海、中部山地、地域文化、历史文化等优势资源，在全省打造"一圈、三纵、三横、多带"的美丽乡村旅游格局。

重点推进以滨海海洋资源为依托的"美丽乡村环岛旅游圈"、以海南岛交通轴为主骨架的"三纵三横"（三纵即 G223/G224/G225 国道沿线；三横即沿文昌—定安—澄迈线—沿琼海—琼中—白沙—昌江线，沿陵水—保亭—五指山—乐东线）美丽乡村旅游带以及沿"三江三河"（即南渡江、昌化江、澜昌江，万泉河、太阳河、南圣河）两岸建设的美丽乡村旅游带。加强美丽乡村与各旅游区的互动，有条件的地区可结合旅游区打造美丽乡村旅游集群片区。通过连片乡村、城乡统筹、全岛一体发展的形式，构建美丽乡村旅游体系。

三、工作措施

（一）加强组织领导。全省各级党委、政府要高度重视美丽乡村建设工作，将其列入"十三五"时期重点工作加以推进。省政府将建立全省美丽乡村建设工作议事协调机制，加强对美丽乡村建设工作的统筹协调。各市县党政主要负责人要亲自部署，制定美丽乡村建设行动计划年度实施方案，形成"一级抓一级、层层抓落实"的工作机制。

（二）创新投入方式。发挥财政资金杠杆作用，加大对美丽乡村建设资金的投入与整合力度。制定和完善配套政策措施，引导社会资本参与，积极利用金融机构改善农村人居环境专项资金，形成多元化资金投入格局。鼓励不同经济成分和各类投资主体以独资、合资、承包、租赁等多种形式参与农村生态环境建设、生态经济项目开发，带动农民增收。

（三）强化村民参与。充分调动农民的积极性、主动性和创造性。推行村内事"村民议村民定、村民建村民管"的实施机制，发挥村务监督委员会、村民理事会等村民组织的作用，引导村民全过程参与项目规划、建设、管理和监督。深化干部包镇驻村、分级包片指导工作机制，发挥"第一书记"驻村帮扶作用，广泛组织群众参与。

（四）注重宣传教育。坚持正确舆论导向，改进创新宣传报道。省内各新闻媒体开辟专栏对活动进行集中宣传报道，邀请中央驻琼新闻媒体对活动充分报道，推介先进典型，曝光落后案例，着力营造全社会关心、支持、参与美丽乡村建设活动的浓厚氛围。市县政府要利用电视、广播、宣传栏等全方位宣传改善农村人居环境、建设美丽乡村工作，提高农村居民文明素质和参与创建的积极性。

（五）建立长效机制。建立规划师、建筑师、工程师"三师"下乡志愿者服务制度，引导和鼓励专业技术人员深入农村，加强风貌建设技术服务。传承和发扬农村传统民居建造工艺。完善村庄道路、供排水、垃圾和污水处理、沼气、河道等公用设施的长效管护制度。制定《海南省美丽乡村评定考核办法》，建立考核、问责机制，对达到美丽乡村建设标准的村庄给予命名授牌，省财政设立专项资金，给予每个达标村庄不少于20万元的资金奖励，用于美丽乡村基础设施的维护和管理，对成绩突出的市县、乡镇政府和先进个人进行表彰。

附件：1. 重点任务责任分工表
2. 海南省"十三五"美丽乡村创建名录

附件1　重点任务责任分工表

单位	重点任务责任分工
省住房城乡建设厅	牵头负责全省"改善农村人居环境建设美丽乡村"工作的指导和协调，并会同有关部门编制实施方案；制定建设标准、范围和技术规范；审定各市县"美丽乡村"建设行动实施方案；负责组织实施"生态人居"建设工作，统筹协调补助资金，跟踪检查和指导各市县政府开展改善农村人居环境，建设美丽乡村工作。
省委农办	负责全省美丽乡村建设工作的宏观政策指导。
省精神文明办	负责组织实施"生态文化"建设工作，监督指导各市县宣传部门和各媒体开展"美丽乡村"建设专项活动的宣传、引导等工作，加强对农村居民的环境卫生和生态文明素质教育。
省发展改革委	将改善农村人居环境，建设美丽乡村项目列入"国民经济和社会发展'十三五'规划"，打包项目，对口争取中央资金支持。指导市县发展改革部门对各市县改善农村人民环境建设美丽乡村的各类项目可行性研究等审批、备案工作，负责对项目推进情况进行督促检查。
省财政厅	根据美丽乡村建设计划，负责筹措安排和拨付省级财政资金，监督指导财政资金的规范使用，对各市县"美丽乡村"建设工作的资金配套进行督促和指导，配合向中央争取相关资金支持等工作。
省农业厅	负责组织实施"清洁田园"专项治理和"生态经济"建设工作，指导村庄整合耕地资源，落实中央"三农"政策；引导农民科学种植，研究农产品销路等问题。合理确定村庄畜禽养殖区域和养殖规模，科学规划建设村庄养殖小区，推行粪污集中处理和资源综合利用。
省生态环保厅	负责组织实施"清洁水源"专项治理工作，指导农村集式饮用水水源保护、监管工作；指导市县环保部门开展美丽乡村建设项目环评工作，筹措资金开展农村环境连片整治示范项目。负责监督指导对全省村庄生活污水的治理工作。
省水务厅	负责组织实施"清洁水源"专项治理中的乡村水体治理工作，结合农田水利建设，对农村河道进行综合整治，减少水中污染物的堆集，增强水体自净能力，达到净化水源目的。指导农村集式饮用水水源环境保护区划定、建设及污染防治、风险防控及应急等管理工作。
省林业厅	负责牵头实施"绿化宝岛"大行动和农村"生态环境"建设，制定年度建设目标和资金安排方案；负责组织、指导做好村庄绿化苗木的培育、供应保障工作，负责加强对村域范围内天然林、生态林、水源涵养林等生态小区的划定和保护，防止乱砍滥伐，加强森林防火。负责监督指导林区垃圾的清扫清运保洁工作。

单位	重点任务责任分工
省交通运输厅	负责牵头实施乡村道路建设工作，制定年度建设目标和资金安排方案；指导、统筹推进村级道路（含通建制村沥青水泥路、村际联网道路、危桥改造、安保工程）及便民候车厅的项目规划及实施；指导开展道路硬化示范点工作，加强乡村道路的养护管理，为乡村道路运输提供服务。负责监督指导国道、省道、县道以及乡村道路沿线垃圾的清扫清运保洁工作。
省文化广电出版体育厅	负责组织实施"生态文化"建设工作中的文化广电体育设施建设，监督指导开展农村传统文化、民俗文化的传承，创新发展乡村现代文化，推动农村经济社会文明进步。
省民宗委	负责监督指导民族地区村庄的改善农村人居环境，建设美丽乡村各项工作。
省教育厅	负责农村地区小学校园建设、师生饮水工程等配套建设和监督工作；指导学校开展学生生活安全、饮水安全和交通安全三大教育活动。负责组织开展对幼儿园、中小学学生的环境卫生与生态文明素质教育。
省国土资源厅	负责指导村庄整合村庄土地资源，保障绿化用地；对涉及村庄基础设施建设的各类用地提供用地审批；完善农村宅基地和房屋产权登记，开展农村集体建设用地流转和农村集体建设用地整理示范点工作。
省卫生计生委	负责指导和验收全省美丽乡村公共卫生项目、农村改厕等建设工程质量；监督指导农村无害化卫生厕所的建设，做好减少肠道传染病传播与流行的宣传工作。
省旅游委	负责组织实施"生态经济"建设中的乡村旅游发展工作，负责指导重点旅游景区周边和主要旅游线路沿线的特色村庄发展乡村旅游经济。
省民政厅	负责监督指导农村基层组织建设，指导建立村规民约，完善村民自治体系。
省扶贫办	负责协调扶贫村村庄绿化和道路硬化专项活动示范点的项目申报、资金筹措、建设实施和检查指导等工作。
省科技厅	负责组织农村生活垃圾处理、污水处理、畜禽无害化处理等方面的技术攻关，并做好相关研究成果的转化和推广。
省审计厅	依法对全省美丽乡村建设项目进行审计监督。
市县政府（含洋浦经济开发区管委会）	负责组织实施"改善农村人居环境建设美丽乡村"工作，协调解决有关问题，整合落实本级财政专项资金投入项目建设，统筹工作进度，加强督促检查，开展质量监督，组织竣工验收。相关部门的工作职责参照省有关部门的职责确定。
乡镇政府（街道办、农场）	负责组织规划编制单位协助村民编制村庄规划，本区域"美丽乡村"建设的具体组织实施工作。
行政村委会（居委会、连队）	负责组建村民理事会，制定村规民约，提出村庄规划建设发展思路和需求，组织本村"美丽乡村"建设实施，引导群众通过投工投劳等形式参与"美丽乡村"建设和运行管理。

附件2 海南省"十三五"美丽乡村创建名录

市县	乡镇	村名	数量
海口市（124）	东山镇	儒万村、前进村、射钗村、环湖村、光明村、东星村、玉下村、东溪村、东升村	9
	石山镇	施茶村、建新村、道堂村、北铺村、岭西村、扬佳村、和平村、安仁村	8
	永兴镇	美东村、罗经村、建群村、永德村、建中村、雷虎村、永秀村、博强村	8
	龙桥镇	永东村、三角园村、玉符村、玉荣村	4
	龙泉镇	大叠村、翰香村、仁新村、雅咏村、新联村、椰子头村、美仁坡村	7

续表

市县	乡镇	村名	数量
海口市 （124）	新坡镇	新坡村、民丰村、群丰村、光荣村、新彩村、文山村、文丰村、仁南村、仁里村	9
	遵谭镇	东谭村	1
	大坡镇	树德村、福昌村、大坡村	3
	红旗镇	红旗村、合群村、道崇村、龙榜村、龙发村、苏寻三村	6
	甲子镇	甲子村、甲新村、昌西村、益民村、新民村、益新村、民昌村、青云村	8
	旧州镇	岭南村、雅秀村、旧州村、联星村、联丰村、池连村、光明村	7
	龙塘镇	仁三村、龙富村、新民村、龙光村、文道村	5
	三门坡镇	新德村、友爱村、文岭村、美城村、清泉村、谷桥村	6
	云龙镇	云龙村、长泰村、云阁村、云蛟村、云岭村	5
	演丰镇	山尾村、演东村、演丰居委会、演海村、塔市村	5
	大致坡镇	昌福村、栽群村、咸来村、金堆村、美桐村	5
	三江镇	茄芮村、苏寻三村、三江村、江源村、上云村	5
	灵山镇	大林村、大昌村、红丰村、东营村、林昌村、爱群村、锦丰村、晋文村、美庄村、东和村、东平村	11
	三江农场	三江湾管理区、新埠洋管理区、新马管理区、新美管理区、新成管理区	5
	桂林洋开发区	迈进居委会、高山居委会、振家居委会、五一居委会、丰兴居委会、永卫居委会、新群居委会	7
三亚市 （47）	海棠区	湾坡村、北山村、龙楼村	3
	天涯区	抱龙村、妙林村、梅村、抱前村、槟榔村、水蛟村、台楼村、文门村、过岭村、华丽村、红塘村、塔岭村	12
	崖州区	南山村、水南村、赤草村、抱古村、北岭村、雅安村、拱北村、保平村、海棠村、梅西村、梅联（居）村、长山村、城西村、三更村、凤岭村、城东村、龙港（渔）村	17
	吉阳区	中廖村、大茅村、博后村、六盘村、龙坡村、干构村、罗蓬村、红花村、落笔村、南丁村	10
	育才生态区	雅亮村、马亮村、龙密村、那会村、那受村	5
三沙市 （1）	永兴岛	永兴居委会	1
儋州市 （11）	兰洋镇	头竹村、南罗村	2
	大成镇	新营村、推赛村	2
	和庆镇	美万村	1
	峨蔓镇	盐丁村	1
	海头镇	红坎村	1
	中和镇	七星村	1
	雅星镇	新让村、调打村	2
	白马井镇	赛基村	1
琼海市 （102）	潭门镇	北埇村、草塘村、日新村、福田村、林桐村、多亩村、凤头村	7
	阳江镇	江南村、阳江村、文市村、桥园村、红色村、利试考村、益良村、老区村	8

市县	乡镇	村名	数量
琼海市（102）	大路镇	大路村、堆头村、新村、石桥村、安竹村、青天村、江湖村	7
	龙江镇	滨滩村、中洞村、南面村、深造村、博文村、蒙养村、南正村、蓝山村、龙江村	9
	博鳌镇	莫村、乐城村、北山村、培兰村、朝烈村、中南村、田埇村、北岸村、珠联村	9
	塔洋镇	鱼良村、联先村、联丰村、红花村、群良村、珍寨村、加贤村	7
	万泉镇	沐皇村、大雅村、新市村、南轩村、龙头村、罗凌村、西河村、夏坡村、文曲居委会	9
	嘉积镇	礼都村、大礼村、里邦村、牙洞村、新潮村、黄崖村、下寨冬村	7
	中原镇	仙寨村、乐群村、沙坡村、蓬莱村、迈汤村、排塘村、书斋村、黄思村、联光村、大锡村、仙村	11
	会山镇	三洲村、溪仔村、大火村、沐塘村、加略村	5
	石壁镇	南星村、石壁村、赤坡村、下朗村、岸田村、水口村	6
	长坡镇	长坡村、青葛村、良玖村、长山园村、伍园村、孟文村、椰林村	7
	彬村山华侨经济区	三队、十七队、十队、二队、十一队、七队、六队、二十二队、十三队、十九队	10
文昌市（55）	铺前镇	地太村、林梧村	2
	东郊镇	椰海村、东郊村、椰林村、码头村	4
	龙楼镇	红海村、山海村、金星村、宝陵村、春桃村、龙楼村、龙新村	7
	东路镇	永丰村、蛟塘村	2
	昌洒镇	庆龄村、东群村	2
	东阁镇	侠夫村、红旗村	2
	重兴镇	跃进村、育英村、加昌村、甘村	4
	会文镇	沙港村、湖丰村、会文村、文林村、边海村	5
	锦山镇	山雅村、园堆村、下溪坡村	3
	文城镇	头苑造福村、头苑玉山村、头苑居委会	3
	翁田镇	明月村、博文村	2
	蓬莱镇	典昌村、蓬莱村、石壁村、高金村	4
	文教镇	文南村	1
	潭牛镇	潭牛村、古城村	2
	东路镇	东路村	1
	冯坡镇	贝山村、昌里村、白沙村	3
	东阁镇	新群村、美柳村、侠夫村	3
	抱罗镇	抱锦村、红旗村、抱罗村	3
万宁市（90）	龙滚镇	新市村、文渊村、福塘村、多格村、河头村、排园村	6
	山根镇	排溪村、大石岭村、多扶村、华明村、横山村、水央堀村、扶提村	7
	大茂镇	群星村、红石村、大联村、龙尾村、红光村、联民村、联光村	7
	北大镇	坚西村、中兴村、坚东村、内罗村、映田村、大崛村、军田村	7
	后安镇	曲冲村、茶山村、坡仔村、潮港村、安坡村、龙田村、后安村	7
	长丰镇	边肚村、福田村、牛漏村、南联村、黄加村、黄山村、马坡村	7

市县	乡镇	村名	数量
万宁市 （90）	礼纪镇	莲花村、三星村、贡举村、竹林村、农联村、礼明村、群坡村	7
	万城镇	联星村、永范村、乌场村、番村、集庄村、春园村、裕光村	7
	和乐镇	六连村、盐墩村、港上村、英豪村、罗万村、联丰村、乐群村	7
	南桥镇	桥南村、高龙村、桥中村、小管村、新坡村	5
	三更罗镇	上溪村、头村、田堆村、南平村、加苗村、二村、内岭村	7
	东澳镇	蓝田村、集丰村、明星村、明丰村、岛光村、新群村、大造村、乐南村	8
	兴隆镇	二管区、四管区、五管区、一管区、三管区	5
	东岭农场	红园队	1
东方市 （108）	八所镇	上红兴村、剪半园村、新北村、益兴村、塘马园村、斯文村、小岭村、大占坡村、高排村、福久村、蒲草村、那悦村、月村、大坡田村、上名山村、文通村、北黎村、玉章村、益兴村、田庄村	20
	板桥镇	文质村、南港村、老方村、下园村、后壁村、板桥村、高园村、桥南村、桥北村、中沙村、元兴村	11
	感城镇	陀头村、加富村、生旺村、入学村、宝西村、民兴村、风亭村、尧文村	8
	四更镇	旦场园村、沙村、四必村、驸马村、旦场村、赤坎村、日新村、大新村、上荣村、下荣村	10
	三家镇	水东村、岭村、红草村、居侯村、乐安村、三家村、玉雄村	7
	大田镇	月大村、马龙村、新宁坡村、俄乐村、戈枕村、老马村、抱板村、居便村、牙炮村、玉道村、南尧村、乐妹村、报白村	13
	东河镇	南浪村、俄贤村、冲南村、广坝村、苗村、万丁村、佳头村、玉龙村、金炳村、佳西村	10
	天安乡	布套村、抱由村、光益村、长田村、陀牙村、天村、安都村、陈龙村、益公村、公爱村、陀类村、温村、赤好村、王沟村、芭蕉村	15
	新龙镇	新村、道达村、上通天村、下通天村、龙佑村	5
	江边乡	江边营村、江边村、白查村、老村、俄查村、布温村	6
五指山市 （37）	番阳镇	布伦村、加艾村、孔首村	3
	水满乡	方龙村、毛脑村、牙排村、新村、水满村	5
	毛道乡	毛道村、毛枝村	2
	南圣镇	毛祥村、同甲村、什兰村、牙南村	4
	毛阳镇	毛路村、空联村、牙力村、毛阳村、毛旦村、牙胡村、毛贵村	7
	通什镇	番茅村、什保村、应示村、太平村、番赛村、福关村、福安村、番香村	8
	畅好乡	草办村、什奋村、番贺村、畅好村、保国村	5
	畅好农场	一队、四队、农七队	3
乐东黎族 自治县 （97）	抱由镇	延红村、多建村、保定村、光明村、永明村、德霞村、抱由村、抱北村、山荣村、红水村、抱邱村、扬力村、南美村	13

续表

市县	乡镇	村名	数量
乐东黎族自治县（97）	千家镇	扎灶村、抱郎村、抱平村、前号村、青岭村、千家村、只文村、福报村、永益村、抱伦村、抱梅村、抱用村、温仁村、奋跃村、抱串村、只峨村	16
	万冲镇	万冲村、山明村、南流村、友谊村、三柏村、洋老村、排慎村	7
	志仲镇（保国农场）	志强村、保国村、谭培村、多元村、塔丰村、志仲村、抗美村	7
	大安镇	礼乐村、西黎村、昂外村、加巴村、南仇村、大安村、木棉村、大炮村	8
	九所镇	四所村、十所村、抱旬村、老坡村、龙栖湾社区、镜湖村、新庄村、赤公村	8
	利国镇	新联村、新民村、乐一村、乐二村、乐三村、乐四村、球港村、荷口村、秦标村、赤塘村、茅坡村	11
	黄流镇	孔汶村、东孔村、抱二村、镇远村、佛老村、高道村、新民村、赖元村、水内村、多一村、尖界村、新荣村	12
	佛罗镇	响地村、新坡村、求雨村、长青村、田头村、白井村、丰塘村	7
	莺歌海镇	新兴社区、新一社区	2
	尖峰镇	海滨村、长安村、白沙村、岭头村、山道村、尖峰村	6
澄迈县（71）	金江镇	山口村、太平村、美亭村、杨坤村、大美村、高山朗村、大拉村、京岭村、大塘村、茂坡村、大催村、北河村、六山村、大坡村、名山村	15
	老城镇	老城村、石联村、马村村、大亭村、罗驿村、白莲村	6
	福山镇	敦茶村、迈岭村、官族村、博才村、闻社村、花场村	6
	大丰镇	美玉村、才存村、大丰村、美桃村、五村、荣友村	6
	永发镇	长福村、卜罗村、后坡村、排坡村、赛玉村、永跃村、龙楼村、侍郎村	8
	瑞溪镇	瑞联村、村内村、仙儒村、群庄村、番丁村、北桥村、里加村	7
	桥头镇	桥东村、善丰村、玉包村、桥头村	4
	中兴镇	孔水村、旺商村、中兴村、仁洞村、加龙村	5
	仁兴镇	吴案村、美厚村、岭仑村、松运村	4
	加乐镇	长岭村、加茂村、加乐村、常树村、加桐村	5
	文儒镇	山心村、石浮村、珠宝岭村、土腰村、槟榔根村	5
临高县（84）	临城镇	邦浪村、文书村、龙跃村、兰秦村、美梅村、群玉村、仙还村、兰罗村、禄到村、杨梅村、德老村、罗万村、发豪村、抱瑞村、奇地村、调俗村	16
	新盈镇	仓米村、和贵村、彩桥村、龙兰村、龙昆村、昆社村、良爱村、头咀村	8
	和舍镇	铺仔村、布大村、新风村、布佛村、先光村、罗爷村	6
	皇桐镇	美香村、居仁村、洋黄村、富雄村、和伍村、文贤村、头文村、古风村	8
	调楼镇	调楼居委会、黄龙村、抱才村、东里村、隆道村、拔色村、东春村、博贤村、龙田村、抱社村	10
	东英镇	文连村、居留村、兰刘村、博纵村	4
	南宝镇	松梅村、古道村、松明村、博廉村、光吉村	5
	多文镇	头神村、美文村、头龙村、兰合村、抱利村、多狼村、风雅村、美巢村	8
	博厚镇	美略村、乐豪村、加禄村、礼堂村、龙吟村、龙来村、文德村、三架村、抱西村、博厚村	10
	波莲镇	美鳌村、和劝村、冰廉村、美珠村、太坡村、多贤村、古柏村、乾彩村、抱才村	9

市县	乡镇	村名	数量
定安县 （47）	定城镇	高龙村、洁秀村、平和村、美钗坡村	4
	雷鸣镇	南九村、南安村、龙梅村、雷鸣村、同仁村	5
	龙门镇	久温塘村、龙拔塘村、红花岭村、双塘村、里沙塘村	5
	岭口镇	佳巷村、鲁古井村、群山村、濡沐塘村、岭腰村	5
	翰林镇	翰林村、深水村、良星村、章塘村、沐塘村	5
	龙河镇	龙介村、旧村、西坡村、安良村、平塘村	5
	富文镇	新联村、大坡村、南埠村	3
	新竹镇	白堆村、大株村、新竹村、卜优村	4
	龙湖镇	里变村、桐树村、正统村、永丰村、居丁村、陈村	6
	黄竹镇	白塘村、河头村、莲堆村、南保村、周公村	5
屯昌县 （31）	西昌镇	仁教村、合格村、西群村、群星村	4
	新兴镇	沙田村	1
	乌坡镇	美华村、青梯村、村仔村、坡心村、鸭塘村、从良村、乌石坡村	7
	屯城镇	大东村、屯新村、光明村、大同村、大长坡村、水口村、龙水村	7
	坡心镇	高朗村、高坡村、加买村、白石村、关朗村	5
	南坤镇	坡林村、长圮村、黄岭村、石岭村、石雷村	5
	枫木镇	市坡村、大葵村	2
陵水黎族 自治县 （35）	新村镇	南湾村	1
	文罗镇	坡村村、龙马村	2
	椰林镇	卓杰村、桃源村、沟仔农村、坡留村、桃万村	5
	隆广镇	广新村、石关村、五一村、新光村	4
	三才镇	港演村、牛堆村、大园村	3
	本号镇	格择村、中央村、军普村、长埇村、军昌村、白石村	6
	光坡镇	坡尾村、武山村、妙景村、新岭村	4
	提蒙乡	老长村、远景村、曾山村、提蒙村	4
	英州镇	赤岭村、英州村、新坡村、岗山村、大石村	5
	南平农场	云田生产队	1
昌江黎族 自治县 （29）	七叉镇	重合村、大章村、七叉村、乙在村、尼下村	5
	王下乡	洪水村、大炎村、三派村	3
	十月田镇	王炸村、好清村、才地村、保平村、塘坊村	5
	昌化镇	昌化村、昌田村、昌城村	3
	石碌镇	山竹村、牙营村、水头村、鸡实村、保突村	5
	海尾镇	海渔村、海农村、三联村、新港村、白沙村、沙渔塘村	6
	乌烈镇	峨港村、道隆村	2
保亭黎族 苗族自治县 （35）	保城镇	毛介村、西坡村委会、石硐村、抄抗村	4
	加茂镇	半弓村、界水村、加茂村	3
	三道镇	三弓村、甘什村、田滚村、首弓村	4
	什玲镇	大田村、巡亲村、八村、抄寨村、排寮村、什玲村	6
	响水镇	响水村、合口村、毛岸村、徒水河村	4
	新政镇	新建村、毛朋村、毛文村、什那村、新政村	5

续表

市县	乡镇	村名	数量
保亭黎族 苗族自治县 （35）	毛感乡	南好村、毛位村	2
	南林乡	东方村、南林村、罗葵村	3
	六弓乡	田岸村、大妹村、田圯村	3
	新星农场	1个作业区	1
琼中黎族 苗族自治县 （64）	营根镇	那柏村、朝根村、加钗村、涩湾村、营根村、百花村、新朗村、红岭村、番沟村、岭头分场16队	10
	湾岭镇	孟田坡村、加章村、南久村、录南村、湾岭村、新仔村、乌石村、大墩村、高坡村、乌石农场8队	10
	黎母山镇	握岱村、榕木村、新村、南利村、腰子村	5
	中平镇	黎明村、南坵村、南茂村、思河村、大坡村	5
	和平镇	堑队村、长沙村、贝湾村、林田村、新兴村	5
	长征镇	潮村、深联村、罗反村、什仍村、南什村	5
	红毛镇	番响村、草南村、什卓村、坎茂村、金屏村、罗担村	6
	什运乡	什统村、什运村、南平村、三联村	4
	上安乡	什坡村、南万村、抄方村、什育村、中兴村、长安村、行干村	7
	吊罗山乡	长田村、新安村、太平村、大美村、什插村	5
	阳江农场	阳江七队、大丰七队	2
白沙黎族 自治县 （30）	七坊镇	英歌村、木棉村、拥阜村、阜途村	4
	打安镇	朝安村、南达村、打安村、可程村、子雅村	5
	邦溪镇	地质村、孟果村、南班村	3
	牙叉镇	牙港村、芳香村、白沙村、营盘村、桥南居委会	5
	元门乡	向民村、元门村、红茂村、翁村、红旗村、南训村	6
	阜龙乡	可任村、天堂村	2
	荣邦乡	光村、高峰村、俄朗村、岭尾村	4
	白沙农场	二十四队	1
洋浦经济 开发区 （5）		漾月村、西照村、三都村、颜村 、棠柏村	5
总　计			1103

河北省美丽乡村建设领导小组
关于印发《2016年河北省美丽乡村建设实施方案》的通知

各市委、市人民政府，省直各部门，各人民团体：

现将《2016年河北省美丽乡村建设实施方案》印发给你们，请结合实际，认真抓好贯彻落实。

河北省美丽乡村建设领导小组

2016年2月15日

2016年河北省美丽乡村建设实施方案

为认真贯彻落实省委八届十二次全会精神，根据省委、省政府《关于加快推进美丽乡村建设的意见》要求，围绕圆满完成2016年省美丽乡村建设任务，特制定本实施方案。

一、总体要求

（一）指导思想。全面贯彻党的十八大和十八届三中、四中、五中全会精神，以邓小平理论、"三个代表"重要思想、科学发展观为指导，深入贯彻习近平总书记系列重要讲话精神，按照全面建成小康社会要求，以创新、协调、绿色、开放、共享的发展理念为引领，以实施"四美五改·美丽乡村"行动为载体，坚持示范引领、提高标准、因地制宜、分类指导、市场运作、多方参与，把改善农村人居环境与发展现代农业、推进扶贫攻坚、搞好乡村旅游、山区综合开发结合起来，五位一体，统筹推进，突出地域特色、尊重农民意愿、建立长效机制，努力建设"环境美、产业美、精神美、生态美"的美丽乡村。

（二）工作目标。2016年，全省美丽乡村建设的主要目标是"1234"，即建设100个片区、200个中心村、300个旅游村、4000个重点村。

（三）工作路径

1. 省级：抓好省级重点片区、省旅游示范村和省中心村示范点建设，引领全省美丽乡村建设发展。一是新打造12个省级重点片区，即石家庄抱犊寨片区和三苏都市农业游片区、承德燕山峡谷片区、张家口古城堡片区、秦皇岛碣石山片区、唐山绿道片区、廊坊胜芳片区、保定太行山片区、沧州吴桥杂技大世界片区、衡水汉民俗文化旅游片区、邢台扁鹊大道片区、邯郸石岗连泉生态谷片区。二是打造100个省旅游示范村，对民居及厨房、餐厅、客房、厕所等进行改造，达到省定乡村旅游标准，满足游客的消费需求。三是建设100个省中心村示范点，首先启动核心村，逐步吸纳其他行政村参与联村并建，打造成符合全面小康要求的新型农村社区。

2. 市级：每个设区市打造2~4个市级重点片区，抓好100个左右重点村、20~30个旅游村、10个左右中心村建设。抓好3个以上特色风情小镇建设，通过2~3年的打造，建成像浙江黄酒小镇、馆陶粮画小镇一样有特色、有文化、有产业的风情小镇，以一个小镇带起一片美丽乡村。

3. 县级：每个县（市、区）（含省直管县市）打造1个以上县级重点片区，抓好20~30个重点村、5个左右旅游村、1个以上中心村建设。

二、重点任务

4000 个重点村，要大力推进"四美五改"（改房、改水、改路、改厕、改厨，做到环境美、产业美、精神美、生态美），实施 12 个专项行动，如期完成 2016 年美丽乡村建设任务；已建成的达标村要对照 12 个专项行动要求查漏补缺，争取早日成为精品村；已建成的美丽乡村，要把工作重点放在"经营"美丽上，利用多种业态，发展农村经济，把美丽乡村建设成果转化为新的生产力。

（一）实施民居改造专项行动。按照县域、片区和村庄规划，结合实际编制由村到户的民居改造设计方案和施工图。按照《河北省美丽乡村民居设计方案》要求，针对山区、坝上、平原、沿海等不同地域村庄特色，对已有民居院落、厨房、厕所以及屋顶、檐口、立面、门窗、房角线、院墙、门楼等实施改造。坚持改造为主，建新为辅，积极引导新建或翻建民居的农户按照推荐的新样式，使用新技术、新材料进行建设。农民自主选择建设样式和造价标准。推进民居改造示范户建设。严格管理控制村庄风貌，引导农村住宅向布局合理、功能完善、特色鲜明、节能环保方向发展。支持符合条件的困难家庭对危房进行改造，严格补助对象认定，健全质量保障体系，切实解决困难农户的住房安全问题。整合危房改造和保障房、移民搬迁、节能建筑改造、农村宅基地、土地增减挂钩等与农村民居改造相关的政策，全面推广农宅合作社，不断拓展民居改造资金来源。2016 年，完成 10 万户民居改造示范户、12.5 万户农村危房改造建设任务。

（二）实施安全饮水专项行动。开展农村饮水安全巩固提升工程建设，逐步建立"从源头到龙头"的农村饮水工程建设和运行管护体系。在条件具备的平原地区，选择部分市县作为试点，规划建设一批较大规模的集中供水工程，实现城乡一体化供水。在采取分散式供水的村庄，通过增压设施建设，保证供水水质、水量、用水方便程度、水源供水保证率、水压等符合国家相关标准。实施饮用水有偿使用，培养村民节水意识。通过南水北调和引黄工程置换地下水源，解决东部平原区饮用高氟水问题。及时解决村庄供水管网老化、水源变化等问题，不断提升已建工程的建设标准，为农民群众提供更为方便足量的饮用水。2016 年，重点村庄基本实现全天候供水，自来水入户率达到 90% 以上。

（三）实施污水治理专项行动。根据村庄条件，采用适宜模式收集和处理农村生活污水。人口密集、污水排放量大的村庄，采用集中处理方式；城市、县城和乡镇近郊的村庄，生活污水就近纳入城市、县城和乡镇污水收集管网统一处理；居住分散、人口规模较小、地形条件复杂、污水不易集中收集的村庄，采用庭院式小型湿地、污水净化池、太阳能微动力和小型净化槽等分散式污水处理技术。污水治理项目，鼓励应用新技术、新材料、新工艺、新设备，不得使用国家明令淘汰的材料、设备和技术。2016 年，精品村全部完成村庄生活污水处理设施建设，达标村建立生活污水处理示范体系，不断扩大污水处理覆盖面。

（四）实施街道硬化专项行动。加快推进农村公路、连村道路、村内街道硬化。主街道以建设水泥混凝土路面、沥青路面为主，根据具体情况设置垫层或基层，铺设排水管道和设施，预留供水与电缆网管的铺设管道，做好道路两侧的路肩铺装。辅道、巷道和街景花园硬化坚持就地取材、体现乡村特色，采用红砖路、石板路、石子路等形式，面层要防滑，造型要多样，和周围环境浑然一体。线杆、路灯等亮化设施要安装到位，村内主街道夜晚有照明，方便群众出行。对农村通信设施和电网进行改造升级，保障农村用电和通信需求。2016 年，完成重点村庄街道硬化、亮化和电力、通信设施建设任务。

（五）实施无害化卫生厕所改造专项行动。因地制宜推广使用三格化粪池式厕所和双瓮式厕所，具有完整上下水道系统和污水处理设施的地方可以修建水冲式厕所，引导农户修建户内卫生间。在山区、坝上等缺水地区，建造粪尿分集式厕所和双坑交替式厕所。按规范程序改造厕所，严把产品质量关和施工关，有效解决厕所防冻、防臭、节水等技术问题。动员社会力量组建服务队，每 300 户配备 1 台渣液清理车，逐步建立农户缴费、专业人员清掏的市场机制。厕具生产经营企业要全程服务，建立完善的售后网络，确保维护服务和零部件供应到位。2016年，全省无害化卫生厕所普及率达到52%。

（六）实施清洁能源利用专项行动。通过治理农村燃煤污染、面源污染、秸秆焚烧，改善空气质量。加快改善农村能源结构和使用方式，引导农户使用电能、太阳能、天然气、液化气、大型沼气等清洁能源进行炊事和取暖。加强秸秆收、贮、运和加工体系建设，创建一批小型设备压块、成型机械托管、秸秆打捆直燃、秸秆沼气、秸秆气化项目，推广秸秆等废弃物能源化利用。大力推广秸秆压块、洁净型煤、优质低硫散煤通用炉具，鼓励有条件的村庄、乡镇机关、企事业单位改造传统燃煤锅炉和使用碳晶电采暖、电蓄热锅炉等新型锅炉进行集中供暖，不断提高农村高效清洁燃烧炉具使用比例。2016年，全省推广高效清洁燃烧炉具50万台、集中供暖新型锅炉和改造传统燃煤锅炉1000处，秸秆能源化利用50万吨，农村清洁能源设备拥有率达到44%以上。

（七）实施"三清一拆"和垃圾治理专项行动。广泛开展清杂物、清残垣断壁和路障、清庭院、拆除违章建筑活动，以县为主组织集中清理整治。积极开展农村生活垃圾减量和资源化利用，做好农村生活垃圾源头分类收集工作。采用城乡一体化垃圾处理模式的地方，要合理布置垃圾处理场、垃圾转运设施、村庄垃圾收集设施，实现共建共享。采用就地分散处理模式的边远地区，建设的垃圾填埋场应具有防渗、压实、覆盖等措施，符合环保要求。全面推广水泥窑焚烧垃圾的处理方式，有效利用垃圾热能和灰渣，降低污染物排放。每100户配备1名保洁员，推广使用垃圾清扫车，定时清扫保洁和清运。2016年，所有已开展美丽乡村建设的村庄要建立垃圾治理长效机制，全省70%以上村庄的生活垃圾得到规范有效治理。

（八）实施村庄绿化专项行动。充分利用村边荒地、荒滩和环村路，大力营造生态防护林型、经济林型、用材林型、花卉苗木型、公园绿地型等不同模式村庄林。根据街道宽度、周边环境，合理选择"乔木+绿篱型"、"乔木+花灌木型"、"花灌木+攀缘植物型"等不同模式，提高街道绿化美化水平。利用攀爬类植物，对建筑物外立面、围墙等进行立体、多层次、多功能的绿

化美化。种植花果蔬菜，打造家庭园艺景观，推进庭院绿化。充分利用村内和周围的"四清"场地，建设供村民休闲、游憩的游园绿地，搞好空心村绿化和路渠堤塘绿化。2016年，全省完成村庄绿化（含环村林）面积28万亩，村庄绿化覆盖率提高到31%。

（九）实施特色富民产业专项行动。加快培育新型农业生产经营主体，积极有序推进现代农业园区、特色产业链条、特色产业乡镇建设，打造一批旅游、特色种养、特色工贸和家庭手工业专业村，加快转变农业发展方式，提升农业竞争力，提高农民致富能力。实施农产品品牌培育工程，支持农业市场主体创建和申报驰名商标、著名商标，加快培育一批本土品牌，扩大河北农产品品牌效应，提升品牌和商业价值，提高经济效益。2016年，全省建设完善各类规模养殖场150个、蔬菜园区110个、果品观光采摘园100个、现代林果业示范园区20个，10%左右的旅游村农户发展成为旅游专业户，农村居民人均可支配收入增长幅度高于城镇居民。

（十）实施农村电子商务网点建设专项行动。构建农村电商公共服务体系，拓宽美丽乡村农产品、民俗休闲娱乐产品、乡村旅游商品市场和流通渠道，健全线上线下相统一的购销网络，提高流通现代化水平。加强与阿里巴巴等电子商务企业合作，共同完善、拓展、创新农村电商发展模式。整合供销社流通网络及金融、物流资源，建设美丽乡村云，打造集网上交易、仓储物流、品牌运营、金融运作、产品展示于一体的涉农电子商务交易综合服务平台。依托村民中心、超市等营业场所建设电商服务站点，委托大学生村官、村干部或供销社网店营业员进行管理，收集、开发本地特色农产品，引导农民在网上买卖商品。完善美丽乡村云功能，开发休闲农业、乡村旅游、便民服务、电子政务等模块，提高美丽乡村建设的信息化水平。2016年，完成美丽乡村云平台建设，基本实现"一村一电商服务站点"。

（十一）实施乡村文化建设专项行动。对村两委办公室、村民活动室、医务室、警务室等进行整合，集中建设集办公议事、村务公开、事务代办、信访代理、医疗卫生、邮政服务、购物超市、文化娱乐、信息技术服务等于一体的村民中

心。加强农村中小学、职业教育学校和幼儿园建设，健全完善农村义务教育经费保障机制，实现教育资源优化配置。结合本地历史文化和农村精神文明建设推进环境美化，对村内主要街道两侧墙面进行全面整饰，绘制文化墙，清除内容低俗、破损严重的标语广告，建设专门广告栏。结合村庄建设和文化特色，在村庄入口处设立村庄标识。大力推进村综合文化服务中心、村史馆（室）和农村互助幸福院建设，有条件的村要建设文化广场、体育健身设施、农村骨灰堂和公益性公墓。举办村民讲习所，进行专题讲座和技能培训，建好用好农村书屋，广泛开展"十星级文明农户"、"五好文明家庭"、"美丽庭院"、"最美家庭"创建活动，引导广大农民形成文明乡风民风。2016年，完成重点村庄村民中心、村史馆（室）、农村互助幸福院等乡村文化设施建设。

（十二）实施基层组织建设专项行动。创新农村基层党组织设置，加强发展型服务型基层党组织建设，完善村级为民服务全程代办制，加快建立村民"办事不出村"网络服务平台。持续整顿软弱涣散基层党组织。改革选拔、培养、激励机制，统筹抓好乡镇党委书记、村党组织书记和农村致富带头人"三支队伍"建设。建立健全村党组织、村民代表会议、村民委员会、村级经济合作组织"四位一体"治理架构，落实"四议两公开"工作法。加大村级组织运转工作经费投入，发展壮大农村集体经济，增强村级组织保障能力。加强党员队伍教育管理。加快平安乡村建设，构建和谐稳定的社会环境。打造一批硬件完善、制度规范、特色鲜明、成片连线的党建示范区、示范村。2016年，重点村基层党组织的领导核心地位更加巩固，党员干部队伍结构更加优化，村级治理机制更加健全，基本实现基层组织建设全面进步、全面过硬。

三、实施步骤

（一）准备阶段（2015年11月~2016年3月）。

1. 建设投融资平台。2015年11月底前，出台美丽乡村投融资平台建设相关政策文件。2016年3月底前，完成省市县三级投融资平台建设任务。

2. 确定重点片区、重点村庄。2015年12月

上旬前，完成重点片区、重点村庄申报认定。2016年3月底前，各设区市和省直管县（市）将美丽乡村建设的总投资、资本金额度与到位安排、融资需求及年度计划等，上报省美丽乡村办，并及时向各金融机构公布。各金融机构在融资总额度内，分工予以支持。

3. 搞好人员培训。2016年2月上旬，完成对规划设计人员的培训；2月底前，完成对驻村工作人员的培训。

4. 组织召开动员会。2016年2月底前，组织召开美丽乡村建设动员大会，进行组织动员。

5. 做好规划设计。2016年2月底前，完成省级重点片区及片区内重点村的规划编制，报省美丽乡村建设领导小组审定通过；3月底前完成全部重点村的规划编制和施工设计。

（二）实施阶段（2016年4~11月）。

1. 建立工作台账。2016年4月上旬前，所有重点村庄建立起12个专项行动项目建设工作台账，市县乡村各级制定完成美丽乡村建设工作计划和12个专项行动施工进度表。

2. 对接推广"四新"。2016年5月上旬前，省市分级举办"四新"对接会，加大"四新"企业及产品推广力度。

3. 完善招投标制度。2016年5月底前，50%以上的建设项目完成招投标程序；6月底前，所有建设项目基本完成招投标。按有关要求及时拨付项目建设资金，提高工作效率和资金使用效益。

4. 加强质量管控。各地严格按规划和技术标准施工，确保工程质量，年底按规划设计效果图验收。

5. 督促工作进度。开展定期和不定期的督导检查，并及时通报建设进度和督导情况。

6. 开展观摩调度。省美丽乡村建设领导小组每季度调度一次工作，半年召开一次全省美丽乡村建设现场观摩会。

（三）验收阶段（2016年12月~2017年1月）。

1. 考核验收。2017年1月底前，完成对重点片区和重点村的验收工作，根据验收结果对县（市、区）进行专项考核。

2. 奖励先进。通报县（市、区）考核结果，对美丽乡村建设先进县（市、区）和省"美丽乡

村"进行奖励。

四、保障措施

（一）加强组织领导。各级党委、政府和有关部门要统一思想，提高认识，把美丽乡村建设摆上重要议事日程。县级是组织实施的责任主体，要作为一把手工程强力推进，形成齐抓共管的工作格局。市县乡三级都要成立美丽乡村建设领导小组，由一把手任组长，抽调精干力量，组建强有力的办公室。省市县四大班子成员每人都要分包一个重点村，其中省市四大班子成员和县级党委、政府主要负责同志分包的重点村要建成精品村。省直单位第一书记和工作队只派往贫困村。各市县要在优先安排好贫困村驻村帮扶干部的基础上，选派好美丽乡村工作队。

（二）科学编制规划。规划编制要实施分类指导，体现大中城市郊区、县城周边地区、平原地区、山区等不同地域特色。各地要聘请有资质、水平高的规划单位和设计人员，制定全县域美丽乡村规划，与城镇建设规划、土地利用规划和生态环保规划相衔接，科学布局村庄，统筹安排基础设施等各项建设。乡镇要成立规划委员会，由乡镇党委书记任主任，负责组织规划编制和监督执行。每个村都要有村庄规划，包括民居、道路、绿化等专项规划内容，到户民居改造设计方案，及其他建设项目的设计方案，并通过村民代表大会等形式征求村民意见。12个省级重点片区、100个省旅游示范村、100个省中心村示范点的规划要报省住建厅、省美丽乡村办公室审核。

（三）加大资金投入。一是加大财政支持力度。省直各部门要加大资金筹措和支持力度，各市县要健全完善支持政策，财政支持资金增长不低于10%。以县为平台，整合农业、扶贫、交通、水利等涉农资金向重点村倾斜，并向有关金融机构公布整合资金数量，便于金融机构掌握美丽乡村建设的资本金投入部分，安排融资计划。二是创新投融资机制。按照"三级平台、市为重点"的原则，省市县建立融资平台，完成400亿元左右的融资总规模。省级融资60亿元左右，用于省重点抓的片区和村庄建设，支持资金不平均使用，根据建设水平高低给予奖补。每个设区市融资10亿元以上，主要用于市级重点片区和

旅游专业村、中心村等重点任务建设。每个县（市、区）融资1.5亿元以上，主要用于县级重点片区和重点村庄的建设。三是撬动社会资本。通过股份合作，让资源变股权、资金变股金、农民变股民、自然人变法人，解决土地节约、工商资本进入、承贷主体等问题，强力推进美丽乡村产业发展。利用多种途径，撬动金融资本、社会和城市工商资本参与美丽乡村建设，引进产业实力雄厚的战略投资者和经营者，提高美丽乡村建设水平。四是以市县为主导，金融部门积极配合，推进"信用工程"建设，对农户进行评级授信，对被评为信用户的农户提供5万~10万元、期限3年以内的信用贷款，对家庭有产业支撑、收入高的一般农户，被评为信用户的，可以提供30万元以下、期限3年以内的信用贷款。各级财政部门可统筹安排财政涉农资金，按贷款基准利率对符合条件的贷款户给予贴息支持。省市县三级财政按一定比例出资成立担保公司，解决担保难问题。五是加强资金监管。严防挪用、贪污项目资金等问题发生，保障资金使用效益。

（四）强化科技支撑。制定新材料、新技术、新装备、新样式"四新"推广方案，出台奖励政策，明确年度目标任务，督促指导各地建设示范村和示范户。推动大宗新型材料生产的本地化，通过扶持本地企业和引进外地企业，开发生产更多适应当地需求、物美价廉的新产品。各地农村新建学校、村委会办公室、村民中心等公共设施，都要使用钢结构、尾矿砂等新型建材。加强对施工人员的培训，组织专业化的农民施工队伍，保证施工质量。充分发挥政府、乡村干部群众等多方面的作用，通过示范带动、教育培训，形成推广应用"四新"的浓厚氛围。

（五）健全长效机制。不断巩固和持续发展美丽乡村的建设成果，坚持建管并重，落实相应人员、制度、职责、经费，切实建立农村公共设施的长效管护机制，确保供水、垃圾、污水、厕所、照明等设施正常运行，逐步实现村庄的有效管理。推行PPP市场化运作模式，鼓励社会资金参与农村卫生保洁、垃圾治理、污水治理、厕所清掏等农村基础设施和公用事业项目，提高农村公共管理的质量和效率。

（六）广泛发动群众。通过示范引导、讲习

所培训、组织外出参观、党员干部带头、政策引导等多种形式，引导农民投资、投工、投劳，出主意、想办法。对于改厕等农民投资投劳较多的项目，要积极探索项目资金拨付由报账制改为补贴制的办法。切实调动农民的积极性、主动性和创造性，依靠群众的力量和智慧建设美丽家园。

（七）严格考核奖惩。各级要加强对美丽乡村建设的督导检查，坚持季调度、半年观摩、年终考核，严格工作问责。美丽乡村建设考核要单列，考核结果与干部使用直接挂钩。对年终考核排名前30位县（市、区）的党政主要负责同志给予通报嘉奖，排名后10位的县（市、区）进行全省通报并对党政主要负责同志诫勉谈话，连续两年排名后10位的按照有关程序进行组织调整。加大"以奖代补"力度，认定一批河北"美丽乡村"，数量上不设名额限制，评选对象不再仅侧重当年建设的重点村，凡是达到省定标准的村均予以奖补，并对村两委班子给予适当奖励。市县对实绩突出的乡镇党委书记、乡镇长分别给予2万~3万元专项工作奖。

（八）营造良好氛围。各级宣传部门和新闻媒体要通过多种形式大力宣传美丽乡村建设的重要意义、总体要求和主要任务，统一干部群众思想认识，引导工作广泛深入开展。充分发挥电视、广播、报刊、网络等主流媒体的作用，通过开辟专栏、组织专访等形式推出一批正面典型，推广成功经验，努力打响美丽乡村建设这一品牌，形成全社会关心、支持美丽乡村建设的良好氛围。

附件　美丽乡村建设2016年省级重点村一览表

附件　美丽乡村建设2016年省级重点村一览表

序号	村庄名称	所属县（市、区）及乡（镇）	所属类型	户数	人口	是否贫困村
56	大彭杖子村	宽城县苇子沟乡	市级重点片区	139	515	是
57	西岔沟村	宽城县化皮溜子乡	省级旅游示范村	519	1767	
58	任杖子村	宽城县化皮溜子乡	市级重点片区	502	1654	
59	李家窝铺村	宽城县汤道河镇	市级重点片区	416	1374	是
60	金杖子村	宽城县汤道河镇	市级重点片区	471	1542	是
61	黄土坡村	宽城县汤道河镇	市级重点片区	379	1272	是
62	偏崖子村	宽城县汤道河镇	市级重点片区	467	1655	是
63	新甸子村	宽城县梓罗台镇	市级重点片区	56	210	
64	椴木峪村	宽城县梓罗台镇	市级重点片区	407	1281	是
65	瀑河口村	宽城县塌山乡	旅游村	100	308	
66	清河口村	宽城县塌山乡	市级重点片区	68	211	
67	北场村	宽城县塌山乡	市级重点片区	322	991	
68	塌山村	宽城县塌山乡	市级重点片区	440	1337	是
69	孟子岭村	宽城县孟子岭乡	市级重点片区	427	1413	是
70	南天门村	宽城县孟子岭乡	市级重点片区	322	1079	
71	石柱子村	宽城县孟子岭乡	市级重点片区	306	1106	
72	王厂沟村	宽城县孟子岭乡	市级重点片区	338	1044	是
73	九虎岭村	宽城县宽城镇	市级重点片区	467	1719	是

续表

序号	村庄名称	所属县（市、区）及乡（镇）	所属类型	户数	人口	是否贫困村
74	篆字台村	宽城县东川乡	市级重点片区	306	1112	
75	北五沟村	宽城县亮甲台镇	市级重点片区	301	1073	
76	西梨园村	宽城县大石柱子乡	市级重点片区	264	953	是
77	大闫杖子村	宽城县大石柱子乡	市级重点片区	171	618	是
78	大石柱子村	宽城县大石柱子乡	市级重点片区	294	1002	是

河北省委　省人民政府
关于加快推进美丽乡村建设的意见

为深入贯彻落实党的十八届五中全会、第二次全国改善农村人居环境工作会议精神和省委八届十二次全会安排部署，到 2020 年实现全面建成小康社会的奋斗目标，省委、省政府决定，加快美丽乡村建设步伐，用 5 年时间，基本实现美丽乡村建设全覆盖。为此，提出如下意见。

一、明确总体要求，基本实现美丽乡村建设全覆盖

（一）指导思想。全面贯彻党的十八大和十八届三中、四中、五中全会精神，以邓小平理论、"三个代表"重要思想、科学发展观为指导，深入贯彻习近平总书记系列重要讲话精神，按照全面建成小康社会要求，以创新、协调、绿色、开放、共享的发展理念为引领，以实施"四美五改·美丽乡村"行动为载体，坚持示范引领、提高标准，因地制宜、分类指导，市场运作、多方参与，把改善农村人居环境与发展现代农业、推进扶贫攻坚、搞好乡村旅游、山区综合开发结合起来，五位一体、统筹推进，突出地域特色，尊重农民意愿，建立长效机制，基本实现美丽乡村建设全覆盖，为建设经济强省、美丽河北奠定坚实基础。

（二）总体目标。到 2020 年，基本实现美丽乡村建设全覆盖，具备条件的农村全部建成"环境美、产业美、精神美、生态美"的美丽乡村。

——村容村貌干净整洁。村庄规划科学合理，民居建筑富有特色，大街小巷硬化通畅，村内村外、房前屋后、庭院内外清洁干净。

——生态环境清新优美。田园、水源、家园清洁，生产方式和生活方式绿色低碳，生态支撑能力显著增强，天蓝、地绿、水清的宜居乡村基本展现。

——农民收入明显提高。农业产业结构趋于合理，一二三产业深度融合，产业特色鲜明，农民增收渠道不断拓宽，农民收入明显高于全国平均水平。

——公共服务完善配套。基础设施不断完善，社会保障体系更加完备，公共服务水平稳步提高，常态化管理机制基本形成。

——农村社会和谐文明。物质文明、精神文明协调共建，社会主义核心价值观在广大农村落地生根，农村社会治理不断创新，村庄平安和谐，村风健康向上，农民安居乐业。

（三）基本原则。

——坚持规划引领，突出特色。强化规划的引领和指导作用，科学规划、分步实施。充分考虑农村与城镇的功能性差异，突出乡村特色，保持田园风貌，注重农村文化传承，防止千篇一律。

——坚持因地制宜，分类推进。从各地区位优势、发展基础、资源禀赋等实际出发，强化分类指导，先从城市郊区、旅游景区、交通便捷的村庄抓起，有序推进，逐步形成以点带面、全域推开的格局。

——坚持创新驱动，市场运作。坚持解放思想，推进体制机制创新，培育新型市场主体，充分运用市场手段推进美丽乡村建设。

——坚持生态优先，绿色发展。按照建设资源节约型、环境友好型新农村的要求，注重采用节能、环保、低碳新材料、新技术、新装备，实现乡村绿色发展。

——坚持从实际出发，农民自愿。充分尊重农民的意愿，不急于求成，不强迫命令，把群众认同、群众参与、群众满意作为基本要求，切实调动农民的积极性、主动性和创造性。

二、突出重点任务，实施十二个专项行动

大力推进"四美五改"（改房、改水、改路、改厕、改厨，做到环境美、产业美、精神美、生态美），实施 12 个专项行动，不断提高美丽乡村建设水平。

（一）实施民居改造专项行动。按照县域、片区和村庄规划，结合实际编制由村到户的民居改造设计方案和施工图。按照《河北省美丽乡村民居设计方案》要求，针对山区、坝上、平原、沿海等不同地域村庄特色，对已有民居院落、厨房、厕所以及屋顶、檐口、立面、门窗、房角线、院墙、门楼等实施改造。坚持改造为主，建新为辅，积极引导新建或翻建民居的农户按照推荐的新样式，使用新技术、新材料进行建设。农民自主选择建设样式和造价标准。每年建设 10 万个民居改造示范户。严格管理控制村庄风貌，引导农村住宅向布局合理、功能完善、特色鲜明、节能环保方向发展。支持符合条件的困难家庭对危房进行改造，严格补助对象认定，健全质量保障体系，切实解决困难农户的住房安全问题，到 2020 年，完成 35.65 万户现有农村危房改造任务。

（二）实施安全饮水专项行动。开展农村饮水安全巩固提升工程建设，逐步建立"从源头到龙头"的农村饮水工程建设和运行管护体系。在条件具备的平原地区，选择部分市县作为试点，规划建设一批较大规模的集中供水工程，实现城乡一体化供水。在采取分散式供水的村庄，通过增压设施建设，保证供水水质、水量、用水方便程度、水源供水保证率、水压等符合国家相关标准。实施饮用水有偿使用，培养村民节水意识。通过南水北调和引黄工程置换地下水源，解决东部平原区饮用高氟水问题。及时解决村庄供水管网老化、水源变化等问题，不断提升已建工程的建设标准，为农民群众提供更为方便足量的饮用水。到 2020 年，全省所有村庄实现安全达标饮水。

（三）实施污水治理专项行动。根据村庄条件，采用适宜模式收集和处理农村生活污水。人口密集、污水排放量大的村庄，采用集中处理方式；城市、县城和乡镇近郊的村庄，生活污水就近纳入城市、县城和乡镇污水收集管网统一处理；居住分散、人口规模较小、地形条件复杂、污水不易集中收集的村庄，采用庭院式小型湿地、污水净化池、太阳能微动力和小型净化槽等分散式污水处理技术。污水治理项目，鼓励应用新技术、新材料、新工艺、新设备，不得使用国家明令淘汰的材料、设备和技术。到 2020 年，有条件农村的生活污水基本得到有效治理。

（四）实施街道硬化专项行动。加快推进农村公路、连村道路、村内街道硬化。主街道以建设水泥混凝土路面、沥青路面为主，根据具体情况设置垫层或基层，铺设排水管道和设施，预留供水与电缆网管的铺设管道，做好道路两侧的路肩铺装。辅道、巷道和街景花园硬化坚持就地取材、体现乡村特色，采用红砖路、石板路、石子路等形式，面层要防滑，造型要多样，和周围环境浑然一体。线杆、路灯等亮化设施要安装到位，村内主街道夜晚有照明，方便群众出行。对农村通信设施和电网进行改造升级，保障农村用电和通信需求。到 2020 年，所有行政村完成街道硬化、亮化和电力通信设施建设任务。

（五）实施无害化卫生厕所改造专项行动。因地制宜推广使用三格化粪池式厕所和双瓮式厕所，具有完整上下水道系统和污水处理设施的地方可以修建水冲式厕所，引导农户修建户内卫生间。在山区、坝上等缺水地区，建造粪尿分集式厕所和双坑交替式厕所。按规范程序改造厕所，严把产品质量关和施工关，有效解决厕所防冻、防臭、节水等技术问题。动员社会力量组建服务队，每 300 户配备 1 台渣液清理车，逐步建立农户缴费、专业人员清掏的市场机制。厕具生产经营企业要全程服务，建立完善的售后网络，确保维护服务和零部件供应到位。到 2020 年，全省无害化卫生厕所普及率由现在的 45% 提高到 80%。

（六）实施清洁能源利用专项行动。通过治理农村燃煤污染、面源污染、秸秆焚烧，改善空气质量。加快改善农村能源结构和使用方式，引导农户使用电能、太阳能、天然气、液化气、大型沼气等清洁能源进行炊事和取暖。加强秸秆收、贮、运和加工体系建设，创建一批小型设备

压块、成型机械托管、秸秆打捆直燃、秸秆沼气、秸秆气化项目，推广秸秆等废弃物能源化利用。大力推广秸秆压块、洁净型煤、优质低硫散煤通用炉具，鼓励有条件的农村、乡镇机关企事业单位改造传统燃煤锅炉和使用碳晶电采暖、电蓄热锅炉等新型锅炉进行集中供暖，不断提高农村高效清洁燃烧炉具使用比例。到2020年，累计推广高效清洁燃烧炉具250万台、太阳能热水器50万台、集中供暖新型锅炉和改造传统燃煤锅炉5000处、秸秆能源化利用250万吨，其他替代模式5万户以上。

（七）实施"三清一拆"和垃圾治理专项行动。广泛开展清杂物、清残垣断壁和路障、清庭院、拆除违章建筑活动，以县为主组织集中清理整治。积极开展农村生活垃圾减量和资源化利用，做好农村生活垃圾源头分类收集工作。采用城乡一体化垃圾处理模式的地方，要合理布置垃圾处理场、垃圾转运设施、村庄垃圾收集设施，实现共建共享；采用就地分散处理模式的边远地区，建设的垃圾填埋场应具有防渗、压实、覆盖等措施，符合环保要求。全面推广水泥窑焚烧垃圾的处理方式，有效利用垃圾热能和灰渣，降低污染物排放。每100户配备1名保洁员，推广使用垃圾清扫车，定时清扫保洁和清运。到2016年，70%以上村庄垃圾得到有效治理，到2017年，90%以上村庄垃圾得到有效治理，到2020年，全省村庄垃圾全面得到有效治理。

（八）实施村庄绿化专项行动。充分利用村边荒地、荒滩和环村路，大力营造生态防护林型、经济林型、用材林型、花卉苗木型、公园绿地型等不同模式村庄林。根据街道宽度、周边环境，合理选择"乔木+绿篱型"、"乔木+花灌木型"、"花灌木+攀缘植物型"等不同模式，提高街道绿化美化水平。利用攀爬类植物，对建筑物外立面、围墙等进行立体、多层次、多功能的绿化美化。种植花果蔬菜，打造家庭园艺景观，推进庭院绿化。充分利用村内和周围的"四清"场地，建设供村民休闲、游憩的游园绿地，搞好空心村绿化和路渠堤塘绿化。到2020年，全省新增村庄绿化面积140万亩，村庄绿化覆盖率由现在的30%提高到35%，实现村庄绿化达标全覆盖。

（九）实施特色富民产业专项行动。大力调整农业结构，加快培育新型农业生产经营主体，积极推进现代农业园区、特色产业链条、特色产业乡镇建设，打造一批旅游、特色种养、特色工贸和家庭手工业专业村，加快转变农业发展方式，提升农业竞争力，提高农民致富能力。到2020年，打造100个省级现代农业园区、100个绿色优质"菜篮子"产品供应基地、100个农产品加工物流生产链条、100个"一乡一业"特色产业乡镇、500个乡村旅游示范村、100个农产品出口质量安全示范基地、100个智慧农业示范园、100个规模化农业社会化服务组织、100个农产品知名品牌，培养100万新型职业农民。设施蔬菜、优质林果、食用菌、中药材、畜牧业、水产业、休闲农业等特色富民产业得到全面发展，农产品市场体系进一步完善，农业产业化经营水平明显提升，农民收入明显提高。

（十）实施农村电子商务网点建设专项行动。构建农村电商公共服务体系，拓宽美丽乡村农产品、民俗休闲娱乐产品、乡村旅游商品市场和流通渠道，健全线上线下相统一的购销网络，提高流通现代化水平。加强与阿里巴巴等电子商务企业合作，共同完善、拓展、创新农村电商发展模式。整合供销社流通网络及金融、物流资源，建设美丽乡村云，打造集网上交易、仓储物流、品牌运营、金融运作、产品展示于一体的涉农电子商务交易综合服务平台。依托村民中心、超市等营业场所建设电商服务站点，委托大学生村官、村干部或供销社网店营业员进行管理，收集、开发本地特色农产品，引导农民在网上买卖商品。不断完善美丽乡村云功能，开发休闲农业、乡村旅游、便民服务、电子政务等模块，提高美丽乡村建设的信息化水平。到2016年，实现全省农村电子商务全覆盖；到2020年，建立起完善的涉农电商服务体系。

（十一）实施乡村文化建设专项行动。对村"两委"办公室、村民活动室、医务室、警务室等进行整合，集中建设集办公议事、村务公开、事务代办、信访代理、医疗卫生、邮政服务、购物超市、文化娱乐、信息技术服务等于一体的村民中心。加强农村中小学、职业教育学校和幼儿园建设，健全完善农村义务教育经费保障机制，实现教育资源优化配置。结合本地历史文化和农村精神文明建设推进环境美化，对村内主要街道两侧墙面进行全面整饰，绘制文化墙，清除内容低俗、破损严重的标语广告，建设专门广告栏。结合村庄建设和文化特色，在村庄入口处设立村庄标识。大力推进村综合文化服务中心、村史馆（室）和农村互助幸福院建设，有条件的村要建设文化广场、体育健身设施、农村骨灰堂和公益性公墓。举办村民讲习所，进行专题讲座和技能培训，建好用好农村书屋，广泛开展"十星级文明农户"、"五好文明家庭"、"美丽庭院"、"最美家庭"创建活动，引导广大农民形成文明乡风民风。到 2020 年，实现全省农村村民中心、村综合文化服务中心、村史馆（室）、农村互助幸福院建设全覆盖。

（十二）实施基层组织建设专项行动。创新农村基层党组织设置，加强发展型服务型基层党组织建设，完善村级为民服务全程代办制，加快建立村民"办事不出村"网络服务平台。持续整顿软弱涣散基层党组织。改革选拔、培养、激励机制，统筹抓好乡镇党委书记、村党组织书记和农村致富带头人"三支队伍"建设。建立健全村党组织、村民代表会议、村民委员会、村级经济合作组织"四位一体"治理架构，落实"四议两公开"工作法。加大村级组织运转工作经费投入，发展壮大农村集体经济，增强村级组织保障能力。加强党员队伍教育管理。打造一批硬件完善、制度规范、特色鲜明、成片连线的党建示范区、示范村。加快平安乡村建设，构建和谐稳定的社会环境。经过 5 年的努力，使全省农村基层党组织的领导核心地位更加巩固，党员干部队伍结构更加优化，村级治理机制更加健全，基本实现农村基层组织建设全面进步、全面过硬。

三、加强分类指导，统筹协调推进

（一）按照县域镇村体系规划，加快建设三类村。目前全省共有 4.7 万个村庄，根据保留村、中心村、撤并村的情况，因村施策，分类推进。

1. 对保留村，一村一策、就地改造。有 9200 多个保留村已经进行美丽乡村建设。下一步，按照"修旧为主、建新为辅，保留乡村风情、改造提升品位"的要求，每年就地改造 4000

个左右村庄，保留现有的道路、村庄肌理，延续现有文脉，不搞大拆大建。加大基础设施建设力度，完善公共服务，突出民居特色，塑造"一县一特"、"一乡一品"的民居建筑风格。

2. 对中心村，增减挂钩、联村并建。每年启动建设 200 个左右中心村，平均一个中心村撤并整合 3~6 个行政村，力争 5 年吸纳带动 5000 个左右的村庄。抓好土地复垦，落实土地增减挂钩政策，经批准将节约的指标少量调剂给城镇使用的，其土地增值收益全部返还农村，保障农民的合法收益。坚持农村社区、现代农业园区、乡村工业园区同步建设发展，通过"三区"联动实现农民生产方式和生活方式的根本转变。

3. 对撤并村，整合资源、有序整治。对不具备生产生活条件、影响自然生态保护和生态功能增强的村，实行生态移民。对空心率超过 50%、剩余户少于 100 户的空心村，实施搬迁整治。开发有市场价值的空心村，组建农宅合作社，建设乡村酒店，用于养老或休闲度假。对纳入城市规划的村，要结合新型城镇化进行改造建设，一部分改成城市社区，按照城市社区的标准来建设和管理；一部分建成城中的美丽乡村，为城市居民提供就近休闲度假之所。对即将自然消亡的村，原则上不再新建设项目、批宅基地。

（二）明确建设标准，加快建设进度。要根据各村的基础条件，合理安排资金和力量，因地制宜推进精品村、达标村建设。

1. 高标准建设精品村。在基础条件好、班子战斗力强、群众积极性高的村庄，高标准规划，高水平建设，高质量完成 12 个专项行动目标任务。民居住房达到结构安全、基本功能齐全的要求，主要街道 100%、村庄整体 50% 以上的民居按要求完成节能改造；农户改厕实现全覆盖；生活污水处理设施覆盖率不低于 80%；80% 以上农户使用清洁能源；村庄规划布局合理，基础设施齐全配套，公共服务体系完善健全，特色富民产业快速发展，文化旅游功能凸显，基层组织坚强有力，农民生活品质显著提高。到 2020 年，全省 15% 的村庄建成精品村。

2. 全面实现达标村。在基础条件一般的村庄，要从实际出发，主要抓好改水、改路、改厕、垃圾处理、村庄绿化、"一村一品"、基层组织建设等工作，农民生活水平普遍提高。到2020年，全省85%的村庄建成达标村。

（三）"五位一体"统筹推进，实现"四个结合"。要把美丽乡村建设与现代农业、扶贫攻坚、乡村旅游、山区综合开发有机结合起来，统筹推进，形成合力。

1. 与现代农业相结合。在各重点片区建设一批高水平农业园区、农业科技园区。按照经济开发区建设思路和模式谋划发展，由管委会统一进行规划，统一建设基础设施，统一流转土地，统一招商和管理。引进一批现代农业技术，转化一批高技术农业科技成果。鼓励多种模式建设现代农业园区。引进一批龙头企业，涵盖一二三产和种植、养殖、加工、物流、旅游等多种类型，促进产业融合发展。依托优势产业，挖掘生态资源、优美景观、民俗文化等，把休闲农业、乡村旅游作为重点，发展一批乡村旅游项目，推进传统农产品向休闲商品转变、农业园区向休闲景区转变。实施农产品品牌培育工程，支持农业市场主体创建和申报驰名商标、著名商标，加快培养一批本土品牌，扩大河北农产品品牌效应，提升品牌和商业价值，提高经济效益。

2. 与扶贫攻坚相结合。按照"六个精准、五个一批"的要求，整村推进，做到村有脱贫致富产业，贫困户有脱贫致富项目，实现稳定脱贫。建成的美丽乡村必须实现贫困户全部脱贫，建档立卡的贫困村也要改善生产生活条件，努力建设美丽乡村。

3. 与乡村旅游相结合。在建设好村庄道路、饮水、用电等基础设施的基础上，充分利用农村自然生态、历史文化元素、田园景观、农林牧渔特色资源优势，以农家特色餐饮美食、乡村游览观光、农耕文化体验、乡村休闲娱乐、农业科普教育等为主要内容，全省每年打造200个旅游专业村。以农民家庭为主体开发经营旅游服务项目，对民居及厨房、餐厅、客房、厕所等进行改造，达到省定乡村旅游标准，满足游客的消费需求。

4. 与山区综合开发相结合。在大力发展山区经济，改善山区交通条件的基础上，充分利用"燕山—太行山"地区历史文化名镇名村、少数民族特色村和民俗村资源优势和山清水秀的资源禀赋，坚持开发与保护、培育与传承相结合，把山区村庄建成特色鲜明的美丽乡村。

（四）坚持建管并重，确保长久美丽。美丽乡村建设是一项长期、艰巨的系统工程，不会一蹴而就。要先建设美丽，进而经营美丽，并长久保持美丽。

1. 建立长效管护机制。不断巩固和维护好美丽乡村的建设成果，坚持建管并重，落实相应人员、制度、职责、经费，切实建立农村公共设施的长效管护机制，确保供水、垃圾、污水、厕所、照明等设施正常运行，逐步实现村庄的自我管理。大力推广PPP运作模式，鼓励社会化资金参与农村卫生保洁、垃圾治理、污水治理、厕所清掏等项目，扩大农村基础设施和公用事业建设、维护的投融资渠道，提高农村公共管理的质量和效率。

2. 持续推进晋档升级。已建成的达标村要对照12个专项行动要求查漏补缺，积极筹措资金，升级已建项目，高质量建设污水处理设施，实现厕所改造、主街道民居改造的全覆盖，并努力经营美丽、发展经济。对于经过后续建设，达到精品村标准的村庄，省将予以奖补。

3. 大力经营美丽。已建成的美丽乡村，要通过大力发展电商、农宅合作社、现代农业、家庭手工业等项目，利用多种业态，发展农村经济，增加农民收入，实现从建设美丽到经营美丽、从输血式扶持向造血式发展的跨越，把美丽乡村建设成果转化为新的生产力。

四、落实保障措施，确保目标任务如期完成

（一）加强组织领导。各级党委、政府和有关部门要统一思想，提高认识，把美丽乡村建设摆上重要议事日程。县级是组织实施的责任主体，要作为一把手工程强力推进，形成齐抓共管的工作格局。市县乡三级都要成立美丽乡村建设领导小组，一把手任组长，抽调精干力量，组建强有力的办公室。各级领导干部要带头示范，省市县四大班子成员每人每年都要分包一个重点村，其中省市四大班子成员和县级党委、政府主要负责同志分包的重点村要建成精品村。

（二）科学编制规划。规划编制要实施分类

指导，体现大中城市郊区、县城周边地区、平原地区、山区等不同地域特色。各地要聘请有资质、水平高的规划单位和设计人员，制定全县域规划，与城镇建设规划、土地利用规划、生态环保规划相衔接，科学布局村庄，明确村庄分类，统筹安排基础设施建设。每个村都要有修建性村庄规划，包括民居、道路、绿化、环境整治、供水供电、污水和垃圾治理等专项规划内容，到户民居改造设计方案及其他建设项目的设计方案，并通过村民代表大会等形式征求村民意见。乡镇要成立规划委员会，组织群众参与规划的编制和审定，并监督执行规划。

（三）拓宽筹资渠道。政府加大支持力度，每年财政支持资金要逐步增长。要以县为平台，按照"统筹安排、集中投入、专款专用、形成合力"的原则，整合农业、扶贫、交通、水利、电力、教育、医疗卫生等各类涉农项目资金向美丽乡村建设倾斜。加快省市县三级美丽乡村投融资平台建设，按年度目标要求落实融资任务。以市县为主导，金融部门积极配合，推进"信用工程"建设，对农户进行评级授信，被评为信用户的农户可得到免抵押、免担保的信用贷款。各级财政部门可统筹安排财政涉农资金，对符合条件的贷款户给予适当贴息支持。鼓励有条件的地方设立政府性担保基金，对银行业金融机构担保贷款发生的风险给予合理补偿。利用多种途径，撬动金融资本、社会和城市工商资本投入美丽乡村建设，引进产业实力雄厚的战略投资者和经营者参与美丽乡村建设。加强资金监管，提高使用效率，确保资金安全。

（四）用好民居改造政策。要充分利用民居改造的相关政策，不断拓展民居改造资金来源。用好保障房政策，移民搬迁村、中心村的村民向县城、城镇周边集中，变成城市居民，享受城镇保障房政策。用好移民搬迁政策，为移民户提供适当补贴和免息贷款。用好危房改造政策，对符合条件的农户进行补助。用好节能建筑改造政策，改善民居门窗、墙体的节能保温效果。充分保障农村宅基地的用益物权，在不改变农村集体土地所有权和农民宅基地使用权的前提下，允许农民将依法取得的房屋通过租赁合作等方式与城市居民共同经营。全面推广农宅合作社，鼓励多

种形式的村企共建，实现收益共享。用好城乡建设用地增减挂钩政策，增减挂钩中要统筹做好农村居民的拆迁补偿安置和美丽乡村建设工作，增减挂钩土地节余指标交易流转收入要按照土地出让收支管理规定，优先支持腾出建设用地指标的村庄建设，市县从土地出让金收益中拿出不低于20%专项资金用于美丽乡村建设。

（五）健全完善股份合作制。重点推行政府+龙头企业+金融机构+合作社+农户"五位一体"股份合作模式，组建法人合作社和股份合作体，通过创新产业组织模式，整合优质资源要素，解决土地节约、工商资本进入、承贷主体、农民权益保护等问题，让资源变股权、资金变股金、农民变股民、自然人变法人，强力推进美丽乡村产业发展。

（六）加大"四新"推广力度。制定新材料、新技术、新装备、新样式"四新"推广方案，出台奖励政策，明确年度目标任务，督促指导各地建设示范户和示范村。要推动大宗新型材料生产的本地化，通过扶持本地企业和引进外地企业，开发生产更多适应当地需求、物美价廉的新产品。各地农村新建学校、村委会办公室、村民中心等公共设施，都要使用钢结构、尾矿砂等新型建材。采取奖补办法，鼓励支持新民居建设采用钢结构等。充分发挥政府、驻村工作队、乡村干部群众等多方面的作用，通过示范村和示范户带动、对农民教育培训等形式，形成推广应用"四新"的浓厚氛围。

（七）广泛发动群众。通过示范引导、讲习所培训、组织外出参观、党员干部带头、政策引导等多种形式，引导农民投资、投工、投劳，出主意、想办法。对于改厕等农民投资投劳较多的项目，要积极探索项目资金拨付由报账制改为补贴制的办法。切实调动农民的积极性、主动性和创造性，依靠群众的力量和智慧建设美丽家园。

（八）强化驻村帮扶。结合机关干部下基层锻炼和扶贫开发工作，每年从省市县选派机关干部组成工作指导组和工作组，进村入户开展工作，实行"一年帮扶、两年联系"。选派县以上机关优秀年轻干部、后备干部到美丽乡村建设的重点村驻村帮扶，党员驻村工作组组长兼任村第一书记，帮助争取政策、项目、资金和破解难

题。驻村干部要恪尽职守、勇挑重担，会同村"两委"编制规划，制定年度任务目标和具体工作方案，监督资金使用情况，协调推动任务落实，实绩突出的要优先提拔重用。

（九）严格专项考核。对美丽乡村建设工作实行增比进位管理考核，坚持一季一调度、半年一观摩、一年一考核。把美丽乡村建设工作考核单列出来，制定考核办法、明确考核标准，抽调专业人员进行考核，考核结果与干部使用直接挂钩。对年终考核排名靠前的县（市、区），给予通报嘉奖，对排名靠后的县（市、区），全省通报并对主要领导进行约谈，连续两年排名靠后的，按照有关程序，对主要领导进行调整。

（十）实施激励政策。从2017年开始，省级重点片区的确定，采用竞争申报制，重点支持规划好、积极性高、能出精品的片区。加大"以奖代补"力度，每年认定一批河北"美丽乡村"，数量上不设名额限制，凡是达到省定标准的村均予以奖补，并对村"两委"班子给予适当奖励。对实绩突出的乡镇党委书记、乡镇长要分别给予专项工作奖。

（十一）营造良好舆论氛围。各级宣传部门和新闻媒体要通过多种有效形式大力宣传美丽乡村建设的重要意义、总体要求和主要任务，统一干部群众思想认识，引导工作深入广泛开展。要充分发挥电视、广播、报刊、网络等主流媒体的作用，通过开辟专栏、组织专访等形式推出一批典型，推广成功经验，努力打响美丽乡村建设这一品牌，形成全社会关心、支持美丽乡村建设的良好氛围。

湖南省委
关于印发《湖南省美丽乡村建设示范村考核办法（修订）》的通知

各市州委农村工作领导小组办公室：

根据《中共湖南省委办公厅　湖南人民政府办公厅关于加快推进美丽乡村建设的意见》（湘办发〔2016〕34号）文件精神，将原来的《湖南省美丽乡村建设示范村考核办法》进行了修订，现印发给你们。

中共湖南省委农村工作领导小组办公室
2016年10月10日

湖南省美丽乡村建设示范村考核办法（修订）

一、考核原则

1. 严格按照"湖南省美丽乡村建设示范村考核办法"有序开展考核工作。

2. 遵循公开、公平、公正原则，统一考核内容、标准与方法，公开考核结果，接受社会监督。

3. 发挥考核作用，既侧重工作力度，更注重实际效果。

二、考核对象

1. 由市州申报、省委农村工作领导小组办公室确定列入"农村人居环境整治和美丽乡村建设村庄名单"中的美丽乡村建设村。

2. 由市州、省委省政府确定为重点民生实事项目美丽乡村示范建设村。

3. 由各地确定为市县领导办点且建设成效好的村。

三、考核内容及标准

（一）规划科学

1. 体现五条原则：尊重农民意愿；保留乡村风貌；突出地方特色；节约农村资源；保护生态环境。

2. 包含五项子规划：产业发展规划；村庄布局规划；土地利用规划；生态建设规划；公共服务规划。

3. 做到三个衔接：与县（市、区）总体规划相衔接；与镇（乡）发展规划相衔接；与周边村发展规划相衔接。

（二）生产发展

1. 农田水利灌溉设施齐全，能实现旱涝保收。

2. 农村电网改造升级到位，农民生产生活用电有保障。

3. 有1~2个主导或特色产业，覆盖农户50%以上，年产值占全村总产值60%以上。

4. 三次产业融合发展，其中从事二三产业的劳动力占劳动力总数的50%以上，非农收入占家庭年收入的60%以上。

5. 村级集体经济年经营性收入：一类县市区的村为15万元以上；二类县市区的村为10万元以上；三类县市区的村为8万元以上。

（三）生活宽裕

1. 农民人均可支配收入高于所在县市区农民人均可支配收入的30%以上。其中：一类县市区的村农民人均可支配收入达 2 万元以上；二类县市区 1.5 万元以上；三类县市区 1 万元以上。

2. 住房规范有序、美观实用，危旧房屋改造修缮到位；坚持一户一宅，废弃空心房处置率达 100%，无违章建筑，无乱搭乱建、乱占耕地现象。

3. 村主道硬化率达 100%，到组道路硬化率 95% 以上；农户安全饮水普及率达 100%。

4. 网络、电话入户率达 95% 以上；有线电视入户率达 100%。

5. "五保户"、孤寡老人、残疾人、特困户生活有保障，农村新型合作医疗参合率达 95% 以上，适龄儿童入学率达 100%。

（四）乡风文明

1. 依照《村民委员会组织法》，制定有社会治安、消防安全、村风民俗、邻里关系、婚姻家庭等村规民约。

2. 建设有村级公共服务中心、卫生室、农家书屋、活动会议室、健身场所等设施，经常开展农民学习教育、技能培训、文体健身等活动。

3. 积极开展思想道德、科技文化、卫生保健、婚育新风、法律法规"五进农家"活动，关爱空巢老人、留守妇女和留守儿童，群众满意率在 95% 以上。

4. 社会和谐稳定，民风正、治安好，连续三年以上未发生重大刑事案件、重大安全事故、非正常上访事件、计划外生育和聚众赌博、买卖地下"六合彩"等现象，群众满意率在 95% 以上。

（五）村容整洁

1. 新建民居、村组道路、灌溉水渠、线路管道等布局规范。

2. "三清"（清垃圾、清路障、清淤泥）到组率 100%，"五改"（改水、改厨、改厕、改浴、改栏）到户率 90% 以上，村内无裸露排污、露天焚烧、乱贴乱画、乱堆乱放、破坏生态、污染水系等现象。

3. 村内建有公共卫生厕所，农户卫生厕所普及率达 100%。

4. 使用沼气、太阳能、液化气等清洁能源的农户占全村总农户数的 80% 以上。

5. 有保洁管理制度、专职保洁人员和相应的硬件设施，长效管护到位。

（六）管理民主

1. 村党组织、村民委员会、村民议事会、村务监督委员会等机构健全；村支两委班子作风正派、团结务实、开拓创新，在村民中威信高，群众满意率在 95% 以上。

2. 村级管理制度健全，自觉按照"四议两公开"管理村务，群众满意率在 95% 以上。

3. 有效开展对村党组织、村民委员会、集体经济组织、村民小组等班子成员的监督评议，群众满意率在 95% 以上。

4. 村集体资金、资产、资源管理和财务收支审批规范，不存在"雁过拔毛"式腐败问题。

（七）宜居宜业

1. 农民房前屋后菜地果园、树木花草、灯光亮化等规范有序，开展庭院绿化、美化、亮化的农户占全村总农户数达 80% 以上；村内主要道路两边、水系两旁进行绿化亮化，村域内可绿化范围的绿化率达 90% 以上。

2. 建立了生活垃圾收运处置体系，无害化处理率达 80% 以上；建立了生活污水处理系统，覆盖农户数比例达 70% 以上；实行规模化养殖人畜分区、庭院养殖畜禽圈养，禽畜粪便资源化综合利用率达 80% 以上。

3. 农业生产化肥农药施用零增长、农膜回收率达 90% 以上、农作物秸秆资源化综合利用率达 70% 以上；大力发展无公害农产品、绿色食品、有机食品、森林食品；村域内工业企业的废水、废气、噪声、固体废物等污染物达标排放，工业污染源达标排放率 100%；有效保护和利用自然资源，因地制宜发展乡村特色旅游。

4. 有效保护古村落、古民居、古建筑、古树名木和民俗文化等历史文化遗迹遗存；有效挖掘农耕文化、山水文化、人居文化中的生态思想，培育特色文化村；拥有生态文明、生态文化宣传阵地，有效引导村民追求科学、健康、文明、低碳的生产生活方式，构建和谐的农村生态文化体系。

四、考核方法

1. 由省委农村工作领导小组办公室下达年度"湖南省美丽乡村建设示范村"申报指标数量。

2. 由各县市区党委、政府推荐，经所在市州农委初评后按照指标数申报，由省农委组织省委农村工作领导小组成员单位进行考核验收。

3. 考核验收采取实地考察、听取情况汇报、召开村级座谈会、入户问卷调查和查阅相关资料等方式进行，考察内容所对应的每项考核指标都要有理有据。

4. 由省委农村工作领导小组办公室对考核情况进行汇总后，提出省级授牌示范村建议名单，报省委农村工作领导小组审批。

五、奖励与管理

1. 经过考核验收，报请省委农村工作领导小组审批同意的村，授予"湖南省美丽乡村建设示范村"荣誉称号，并进行授牌表彰和"以奖代补"。"以奖代补"资金在下一年度省级新农村建设专项资金中予以安排。

2. 实行动态管理。省级授牌示范村从授牌之日起，如发现有重大刑事案件或重大安全事故、非正常上访事件、计划外生育和聚众赌博、买卖地下"六合彩"等严重社会治安案件的，通报取消其"湖南省美丽乡村建设示范村"荣誉称号，扣减所在市州当年度或下年度省级授牌示范村名额。

3. 省委农村工作领导小组办公室对省级授牌示范村的后续发展工作，进行跟踪管理与评价。

六、其他

本办法由省委农村工作领导小组办公室负责解释。

考核内容中所述一、二、三类县市区分类依据为湘发〔2013〕6号文件附件1《湖南省全面建成小康社会考评县市区分类名单》。

湖南省人民政府办公厅
关于印发《湖南省改善农村人居环境
建设美丽乡村工作意见》的通知

湘政办发〔2014〕1号

各市州、县市区人民政府，省政府各厅委、各直属机构：

《湖南省改善农村人居环境建设美丽乡村工作意见》已经省人民政府同意，现印发给你们，请认真贯彻执行。

湖南省人民政府办公厅
2014年2月8日

湖南省改善农村人居环境建设美丽乡村工作意见

根据党的十八届三中全会和全国改善农村人居环境工作会议精神，按照省政府办公厅《关于印发〈湖南省"百城千镇万村"新农村建设工程工作规划〉的通知》（湘政办发〔2012〕23号）总体要求，经省委农村工作领导小组审定，现就改善全省农村人居环境、建设美丽乡村提出如下工作意见。

一、总体目标和原则

（一）目标任务。2014～2017年，把改善农村人居环境、建设美丽乡村作为全省新农村建设重要工作，每年重点完成4000个行政村的村庄人居环境整治任务。大力推进水、电、路、讯、房等基础设施建设，全力保障农村基本生产生活条件；全面开展农村环境整治，实现村庄人居环境整洁、环保、舒适；在国省道公路沿线、城镇周边地区和旅游景区每年选择建设300个左右田园美、村庄美、生活美的美丽宜居乡村。每个县市区每年重点选择1～2个乡镇连片整体推进新农村建设。

到2017年，完成16000个行政村的村庄环境整治任务，建成1000个美丽乡村，全省50%的村庄基本达到新农村建设要求。原则上，27个一类县市区，85%的村庄基本达到新农村建设要求，每个县市区打造20个左右的美丽乡村；47个二类县市区，60%的村庄基本达到新农村建设要求，每个县市区打造10个左右的美丽乡村；48个省级和国家级贫困县，40%的村庄基本达到新农村建设要求，每县打造5个左右的美丽乡村。力争到2020年，全省建成2000个美丽乡村，85%的村庄基本达到新农村建设要求。

（二）基本原则。坚持县市区主导、农民主体，防止大包大揽。坚持因地制宜、分类指导，防止"一刀切"。坚持量力而行、循序渐进，防止大拆大建。坚持城乡统筹、突出特色，防止千村一面。坚持产业支撑、协调发展，防止空心化。

二、工作重点

（一）改善农村基本生产生活条件。

1. 推进农村危房改造。加大农村危旧房改造力度，重点帮助特困农户实施危房改造，启动

"百村示范、千村联动、万户安居"工程。建立并落实农房建设质量安全管理制度，规划改建的民居做到布局科学、经济实用，达到抗震安全基本要求。加强自然灾害防治，完善中心村和村寨的消防、防洪等必要的防灾减灾设施。支持避灾、生态脱贫等移民新村的建设。

2. 实施农村安全饮水工程。2015 年基本解决农村饮水不安全问题，让农民都能喝上安全清洁放心水。优先实施洞庭湖区和贫困地区的安全饮水工程。推进城乡供水一体化，依托城市和镇（场）自来水设施，辐射周边农村，扩大自来水使用覆盖面。鼓励社会资本规范有序参与村镇供水工程建设，在农民居住相对集中的中心地带，按规模效益要求，兴建联村水厂。

3. 完善农村路网建设。2014 年，完成农村公路建设里程 8000 公里，基本实现宜居地段通乡、通村公路全覆盖。逐步完善配套服务设施，提高农村公路抗灾能力和整体服务水平，加大农村公路上危桥加固改造力度，提高农村公路安全畅通水平。

4. 改造升级农村电网。对未改造的农村电网，按照新的建设标准和整体改造时序，逐步解决遗留问题。对已进行改造，但因电力需求快速增长出现供电能力不足、供电可靠性较低问题的农村电网，按照新的建设标准和要求实施升级改造，提高电网供电能力和电能质量。按照统筹城乡发展要求，在实现城乡居民用电同网同价基础上，实现城乡各类用电同网同价，进一步减轻农村用电负担。

5. 提升农村信息化水平。落实农村通信"村通工程"任务，实现行政村互联网宽带上网目标。继续推进"信息下乡"，加大农村综合信息服务站点建设。完善农村广播电视基础设施建设，实现"广播村村响、电视户户通"。

（二）综合整治农村环境。

1. 治理农村垃圾和污水。因地制宜开展生活污水处理，人口集聚村庄进行集中处理，人口分散村庄采用"三池净化"、"四池净化"式分散处理。推行不同垃圾处理模式，加强垃圾分类减量无害化处理改造，城镇周边的村庄推行户分类、村收集、镇转运、县处理模式，广大农村地区推行以户为主、就近分散处理模式。实行城乡

环境同治，推进城镇垃圾和污水治理设施向农村延伸。积极运用市场机制，引导社会资本参与农村垃圾污水治理，有效解决农村环境综合整治资金"瓶颈"问题。

2. 规范管理农民建房。引导农民住房向镇区、集镇和集中居住点集中，按规划进行建设。严格控制农村居民点用地总量和增量，充分利用现有宅基地、村内空闲地和荒山荒坡建房。严格控制宅基地的面积标准，严禁"一户多宅"。按照风格、房型、规格基本统一要求，设计编制农村民居图集，供农民建房选用。农村居民新建改建住房时，应同时配套修建无害化卫生厕所。全面整治农村闲置、废弃、私搭乱建住宅。

3. 发展农业清洁生产。引导农民开展秸秆还田、秸秆养畜，支持秸秆能源化利用设施建设，规范农药包装物、农膜等废弃物管理，建设废弃物回收设施，减少农村农业生产废弃物污染。推广测土配方施肥技术和植保绿色防控技术，大力发展生态农业。推进畜牧养殖区和居民生活区科学分离，支持规模养殖场粪污处理设施建设和畜禽规模养殖场标准化改造，推广实施"大中型沼气工程"和"户用沼气工程"，加强畜禽水产养殖污染治理。

4. 治理农村水环境。合理用水，节约用水，科学治水，维护水体的良好水质，防止水源枯竭，实现水资源的合理配置和高效利用。强化退耕还林、退田还湖（湿地）、封山育林等措施，治理水土流失。提高水库、山塘、河坝、蓄洪区（坝）、人工湿地等水利工程的运用效益，充分利用雨洪资源，兴利除害结合，防洪抗旱并举。建设生态清洁型小流域，整乡整村推进农村河道综合治理，改善农村河道水环境。

5. 推进农村环境长效管护。加强村庄卫生保洁、设施维护和绿化养护等工作，落实相应人员、制度、职责、经费，探索建立政府补助、村集体和群众为主的管护机制，使农村人居环境治理常态化。

（三）建设美丽宜居乡村。

1. 发展现代农业。加快土地承包经营权流转，推进农业规模化、集约化、标准化经营。支持培育农产品加工龙头企业，提升农业产业化水平。扶持发展种养大户、家庭农场、农民专业合

作社等新型经营主体，提升农业组织化程度。发展休闲旅游等新兴产业，打造农民收入新的增长点。运用现代管理、现代科技、现代农机等新理念、新技术，改造升级传统农业，提高农业经营效益。探索农村集体经济发展有效路径，开发利用集体资源，发展壮大村级集体经济。完善农民素质教育机制，培养新型农民，提高农民创业、就业能力。

2. 美化村庄环境。加强农房、院落等传统风貌的整治，保护和修复井泉沟渠，实现村庄整体风貌与资源环境相协调。开展山水田林路综合整治，保持自然山水生态格局，保护森林和湿地等自然资源，提升农林牧渔等田园生产景观。因地制宜开展村庄绿化，重点突出村域范围的山体绿化、庭院绿化和"三边"（村边、路边、城边）绿化，形成道路河道乔木林、房前屋后果木林、公园绿地休憩林、村庄周围护村林的村庄绿化格局。开展"点亮农村"行动，在村庄主干道和公共活动区域安装新型节能路灯，解决农民夜间出行不便问题。

3. 完善公共服务。在完善农村基础设施配套基础上，统筹农村社区建设。建立健全城乡一体的社会保障机制，完善农村社会救助体系，不断提高农村社会保障水平。加快发展农村教育、卫生、养老、文体等各项公共服务事业，不断健全农村基本公共服务。加强银行网点、综合超市、餐饮住宿、电影院等社会服务设施建设，满足农民购物、休闲、娱乐等日常需求，推动公共服务向农村社区延伸。

4. 建立现代乡村治理机制。建立和完善以基层党组织为核心，村民自治组织为主体，村务监督组织为基础，集体经济组织和农民合作组织为纽带，各种经济社会服务组织为补充的农村组织体系。按照"党支部领导、村民代表会议决策、村民委员会执行、村民监督委员会监督"四位一体的乡村治理模式，完善村级治理机制。建立和完善村级集体经济组织，合理区分村级行政管理和经济发展事务，把经济发展事项交由村级集体经济组织承担。充分发挥社区组织、专业服务机构、驻村单位和村民的作用，形成多元参与、共同治理的格局。

5. 挖掘保护传统文化。严格按照《文物保护法》、《历史文化名城名镇名村保护条例》等法律法规规定，加强传统村落保护发展，重点保护管理古村落文化遗产，深度发掘农耕传统、民族风情和民间技艺等乡土文化，着力培育特色文化村寨。科学开展历史文化村落保护修复并合理利用，建设农村文化礼堂，打造农民精神文化家园。加大对全省72个中国传统村落、76个历史文化名村、53个特色村寨和161个旅游名村保护发展的支持力度，建成一批美丽宜居村庄、生态村庄、特色景观旅游名村和休闲旅游乡村。

三、保障措施

1. 强化组织领导。按照省指导、市督促、县为主的原则，建立全省改善农村人居环境工作上下联动的责任机制。建立省领导协调机制，决策重大事项，研究重要工作，成立规划建设、资金整合、环境整治、历史文化名村保护4个指导组，协调指导全省开展农村人居环境整治和美丽乡村建设工作。各市州、县市区也要明确相应的责任部门，落实专门班子和工作人员。各县市区负责编制乡村规划，整合项目资金，组织项目实施，开展督促检查，切实把各项工作落到实处。继续抓好办点示范工作，各级政府主要负责人和分管负责人要联系指导办好一个美丽乡村建设示范村。

2. 加强规划引领。各县市区要集中连片规划，完善县（市）域集镇体系规划，统筹安排县域基础设施和公共服务，重点制定完成镇（乡）域村镇布局规划，明确村庄整治重点和时序，整体推进县域人居环境改善和美丽乡村建设工作。村庄规划要与土地利用等规划相衔接，符合农村实际、满足农村需求、体现农村特色、方便农民生产生活。村庄规划编制要以村庄整治为重点，明确公共项目的实施方案和村民建房的管控要求，防止盲目规划拆并村庄和拆迁农房。

3. 加大投入力度。完善财政投入、项目整合、招商引资、社会帮扶、农民自筹的新农村建设多元投入机制。各级财政要扩大公共财政覆盖农村范围，加大对新农村建设的投入。以县市区为平台，在保证资金使用用途、不违反资金使用原则的前提下，整合涉农资金和项目，加大向农村人居环境整治的投入。深入开展"万企联村"

活动，动员厂矿、企业等社会力量结对帮扶，支持农村人居环境整治。大力开展招商引资，鼓励城市事业单位、工商企业、社会团体等社会资本投入。加快推进农业资源资本化进程，最大限度地激活农业资源资产，缓解农村投入不足问题。

4. 加强部门配合。明确部门任务，形成工作合力。省里每年将农村环境整治和美丽乡村建设任务，分解到省委农村工作领导小组相关成员单位，作为考核工作的重要内容。相关责任部门年底要提交专题工作报告。市县两级也要构建工作机制，形成齐抓共管的工作格局。

5. 严格组织考核。各级要将农村人居环境改善工作情况纳入绩效考核内容，完善村庄整治和美丽乡村建设的统计制度，建立村庄人居环境改善的评价机制，制定考核办法，加大考核督促力度。考核结果在省委农村工作会议上通报。

湖北省人民政府办公厅
关于统筹整合相关项目资金开展美丽宜居乡村建设
试点工作的指导意见

鄂政办发〔2016〕66号

各市、州、县人民政府，省政府各部门：

为贯彻落实全国改善农村人居环境工作会议和全省新农村建设暨城乡一体化工作会议精神，加快美丽宜居乡村建设，切实改善农村人居环境，现就开展美丽宜居乡村建设试点工作提出以下意见。

一、总体要求

（一）指导思想。全面贯彻党的十八大和十八届三中、四中、五中全会精神，坚持创新、协调、绿色、开放、共享发展理念，贯彻落实国务院关于改善农村人居环境的部署，按照全面建成小康社会和推进社会主义新农村建设的总体要求，充分调动农民群众和社会各界参与的积极性，创新统筹整合资金、集中投入机制，以建设美丽宜居乡村为目标，以改善农村生产生活条件、整治村庄环境为重点，以发展优势特色产业为支撑，着力建设一批"投入少、效果好、能复制、可持续"美丽宜居乡村，进一步提升我省新农村建设水平。

（二）基本原则。

1. 政府主导，农民主体。加强政策引导，切实增强农民的主体意识，充分发挥农民的主体作用，变农民群众"要我建"为"我要建"。

2. 因地制宜，量力而行。充分尊重农民意愿，立足现有条件和自身财力，采取"补短板"的方式，科学选择不同地区试点的具体内容、建设标准和实施办法，不搞"一刀切"。

3. 规划引领，生态优先。坚持"先规划、

后建设"，避免重复建设、造成浪费。树立绿色生态发展的理念，慎砍树、禁挖山、不填湖、少拆房，弘扬传统文化，彰显农村特色和田园风貌，防止大拆大建。

4. 县为主体，多方参与。县（市、区）为责任主体，加大对试点村建设的组织推动和支持力度。省直相关部门采取财政以奖代补和安排相关项目的方式予以支持。充分运用市场的办法，引导和调动社会资源参与建设。

5. 统筹资金，集中投入。按照统筹规划、联动整合、渠道不乱、用途不变、各投其资、各记其功的原则，积极整合有关项目资金捆绑使用，切实提高财政和项目资金的使用效率。

6. 改革创新，大胆探索。鼓励各地自主选择、改革创新，积极探索各种有效的建设模式，创新建设方式和内容，总结经验，逐步推广。

（三）目标任务。按照设施完善、环境优美、生态良好、乡风文明、管理民主的要求，从2016年起，每年重点支持300～500个村开展美丽宜居乡村建设试点，滚动发展。到2020年底，全省建成2000个左右美丽宜居示范村，形成一批各具特色的美丽宜居乡村发展模式，加快推进全省新农村建设。

二、建设重点

（一）加强基础设施建设。完善农村水、电、路、气、信等基础设施。实施通村公路窄路面加宽工程、规模以上自然村通畅工程和农村公路安全生命防护工程，提高农村公路通达深度和安全

保障水平；巩固"村村通客车"成果，建立农村客运发展长效机制，满足农民安全便捷出行要求。加强农村饮用水水源地保护，采取集中供水和分散供水相结合的办法，实施饮水安全巩固提升工程，切实解决村民饮水安全问题。加强户用沼气和其他节能环保清洁能源建设。实施农村电网改造升级，供电能力满足村民生产生活需要。村内公共场所照明路灯配套齐全。加强农村互联网基础设施建设，完善网格化服务管理体系。

（二）改善农村人居环境。按照"群众为本、产业为要、生态为基、文化为魂"的"四位一体"工作思路，把改善农村人居环境放到美丽宜居乡村建设的重要位置。坚持规划引领，综合治理河道、沟渠、塘堰、村庄污染问题。深入开展农村生活垃圾治理，实现试点村保洁全覆盖，促进生活垃圾资源化利用和无害化处理。开展河道清淤、塘堰整治、沟渠疏浚，完善污水收集处理设施，提高雨水引排和污水自净能力。实施改厕、改厨、改圈，提倡集中建设公共厕所和家庭冲水式厕所。开展畜禽养殖污染治理和历史遗留的农村工矿污染治理；实施村庄道路、河道、庭院、房前屋后的环境整治，促进村庄公共空间整洁与美化。村庄环境明显改善，村庄内无乱堆、乱放、乱贴、乱搭、乱建现象。

（三）打造特色宜居村庄。加强村内公共空间规划设计，注重自然环境、乡土风情、历史文化、生活功能的融合与发展。推广"荆楚派"建筑建设风格，保护历史文化名镇名村、传统村落、传统民居建筑，打造湖北特色的美丽乡村。实施"绿满荆楚"行动，开展村旁、路旁、宅旁、水旁及零星闲置地绿化。实现村庄内山清水秀、绿树成荫。

（四）促进农村经济发展。坚持产业支撑、项目带动，加快现代农业发展，不断增强村级经济实力。结合各地资源禀赋与传统生产习惯，培育和发展一批符合自身实际的优势产业、特色产业，形成"一村一品"的产业发展格局；推广无公害、绿色、有机农产品，防治农业面源污染。充分挖掘乡村旅游资源，积极发展观光农业、休闲农业、生态农业和乡村旅游业。通过盘活集体资源、资产、发展物业经济等方式，不断壮大村级集体经济。

（五）加强公共服务体系建设。加强农村基层党组织建设，健全村务公开、民主管理制度，构建党组织领导下的乡村治理新机制。健全村民代表会议、村务监督委员会、民主理财小组等村民自治组织。加强教育、文化、体育设施建设，健全村级医疗卫生服务体系，完善村级便民服务中心及综合服务平台建设，增强基层服务群众的能力。广泛开展丰富多样的群众文化活动，开展文明村镇、生态村镇、"十星级文明户"创建活动，引导农民追求科学、健康、文明、和谐、绿色的生产生活方式。

三、实施办法

（一）明确资金统筹整合的范围。包括省级财政"一事一议"奖补资金中用于美丽乡村建设试点的资金、新农村建设示范乡镇及示范村奖励资金、省住建厅用于村庄建设与环境整治的资金、省环保厅用于农村环境综合治理的资金等，在试点村启动的第一年度（2016年），采用因素法切块分配，以后年度采取因素法加绩效考核法分配。同时，从2016年起，省级下达给各县（市、区）的土地整理、通村公路建设、农村饮水安全及小型农田水利建设、农村能源建设、农村绿化、乡村旅游等项目资金，由县（市、区）根据项目资金的性质、试点村建设的实际需要，可从中调整部分资金用于试点村的配套建设，并报省直相关部门备案。在资金统筹整合使用上，要坚持省定创新建立贫困县资金整合的机制不变，正确处理贫困地区扶贫资金整合与开展美丽宜居试点村建设资金整合的关系，并做好衔接。贫困县（市、区）已经整合用于扶贫开发的各类财政资金，不得调整安排用于美丽宜居试点村建设。

（二）明确试点工作的责任主体。县（市、区）是统筹整合使用资金开展美丽宜居乡村建设试点的责任主体，要根据县域村镇建设总体规划和美丽宜居乡村建设布局，负责本县（市、区）试点村的选定，指导试点村编制建设规划和实施方案，统筹整合资金用于美丽宜居乡村建设。根据各地实际，制定统筹整合相关资金的具体办法、部门分工、操作程序、资金用途和监管措施等。同时，每年安排一定的财政资金，作为试点村建设的启动资金，并积极争取金融机构支持，引导各类投资主体参与，组织企业、帮扶单位、社会团体和成功人士投资捐资。试点村所在乡镇要在县（市、区）的统一领导下，积极发挥组织协调、上下沟通、督促推进的作用，帮助试点村开展建设。试点村要采取民办公助、村民自建的方式，充分调动农民的积极性，对于一些村内小型公益设施及环境整治等项目，可组织农民自主筹资投劳完成，真正让农民群众成为美丽宜居乡村建设的主体。

（三）试点村选定的条件。试点的主要对象是行政村内的中心村或若干自然村。试点村选定的基本条件是：村"两委"班子工作热情高，凝聚力、号召力、战斗力强；群众积极性高，筹资投劳的意愿强烈；村级自然资源和发展条件较好，具备宜居乡村特色、历史文化特色、建筑风貌特色等一项或多项条件；村级集体有一定的经济实力，具备开展建设的基本条件。

（四）试点村选定的办法。试点村的选定采取乡镇申报、县（市、区）确定、报市（州）和省新农村建设办公室备案的方式。县级农村工作综合部门、农村综合改革部门和住建部门要在试点村申报前共同负责对拟申报的村进行前期辅导，使其达到申报条件。县（市、区）在选定试点村时，既要防止资金过度集中，又要避免把不具备条件的村纳入试点。省里对选定的试点村实行名录制管理，并在网上向社会予以公示。

四、组织保障

（一）加强组织领导。美丽宜居乡村建设试点工作在省新农村建设暨城乡一体化协调领导小组领导下开展，由省委农村工作部牵头，发挥省改善农村人居环境联席会议制度作用，扎实组织推动。各市（州）、县（市、区）也要参照省里的做法，加强对试点村工作的组织领导、综合协调和检查督办。

（二）明确部门职责。由省委农村工作部牵头，加强对试点工作的指导、督促和检查。实行试点工作部门分工负责制度。加强规划指导，由省住建厅牵头，会同有关单位负责指导试点村建设规划和实施方案的制定。统一考核验收，由省委农村工作部牵头，会同有关单位负责制定美丽宜居乡村建设评价标准和考核办法，并组织考核验收。

（三）创新体制机制。建立项目资金统筹使用机制。省直各有关部门要按照省级管总量不管结构、管任务不管项目、管监督不管实施的原则，积极支持各县（市、区）统筹整合相关项目资金用于试点村建设，充分赋予各县（市、区）统一负责、统一部署、统筹使用资金的权力。建立美丽宜居乡村建设长效投入机制。充分运用市场机制，采取以奖代补、先建后补、担保、贴息等方式，引导社会资金参与美丽宜居乡村建设。建立项目建设与管护长效机制。探索建立以村集体和农民群众为主体、政府补助为补充的项目建设管护机制，逐步形成村内公共设施及场所由村集体和农民自我建设、自我管理的良性运行机制。

（四）严格考核验收。考核验收工作由市（州）负责组织实施，省级进行抽查。试点村力争在1~2年内完成建设任务后，由所在县（市、区）向市（州）相关负责部门提出验收申请，市（州）、直管市、神农架林区组织专班根据美丽宜居乡村建设评价标准和考核办法，对试点村进行考核验收，验收合格后报省委农村工作部备案。省委农村工作部组织相关单位进行抽查。对验收合格的试点村，由省新农村建设暨城乡一体化协调领导小组授予"湖北省美丽宜居示范村"称号，并将考核验收结果作为省级以奖代补资金拨付及下一年度试点村申报遴选的重要依据。省、市（州）要将美丽宜居乡村建设工作纳入县（市、区）党委"三农"综合考评体系。

附件：湖北省"美丽宜居乡村"建设考核指标（试行）

2016年8月27日

附件 湖北省"美丽宜居乡村"建设考核指标（试行）

建设评价指标	建设评价项目		分值
管理科学	科学编制美丽乡村建设规划和方案，并严格按规划和方案实施建设	20	5
	村庄布局合理，生活区与养殖区、居住区与产业区分离		3
	农房建设规范有序，整体特色风貌与周围环境相协调		3
	村民自治组织健全，村党支部号召力、战略力强		3
	村务管理制度健全，村务公开、管理民主		3
	村里建有村级党员群众服务中心，并开展一站式便民服务		3
产业发展	有1个以上的优势特色主导产业，广泛推广生产无公害，建立无公害生产基地	15	3
	农业基础设施完善，农业综合生产能力稳步提高		3
	建有农民合作经济组织，新型农业经营主体稳步发展		3
	农民就业稳定，致富门道较多，人均可支配收入高于本县域平均水平10%以上		3
	村级集体经济年收入达到10万元以上（不含上级各类资助资金）		3
设施完善	村内道路实行硬化或铺设砂石，达到通达通畅标准	30	2
	主要道路配套设施（路灯、行道树、排水管等）齐全，通村公路通畅，安全有保障		3
	自来水入户，村内全部实现饮水安全		2
	生产生活供电满足需要，保障用电安全		1
	生活污水集中收集处理		2
	有1个以上供村民乘凉、休憩的绿化小游园、绿荫地等，面积不低于200平方米		2
	村庄建有1个以上水冲式公共厕所		2
	农户厕所改造为水冲式厕所		2
	人畜粪便进行无害化处理，80%以上农户用上沼气或其他清洁能源		3
	有专人管理的收集池（站），分类垃圾实行定点收集、清运		3
	需要集中处理的有害生活垃圾运往符合国家卫生标准的垃圾处理场（无害化填埋场）处理		2
	有1个以上室外文体活动场所，配备图书、阅览室及健身器材等		2
	有村卫生站（室）、常备医疗设备和药品		2
	实施建筑节能，推广应用太阳能热水器等可再生能源设施，应用率80%以上		1
	村内通信设施完善，网络宽带覆盖农户		1
村容整洁	农房建设整齐有序，建筑风格富有地方特色	20	3
	村内全部消除危房		2
	村庄内无乱堆、乱放、乱搭、乱建现象		3
	垃圾日产日清，村内道路、公共场所保洁时间在8小时以上		2
	河道、沟渠、池塘水质较好，上面无垃圾、无异味，并制定管护制度、明确管护责任、落实管护主体		3
	村庄及周围基本无蚊蝇滋生地		2
	植被良好，路旁、沟旁、渠旁和宅旁应植尽植		3
	村庄周围山体、水体保护良好		2

续表

建设评价指标	建设评价项目	分值	
乡风文明	倡导文明新风，民风淳朴，尊老爱幼	15	3
	经常开展健康向上的文体娱乐活动		2
	定期开展"十星级文明户"创建活动		2
	制定村规民约，开展文明礼仪宣传教育活动		3
	社会和谐稳定，邻里关系和睦，无刑事犯罪和群体性事件		3
	群众生活健康，对美丽宜居乡村建设的满意度达到90%以上		2
合计			100

江西省委　省人民政府
关于实施和谐秀美乡村建设工程的若干意见

赣发〔2012〕10 号

为切实贯彻落实省第十三次党代会作出的建设富裕和谐秀美江西的决策部署,在加快现代农业发展、增加农民收入的同时,进一步提升社会主义新农村建设水平,开创农村建设新局面,促进全省科学发展、绿色崛起,现就实施和谐秀美乡村建设工程提出如下意见。

一、充分认识实施和谐秀美乡村建设工程的重要意义

1. 实施和谐秀美乡村建设工程,是推进富裕和谐秀美江西建设的宏伟事业。和谐秀美乡村建设工程,就是适应当前国内外经济社会发展趋势,充分发挥江西农村优势,以系统的思维和统筹的办法,推动农村经济、社会、自然和谐共生,建设更加美好的社会主义新农村。多年来,我省认真贯彻落实中央决策部署,农业农村发展取得了巨大成就,农村社会和谐稳定,生态环境良好。同时,也要充分认识到,省第十三次党代会对我省农村建设和发展提出了新的目标任务。要建设富裕和谐秀美江西,离不开农村居民生活质量的提升,离不开广大农村社会的和谐稳定,更离不开农村生态环境的保护和改善。大力实施和谐秀美乡村建设工程,对于改善民生、促进农村可持续发展,促进社会和谐稳定,促进生态环境进一步改善,推动富裕和谐秀美江西建设具有十分重要的意义,功在当代、惠及长远。

2. 实施和谐秀美乡村建设工程,是推动农村转型发展的战略举措。当前,我省农村社会已经进入转型发展阶段,正在发生从传统文明走向现代文明的深刻变革。实施和谐秀美乡村建设工程,是新时期社会主义新农村建设的新要求和新内涵,必将促进我省农村繁荣发展和人居环境改善,促进全省农村转型发展与彰显江西人文山水特色有机结合,加速推进全省农村社会进步和现代化建设。

3. 实施和谐秀美乡村建设工程,是加快鄱阳湖生态经济区建设的重要内容。鄱阳湖流域面积占全省面积的 97.3%,我省农村绝大多数处于鄱阳湖流域范围。实施和谐秀美乡村建设工程,进一步打造和谐乡村、秀美家园,必将极大地改善我省广大农村发展环境和生态系统,更好地从源头上保护好"一湖清水",为鄱阳湖生态经济区建设增添新的动力和活力。

4. 实施和谐秀美乡村建设工程,是满足农民群众日益增长的物质文化生活需求的民心工程。随着时代的进步,农民收入的持续增长,城乡生活的日益融合,以及农民综合素质的提高,广大农民群众对生活环境、生活品质提出了新的更高要求,过上更加幸福美好的新生活,成为广大农民群众普遍的心愿和期待。实施和谐秀美乡村建设工程,就是要通过改善农村生产生活环境,丰富农村群众文化,促进农民富裕,加快农村文明进步,更好地满足农民群众日益增长的物质文化需求。这是一项顺民意、惠民利的重大民心工程。

二、准确把握实施和谐秀美乡村建设工程的总体要求

(一)指导思想

以邓小平理论和"三个代表"重要思想为指

导，深入贯彻落实科学发展观，从江西实际出发，适应农村经济社会转型发展的阶段性特征，牢牢把握"科学发展、绿色崛起"战略，紧紧围绕"建设富裕和谐秀美江西"主题，以鄱阳湖生态经济区建设和加快赣南等原中央苏区振兴发展为契机，以统筹城镇和农村建设、改善农村经济社会发展环境、提升农民生活品质为中心任务，以村容美、生态美、庭院美、身心美、生活美，人与自然和谐、经济与社会和谐、家庭邻里和谐、党群干群和谐"五美四和谐"为总体要求，坚持改革创新和促进城乡一体化发展，着力推进八大建设工程，努力实现全省农村经济发展与社会建设、物质文明与精神文明协调统一和跨越发展，把广大农民群众的家园建设得更加幸福美好。

（二）主要目标

到2015年，力争全省80%左右的县和70%左右的乡镇，达到建设和谐秀美乡村的工作要求；全省50%左右的乡镇和村庄达到和谐秀美乡村的标准，建设一批全国一流的和谐秀美乡镇、精品示范村（社区），乡村面貌明显改变，人民生活明显改善，农村总体实现跨越式发展，迈出全面建设小康社会新步伐。

全省农村总体位居"三个前列"、取得"四个突破"、达到"四个提升"，即：

——村容镇貌及人居环境、基本公共服务、社会保障水平位居全国前列；

——农村基础设施建设、统筹城乡发展的体制机制创新、农村社会管理创新、农村党建科学化水平取得重要突破；

——统筹城乡发展水平、农民思想道德文化素质、农村和谐文明程度、农村居民生活质量明显提升，全省农村焕发新的生机和活力。

到2020年，和谐秀美乡村建设水平进一步巩固和提高，80%左右的乡镇和村庄达到和谐秀美乡村的标准。全省农村与全国同步进入全面小康社会。

（三）基本原则

——以人为本、尊重民意。始终把实现好、维护好、发展好广大农民群众的根本利益放在首位，切实保障和改善农村民生。充分发挥农民的主体作用和首创精神，尊重群众意愿，引导和依靠农民群众的智慧与力量，推动和谐秀美乡村建设。

——立足实际、彰显特色。遵循经济规律、社会规律、自然规律，从当地农村经济社会基础、环境条件、文化传统等实际出发，因势利导，突出重点，展现特色，避免"千村一面"。

——城乡统筹、规划先行。以规划为统领，立足当前，着眼长远，统筹城乡产业、基础设施、公共服务、社会管理、生态建设和环境保护，逐步形成城镇建设与乡村建设有机结合的城乡统筹发展体系。

——科学保护、合理利用。坚持继承与创新相统一，保护和利用相结合，更好彰显农村自然生态、历史文化遗存优势，严格保护耕地，珍惜特色农业资源，使赣鄱大地秀丽的田园山川风光、丰富的历史人文、浓郁的风土人情，与现代化的生产生活方式有机融合，交相辉映，充分展现江南乡村现代风貌。

——以县为主、乡为基础。建设工作由县组织推进，乡镇具体实施，省市指导协调。实行统筹安排，重点突破，整体推进。

三、着力实施和谐秀美乡村建设八大工程

（一）城镇和农村统筹工程

按照城乡一体化发展的要求和村镇联动的路径，加速城镇和农村统筹建设，引导农民和农村非农产业逐步有序向城镇、中心村和新型农村社区集中，农村住房依照规划科学布局、建设和改造，彰显地域特色和经典传统特色，推动城市基础设施向农村延伸，促进城乡协调发展。

1. 统筹城乡布局，培育建设一批中心镇、中心村。科学规划城、镇、村（社区）空间布局，确立城、镇、村衔接互补的功能定位，在做大做强中心城市和县城的同时，着力建设一批中心镇、中心村。根据农村人口变化，鼓励和引导农民适度集中居住，更好改善农民生产生活条件和发展环境。大力实施200个重点镇建设，使之成为布局合理、规划科学、人口集中、功能完善、生态优良、经济实力较强、特色鲜明的农村区域经济文化中心，充分发挥城乡纽带作用。培育建设一批中心村，完善村民议事室、文化活动室、

便民服务点、警务室、休闲广场等设施，使之成为产业规模化、设施配套化、生活社区化、环境整洁化的农村社区，尽快缩小城乡差距。建立完善村镇建设和管理体制，创新建设和管理方式，提高建设和管理水平，增强居民自我治理、自我服务的意识和能力，展现优良村容镇貌。

2. 顺应农村转型发展趋势，加大村镇整治力度。科学编制村镇建设规划，依据村镇规划，结合农村土地综合整治及"增减挂"试点，采取村镇联动、联村整片推进的办法，全面整治农村闲置住宅、废弃住宅、私搭乱建住宅，严禁滥占耕地建房，加快农村危旧房、土坯房改造，打造优美村容镇貌。加快高速公路沿线、特困片区和原中央苏区村镇的综合整治和整体改造，努力形成"沿线格局新、村村皆是景"的亮丽风貌。

3. 加强农村基础设施建设，提高农村现代化发展水平。深入实施农村公路网络化、农村自来水普及和农村电网改造升级、农村信息通信推广和林区作业道路修建等工程建设，大力建设高标准基本农田，加快大中型灌区续建配套改造工程建设，完善小微型水利、水土保持设施。加强农村防灾减灾抗灾能力建设，提高抵御自然灾害水准。

（二）环境生态工程

按照村容美、生态美，人与自然和谐相处的要求，大力实施乡村绿化、庭院美化、水源净化、能源清洁化和产品无公害化等工程，努力创造一流水质、一流空气、一流生态、一流人居环境，促进生态与产业协调发展。

1. 加强生态屏障建设。创新造林绿化理念，深化和拓展造林绿化"一大四小"工程建设，突出抓好城镇绿化、通道绿化，并提高通道绿化档次，加强森林资源保护，巩固提高森林覆盖率。充分发挥我省丘陵山区资源优势，依山就势打造"春天一山花、夏天一山绿、秋天一山果、冬天一山秀、四季有景观"的优美风貌，打造江西亮丽的"绿色生态品牌"。统筹鄱阳湖流域源头地区和上下游、干支流的生态建设和保护。积极开展以小流域为单元的生态综合治理，加强城乡饮用水源保护，按照"贡献者有收益、享受者给补偿"的原则，建立和完善生态环境补偿机制。

2. 绿化美化森林乡村。以增加绿量为重点，

大力开展森林乡村创建活动，重点抓好进村通道绿化和环村林带建设，培育森林生态文化，鼓励以村规民约等方式建立村自然生态保护小区，努力形成道路河道乔木林、房前屋后果木林、广场绿地休憩林、村庄周围防护林，"村在林中、林在村中"的乡村绿化格局。到 2015 年，集镇绿化覆盖率达 35% 以上，村委会所在地村庄绿化覆盖率达 40% 以上，乔木占绿地面积 70% 以上，自然村绿化覆盖率达 20% 以上。以大力实施"六改四普及"和农村清洁工程为抓手，按照"先规划、后建设，先地下、后地上"的原则，建设垃圾处理、改水改厕等环保设施。加强农村水环境整治与保护，实施污水管网和沟渠、氧化塘、污水净化池、人工湿地等建设工程。到 2015 年，农村生活垃圾无害化处理率达 80% 以上，农村清洁能源使用率大幅提高。

3. 控制和治理农业面源污染。加快发展生态农业、绿色农业和低碳农业。推广测土配方施肥技术，广泛种植绿肥，增施有机肥，实施绿色植保农药减量推广行动和标准化、专业化防治示范行动，促进农业清洁化生产，化肥、农药利用率逐年提高。到 2015 年，规模化畜禽养殖场废弃物综合利用率达 80% 以上。

4. 强化农村地区工矿污染防治。严格产业准入门槛，严禁污染严重和落后的生产项目、工艺、设备向农村转移。全面排查和整治矿山采选及冶炼企业的环境隐患。加强土壤重金属污染治理，在受重金属污染严重的耕地、荒山、矿山废弃地，推广发展花卉苗木等产业，修复生态和土壤。开展农产品产地、河流、湖泊底泥和滩涂重金属污染调查、监测和治理。

（三）公共服务和社会保障工程

加快农村教育、医疗卫生、就业服务等公共事业发展，努力实现城乡基本公共服务均等化，加快建立健全与经济发展水平相适应的农村社会保障体系，让广大农民群众人人享有基本生活保障，促进城乡社会和谐发展。

1. 推进城乡义务教育一体化发展。积极推进城乡教育统筹发展，巩固提高农村义务教育质量和水平。落实家庭经济困难学生资助政策，改善边远山区、贫困地区办学条件，推进校舍和教学设施的较大改善，确保每个农村孩子都能上学，

让更多的农村孩子上好学。大力发展农村学前教育，逐步普及农村高中阶段教育，健全县域职业教育培训网络。保障和改善农村教师待遇和工作条件，稳定教师队伍。

2. 建立健全农村基本医疗卫生服务体系。实现乡乡有规范化卫生院、村村有合格卫生室，改善医疗卫生设施条件，提高服务水平，确保农民享有基本医疗卫生服务。全面加强农村疾病预防控制、应急救治、妇幼保健等公共卫生服务。全面落实免费优生健康检查，完善农村计划生育家庭奖励扶助制度，稳定农村低生育水平。

3. 强化农村富余劳动力就业服务。为农村劳动力免费提供就业信息、就业咨询、职业介绍服务，给予职业技能培训和技能鉴定补贴，促进农村富余劳动力转移就业。组织引导农村富余劳动力到邻近工业园区和现代农业园区就业，巩固扩大跨省劳务输出，扶持农民工返乡创业，做好失地农民就业援助工作。妥善解决农民工社会保障问题，维护农民工合法权益，构建和谐劳动关系。

4. 建立健全农村"三留守"人员关爱服务体系。巩固、完善和发展农村留守儿童、留守妇女、留守老人的互助组织。关心和爱护留守儿童，保障其人身安全和义务教育权利。创建"妇女之家"，使其成为留守妇女交心谈心、疏导化解矛盾的安全港湾。建设好文化大院、配有健身器材的小广场等公共空间，方便老年人娱乐健身、沟通交流。

5. 实现"新农保"和"新农合"全覆盖。新型农村社会养老保险制度覆盖全省所有县（市、区）和绝大多数农村人口。加强基金监督管理，完善经办管理服务体系。制定农村与城镇养老保险关系转移接续办法，逐步完善城乡养老保障制度。逐步提高新农合筹资标准，完善参合农民定点医疗机构制度和灵活就医机制。

6. 完善农村低保制度和社会救助体系。加强农村低保对象的动态管理，做到"应保尽保，应退尽退"。落实保障标准与物价上涨挂钩的联动机制，合理提高老年人、残疾人、未成年人和重病患者保障水平。进一步加强农村敬老院和光荣院建设，农村"五保"供养标准达到当地农村居民平均生活水平。完善农村医疗救助制度，逐步扩大救助覆盖面，提高重特大病救助水平。鼓励和支持社会力量多形式、多渠道参与以扶老、助残、救孤、济困、赈灾为重点的社会福利和慈善事业，建立健全相关服务组织和服务体系。

（四）和谐文明村工程

按照身心美、生活美的要求，大力培育新型农民，不断提高农民素质，推进和谐文明村建设。

1. 大力弘扬和谐文明新风尚。深入开展社会主义核心价值体系建设，坚持用社会主义荣辱观引领农村社会风尚。加强政策法律宣传教育，增强农民法律意识。加强村规民约、社会公约建设，建立健全农户信用记录，推进农村社会诚信建设，进一步形成守信光荣、失信可耻的社会氛围。扎实推进社会公德、职业道德、家庭美德和个人品德建设，使"讲文明、树新风、促和谐"言行在广大农村蔚然成风。

2. 深入开展和谐文明村镇创建活动。充分发挥先进典型示范作用，引导广大农民争当"星级文明户"、"文明信用农户"和"好儿女、好婆媳、好夫妻"。结合和谐文明村镇创建活动，引导农民养成科学、健康、文明、低碳的生产生活和行为方式，倡导文明节俭丧葬，推行惠民殡葬。深入开展"文明帮建"和城乡共建活动，使城市与农村精神文明创建活动优势互补、相互促进。

3. 努力加强和创新农村社会管理。强化乡镇政府社会管理和公共服务职能，将乡镇和谐平安联创中心、便民服务中心、矛盾排查调处中心，整合为和谐便民服务中心，提高管理服务水平。加强农村警务、农村消防应急救援和群防群治等建设，完善农村社会治安防控体系。健全农村新型社区管理和服务机制，注重发挥农村"五老"调解邻里纠纷等方面的作用，有序引导农民合理诉求，化解社会矛盾，保持农村社会和谐稳定。

（五）文化惠民工程

坚持一手抓农村公益性文化事业建设，一手抓文化产业大发展，满足农民文化需求，丰富农民文化生活，促进农村物质、文化和谐发展。

1. 完善农村公共文化服务体系。加快农村公共文化设施建设，努力实现县县均有国家二级以上标准的图书馆和文化馆，乡乡建有综合文化站，村村建有文化活动室和农家书屋，实现广播电视"村村通"向"户户通"、"常态通"、"优质通"转变。推进文化信息资源共享，全面建成城乡基层公共电子阅览室。加强农村体育健身设施建设。

2. 繁荣农村文化生活。实施农村题材文化精品工程，努力生产出更多让农民喜闻乐见、健康向上的优秀文化产品。继续开展农村文化三项活动和农村文化"一村一品"活动，积极开发具有地域特色的传统民间工艺、民间艺术项目。加快培养一批农村文化能人、文化经纪人，培育一批有品牌、有市场、有特色的农村文化企业。

3. 打造一批历史文化名村名镇。高度重视古村落、古建筑、古树名木和民俗文化、农耕文化的保护和发掘，加大对革命旧居旧址保护修缮力度。编制历史文化村落保护规划，在充分挖掘和保护农村历史文化遗迹遗存的基础上，筛选一批历史文化底蕴深厚的传统村落和乡镇，打造成为在全国有影响的历史文化名村名镇。注重文化与旅游相结合，充分利用红色、绿色、古色文化资源，推出一批在全国有影响的乡村旅游项目。将有条件的地方逐步建设成为国内外享有盛誉的魅力乡村和旅游度假目的地。

（六）贫困群众帮扶工程

全力开展新一轮农村扶贫开发，加快农村贫困地区、贫困群众脱贫致富步伐，从根本上解决移民群众的民生大计，促进农村区域和谐发展。

1. 打好扶贫开发攻坚战。以原中央苏区和特困片区38个县为主战场，以稳定解决温饱、尽快脱贫致富为首要任务，落实"四个一"组合式扶贫攻坚举措，切实增强造血功能，着力解决区域发展不平衡、不协调的突出问题，力争2~3年取得明显成效。着力帮助全省现有3400个贫困村、438万扶贫对象增加收入、改善条件、提高脱贫发展能力，使贫困地区农民人均纯收入年均增长率高于全省平均水平，基本公共服务接近全省平均水平，扶贫对象不愁吃、不愁穿，义务教育、基本医疗和住房均有保障。

2. 巩固发展专项扶贫、行业扶贫、社会扶贫工作格局。扎实推进整村扶贫、到户扶贫、移民扶贫、产业扶贫、就业扶贫、以工代赈扶贫、革命老区建设等专项扶贫工作。进一步落实行业扶

贫责任，在行业资金、项目安排等方面给予倾斜支持。深化部门定点扶贫、党员干部结对扶贫、军队支持扶贫、企业参与扶贫、社会捐助扶贫、扶贫志愿者行动，鼓励社会组织和个人通过多种方式参与扶贫。

3. 加大对生存条件恶劣地区移民搬迁力度。以"整体搬得出、长期稳得住、逐步富得起"为目标，对地处深山区、库区和地质灾害频发区等生存条件恶劣地区的贫困群众，继续实施扶贫移民搬迁，到2015年完成扶贫移民搬迁安置25万人。做好扶贫移民搬迁与生态移民、以工代赈易地扶贫搬迁、避灾搬迁移民、农村危房改造的衔接，加强安置点基础设施建设，完善支持移民后续发展政策措施，提高自我脱贫致富能力。

4. 认真落实大中型水库移民后期扶持和补偿安置政策。按时兑现移民后扶直补资金到人政策，尊重移民意愿，因地制宜地实施移民村组后扶项目。统筹库区基金、后扶结余资金、应急资金和其他库区资金，集中解决库区和水库移民安置区群众的突出问题。积极化解矛盾纠纷，维护移民安置区的和谐稳定。规范水电工程移民补偿安置办法和政策，切实维护搬迁移民合法权益。

（七）深化改革工程

坚持不懈地推进和深化农村改革、制度创新，从源头上防止利益矛盾冲突，以改革促发展、促和谐。

1. 深化农村综合配套改革，破解城乡二元结构矛盾。做好乡镇机构改革扫尾工作。进一步完善农村义务教育经费保障机制。加大对县级基本财力保障机制支持力度，增强基层政府社会管理和公共服务能力。

2. 建立健全"一事一议"财政奖补机制，调动村民共建和谐秀美家园的积极性。继续扩大奖补覆盖面，将实施重点放在群众最急需、受益最直接的项目上。完善"一事一议"财政奖补绩效考评办法，强化奖补资金和项目的规范管理和监督检查，确保项目资金运行高效安全。

3. 稳步推进农村体制机制创新，构建城乡和谐共生新局面。坚持和完善农村基本经营制度，开展农村集体土地所有权、宅基地使用权、集体建设用地使用权确权登记发证，明晰土地产权，积极培育土地承包经营权流转市场，引导土地承

包经营权有序流转，有条件的农村稳妥推进以土地等要素入股等多种形式发展专业合作社，推进农业生产经营专业化、规范化发展。巩固和深化集体林权制度改革，增强林业发展活力。创新农村金融服务组织，构建多层次、广覆盖的农村金融服务体系。完善和推进户籍制度改革。加快建立健全以工促农、以城带乡的长效机制，促进城乡经济社会发展一体化。重点抓好南昌县城乡经济社会发展一体化制度改革试验，继续抓好南昌市、赣州市、新余市、共青城市和井冈山市的统筹城乡改革试点工作，推动城乡发展协调。

（八）党的建设工程

以改革创新的精神全面推进农村党的建设，不断提高农村党组织带领广大农民建设和谐秀美乡村的能力和水平，巩固发展和谐的党群干群关系，凝聚起共同推进和谐秀美乡村建设工程的强大力量。

1. 充分发挥农村党组织在和谐秀美乡村建设中的战斗堡垒作用。以思想政治建设为首要，领导班子建设为关键，健全党的组织为重点，创新活动内容和方式，增强党组织的活力和凝聚力、战斗力。加强农村党组织带头人队伍建设，选优配强村级党组织书记和乡镇党委书记。扩大农村基层党组织覆盖面，增强"三培两带"实效，提高村级一类党组织比率。发展和完善基层党组织领导下充满活力的群众自治机制，扩大农村基层民主，广泛凝聚各方智慧和力量，齐心协力推动和谐秀美乡村建设。

2. 充分发挥农村党员干部在和谐秀美乡村建设中的模范带头作用。以建设一支守信念、讲奉献、有本领、重品行的农村党员干部队伍为目标，大力优化农村党员结构，全面提高干部素质。拓宽农村基层干部队伍来源，重视从优秀村干部中考录公务员、选拔乡镇干部。着力实施一村一名大学生工程，大力培养本乡本土的致富带头人。巩固和发展创先争优活动成果，坚持不懈抓好党员队伍建设。建立健全教育、管理、服务党员长效机制，落实农村党员知情权、参与权、选择权和监督权，改进对农村流动党员的管理和服务，真情关爱农村老党员、生活困难党员。充分调动广大农村党员干部建设和谐秀美乡村的积极性，更好发挥表率作用。

3. 加大农村党风廉政建设力度，促进发展农村党群干群和谐关系。按照为民、务实、清廉的要求，坚持不懈地抓好农村党风廉政建设。加强反腐倡廉教育，落实农村基层党员和干部廉洁自律各项规定。全面推进农村基层党务公开、政务公开、村务公开，加强农村集体资金、资产、资源管理，提高管理信息化水平，强化公众监督，预防腐败行为发生。建立健全保障和维护群众利益的科学决策、利益协调、诉求表达、矛盾调处、权益保障机制，继续专项治理群众反映强烈的突出问题，严肃查处损害农民利益的违法违纪行为，改善党群干群关系。

四、切实保障和谐秀美乡村建设工程顺利有效向前推进

1. 加强组织领导。各级党委、政府要高度重视和谐秀美乡村建设工作，把它摆在事关江西当前和长远发展大局，事关江西在全国发展大格局中的地位和作用的重要战略位置，统筹谋划，精心组织，着力推进。各级各部门党政一把手要切实担负起领导责任，思想先到位、职责先履行、工作先落实，及时研究解决工程建设实施中的重大实际问题。建立推进和谐秀美乡村建设工程部门联席会议制度，负责指导和统筹协调城乡一体化发展、新农村建设、农村清洁工程、农村信息化建设、文明村创建活动、农村扶贫移民工作、农村基层组织建设等工作，形成党委领导、政府负责、有关部门协调配合，全社会共同支持和参与的工作格局。结合实际制定有关实施意见，细化工程建设方案和具体措施，明确职责分工，形成推动工程建设的整体合力。

2. 科学编制规划。依据县（市）域城镇体系规划、县城总体规划和土地利用总体规划，立足江西山清水秀、良好生态优势，以对历史、对人民负责的态度和科学务实的精神，因地制宜、适度超前，抓紧完善乡镇总体规划、控制性详规和村庄规划。力争2012年底完成省级200个重点镇的总体规划修编和控制性详规编制，2013年底完成其他乡镇总体规划修编和控制性详规编制以及村庄规划编制工作。

3. 加大投入力度。整合各类资源要素，最大限度地将涉农项目和资金整合投入和谐秀美乡村

建设，形成多元化投入机制。树立"自己的家园自己建"的观念，调动农民群众的积极性。充分发挥财政投入的杠杆作用，引导金融资金投向和谐秀美乡村建设。扩大对外开放，广泛吸引各类社会资本参与建设。充分调动当地致富带头人、地方企业家、在外工作人员以及社会各界人士热爱家乡、回报桑梓的积极性，广泛动员社会力量支援支持和谐秀美乡村建设。

4. 创新工作机制。和谐秀美乡村建设是一项宏大的系统工程，涉及基础设施、公共服务、劳动就业、机制体制创新、社会保障和管理服务诸多方面，必须以系统工程的思维谋划全局、以城镇和农村统筹为中心协调推进八大工程建设、以项目带动战略的方式推进工作。按照工程项目化、项目目标化、目标责任化的要求，建立项目负责制，落实责任领导、责任单位和责任人，实行挂图作业，推动乡村面貌焕然一新。

5. 强化督查考核。加强实施情况的督查指导，定期调度和通报工程进展情况，推动工程目标任务保质保量完成。制定和谐秀美乡村建设评价体系、督查指导制度和奖惩制度。全省每年组织一次综合考核，考核结果纳入省对市县党委、政府的考核评价体系。制定和谐秀美乡村标准和评定办法，每年进行一次评定活动，表彰一批和谐秀美乡村。评定表彰实行动态管理，定前公示，并严格授牌摘牌制度，促进和谐秀美乡村建设不断扎实有效向前推进。

辽宁省人民政府
关于开展宜居乡村建设的实施意见

辽政发〔2014〕12 号

各市人民政府，省政府各厅委，各直属机构：

近年来，全省积极推进农村基础设施建设和农村环境治理，农村人居环境逐步得到改善，但目前全省农村人居环境总体水平仍然较低。为贯彻落实中央有关要求和《国务院办公厅关于改善农村人居环境的指导意见》（国办发〔2014〕25号），进一步改善农村人居环境，省政府决定在全省开展宜居乡村建设工作，现提出如下意见：

一、总体要求

以科学发展观为指导，深入贯彻落实党的十八大和十八届二中、三中全会精神，按照国家改善农村人居环境有关工作部署和要求，以保障农民基本生活条件为底线，以村庄环境整治为重点，以建设宜居村庄为导向，遵循因地制宜、量力而行、突出特色、坚持农民主体地位的原则，结合辽宁实际，大力开展宜居乡村建设，经过一段时期的艰苦努力，全面改善农村生产生活条件。

二、工作目标

继续治理农村（含国有农场）垃圾、污水、畜禽粪便等污染，改造房、水、路等设施，提升绿化、亮化、生态化等水平。从 2014 年开始，实施"百千万宜居乡村创建工程"，到 2017 年，全省创建 100 个"宜居示范乡"、1000 个"宜居示范村"（美丽乡村）、10000 个"宜居达标村"，通过典型示范，带动宜居乡村建设。到 2020 年，建成一批"环境整洁、设施完善、生态优良、传承历史、富庶文明"的宜居乡村。

三、主要任务

（一）治理乡村环境

1. 开展垃圾治理。建立户集、村收、镇运、县处理的运行体系，完善垃圾收集转运和集中处理设施布局，逐步推行垃圾分类减量和资源化利用，垃圾日产日清不积存。

2. 开展污水治理。因地制宜开展污水治理，原则上城镇化程度较高的乡镇政府所在地建设污水处理设施和配套收集管网并有效运行。村庄主要建设种植净水植物的氧化塘，配套分户小型污水处理设备。开展河道综合治理，改善农村河道水环境。

3. 开展畜禽粪便治理。规模化养殖场（小区）都要建设畜禽粪便污水综合治理与利用设施。加强分散家庭养殖户畜禽粪便贮存设施建设，推进畜禽粪便还田利用。

4. 开展秸秆治理。引导农民开展秸秆还田、青贮，鼓励秸秆能源化利用。村内柴草堆垛进院，规整垛放，不占道路。

（二）改造乡村设施

1. 实施农房改造。有条件的乡镇开展棚户区改造，建设宜居小区。开展农村危房改造，消灭D级危房。开展农房抗震和节能改造。

2. 实施道路改造。乡镇政府所在地要完善道路网，道路全部实现硬化，排水、路灯等附属设施基本完备。实施村庄道路硬化，主要街路全部硬化并有边沟。

3. 实施饮水改造。开展农村饮水安全工程建设，完善供水设施，全面解决饮水安全问题。

4. 实施厕所改造。开展无害化卫生厕所改造，逐步推行厕所水冲化，鼓励有条件的农户厕所进户。

（三）提升乡村发展水平

1. 抓好村庄亮化。村庄主要道路、街口和广场实现亮化。

2. 抓好乡村绿化。提高绿化覆盖率，乡镇建设优美绿化景观带、公园或水系。村庄路边屋旁有树木。

3. 抓好乡村美化。乡镇建设景观街路和景观节点，开展建筑立面改造。村庄要进行农房、院落等风貌整治，鼓励农房平改坡。

4. 抓好生态优化。保护山水植被等自然景观，提升村落和田园景观，创造碧水蓝天、人与自然和谐相处的良好生态环境。

5. 抓好服务优化。强化、完善农村社区公用设施和乡村商业、教育、医疗等服务功能，加强银行网点、综合超市、餐饮住宿等社会服务设施建设。

6. 抓好管理优化。加强基层组织建设，完善相关管理制度，强化村民自治管理，制定"村规民约"。

7. 抓好特色打造。利用地域优势资源，挖掘历史文化传统，打造具有历史文化、风景旅游、休闲度假、农业观光、温泉疗养、沟域经济等特点的特色乡村。

四、工作措施

（一）加强组织领导。省、市、县分别成立宜居乡村建设工作领导小组，办公室设在住房城乡建设部门。乡镇要明确责任部门，村庄要有专人负责。各级政府及相关部门要坚持以人为本、执政为民的理念，把宜居乡村建设作为当前重要任务，精心组织，确保宜居乡村建设工作扎实推进。

（二）强化队伍建设。建立乡村保洁长效机制，设立保洁员队伍，原则上农村执行每400人左右1名保洁员的配备标准。要建立保洁队伍组织体系，原则上采取市场化运作机制，各县设立专门保洁公司，乡镇设分公司，做到聘用、考核、责任制度化。各地要积极组织护林员、水管员等行业人员参与宜居乡村建设。

（三）统筹规划实施。完善县域居民点布局规划，明确不同区位、不同类型乡村人居环境改善的重点和时序，集中资金和力量发展重点乡村。组织编制宜居示范乡村建设规划，规划要符合农村实际，不搞大拆大建，满足农民要求，体现乡村特色；要把房屋、街路、设施、景观等整治和改造内容落实到具体项目，做出必要的工程设计和建设时序安排，建立项目库。要制定宜居乡村建设标准。

（四）落实经费保障。将保洁员工资及运行维护经费纳入财政预算，由省市县三级财政分担。年度经费原则上执行农村居民每人30元标准，其中省以上财政承担40%，市财政承担30%，县财政承担30%。运行维护资金由县级政府根据当地实际情况统筹管理。逐步建立乡村污水处理设施运行及人员经费保障机制，列入市县财政预算。整合各类涉农专项资金，加大投入力度。积极鼓励社会资金投入宜居乡村建设。

（五）健全工作机制。建立督察考核通报制度，制定工作考评办法，加强日常统计和调度督察，评选年度先进市县，考核结果向全省通报。建立省领导小组成员单位对口联系制度，加强省对各市宜居乡村建设工作全过程指导。抓好省级示范，组织专门队伍开展规划编制，建立投入、工程建设和长效管护机制。全面深入开展宣传，设立专报快报，营造良好的舆论氛围。

附件：辽宁省宜居乡村建设工作领导小组成员名单（略）

辽宁省人民政府
2014 年 6 月 9 日

宁夏回族自治区党委办公厅　人民政府办公厅关于印发《宁夏美丽乡村建设实施方案》的通知

宁党厅字〔2014〕15号

各市、县（区）党委（工委）和人民政府，区直各部委办厅局，各人民团体、直属事业单位，中央驻宁各单位，各大型企业：

《宁夏美丽乡村建设实施方案》已经自治区党委、人民政府同意，现印发给你们，请结合实际，认真贯彻落实。

中共宁夏回族自治区委员会办公厅
宁夏回族自治区人民政府办公厅
2014年7月19日

宁夏美丽乡村建设实施方案

为深入贯彻落实党的十八大、十八届三中全会、中央城镇化工作会议和自治区党委十一届三次全委会精神，加快推进美丽乡村建设，制定本实施方案。

一、指导思想

以邓小平理论、"三个代表"重要思想、科学发展观为指导，坚持把新型城镇化作为解决"三农"问题的根本途径，把城乡一体化作为美丽乡村建设的战略方向，按照"四化同步"建设要求，以环境优美、农民富裕、民风和顺为目标，大力实施规划引领、农房改造、收入倍增、基础配套、环境整治、生态建设、服务提升、文明创建"八大工程"，构建布局合理、功能完善、质量提升的美丽乡村发展体系，为建设开放、富裕、和谐、美丽宁夏提供有力支撑。

二、基本原则

（一）规划引领，示范带动。优化调整镇村空间布局，科学规划美丽乡村，先易后难、分步实施，以点带面、整村推进，防止生搬硬套和一刀切。

（二）因地制宜，突出特色。遵循城乡差异化发展规律，山川有别，因地制宜，适度集中，分类推进，注意乡土味道和民族特色，体现农村特点，保留乡村风貌，防止以城市开发的模式建设农村和千村一面。

（三）农民自主，政府推动。充分发挥农民主体作用、政府引导作用、市场调节作用，尊重农民意愿，保障农民决策权、参与权、监督权，合理建设，综合整治，防止大包大揽和形象工程。

（四）分工协作，统筹推进。自治区有关部门协调，五市牵头负责，县（区）具体实施，整合项目资金，建管并重，上下联动，统筹推进，持续发展，防止条块分割和各自为政。

三、目标任务

按照全面建成小康社会奋斗目标和社会主义新农村建设总体要求，依据《县域镇村体系规划（2013~2020）》明确的"2020年全区规划村庄4545个，其中中心村1984个，一般村2561个"

的格局，整合整治一般村，重点建设中心村，到2017年52%的乡（镇）和50%的规划村庄达到美丽乡村建设标准，到2020年全区所有乡（镇）、90%规划村庄达到美丽乡村建设标准，建成田园美、村庄美、生活美、风尚美的美丽乡村。

四、实施"八大工程"

（一）规划引领工程。

重点任务：按照《宁夏空间发展战略规划》和《宁夏土地利用总体规划》要求，2014年制定出台《宁夏镇村体系规划（2013~2020)》，科学确定中心村布点，明确需要保留的自然村和撤并的村庄；编制完成农村环境综合整治、公路建设、林网建设、产业发展等专项规划，明确乡村基础设施、生态环境、产业发展等目标和要求。2015年底，高标准、高质量编制完成镇村体系规划中确定的重点镇规划和中心村、保留一般村村庄建设规划，确保各项建设改造在规划指导下进行，提升美丽乡村规划建设水平。

完成期限：2015年12月

牵头单位：国土资源厅、环境保护厅、住房城乡建设厅、交通运输厅、水利厅、农牧厅、林业厅、扶贫办

实施单位：各市、县（区），宁东管委会，农垦集团公司

（二）农房改造工程。

重点任务：坚持整村推进和散居危房改造相结合、适度集中与分散建设相结合，采取新建改造、修缮加固、房屋置换等方式，积极推进农房改造，优先安排改造南部山区、中部干旱带、地震断裂带和地质灾害易发区危房，到2017年全部完成全区现有危房和土坯房改造任务。

完成期限：2017年12月

牵头单位：住房城乡建设厅、发展改革委、财政厅、扶贫办

配合单位：相关厅局按照职责分工负责

实施单位：各市、县（区），宁东管委会，农垦集团公司

（三）收入倍增工程。

重点任务：调整农业产业结构，扶持发展"一特三高"产业，培育发展专业大户、家庭农场、家庭林场、农民专业合作社、农业企业等新型农业经营主体，建立产业、土地与农户利益联结机制，推动农业规模化、标准化、集约化、机械化生产，不断提高农业效益，增加农民家庭经营性收入。加强农民技能培训，鼓励农民外出务工、回乡创业，发展农家乐、休闲观光农业，大幅提高农民工资性收入。加快推进农村集体产权制度改革，推进"三权"抵押担保贷款、土地流转和农村集体资产股份制改革，多渠道增加农民财产性收入。到2017年，全区农民人均纯收入在2012年基础上实现翻番。

完成期限：2017年12月

牵头单位：党委政研室（农办）、国土资源厅、农牧厅

配合单位：相关厅局按照职责分工负责

实施单位：各市、县（区），宁东管委会，农垦集团公司

（四）基础配套工程。

重点任务：坚持"同步规划、同步建设、同步运营"的要求，大力实施美丽乡村基础设施建设，完善功能，改善人居环境。到2017年底，规划的1000个中心村实现"三新"（新能源、新材料、新技术）、"四改"（改水、改厕、改厨、改圈）、"五化"（净化、硬化、绿化、美化、亮化）、"六通"（即通水、通电、通气、通路、通信、通客车）目标；规划保留的966个一般村实现"三改"（改水、改厕、改圈）、"三化"（净化、硬化、绿化）、"四通"（即通水、通电、通路、通信）目标。

完成期限：2017年12月

牵头单位：发展改革委、财政厅、环境保护厅、住房城乡建设厅、交通运输厅、卫生计生委

配合单位：相关厅局按照职责分工负责

实施单位：各市、县（区），宁东管委会，农垦集团公司

（五）环境整治工程。

重点任务：加快农村环境综合整治，积极开展"五清"（清垃圾、清杂物、清路障、清沟渠、清违建）专项治理，加大农田水利基本建设力度，统筹推进农村饮用水水源地环境保护、农村生活垃圾和污水处理、种植业和养殖业面源污染防治、土壤环境保护、农村工矿污染治理、农作物秸秆综合利用。到2015年，行政村环境综合整

治达到100%，农村集中式饮用水源地保护率达到100%、生活垃圾处理率达到70%、生活污水处理率达到55%、畜禽粪便综合利用率达到70%。以县（区）为主，建立农村环境管理专项制度，设立专项资金，健全完善农村环境管护运营长效机制，率先在全国实现农村环境整治全覆盖。

完成期限：2017年12月

牵头单位：环境保护厅、住房城乡建设厅、农牧厅

配合单位：相关厅局按照职责分工负责

实施单位：各市、县（区），宁东管委会，农垦集团公司

（六）生态建设工程。

重点任务：以绿化、美化为重点，积极创建绿色家园，高起点建设环村林带、村镇公园，实施巷道绿化，扶持农民发展庭院经济和林下经济。抓好防护林、行道林建设和荒山治理，加大湿地保护、防沙治沙、生态修复力度。加强草原生态治理。大力开展水土保持、水资源保护和小流域治理，全面改善生态环境。到2017年，乡（镇）绿化率达到35%，村庄绿化率达到30%。

完成期限：2017年12月

牵头单位：林业厅

配合单位：相关厅局按照职责分工负责

实施单位：各市、县（区），宁东管委会，农垦集团公司

（七）服务提升工程。

重点任务：完善美丽乡村公共服务设施，大力发展社会事业，逐步推进城乡基本公共服务均等化。扩大公共财政覆盖农村范围，有效整合各类农村文化惠民项目和资源，加快发展农村教育、文化、卫生、体育、防灾减灾等公共事业，引导幼儿园、卫生室、文化站、气象服务点、体育健身路径、商业、金融服务网点、职业培训机构等向规划的中心村布点。在经济条件好、人口集中度高的中心村统筹建设社区综合服务中心，试点推行为民服务全程代理和"一站式"服务模式。健全完善农村居民养老和医疗保险、被征地农民社会保障、农村最低生活保障、农村社会救助等社会保障体系。

完成期限：2017年12月

牵头单位：民政厅、财政厅

配合单位：相关厅局按照职责分工负责

实施单位：各市、县（区），宁东管委会，农垦集团公司

（八）文明创建工程。

重点任务：开展民族特色村庄、传统村落保护，传承农村文脉、民族文化。加强农村乡风文明建设，推进农村思想道德建设，倡导移风易俗，弘扬传统美德，不断深化民风建设，开展全民健康行动，形成崇尚文明、崇尚科学、健康向上的良好社会风气，全面提升农民道德文化素质和农村整体文明程度。深入开展科技、文化、卫生"三下乡"，全面创建星级（五好）文明户（家庭）、文明村（社区）、文明乡（镇）。加强基层民主建设，开展普法宣传和诚信教育。到2017年，县（区）、市和自治区级以上文明村（不含农垦系统）分别达到80%、50%和20%。

完成期限：2017年12月

牵头单位：党委宣传部

配合单位：相关厅局按照职责分工负责

实施单位：各市、县（区），宁东管委会，农垦集团公司

五、保障措施

（一）加强领导，落实责任。自治区推进新型城镇化工作领导小组统筹指导本方案的实施，确定年度建设计划，研究解决重大问题。自治区住房和城乡建设厅承担具体综合协调任务。各市、县（区）是美丽乡村建设实施责任主体，要结合本地实际制定详细实施方案，创造性地抓好工作落实。各牵头部门要主动作为，配合单位要协同推进，形成部门联动、地方负责、分工明确的推进机制，确保美丽乡村建设工作取得实效。自治区将把美丽乡村建设纳入效能目标管理，严格考核。

（二）统筹资金，加大投入。自治区财政安排美丽乡村建设以奖代补专项资金，建立以奖代补激励机制。自治区各部门要根据领导小组确定的美丽乡村建设年度计划任务安排的村庄点，按照资金性质不变、管理渠道不变、使用范围不变的要求，定点、定向投入。财政、审计等部门要加强监督，确保资金安全。各市、县（区）要整合资金，发挥公共财政的引导作用，吸引社会资

金参与美丽乡村建设，形成村民自筹、政府补助、社会支持、多方参与的分担机制。

（三）典型引路，整体推进。采取因地制宜、典型引路、分类建设、逐步推进的方式，按照自治区重点抓好1个市，五个市重点各抓1个县（区），每个县（区）重点抓1个乡（镇），每个乡（镇）重点抓1个村的"四个一"模式，树立标杆，总结经验，做好示范。改造建设原则上先从乡镇驻地、主干道路沿线村庄开始实施，逐步向农村腹地延伸推进。重点优先扶持建设一批休闲旅游型、商贸流通型、产业开发型、资源开发型、交通枢纽型等各具特色的美丽小城镇，以中心村为重点推进美丽村庄建设。中心村以改造提升、整合新建为主，保留一般村以旧村整治、特色保护为主，规划撤并的村庄不再投入、逐步迁并。除因重点项目建设、生态移民和村庄安全需要整体拆迁新建外，严格控制建新村。

（四）强化宣传，广泛参与。各地各部门要结合机关干部下基层和群众路线教育实践活动，进村入户，深入宣讲美丽乡村建设方案政策，了解群众意愿，广泛动员群众参与。大力宣传美丽乡村建设中的先进经验和成功做法，运用报刊、电视、广播、网络等多种媒体，加强舆论引导，树立和表彰先进典型，形成良好的社会氛围。区直各部门、各大企业要结合各自职能，落实责任，明确任务，进一步加大对美丽乡村建设人力、物力、财力投入，全力保障美丽乡村建设。

附件：1. "八大工程"责任分工一览表

2. 美丽小城镇建设标准

3. 美丽村庄建设标准（川区）

4. 美丽村庄建设标准（山区）

5. 保留的一般村建设标准

附件1 "八大工程"责任分工一览表

重点工程名称	完成期限	牵头单位	配合单位	任务分工
规划引领工程	2015年12月	住房城乡建设厅		负责制定规划编制计划，指导各市县（区）有序开展乡（镇）和村庄规划编制，对规划进行审查把关。
		国土资源厅		负责做好美丽乡村建设用地规划管理。
		环境保护厅		负责做好农村环境综合整治规划。
		交通运输厅		负责指导各市县（区）做好农村公路建设规划。
		水利厅		负责做好农田水利建设规划。
		农牧厅		负责做好农村产业规划。
		林业厅		负责做好农村林网建设规划。
		扶贫办		负责做好生态移民住房和六盘山集中连片特困地区重点贫困村建设规划。
农房改造工程	2017年12月	住房城乡建设厅		负责制定年度计划和建设标准，加强对农村危房改造监督、检查和指导工作。
		发展改革委		负责危房改造项目推进情况检查指导，并积极争取国家项目和资金支持。
		财政厅		负责危房改造资金筹措和拨付，并对资金使用情况进行监督检查。
		扶贫办		负责生态移民住房建设和六盘山集中连片特困地区重点贫困村扶贫项目落实，加快贫困村整村推进工作。
		民政厅		负责危房改造对象的摸底调查和分类确认，积极争取国家资金支持。

重点工程名称	完成期限	牵头单位	配合单位	任务分工
收入倍增工程	2017年12月	党委政研室		负责研究出台农村体制机制改革创新政策，监督强农惠农富农政策落实。
		国土资源厅		负责国土整治和农村集体土地所有权、宅基地使用权确权登记发证。
		农牧厅		负责制定农民收入倍增计划，落实农民收入倍增具体措施，做好农村土地承包经营权登记发证工作。
			科技厅	负责实施好农业科技创新与推广具体工作。
			财政厅	负责落实国家和自治区对农业农村有关支持政策。
			人力资源和社会保障厅	负责农村转移劳动力技能培训、劳务输出，就业创业工作。
			林业厅	负责落实林权制度改革工作和林果特色产业的培育发展。
			扶贫办	负责贫困地区扶贫资金和产业扶贫项目的落实。
			调查总队	负责农民收入倍增情况调查和分析。
基础配套工程	2017年12月	发展改革委		负责争取国家相关美丽乡村基础设施建设项目资金。
		财政厅		负责美丽乡村建设以奖代补资金筹集、拨付与管理等工作。
		环境保护厅		负责农村生活垃圾收集、清运及排水设施建设项目。
		住房城乡建设厅		负责制定实施计划，负责指导、监督检查和验收工作。
		交通运输厅		负责美丽乡村对外连接道路建设和美丽村庄巷道硬化工作。
		卫生计生委		负责实施美丽乡村改厕工作。
			水利厅	负责实施美丽乡村饮水工程。
			农牧厅	负责实施改厨、改圈及推广农村沼气、省柴节煤灶、高效低排生物质炉、架空炕连灶、太阳能热水器、太阳灶等技术和产品。
			文化厅	负责实施"文化资源共享工程"及指导各市、县职能部门落实历史文化村落保护利用工作。
			新闻出版广电局	负责实施"数字兴农工程"，广播、电影电视工程。
			电力公司	负责实施美丽乡村电网改造。
			电信公司	负责实施有线通信、无线通信、宽带网络。
			邮政公司	负责实施乡镇村邮政服务网点和村邮站建设。
环境整治工程	2017年12月	环境保护厅		负责实施乡镇、村环境连片综合整治、长效机制体制建立等工作。
		住房城乡建设厅		负责美丽乡村镇容村貌整治。
		农牧厅		负责种植业、养殖业、农业面源污染治理机制，实施农村清洁工程和农作物秸秆综合利用。
			财政厅	负责做好农村环境连片整治资金争取、使用和管理。
		国土资源厅		负责美丽乡村违章拆除。
				负责矿山地质环境治理。
			水利厅	负责河道、沟渠、湖泊整理，加大农田水利基本建设力度。
			团委	负责组织动员农村青年参与农村环境综合整治。

续表

重点工程名称	完成期限	牵头单位	配合单位	任务分工
生态建设工程	2017年12月	林业厅		负责实施美丽乡村造林绿化、农田防护林建设和湿地保护，实施生态移民生态修复工程。
			国土资源厅	负责实施土地整理项目涉及的林网建设。
			交通运输厅	负责实施主干道路（高速公路、普通国道、省道）和县乡村道路两侧行道树建设。
			水利厅	负责实施水土保持、水资源保护和小流域治理。
			农牧厅	负责实施草原生态治理。
			团委	负责引领青少年积极参与植树造林、保护水资源工作。
服务提升工程	2017年12月	民政厅		负责美丽乡村社区建设和公共服务设施配套建设计划、检查、验收。
		财政厅		负责做好公共服务设施资金筹集、使用和管理。
			党委组织部	负责美丽乡村基层党员活动阵地建设。
			发展改革委	负责做好美丽乡村公共服务设施配套项目的立项工作。
			教育厅	负责美丽乡村教育配套设施建设。
			公安厅	负责美丽乡村治安室设施配备。
			住房和城乡建设厅	负责美丽乡村公厕建设。
			商务厅	负责美丽乡村商业网点建设。
			文化厅	负责美丽乡村文化广场、文化站室、文化器材配置等工作。
			卫生计生委	负责美丽乡村行政村、中心村卫生室设施配备。
			新闻出版广电局	负责美丽乡村农家书屋设施配备。
			体育局	负责美丽乡村农民体育健身工程建设。
			气象局	负责美丽乡村气象信息服务点和气象灾害应急避难场所建设。
			妇联	负责加大基层组织阵地建设，广泛开展各项活动。
			残联	负责美丽乡村残疾人设施建设。
文明创建工程	2017年12月	党委宣传部		负责组织制定文明村镇创建实施计划和抓好全区文明村镇评选表彰。
			自治区纪委	负责实施好"勤廉为民"工程，抓好村民监督委员会规范化建设，加强农村民主监督工作。
			党委组织部	负责抓好镇村党组织建设和党员干部队伍管理教育。
			政法委	负责抓好农村社会管理，实施平安村镇创建。
			党委政研室	负责组织开展文明村镇创建工作的调查研究，提出改进的措施和建议。
			教育厅	负责抓好农村青少年素质教育、职业教育和义务教育。
			科技厅	负责实施送科技下乡、组织农民科技培训工作。
			民委	负责积极争取国家对少数民族村寨资金支持，抓好项目落实。
			财政厅	负责文明村镇创建资金保障。
			民政厅	负责抓好村民自治制度。

续表

重点工程名称	完成期限	牵头单位	配合单位	任务分工
文明创建工程	2017年12月		司法厅	负责普法宣传教育。
			文化厅	负责抓好农村文化活动开展。
			卫生计生委	负责实施好卫生下乡活动和全民健康行动。
			团委	负责农村志愿者工作，开展关爱留守儿童、创建"和谐家庭"活动。
			妇联	

附件2　美丽小城镇建设标准

1　风景美

1.1　自然风光：对镇域地形地貌、湖泊湿地、沟渠、树林植被等自然景观等进行改造保护，突出自然特色。

1.2　乡村风貌：镇域村庄建设有序，环境整洁。村庄与周边环境相得益彰，村景交融；农田、牧场、林场、鱼塘等田园景观优美。

2　街区美

2.1　街区特色：街区体现地域、民族、传统或时代特色，空间尺度宜人。

2.2　建筑住房：建筑风格、色彩、体量协调，住房安全、舒适，功能齐全。

2.3　园林绿化：各类绿地布局合理，镇区人均公共绿地面积不少于6平方米，绿化覆盖率不少于35%（山区可适当降低标准）。主街道有行道树，沟渠湖沿岸有绿带。镇区有供游憩的综合性公园或建有一定规模的公共绿地、广场，绿地设有步道、照明、景观等设施。

2.4　传统文化：对镇域内历史遗存保护较好；具有地方、民族特色的文化活动和民间习俗得到良好的保护与传承。

3　功能美

3.1　公共服务：教育、医疗、社区服务中心（广场）、文化娱乐、商业服务设施等能较好地满足居民需要。

3.1.1　教育机构：根据乡镇规模和相关规范要求，合理配建公办乡镇中心幼儿园、中心小学。

3.1.2　文体科技：规模较大有条件的乡镇可设置体育场、科技站、文化站等设施。

3.1.3　医疗保健：设置有卫生院和计划生育服务站。

3.1.4　商业金融：建设具有一定规模的连锁超市、宾馆、银行及储蓄所等服务设施。

3.1.5　集贸市场：建成面积不少于2000平方米的集贸市场一处，商贸中心一处以上，其他专业市场根据镇的特点和发展需要设置。

3.2　基础设施：道路交通、给排水、垃圾收集处理设施等基础设施完善，管理良好。

3.2.1　道路交通：道路系统完善、等级清晰、全部硬化；人均道路面积达到9平方米；道路绿化覆盖率大于20%；配置完善的标志标线、信号灯、护栏、隔离墩等交通安全设施。

3.2.2　公共停车设施：配备集中公共停车场1处以上，人均公共停车场面积达到0.7平方米以上。

3.2.3　汽车客运站：有条件的乡镇按照规划配备汽车客运站的小城镇建设四级及以上级别汽车客运站一座，其他建设停靠站。

3.2.4　广场：建成游憩休闲广场1处以上，按照镇区规划人口规模，人均广场面积不少于0.2平方米，广场内绿地率应大于30%。

3.2.5　地名标志：镇区主要道路、广场等公共场所按照相关标准设置地名标志。

3.2.6　供水：供水保障体系完善，供水能力基本满足乡镇经济社会发展需求，自来水普及率达到80%以上，供水水质基本达到国家生活饮用水卫生标准。

3.2.7 排水：规划的生活污水处理厂或污水处理设施建成运营，生活污水集中处理率达到80%以上。

3.2.8 供电：主要电源按照规划进行扩容或完成新建，满足生产生活需要，中低压输配电网络可靠性达到90%以上；重要地段实现埋地敷设。

3.2.9 电信、广播电视、邮政：邮政、电信局（所）布局合理，方便居民使用；重要地段的通信线路实现埋地敷设，相关设施与住宅区同步建设。

3.2.10 燃气：具备燃气供应条件的小城镇应设置燃气储配站，选址要合理，供气能力满足城镇供气需求，高压输气走廊得到有效保护控制，燃气普及率达到60%以上。

3.2.11 供热：有条件的乡镇建成区宜采用集中供热系统，布置有合理、完善的供热管网体系，镇区集中供热率达到70%以上。

3.2.12 照明和亮化：实施城镇亮化工程，城镇主次干路及广场、游园等亮灯率达到90%以上。

3.2.13 环卫：配备有完善的生活垃圾收集、转运、处理系统；按规划应设生活垃圾处理场的，生活垃圾处理场建成并投入使用，生活垃圾（无害化）处理率达到80%；公厕设置每平方公里不少于3座；主、次干路两侧废物箱按要求配置完善。道路清扫率达标，无乱丢垃圾、乱泼脏水等现象；蚊蝇鼠蟑得到有效控制，无恶臭现象。

3.3 运营管理：有规划建设管理机构，配备专职管理人员，各项制度健全，管理有效；市场环境井然，广告标识规范，停车管理有序，噪声污染得到控制，无私搭乱建、违规违章现象。

3.4 安全防灾：镇区设置各类防灾设施，规划布局合理，各类建设符合防灾等相关规范要求。按照城镇消防要求配备镇区消防设施；建立气象、地质灾害预警预报系统，对镇区各类气象、地质灾害进行有效监测。

4 生态美

4.1 环境质量：水环境质量、空气质量达到国家环境质量标准。

4.2 绿色低碳：重点小城镇镇区内新建、改建居住建筑和公共建筑应考虑建筑节能建设或节能改造，积极推广太阳能光热和光伏等可再生能源、清洁能源及新技术的应用。

4.3 资源利用：符合土地利用总体规划，科学合理、集约节约开发利用土地；节约用水，注重水资源的可再生利用。

5 生活美

5.1 居民人均可支配收入和财政收入在所属县、区各镇中排名靠前。

5.2 就业：劳动力素质明显提高，掌握1门以上实用技能，就业比较充分。

5.3 社会保障：医疗养老参保率在所属县、区各镇中排名靠前，孤寡老残救助工作较好，低保能足额支付。

5.4 村民自治：健全城乡基层群众自治组织体系，深入推进城乡基层民主自治制度落实，切实提升城乡基层干部和群众的素质和能力。

5.5 社会风气：治安管理良好，居民行为文明，社会诚信度高，社会氛围和谐。

附件3 美丽村庄建设标准（川区）

1 田园美

1.1 自然风光：对村庄地形地貌、湖泊湿地、沟渠水系、树林植被等自然景观等进行改造保护，突出自然特色。

1.2 田园景观：农田、林场、鱼塘等田园景观优美。农业秸秆及废弃物及时清理利用，无乱堆、焚烧现象。

2　村庄美

2.1　新建村庄选址。

2.1.1　符合镇村体系规划、镇（乡）总体规划和土地利用总体规划，避开抗震不利地段、滑坡、泥石流等地质灾害区域和水库、河滩、陡坡、风口、低洼易涝等易受自然灾害影响地段以及自然保护区、有开采价值的地下资源和地下采空区。

2.1.2　村庄选址必须是《县域镇村体系规划（2013～2020）》确定的中心村位置，规划总户数不少于200户，尽可能靠近中心集镇、交通要道和产业园区，有利于农民生产、生活。

2.2　村庄规划设计。

2.2.1　村庄规划要突出地方和民族特色。建筑布局形式高低错落、灵活多样，生产区（含农机具用房）与住宅区宜分区布置。新建农宅宅基地面积应控制在4分地以内。

2.2.2　城乡接合部农宅宜建设多层住宅；小城镇建设用地规划范围内农宅宜建设四层以下住宅；农村腹地中心村农宅宜建设两层以下住宅。农宅建设以坡屋顶为主。

2.2.3　住宅设计要充分考虑农民的生活习惯和居住需求，达到功能完善、套型合理、经济适用、简洁美观、特色鲜明、节能环保、抗震安全等要求。

2.3　建筑改造。

2.3.1　引导农民开展建筑风貌整治，建筑改造要尊重民风民俗，突出地域和传统文化特色，与整体环境相协调。

2.3.2　建筑改造应遵循安全、适用、经济、美观的原则。门窗整修达到隔热保温、美观的效果；外墙整齐、统一。

2.3.3　庭院布置充分考虑生产生活和卫生健康要求，做到生产与生活分隔、人畜分离；对院落围墙和栏杆进行统一改造，要实用、经济、美观、艺术。

2.3.4　整治改建农宅积极推广太阳能热水器、被动式太阳能采暖、外墙保温、轻钢节能农宅等新能源、新材料、新技术的应用。

2.4　基础设施配套。

2.4.1　村庄"四改"。

2.4.2　改水：对已建成农村集中供水工程进行水质卫生监测，提高供水质量。

2.4.3　改厕：建造农村无害化卫生厕所，并通过改厕带动农村环境卫生综合治理。

2.4.4　改厨：对厨房进行改造，推广沼气灶、燃气灶、煤气灶。

2.4.5　改圈：对牲圈全部进行改造，对禽畜粪便及养殖场废弃物及时进行收集、处理与综合利用。

2.5　村庄"五化"。

2.5.1　净化：村容整洁，无乱搭乱建、乱堆乱放、乱贴乱画，环境卫生良好，环卫设施齐全，垃圾有序存放并及时清理，距县城或相邻乡镇已建垃圾填埋场较远的村庄要配备垃圾中转站。100户以上的村庄要配备公共厕所。

2.5.2　硬化：巷道布局合理，功能等级明确，道路宽度适中，达到硬化标准。

2.5.3　绿化：充分利用本地乡土树种对环村、道路两侧、沟渠两侧、宅前屋后、庭院、公共活动场地等进行绿化，环村林带要与乡村经济发展相结合，鼓励种植经果林。村庄绿化覆盖率应达到30%以上。

2.5.4　美化：村庄美化要与当地自然风貌和传统特色相协调。每个村庄至少规划建设一处公共绿地或小游园，可与公共活动中心、健身场地结合设置。

2.5.5　亮化：主要道路合理设置路灯，进行亮化，亮灯率达80%。

2.6　基础设施"六通"。

2.6.1　通水：自来水入户率达80%，供水水量、水压应满足要求，集中供水水源地得到有效保护。供水水质基本符合国家生活饮用水卫生标准。

2.6.2　通电、通信：供电、通信、广播、电视、电影、网络等设施配套到位，合理布局，通村入户。规划新建两层以上住宅的村庄各类管线须分类同沟入地敷设。

2.6.3　通气：有条件的村庄要使用清洁能源，通天然气。

2.6.4　通路：村庄主要道路、次要道路和宅间道路路面宽度可根据村庄规模分别控制在5～7米、3.5～4米、2～2.5米，实现户户通。

2.6.5 通客车：有条件的中心村能够通客车，并合理配置停车设施。

2.6.6 排水设施配套完善。有条件的村庄要配备污水收处系统，能接入城镇污水收集处理系统就近接入，其他的采用经济有效、简便易行、工艺可靠的污水处理技术进行处理。

2.7 公共服务设施。

2.7.1 有条件、有需求的村庄配套建设幼儿园（托儿所）、农家书屋、文体活动场所、基层组织活动室等公共服务设施。

2.7.2 按每服务千人不少于300平方米建筑面积配建社区公共服务中心，宜集中布置。

2.8 建立村庄环境卫生长效管理机制：村庄基础设施和环境卫生的维护管理，要做到有制度、有资金、有人员，要建立以公共财政补助为主导的经费分担保障机制，建立以"户分类、村收集、镇转运、镇县处理"为主的农村生活垃圾处理模式，通过市场化机制培育专业化的运营管理维护，提高运营维护管理人员素质，确保村庄保洁制度化、常态化。

2.9 安全与防灾减灾整治。

在村庄改造整治中对消防、洪涝灾害、地质灾害、气象灾害、地震灾害、防疫等存在安全隐患和防御方面进行综合整治。

3 生活美

3.1 农民收入：村民人均纯收入在所属县、区各村中排名靠前。

3.2 公共服务：入托、上学方便，入学率、巩固率达标；公交通达，村民出行及购物方便；文体场所设施完善，有经常性文体活动；医疗卫生能基本满足需求，医疗养老保险覆盖率在所属县、区各村中排名靠前；农业气象信息和气象灾害预警服务及时高效。

3.3 村民自治：健全基层群众自治组织体系，深入推进基层民主自治制度落实，切实提升农民群众的素质和能力。

3.4 乡风文明：培养文明健康的生活环境，发挥环境育人、环境引领民风的作用，着重根治乱堆、乱放、乱扔现象，改善群众的不良习惯和生活陋习。做到文明礼貌、诚实守信、遵纪守法、社会和谐。

附件4 美丽村庄建设标准（山区）

1 田园美

1.1 自然风光：对村庄地形地貌、湖泊水系、树林植被等自然景观等进行改造保护，突出自然特色。

1.2 田园景观：农田、牧场、林场、山坡等田园景观优美。农业秸秆及废弃物及时清理利用，无乱堆、焚烧现象。

2 村庄美

2.1 新建村庄选址。

2.1.1 符合镇村体系规划、镇（乡）总体规划和土地利用总体规划，避开抗震不利地段、滑坡、泥石流等地质灾害区域和水库、河滩、陡坡、风口、低洼易涝等易受自然灾害影响地段以及自然保护区、有开采价值的地下资源和地下采空区。

2.1.2 村庄选址必须是《县域镇村体系规划（2013~2020）》确定的中心村位置，尽可能靠近中心集镇、交通要道和产业园区，有利于农民生产、生活。

2.2 村庄规划设计。

2.2.1 村庄规划要突出地方和民族特色。建筑布局形式依山就势、高低错落、灵活多样。新建农宅宅基地面积应控制在6分地以内。

2.2.2 城乡接合部农宅宜建设多层住宅；小城镇建设用地规划范围内农宅宜建设四层以下住宅；农村腹地中心村农宅宜建设两层以下住宅。农宅建设以坡屋顶为主。

2.2.3 住宅设计要充分考虑农民的生活习惯和居住需求，达到功能完善、套型合理、经济适用、简洁美观、特色鲜明、节能环保、抗震安全等要求。

2.3 建筑改造。

2.3.1 引导农民开展建筑风貌整治，建筑改造要尊重民风民俗，突出地域和传统文化特色，与整体环境相协调。

2.3.2 建筑改造应遵循安全、适用、经济、美观的原则。门窗整修达到隔热保温、美观的效果；外墙整齐、统一。

2.3.3 庭院布置充分考虑生产生活和卫生健康要求，做到生产与生活分隔、人畜分离；对院落围墙和栏杆进行统一改造，要实用、经济、美观、艺术。

2.3.4 整治改建农宅积极推广太阳能热水器、被动式太阳能采暖、外墙保温、轻钢节能农宅等新能源、新材料、新技术的应用。

2.4 基础设施配套。

2.4.1 村庄"四改"。

2.4.2 改水：对已建成农村集中供水工程进行水质卫生监测，提高供水质量。

2.4.3 改厕：建造农村无害化卫生厕所，并通过改厕带动农村环境卫生综合治理。

2.4.4 改厨：对厨房进行改造，推广沼气灶、燃气灶、煤气灶。

2.4.5 改圈：对牲圈全部进行改造，对禽畜粪便及养殖场废弃物及时进行收集、处理与综合利用。

2.5 村庄"五化"。

2.5.1 净化：村容整洁，无乱搭乱建、乱堆乱放、乱贴乱画，环境卫生良好，环卫设施齐全，垃圾有序存放并及时清理，距县城或相邻乡镇已建垃圾填埋场较远的村庄要配备垃圾中转站。

2.5.2 硬化：巷道布局合理，功能等级明确，道路宽度适中，达到硬化标准。

2.5.3 绿化：充分利用本地乡土树种对环村、道路两侧、沟渠两侧、宅前屋后、庭院、公共活动场地等进行绿化，环村林带要与乡村经济发展相结合，鼓励种植经果林。村庄绿化覆盖率应达到30%以上。

2.5.4 美化：村庄美化要与当地自然风貌和传统特色相协调。每个村庄至少规划建设一处公共绿地或小游园，可与公共活动中心、健身场地结合设置。

2.5.5 亮化：主要道路合理设置路灯，进行亮化，亮灯率达80%。

2.6 基础设施"六通"。

2.6.1 通水：自来水入户率达80%，供水水量、水压应满足要求，集中供水水源地得到有效保护。供水水质基本符合国家生活饮用水卫生标准。

2.6.2 通电、通信：供电、通信、广播、电视、电影、网络等设施配套到位，合理布局，通村入户。规划新建两层以上住宅的村庄各类管线须分类同沟入地敷设。

2.6.3 通气：有条件的村庄要使用清洁能源，通天然气。

2.6.4 通路：村庄主要道路、次要道路和宅间道路路面宽度可根据村庄规模分别控制在5~7米、3.5~4米、2~2.5米，实现户户通。

2.6.5 通客车：有条件的中心村能够通客车，并合理配置停车设施。

2.6.6 排水设施配套完善。有条件的村庄要配备污水收处系统，能接入城镇污水收集处理系统就近接入，其他的采用经济有效、简便易行、工艺可靠的污水处理技术进行处理。

2.7 公共服务设施。

2.7.1 有条件、有需求的村庄配套建设幼儿园（托儿所）、农家书屋、文体活动场所、基层组织活动室等公共服务设施。

2.7.2 按每服务千人不少于300平方米建筑面积配建社区公共服务中心，宜集中布置。

2.8 建立村庄环境卫生长效管理机制：村庄基础设施和环境卫生的维护管理，要做到有制度、有资金、有人员，要建立以公共财政补助为主导的经费分担保障机制，建立以"户分类、村收集、镇转运、镇县处理"为主的农村生活垃圾处理模式，通过市场化机制培育专业化的运营管理维护，提高运营维护管理人员素质，确保村庄保洁制度化、常态化。

2.9 安全与防灾减灾整治。

在村庄改造整治中对消防、洪涝灾害、地质灾害、气象灾害、地震灾害、防疫等存在安全隐患和防御方面进行综合整治。

3 生活美

3.1 农民收入：村民人均纯收入在所属县、

区各村中排名靠前。

3.2 公共服务：上学方便，入学率、巩固率达标；公交通达，村民出行及购物方便；文体场所设施完善，有经常性文体活动；医疗卫生能基本满足需求，医疗养老保险覆盖率在所属县、区各村中排名靠前；农业气象信息和气象灾害预警服务及时高效。

3.3 村民自治：健全基层群众自治组织体系，深入推进基层民主自治制度落实，切实提升农民群众的素质和能力。

3.4 乡风文明：培养文明健康的生活环境，发挥环境育人、环境引领民风的作用，着重根治乱堆、乱放、乱扔现象，改善群众的不良习惯和生活陋习。做到文明礼貌、诚实守信、遵纪守法、社会和谐。

附件5 保留的一般村建设标准

1 田园美

1.1 自然风光：对村庄地形地貌、湖泊水系、树林植被等自然景观等进行改造保护，突出自然特色。

1.2 田园景观：农田、牧场、林场、山坡等田园景观优美。农业秸秆及废弃物及时清理利用，无乱堆、焚烧现象。

2 村庄美

2.1 院落整治。

2.1.1 庭院布置充分考虑生产生活和卫生健康要求，做到生产与生活分隔和人畜分离。

2.1.2 注重庭院绿化和美化，院落干净整洁，无乱堆乱放、乱搭乱建。

2.1.3 有条件的村庄集中建设生产区和养殖区，做好卫生防护和隔离。

2.2 道路设施整治。

道路设施整治应遵循安全、便捷、通达、经济、适用、整洁的原则。村庄路网完善，主要村庄道路平坦畅通，次要道路便于出行。

2.3 给排水、电力、通信等设施改造。

2.3.1 村庄设施改造要达到"三通"（即通水、通电、通信），供水设施配套完善，确保日常维护和畅通。

2.3.2 各类管网、管线、设施布局合理有序。

2.4 环卫设施改造。

2.4.1 村庄环卫设施齐备，有健全的卫生保洁制度。

2.4.2 对牲圈全部进行改造，对禽畜粪便及养殖场废弃物及时进行收集、处理与综合利用。

2.5 安全与防灾减灾整治。

在村庄改造整治中对消防、洪涝灾害、地质灾害、气象灾害、地震灾害、防疫等存在安全隐患和防御方面进行综合整治。

2.6 绿化美化改造。

2.6.1 村庄内主要道路、宅前屋后、庭院、闲置空地全面绿化。

2.6.2 村庄四周建设环村林带，绿化覆盖率应达到30%以上。

2.7 公共环境整治。

2.7.1 对村庄环境进行整治，对村庄内部废弃农宅、闲置房屋与建设用地进行清理、改造，主要道路两侧无乱搭乱建、乱堆乱放现象，整洁美观。

2.7.2 对村庄坑、沟、渠进行整治、疏浚，既合理利用，确保使用功能，又达到环境优美，无垃圾杂物等漂浮物。

3 生活美

3.1 公共服务：保留一定规模的公共活动场所，方便群众集会、健身、休闲、文化科普宣传。

3.2 建立村庄环境卫生长效管理机制，制定村庄环境卫生管理制度，组建农村保洁管理队伍，确保村庄保洁制度化、常态化，做到乡风淳朴、文明礼貌、诚实守信、遵纪守法、社会和谐。

山东省委办公厅、省人民政府办公厅
关于推进美丽乡村标准化建设的意见

省委办公厅、省政府办公厅印发了《关于推进美丽乡村标准化建设的意见》，并发出通知，要求各地各部门结合实际，认真贯彻执行。

《关于推进美丽乡村标准化建设的意见》全文如下：

为深入贯彻落实中央关于建设美丽中国的战略部署，统筹城乡一体化发展，提升社会主义新农村建设水平，实现我省全面建成小康社会的目标，现就推进美丽乡村标准化建设提出如下意见。

一、统一思想认识，明确目标任务

推进美丽乡村标准化建设，是贯彻落实党的十八大关于"努力建设美丽中国"的具体实践，是全面建成小康社会的客观要求，是加快推进农业农村现代化的重要途径，是生态文明乡村建设的深化提升，对改善农村人居环境、培育文明新风，推进农业农村供给侧结构性改革，加快一二三产业融合发展，促进农民脱贫致富、提高农民生产生活水平具有重要意义。各级党委、政府要充分认识推进美丽乡村标准化建设的重要性和紧迫性，切实把思想统一到省委、省政府的决策部署上来，以走在前列为目标定位，加强组织领导，强化工作措施，调动各方力量，推进我省美丽乡村建设迈上新水平，为全面建成小康社会打下坚实基础。

推进美丽乡村标准化建设，要全面贯彻党的十八大和十八届三中、四中、五中全会精神，深入贯彻习近平总书记系列重要讲话和视察山东重要讲话、重要批示精神，以创新、协调、绿色、开放、共享的发展理念为引领，以全面建成美丽乡村为目标，以基础设施建设、公共服务提升、村容村貌整治为重点，对照《美丽乡村建设规范》（DB37）（以下简称《建设规范》），查漏补缺、精准建设，改造升级、规范管理，突出特色、分类施策，常抓不懈、持续推进，把我省农村建成生产美、生态美、生活美，宜居宜业宜游的美丽乡村。到 2020 年，全省 70% 以上的村庄达到美丽乡村建设标准，培育省级美丽乡村示范村 2000 个；到 2025 年，全省基本实现美丽乡村全覆盖，省级美丽乡村示范村达到 5000 个。

二、突出功能特色，实行分类推进

坚持用标准化的理念推进美丽乡村建设，实现基础设施配置标准化、公共服务功能标准化、工程建设质量标准化、长效管护机制标准化，全面提高美丽乡村建设的科学化水平。要遵循乡村发展规律，依据资源禀赋，体现区域差异，丰富文化内涵，彰显地方特色，分类推进各类村庄建设，形成一村一品、一村一韵、一村一景，坚决避免千村一面、千篇一律。

（一）全面提升乡村建设水平。按照《建设规范》的综合评价标准，美丽乡村要达到 B 级标准以上。

1. 基础设施完善。村内道路布局合理，主次街道硬化率 100%，排水沟渠完整通畅；村内主次街道和公共场所实现亮化，路灯安装率 100%，小巷胡同、宅间道路合理设置路灯，满足照明要求；自然村动力电实现"村村通"；自来水普及率达到 98% 以上，水质达标；生活污水得到有效处理；农村无害化卫生厕所实现全覆盖。

2. 村容村貌美观。村庄建设规范有序，房屋建筑美观大方，庭院墙体洁净完整，村庄环境干净卫生，无乱堆乱放、乱搭乱建现象，无倒塌破败房屋。开展垃圾分类试点，从源头上实现垃圾减量化，城乡环卫一体化机制健全、运行正常。

畜禽养殖布局合理，总量控制科学，粪污处理有效。秸秆等农业生产废弃物及时收集，妥善处理。河沟池塘得到治理，洁净美观。村庄道路、水体沿岸和宅院周边宜绿化空地全部绿化，村庄绿化率山区>80%、丘陵>50%、平原>35%。

3. 公共服务健全。合理布局和建设集便民服务、劳动就业、社会保障、文化娱乐、医疗卫生等功能于一体的社区服务中心，建有农村文化广场，广播电视"户户通"，基本实现农村社区服务设施网络全覆盖。乡村义务教育和学前教育办学条件符合要求，最低生活保障等社会救助制度基本建立，养老设施配套齐全。根据需要建设公共墓地或骨灰堂。

4. 产业发展高效。立足区位优势和资源禀赋，大力发展特色产业，积极培育乡村旅游、农村电商等新产业新业态，农业功能得到拓展，农村集体经济收入逐年增加，农民生活水平显著提升，贫困人口发生率不超过1%。

5. 乡村管理民主。村"两委"班子健全、村民自治机制完善，村级党务、村务、财务公开等民主管理制度普遍推行，村民民主权利得到保障。"一约四会"（村规民约、村民议事会、道德评议会、禁毒禁赌会、红白理事会）健全并充分发挥作用，移风易俗推进有力，文化活动丰富多彩，社会风气积极向上。农村（社区）网格化服务管理深入推进，农村社会和谐稳定。

（二）有序整治撤并村和空心村。根据农村新型社区和新农村发展规划，对5年内整体拆迁合并的村庄和空心率达到50%以上的村庄，原则上不进行大规模的基础设施和公共服务项目建设，应根据不同情况开展环境整治、垃圾处理、绿化亮化、便民服务等工作。在保护传统文化的基础上，对农村残旧房屋、废弃宅院等进行合理利用，发展乡村旅游、休闲观光、养老服务等项目，打造特色村庄。

（三）充分发挥典型引领示范作用。省、市、县要根据实际情况，每年建设一定比例的示范村，引领美丽乡村建设不断迈上新水平。示范村建设要求村庄规划科学合理，基础设施配置齐全，公共服务功能完善，村容村貌整洁有序，房屋建筑特色鲜明，农村环境优美宜居，民主管理制度健全，乡风习俗文明健康，特色产业优势明显，一二三产业融合发展，农村集体经济实力不断增强，农民生活幸福安康。要因地制宜，与特色建筑修复、特色景观打造、特色古村落和历史文化名村保护等相结合，注重保持独特风貌，传承乡村文化。从2017年开始，省里每年遴选500个村庄开展省级示范村创建活动，并安排资金予以奖补。

三、强化工作措施，提高建管水平

围绕确定的目标任务，细化工作方案，明确建设重点，规范操作流程，强化措施保障，推动美丽乡村标准化建设工作持续有效开展。

（一）实行菜单式管理。各县（市、区）要组织有关部门和专业人员，逐村进行调查，摸清村庄现状，对照《建设规范》，列出需要建设或提档升级的项目清单，确定工作重点，对建设项目实行菜单式管理，明确路线图、时间表，落实责任单位和责任人员。层层建立美丽乡村标准化建设工作台账，定期通报工作情况，分析存在问题，提出改进建议，促进面上工作。

（二）制定建设方案。各市、县（市、区）要根据摸排情况和目标定位，编制本地《美丽乡村标准化建设工作方案》，方案应当包括任务目标、实施步骤、责任分工、经费筹集、保障措施等内容，与城镇建设规划、土地利用规划、生态环保规划、旅游发展规划相衔接。在县（市、区）的指导下，以乡镇（街道）为主体，组织所辖村庄编制美丽乡村标准化建设实施方案（规划）或整治方案（规划），重点突出道路硬化、村庄亮化、厕所改造、村庄绿化、墙体美化、环境整治、供水供电、污水和垃圾治理等内容。

（三）拓宽融资渠道。各级政府要加大资金投入，积极支持美丽乡村标准化建设。强化涉农资金整合，省市县要统筹涉及农村基础设施、环境整治、农村民生改善等方面的资金，重点向美丽乡村标准化建设倾斜。鼓励市、县政府设立专门的投融资平台，加强与国家开发银行、中国农业发展银行等金融机构和省级投资公司、担保公司的衔接，用足用好中央改善农村人居环境金融政策，积极争取信贷支持，破解资金难题。鼓励引导工商资本、企事业单位、社会团体、成功人士等，通过"村企共建"、"公益捐助"、参股产业园区等方式，参与美丽乡村标准化建设。对于公益服务类项目，探索实施政府和社会资本合作（PPP）模式。有条件的农村集体经济组织要加大对乡村建设的投入。鼓励美丽乡村建设与乡村旅游项目相结合，实现美丽乡村可持续发展。

（四）健全长效管护机制。建立健全农村基础设施和公共事业长效管护运行机制，落实人员、责任和工作经费，做到有人管事、有钱办事，确保公共设施正常运转。对于能够推向市场的，由社会专业机构管理；对于生产性基础设施，可移交农民合作社或农村专业经济协会管理；对于公益性设施和公共事业，通过各级财政投入和发展农村集体经济等方式保障其运行和发展。

四、加强组织领导，形成强大合力

各级党委、政府和有关部门要按照省委、省政府的总体部署，统一思想，周密安排，精心组织，确保各项举措落到实处。

（一）加强组织领导。各级党委、政府要切实把美丽乡村标准化建设摆到重要位置，纳入全面建成小康社会总体布局，统筹谋划，全面部署，形成党委统一领导，党政齐抓共管，部门统筹协调、各负其责的工作格局。县级党委、政府是美丽乡村标准化建设的责任主体，具体负责各项工作的落实。主要负责人要亲自抓，协调解决重点难点问题，强力推进工作；各市党委、政府要加大政策支持，加强业务指导，促进工作开展；省里建立美丽乡村标准化建设联席会议制

度，重点抓好综合协调、任务分工、督促检查、考核验收等工作，省有关部门要按照各自的职责分工，积极参与、大力支持美丽乡村标准化建设。市、县都要建立健全相应的工作机制，确保责任分工明确、任务落实到位。

（二）严格督查考核。把美丽乡村标准化建设工作纳入经济社会发展考核体系，建立督查、考核、通报制度，充分发挥综合考核和奖惩机制的导向、评价、激励、约束作用。引入第三方调查机构，开展经常性督导检查，并将督查结果在新闻媒体公布。对工作突出、成效明显的，予以表扬；对工作落实不力、未完成建设任务的，通报批评。省里每年对"省级美丽乡村示范村"进行验收认定，经验收合格的，命名为"省级美丽乡村示范村"。"省级美丽乡村示范村"实行动态管理。

（三）广泛宣传发动。农民群众是美丽乡村建设的主体和直接受益者，要充分尊重农民意愿，通过示范引导、典型带动、政策激励等多种方式，不断增强广大农民参与建设的积极性、主动性，引导农民通过投资、投劳等方式参与美丽乡村标准化建设。要通过村规民约和"文明户"、"好媳妇"等评选活动，约束、引导村民改陋习、树新风。充分发挥广播电视、报刊、网络等主流媒体的作用，开展形式多样、生动活泼的宣传教育活动，树立先进典型，推广成功经验，努力形成全社会关心支持美丽乡村标准化建设的良好氛围。

陕西省人民政府
关于加快全省改善农村人居环境工作的意见

陕政发〔2016〕18号

各市、县、区人民政府，省人民政府各工作部门、各直属机构：

改善农村人居环境、建设美丽宜居乡村，是促进城乡统筹发展、全面建设小康社会的重要任务，是建设美丽中国、美丽陕西的重要举措。为加快推进全省改善农村人居环境工作，现提出以下意见。

一、明确目标，分步推进改善村庄人居环境

改善农村人居环境工作要根据当地农村经济发展情况，因地制宜，以建设清洁乡村、生态乡村、美丽乡村为目标，分层次分步骤扎实推进。

（一）全面建设清洁乡村。所有村庄都要把村庄环境卫生整洁作为改善人居环境首要的任务，全面开展农村垃圾处理、污水治理、卫生厕所改造，建设清洁家园。到2020年，全省所有村庄基本实现环境干净、整洁、卫生。

（二）加快建设生态乡村。经济发展较好和村容整洁的农村，要加快农村道路和村庄绿化，提升绿化美化水平。巩固提升农村饮水安全，提高农村自来水入户普及率。大力发展循环生态农业，培育农村特色产业。到2020年，全省80%以上的村庄基本实现环境优美、绿色生态。

（三）积极创建美丽宜居乡村。生活富裕的农村，要围绕资源禀赋，塑造村庄特色景观和田园风貌，建设特色鲜明、乡风文明的美丽宜居乡村。到2020年，居民出行、用电、住房等基本生活条件显著提升，全省20%以上的村庄建成田园美、村庄美、生活美的美丽宜居乡村。

二、突出重点，扎实推进农村人居环境建设

各市、县要科学编制村庄整治规划，围绕建设清洁乡村、生态乡村和美丽宜居乡村，集中整治乡村生活环境，优化乡村生态环境，全面改善和提升农村生产生活条件。

（一）实施农村生活垃圾处理工程。以村收集、镇转运、县处理（有条件的也可由镇处理）为基本模式，建立村庄保洁制度，有效治理农村生活垃圾。推进农业生产废弃物资源化利用，规范处置农村工业固体废物。到2020年，原则上全省所有行政村都要建设垃圾集中收集点，90%以上村庄的生活垃圾得到有效治理，农作物秸秆综合利用率达到85%以上，农膜回收率达到80%以上，农村工业危险废物无害化利用处置率达到95%。

（二）实施农村生活污水治理工程。推广低成本、低能耗、少维护、高效率的污水处理技术，分类实施农村生活污水治理。县城和镇周边的村庄污水纳入城镇污水处理体系，离城镇较远且人口较多的村庄，建设村级污水集中处理设施，人口较少的村庄可建设户用污水处理设施。到2020年，全省60%以上的行政村污水得到有效治理，建成4个全国农村生活污水治理示范县（区）、20个省级农村生活污水治理示范县（区）。

（三）实施农村卫生改厕工程。按照统筹规划、协调发展、重点建设、分步实施的原则，推广以双翁漏斗式、三格化粪池式、完整下水道冲

水式为重点的农村户厕改造。到 2020 年，全省农村卫生厕所普及率达到 85%，建成 20 个农村卫生厕所示范县区，基本消除旱厕。

（四）实施农村绿色家园工程。深入开展绿色家园创建活动，突出乡村道路（街巷）绿化、坑塘河道绿化、庭院绿化、房前屋后绿化，实施村庄四周林带建设，有条件的村庄要实现绿树围合，开展村庄古树名木调查、建档和保护。充分利用村庄闲置空地，结合废弃棚圈和旱厕等整治，运用乡土树种和生态方法营造乡村景观。整治、美化村庄建筑立面，协调统一村庄建筑风格，体现地方民居特色。到 2020 年，实现 60% 以上的行政村村庄绿化覆盖率高于 25%。

（五）实施农村饮水安全巩固提升工程。采取综合配套、改造、升级、联网等方式，重点解决饮水安全不达标、易反复、水质保障不高等问题，强化工程运行管护，健全农村饮水安全保障体系。到 2020 年，农村自来水普及率达到 90% 以上，水质达标率整体有较大提高。

（六）实施特色产业培育工程。大力发展循环生态农业，围绕"一村一品"积极培育具有地域特色的专业合作社，结合村庄整治及村民生产生活特点，发展观光农业和休闲产业，实现农村特色产业、特色旅游和农民增收协同发展。到 2020 年，创建 100 个农业旅游特色村庄。

（七）实施新一轮农村电网升级改造工程。着力解决农村电压不达标、不通动力电等问题，推动平原村机井用电全覆盖，到 2017 年，完成 3162 个中心村电网升级改造。到 2020 年，农村供电可靠性达 99.87%，农村综合电压合格率 98.41%，综合线损率降低到 6.97%。

（八）实施农村道路畅通工程。完善行政村"村村通"工程，着力推进自然村之间路网建设，实施村庄内部道路硬化，解决农村生产生活道路不畅问题。到 2020 年，确保具备条件的行政村通沥青水泥路，基本实现村内道路全部硬化。

（九）实施农村危房改造工程。结合空心村治理，优化村庄建设规划，加快推进农村危房改造，把建档立卡贫困户放在优先位置，与移民搬迁工程相结合，统筹开展农房抗震改造，切实保障农村居民基本住房安全。到 2020 年，

完成现有 58.6 万户农村贫困家庭的危房改造工作。

三、加强领导，健全改善农村人居环境工作机制

（一）加强组织领导。建立全省改善农村人居环境工作联席会议制度，由省政府分管领导担任召集人，省发展改革委、省财政厅、省国土资源厅、省环境保护厅、省住房城乡建设厅、省交通运输厅、省水利厅、省农业厅、省林业厅、省卫生计生委等部门为成员单位。联席会议办公室设在省住房城乡建设厅，负责制定规划、综合协调、督查考核等日常工作。各市、县也要建立联席会议制度，明确牵头部门，形成部门联动、分工明确的协调推进机制，统筹安排年度任务，实行目标责任管理。

（二）示范乡村引领。深入推进农村环境综合整治示范建设，广泛开展农村"十个一"活动，建设"美丽乡村·文明家园"。开展美丽宜居示范村创建活动，省市县分级包抓，实行竞争机制，每年创建省市县三级美丽宜居示范村 640 个，引领全省美丽宜居乡村建设。到 2020 年，创建 3200 个有特色的美丽宜居示范村。

（三）加大资金投入力度。2016～2020 年，省财政整合中省相关资金，每年安排不少于 6 亿元支持全省改善农村人居环境，建设美丽乡村。各市、县也要整合资金，配套比例不低于中央、省资金合计的 20%，集中投入开展市级、县级美丽宜居示范村创建，加快推进改善农村人居环境。要积极与国家开发银行、中国农业发展银行、中国农业银行和农村信用合作社等金融机构对接，争取政策性信贷资金支持。综合运用土地、费用减免等优惠政策，吸引社会资本以独资、合资、承包、租赁等多种形式参与改善农村人居环境。

（四）健全长效机制。建立健全村庄道路、供排水、垃圾和污水处理设施的长效管理维护机制，乡镇要明确农村人居环境工作管理机构，落实责任，保障必要经费。发挥农民在改善农村人居环境中的主体作用，尊重村民的知情权、参与权、决策权和监督管理权，积极鼓励村民自己动手、自力更生改善村庄居住环境，建设美好

家园。

（五）加强督查考核。省改善农村人居环境工作联席会议办公室要会同各相关部门制定美丽宜居示范村创建标准，建立改善农村人居环境工作考评制度，加强平时督导、季度通报和年终考核，对排名靠后的市县进行通报批评，并在扶持资金、项目安排上予以扣减。

陕西省人民政府
2016 年 5 月 6 日

陕西省人民政府
关于全面改善村庄人居环境持续推进美丽乡村建设的意见

陕政发〔2014〕14号

各市、县、区人民政府，省人民政府各工作部门、各直属机构：

改善村庄人居环境、建设美丽乡村，事关城乡发展一体化，事关农村社会和谐稳定。为全面改善村庄人居环境，持续推进美丽乡村建设，加快实现富裕陕西、和谐陕西、美丽陕西建设目标，现提出以下意见。

一、总体要求

（一）指导思想。

深入贯彻落实党的十八大、十八届三中全会和中央城镇化工作会议、中央农村工作会议精神，按照城乡发展一体化要求，围绕人与自然和谐相处，以治理垃圾、污水为重点，以保障农村居民住房、饮水和出行安全为基本要求，统筹规划，因地制宜，全面开展村庄人居环境整治，持续推进功能提升、符合实际、富有特色的美丽乡村建设。

（二）基本原则。

坚持因地制宜，分类指导。充分考虑各地自然条件、资源禀赋、经济发展、民俗文化等，坚持统一要求和尊重差异相结合，制定村庄建设规划，体现地域文化特色。

坚持农民自愿，量力而行。充分尊重农民意愿和选择，不搞强迫命令，优先安排农民急需项目，注意集约节约用地，不大拆大建。

坚持典型示范，有序推进。采取部门包抓的办法，选择基础条件较好的乡镇开展试点，以点带面，分层次、分步骤推进。

坚持统筹城乡，社会共建。坚持"四化同步"，以工促农、以城带乡，推动城乡资源要素平等交换和有序流动，广泛动员社会力量积极参与，形成政府引导、上下联动、综合治理的工作机制。

坚持生态优先，突出特色。遵循自然规律，保护生态环境，弘扬传统文化，体现农村特点，保留乡村风貌。

（三）目标任务。

以关中地区为重点，以沿渭及交通干线城镇带为突破口，全面开展村庄人居环境整治，改善农村基础设施，持续推进美丽宜居乡村建设。到2020年，全省村庄人居环境整治工作基本完成，形成以设施完善、环境优美的特色村庄为引领，生活条件良好、村容村貌干净整洁的一般村庄为主体的村庄体系。

一是村庄规划全部覆盖。2014年上半年完成21个试点镇村庄规划编制，2015年底前完成全省60%的村庄规划编制，2017年底前完成全省所有村庄规划编制。

二是生活条件明显改善。到2020年，基本完成农村现有危房改造任务，农村居住条件明显改善，水、电、路等基础公共服务设施普遍建成。

三是垃圾污水得到治理。到2020年，基本完成村庄环境整治，实现垃圾统一收集，污水有序排放，乱堆乱放基本消除，无害化卫生厕所基本普及。

四是生态环境明显改善。到2020年，农村河道沟塘干净通畅，农业废弃物回收利用，卫生保洁机制基本建立，村庄绿化美化水平不断提高。

二、建设内容

（一）加快编制村庄整治规划。各地要在原有县域村庄布局规划基础上，结合镇村设置调整、移民搬迁、农村危房改造、重点示范镇和文化旅游名镇建设，编制和完善镇村体系规划，对村庄进行科学分类，确定需要整体搬迁、撤并集中和保留提升的村庄，制定差别性建设目标，明确村庄整治重点和时序。要优先组织编制经济和交通条件较好的中心村和移民新村规划，集中建设规模适度、设施完善、生活便利、产业发展、生态环保、管理有序的新型农村社区，逐步引导周边村庄人口向社区聚集。对具有历史遗迹、特色景观和民俗文化的村庄，在规划和整治时，要尽可能保留村庄的文化传承和自然风貌。按照公共服务与城市均等、居所适应农村特点的要求，科学规划基础设施和公共服务设施建设。

（二）大力改善基础设施条件。统筹推进农村水、电、路、通信、污水垃圾处理等基础设施和教育、文化、卫生等公共服务设施建设，不断改善生产生活条件。结合移民搬迁、小村并大村、空壳村整治、现代农业发展、灾后重建等，引导农村人口集中居住。加快实施陕南陕北移民搬迁和农村危房改造，美化房屋建筑、连片墙体，完善消防、防洪等防灾减灾设施，加快实施护坡挡墙等加固工程，提高村庄人居安全和防灾减灾能力。深入推进农村饮水安全工程建设，不断提高农村集中供水人口比例，完善村庄排洪排水管网设施。实施新一轮农村电网改造升级工程，全面解决农村居民用电问题。继续建设通村公路，实施村庄内道路硬化工程，全面加快通村客运发展。积极推进农村信息化建设，重点实施广播电视户户通计划、"金农"工程、农业综合信息服务平台工程和农信通工程。结合村级组织场所建设、村文化室建设等项目，统筹建设农村社区综合服务中心。集中建设农村墓地，有效治理乱埋乱葬现象。

（三）切实加强村庄环境整治。推进新一轮农村环境连片整治，有效治理垃圾污水乱排乱放等突出问题。推广"户集、村收、镇运、县处理"的垃圾集中收集处理模式，建设垃圾回收设施，配备垃圾清运车辆，推行垃圾就地分类回收利用。人口密集的村庄污水实施集中处理，人口分散的村庄可采用低能耗工艺分散处理。推进农村河道综合治理，有条件的地方要加快湿地及涝池恢复建设。加大农村改厕力度，大力普及卫生厕所。探索农村废弃物资源化循环利用模式，推广节地、节水、节肥种养技术，发展生态循环农业。积极发展标准化规模养殖，加快实施农村沼气工程，整村推进太阳能热水器示范村建设。

（四）持续推进美丽乡村建设。抓好新一轮退耕还林、三北防护林、天然林保护、水土保持等重大生态工程建设，巩固退耕还林、封山禁牧、小流域治理等成果，保护山水植被等自然景观，建设一批有特色的森林村庄，动员群众在房前屋后、道路两旁、村庄周围、田头地埂开展造林绿化。全面开展重点示范镇和文化旅游名镇建设，深入挖掘历史文化、特色景观等资源，加强国家历史文化名村、特色景观名村、中国传统村落、美丽宜居村落的保护和发展，延续村庄历史文脉。注重保留村庄原始风貌，慎砍树、不填湖、少拆房，努力打造山清水秀地绿、宜居宜商宜创业的美丽乡村。

（五）加快农村产业发展。大力推广"一村一品"发展模式，扶持区域优势特色产业发展，加快发展现代农业。结合移民搬迁和城镇化建设，在中心社区周边及农村人口密集的地方，扶持建设现代农业园区和农产品加工型产业园区，开展职业技能和专项技术培训，促进农民群众创业就业。加快推进土地流转，促进规模经营。大力培育新型市场主体，实施品牌战略，加大冷链储运建设，促进加工、流通与消费对接。鼓励农民依托优美的自然环境、丰富的农业资源、深厚的农村文化，发展休闲农业和乡村旅游，拓宽增收渠道。

三、保障措施

（一）加强组织领导。各地各部门要按照省级指导、市级推进、县级为主、乡镇实施的原则，切实加强衔接协调，合力推动改善村庄人居环境工作有序开展。各级政府要建立健全工作评价体系和奖惩激励机制，主要领导要亲自抓，及时研究解决工作中的难点和问题。县级政府作为实施主体，要组织制订工作实施方案，将改善村庄人居环境工作纳入绩效考核，加大考核监督力度，确保各项工作落到实处。

（二）明确任务分工。农业部门要抓好组织协调，制定年度工作计划，细化任务分工，明确工作职责，统筹安排户用沼气、农民教育培训、农业产业融合、面源污染治理等项目。住房城乡建设部门要加快编制镇村体系规划，分层次指导规划编制工作，实施好农村危房改造和村内道路硬化工程，会同文物部门制定传统村落保护发展规划；环境保护部门要继续实施农村环境综合整治，抓好农村垃圾污水处理；水利部门要提高农村饮水安全工程建设标准，加强水源地水质监测与保护；交通运输部门要加强农村公路建设、养护和安全管理，推进城乡道路客运一体化；工业和信息化部门要加快农村互联网基础设施建设，推进信息进村入户。其他各有关部门要各司其职，密切协作，形成合力。

（三）健全投入机制。完善财政投入、项目整合、招商引资、社会帮扶、农民自筹的多元化投入机制。要积极争取国家项目资金支持，加大省级投入补助力度，市县财政安排配套资金。按照"一事一议"政策规定，发动农民筹资筹劳，鼓励引导社会力量积极参与。以县为平台，有效整合项目资金，集中用于村庄人居环境整治。

（四）整合土地资源。国土资源部门要制定农村土地整治政策措施，将农村闲置、低效利用的建设用地复垦为耕地。鼓励结合农村土地整治，开展未利用地开垦，引导村集体和农民参与土地整治项目，统一纳入耕地占补平衡计划。实施村庄人居环境整治建设项目，可优先享受城乡建设用地增减挂钩、耕地占补平衡、高标准农田建设和"空心村"治理等政策。

（五）注重长效管护。坚持建设整治与管理维护并重，探索建立"谁受益、谁管护"的机制，做到制度、资金、人员"三落实"，确保垃圾污水处理等设施正常运行。积极探索建立县乡财政补助、村集体补贴、住户适量付费相结合的管护经费保障制度，巩固村庄人居环境整治成效。加强基层管理，乡镇要确定建设管理人员，有条件的村庄可配置村级规划建设协管员。充分发挥农民的主体作用，调动农民群众参与的积极性。

附件：陕西省全面改善村庄人居环境持续推进美丽乡村建设规划（2014~2020年）

陕西省人民政府

2014年3月25日

附件　陕西省全面改善村庄人居环境持续推进美丽乡村建设规划（2014~2020年）

一、规划编制思路及任务

（一）分区域规划村庄建设。关中地区要坚持文化引领、轴带发展，结合区域文化特色、沿渭城镇化建设，注重村庄建设与城镇基础设施、公共服务设施建设的衔接，充分利用渭河沿岸景观要素，推进沿渭美丽乡村建设。陕北地区要坚持恢复生态、集约整合，结合实施退耕还林、移民搬迁、村庄整合等，推动规模小、条件差的村庄向交通沿线和城镇周边聚集，通过连片建设基础设施，有效改善农村人居环境。陕南地区要坚持生态优先、循环发展，结合实施生态保护、移民搬迁，推动农村居民向用地条件良好的城镇或村庄聚集，充分利用当地资源禀赋，大力发展特色种养业，重点开发乡村旅游，推动村庄人居环境整治。

（二）分类推进村庄建设。按照产业发展、交通区位、资源禀赋等特征，将村庄分为特色村和一般村两种类型。

1. 特色村庄建设。主要包括新型农村社区、具有历史遗存的传统村落、有特色景观和民俗文化的村庄等。

新型农村社区建设要按照"抓点带面、沿渭先行、整体推进"的总体思路，省上集中抓好21

个省级试点，各市抓好 10 个市级试点，各县抓好 10 个县级试点，推进全省 1000 个新型农村社区试点建设工作。要坚持规模适度、设施完善、产业发展、生活便利、管理有序、生态宜居的要求，选择经济、交通、用地条件较好的中心村和移民新村开展社区建设，逐步引导周边村庄人口向社区聚集，形成居住方式与产业发展相互协调、基础设施和公共服务配套完善的新型聚居点。

具有历史遗存的村庄主要指已经审批的历史文化名村、传统村落以及具有申请条件的村庄，要注重保护古民居、古建筑、古树名木和民俗文化等，通过道路硬化、垃圾污水集中收集处理、绿化美化等措施，改善村庄人居环境；通过配建文化室、养老院、互助幸福院、卫生室等，提升村民生活质量；通过配建博物馆等，加强村庄旅游服务能力。2014 年底前完成现有相关村庄规划编制工作，2016 年底前完成全省新增国家级历史文化名村、传统村落及第二批省级历史文化名村的规划编制工作。

有特色景观和民俗文化的村庄是指已经审批的特色景观旅游名村、美丽宜居村庄以及具有申请条件的村庄。特色景观旅游名村主要加强自然山水、田园风貌、民俗文化等特色资源保护。美丽宜居村庄要按照"田园美、村庄美、生活美"要求，慎砍树、不填湖，减少对自然环境的破坏，重点加强垃圾、污水集中收集处理等基础设施建设，配建文化室、卫生室、养老院、互助幸福院等公共服务设施，适度发展乡村旅游。2014 年底前完成现有村庄规划编制工作，2017 年底前完成新增国家级特色景观旅游名村、美丽宜居村庄和第二批省级特色景观旅游名村规划编制工作。

特色村庄规划编制任务计划表

类型		2014 年	2017 年
新型农村社区	省级	21 个	—
历史文化名村	国家级	2 个	12 个
	省级	10 个	30 个
传统村落	国家级	13 个	53 个
	省级	54 个	108 个
特色景观旅游名村	国家级	1 个	26 个
美丽宜居村庄	国家级	1 个	26 个

2. 一般村庄建设。一般村庄是指特色村庄以外的其他村庄。对于住房、饮水、出行等条件较差的村庄，大力实施农村危旧房改造和饮水安全工程，有序开展村内道路硬化工程，推进城乡基础设施、公共服务均等化。对于住房、饮水、出行等条件较好的村庄，主要推进垃圾污水收集处理、村庄绿化美化等。对于城镇周边、交通干线沿线、渭河沿岸等经济基础较好、建设规模较大的村庄，可优先重点开展人居环境整治，抓好村庄环境美化，打造美丽村庄景观带。2015 年底前完成全省 60% 的一般村庄规划编制，2017 年底前完成全省所有村庄规划编制。

（三）加强示范引领。以 21 个试点镇为引领，采取部门包抓方式，集中力量重点推进，总结建设经验，在全省范围示范推广。要按照《陕西省新型农村社区建设规划编制技术导则》，高标准规划、高水平建设新型农村社区，全面提升基础设施、公共服务水平，大力推进现代农业和特色产业发展，积极探索新型农村社区建设模式。特色村庄以发掘和保护历史文化遗迹遗存、特色景观资源为重点，传承历史文化，保护传统乡土建筑和原始风貌，搞好基础设施和公共服务设施建设，大力发展特色产业，改善生产生活条件，为全省开展特色村庄建设探索经验。

二、整治任务

（一）基础设施建设。坚持城乡一体发展、多村统一规划、联合集中整治，结合农村人饮工程、农网改造工程、道路村村通工程等，全面实施道路硬化、主要路段亮化、给排水设施建设等。鼓励实施清洁能源、有线电视入户以及集中供热等工程，提高农村居民生活水平。需要对历史遗迹进行保护的村庄、具有特色景观和民俗文化的村庄应以"保护"为原则，严禁因基础设施建设对历史遗迹、景观格局、传统风貌、自然环境等造成破坏。一般村庄以道路硬化、公交通达、集中供水等设施建设为重点，改善基本生产生活条件。2015年底前完成21个试点镇全部村庄和已编制规划的特色村庄的基础设施建设任务；到2020年，完成全省所有村庄基础设施建设任务。

（二）公共服务设施建设。推进城镇公共服务设施向农村延伸，加大农村教育、文化、卫生等公共服务设施建设力度，实现城乡公共服务均等化。新型农村社区公共服务设施要按照《陕西省新型农村社区建设规划编制技术导则》、《村卫生室建设指导意见》等相关技术规范进行建设，幼儿园（托儿所）、文化室、养老院、互助幸福院、卫生室、文体活动广场、社区委员会、社区服务中心等公共服务设施配置率应达到100%。其他村庄要在村民相对集中、交通较为便利的地方，建设文化室、卫生室、服务中心、文体广场等基本公共服务设施，要充分利用空闲土地、农村中小学布局调整后的闲置土地或其他公共用地，一般不新征用土地，不占用基本农田。2015年底前，完成21个试点镇全部村庄和已编制规划的特色村庄的公共服务设施建设任务；到2020年，完成全省所有村庄公共服务设施建设任务。

（三）改善住房条件。坚持政府引导、群众自愿的原则，按照安全、经济、适用、节能、节地、卫生的要求，整合各类项目资金，统筹规划建设农民安居工程，大力实施危房改造，逐步解决农村困难群众安全住房问题。2015年底前完成21个试点镇全部村庄、已编制规划的特色村庄以及60%的一般村庄危房改造任务，到2020年，完成全省所有村庄危房改造任务。

（四）村庄人居环境整治。按照"减量化、资源化、无害化"的要求，建立"户分类、村收集、乡（镇）转运、县处理"的农村生活垃圾集中处理模式，配套完善村庄垃圾集中收集处理设施。2015年底前完成21个试点镇所有村庄和全省规划的特色村庄垃圾集中收集，到2020年完成全省所有村庄的垃圾集中收集。鼓励采取生物或生态措施为主、工程措施为辅的治理方式，对村庄污水进行处理，有条件的地方引进污水集中处理设施，提高污水达标排放率。2015年底前完成21个试点镇所有村庄和全省规划的特色村庄污水集中处理设施建设，2020年底前完成全省所有村庄污水处理设施建设。实施村庄绿化和房前屋后庭院绿化，大力种植乔木和乡土、特色树种，实现建筑风貌与周边环境协调统一。2015年底前，完成21个试点镇所有村庄和全省规划的特色村庄绿化美化。2020年底前，完成全省所有村庄绿化美化，建成一批色彩统一、风貌协调的美丽乡村，关中、陕南、陕北村庄林木覆盖率分别达到30%、35%、25%以上，重点在陕南建设一批独具特色的田园村庄。

（五）大力发展特色产业。加快发展循环生态农业，大力推广节地、节水、节肥、节药、节种、节能的种养技术，探索农村废弃物资源化循环利用，推广生物有机肥和高效低毒低残留农药，发展生态循环农业，减少农业面源污染。推广秸秆综合利用，及时回收棚膜、地膜，加强农产品产地土壤重金属污染综合防治。支持规模化畜禽养殖场开展粪便综合利用，因地制宜发展农村户用沼气和规模化沼气，大力推广山区省柴节煤灶。利用田园风光、山水资源等，发展特色鲜明的乡村休闲旅游业，形成以陕北红色教育旅游、关中文化体验旅游和陕南生态景观旅游为特色，重点景区为龙头、骨干景点为支撑、"农家乐"休闲旅游为基础的发展格局。结合移民搬迁和城镇化建设，在中心村及农业人口密集区，建设现代农业园区和农产品加工型产业园区，重点发展农产品加工业、劳动密集型产业、配套产业和农村服务业等，为农民创业就业创造条件。

三、具体要求

（一）村庄规划编制。村庄规划编制一般包括县域村庄布点规划和村庄建设规划，县域村庄布点规划要充分结合我省镇村整合、新型农村社区建设、移民搬迁等，优化镇村体系结构，明确村庄类型、布局和数量，统筹配置各项设施；村庄建设规划以村庄布点规划为指导，突出村庄发展特色，合理确定整治目标任务，统筹配置公共服务设施和基础设施。对纳入移民搬迁、重点示范镇建设等项目并编制了规划的村，要按照"缺什么补什么"的原则，对原规划进行修改完善，不再重新编制规划；对尚未编制规划的，要结合镇村撤并整合，以镇为单位，以合并后的中心村或社区为基点，编制好实景规划，对拟撤并的村不做规划。

（二）专项规划编制任务分工。省级各相关部门要根据本规划，于今年6月底前编制完成专项规划。省交通运输厅编制农村公路交通专项规划、省水利厅编制农村河道治理和农村饮水安全工程专项规划、省工业和信息化厅编制农村通信网络规划、省环境保护厅编制农村生态环境综合整治规划、省文化厅编制农村公共文化体系建设规划、省教育厅编制农村义务教育学校布局调整专项规划、省民政厅编制农村五保供养服务机构

建设专项规划、省卫生计生委编制农村医疗卫生设施专项规划、省林业厅编制林业生态建设规划、省农业厅编制现代农业发展规划等。专项规划要突出21个试点镇建设并在项目布局上予以倾斜，率先推进试点镇农村人居环境改善。

（三）规划审查审批。省住房城乡建设厅组织对21个试点镇所在县（区）的村庄布点规划及所辖中心村、全省国家级特色村庄建设规划进行技术审查。市级城乡规划主管部门组织对其余各县（区）村庄布点规划及21个试点镇其他村庄、省级特色村庄、市级新型农村社区建设规划进行技术审查。其余村庄建设规划由各县级城乡规划主管部门负责技术审查。县（区）域村庄布点规划由各县（区）政府组织编制，报上级政府审批。村庄建设规划由乡（镇）政府组织编制，经村民会议或者村民代表会议讨论同意后，报上级政府审批。

省级部门工作计划安排

时间		内容	牵头部门
2014~2015年	2014年7月~2015年12月	完成64个省级历史文化名村和传统村落以及60%的一般村庄的规划编制工作	省住房城乡建设厅
	2014年7月~2015年12月	完成省级新型农村社区、13个已审批的特色村庄、64个省级历史文化名村和传统村落、21个改善村庄人居环境试点镇内一般村庄的农村公路和内部道路硬化、主要道路亮化、公交服务工程	省交通运输厅 省住房城乡建设厅
	2014年7月~2015年12月	完成省级新型农村社区、13个已审批的特色村庄、64个省级历史文化名村和传统村落、21个改善村庄人居环境试点镇一般村庄的饮水安全工程	省水利厅
	2014年7月~2015年12月	完成省级新型农村社区、13个已审批的特色村庄、64个省级历史文化名村和传统村落、21个改善村庄人居环境试点镇一般村庄的电力、通信改造工程	省电力公司 省工业和信息化厅
	2014年7月~2015年12月	完成省级新型农村社区、13个已审批的特色村庄、64个省级历史文化名村和传统村落、21个改善村庄人居环境试点镇一般村庄的垃圾、污水收集和集中处理工程	省环境保护厅
	2014年7月~2015年12月	完成省级新型农村社区、13个已审批的特色村庄、64个省级历史文化名村和传统村落、21个改善村庄人居环境试点镇一般村庄的文化室、文体广场建设	省文化厅
	2014年7月~2015年12月	完成省级新型农村社区、21个改善村庄人居环境试点镇60%一般村庄幼儿园（托儿所）建设	省教育厅

续表

时间		内容	牵头部门
2014~2015 年	2014 年 7 月~2015 年 12 月	完成省级新型农村社区、13 个已审批的特色村庄、64 个省级历史文化名村和传统村落的养老院建设	省民政厅
	2014 年 7 月~2015 年 12 月	完成省级新型农村社区、13 个已审批的特色村庄、64 个省级历史文化名村和传统村落、21 个改善村庄人居环境试点镇一般村庄卫生室建设	省卫生计生委
	2014 年 7 月~2015 年 12 月	完成省级新型农村社区、13 个已审批的特色村庄、64 个省级历史文化名村和传统村落、21 个改善村庄人居环境试点镇一般村庄的美化绿化工程	省林业厅
	2014 年 7 月~2015 年 12 月	完成省级新型农村社区、13 个已审批的特色村庄、64 个省级历史文化名村和传统村落、21 个改善村庄人居环境试点镇一般村庄的危房改造工程	省住房城乡建设厅
2016~2020 年	2016~2017 年	完成全省新增的 50 个国家级历史文化名村和传统村落、50 个国家级特色景观名村和美丽宜居村庄、74 个省级历史文化名村和传统村落、所有一般村庄的建设规划编制工作	省住房城乡建设厅
	2017 年	完成全省新增的 50 个国家级历史文化名村和传统村落、50 个国家级特色景观名村和美丽宜居村庄、全省 40%村庄的农村公路和内部道路硬化、主要道路亮化、公交服务工程	省交通运输厅省住房城乡建设厅
		完成全省新增的 50 个国家级历史文化名村和传统村落、50 个国家级特色景观名村和美丽宜居村庄、全省 40%村庄的饮水安全工程	省水利厅
		完成全省新增的 50 个国家级历史文化名村和传统村落、50 个国家级特色景观名村和美丽宜居村庄、全省 40%村庄的电力、通信改造工程	省电力公司省工业和信息化厅
		完成全省新增的 50 个国家级历史文化名村和传统村落、50 个国家级特色景观名村和美丽宜居村庄、全省 40%村庄的垃圾、污水收集和集中处理工程	省环境保护厅
		完成全省新增的 50 个国家级历史文化名村和传统村落、50 个国家级特色景观名村和美丽宜居村庄、全省 40%村庄的文化室、文体广场建设	省文化厅
		完成 30%一般村庄的幼儿园建设	省教育厅
		完成全省新增的 50 个国家级历史文化名村和传统村落、50 个国家级特色景观名村和美丽宜居村庄、全省 40%村庄的养老院建设	省民政厅
		完成全省新增的 50 个国家级历史文化名村和传统村落、50 个国家级特色景观名村和美丽宜居村庄、全省 40%村庄的卫生室建设	省卫生计生委
		完成全省新增的 50 个国家级历史文化名村和传统村落、50 个国家级特色景观名村和美丽宜居村庄、全省 40%村庄的美化绿化工程	省林业厅
		完成全省新增的 50 个国家级历史文化名村和传统村落、50 个国家级特色景观名村和美丽宜居村庄、全省 40%村庄的危房改造工程	省住房城乡建设厅
		新建养殖小区沼气工程 225 个，大中型沼气工程 50 个	省农业厅
	2018 年	完成 37 个省级历史文化名村和传统村落、全省 60%村庄的农村公路和内部道路硬化、主要道路亮化、公交服务工程	省交通运输厅省住房城乡建设厅
		完成 37 个省级历史文化名村和传统村落、全省 60%村庄的饮水安全工程	省水利厅
		完成 37 个省级历史文化名村和传统村落、全省 60%村庄的电力、通信改造工程	省电力公司省工业和信息化厅

时间		内容	牵头部门
2016~2020 年	2018 年	完成 37 个省级历史文化名村和传统村落、全省 60% 村庄的垃圾、污水收集和集中处理工程	省环境保护厅
		完成 37 个省级历史文化名村和传统村落、全省 60% 村庄的文化室、文体广场建设	省文化厅
		完成全省 70% 一般村庄的幼儿园建设	省教育厅
		完成 37 个省级历史文化名村和传统村落、全省 60% 村庄的养老院建设	省民政厅
		完成 37 个省级历史文化名村和传统村落、全省 60% 村庄的卫生室建设	省卫生计生委
		完成 37 个省级历史文化名村和传统村落、全省 60% 村庄的美化绿化工程	省林业厅
		完成 37 个省级历史文化名村和传统村落、全省 80% 村庄的危房改造工程	省住房城乡建设厅
		新建养殖小区沼气工程 225 个，大中型沼气工程 50 个	省农业厅
	2019 年	完成 37 个省级历史文化名村和传统村落、全省 80% 村庄的农村公路和内部道路硬化、主要道路亮化、公交服务工程	省交通运输厅 省住房城乡建设厅
		完成 37 个省级历史文化名村和传统村落、全省 80% 村庄的饮水安全工程	省水利厅
		完成 37 个省级历史文化名村和传统村落、全省 80% 村庄的电力、通信改造工程	省电力公司 省工业和信息化厅
		完成 37 个省级历史文化名村和传统村落、全省 80% 村庄的垃圾、污水收集和集中处理工程	省环境保护厅
		完成 37 个省级历史文化名村和传统村落、全省 80% 村庄的文化室、文体广场建设	省文化厅
		完成 37 个省级历史文化名村和传统村落、全省 80% 村庄的养老院建设	省民政厅
		完成 37 个省级历史文化名村和传统村落、全省 80% 村庄的卫生室建设	省卫生计生委
		完成 37 个省级历史文化名村和传统村落、全省 80% 村庄的美化绿化工程	省林业厅
		完成 37 个省级历史文化名村和传统村落、全省 80% 村庄的危房改造工程	省住房城乡建设厅
		新建养殖小区沼气工程 150 个，大中型沼气工程 20 个	省农业厅
	2020 年	完成全省具备条件村庄的农村公路和内部道路硬化、主要道路亮化、公交服务工程	省交通运输厅 省住房城乡建设厅
		完成全省所有村庄的饮水安全工程	省水利厅
		完成全省所有村庄的电力、通信改造工程	省电力公司 省工业和信息化厅
		完成全省所有村庄的垃圾、污水收集和集中处理工程	省环境保护厅
		完成全省所有村庄的文化室、文体广场建设	省文化厅
		完成全省所有村庄的养老院建设	省民政厅

续表

时间		内容	牵头部门
2016~2020年	2020年	完成全省所有村庄的卫生室建设	省卫生计生委
		完成全省所有村庄的美化绿化工程	省林业厅
		完成全省所有村庄的危房改造工程	省住房城乡建设厅
		新建养殖小区沼气工程150个，大中型沼气工程20个	省农业厅

21个整镇连片推进村庄环境整治美丽乡村建设
试点镇（街办）名单

西安市：长安区五台街办、阎良区新兴街办

宝鸡市：陈仓区县功镇、凤翔县陈村镇、眉县横渠镇

咸阳市：旬邑县太村镇、淳化县润镇、武功县小村镇

铜川市：耀州区董家河镇

渭南市：大荔县朝邑镇、富平县留古镇、华县柳枝镇、合阳县坊镇

延安市：延川县文安驿镇

榆林市：靖边县杨桥畔镇

汉中市：汉台区铺镇

安康市：汉阴县涧池镇

商洛市：山阳县高坝店镇

韩城市：芝川镇

杨凌示范区：杨陵区五泉镇

西成新区：泾河新区崇文镇

云南省委 省人民政府
关于推进美丽乡村建设的若干意见

云发〔2014〕13 号

为深入贯彻党的十八大和全国改善农村人居环境工作会议精神，建设美丽云南，推进城镇化与新农村建设良性互动，运用省级重点村建设的经验成果，在试点示范的基础上，从 2015 年起，进一步改善农村人居环境，推进美丽乡村建设，现结合云南实际，提出以下意见。

一、总体要求

（一）指导思想。以科学发展观为指导，坚持"四化同步"，坚持工业反哺农业、城市支持农村和统筹城乡发展方略，按照中央提出的"生产发展、生活宽裕、乡风文明、村容整洁、管理民主"的总要求，以提升农民生活品质为根本，以推进村庄环境整治为重点，以展现农村生态魅力为特色，以省级重点建设村等各级新农村试点示范村建设为载体，着力建设秀美之村、富裕之村、魅力之村、幸福之村、活力之村，走发挥优势、彰显特色的多样化路子，全面改善农村生产生活条件，打造升级版新农村，把美丽乡村建成云南叫响全国的又一张名片，不断开创云南城乡共同繁荣发展新局面。

（二）主要目标。在做好县域城镇体系规划和村庄整治规划编制的基础上，按照"培育中心村、提升特色村"的要求，推进美丽乡村建设。从 2015 年起，每年推进 500 个以上以中心村、特色村和传统村落为重点的自然村建设，全面推进环境整治、基础设施建设和公共服务配套，建设周期不超过 2 年。通过典型示范，串点成线、连线成片，带动全省面上新农村建设。到 2018 年，力争在全省的中心村、特色村和传统村落建

成一批富有云南特色的"宜居宜业宜游"美丽乡村。

（三）基本原则。

——坚持规划引领、示范带动。强化规划的引领和指导作用，结合各地区村庄建设和传统村落保护发展的要求，科学编制美丽乡村建设规划，做到先规划后建设。按照统一规划、集中投入、分批实施的思路，坚持试点先行、量力而为，逐村整体推进，逐步配套完善，确保建一个成一个，防止一哄而上、盲目推进。

——坚持因地制宜、分类指导。针对各地区发展基础、人口规模、资源禀赋、民俗文化等方面的实际，切实加强分类指导，注重因地制宜、因村施策，发挥地方自主性和创造性，防止生搬硬套。以旧村改造修复和村庄整治为主，改善乡村人居环境。实行最严格的耕地保护制度，防止村庄建设占用基本农田。

——坚持生态优先、彰显特色。突出农村生态文明建设，大力开展农村植树造林，加强以森林和湿地为主的农村生态屏障保护和修复，实现人与自然和谐相处。突出乡村和民族特色，保持田园风貌，体现地域文化风格，注重农村文化传承，适应农民生产生活方式，切忌用一张图纸、一个式样、一种格调搞村庄建设或照搬城市建设模式。

——坚持城乡统筹、协调推进。建立以工促农、以城带乡的长效机制，加快推进城镇化，带动美丽乡村建设，加快农业人口转变为城镇人口步伐，加快城镇基础设施和公共服务向农村延伸覆盖，推进城乡经济社会一体化进程。

——坚持以人为本、农民主体。始终把农民群众的利益放在首位，充分发挥农民群众的主体作用，尊重农民群众的知情权、参与权、决策权、管理权和监督权，引导村民大力发展生态经济、自觉保护生态环境、加快建设生态家园。

——坚持以县为主、合力推进。省、州（市）加强政策扶持和指导督查，以县（市、区）为单位，整体谋划、整合资源、统筹推进，形成上下联动、分工负责的工作格局。

二、重点任务

（一）建设秀美之村

1. 修编村庄布点规划。省、州（市）相关部门指导，县级规划部门负责，充分考虑新型城镇化和农业现代化发展趋势，修编完善村庄布点规划，科学确定中心村和需要保留保存的特色村、传统村落。村庄布点规划要符合乡镇总体规划。编制中心村美丽乡村建设规划，要因势就形、突出特色、一村一景，预留建设发展空间。要广泛听取群众意见，村庄布点规划必须分别经乡（镇）、县（市、区）人大审议通过，完善规划审定、督查制度。严格落实耕地保护制度，严格执行土地利用总体规划，严禁在村庄规划点外（含自留地）新建住房，引导农民到中心村、规划村集中居住，有条件的进小城镇和县城以上城镇就业和定居。建立乡镇、村庄规划建设监管机制，对于每年确定建设的中心村、特色村和传统村落，州（市）、县（市、区）要安排专项规划编制经费。

2. 重点建设中心村和特色村。以村庄布点规划为依据，按照"人口集中、产业集聚、要素集约、功能集成"的要求，以农村社区化为方向，培育打造中心村和特色村。选择区位条件好、经济基础强、带动作用明显的较大自然村，优先考虑乡（镇）政府驻地村、传统村落、历史文化名村、特色产业村、交通干道沿线村、重点景区周边村、特色景观旅游名村、城市规划区周边等有条件的村，改造提升一批中心村、特色村和传统村落。依托扶贫易地搬迁、农村危房改造、灾后重建、库区移民、矿山环境治理和重点项目征地拆迁等项目实施，规划新建一批中心村和特色村。

3. 改善农村生态环境。积极实施国家新一轮退耕还林，加快陡坡地生态治理，推进村庄绿化、庭院美化建设，对村、路、渠、宅"四旁"和公共区进行绿化，改善村庄环境的生态质量和景观面貌。保护古建筑文物、特色民居、村内古树、大树、成片林地和文化遗产，形成道路河道乔木林、房前屋后果木林、公园绿地休憩林、村庄周围护村林的村庄绿化格局。加大生态村、生态乡（镇）创建力度。到2018年，美丽乡村示范点村庄绿化覆盖率力争达到40%以上。分步开展沿路、沿江、沿线、沿景区的环境综合整治，强化重金属对土壤污染和水污染的防治，加大污染源治理和监测，启动重金属污染耕地修复试点，严厉打击不达标排放行为，实施农村河道的生态修复与综合治理，大力开展农村塘坝清淤整治，着力恢复河塘功能，全面改善农村水环境。加大土地综合整治，严厉打击私挖滥采及擅自占用土地和非法采石取土等行为。

4. 提升人居环境。实施以"改路、改房、改水、改圈、改厕、改灶，治理脏、乱、差"为主要内容的村容村貌整治工程，大力改善农村人居环境。开展村内户外道路硬化，铺装水泥、石板、沥青、弹石等硬化路面。推进农村危房改造及地震安居工程，提高农村人居安全水平和防灾减灾能力。广泛开发和利用沼气、节能灶、太阳能等农村新型能源，普遍推广节水、节材、节能技术，促进农业废弃物综合利用率大幅提升。加强农村环境保护，因地制宜采用人工湿地、土地渗滤等技术处理生活污水，生活污水集中处理率力争达到70%以上。对现有农村给排水设施管网进行改造，实现管网入地。启动实施"村村通"自来水工程，坚持水量、水质并重。强化农村水源地保护，保障水质安全，健全水污染防治应急处理机制。加强垃圾收运设施建设，交通便利地区采取"户分类、组保洁、村收集、镇运转、县处理"模式，偏远地区采取灵活的减量化处理模式，严控乱堆乱放，力争农村生活垃圾定点存放清运率达70%。引导农民单独建畜厩等附属用房或建养殖小区，实现人畜分离；引导农民养成良好的生产生活习惯，加强病死动物无害化处理公共设施建设，积极推广畜禽养殖粪便、农业废弃物等资源综合利用，力争畜禽粪便有效处置及综合利用率达到 70% 以上。以电灯、太阳能路灯、风能路灯等多种照明形式互为补充，加快推进乡村路灯建设步伐，全面提升农村亮化水平。

（二）建设富裕之村

1. 大力发展高原特色农业。打响高原特色农业"丰富多样、生态环保、安全优质、四季飘香"四张名片，大力发展生态循环农业，立足保障供给、生态涵养、休闲旅游等功能定位，积极转变农业发展方式，深入推进现代农业园区、粮食生产功能区建设，发展农业规模化、标准化和产业化经营，推广种养结合等新型农作制度，支持规模化养殖场进行畜禽粪污综合利用，推进技术成果进村入户，主要农产品中有机、绿色及无公害产品种植面积占比大于 90%。大力发展乡村生态农业，促进农业清洁化生产。商品有机肥使用量提高到 50% 以上，高效低毒低残留农药推广使用面积达 90% 以上，规模化畜禽养殖排泄物综合利用率达 90% 以上，农作物秸秆综合利用率达到 90% 以上。

2. 大力发展庄园经济。依托我省特色、生态优势产业发展，按照"有主体、有基地、有加工、有品牌、有展示、有文化"的"六有"要求，坚持走精品化、有机化发展路子，突出地理标识，加强原产地保护。引导和鼓励各类经营主体发展各具特色、不同类型、不同规模、不同功能的现代农业庄园，规划建设或改造提升一批集休闲、观光、体验、展示为一体的精品农庄，积极打造在省内外、国内外叫得响的现代庄园品牌。

3. 大力发展乡村生态旅游业。利用农村森林景观、田园风光、山水资源、民族特色和乡村文化，加快形成以重点景区为龙头、骨干景点为支撑、"农家乐"休闲旅游为基础的乡村休闲旅游业发展格局。每个美丽乡村示范点发展 1 个以上带动能力强的农村专业合作组织，培养 1 名以上农村科技辅导员，家家有科技明白人和增收致富产业，着力打造精品，实现一村一品、一村一特。

4. 大力发展农产品加工业。加快发展农产品产地初加工，推动农产品加工业向园区和城镇集聚，严格控制污染企业向农村转移。完善农产品加工产业体系，以食品、生物药、生物材料、生物燃料、生物资源等为重点，延长农业产业链，提高农业综合效益，力争农产品加工率达到 65% 以上。

（三）建设魅力之村

1. 培育民族特色文化村。编制民族特色文化村落保护规划，制定保护政策。充分发掘和保护传统村落、传统民居、古树名木及古建筑、民俗文化等历史文化遗迹遗存，优化美化村庄人居环境，把历史文化底蕴深厚的传统村落培育成传统文明和现代文明有机结合的特色文化村。挖掘传统农耕文化、山水文化、人居文化，把特色民族文化村打造成为弘扬农村生态文化的重要基地。加快对村落非物质文化遗产和村落文化的抢救挖掘，加大对传统艺术、技艺、民俗、人文典故、地域风情等非物质文化的发掘、传承和弘扬力度。

2. 培育和谐文明新风尚。充分发扬勤劳朴实的农村传统民风，逐步引入现代文明生活理念，积极营造美丽乡村文明和谐新风尚。开展群众性生态文明创建活动，加强生态文明知识的普及教育，倡导资源节约和环境保护，丰富农村文化生活。引导农民生态消费、理性消费。倡导厚养薄葬，绿色、人文、生态殡葬新风尚，积极推行生态节地葬法。合理调节农村利益关系，畅通诉求表达渠道，有序引导农民合理诉求，有效化解农村矛盾纠纷，扎实开展平安创建活动，加强农村社会治安综合治理，维护农村社会和谐稳定。

3. 加强农村文化阵地建设。坚持全面推进农村文化建设，大力实施边疆解"五难"文化活动、文化信息资源共享、农村电影放映、基层"两馆一站"免费开放等文化惠民工程。推进文化信息资源共享工程建设，建立覆盖乡镇的文化信息资源网络传输系统。积极推进农村综合文体广场、文化室和文化大院建设，让文化阵地逐步覆盖中心村和人口聚集的自然村。引导城市文化向农村辐射，深入开展"送图书、送电影、送戏曲"活动。推进农村广播电视全覆盖工程建设，全面实施"七彩云南全民健身工程"，丰富农民体育生活。

（四）建设幸福之村

1. 改善农业农村基础设施。加快发展民生水利，积极推进农村集中供水建设，推进城乡一体化供水水网建设，做到水利建设资金和项目重点向农村人饮安全、山区"五小水利"、"爱心水窖"等惠及民生的水利重点领域倾斜，全面解决国家规划内农村人口和农村学校师生饮水不安全问题。以中低产田地改造、农田水利基本建设和基本农田示范区建设为抓手，完善灌排体系，全面提升耕地质量。推进以通乡油路和通村油路为重点的农村公路建设，加快向农民集中居住点、农业园区、农村旅游点延伸，实现70%的建制村通硬化路面。加强农村公交客运站建设，优化公交线路网络布局，确保"路、站、运、管、安"五位一体协调发展。建成安全可靠、节能环保、技术先进、管理规范的新型农村电网，实现城乡各类用电同网同价。美丽乡村示范点村村有安全饮用水，通电、通路、广电网、电信网、互联网通村到户。

2. 提升农村公共服务水平。均衡推进九年义务教育发展，巩固农村义务教育普及成果，全面提升农村义务教育保障水平，增加农村优质教育资源总量，充分利用教育信息化扩大优质教育资源覆盖面。采用对口帮扶、送教下乡、远程教育等方式，提高农村教育管理水平和教学质量。努力扩大农村学前教育资源、提升教育管理水平和保教质量。推进教育资源合理配置，逐步缩小城乡中小学生均公用经费差距，促进县域内校长、教师合理流动。推进乡（镇）卫生院、村卫生室标准化建设，继续开展二级以上医疗机构对口支援乡（镇）卫生院工作，促进基本公共卫生服务均等化。全面加强人口和计划生育工作，实现免费孕前优生健康检查全覆盖。继续推进农村社会保障工作，稳步提高农村低保、新型农村合作医疗的筹资和保障水平。扎实开展农民培训，提高农民素质和就业、创业能力，培育一批综合素质高、生产经营能力强、主体作用发挥明显，适应现代农业发展需要的新型职业农民。美丽乡村示范点村民有医疗、养老等社会保障。

3. 千方百计增加农民收入。积极推进高效、生态农业发展，千方百计挖掘产业增收潜力，拓宽农民增收渠道，通过发挥农村生态资源、人文积淀、特色产业等优势，促进传统农业转型升级，加快发展农村休闲旅游等第三产业。增加工资性收入，加大农民转移就业培训力度，切实提高农民素质和就业技能，确保农民非农就业稳定和收入水平提高。按照"放宽城镇户籍、同享城乡待遇、自愿有偿转变、分类协调推进"的要求，促进农业转移人口转变为城镇居民，有效增加农村人口人均资源占有率，拓展农业发展空间，增加农民收入。提高财产性收入，加大农民创业扶持力度，鼓励农民以房权换股权，以资金、劳务、物业权入股，盘活农村集体资产、土地及房产资源，着力优化农民收入结构。美丽乡村示范点农民人均纯收入不低于全省中上水平，居于各州（市）、县（市、区）领先水平。

4. 大力发展村集体经济。加强农村集体资金资产资源管理，支持和引导各地区开发集体资源、盘活集体资产、经营集体资金，鼓励以入股、租赁等形式发展符合农村实际的产业，壮大集体经济。鼓励有条件的村建立现代公司组织，探索推进村企一体化建设。在村民自愿的前提下，因劳动力转移而闲置的土地可由村集体代管。通过土地整治等新增的耕地可用于发展村集体农业产业经济。开展将政府在农村的小型工程设施投资形成的资产转为集体股份加以有效管理利用试点，支持村级组织和党员群众发展生产，取得收益作为集体经济收入。村集体资产为全体村民集体所有，统一经营、民主管理、收益共享。美丽乡村示范点都有村集体资产。

（五）建设活力之村

1. 加强基层组织建设。选优配强村"两委"班子，建立村务监督委员会，不断优化村干部队伍结构。以深入开展党的群众路线教育实践活动为契机，扩大农村基层党组织的组织覆盖和工作覆盖，重点抓好农民合作组织等薄弱领域党建工作。逐步提升村干部"一定三有"保障水平。推进农村基层服务型党组织建设。推行边防民警兼任村官制度，开展边境地区"警地共建"工作。坚持完善干部直接联系和服务群众制度，选强用好新农村建设工作总队长、队长、指导员、常务书记。继续选聘高校毕业生到村任大学生村官。加强城乡基层党建资源整合，支持有条件的村民小组建设活动场所。完善村级组织运转和基本公共服务经费保障制度。加强农村党风廉政建设，坚决查处和纠正涉农领域侵害群众利益的腐败问题和加重农民负担行为。

2. 健全村民自治机制。结合村庄撤并，探索中心村和新型农村社区辖区内村民自治组织设置模式。继续推行"四议两公开"工作法，结合实际创新载体，提高民主议事、民主决策、民主监督的实效。健全村民会议和村民代表会议、村务公开、村民议事、村级财务管理等自治制度，加强美丽乡村新农村建设理事会、村老年协会等社会组织建设，发挥农民的建设主体作用。积极开展民族团结进步示范村和跨行政区域的民族团结示范区创建，大力开展民族团结警民共建活动。

3. 创新农村社会管理。顺应人口相对集中、居住相对集中、村庄数量减少、规模扩大的趋势，创新农村社区服务管理机制，培育新型社会管理组织，探索拆村并点或建设过程中村民集中居住后民心融合、村民自治、集体资产管理的新机制。根据农村人口居住情况，以农村社区（村委会）为单位，按照农民经济身份与社会身份分离、农村集体经济组织成员身份与权利不变，以及社区居民属地化管理的原则，探索中心村组织机构设置新模式。健全完善农村"三资"管理制度，在有条件的地方，推进村集体资产折股量化的综合性股份制改革试点，探索组建以资产为纽带的村级股份经济合作社，逐步建立现代农村集体经济产权制度。

4. 推进土地制度改革。省每年安排到州（市）的新增建设用地指标，确保有不少于5%用于农村居民建房。省下达的增减挂钩指标要优先安排被拆迁农户安置和农村基础设施建设。以农村土地产权制度改革为核心，大力发展农村土地股份合作社，鼓励农村土地股份合作社将耕地、山林、水面以承包经营权入股、租赁等形式参与企业经营，将符合规划、依法取得的建设用地，通过招商引资、作价入股等形式，发展二三产业。加快农村土地、住房确权登记，建立农村宅基地使用权退出补偿机制，加快农民市民化进程。

三、保障措施

（一）创新工作推进机制。各级党委、政府要高度重视，把美丽乡村建设作为现阶段改善农村人居环境、推进新农村建设的重要载体和主要抓手，坚持党政主要负责人亲自抓，加强领导，强力推进。省委农村工作领导小组是省委、省政府总揽推进全省美丽乡村建设的领导机构，对美丽乡村建设工作实行统一领导，指导各州（市）委农村工作（社会主义新农村建设）领导小组工作。省、州（市）、县（市、区）党委农村工作（社会主义新农村建设）领导小组办公室牵头负责美丽乡村建设的整体谋划、综合协调、规划布点、统筹推进、督促检查和综合考核工作。要加强"三农"综合部门工作力量，核定足够人员编制，加强队伍建设。以开展党的群众路线教育实践活动为契机，深入基层、深入实际，切实转变工作作风，及时解决建设过程中出现的新情况、新问题。建立各地区各部门领导包村建设美丽乡村机制和社会主义新农村建设工作队联系美丽乡村建设示范点制度。

（二）创新协调联动机制。强化美丽乡村建设部门间协商工作机制。省委农村工作领导小组成员单位及有关部门要深刻把握省委、省政府推进美丽乡村建设的总体部署，坚决贯彻执行省委、省政府推进美丽乡村建设的政策措施。工作中要加强沟通协调，按照部门职能，主动推进美丽乡村建设的各项工作。省委农办负责牵头做好相关工作，民族、财政、住建、农业、旅游等部门按照年度布点、建设重点和建设标准等要求，积极完成美丽乡村建设任务；发改、国土、住建、林业、水利、交通、环保、文化、教育、卫生、人社等部门都要把资源向美丽乡村示范点倾斜、集聚，做到"美丽乡村规划建设到哪里，相关项目和资金配套就跟到哪里"，确保建设取得实效。组织、民政部门要切实加强村级组织和政权建设，为美丽乡村建设提供有力组织保证。

（三）创新资金投入机制。各地区要按照"渠道不乱、用途不变、各司其职、各记其功"的原则，加大财政资金整合力度。省级每年整合10亿元以上的专项资金用于推进美丽乡村建设。各级政府要加大对美丽乡村建设的投入，集中力量打造精品。县（市、区）级要加大美丽乡村建设资金的整合力度、社会资金的融资力度，集聚财力用于美丽乡村建设。充分发挥农村信用社作为农村金融主力军的作用，加快发展村镇银行，规范发展小额贷款公司、融资性担保公司、农村资金互助组织等新型农村金融机构，探索建立政策性农业担保公司，引导金融机构创新金融产品和服务，扩大集体林权、土地承包经营权、农房所有权等农村产权抵押贷款试点，探索农村集体经营性建设用地使用权抵押贷款等农村产权抵押融资试点，支持各地区探索建立美丽乡村建设投融资服务机构。探索建立市场化、社会化投入机制，按照"谁投资、谁经营、谁受益"的原则，鼓励不同经济成分和各类投资主体以独资、合资、承包、租赁等多种形式参与农村生态环境建设、生态经济项目开发。通过村企结对、部门联村等形式，建立多方筹资、共建共享的投入机制，吸引社会资金参与美丽乡村建设。特别要搭建"感恩社会、回报家乡"的建设平台，引导企业为美丽乡村建设贡献力量。

（四）创新长效管护机制。坚持建管并重，切实建立农村公共设施的长效管护机制。采取村有村管等方式，加强村庄卫生保洁、设施维护和绿化养护等工作，落实相应人员、制度、职责、经费，探索建立以村集体和群众为主、政府补助的筹资机制，"有人管事、有钱做事"，逐步实现村庄环境的自我管理，确保供水、垃圾、污水、照明等设施正常运行。加快发展村集体经济，利用闲置的房屋、土地，以及集体所有的山林、水体、河滩等，通过租赁、改造等形式，实行业主经营，集体一次性或分年度收取土地租金，筹措管护费用，盘活资产，提高利用率，增加集体收入。积极探索建立美丽乡村管理的长效机制，试行社会化经营模式，对村容卫生日常保洁和公共基础设施进行日常维护。加强基层服务管理力量建设，乡（镇）和村级要全面配备规划建设管理员、环保员、水利管理员。

（五）创新考核评价机制。按照"科学合理、操作简便、有所创新"的要求，由省委农办牵头，组织力量研究制定"云南美丽乡村"的建设内容，提出考核验收标准。从2015年起，每年组织对美丽乡村建设的考核验收工作。把美丽乡村建设列入各级党政干部政绩综合考核和"三农"综合考核，作为评价党政领导班子政绩、干部选拔任用和拨付下年度扶持资金、以奖代补资金的主要依据，加强督查，严格奖惩。按照有关规定，对工作抓得紧、成效显著的给予表彰奖励；对工作不到位、进度慢或成效不明显的给予通报批评，并在扶持资金、项目安排上予以扣减。

（六）创新宣传动员机制。加强舆论宣传，提高全社会对推进美丽乡村建设重要性的认识。各地区各部门要及时宣传涌现出来的好典型、好做法、好经验，加强工作交流，提高全省美丽乡村建设总体水平。坚持因地制宜推进美丽乡村建设，及时总结和推广基层探索创造的典型经验。积极推动美丽乡村建设活动进学校、进家庭，在农户中广泛开展"洁美农户"、"清洁之星"等评选活动，提高广大群众的生态环保意识。充分发挥电视、广播、报刊、网络等主流媒体的作用，开展形式多样、生动活泼的宣传教育活动，总结宣传先进典型，形成全社会关心、支持和助推美丽乡村建设的良好氛围。

浙江省委 省人民政府
浙江省深化美丽乡村建设行动计划（2016～2020年）

为深入贯彻省委十二届七次全会精神，加快社会主义新农村建设，努力实现生产发展、生活富裕、生态良好的目标，特制定浙江省美丽乡村建设行动计划。

一、总体要求

（一）指导思想。深入贯彻落实科学发展观，全面实施"八八战略"和"创业富民、创新强省"总战略，认真贯彻落实省委十二届七次全会《关于推进生态文明建设的决定》精神，以促进人与自然和谐相处、提升农民生活品质为核心，围绕科学规划布局美、村容整洁环境美、创业增收生活美、乡风文明身心美的目标要求，以深化提升"千村示范、万村整治"工程建设为载体，着力推进农村生态人居体系、农村生态环境体系、农村生态经济体系和农村生态文化体系建设，形成有利于农村生态环境保护和可持续发展的农村产业结构、农民生产方式和农村消费模式，努力建设一批全国一流的宜居、宜业、宜游美丽乡村，促进生态文明和惠及全省人民的小康社会建设。

（二）总体目标。根据县市域总体规划、土地利用总体规划和生态功能区规划，综合考虑各地不同的资源禀赋、区位条件、人文积淀和经济社会发展水平，按照"重点培育、全面推进、争创品牌"的要求，实施美丽乡村建设行动计划。到2015年，力争全省70%左右县（市、区）达到美丽乡村建设工作要求，60%以上的乡镇开展整乡整镇美丽乡村建设。总体实现以下目标：

——农村生态经济加快发展。循环经济、清洁生产等技术模式广泛应用，低耗、低排放的乡村工业、生态农业、生态旅游业等生态产业快速发展。

——农村生态环境不断改善。乡村工业污染、农业面源污染以及农村垃圾、污水得到有效治理，村庄绿化美化水平不断提高，农村卫生长效保洁机制基本建立，农村居住环境明显优化。

——资源集约利用水平明显提高。农村人口集中居住和农村土地集约利用水平不断提高，农村新型能源得到广泛开发和利用，节地、节材、节能技术得到普遍推广，农业废弃物综合利用水平明显提高。

——农村生态文化日益繁荣。农村特色生态文化得到有效发掘、保护和弘扬，生态文明理念深入人心，健康文明的生活方式初步形成。

（三）基本原则。

——坚持以人为本。始终把农民群众的利益放在首位，充分发挥农民群众的主体作用，尊重农民群众的知情权、参与权、决策权和监督权，引导他们大力发展生态经济、自觉保护生态环境、加快建设生态家园。

——坚持因地制宜。立足农村经济基础、地形地貌、文化传统等实际，突出建设重点，挖掘文化内涵，展现地方特色。

——坚持生态优先。遵循自然发展规律，切实保护农村生态环境，展示农村生态特色，统筹推进农村生态经济、生态人居、生态环境和生态文化建设。

——坚持以县为主。美丽乡村建设工作以县为单位通盘考虑，整体推进。省、市各级加强支持和指导。

二、主要任务

（一）实施"生态人居建设行动"。按照"规划科学布局美"的要求，推进中心村培育、农村土地综合整治和农村住房改造建设，改善农民居住条件，构建舒适的农村生态人居体系。

1. 推进农村人口集聚。大力培育建设中心村，以优化村庄和农村人口布局为导向，修编完善以中心村为重点的村庄建设规划，通过村庄整理、经济补偿、异地搬迁等途径，推动自然村落整合和农居点缩减，引导农村人口集中居住。开展农村土地综合整治，全面整治农村闲置住宅、废弃住宅、私搭乱建住宅。实施"农村建设节地"工程，鼓励建设多层公寓住宅，推行建设联立式住宅，控制建设独立式住宅。

2. 推进生态家园建设。全面开展"强塘固房"工程建设，推进农村屋顶山塘和饮用水源山塘综合整治、水库除险加固、易灾地区生态环境综合治理。进一步健全基层防汛防台体系。推进农村危旧房改造，到2015年完成收入在2007年农村低保收入标准150%以下的农村困难家庭危房改造任务，提高农村人居安全和防灾减灾能力，同时注重农村建筑与乡土文化、自然生态相协调。

3. 完善基础设施配套。深入实施农村联网公路、农民饮水安全、农村电气化等工程建设，促进城乡公共资源均等化。到2015年，具备建路条件的行政村公路通村率和通村公路硬化率均达到100%；行政村客运通达率达到94%以上，城乡客运一体化率达到55%以上。统筹建设农村社区综合服务中心，实施"农村老年福利服务星光"计划，健全农村文化、体育、卫生、培训、托老、通信等公共服务。

（二）实施"生态环境提升行动"。按照"村容整洁环境美"的要求，突出重点、连线成片、健全机制，切实抓好改路、改水、改厕、垃圾处理、污水治理、村庄绿化等项目建设，扩大"千村示范、万村整治"工程的建设面，提升建设水平，构建优美的农村生态环境体系。

1. 完善农村环保设施。推进"千村示范、万村整治"工程扩面提升，按照"先规划、后建设，先地下、后地上"的原则，建设垃圾处理、污水治理、卫生改厕等环保设施项目。到2015年，农村垃圾集中收集的行政村全域覆盖，每个乡镇建有1个以上垃圾中转或处置设施，开展农村生活污水治理的行政村覆盖率达到70%以上，卫生户厕农户达到总农户数的90%以上，农村垃圾减量化、资源化、无害化处理水平明显提高。

2. 推广农村节能节材技术。深入实施污水净化沼气工程，畜禽养殖场（户）沼气利用技术普遍应用，努力推进农村沼气集中供气。推动"建筑节能推进"工程在农村的实施，农村路灯太阳能供电、太阳能热水器等太阳能综合利用进村入户。引导农村新建住宅采用节能、节水新技术、新工艺，支持农户使用新型墙体建材和环保装修材料。

3. 推进农村环境连线成片综合整治。按照"多村统一规划、联合整治，城乡联动、区域一体化建设"的要求，结合中央"农村环境连片整治项目"的实施，编制农村区域性路网、管网、林网、河网、垃圾处理网、污水治理网一体化建设规划，开展沿路、沿河、沿线、沿景区的环境综合整治，深入开展万里清水河道建设，成片连村推进农村河道水环境综合治理，使农村环境明显优化。在农村环境综合整治基础上，开展生态村创建工作，到2015年，市级生态村占县域行政村总数的50%以上。

4. 开展村庄绿化美化。深入实施"兴林富民示范工程"，以增加绿量为重点，大力发展乔木和乡土、珍贵树种，形成道路河道乔木林、房前屋后果木林、公园绿地休憩林、村庄周围护村林的村庄绿化格局，到2015年，平原、半山区、山区三种类型的村庄林木覆盖率分别达到25%、20%、15%以上，建设一批有特色的森林村庄。

5. 建立农村卫生长效管护制度。加强村庄卫生保洁、设施维护和绿化养护等工作，落实相应人员、制度、职责、经费，探索建立政府补助、以村集体和群众为主的筹资机制，确保垃圾、污水等设施正常运行。扩大垃圾分类试点。探索建设村综合保洁站，拓宽保洁范围。

（三）实施"生态经济推进行动"。按照"创业增收生活美"的要求，编制农村产业发展规划，推进产业集聚升级，发展新兴产业，促进农民创业就业，构建高效的农村生态产业体系。

1. 发展乡村生态农业。深入推进现代农业园区、粮食生产功能区建设，发展农业规模化、标准化和产业化经营，推广种养结合等新型农作制度，大力发展生态循环农业，扩大无公害农产品、绿色食品、有机食品和森林食品生产。大力推广应用商品有机肥，实施"农药减量控害增效"工程，促进农业清洁化生产，到 2015 年，肥料、农药利用率均比 2010 年提高 5% 以上，商品有机肥使用量提高 30% 以上，高效低毒低残留农药推广使用面积达 80% 以上，规模化畜禽养殖排泄物综合利用率达到 97% 以上，农作物秸秆综合利用率达到 80% 以上。

2. 发展乡村生态旅游业。利用农村森林景观、田园风光、山水资源和乡村文化，发展各具特色的乡村休闲旅游业，加快形成以重点景区为龙头、骨干景点为支撑、"农家乐"休闲旅游业为基础的乡村休闲旅游业发展格局。实施"农家乐加快发展与规范提升"工程，强化"农家乐"污染整治，"农家乐"集中村实行村域统一处理生活污水，推广油烟净化处理等设备，促进"农家乐"休闲旅游业可持续发展。

3. 发展乡村低耗、低排放工业。按照生态功能区规划的要求，严格产业准入门槛，严禁"二高一资"产业到水源保护区、江河源头地区及水库库区入户。深入实施"百家升级工程"，推动乡村企业到乡村工业功能区集聚，严格执行污染物排放标准，集中治理污染。推动"技术创新推进工程"和"落后产能淘汰推进工程"在农村的实施，推行"循环、减降、再利用"等绿色技术，调整乡村工业产业结构。鼓励有条件的村建设标准厂房、民工公寓，发展农民技能培训服务中心、来料加工服务点和村级物业等，不断壮大村域经济实力。

（四）实施"生态文化培育行动"。按照"乡风文明身心美"的要求，以提高农民群众生态文明素养、形成农村生态文明新风尚为目标，加强生态文明知识普及教育，积极引导村民追求科学、健康、文明、低碳的生产生活和行为方式，增强村民的可持续发展观念，构建和谐的农村生态文化体系。

1. 培育特色文化村。编制农村特色文化村落保护规划，制定保护政策。在充分发掘和保护古村落、古民居、古建筑、古树名木和民俗文化等历史文化遗迹遗存的基础上，优化美化村庄人居环境，把历史文化底蕴深厚的传统村落培育成传统文明和现代文明有机结合的特色文化村。特别要挖掘传统农耕文化、山水文化、人居文化中丰富的生态思想，把特色文化村打造成为弘扬农村生态文化的重要基地。

2. 开展宣传教育。深入开展文明村镇创建活动，把提高农民群众生态文明素养作为重要创建内容。深化开展"双万结对共建文明"活动和农村"种文化"活动，开辟生态文明橱窗等生态文化阵地，运用村级文化教育场所，开展形式多样的生态文明知识宣传、培训活动，形成农村生态文明新风尚。

3. 转变生活方式。结合农村乡风文明评议，开展群众性生态文明创建活动，引导农民生态消费、理性消费。倡导生态殡葬文化，全面推行生态葬法。

4. 促进乡村社会和谐。全面推行"村务监督委员会"制度，进一步深化"网格化管理、组团式服务"工作，积极推行以村党组织为核心和民主选举法制化、民主决策程序化、民主管理规范化、民主监督制度化为内容的农村"四化一核心"工作机制，合理调节农村利益关系，有序引导农民合理诉求，有效化解农村矛盾纠纷，维护农村社会和谐稳定。

三、工作措施

（一）编制建设规划。结合县市域总体规划、城镇发展规划和土地利用总体规划，完善现有各类生态专项规划，加快供水、污水处理、垃圾收集处理等专项规划向周边农村延伸，进一步提高生态专项规划覆盖范围。按照"生活宜居、环境优美、设施配套"的要求，科学编制美丽乡村建设规划，细化区域内生产、生活、服务各区块的生态功能定位，明确垃圾、污水、改厕、绿化等各类项目建设的时序与要求。

（二）加大投入力度。各级财政要按照"资金性质不变、管理渠道不变、统筹使用、各司其职、形成合力"的原则，加大对美丽乡村建设资金的整合力度。现有"千村示范、万村整治"专项资金要重点用于美丽乡村建设。按照"谁投资、谁经营、谁受益"的原则，鼓励不同经济成分和各类投资主体以独资、合资、承包、租赁等多种形式参与农村生态环境建设、生态经济项目开发。支持民间资本以 BT、BOT 等形式，参与农村安全饮水、污水治理、沼气净化等工程建设。积极探索依法取得的农村集体经营性建设用地使用权、生态项目特许经营权、污水和垃圾处理收费权以及林地、矿山使用权等作为抵押物进行抵押贷款，引导金融资金参与美丽乡村建设。

（三）增强科技支撑。加大农村环保技术的研发与创新，充分利用高等院校、科研院所、骨干企业的科研资源，开发和引进减量化技术、再利用技术、资源化技术和生态修复技术，为美丽乡村提供有效技术支持。推广以节能、节水、节材、节地为主的先进适用技术，切实提高垃圾无害化和资源化处理、污水沼气净化治理、农业面源污染防治、新型能源利用的水平。

（四）营造良好氛围。充分发挥电视、广播、报刊、网络等主流媒体的作用，开展形式多样、生动活泼的宣传教育活动，总结宣传先进典型，形成全社会关心、支持和监督美丽乡村建设的良好氛围。通过规划公示、专家听证、项目共建等途径，广泛动员和引导工商企业、民营企业家、华人华侨、爱心人士等参与支持美丽乡村建设。

（五）加强农村基层组织建设。根据农村人口居住情况，以农村社区为节点，按照农民经济身份与社会身份分离、农村集体经济组织成员身份与权利不变以及社区居民属地化管理的原则，探索中心村组织机构设置新模式。深入开展创先争优活动、全面推进争做"新农村建设先锋"行动，选优配强村两委班子，不断优化村干部队伍结构，为美丽乡村建设提供组织保障。

（六）加强组织领导。各级党委、政府要高度重视美丽乡村建设工作，把这项工作作为现阶段推进新农村建设和生态文明建设的重要载体和主要抓手，制定美丽乡村建设行动计划年度实施意见。各地要坚持党政主要负责人亲自抓，县乡两级要加强美丽乡村建设工作力量，发挥各级"千村示范、万村整治"工作协调（领导）小组的作用，妥善处理好美丽乡村建设与生态村、文明村、平安村、"民主法治"村创建的关系，统筹协调"千村示范、万村整治"、"强塘固房"等涉农建设项目，加大建设力度。建立美丽乡村建设评价体系和奖惩激励机制，把美丽乡村建设列入各级党政干部政绩综合考核、生态省考核和社会主义新农村考核，以引导各地切实抓好美丽乡村建设工作。

大连市人民政府
关于印发《大连市 2015 年新农村建设要点》的通知

大政发〔2015〕10 号

各区、市、县人民政府,各先导区管委会,市政府各有关部门,各有关单位:

《大连市 2015 年新农村建设要点》业经大连市第十五届人民政府第二十九次常务会审议通过,现印发给你们,请认真组织实施。

大连市人民政府
2015 年 3 月 13 日

大连市 2015 年新农村建设要点

为继续深化农村各项改革,加快转变农业发展方式,加强农村基础设施建设,推进农村社会事业发展,促进全域城市化进程,实现现代农业增效、农村居民增收、农村社会繁荣,特制定本建设要点。

一、稳步提升农产品保障供给能力

1. 保障农产品有效供给。稳定粮食生产,安排粮食播种面积 400 万亩;推进 10 个都市型现代农业园区建设;新发展设施农业 4 万亩;新发展果树 4 万亩。(责任单位:市农委)新发展海洋牧场 10 万亩;放流水生生物幼体 30.8 亿尾。(责任单位:市海洋渔业局)

2. 强化农产品质量安全管理。强化畜禽免疫监测,确保在栏畜禽群体免疫密度保持在 90%以上,免疫抗体合格率达 70%以上;严格落实检疫申报制度,进一步规范产地检疫和屠宰检疫行为;完善畜禽屠宰监管体制,有序推进病死动物无害化处理基础设施建设,依法严厉打击违法行为,保障动物产品质量安全;完成 1100 个果菜样品定量检测;积极开展检打联动,及时有效防范风险隐患,确保不发生重大农产品质量安全事

故;重点推进 30 个乡镇农产品质量安全监管站标准化建设,积极推进达标监管站开展制度化检测工作,全面启动农药经营登记备案制度;完成对肉、蛋、奶等畜禽产品及畜牧业投入品定量检测样品 5480 个;培育市级以上名牌农产品 15 个;新认证无公害农产品 50 个、绿色食品 30 个。(责任单位:市农委)做好海参、扇贝等苗种出厂检疫,推进示范场、良种场等重点养殖企业产地检疫制度试点,发放检疫合格证明 500 个;年抽检水产品样品 2600 样次以上;继续做好全市渔业地方标准体系建设工作,全年制(修)订渔业行业标准、地方标准 10 项,创建国家级标准化示范区 1 处、省(市)级标准化示范区 1 处。(责任单位:市海洋渔业局)

二、加快转变农业发展方式

3. 加大职业农民培训力度。完成培训农民 50 万人次。(责任单位:市农委)举办合作经济管理师、农产品经纪人和农村庄稼医生职业技能培训班 3 期,颁发人社部职业资格证书 200 人次;举办农化服务培训班 25 期,培训 3000 人次。(责任单位:市供销合作社)深化"巾帼示

范村"创建行动；强化"三八"绿色工程；继续实施新型女农民科技培训计划，完成农村妇女产业带头人培训100人，妇女科技致富带头人培训2500人，妇女劳动力科技致富骨干培训2.5万人。（责任单位：市妇联）加强水产品质量安全管理培训，培训5000人次以上。（责任单位：市海洋渔业局）

4. 大力推进农业信息化发展。夯实基层农业信息化基础，按照"有场地、有设备、有人员、有宽带、有制度、有经营能力"的标准，建设农村综合信息服务站100个；培育"有文化、懂信息、能服务、会经营"的农村信息员1000名；探索智慧农业服务新模式，做好农产品质量安全监管平台建设，推进农业信息服务平台和动物卫生监管信息追溯平台应用，推动基于网络的设施农业物联网监测与预警技术应用。（责任单位：市农委）

5. 构建完善农业现代流通体系。进一步深化"万村千乡市场工程"，鼓励引导承办企业发展农村电子商务，增加店铺服务功能。（责任单位：市服务业委）新建农村综合服务中心20个；升级改造农资示范店30个；改造和扩建中心乡镇供销社商业网点设施10个；做好化肥、农药储备轮换工作，完成化肥5000吨、农药180吨市级储备任务，保证农资供应，主要农资供应量要继续稳定在地区需求总量的75%以上；组织大型农商、农超、农校对接活动18次，其中农产品展销会1次。（责任单位：市供销合作社）

6. 推进农业产业化经营。加快推进8个投资10亿元以上农产品深加工大项目建设，实现早投产、早见效。（责任单位：市农委）培育发展农民专业合作社和示范家庭农场81家，其中合作社61家、示范家庭农场20家。（责任单位：市农委、市供销合作社）

三、继续强化农业科技支撑作用

7. 积极推动农业科技创新机制。继续加强农业科技协同创新力联盟建设；加大农业科技投入力度，持续开展农业科技创新；继续实施科技特派员制度和农民技术员的培养工作。（责任单位：市科技局）加强与中国农科院、辽宁省农科院科技战略合作，推进中国农科院都市现代农业研究所建设。（责任单位：市农委）

8. 加快提高农业科技推广能力。推广农业新品种、新技术30项。（责任单位：市农委）全面推进国家级科技兴海产业示范基地"大连现代海洋生物产业示范基地"建设；推广渔业新技术2项；继续做好中央财政支农项目"刺参优质健康种苗生态繁育技术示范推广"工作；继续组织实施小型玻璃钢渔船研发及试点应用项目，研究制定玻璃钢渔船推广相关扶持政策及实施办法。（责任单位：市海洋渔业局）

9. 提升农业基础设施和装备水平。完成30项防汛应急工程建设，开展3座病险水库除险加固和3座病险水库降等工作；全年新建农田水利重点工程100项，发展高效节水灌溉面积8万亩。（责任单位：市水务局）新增大中型拖拉机400台；农机总动力达到389万千瓦；农作物耕种收综合机械化水平达到74%以上，其中，机耕整地达到95%以上，机械播（插）种达到75%以上；实施深松整地和保护性耕作项目；农机事故死亡人数控制在省下达的指标之内。（责任单位：市农委）

四、加快完善强农惠农政策

10. 推动金融服务创新工作。继续实施农村金融倍增计划，出台农村金融扶持政策，引导金融机构进一步加大对"三农"的金融支持；继续鼓励和推动涉农企业直接融资；贯彻落实《关于加快发展现代保险服务业的实施意见》，推动发展农业保险、海水养殖和小额贷款保证保险；探索建立巨灾保险保障机制，逐步形成财政支持、社会参与的多层次巨灾风险分散机制；深入开展助农惠农"金融服务工程"。（责任单位：市金融局、人民银行大连中支、大连银监局、大连保监局、大连证监局）继续为"三农"提供小额贷款服务，以涉农中小企业和农村农户为服务对象，计划累计贷款8000万元。（责任单位：市供销合作社）

11. 加快推进农业保险。稳步推进大田作物、设施农业、苹果树、能繁母猪、奶牛、育肥猪、农机保险，新增生猪价格指数综合保险，为农户提供6亿元农业保险保额。（责任单位：市农委、市金融局、大连保监局）

五、不断推进美丽乡村建设

12. 加大农村基础设施建设力度。在100个村中实施以硬化和亮化为主的新农村建设"六化"工程;建设大中型沼气工程30处。(责任单位:市农委)实施农村安全饮水工程6项,解决1万农村人口饮水问题。(责任单位:市水务局)新建农村公路800公里,解决600个自然屯通油路,自然屯通屯率由76%提高到80%以上。(责任单位:市交通局)建设1个A类、2个B类新农村电气化乡(镇),建设16个A类、13个B类新农村电气化村。(责任单位:大连电业局)

13. 大力开展宜居乡村建设工程。在瓦房店市、普兰店市、庄河市和长海县完成示范乡镇6个、示范村60个创建工作。(责任单位:市建委)全市栽植树木6000万株,造林补植28万亩;森林火灾受害率控制在0.4‰以下;林业有害生物成灾率控制在3‰以下。(责任单位:市林业局)抓好"水中花园口"生态示范项目建设;实施河流达标治理工程建设5项,完成水土流失治理34万亩。(责任单位:市水务局)启动农村生活污水、垃圾治理建设项目20个。(责任单位:市环保局)

14. 加快发展休闲农业和乡村旅游。大力发展温泉旅游,积极开发建设温泉旅游度假项目;提升乡村旅游项目品质,推动乡村旅游向生态休闲旅游纵深发展;指导各区市县涉农乡村旅游节庆活动,打造农事节庆与乡村旅游相结合的城市品牌;做好乡村旅游专业村洗衣房建设工作。(责任单位:市旅游局)

六、继续深化农村改革

15. 落实农村土地政策。完成250万亩土地经营权确权登记办证任务。(责任单位:市农委)落实省农村土地综合整治项目管理办法,推进农村土地综合整治,提升耕地质量。(责任单位:市国土房屋局)

七、完善公共服务和管理

16. 提高农村教育水平。全面完成省义务教育标准化学校建设任务;新建40所学校食堂;改造40所农村中小学供暖设施;为农村青年教师建设300间集体宿舍;扩大城乡幼儿园和中小学校际间帮扶范围,促进城乡教育协调发展;坚持"面向全员,倾斜农村"的原则,强化农村教师培训,提升教师专业化能力;继续支持农村乡镇职校示范学校和示范项目建设。(责任单位:市教育局)

17. 加快发展农村文体事业。继续开展"五进"公益性演出、农村电影"2151工程"、农村"文化大院"节目调演。(责任单位:市文广局)为15个乡镇3000平方米以上健身广场配套健身器材;对全市340个行政村农民体育健身工程损坏篮球架进行维护更换;为120个农村行政村各安装1条室外健身路径,为60个行政村分别配套建设1个室内健身活动室;为农村培训三级以上体育指导员1000名。(责任单位:市体育局)

18. 提高农村卫生计生服务水平。新农合最低筹资标准提高到580元,统筹区域内住院补偿比保持在75%左右;继续实施新农合重大疾病保障制度和大病保险制度;努力推进新农合市级信息管理平台建设;推进乡村卫生服务一体化管理;继续对8.8万名农村部分计划生育家庭给予奖励扶助;对21.1万名农村村民给予独生子女父母奖励;对涉农地区3400名计划生育独生子女伤残死亡家庭给予扶助和住院护理补贴保险;对涉农地区20名计划生育独生子女死亡家庭给予再生育扶助;免费向农村新生育家庭发放家庭孕育健康指导资料《孕事吧》。(责任单位:市卫生计生委)

19. 健全农村社会保障体系。城乡居民基础养老金由每人每月180元提高至195元。(责任单位:市人社局)会同承保公司做好农村农房保险政策的宣传解释工作;提高农村低保和五保供养标准;推进城乡低保统筹管理;继续加强农村社区基础设施和服务体系建设。(责任单位:市民政局)改造农村危房3241户,其中,C级危房2800户,D级危房441户。(责任单位:市建委)为1000户农村贫困残疾人家庭进行房屋修缮。(责任单位:市残联)

20. 推进农村民主法治建设。做好"六五"普法总结验收工作;加大村"两委"干部学法用法工作力度;开展宪法知识宣传教育工作。(责任单位：市司法局）加强和创新农村派出所工作，大力推进基础信息化、警务实战化、队伍正规化建设，着力提升维护农村社会稳定和新农村建设的能力和水平；开展和打造好"农村警务室样板间"，为新农村建设提供有效服务；充分发掘利用农村社会资源，大力加强和创新立体化农村社会治安防控体系建设和平安乡镇、村屯建设。（责任单位：市公安局）

（以上要点项目，责任单位均含各相关涉农区市县政府、先导区管委会）

青岛市委办公厅 青岛市人民政府办公厅 关于印发《青岛市美丽乡村标准化建设行动计划（2016～2020 年）》的通知

青办发〔2016〕50 号

各区、市党委和人民政府，市委各部委，市政府各部门，市直各单位，中央、省驻青各单位，青岛警备区：

《青岛市美丽乡村标准化建设行动计划（2016～2020 年）》已经市委、市政府同意，现印发给你们，望结合实际认真组织实施。

中共青岛市委办公厅
青岛市人民政府办公厅
2016 年 12 月 22 日

青岛市美丽乡村标准化建设行动计划（2016～2020 年）

为深入贯彻落实中央关于建设美丽中国的战略部署，统筹城乡一体化发展，提升社会主义新农村建设水平，实现全面建成小康社会的目标，根据省委办公厅、省政府办公厅印发的《关于推进美丽乡村标准化建设的意见》（鲁办发〔2016〕47 号）和市委办公厅、市政府办公厅印发的《青岛市农村新型社区和美丽乡村发展规划（2015～2030 年）》（青办发〔2016〕47 号）精神，制定本计划。

一、总体要求

（一）指导思想

全面贯彻党的十八大和十八届三中、四中、五中、六中全会精神，以邓小平理论、"三个代表"重要思想、科学发展观为指导，深入学习贯彻习近平总书记系列重要讲话和视察山东重要讲话、重要批示精神，以创新、协调、绿色、开放、共享的发展理念为引领，以全面建成美丽乡村为目标，以城乡统筹协调发展为主线，以持续深化农村改革为动力，坚持规划先行、系统建设，以人为本、彰显特色，政府主导、合力推进，加快美丽乡村标准化建设步伐，为全面建成小康社会打下坚实基础。

（二）总体目标

按照生态美、生产美、生活美、服务美、人文美"五美"要求，全域统筹、科学规划，分类施策、整体推进，实施美丽乡村标准化"十百千"创建工程，每年建设 10 个集聚类农村新型示范社区、100 个美丽乡村示范村和 1000 个美丽乡村达标村。到 2020 年，实现全域 85% 以上村庄达到省级美丽乡村标准化建设要求，基本实现都市农业现代化，农村生态显著改善，环境更加宜居，经济更具活力，公共服务和乡风文明水平大幅提升，为全面建成小康社会提供强有力支撑。

二、主要任务

对照山东省《美丽乡村建设规范》（DB37），立足我市实际，精准发力、补足短板，着力推进农村生态保护与修复、强农富民、宜居建设、公共服务水平提升、乡风文明行动，提高美丽乡村标准化建设水平。

（一）围绕生态美，持续推进农村生态保护与修复行动

1. 加强山体生态保护与修复。加强山石资源保护，持续深入开展山石资源保护专项整治行动，严禁在禁采区、限采区滥采滥挖，切实保护山体地形地貌。坚持因地制宜，系统开展山体修复工作，突出抓好重点区域，到2020年完成自然保护区、风景名胜区、高速公路沿线等区域的山体修复。

责任单位：市国土资源房管局、市城乡建设委、市林业局，各区市

2. 加强水生态保护与修复。按照堤固、岸绿、洪畅、水清、景美的要求，持续推进乡村河道综合治理，完成列入国家计划的河道治理任务。持续推进乡村水岸带生态湿地修复工程，加强再生水、中水回收利用，补充河湖生态基流，提升自然生态调控能力。深入实施《青岛市落实水污染防治行动计划实施方案》（青政发〔2016〕27号），开展农村水污染专项整治，到2020年基本消除全市村庄内黑臭水体。加强农村规模化供水水源地保护，到2018年完成农村规模化供水水源保护区或保护范围划定。严格乡村规划蓝线管理、水域岸线用途管制，加强河道、湖泊和滨海地带的管理和保护。

责任单位：市水利局、市环保局、市城乡建设委、市林业局、市国土资源管理局、市城市管理局、市海洋与渔业局，各区市

3. 加强农田生态保护与修复。加快实施《青岛市耕地质量提升规划（2015～2020年）》，落实耕地质量保护制度，划定基本农田红线。坚持节水、节肥、节药、节能，重点推进水肥一体化、生态循环农业工程，促进农业废弃物循环利用，打好农业面源污染防治攻坚战。到2020年，实现化肥、农药施用量零增长，农业废弃物利用率达95%以上。

责任单位：市国土资源房管局、市农委、市畜牧局，各区市

4. 加强乡村绿化。突出增绿补绿，采取退化林分改造与人工造林相结合，增加森林面积，提升乡村森林质量。开展镇村绿化、乡村道路绿化

和围村林网建设，推进村内空闲地拆违植绿、清湾补绿、见缝插绿，建设村中花园。按照三季有花、四季常青、错落有致、色彩丰富要求，合力搭配道路景观，美化镇村环境，建设森林城镇、花园村庄，到2020年村庄绿化率山区达80%以上、丘陵区达50%以上、平原区达35%以上。

责任单位：市林业局、市城市管理局，各区市

（二）围绕生产美，持续推进强农富民行动

5. 加快农业提档升级。大力发展都市现代农业，实施《青岛都市现代农业发展规划（2016～2020年）》，加快推进百万亩粮油生产功能区、百万亩高效设施农业生产功能区和百万亩重点农产品生产保护区建设。大力发展农村富民产业，发挥资源禀赋优势，打造"一社区一品""多社区一品""一镇一业"。培育壮大现代种业、农产品加工业、节会农业、农村电商等新业态，引进、培育一批大型农业龙头企业，建设一批农村一二三产业融合发展示范区，巩固农产品出口领先地位。做强特色品牌，发展传统工艺、手工制作等农村特色产业产地品牌，培育一批农产品区域公用品牌。到2020年，打造100个农村产业融合发展示范区、100个以上农产品区域公用品牌。

责任单位：市农委、市旅游局、市商务局，各区市

6. 发展乡村生态农业。推进农业清洁生产，推广种养结合、耕地轮作休耕等新型农作制度，发展无公害农产品、绿色食品、有机食品和地理标志农产品生产，创建国家农产品质量安全示范市。建立农业生态价值评估体系。发展乡村生态旅游业，利用农村自然风光、山水资源和乡村文化，发展各具特色的乡村休闲旅游业，加快形成以重点景区为龙头、骨干景点为支撑、"农家乐"休闲旅游业为基础的乡村休闲旅游业发展格局。到2020年，发展100个休闲农业节会。

责任单位：市农委、市旅游局、市环保局、市畜牧局，各区市

7. 发展乡村低耗、低排放工业。按照生态功能区规划要求，严格产业准入门槛，严禁在水源保护区、水库库区发展高污染、高能耗的资源性产业。开展乡村企业升级行动，重点支持100家

乡村企业通过技术改造、产品创新，发展符合国家产业政策和环保要求的二三产业，调整乡村工业产业结构。鼓励乡村企业到乡村工业功能区集聚。鼓励有条件的村庄建设标准厂房、来料加工服务点和村集体商业网点等，不断壮大村级集体经济。规范农村"三资"管理，将农村集体经济组织产权交易、工程发包等全部纳入农村产权交易市场公开交易。

责任单位：市经济信息化委、市环保局、市发展改革委、市农委，各区市

（三）围绕生活美，持续推进宜居建设行动

8. 推进集聚类农村新型社区建设。遵循农村新型社区布局规划，坚持规模化、组团式、生态化原则，有序推进村庄撤并和空心村改造，集中建设农民安居区。对具备整村拆迁条件的村庄，整建制实施改造，集中到农民安居区安置农户；对不具备整村拆迁条件的村庄，鼓励农户通过宅基地自愿有偿退出或"宅基地置换+统一规划自主建房"的方式，分期向农民安居区集聚。每年开工建设一批集聚类农村新型社区，逐步推进社区组织、居住、服务、产业、经济、文化融合发展。

责任单位：市农委、市委组织部、市城乡建设委、市国土资源房管局、市规划局、市文广新局，各区市

9. 培育美丽乡村示范村。每年从规划的农村新型社区中心村、长久保留特色村中，遴选100个基础好、班子强、群众积极性高的村庄，集中资源、系统整治，重点打造美丽乡村示范村。按照提升设施水平、改善人居环境，发展特色产业、壮大乡村经济，彰显乡村特色、传承乡土文化的要求，开展美丽乡村示范村创建活动，到2020年建成400个市级美丽乡村示范村，建设50个3A级景点标准美丽乡村。按照全域景区、连点成片要求，以美丽乡村示范村为节点、以景观道路为脉络整体谋划，突出"一村一韵""一带一风情"，打造独具魅力的美丽乡村示范片和美丽乡村风情带。到2020年，每个镇（街道）建成2个美丽乡村示范片，每个区（市）形成1条美丽乡村风情带。

责任单位：市农委、市城乡建设委、市规划局、市文广新局、市水利局、市环保局、市旅游局，各区市

10. 建设美丽庭院。以环境美化心灵为主题，开展美丽庭院创建活动，推进庭院绿化净化，落实农户"三包三净一绿"（包门前环境清洁、绿化管护、良好秩序，净厨房、厕所、院落，绿化庭院）责任。通过实行村推民选、评星挂牌、动态管理等方式，激励农民参与美丽庭院建设，争当"美在农家文明户"。到2020年，美丽庭院覆盖率达70%以上。

责任单位：市妇联、市农委、市城乡建设委、市城市管理局、市林业局，各区市

11. 提升农村基础设施水平。加强村庄道路建设，全面硬化村内主次街道，配套完善排水沟渠，设置进村道路、主干道道路交通标识，对支街小巷鼓励选用碎石、砖块等简易材料平整铺装。实施农村饮水安全巩固提升工程，推进农村饮水安全达标，到2020年农村自来水普及率达98%以上，水质达标。完善村文化体育设施，到2020年每村建成1处小广场。加强村庄亮化建设，推广使用太阳能、风光互补等新能源路灯，配置道路、广场照明设施，亮化乡村景观。加强农村污水治理，通过纳入城镇污水处理系统、建设氧化塘污水处理设施等方式，有效处理农村污水。推广"污水治理+改厕"系统治理模式，到2017年底基本实现农村无害化卫生厕所全覆盖。推广清洁能源、热源，因地制宜推进天然气管网和供热系统延伸，合理布局燃气供气站和小型供热设施，采取集中或分散的供气、供热模式满足居民生活需求，到2020年实现农村新型社区供气、供热全覆盖，村庄供热覆盖率达70%以上。

责任单位：市城乡建设委、市水利局、市城市管理局、市交通运输委、市经济信息化委、市环保局、市旅游局、市文广新局、市体育局，各区市

（四）围绕服务美，持续推进公共服务水平提升行动

12. 提升农村基层组织为民服务水平。完善农村区域化基层党建工作新格局，建设服务型基层党组织，强化镇（街道）党（工）委的领导核心地位和区域化治理职能，提高服务群众水平。健全农村党建与经济社会融合发展机制，推行"支部+合作社"、"支部+产业园"、"支部+协会"

等模式，增强基层组织带领群众致富能力。开展"接地气、连民心"、"我是党员我带头"等活动，引导党员干部主动联村（社区）包户，亮身份、比服务、讲奉献、作表率，强化双向互动，密切党群干群关系。

责任单位：市委组织部、市农委，各区市

13. 推进农村社区化服务全覆盖。创新为农服务方式，发挥农村新型社区服务中心作用，推进以村为单元的单一服务向"社区化服务+村级自治服务"模式转变、农村管区单一行政服务向农村社区化综合服务转变，打造为农服务"超市"。推进农村新型社区服务中心规范运转，配齐社区服务队伍，健全社区服务制度，公开服务事项、服务程序、服务承诺，优化服务流程。到2017年实现农村新型社区服务中心建设全覆盖，到2018年实现农村新型社区服务中心规范运转全覆盖。

责任单位：市农委、市民政局、市综治办、市供销社，各区市

14. 促进城乡公共服务均等化。推进城乡基本公共服务制度衔接，清理、修订、整合原有城乡分割的政策、制度，新出台的政策制度原则上对城乡不再区别对待。推进公共资源向农村倾斜，加大财政基本公共服务支出优先支持农村力度，引导城市教育、医疗、养老等优质公共服务资源向农村延伸。推进城乡基本公共服务范围与均等化标准同步调整，逐步消除城乡差异，探索建立城乡统一、水平更高的劳动就业和社会保险、社会救助和最低生活保障、基本住房保障、残疾人保障服务、基础教育、基本医疗卫生保障体系。

责任单位：市发展改革委、市人力资源社会保障局、市民政局、市教育局、市卫生计生委、市国土资源房管局、市残联、市财政局，各区市

（五）围绕人文美，持续推进乡风文明行动

15. 繁荣乡村文化。建立乡村传统文化保护制度，编制历史文化遗存资源清单，形成传统文化保护与传承体系。挖掘古民俗风情、历史沿革、典故传说、名人文化、祖训家规等乡村特色文化。修复保护古建筑、古文物、古树名木、古遗址等物质文化遗产。传承保护民间民族表演艺术、传统戏剧和曲艺、传统手工技艺、传统医药、民俗活动、农业文化、口头语言等乡村非物质文化遗产。鼓励建设乡情村史陈列馆。积极发展农村广场舞队、庄户剧团等乡村文化队伍，开展庙会歌会、传统民俗节会、地方戏展演等活动，打造一批乡愁记忆文化精品。

责任单位：市文广新局、市规划局、市体育局、市城乡建设委，各区市

16. 弘扬文明乡风。弘扬社会主义核心价值观，推进移风易俗，教育引导村民改陋习、树新风。弘扬乡风正气，用好善行义举四德榜，通过文明户、好媳妇、道德模范和身边好人等评选活动，传承精神文明道德风尚。弘扬勤劳致富正能量，发现推荐乡村优秀共产党员、劳动模范、"乡村之星"等先进榜样，宣传农民身边的先进典型事迹。弘扬新乡贤文化，引导离退休干部、教师、复员转业军人、企业家、专家学者、大学生回乡奉献，带动乡风文明建设。强化农民文化素质提升，推进农民继续教育，普及科学文化知识，提高农村居民文明水平。

责任单位：市委宣传部、市委组织部、市人力资源和社会保障局、市农委、市教育局，各区市

17. 推进民主管理。健全完善村（社区）"两委"班子，普遍建立村规民约和村民议事会、道德评议会、禁赌禁毒会、红白理事会"一约四会"。推行党务、村务、财务公开，完善农村社区民主协商议事制度。在村内定期开展向居民报告、听居民建议、请居民评议活动，保障农村居民知情权、参与权、表达权、监督权等民主权利落实。

责任单位：市民政局、市委组织部、市农委，各区市

18. 建设法治农村。加强农村基层社会管理创新，健全农村治安防控体系，推进社会治安综合治理网格化管理，完成天网工程建设。依法调处纠纷和化解信访矛盾，做好农村普法工作，开展巡回法庭、送法下乡、法治案例巡展等活动，增强居民法治观念。打击农村非法宗教活动，开展农村不良风气专项治理，推进平安乡村建设。

责任单位：市综治办、市公安局、市司法局、市民族宗教局，各区市

三、保障措施

（一）强化组织领导。各级党委、政府和各

部门各单位要把美丽乡村标准化建设摆到重要位置，纳入全面建成小康社会总体布局，统筹谋划，全面部署，形成党委统一领导，党政齐抓共管，部门统筹协调、各负其责的工作格局。区（市）党委、政府是美丽乡村标准化建设的第一责任主体，主要负责同志是第一责任人，对完善体制机制、解决重大问题、出台重大政策等要亲自研究部署。成立青岛市美丽乡村标准化建设工作领导小组，重点抓好综合协调、任务分工、督促检查、考核验收等工作。各有关部门要根据职责分工，研究制定相关政策措施，编制实施年度重点项目工作方案、资金统筹计划。把美丽乡村标准化建设工作纳入经济社会发展考核体系，建立督查、考核、通报制度，充分发挥综合考核的导向、评价、激励、约束作用。引入第三方调查机构，开展经常性督导检查，并将督查结果在新闻媒体公布。对工作突出、成效明显的予以表扬；对工作落实不力、未完成建设任务的通报批评。每年开展"十百千"创建工程验收认定，经验收合格的，分别授予"青岛市农村新型示范社区"、"青岛市美丽乡村示范村"等称号。各区（市）要健全党政主要负责同志任组长的领导机构，完善工作机制，编制年度方案，建立工作台账，落实路线图、时间表、责任单位和责任人员，确保规划衔接、计划对接、项目配套、全面落地。

（二）强化政策支持。市财政设立美丽乡村标准化建设专项资金，从2017年起，采取以奖代补方式，对达标的农村新型示范社区和美丽乡村示范村给予奖补，具体办法由市农委会同市财政局制订。各区（市）政府、镇（街道）作为美丽乡村标准化建设责任主体和投入主体，要将美丽乡村标准化建设作为财政投入的重要方向，加大财政投入和资金整合力度，统筹各类进村建设性项目资金，适当集中投入建设一批农村新型示范社区、美丽乡村示范村和达标村。市级投融资平台公司要发挥美丽乡村标准化建设主力军作用，加强与国家开发银行、中国农业发展银行等金融机构合作，推进农村规划、重大基础设施建设等。用足用好中央和省改善农村人居环境金融政策，积极争取信贷支持，破解资金难题。建立健全农村基础设施和公共事业长效管护运行机制，落实人员、责任和工作经费。强化用地支持，每年单列建设用地指标，保障农村新型社区和美丽乡村基础设施、宅基地建房、搬迁安置等需要。积极动员社会力量，通过"村企共建"、"公益捐助"、参股产业园区等方式，鼓励国有企业、集体企业、民营企业、社会团体、个人等社会力量参与美丽乡村标准化建设。鼓励美丽乡村建设与乡村旅游项目相结合，实现美丽乡村可持续发展。充分尊重农民作为美丽乡村建设者和直接受益者地位，尊重农民意愿、发挥农民作用，通过示范引导、典型带动、政策激励等方式，不断增强广大农民参与建设的积极性、主动性，引导农民通过投资、投劳等方式参与美丽乡村标准化建设。

（三）强化规划引领。加快区市美丽乡村建设规划编制，以区（市）为单位，到2017年完成县（市、区）域乡村建设规划和示范村专项发展规划。按照年度计划编制农村新型社区修建性详细规划和示范村庄规划，实现村庄规划全覆盖。注重以人为本、彰显特色，坚持"让农村更像农村"理念，突出不同乡村的差异性和多元化，形成一村一品、一村一韵、一村一景。推行乡村建设规划许可管理，做到"无规划不建设"。坚持分类推进、系统整治，对城镇规划建成区的村庄，全面按照城镇化要求规划建设。对规划进行农村新型社区建设的中心村，加快推进村庄改造，促进人口、产业、资源等集聚。对历史文化名村、传统古村落等长期保留特色村，支持其积极创建美丽乡村示范村。对未来10年内暂不集聚改造的村庄，按照山东省《美丽乡村建设规范》（DB37）的综合评价B级以上要求进行标准化建设。对5年内整体拆迁合并的村庄和空心率达到50%以上的村庄，原则上不进行大规模的基础设施和公共服务项目建设，应根据不同情况开展环境整治、垃圾处理、绿化亮化、便民服务等工作。在保护传统文化的基础上，对农村残旧房屋、废弃宅院等进行合理利用，发展乡村旅游、休闲观光、养老服务等项目，打造特色村庄。对精准脱贫村重点全面改善农民基本生活条件，支持其创建美丽乡村达标村。

案例篇

北京美丽乡村典型村镇介绍

房山区韩村河镇韩村河村

矗立于韩村河路南边的“圣霄楼”，楼身以高层建筑为模型，标志着韩建集团以建筑为主业，楼顶置一球，意为青白石海龙戏雕，代表以改革开放为基础；第二层为青草石雕，以中国五千年古文化为主。石雕上面为十二生肖，摆放位置与周易相同。四面还有吉祥物：大象和麒麟。圣霄楼象征着韩村河人民靠改革开放政策勤劳致富，生活吉祥如意，并祝愿韩建集团在21世纪中取得更大的成绩。韩村河在实施新村规划的过程中，还形成了一批风格独特的乡村旅游景观。昔日的旧河道和废水坑变成了景色秀丽的韩村河公园。用大理石精雕细刻的玉带桥又称水光桥，五孔桥又称生辉桥，“水光生辉”喻示着韩村河人民的幸福生活和韩建集团的事业蒸蒸日上，源远流长。公园内还拥有国家标准游泳池、双人飞天、碰碰车、蹦蹦床、游船等娱乐设施。有军民共建单位装甲兵工程学院赠送的坦克，还有苏联“伊尔”客机，分别陈列于场院岛和沙滩湖畔。

韩村河建立健全养老、医疗保险制度，为村民提供最基本的社会保障，使老人安度晚年。过去的韩村河是一个连温饱都解决不了的穷村子，如今，韩村河已是一个人均收入8100元，人均住房面积达68平方米的幸福村。韩建集团党委规定，对村里60周岁以上的老人，按每岁1.5元补助，每月9日按时发放。他们还投资建起了老年活动中心，内有阅览室、棋牌室、乒乓球室、卡拉OK厅等，并成立了韩村河老年秧歌队，使老人们过上了幸福美满的生活。

为村民提供生活保障。对于全体村民，集体每年都有口粮、菜金、副食、取暖、供水、供电等方面的补贴。

提高村民的医疗卫生水平。韩村河全体村民于1996年加入合作医疗，享受门诊处方费、出诊费和注射费报销制度，本应个人缴纳的统筹医疗费全部由韩建集团负担。而且，韩村河农业户口的村民每年还享受120元的医疗补助。

韩建集团集体经济的发展壮大，为村民提供了有力的社会生活保障，把“幼有所教、老有所养”落在实处，真正体现了共同富裕。

发展乡村旅游日渐成为韩村河新的经济增长点。韩村河地处房山云居寺等十八个旅游景区的中心枢纽，京石高速公路和“天桥—韩村河”917路公交车的开通，为本地区发展旅游创造了便利的交通条件。1995年成立的韩村河旅游公司实力雄厚，具有一批训练有素的导游员，开辟国内外旅游线路近百条，属于北京市中国旅行社在韩村河的接待中心，平均每年接待游客10万人次，其中外宾3000多次。

门头沟区妙峰山镇樱桃沟村

樱桃沟村是一处集名人古迹、樱桃采摘、池塘垂钓、民俗观光、科普教育于一体的旅游观光农业园区。樱桃沟村清代称“寺底下”，因辽代著名皇家寺院——仰山西隐禅寺雄踞村中的莲花峰而得名。仰山西隐禅寺金碧辉煌，高僧辈出，金代成为皇家宠幸之地，金章宗完颜璟赐石碑曰：“金色界中兜率景，碧莲花里梵王宫，鹤惊清露三更月，虎啸疏林万壑风。”金元时期寺外僧塔多达800余座，为当时北京地区最大的塔林，寺院经历千载数遭难，残垣断壁、石刻、碑碣、古塔、药碾、辽砖无不印证仰山往日的辉煌。樱桃沟村距闻名遐迩的妙峰山风景名胜区七千米，且风光旖旎，历代文人墨客纷至沓来，留下大量诗词歌赋赞美仰山。

20世纪90年代的樱桃沟村没有主导产业，年集体经济收入不足万元。自1993年起，在村党支部带领下，利用该村优越的地理位置和独特

* 案例篇内容大部分摘录于网络，收入本书后略有修改。

的小气候条件开始种植大樱桃，经过多年的发展壮大，种植面积由最初的 50 亩发展到几千亩，年产量由几千斤发展到 10 万斤，品种也由最初的 5 个丰富到了 35 个，原始的集体经营模式被股份制经营所替代。该村还成立了樱桃协会，由最初的单纯大樱桃销售到现在的集旅游、观光、采摘、科普、休闲、度假于一体的大樱桃农业观光园。大樱桃种植已经形成一定规模，并注册了"妙樱"商标，成为该村的支柱产业。该村真正实现了集体经济实力逐年壮大、村民生活水平稳步提高的发展目标，成为远近闻名的富裕村。该村还曾入选北京市第一批农村科普示范基地，取得北京市结构调整先进村、市级观光农业园区及优秀农业标准化生产示范先进单位、北京市水利富民综合开发先进村等荣誉称号。

进入 21 世纪以来，该村进行了多次投资与完善，积极采取有效措施提高果实品质，打造特色品牌效应，实现了经济效益与社会效益的双赢。

近年来，该村先后投资 1000 余万元，完成了 12 个园中园特色门墙、900 米仿古长城、260 米仿古围墙、50 米长廊、4 间仿古展室的建设；村党支部还投资 15 万元，专门定做了 100 盏仿古灯笼，悬挂在入村 900 米街道两侧，形成了一道亮丽、古雅的特色山村景观，也更加体现了这个小山村幽静的自然风貌。此外，还改造了进村、进园大门、公厕、园内喷泉、小桥、游客休息场所及部分凉亭等设施；为园区设置了造型各异的垃圾箱、小座椅和音箱，建造了一个建筑面积约 5600 平方米、使用面积可达 5000 平方米、约计可停放 350 辆车的绿色环保停车场。

为优化住宿环境，2004 年，该村投资 110 万元建成了"红樱桃"山庄，山庄内部环境幽静典雅、外部景观十分宜人，且配套了住房、会议室、棋盘室及餐厅等系列设施，与高效园区发展相协调。

逐步富裕起来的樱桃沟村人没有满足于仅有的物质享受，村领导逐步认识到村子要发展，村民是关键，村民素质要提高，于是逐年加大教育培训力度，聘请专业教师到村内授课，每年用于培训的费用达 10 万元。扩建了图书室，随时供村民借阅，安装了远程教育设备，为村民搭建了解新政策、学习新技术、增长新见识的科技平台。

该村为提高特色果品的科学技术含量，真正改善果实品质，尤其注重加强对果树队人员的技术培训，在镇文教办的协助下，村里 50 余名果农经过一年时间内由区教委专业教师进行的 300 课时专业课辅导，全部拿到种植业"绿色证书"。此外，村里还多次邀请镇农林办、区科协乃至日本果树专家入村进园进行技术培训。为了保护自己独特的品牌效应，经多方努力，该村注册了"妙樱"商标。

通州区于家务乡仇庄村

仇庄村地处通州区于家务回族乡的最南端，南接河北，西连大兴，东与东方大学城毗邻，距城区约 31.5 千米，是通州区的南大门。村域面积 2800 亩，常住人口 780 人，流动人口 800 人。全村劳动力 390 人，就业率达 91%。至今，投资 500 万元以上的驻村企业有 8 家，2013 年税收实现 600 多万元，村民人均纯收入达到 20000 元。2008 年被评为创建"全国文明村镇先进单位"，2009 年被评为"北京郊区生态村"，2010 年被中宣部、文化部评为全国"服务农民，服务基层"文化建设先进集体，2011 年被评为"全国文明村"，2012 年被评为"全国民主法治示范村"，2013 年被评为全国"美丽乡村"创建试点单位。

仇庄村相传成村于明代，由江南大户仇姓人家在此定居，因而成名。1999 年仇庄村成立了"老人节"，就定在每年腊月二十。在这一天，村委会干部为 60 岁以上的老人送去祝福及慰问金。2011 年底，村里成立老年协会，组织开展针对老年人的听书听报服务、广场舞舞蹈、乐器队等多种文娱活动。此外，仇庄村还成立了由 10 人组成的老年乐器队，村里为乐器队配备了音响、乐器等设备，并邀请专业的合唱指挥老师、舞蹈教师对乐队进行培训。

顺义区马坡镇石家营村

石家营村位于北京市顺义区马坡镇政府西北侧，距镇政府 6 千米，全村 380 人，130 余户。

2009 年被评为"北京最美乡村"、北京美丽乡村联合会会员村。

几年来，在镇党委、政府的正确领导下，依托紧邻工业基地的优势，村集体经济不断壮大，现有村办企业 17 家，奶牛养殖小区占地 150 亩。截至 2002 年底，村集体固定资产总值 780 万元，村民就业率达 95%，全村年总收入 70 多万元。

石家营村始终坚持环境立村，努力为村民打造优美、生态、宜居的生活居住环境。1995 年专门制定了一个"五年计划"，彻底扭转了村民爱乱堆乱放的陋习；2000 年成立了专职绿化保洁队；2001 年开展"环境整治百日大战"，硬化道路两侧边沟，栽种常青树，粉刷墙壁，形成了图文并茂的墙壁文化；2003 年，村里又在村内主要街道两侧栽种了三季盛开的盆栽鲜花；2008 年，认真开展"百村万户绿化美化"工程，先后投资 20 余万元聘请专业人员入户对每家庭院进行规划设计，指导村民科学种植海棠、冬枣、樱桃、玉兰、金丝柳、月季等花草树木。在栽种中，村里还坚持绿化与彩化、常绿与落叶结合，观花与观叶、观果植物搭配，使其在绿化中充分发挥各自的作用，做到层次有变化，色彩更丰富，全村真正实现了春有花，夏有荫，秋有果，冬有青的绿化景观。经不懈努力，村容村貌焕然一新，实现了硬化、美化、亮化、绿化，还夺得北京最美的乡村称号。

从石家营村的东大门——一座美丽的欧式门楼进村，一条宽敞的林荫大道映入眼帘，路两侧是四季常青的松柏和黄杨，让人立刻摆脱了城市的喧嚣。左手边是供村民健身、休闲的康吧苑，健身器材的南侧是一面百米文化墙，村民在健身的同时可以"武装"头脑，提高素质。右手边是村委会，四棵漂亮的垂柳分立两侧，迎风招展，欢迎四方来客。村委会的西侧是一个占地 1600 余平方米、集文体休闲娱乐为一体的群众文化广场，广场北侧设有舞台，广场中心设有音乐喷泉一座，西侧是一条绿色长廊，供村民乘凉、休息，同时广场还装备了全套的音响设备。每天早晚都有大批村民和企业职工在此健身、休闲、娱乐。再往前走是一条美丽的鲜花大道。这条由东往西的主干道两旁，沿途摆放着色彩艳丽的观赏花卉。横向的三条辅道分别被命名为"一环路"、"二环路"、"三环路"，环绕村庄，路边也栽种了各种绿化植物。村民的小院内大都栽种了时令蔬菜和海棠、冬枣、樱桃、玉兰、金丝柳、月季等花草树木，走在小巷内你偶尔还会看到几条藤蔓顽皮地伸出墙头，仿佛在向你炫耀院内的绿色和美丽。出了村西一座古朴、典雅的中式门楼后，展现在眼前的是一条静谧、幽深的林荫小路，整洁的柏油路两侧栽种的是"碧玉妆成一树高，万条垂下绿丝绦"的垂杨柳，继续向前走，伴着路两侧迷人的风景你就会看到村里的蔬菜观光采摘园和有机樱桃园。

石家营村有北京卓良模板有限公司、北京欧韵家具有限公司等企业 25 家，全村 228 名劳动力就业率达 95%。近几年来，该村作为全市 80 个"整体推进型"新农村试点之一，抢抓筹办奥运和顺义新城建设等历史机遇，大力发展二三产业，壮大集体经济实力，深入开展文明村镇创建活动，下大力气进行环境整治，切实完善村政设施建设。经不懈努力，村容村貌焕然一新，实现了硬化、美化、亮化、绿化。完成了村委会办公综合楼、厕所升级改造、改水、排污、垃圾处理等建设工程，建成了社区卫生服务站、商业便利店。完善封闭设施建设，安装电子监控设备，实现了农村社区化管理。为丰富群众业余文化生活，建起了大众图书室、室内外健身场所、集文体休闲娱乐为一体的群众文化广场、百米文化墙壁等文体设施。开展农村远程教育，为村民安装了有线电视，实现了宽带上网。积极开展劳动技能、文明礼仪教育等各类培训和"九争当"评比活动，村域文明程度和村民素质明显提高，促进了经济发展和社会事业全面进步。先后获得"首都文明村"、"北京市卫生村"、"北京市生态文明村"、"顺义区首批文明富裕村"、"顺义区文明小康村"等多项荣誉称号。

昌平区十三陵镇康陵村

康陵村地处北京市昌平区十三陵镇西北部，十三陵旅游区，距北京市区 45 千米，交通便利。2010 年被评为"北京最美乡村"、北京美丽乡村联合会会员村。全村 70 户，176 人，总面积 170 公顷，其中耕地面积 324 亩，山场面积 1525 亩。山上植被茂密，野生资源繁多，有山杏、山梨、山桃和酸枣等野生树种。村民主要以林果业为主，主要生产柿子、梨、苹果、桃、杏、枣等干鲜果品，年产在 60 万千克以上，其中柿子年产达 40 万千克。该村四面环山，村南是原始松林，村西是明十三陵之一的康陵宫，村北是农家菜地，村子周围果树成片，绿树成荫。全村村民都居住在古老的康陵监墙内，村中央有一株树龄约千年的古银杏树，村口生长着两棵八百岁龄的对称古槐树，皆为国家一级保护树木，使康陵更增添了几分灵气和活力，是旅游休闲、观光采摘的理想场所。村内总户数 70 户，其中民俗接待户45 户，一次性可接待游客 2500 人次。每年可产及可供游客观光采摘的柿子、樱桃、酸梨等各种果品 40 万千克。特别是"康陵正德春饼宴"这一民俗旅游品牌，吃、住、行完善的配套设施成为该村的特色名片。

该村以民俗旅游和林果业为主导产业，民俗旅游年产规模已达 120 万元，果品年产量为 50万千克。能提供各种应季的野菜以及农家饭菜，其中尤以薄如蝉翼、白如翠玉的春饼和鲜嫩味美的自泡豆芽配以松肉、肘子、柴鸡蛋以及其他十几种特色菜品组成的春饼宴为特色。其中"康陵正德春饼宴"民俗旅游品牌的吃、住、行配套设施也趋于完善，这些和正德皇帝的传奇故事的口口相传、生动演绎一同作用，使游客得到旅游休闲、文化品鉴的多方位满足。村里还能提供包括酸梨、柿子、李子等多种优质果品在内的优质旅游观光采摘。在生活生产方面，各户以在承包经营地种植玉米、辣椒、柿子、酸梨等粮食、果蔬为主，兼具观光采摘。

随着经济水平的提高，生活的幸福指数不断提高。在生活设施方面，村内经过街道改造，危房改建，打造好了整洁有序的村落环境，建好了村文化广场以及停车场，并且在文化广场设置知识性宣传牌，安放体育健身器材，完成了各户的调炕及改厕工程，建造了一座标准公厕，完成了全村的上下水改造工程，建成了一座高科技的太阳能污水处理站，安装了全新的高性能太阳能路灯，全村生活清洁、整洁、光明、健康。在生活条件方面，1/3 的村民拥有汽车，2/3 的家庭拥有电脑，全村家庭拥有彩电、冰箱、手机等日常家电通信用品。生活美不仅体现在硬件方面，在日常生活中村民保持着健康的生活方式，在农家院的日常经营中保持着乐观、好客的精神，与此

相应的是，在与城市顾客的接触中村民们逐渐意识到不断完善自己、跟上信息时代步伐的重要性，并且在日常生活中不断实践。

村中拥有美丽的周边环境，村西的古松林有当年《江姐》的拍摄基地、皇陵倚靠的莲花山以及柿树满山的大西坡等，这些自然环境不仅是村民们世代生活的骄傲，也是吸引游客的亮点。康陵始终重视对这些自然环境的保护，并且努力把它们最原始、最自然的一面呈现在游客面前。与此同时，对于村民生活环境的改进和整体环境整治始终是该村的工作重点，通过合理的环境整治制度，村内卫生包片包干到人，村内无卫生死角、村民环保意识普遍提高。通过合适的草木栽培，村内街道有月季黄杨簇拥，村外公路有国槐挺立，清洁了、美化了生活环境，目前全村林木覆盖率 95%，绿化率已达 90%。2007 年迎来了北京市环境验收，2008 年获得了北京市最美乡村的提名。目前，该村正通过多方论证，争取给这一方美丽的土地增添一些水的灵动，打造一个山转水也转的四季如画的康陵。

康陵有悠久的历史文化传统，关于正德皇帝的传奇代代相传，并且经过我国知名明史专家的收集整理转变成了丰富康陵内涵、完善正德春饼品牌、吸引游客聆听的故事。作为时代守陵人的康陵村民本身就是一个传奇的故事。在社会主义新文化的氛围中，康陵村两委班子团结互助、工作积极向上，管理民主；民风淳朴，村民尊老爱幼、遵纪守法、诚实守信；社会安定团结，和谐上进；文化活动丰富多彩，无封建迷信、赌博和法轮功及不赡养老人等不文明现象。尤其是在"康陵正德春饼宴"的日常经营中，经过统一礼仪培训的经营户对待游客总能笑脸相迎、热情款待，不仅能给他们送上最美味的菜肴，而且能给他们带来丰富的明朝故事、多样的春饼食法，更重要的是能让游客在轻松、友好、优美的环境中享受美食，留下对康陵最美好的记忆。

大兴区长子营镇留民营村

留民营村位于北京市东南郊，大兴区长子营镇，村庄总面积 2192 亩，人口不足千人，但它却是我国最早实施生态农业建设和研究的试点单位，被誉为"中国生态农业第一村"。2004 年 10

月，联合国秘书长安南亲自前来参观，小村因此世界闻名。

2004年，联合国秘书长安南参观大兴区的一个村，他说："我早就耳闻你们正在想方设法让世界变得更加美好……我向你们保证，联合国系统与你们站在一起。"这个村就是有"全球环保500佳"之称的留民营生态村。

被誉为"中国生态第一村"的留民营位于北京市大兴区长子营镇，北距京津塘高速公路3千米，南距104国道4千米。它得名于山西省留民县，传说早年山西难民逃难至此，留下不走，故得名留民营。

张朝林是留民营村的一位普通农民，如今他家的二层小楼掩映在绿树丛中，煮饭、照明用的是沼气，农作物施肥用的是沼液、沼渣，种植大棚有机蔬菜使他家人均纯收入达万元以上。据了解，张朝林只是该村通过搞生态农业发家致富的一个缩影。多年来留民营通过实施科技兴农战略，带领群众走出了一条发展生态农业的致富路，形成了以沼气为中心，串联农、林、牧、副、渔的生态系统和一种、二养、三加工，产供销一体化的产业格局。留民营也从一个贫穷落后的村庄变为文明富庶、环境优美的现代化新农村。

怀柔区渤海镇北沟村

北沟村隶属于北京市怀柔区渤海镇，地处半山区，村域面积以山场居多，近9000亩的山地资源为板栗种植提供了先天优势，户均板栗种植面积近70亩，板栗种植业成为北沟村支柱产业。2010年被评为"北京最美乡村"。

北沟村位于北京市怀柔区渤海镇东北部，距镇政府所在地7千米，距怀柔城区18千米。长约3千米的慕田峪古长城位于该村境内。村域总面积约3.22平方千米，共有138户，374人，其中年龄在18岁以下的51人，18~60岁的269人，60岁以上54人。本村有党员32名，村干部5名，村党支部核心作用突出，工作团结有力，党员教育、管理规范。村内环境整洁、民风淳朴、社会稳定，村民经济主要来源于板栗、核桃等干鲜果品收入。

近年来，以科学发展观为统领，构建和谐社会为主题，北沟村加强领导班子和党员代表队伍建设、管理，从基础设施工作入手，狠抓环境治理和基建工作，多方争取资金，先后实施了柴草进院、综合办公大楼、国家级农业综合开发工程、污水自来水改造、秸秆燃气入户等工程，各项工作得到市区政府的广泛认可，2009年更是获得"全国民主法治示范村"荣誉称号。

近年来，北沟村所获主要荣誉有：2005年、2006年"首都文明村"，2004年、2006年、2008年"怀柔区文明村"，"京郊环境治理先进村"，"北京郊区文明生态村"，"京郊管理民主先进村"，"怀柔区十佳人民调解委员会"，"怀柔区五个好农村党支部"，"社会矛盾调处信访工作先进集体"，"社会治安综合治理先进集体"等。

每年6~7月板栗开花时节，满山遍野栗花飘香。随着山间道路的铺设，将每个板栗产区连为一片，村民管理、收获板栗，人便在栗海中往来穿梭，辛勤劳作中也享受着人在画中游的美景。

板栗种植为村民带来丰厚收益的同时，修剪板栗产生的枝条也被村民节约利用起来，作为取暖材料，整齐地码放在家家户户院内，干净整洁的柴草垛更是成为彰显农村特色的别样风景，村民李德长整齐的柴草垛更是登上了2009年的《京郊日报》头版头条。

在稳固发展板栗产业的同时，北沟村大力发展特色民俗旅游，成立"北旮旯乡情驿站餐饮有限公司"，招收本村农嫂做服务员，进行餐饮服务和土特产品销售，深蓝方巾、碎花小衣的农嫂成为北沟村民俗旅游产业一道亮丽的风景线。

北沟村深处山间，广大村民却享受了堪比大城市的幸福美好生活。2007年9月，集图书室、电脑室、数字影院、活动室、医疗服务室、会议室于一体的村级活动中心投入使用，配套标准的灯光塑胶篮球场，广大村民休闲娱乐有了好去处。劳作归来，坐在图书室里看会书，在宽敞明亮、凉风习习的活动室下两盘象棋、打一阵乒乓球，舒心又惬意。每逢周末，数字影院便有影片放映，全家老少又多了一个休闲的好去处。冬日农闲，由空调供暖的活动室更是座无虚席，小小的活动室成为全村最热闹的地方。

地理位置的偏远，在遍布全村的无线网络面前显得无足轻重。2008年由中科院为北沟村布设了无线网络，为村民提供了免费的上网资源，村委会采用集体、个人各付一半的方式，出资20余万元为村民配备了液晶电脑，北沟村村民自此享受到了让城里人都羡慕的网络资源。

2009年，通过实施污水自来水改造工程、秸秆燃气入户工程，结合往年改厕、节能吊炕改造，村民的生活条件得到了进一步改善，村集体更是全额为村民缴纳了新型农村合作医疗费用，食有所依、闲有所乐、病有所养，幸福美好的生活使北沟村村民的心里乐开了花。

2008年6月21日，《中国妇女报》一篇《长城脚下干净村》的报道，让北沟村走进了大众的视野。近年来，北沟村狠抓环境卫生治理，通过"柴草进院"工作，一举消除了村内的卫生死角，采取专人打扫和党员保洁服务队相结合的方式，平时专人打扫、党员定期服务，将全村大小街道卫生工作责任到人，同时加大改厕工作力度，实现了全村无一处旱厕。北沟村在美化环境上下功夫，道路两侧栽种花草，治理河道，修建护村坝、截流坝；与怀柔区书法协会共建，在村内设立书法文化墙；落实"传统文化进北沟"工程，通过修建传统文化道德广场、《弟子规》、《二十四孝》壁画等，用文化元素充实了北沟村环境之美。

干净整洁的环境不仅给村民提供了舒心的生活环境，更是为北沟村引来了"洋凤凰"，12位国际友人通过租用村民限制房屋并加以改造，为北沟增加了12个极具特色的别致小院，与北沟满目的绿色、巍峨的长城相得益彰，为北沟的环境之美增添了一抹异域风情。

怀山柔水孕育了北沟村村民善良的品德，淳朴的民风更是成为吸引北京市民乃至国际友人的关键因素。多数村民的住房甚至都没有院墙，宽敞的院落彰显着的正是北沟人民宽阔的胸怀。村委会挂着这样一面锦旗"民风淳朴、礼让文明"，这是在村施工的建筑公司所赠，表彰施工期间村民自发为其看管建筑材料、协助施工。

今天的北沟村，处处洋溢着"忠孝礼义"的传统之风，在2008年至今的传统文化教育下，全体村民集中学习了《弟子规》、《三字经》、《论语心得》、《阳光心态》等内容，涌现出一批孝敬父母、和谐邻里的典型人物，而由村道德评议会5位老同志评选出的"北沟村十星级文明户"、"十佳好公婆"、"十佳好儿媳"更是成为全体村民学习的榜样。往年需要村委会解决的各种矛盾纠纷，现在在村民的互相礼让中冰释前嫌。

淳朴、和谐的民风不仅感染着北沟的村民，也感动着在北沟居住的国际友人，在村委会组织的座谈会上，被授予"北沟村荣誉村民"称号的众多国际友人纷纷为北沟的发展建言献策，与北沟村村民一起谋划北沟未来的美景宏图。

平谷区大华山镇挂甲峪村

挂甲峪村地处北京市平谷区北部山区，全村146户，460人，山场面积8000亩。2007年被评为"北京最美乡村"。

挂甲峪村以新农村建设为重点，大力发展经济，积极带领村民致富。经过全村人不懈努力，挂甲峪有了明显改观，一个环境优美、绿色生态的山区新农村已经形成，农民的生活水平显著提高。

村党支部始终以科学发展观统筹全村的规划与发展，以社会主义新农村建设为目标，积极地、创造性地开展各项工作。村党支部抓住第三次保持共产党员先进性教育的契机扎实推进党建创新工作，在开展先进性教育活动中，认真学习党中央的指示精神，把先进性教育落到实处。

村党支部严格要求班子成员都要做到"一正、二硬、三勤、四廉、五为民"。一正，就是品德端正、办事公正、一身正气。二硬，就是敢说真话、敢管坏人坏事，不向错误的压力低头。三勤，就是工作要勤勤恳恳，不偷懒、不懈怠，肯搭时间和精力，不计较个人得失。四廉，就是要不贪、不占、不吃请、不受贿。五为民，就是要心中时刻想着群众，办事一切为了群众，一切从群众的利益出发，多为群众办实事。村党支部按照自定的这些要求和标准进行工作，得到了群众的信任和支持，确保了各项工作的顺利开展。

该村按照"生产发展、生活宽裕、乡风文明、村容整洁、管理民主"的目标与要求，推进社会主义新农村建设。在各级党委、政府的关怀下，在村民自愿的基础上，依托村集体经济的产业支撑，该村成为北京市新农村建设首批13个试点村之一。目前，挂甲峪村新民居别墅工程"一期工程"已经完工，与之配套的水、电、路等基础设施都已完工，而且投资50多万元新建了一条7米宽的柏油主路。71栋生态别墅以公正、公平、公开的原则已经分到村民手中，现在村民已经全部入住新居。新居全部采用太阳能地下采暖，而且给每户安装了一台生物质气炉，在别墅区及景区内安装了太阳能路灯近260盏，这样就实现了村计划创建生态旅游景区的目标：取暖不用煤，做饭用生物质能，点灯用太阳，建设一个无烟村。该村"二期工程"70栋别墅已经开始施工。通过新民居改造工程，届时该村将形成"家家办旅馆、农民当老板"的发展新格局。

全村人不懈努力，通过实施新农村建设工程和"十上山"工程：致富道路通上山、水利设施修上山、优质大桃栽上山、再生能源用上山、科技文化跟上山、电信网络布上山、文体项目建上山、有机果品改上山、旅游游客住上山、生态别墅建上山，挂甲峪村基本上已经实现了"五业促发展，资产上亿元"的目标。

一是天甲旅游公司。充分利用水、电、路、通信等基础设施，与遍地果园绿满山的自然生态条件相结合，建成了高标准观光采摘园1500亩和"五瀑十潭两湖"工程，达到农旅结合，果旅互促，农民致富，特别是新民居的建成，为农民实现三产奠定了良好的基础，让农民当老板，户户搞旅游；并建成民俗大戏台、民俗大饭厅、旋转式大酒店、多功能体育广场和35栋生态小木屋。在这里，游客可以尽情享受山林的寂静，呼吸新鲜的空气，品尝农家饭菜，体验返璞归真的田园生活。

二是天甲工业公司。2006年，北京天甲容器附件有限公司产品产量达到60多万套，销售收入450多万元，利税达100万元，公司的良性运营增加了村民收入，解决了该村闲散劳动力的就业问题；公司还通过自主创新成功研发出生物制气炉，无烟、无味、无污染，受到了领导和专家的一致好评，已申请专利，1300平方米的厂房已经建成，生产设备也已购进，现已实现流水作业，2006年底用了一个月的时间完成了2000台任务，收入132万元，利税60万元。

三是天甲农林公司。为使果品产业得到持续、健康发展，以农民自愿参股、集体统一经营的方式，进一步保证了天甲农林公司规模化、市场化、产业化的经营管理。2006年，农林公司紧紧围绕生态、有机、绿色做出特色，现已得到国家环保总局和农业部的认可，拿到了有机果品证书。开发有机果品有效达到了果旅互促的目的，对于实现农林公司的经济效益和挂甲峪乡村旅游景区的知名度意义重大。通过农民参股，2006年该村成为平谷区社区集体股份制改革的第一家，通过资产评估公司评估，集体总资产达1.3亿元，可经营性资产达5680万元。

四是天甲建筑公司。挂甲峪村借用资质成立了自己的建筑队，目前，该村的新民居"二期"工程就由自己建设。2006年，建筑公司创收150万元。

五是天甲物业管理公司。通过新民居工程的建设，村民们都住上了生态小别墅，因此社区的管理、维护等事项都得跟上，由此成立了天甲物业管理公司。在村民搬入别墅前，首先与村民签订《别墅区管理协议》，与社区有关的管理、服务等正在不断地完善。

近年来，该村在围绕农民增收、加快经济发展的同时，还按照"五个好"的要求，切实抓好村级基层组织建设。充分发挥党支部的核心领导作用，下大力气增强村级基层民主政治建设。村党支部、村委会先后制定了《挂甲峪村民主管理制度》、《挂甲峪村财务管理制度》等一系列规章制度，促进了全村政治稳定和经济发展。由于村里的基础设施建设项目较多，在一些重大开支上，村党支部都要召开党员和村民代表会议，与党员和村民充分讨论协商，认真听取大家意见，并形成统一的决议；财务管理上，严格执行村务公开制度，凡是入账凭证都要经过村民民主理财小组严格检查和审批，对来源不清、有出入的票据均不予报销。同时他们还按照上级规定，每半年召开一次村民代表大会，向村民汇报工作，公布由镇村账托管办公室严格审计的财务收支情况，真正做到清清楚楚、明明白白。

村委会每年及时兑现自愿参股户的分红，而且针对地树入股户年龄在65周岁以上的老人，每年兑现每位老人年分红不少于3000元的承诺；真正解决老百姓看病难、看病贵的问题。

密云县溪翁庄镇黑山寺村

黑山寺村隶属于北京市密云县溪翁庄镇，位于镇域西部，距密云城区约 16 千米，属半山区低丘陵带。有村民 89 户，189 人，村域面积 7.3 平方千米。该村地处云蒙山支脉五座楼山脚下，环境优美。据资料记载，早在辽金时期，黑山西侧即建有较大寺庙，因得名黑山寺。清末发展成村，村因寺而得名。村西北 2 千米处有明代永乐中期所建驻兵城堡遗址。京通铁路在村口设有站点，每日有从西直门出发的火车经过，交通便利。

黑山寺村

据当地村民讲，黑山寺所在的山很有特点，每到阴天下雨时，山体就变成黑色，所以这座不知名的山被称为黑山，黑山寺的名字也就由此诞生了。

崇山峻岭下，沿着洁净的石板小路走进古朴的农家小院，伴着寺院里传出的钟声，品上一杯香茗，享上一桌素食这种神仙般的惬意生活，如今在密云县溪翁庄镇黑山寺村就能享受到。据悉，该村将禅文化与民俗旅游相结合，打造特色"禅味小村"，走上了一条创意民俗游的致富路。

在黑山寺村西部，五座楼山脚下，有一座寺庙叫黑山寺（云峰禅寺）。关于黑山寺村里还流传着这样一段传说。明朝成化年间，皇帝找了一个叫戴勇的和尚替他出家，就住在黑山寺内。戴勇依仗他是皇帝的替身僧，横行霸道，再加上他身高力大，平日里不是打人就是骂人，庙里的和尚都管他叫"戴老虎"。更可恶的是"戴老虎"还叫和尚们修了一个长达十里的地下洞，整天抢男霸女，不仅从此路过的女人要抢，就是十里八村的女子，只要他看中的就逃不了。抢来的人都藏在洞里，气得和尚们把这个洞叫"媳妇洞"，不知多少良家妇女在"媳妇洞"里遭难。百姓们实在忍受不了这般欺辱，就到衙门告他，但那些官老爷们一听说是"皇帝的替身僧"，就都不敢管了。后来，百姓们就联名上书皇帝，又派出代表告御状，有些大臣受过"戴老虎"的害，也在一旁为百姓帮腔。皇帝为了笼络人心，降旨说："惊一惊，罢了"。百姓们恨透了戴勇，借皇帝的金口玉言，利用谐音，把"惊一惊"变成了"耕一耕"。他们把戴勇埋在地里，只露出个头。套上牲口，像耕地一样，连耕带踩，不过三遍，"戴老虎"便被"惊"死了。

黑山寺村建在云蒙山系的山脚下，四周群山环抱，山势起伏重叠，环境优美。这里山高林密，盛夏季节，树木葱郁，清爽宜人，尤以一些珍奇古木最为奇特。千年平顶松为国家一级保护树木，在一定距离不同角度观看，树形大小不变，奇妙无比；黑山寺内的大银杏树据说已经有五六百年的历史，当地人又称它为"三代树"，因为这株银杏已经繁衍成了 3 棵树；古栗树是黑山寺村另一独特景观，霜降后，古栗树的叶子却如松柏一般依然碧绿，即使落叶也不发黄。其中，古栗树更是被收录在密云十八怪中。据树的主人师茂林老人讲，这棵树原属于黑山寺的私产，清朝后期，庙里的和尚因犯法被朝廷处决，遂把庙产卖给了当地的地主。承包山场后，老人和姑爷一起承包了包括怪栗树在内的果树。问起这棵树的年龄，老人说，这棵树不爱长，他父亲年轻时就现在这样粗细，估计在 150 年以上。现在，紧贴怪树长出了一棵小栗树，也和怪树一样叶子葱绿。

古栗树结的栗籽比较小，丰年能产 19 千克左右，别的树 70 个栗籽 0.5 千克，而这棵树则是 100 个栗籽 0.5 千克。果实和别的板栗果实比起来显得嫩甜，9 月中旬成熟。为了让这棵树能多结些大栗籽来提高经济效益，1997 年，老人特意从别的板栗树采了些树枝嫁接，结果嫁接的这枝树枝也活了，但是它到冬天和别的树一样也掉叶，老人觉得不合群，就给掰掉了。有人觉得这棵树奇异，就采了这棵树的树枝，嫁接到别的板栗树上，结果也成活了，但它原有的特性却没有了。采下它的种子种下，新滋生的小树苗和平常的板栗树没有什么两样。据老人讲，这棵树的生命力特强，和它年岁差不多的树全死了，只有它还保持着旺盛的生命力。

这棵怪树至今多大年龄，为什么四季常青，还有待专家考证。

延庆县千家店镇

北京市延庆区千家店镇位于延庆区东北部，

距区城 60 千米，是延庆乃至全市最边远的山区大镇。全镇总面积 371 平方千米，占全区总面积的 1/6。全镇辖 19 个行政村 83 个自然村，3799 户 11435 人，其中农业人口 10546 人。现有耕地面积 19137.6 亩，人均 1.7 亩，山场面积 47.8 万亩，林木覆盖率为 63%，镇域内 47 平方千米的大滩次生林自然保护区植被茂密，林木覆盖率达到了 95%。矿产资源丰富，有铜、锌、铂、钯等矿藏。

黑白河流经镇域，该镇地处北京市的上风上水地区，为保护好首都的这一方净土、净气、净水，该镇始终按照可持续发展的战略，加大了退耕还林、植树造林、绿化美化力度，加大了对植被的恢复和保护力度，几年来退耕还林 1.6 万亩，封山育林 12 万亩，植树造林 8 万亩，先后获评县级绿化美化先进单位，市级绿化美化达标乡镇。1947 年划入四海县，1951 年划入河北省赤城县，1957 年，九里梁以北的红旗甸乡、河南乡、菜木沟乡、大栋树乡、花盆乡、沙梁子乡属河北省东卯区，1957 年 11 月，划归为北京市延庆县，成立了千家店公委。1958 年建千家店区，后改千家店公社。1961 年 7 月，撤公委拆分成立红旗甸、花盆、沙梁子、千家店 4 个人民公社，1983 年改公社为乡人民政府，1995 年千家店撤乡建镇。1997 年 9 月，撤销红旗甸乡、沙梁子乡、花盆乡并入千家店镇。千家店镇辖 1 个社区（千家店镇社区）、19 个村委会（河口村、石槽村、红石湾村、千家店村、河南村、下德龙湾村、水头村、大石窑村、红旗甸村、六道河村、大栋树村、沙梁子村、四潭沟村、下湾村、菜木沟村、牤牛沟村、水泉沟村、花盆村、平台子村）。

该镇旅游资源丰富，北京延庆硅化木国家地质公园于 2001 年 12 月 28 日经国土资源部审批通过，2002 年 9 月 6 日揭碑开园。公园总面积 226 平方千米，包括木化石中心区、滴水壶、乌龙峡谷、燕山天池、云龙山 5 个景区，25 个景点，是集观光旅游、休闲度假、垂钓烧烤、科考健身为一体的综合性景区，延庆区五大景区之一。结合旅游发展，建成了辛栅子、三道梁、下湾、秀水湾、长寿岭、龙湾大院 6 个民俗村。吸引了数以万计的国内外游客前来观光、休闲、度假。大滩

次生林自然保护区面积 47 平方千米，植被茂密，林木覆盖率达 95%。景点还有黑龙潭风景区。

千家店镇位于延庆区东部深山区，属山地生态保育区，距区城 60 千米，距北京市区 130 千米，是北京市最边远的山区大镇之一。东与怀柔县毗邻，北与河北省赤城县接壤，西南、东南分别与香营、刘斌堡、珍珠泉三个乡相连。滦（平）赤（城）公路、刘（斌堡）沙（梁子）公路、花千、花沙公路穿镇而过自成环线，交通便利，2007 年被评为全市自驾游 10 条最佳线路之首。

千家店镇域地处白河、黑河、红旗甸河谷地，境内山峦重叠，地质景观移步换景，地势西高东低，中间形成东、西开口的带状盆地。三个流域相连相通，纵深空间较大。千家店气候属于暖温带大陆性季风气候的半湿润区，镇域内生态优良，四季景色变幻如画，空气中负氧离子丰富，年平均气温 8℃，年降水量 477.2 毫米，是名副其实的避暑胜地和绿色氧吧。白河从西向东流经镇域，最大支流为红旗甸河，另有茨沟泉、红石湾泉、白龙潭水补入白河。黑河从北部进入镇域，在镇域东部与白河交汇，形成黑白分明的奇特景观。镇域内湖、泉、瀑、溪等水景众多。

2010 年 9 月 17 日，经国家旅游局和全国旅游景区质量等级评定委员会批准，成为北京市首家涵盖全镇范围，实现"镇景合一"的大型国家 AAAA 级旅游景区，其位于中国延庆世界地质公园内。千家店镇以生态休闲旅游为主导产业，镇域内的国家级硅化木地质公园属 AAA 级景区，闻名于世，滴水壶、乌龙峡谷、朝阳寺、白塔滨河公园等景点众多，秀水湾、长寿岭、古家窑等 7 个民俗村不断升级，旅游产业发展较快。2009 年，千家店镇规划设计的百里山水画廊，得到县委县政府及各有关部门的高度肯定，被确定为延庆县政府 2009 年重点工程。2010 年，千家店镇百里山水画廊景区成功申报国家 AAAA 级旅游景区。

千家店镇集中对山和山边、水和水边、林和林边、田和田边、路和路边、村和村边、庙和庙边进行大规模环境整治，修地边、拔杂草、选树枝、栽花种草，达到"规矩得体、自然顺畅、方便游人"的目的。全力建设百里山水画廊精品旅

游环线，启动干沟、镇区、硅化木中心区、滴水壶和金融街5个节点，其中干沟作为百里画廊的门户，拆除原有鱼池和一所房屋，使之成为游客集散中心；镇区完善"吃、住、行、游、购、娱"的旅游服务区功能，升级改造长寿岭民俗村，利用现有市场销售和开发旅游纪念品，整治市场周边环境，打造北方山水印象小镇；在硅化木中心区，改建原有硅化木展馆，增设展陈内容，增加游客参与性旅游项目，使其成为木化石的集中展示区；滴水壶继续升级改扩建，把接待处外移至河对岸，使其成为健身养生的乐园；全面启动与西城金融街的资源对接，在金融街建旅游服务中心和农副产品销售处，将地区的乡村旅游资源、农副产品资源、人文历史资源等推向金融街市场。同时着手启动古家窑画家村，大棣树村和平台子村乡村旅游专业村建设，在牛沟村口增设百里山水画廊标志性建筑，开发原始森林登山线路，建设拾捡柴鸡蛋示范基地。随之，陆续启动秀水湾、上奶山、乌龙峡谷、花盆等节点和红旗甸沟域建设。最终，通过一鼓作气建设百里山水画廊旅游环线，不断提高该镇山水旅游品牌的竞争力。发展"特色种植、绿色养殖和农旅一体化"产业，发展林下药材2000亩，发展以向日葵、蔬菜制种为主的籽种作物1800亩。建设农事体验项目，实现农旅一体化的生态农业格局。发展设施农业，推进杏仁和小杂粮等农副产品有机认证工作。同时，邀请知名画家、作家、摄影家创作一批体现地区文化特色的优秀作品，充分展示地区文化的独特魅力。整合民俗文化资源，精心策划特色民俗文化活动，发挥首都文化志愿者的资源优势，在消夏避暑节期间策划大型文化宣传活动。广泛开展"三下乡"活动，发展文化创意产业，引进画家村建设项目，加强文物资源的整合和管理。

启动第二轮生态搬迁工程，建成河南、大棣树和平台子三处搬迁产业新村，改善435户1280人的居住环境，实施8个五项工程推进村项目。争取县相关政策，力争解决1000名农村居民"4050"人员托底安置。推广丰台南苑环卫中心的就业模式，向西城金融街和朝阳扩大就业市场。完善社会安全、交通安全、生产安全、护林防火、禁牧等各项工作的长效考核机制，做到底数清、情况明、措施得力、奖罚分明，保障和谐稳定的发展环境。

天津美丽乡村典型村镇介绍

西青区辛口镇水高庄村

水高庄村位于西青区辛口镇，近年来大力发展都市型观光旅游农业，建成了占地面积 1500 亩的水高庄园，基本形成集观光旅游、现代农业示范、科普教育、住宿餐饮、商务会议、休闲娱乐于一体的生态旅游景区。投资 1000 万元进行了绿化美化亮化建设，使村庄面貌焕然一新。村内绿化面积 30000 平方米，林木覆盖率达到 32%，舒适宜居。广场健身舞、琴棋书画学习交流、农家书屋读书知识竞赛、中国沙窝萝卜旅游文化节等文化活动丰富多彩。

北辰区双街镇双街村

双街村位于天津市北辰区北部，属双街镇政府所在地，距首都北京 110 千米，距天津港 50 千米，距天津机场 16 千米，紧靠京津公路、京津塘高速公路、京山铁路、京九铁路等主要交通干线。双街镇交通、通信、供水、供电等基础设施发达，是国家级星火密集区、天津市小城镇建设试点和北辰区 20 个首批社会主义新农村示范单位。全村总面积 1.73 平方千米，共有村民 627 户，1650 人，早在 1998 年双街村就跨入了天津市明星小康村行列。长久以来，双街村始终坚持"开拓创新 求实进取 和谐发展惠泽于民"的精神，做实发展，不断壮大集体经济实力。并利用自身优势深挖潜能，带领村民兴村富民奔小康。先后获得全国精神文明先进村、全国民主法制示范村、全国敬老文明村、天津市红旗党组织标兵等荣誉称号。党和国家也给予了双街村刘春海书记全国劳动模范、全国十大杰出青年农民企业家、全国优秀党务工作者、天津市最具有影响力的劳动模范等荣誉称号，他多次接受党和国家领导人的亲切接见。

武清区大碱厂镇南辛庄村

大碱厂镇南辛庄村处于京津之间，从京津高速武清口下右拐 200 米过 103 国道即可到达。它南邻武清城区，位于大运河东岸，在武清最大的水利枢纽八孔闸旁，属于武清运河郊野公园的最南端，历来景色宜人，是休闲游玩的好去处。

全村现有 210 户、650 多人，耕地面积 1200 多亩，2012 年村集体收入 200 万元、人均纯收入 16500 元。先后获得市级红旗党组织、宽裕型小康村、文明生态村、村务公开民主管理示范村、天津美丽乡村及区县联盟广播武清区新闻中心采访实践基地等荣誉，是天津市 2012 年"十大美丽乡村"之一。

村庄历史资源丰富，村旁曾建有清代筐儿港行宫，另竖有康熙"导流济运"御碑、乾隆"导流还济运"御碑各一座。

村内成立天津市南辛庄农业发展专业合作社，下设天津市南辛庄香油销售有限公司、天津市南辛庄生态农业开发有限公司、天津市南辛庄农业旅游开发有限公司及天津市南辛庄小磨香油生产有限公司四个子公司。整合现有土地资源，本着自愿原则，农民以土地或现金形式入股合作社，成为股东，实现农村土地承包经营权有序流转。合作社在保证农民最低收益（原则上以每亩地农业收入为基数）的前提下，按股份给农民分红。注册"南辛庄"集体商标，将公司对外销售的所有农产品、服务产品统一标识，打造特色品牌。

依托大运河开发改造和郊野公园建设，充分挖掘云海寺、朱杆青等历史文化资源，重点提升传统香油产业，创新休闲旅游、农家院、农耕体验游等特色服务品牌。建成香油坊 20 个，设施农业采摘棚室 500 亩，特色农家院 18 个，农耕体验项目 270 亩，积极借助运河游做好配套服务，带动休闲采摘、垂钓、特色餐饮、文艺表演等产业发展，打造集自然风光、人文景观、特色产业、旅游观光为一体的乡土气息浓郁的南辛庄村。

大孟庄镇蒙村店村

蒙村店村位于天津市武清区大孟庄镇驻地北6千米，东临北运河。明朝嘉靖二十三年（公元1544年），严嵩任首辅，操纵国政，其义子御史大夫赵文华作乱，在蒙村修建城池，梦想做皇帝，后被满门抄斩。蒙村人在建城时，因运送砖料的来往行人多，于是在此地开了一家客栈，以便行人住宿打尖。后来，因地震灾害原蒙村城内居民部分迁居于此，成村后得名蒙村店至今。蒙村店村以前村内道路坑洼不平，群众不仅出行困难，而且限制了该村经济的发展。为彻底改变这一状况，村两委班子认真研究、精心谋划，首先从改善村民生产生活条件入手，先后投资90多万元完成了道路硬化工程，全村主干道路全部翻新，里巷全部硬化，并在田间修建了1万多延米的作业路，铺设了5000多米地埋管道。他们还在主干街道两侧栽种了观赏苗木、花卉共计3000余株。除此之外，为满足人们的精神生活需要，又投资10万元新建四间文体活动室，配备了健身器材和活动设施，确定了相关的责任人，落实场地设施和维护管理。同时，为引导村民科学种田，村里建立了图书室，配有种植、养殖、病虫害防治等农技图书供村民免费借阅。

宝坻区八门城镇欢喜庄村

八门城镇欢喜庄村位于宝坻区东南，距城区35千米处，是原欢喜庄乡政府所在地，交通十分便利。全村有127户，人口435人，耕地面积2066亩。2009年欢喜庄村率先示范立体种养，并取得成功，自2011年开始打造天津市生态农业示范园，为转变农业产业结构，提高农民增收起到了带头示范作用。2010年，该村进行了生态村打造，大大改变了村容村貌，并在2011年进行了生态村提升工程，现在欢喜庄村在万亩水稻的环绕下，在村民的精心整理下，在国家利民政策扶持下，宛如一个北方的小江南。

宁河县岳龙镇小闫村

宁河县岳龙镇小闫村共有75户，281人，耕地1450亩。近年来，村党支部抢抓机遇，大胆实践，团结带领全村党员群众，一心一意谋发展，致富之路越走越宽，全村面貌发生了翻天覆地的变化，成为了全县闻名的先进村。

小闫村设施园区现拥有温室蔬菜区、果品区、水面养殖区、养鸡小区、养猪小区、林下经济6个生产区，每年增加经济收入150多万元。目前，小闫村已申请认证了无公害蔬菜基地，同时被评为农业部设施蔬菜标准园。

静海县双塘镇西双塘村

天津市西双塘村位于天津市静海区双塘镇，毗邻京杭大运河，京沪铁路以及即将通车的京沪高速铁路邻村飞架，新老104国道穿境而过，交通网络完善发达。

西双塘村是天津市静海区的一个行政村，地处南运河西畔，位于静海县城南6千米，距天津中心市区45千米，距北京130千米，距天津机场60千米，距天津港70千米。在村域布局上，其东邻东双塘村，北靠莫院村，西接梁头镇邓家庄村，南连陈官屯镇谭村。

古时这里是运河码头，南来北往异常繁荣。当时有句顺口溜："上有天堂，下有苏杭，除了北京，就数双塘。"西双塘村地处渤海之滨，为退海成陆和河流冲积而成的平原。地势低洼，平均海拔在3~4米，土壤盐碱化，为褐色黏土。该村属温带半湿润季风气候，四季分明，光照条件充足，全年平均气温12.4℃，降水量570毫米左右，无霜天214天左右，日照2700小时左右。中华人民共和国成立以来，西双塘村发生了巨大改变，改革开放尤其是1992年实行新的大集体化经营方式以来，该村更是发生了翻天覆地的变化，从昔日全县闻名的"一穷二乱"后进村，一跃获得天津市"明星小康村"、"重大先进典型村"、"农村红旗党支部标兵"，以及全国"先进基层党组织"、"文明村"、"模范村委会"、"社会主义精神文明建设先进村"、"计划生育先进单位"、"绿化造林千佳村"、"文化典范村"、"民俗文化村"、"十佳造林文化村"、"涉外旅游村"、"美德在家示范村"等20余项市级和国家级荣誉。

西双塘实行大集体经营化方式，在保证村名集体耕作、集体收获的同时发展特色农业采摘。吸引了市区的居民前来观光采摘。

蓟县穿芳峪镇毛家峪村

毛家峪村位于天津市蓟县城东16千米的穿芳峪镇，全村总面积7777亩，共72户、256人。2002年以来，毛家峪村按照"以长寿为主题，科技作支撑，院校为依托，组织为保证，旅游为支柱，大家共同富裕为目标"的总体发展思路，积极发展乡村旅游业，全村经济社会事业获得了全面发展，成为华北地区著名的乡村旅游目的地，先后被评为全国创建文明村镇先进村镇、全国农业旅游示范村、全国巾帼示范村、全国民主法治示范村、天津市旅游特色村和天津最美丽乡村。

毛家峪四面环山，森林覆盖率高，空气清新，水质纯净，自清代建村，曾出现4位百岁老人，是京东地区远近闻名的长寿村。毛家峪村充分利用这些资源，建立起华北地区唯一一家以长寿为主题的旅游度假村，并被确定为世界太极养生基地。同时，借鉴日本大分县"一村一品"理念，发展"一户一品"农家院旅游。目前，全村72户全部从事农家院旅游接待，总床位3500张，日最高接待游客5000余人。

毛家峪村先后投资8000多万元，建成开放了元古奇石林和情人谷两大旅游景区，恢复建成了飞来泉、寿字艺苑、竹茶园、悬空六合塔、思源亭等80个景观点，其中，奇石林景区在2003年被评定为国家AA级景区。

毛家峪村以农业为载体，不断开发农业休闲项目，将传统的农耕生活融入到旅游中来。先后建成了彩弹射击场、狩猎场、游乐园、摸鱼池、垂钓园、农作物和蔬菜基地多项特色旅游项目，形成了奇石林观石赏景长寿游、情人谷森林养生休闲游、青龙湖观湖摸鱼乐趣游、采摘丰收游和山地狩猎体验游、农事体验游等系列旅游产品。

2002年，毛家峪村在县委、县政府确定的构建中等旅游城市总体目标的号召下，开始尝试走旅游发展道路。村民利用自家的庭院开办农家乐，村集体利用闲置的山场开发休闲娱乐项目。经过多年的探索和实践，有效地完成了从传统农业向休闲农业产业经济方式的转变，走出了一条旅游致富之路。

2005年，毛家峪村与天津永泰红磡集团合作，成立毛家峪旅游发展有限公司，引进了大量的资金、技术和人才，实现旅游产业企业化经营，商业化管理。同时着手大项目的开发和建设，投资1900万元建成拓展训练基地，投资2.5亿元建成山地高尔夫球场。这些项目的建成，提升了毛家峪旅游接待档次。

毛家峪村先后修建了山村旅游专用路5千米，对村内街道全部实行了硬化、美化、绿化、亮化，建成了集培训、健身、娱乐于一体的旅游综合服务中心，修建了健身广场、篮球场、娱乐厅等健身娱乐设施。建成了农家院旅游洗涤服务站、地埋式垃圾处理站和生态塘污水处理设施，促进了该村旅游的可持续发展。

毛家峪村采取"公司+农户"的旅游管理模式，对全村农家院旅游户统一分配客源，统一标准管理，统一清洗消毒床上用品，避免分散管理带来的弊端。同时，加强与天津师范大学等高等院校的合作，进行旅游管理人才的培养，不断提高旅游经营管理水平。每年的2~4月，村里邀请旅游、工商、税务、卫生防疫、公安、环保等部门对村民进行集中培训，提高从业人员的综合素质。

河北美丽乡村典型村镇介绍

晋州市周家庄乡第九生产队

周家庄乡第九生产队人口 1462 人，耕地面积 2600 亩，土地实行集体经营的管理模式。该队大力发展现代农业，先后建成了 350 亩无公害红地球葡萄、300 亩优质种子、600 亩出口鸭梨和 1000 亩高档苗木四大专业生产基地，实现了农业规模经营。为进一步增加集体收入，2008 年积极借助独特体制和现有旅游资源的优势，进一步打造周家庄乡品牌，发展旅游业。

目前旅游项目：一是参观合作史纪念馆。能领略到大集体的独特魅力。二是周家庄乡观光采摘园游玩。观光采摘园共计 2000 亩，包括 600 亩梨树、600 亩葡萄树、400 亩植物园、100 亩草莓园、300 亩特色农作物种植。每年 4 月前后可以观赏梨花、玉兰花、油菜花、樱花、桃花等百余种花木，可采摘草莓、挖野菜。8 月后可以欣赏丰收果实，并且可在观光园内进行采摘，采摘品种有红地球葡萄、巨峰葡萄、维多利亚葡萄、摩尔多瓦葡萄、金手指葡萄、玫瑰香葡萄、鸭梨、雪梨、黄冠梨、早酥梨、香面梨、黑梨、毛豆、玉米、西瓜、丝瓜、茄子、冬瓜、苦瓜等 30 余种；还可以刨花生、刨红薯，能在这里租种土地和认领果树，体味劳动快乐，享受劳动果实。能捉农家鸡、拾土鸡蛋、走苗木迷宫，观赏使用传统工具等。可以在大食堂和林中餐厅吃特色农家饭。

乐亭县胡家坨镇大黑坨村

大黑坨村是革命先驱李大钊同志故居所在地。农民收入多以棚室黄瓜、甜瓜生产为主，现栽植面积已达 1800 亩，从业人员 395 户 980 人。

大黑坨村充分利用设施果菜资源的优势，发展一村一品建设。2008 年该村成立了唐山昌华果汁有限公司，年产果蔬汁 5 万吨，按目前市场价格计算年产值可达 2.6 亿~3 亿元，利润 6000 多万元，现该公司已成为实力雄厚的省级龙头企业。2009 年大黑坨村成立了金鑫果蔬专业合作社，注册资金 630 万元，入社村民 248 户。2010 年，合作社实现销售收入 4807 万元。合作社统一组织果菜生产、收购、入库、分装、运输，不仅解决了一批农村剩余劳动力就业问题，而且还组织村民学习考察、聘请县科协高级农技师为村民培训农业科学知识，并建立了远程教育+互联网+专家讲解+农户+基地的科学技术普及与管理大平台。

此外，大黑坨村还依托李大钊故居和生态农业产业，建设红色旅游教育基地，修建道路和微缩景观，既促进了该村精神文明建设，又增加了村民收入。现归真园、果品采摘园、农耕体验园等已初具接待水平。

昌黎县十里铺乡西山场村

西山场村位于河北省秦皇岛市昌黎县十里铺乡，地处城西北约 7.2 千米处的碣石山主峰仙台顶背后的一道谷峪里，被秦皇岛市确定为 2008 年农村小康环保试点村。

昌黎城西由葡萄秧架组成的绵延不断的绿色葡萄长龙，向北顺着一条源自大山深处的沙河，拐向素有"凤翥祥峦"美称的凤凰山，穿过凤凰山口，群山不再挤挤轧轧，豁然开朗，让出一个景色壮观的山间盆地。盆地里依山傍水，散落着三四个小山村，西山场为最里边的一个，西山场人世代依显得极狭迫的河岸而居，利用房前屋后、村里村外一切可见缝插针的地方栽植葡萄秧苗，在无意中形成了一条长达七八里的葡萄长廊。由于路两旁植满葡萄秧，小路被葡萄秧架遮成一道天棚。那小路上面，葡萄一穗挨一穗，几乎伸手可摘，张嘴可吃。不少葡萄秧的根极粗，斑斑驳驳的，一看就知长有几十年，甚至上百年。有一株最粗的，四周伸出了五六个葡萄秧藤，形成了一个大大的圆形葡萄秧架，真不知是否为西山场，甚至是昌黎县境内的"葡萄王"。

西山场村以栽植玫瑰香、龙眼等鲜食葡萄为主。由于当地在夏秋季节昼夜温差大，沙土性强，用以灌溉的山泉水极佳，出产的葡萄分外甘甜可口，并有着独特的清香味儿，多年来在昌黎果乡极有口碑。

磁县陶泉乡南王庄村

磁县南王庄村有得天独厚的自然和人文资源，优美的自然风光。该村地处太行山深处，炉峰山景区脚下，南邻漳河三峡，山峦起伏，森林植被茂密，山花烂漫，水果满山，有清澈的山泉流水，村内及村周围有旅游景点56个。为摄影家、美术家艺术创作的理想地方。宝贵的古村落遗迹。石磨、石碾、石街道、石庵子、石房子、石槽、石兑臼，古寺院，让人领略另一番古朴与别有洞天。森林植被丰富。古树众多，村庄及周围山坡上百年以上古树达123棵，有黄楝树、柏树、槐树、青榆树、白皮松。其中一株青榆树树龄达1200多年之久，为炉峰山镇山之宝。树种众多，全村植被覆盖率达65%以上。山泉水丰富。村周围山坡上有天然水资源——山泉水13处，可谓上天匠心独运的杰作。泉水甘甜清冽，南王庄有幸成为全县唯一饮用山泉水的村庄。在县有关部门的帮助下，200亩农田安装了滴灌，农作物也喝上了山泉水。野山花、野山果漫山遍野，芳香醉人。一年春、夏、秋三季，山花烂漫，千姿百态，妖媚妖娆，城里人很难见到。这里有许多叫不上名字的野山花，据统计有156种，有药用价值的中药材123种，其中一味中药材——木通尤为珍贵。林果产品富民。仅柿子、花椒两种林果产品全村人均收入就达1000余元。山村文化源远流长，文化底蕴丰厚。晚清年间组建了平调剧团和落子腔剧团；村中民间艺术如石刻、粗布纺织、古建筑等古色古香，流动着历史的味道。

武安市淑村镇白沙村

白沙村位于河北武安市淑村镇，依托于武安鼓山南，与峰峰矿区相邻。利用较丰富的矿产资源，实现村级经济收入逐年增长的目标，近年来又培育了一批新的经济增长点，随着工业园区在白沙的设立、开发，白沙经济的发展将迎来新的机遇。

该村共有580户，2300人，分10个街道，14个村民小组。青山环绕中的白沙村，在阳光照耀下显得格外美丽，楼房耸立，绿树成荫，510户搬进了通双气、通宽带、给排水齐全的别墅楼或单元楼，充满了现代化气息，展现了社会主义新农村新气象。

威县洺州镇戚霍寨村

戚霍寨村隶属于河北省邢台市威县洺州镇，在威县县城南行2千米。交通十分便利，村西紧邻106国道，邢临高速和省道S326在境内穿过。地处华北平原南部，河北省东南部，属冀南低平原区。

戚霍寨村处于暖温带大陆性半干旱季风气候，四季分明。威县年平均气温13.4℃，最热月份为7月，月平均气温27.0℃，最冷月份为1月，月平均气温-2.5℃，极端最高气温为41.6℃，极端最低气温为-21.4℃。年平均降水量为497.7毫米，年平均雷暴日数为19天。

据《威县志》记载，于明嘉靖年间，山西迁民霍姓至此定居，后陆续迁来赵、邱、戚、姜等姓，为防贼寇，四周筑起围墙、寨门，因霍姓首居此地，取村名霍寨，后因各姓间发生矛盾分村，各村均在霍寨前冠以姓氏而得名。戚姓，是由明永乐年间南直隶（今江苏省）人，迁至威县城南东盖村的戚姓分支。人口大约500人，戚姓占80%。农作物主要以种植水果葡萄为主。因地处北纬36°，日照充足，葡萄口味甜美，畅销山东青岛、泰安、淄博，河北唐山、邢台、衡水，湖南吉首、怀化，湖北武汉，河南濮阳等地。

2013年该村被评为"文明乡村"；2015年被评为"美丽乡村"。

博野县南小王乡大北河村

大北河村隶属于河北省保定市博野县南小王乡，该村共有391户人家，全村有3500多亩土地，以黄冠梨、红香酥苹果、山楂为主的林木覆盖率超过了95%。2013年，大北河村成功入选全国"美丽乡村"创建试点村。

据载，大北河村建于唐朝，因地处潴龙河（上游沙河、磁河、孟良河于安国市军诜村北汇流后，始称潴龙河，向东北流经安平县、博野县、蠡县，至高阳县博士庄北注入马棚淀）河汊以北而得名。后该村洪善寺佃农为种田方便，又在南面建村，名南北河，原北河便以北北河名，因绕口易混淆，故据村庄规模，改名大北河。

大北河村以水果种植为主导产业，主要生产黄冠梨、红香酥苹果、山楂等。同时，该村村委会投资20万元，对10户农家游接待处及相关配套设施进行了升级改造，利用果树多的生态资源打造乡村生态游。

张北县油篓沟乡喜顺沟村

喜顺沟村位于油篓沟乡政府驻地西偏南2千米处，北距县城9千米，东邻207国道、张石高速公路，为丘陵村。总面积9000多亩，其中耕地3008亩，林地3280亩，草地2068亩。辖一个自然村，全村共有205户，710人，劳动力425人，常年外出学习、务工、经商人口251人。据张北县地名志记载，清同治年间，范氏首居建村，因山沟里苘菜甚多，取名苘子沟。为吉利，1953年更名为喜顺沟。

该村紧邻国道，区位优势明显，发展加工、三产服务业条件良好；地下水资源丰富，水质优良，1994年经过地质矿产部、水文地质专业实验测试中心、矿泉水水质检测中心化验，村内地下水属纯天然矿泉水，具有较好的开发价值；玄武岩储量丰富，便于开采，是筑路、水泥制件、城乡建筑优质材料；全村人力资源比较丰富，青壮年劳动力思想解放，市场经济意识较强，经商气氛与日俱增，现从事非农产业人数达300多人。

蔚县南留庄镇白后堡村

白后堡村在蔚县西北处，距县城10千米，距南留庄镇3000米，位于旧下广公路北。该村是一个传统农业村，以玉米、谷、黍、豆类等小杂粮为主，全村226户，860人，该村古村落保护完整，《侠骨风流》、《宰相刘罗锅》、《趟过女人河的男人》等多部剧组在该村拍摄取景。交通便利，两年来村庄面貌发生了翻天覆地的变化。先后水泥硬化主街道2000多米；用红砖铺设居民巷30多条；实现了硬化路面全覆盖。新建占地1500平方米的文化广场，标准化公厕一处，安装新型节能路灯太阳能灯，主街道栽植风景松柏树；村周围杨柳环绕，新村路口新建仿古牌楼一座，如今的白后堡村街道平整清洁，整村绿树环绕，夜晚路灯通明。

该村是远近闻名的民俗村，村里有着300多年历史的传统民俗文化活动非物质文化遗产"拜灯仙"、"逗火龙"。每年元宵节即正月十四、十五、十六为活动日，为配合拜灯仙、逗火龙还有活马、旱船、老翁背脏婆、推车、洋鬼子楼、秧歌队等社火，这些活动最大的特点是全部纯手工制作，原汁原味，里面都点着用自己制作的蜡烛，晚上最好看，特别是逗火龙，火龙身子一次上18根蜡烛，在表演时不管怎样转动盘旋蜡烛都不会灭，也不会烧坏龙的身子，十分壮观。村里泥、木、石、画、毡、鞋、席、柳编、绣花、鼓匠、阴阳等老艺人现在还健在。

村里有800亩林沟，沟内林木覆盖率达50%，沟内长年有水，可以种植经济林，建成一个集观赏、采摘和林下经济林为一体的林沟经济园区。

滦平县张百湾镇周台子村

周台子村地处燕山深处，古长城脚下，隶属于河北省承德滦平县张百湾镇，坐落在112线公路和滦河北侧，西距首都北京190千米，东距历史文化名城承德35千米，村庄面积2.5平方千米，耕地2100亩。全村7个居民组，712户，2246人，企业职工1000人，外出打工者1500多人。2013年全村实现生产总值4.6亿元，集体纯收入2000多万元，人均纯收入1.3万元。

山西美丽乡村典型村镇介绍

杏花岭区中涧河乡长沟村

长沟村是位于太原市杏花岭区中涧河乡东北部的一个山村，全村土地面积 2600 余亩，有 189 户，676 人，距离市区 6000 米。距东山过境高速 1000 米。2006 年新一届村委领导班子组成，以王和平为代表的党支部以思路创新为出路，决心改变长沟村的落后面貌。两委班子团结战斗，分工负责，集体领导。制定总体长远规划。以重要思想和科学发展观为指导，全面推进长沟村新农村建设。

2007 年长沟村列入省市区新农村建设重点推进村、地质灾害治理村。同时，得到了政府的大力支持，享受政府的优惠政策，借东风，大干快上。经过村两委班子研究讨论，两委会通过，征求村民意见，全体村民一致同意两委会决策，填沟造地建设新农村，一年初见成效，三年大变样，并对村民做出承诺。全村集体搬迁，建设社会主义新农村，家家户户居住小二楼，承诺一定要兑现，2009 年按照新农村四化建设要求，建成了一流的社会主义新农村，实现了道路硬化，环境绿化，村庄美化，道路亮化，为村民提供了良好的生活环境。2010 年申报国家级生态村。2011 年申报旅游景点村，申报山西省"一村一品"产业，成为新农村建设示范村、现代农业示范村、生态文明村。

清徐县王答乡北录树村

北录树村位于太原市南 32 千米处，地处清徐县东北部，隶属于王答乡管辖。全村现有 478 户，1409 人，耕地 1200 亩。2010 年人均纯收入达 12447 元。村两委成员 4 人，党员 69 人。是山西省的"十大名村"，原省领导田成平曾视察该村工作。村办企业北录树企业集团公司下设金属镁、暖气片、V 法铸造等 12 个分厂，集体资产达 2.1 亿元，固定资产 1.1 亿元。

多年来，村两委班子通过以工带农、以工补农的办法，走共同富裕之路。积极开展社会主义新农村建设，集体累计投资 4200 余万元建成了 13 幢单元楼，可容纳 416 户居民，人均住房面积达 35 平方米。统一为小区居民供水、供电、供暖。投资 100 余万元建设了仿古商贸一条街，建设了仿古门楼和仿古戏台。村内电话、电视普及率达到 100%，电脑普及率达 62%。为每家每户安装了净水机，居民用上了新型能源。近年来累计硬化街道 10600 平方米，人均绿地面积 6 平方米，街道清洁率达到 100%，公共服务已惠及全体村民。村集体企业优先录用本村人员，为全村有劳动力的村民全部安排了就业岗位。新建了多功能活动大厅。全村 3~12 岁的孩子免费就读本村的幼儿园和小学，集体每年支出 8 万余元用于小学教育补贴，对毕业生设立了奖学金制度。新建占地面积近 6000 平方米的农村敬老院，工程完工后将实现全村 65 岁以上的老人全部免费入院。在落实"三务公开"和民主理财制度的基础上，全面实施了"四议两公开"工作法，运用"一事一议"制度。

古交市马兰镇营立村

营立村位于古交市西面，屯兰川中游，距古交市 17 千米，属马兰镇管辖，全村人口 1860 人，面积 30 平方千米，耕地面积 2600 余亩。2009 年后，着手营立的新农村建设，完成了 4600 平方米的水泥路面硬化，修建排水沟 800 米，铺设道路两旁的花岗岩路牙石 50000 平方米，安装路灯 20 盏，绿化村庄道路松树、云杉 1600 株，村西修筑护村坝 700 米，铺水泥路 3500 平方米，绿化凤凰山种植油松、柏树、国槐、云杉、塔松、桃、杏树 40000 余株，重建了已倒塌的古建筑狐神庙、文昌阁、魁星楼、合林寺、凤凰山党员之家、小公园 2 处，村委会大楼 1 栋，村民住宅楼 2 栋，营立村三层教学楼 1 座。

南郊区口泉镇

口泉镇背靠坤云山，房子依山势而建，山为缓坡，坡底沟为黑流水河。一条狭长的街道东西贯通。东口北是座清时期小堡，没有包砖的痕迹，为黄土城，城不大，堡内住有 30 多户人家，城墙宽阔而高大，此处应该是过去驻扎的兵营。堡门南开，堡门前就是东西之街道。顺街道走，房屋建筑多顺坡而建，而留出的出入小道以巷为名，小巷名字繁多。而在东西街道两侧多林立着 20 世纪五六十年代计划经济时期建有的商店、影院、饭店、理发馆等，而民居的建筑有多种形式，有明清四合院、排房、窑洞等。而窑洞和房屋建筑多采用山上片石。墙体宽厚，外罩大燃泥抹墙，有钱的就在房前脸处镶砖，现在这样的建筑已经不多。口泉街有几处古迹，在街道中有一坡叫"穆桂英坡"，相传宋辽交兵时，穆桂英曾率兵驻扎于九寨，时常骑马下山经过此处。后人仰慕英杰，遂将此处称为穆桂英坡，以示纪念。现在口泉公园还塑有一骑马射箭穆桂英雕塑。在此山坡上有一庙宇，坐西朝东，叫千佛寺。在街道西有一小巷，名寺儿沟巷，进入巷内，在尽头的山坡上建有一寺，为华严寺。

阳泉市郊区荫营镇上千亩坪村

上千亩坪村地处阳泉市郊区荫营镇东区，属阳泉新城的北部规划区域。环村有 207 国道、江正大街、新城大道等道路，阳五高速荫营口即在村东部。人口 1591 人，总面积 2161 亩，耕地 1027 亩，其中退耕还林 600 亩。

2013 年，上千亩坪村将发扬"崇德、秉忠、思进、尚能"的上千精神，认真贯彻区委八届三次（扩大）会议和三级干部会议精神，重点打好区位、生态和文化三张牌，继续促进融入阳泉新城战略的落实。一是要落实"筑巢引凤"工程，引进投资 7000 万元、占地 100 亩、建筑面积 2 万平方米的五星级大酒店。二是要对 10 个耐火制造及原料企业进行整合，推动耐火产业走向联合。三是要启动 2 万平方米的隆馨小区二期旧村改造工程。四是要启动张飞垴公园建设工程，绿化张飞庙及周边土地 200 亩，完成张飞庙森林公园的总体规划，打造忠义文化生态园。

平定县锁簧镇前锁簧村

前锁簧村位于太行山麓，阳泉市平定县南 9 千米处，其地理坐标是北纬 37°49′，东经 113°37′。东与西白岸接壤，南与东锁簧交界，西与北庄朝阳堡相邻，北与马家锁簧相接，全村总面积为 1.15 平方千米。207 国道平（定）黎（城）公路和阳（涉）铁路平行穿村而过，贯穿南北。前锁簧村位置优越，交通便利，距太（原）旧（关）高速公路平定入口 5 千米，距阳泉市城区 15 千米。截至 2007 年底，村庄在籍户数 360 户，人口 1260 人，其中农业人口 918 人。全村村域土地总面积为 4.15 平方千米，占地面积 1.15 平方千米，村庄建成区面积 20.9 公顷，耕地面积 402 亩。全年四季分明，属暖温带大陆性气候，年平均气温 10.5℃，年平均日照 2796 小时，年平均降水量 510 毫米，适合种植玉米、谷子、蔬菜。

前锁簧村矿产资源丰富，已探明的矿产资源有煤、硫铁矿石、铝矾土矿、黏土、石灰石等，均已开发利用。

前锁簧村的特色产业主要以工业为主，第一产业、第三产业发展明显不足，第一产业主要是种植业。

平定县岔口乡甘泉井村

平定县岔口乡甘泉井村位于平定县城北部 45 千米处，地处偏僻，是一个纯农业村。但交通便利，全村 154 户，650 多人，其中有劳动力 390 人。总耕地面积 2300 亩，耕地面积 1300 亩，林地面积 1000 亩，荒山宜林面积 2 万多亩。

由于地下无矿产资源，地上无工矿企业，村民对农业生产有着传统的偏爱和热情。但是，传统种植又制约了村里经济的发展，农民的收入和社会的发展不相适应，所以，为了增加农民收入，大力调整农业产业结构成为当前工作的重中之重。2008~2010 年村里投资新建了共 150 亩的日光温室。在此基础上，投资 150 万元钻出一眼深井，既给老百姓提供了安全放心的饮用水，又为大棚蔬菜的发展提供了充足的水资源。农民的收入显著提高了，同时，完成了小流域治理工程，全村生态环境大为改善，不仅优化了人居环境，使村民的绿化意识得到增强，而且其参与生态开发及综合治理的积极性日益高涨，有效地推进全村新农村建设的开发进程。

长治市郊区西白兔乡

西白兔乡地处长治市郊区北部边陲，位于潞安矿区中心地带，城郊优势、交通优势、区位优势明显。全乡总面积24平方千米，下辖7个行政村，总人口8824人，辖地总面积13243亩。共成立有两个企业党委，下设3个党总支部，14个党支部，党员498人。2010年，全乡固定资产投资100005万元，引资完成52050万元，企业营业收入比上年增长11%，乡镇企业增加值比上年增长9.73%，完成税收9708万元，农民人均纯收入达到9036元，综合实力显著提升。

近年来，西白兔乡党委、政府在区委、区政府的正确领导下，以科学发展观为统领，认真贯彻省委、省政府转型跨越发展及工业新型化、农业现代化、市域城镇化、城乡生态化的工作思路，进一步解放思想、实事求是、与时俱进、开拓创新，不断开创了全乡各项工作新局面。先后被评为山西省"文明和谐乡镇"、"全面建设小康上党第一乡"、"三晋信息第一乡"。

西白兔乡大力弘扬艰苦创业、开拓创新、争先创优精神，建成重大骨干项目32个，循环经济框架基本构成，霍家沟电化工业园。培育了一批资源消耗少、环境污染小、经济效益好的高附加值优势企业。申家二十四院、小寒山、中村八路军革命纪念馆、霍家沟、南村新农村旅游的整合开发已着手展开，正在形成一个潞商文化游—红色文化游—新农村建设游—小寒山生态游的旅游休闲区，必将成为西白兔乡的朝阳产业；漳村地处潞安矿务局的中心地带，已成为区域的经济商贸物流中心。"四区"建设的齐头并进掀开了西白兔乡转型发展、跨越发展的序幕。

长治县振兴新区振兴村

振兴村位于长治县东南雄山南麓，东望上党名胜"天下都城隍"，西邻陵川，南壤高平，北依雄山，四面环山，风景宜人。离省道长陵线5千米，距县城35千米。

近年来，振兴村村支两委干部在各级党委政府的正确领导下，特别是在振兴新区的大力扶持下，在全体村民的大力支持下，深入贯彻落实科学发展观，根据"生产发展、生活宽裕、乡风文明、村容整洁、管理民主"的目标要求，按照"统一规划、量力而行、分步建设、配套完善"的原则，高起点规划建设生态富民新村，得到了省、市、县领导的好评，先后获得了县级新农村建设先进村、市级文明和谐村、省级生态文明村等殊荣。

长治县荫城镇荆圪道村

荆圪道村全村共有居民283户，968人，被评为全国文明村。村民年人均收入12619元。依托洁思养殖公司这个龙头企业，遵循绿色农业循环经济的思路，抒写着科学发展的新篇章。

该村坚持以人为本的发展理念，把长远规划和实际村情科学地结合起来，因地制宜，就地取材，自2004年以来先后投资2300余万元，修筑了1.7千米的高标准通村水泥路，开通了0.7千米长的煤炭专用公路线；安装路灯200余盏；新地打了一眼深600米的水井，使全村村民吃上了洁净的自来水；硬化了全村大街小巷，并吸收苏州园林建造中顺其自然的精髓，依地势或种草或种树，草坪、风景树、风景林、各种花木装点其间，错落有致，浑然天成；新建了小学教学楼，配备了电脑、电视等先进的电教设备；欧式别墅住宅和传统的中式住宅融为一体；群众休闲广场上古色古香的亭台和现代色彩的喷泉交相辉映；社区中心图书室、阅览室、信息服务站、卫生所、便民超市功能齐全、方便快捷。

在发展道路上，他们将继续扩大绿色养殖种植规模，在"十二五"期间新建温室大棚500个，注册品牌实现从无公害到有机的转变，可实现收入4000万元；开发耕地500亩，已完成150亩的开发整理，用于发展核桃经济林，并在林间自然放养20万只鸡，可实现收入2000万元，并把养殖场的发酵水引上浇灌，做好水利建设，确保旱涝保收，实现水资源循环利用；利用规模效应积极带动一定区域内农业产业化发展，进一步推进精细化、标准化设施农业生产，创新管理，立足大农业发展思路，跳出县域发展界限，实现农业不断提效，农民持续增收。

建立多渠道、多层次的资金投入机制，加大农村文化设施建设力度，下功夫建设好村民夜校、图书室、阅报栏等各种思想文化阵地，2009年9月，建设了"农家书屋"阅览室，图书涵盖种植、养殖等农业生产在内的各个方面的书籍；组建村秧歌队、锣鼓队，在文化大院闲时娱乐，丰富了群众文化生活，同时促进了群众关系保持融洽；不断地拓展文明建设载体，积极开展好婆媳、好母亲、五好文明家庭等评比活动，做到移风易俗，形成尊老爱幼、邻里和睦的良好风气，促进了荆圪道村文明和谐建设。

阳城县北留镇皇城村

皇城村位于太行、王屋两山之间的沁河岸畔，隶属于山西省晋城市阳城县北留镇境内，全村288户，809人。亚洲最大的坑口火力发电站——阳城电厂近在咫尺，通信网络覆盖全村，地理位置十分优越，晋阳高速公路擦肩而过，交通条件便利。依山邻水，依山而筑，城墙雄伟，雉堞林立，官宅民居，鳞次栉比，是一组别具特色的古代建筑群。皇城相府旅游景区就是以这组古建筑群为载体兴建的。

该村地下有丰富的、得天独厚的煤炭资源，地上有清代康熙皇帝的老师、《康熙字典》总阅官文渊阁大学士兼吏部尚书陈廷敬故里"皇城相府"。皇城相府分内外城建筑。内城为陈廷敬伯父陈昌于明崇祯壬午年（1642）所建，外城为陈廷敬于清康熙四十二年（1703）所建，城门正中石匾刻"中道庄"三字。改革开放以来，先后创办了煤炭开采、轻工、农副产品加工、旅游服务等多种产业。皇城相府2001年被山西省政府确定为新十大旅游景点之一。皇城相府每日游人如织，络绎不绝。

该村在明清里甲制时代，一直属于郭峪里。民国年间及新中国成立后至1960年，该村属郭峪乡或郭峪管理区。1961年成为独立大队，1984年成为行政村。20世纪80年代地名普查时称黄城村，但该村印章打破禁区刻为"皇城"村。

沁水县郑村镇湘峪村

郑村镇湘峪村地处沁水县最东部，位于泽州、阳城、沁水三县交界处，辖湘峪村和东山村两个自然村，占地面积7.6平方千米。2012年全村有420余户，1400余人，党员57名，耕地面积1380余亩，林地4000余亩。2012年底，全村经济实现收入2544万元，人均年纯收入13811元。

湘峪村中有明清时期修建的古城堡——三都古城，有很高的历史文化价值，为"全国重点文物保护单位"，湘峪村以此为依托，大力发展旅游事业，造福一方百姓。

近年来，通过全村人的共同努力，湘峪村面貌发生了翻天覆地的变化，群众物质文化生活得到了极大满足。湘峪村先后对村内主道路、河道进行了硬化亮化绿化，实现了瓦斯气管道、有线电视、宽带的全覆盖。村集贸市场内，便民超市、网吧、理发店、蔬菜水果店等可提供多样服务。建成8000平方米的文化广场，组建100余人的女子军乐队，新建的村综合办公大楼、戏台、卫生所、农家文化书屋、电脑室、打印室、棋牌室等活动场所一应俱全，能够满足村民各种需要。现在的湘峪村村容整洁、生态良好、环境宜人，邻里和睦相处。

湘峪村先后被评为"全国重点文物保护单位"、"山西省生态村"、"中国历史文化名村"、晋城市"文化产业发展先进单位"、"晋城市首届最美乡村"等荣誉称号。

米山镇侯家庄村

侯家庄村位于米山镇东部，全村依山而建，三面环山，地势起伏，是一个典型的山庄窝铺，被列为省级新农村建设推进村。全村157户，490人，党员34名，村民代表11名，村支两委干部6名。

近年来，在米山镇党委、政府的正确领导下，侯家庄村以"打造果蔬基地，发展观光旅游，净化绿化山庄，建设美好家园"为目标，全力推进新农村建设取得了明显成效。一是发挥优势上项目，带领群众增收致富。发挥种植果树的传统优势，科学制定产业发展规划，大力发展果品经济，积极从山东、辽宁、郑州等地引进各种新品种30余种，培育嫁接树苗10万余株，建成核桃等干果基地250亩，苹果、杏、桃、梨、李子等水果基地 250 余亩，还要建设 30 栋温室大棚，首期 4 栋总面积 4400 平方米的大棚已经建成。全村仅苹果的年产量就达 25 万余斤，年可增收 30 余万元。二是突出特色，开发旅游，打造特色旅游品牌。突出山庄特色，利用丰富的果树资源，规划开发休闲观光采摘园和农家乐。三是加大投入，美化山庄，创建环境优美乡村。大力实施户通水泥路，逢河架桥，遇坰筑坝，架空打梁，攻克地形难关，投资 520 余万元，硬化街道 39000 平方米，架桥 8 座砌石坰 9 处，挖垫土方 16000 立方米，实现了户通全覆盖。四是完善功能，健全机制，夯实组织基础。投资 20 余万元，把原来堆放杂物的旧小学进行改造，建成了集农民会堂、村民卫生所、村民文化活动中心、农民书屋、农家便民超市等为一体的综合功能活动场所，为村民们搭建了一个学习议事、文化娱乐的好平台。

侯家庄村先后荣获了省级生态园林村、省级生态文明村、省级文明和谐村、晋城市新农村建设示范村、高平市户通工程先进村和全国妇联基层组织建设示范村、晋城市巾帼文明示范村等荣誉称号。

朔城区南榆林乡青钟村

朔州市朔城区南榆林乡青钟村在山西最美乡村排行榜上占有一席之地。青钟村位于朔城区紫荆山脚下，因是昭君出塞的第一村而得名。地理位置优越。

2016 年 12 月，青钟村被住房和城乡建设部等部门列入第四批中国传统村落名录。

全村 277 户，1250 人，占地面积 6500 亩左右，水浇地达到 80%。为了丰富文化娱乐活动，新建了大约 140 平方米的戏台。青钟村土地平坦，水利设施方便，日照充足，通风透光。全村仍以发展粮食生产和家庭副业为主，增加村民家庭收入；继续抓好计划生育，控制人口增长，提高人口素质。重视小学素质教育，发展本村特色教育。

怀仁县马辛庄乡鲁沟村

乘坐 8 路城乡公交车，可以来到怀仁县马辛庄乡鲁沟村，这个有着"山西省文明村"、"山西省林业生态村"、"山西省文化示范村"和"全国美丽乡村试点村"多个荣誉称号的美丽农村。这是该村在抓经济建设的同时，狠抓生态文明和精神文明建设的最好诠释。

怀仁县马辛庄乡鲁沟村毗邻桑干河畔，是一个仅有 253 户，836 人的小村庄。尽管鲁沟村地方不大，资源不富，可是这个村近几年翻天覆地的新变化着实让人刮目相看。如果说美丽的桑干河让你沉醉的话，那么依偎在它身旁的鲁沟更能让你流连忘返。如今鲁沟村道路宽敞整洁，两旁松柏成荫，南边波光粼粼，垂柳依依；一排排整齐有致的洋房宅院，院内各种时令花竞相开放，着实好看；乡间大道同样干净整洁，青山绿水之间环境优美；空气新鲜，让人心旷神怡，忘记归途。

鲁沟村曾是四个村的乡村中心，主要有李家祠室、李家当铺、灯场和小五爷庙，早在四五百年前，赶集市交换粮油、布匹、窗花、逛庙会，到灯场摸灯杆，相当繁华。为了保持这古朴的美，鲁沟村以创建花园式村庄为目标，加大环境整治力度，扩大环境整治参与面，为村民构筑了一个美丽的生态家园。

文明是乡村之魂。近年来，为了弘扬德孝文化，传递正能量，倡导新风尚，促进省级文明村建设，鲁沟村还开设了"道德讲堂"，通过用身边人讲身边事，身边人讲自己的事，以唱歌、学模范、做好人等多种形式，引导村民形成良好文明理念。同时，这个村积极开展群众文化活动，而年轻的小伙子更庆幸自己是鲁沟人，再不用怕娶不到媳妇让父母发愁，因为鲁沟村今非昔比：富裕起来的鲁沟村，不仅让村民腰板挺直了，而且美丽的鲁沟正向着全国园林生态村、全国最美农村阔步前进。

榆次区东阳镇庞志村

庞志村位于东阳镇政府西 2 千米处，全村人口 1030 人，耕地 2200 余亩，是东阳镇 2008 年确立建设的园林村之一。近年来，庞志村党支部、村委会抢抓建设新农村的大好机遇，坚持以科学发展观为指导，按照"二十字"方针要求，围绕"布局合理、村容整洁、四旁绿化、景观和谐、环境优美"的目标，因地制宜、突出特色，确立了"村容村貌要有新提高，环境整治要有新变化"的园林村建设目标，大力实施了环境整治和村庄绿化两大工程，经过全村人民半个多月的努力，取得了阶段性胜利，形成了初具雏形的生态园林村。

庞志园林村建设共投资 15 万元，投工 350 名，动用机械 50 台次，前期清理垃圾 4000 余方，清理 180 万块砖，为园林村的建设做好充分的准备工作。园林村规划 7 条主干道，全长 4150 米，栽植树种十余种，共计 5920 株。庞志村在园林村规划建设上，根据村庄实际，聘请专业人员高标准设计、高质量实施，基本实现"村在树中，人在树中，创造优美人居环境"的目标。

昔阳县大寨镇大寨村

中华第一村——大寨村，是山西省晋中市昔阳县的一个小山村。大寨地处山西省晋中市昔阳县城东南部，全村有 220 多户人家，510 多人，占地 1.88 平方千米，海拔为 1162.6 米。这里属太行山土石山区，由于长期风蚀水切，地域形成了七沟八梁一面坡的形貌。这里穷山恶水，自然环境恶劣，群众生活十分艰苦，后来进行治山治水，在七沟八梁一面坡上开辟层层梯田，并通过引水浇地改变了靠天吃饭的状况。因此，得到了毛泽东主席的肯定和表扬，并于 1964 年发出了"农业学大寨"的号召，从而成为全国农业的一面旗帜。

党的十一届三中全会以来，大寨已经成为一个优美的公园山村。层层梯田庄稼葱绿，池水波光旖旎，人造森林郁郁葱葱，果园硕果累累。大寨村窑洞整齐，街道干净、清洁，人民热情好客。大寨的交通、通信等基础条件已经大有改善，是一个成熟的农业旅游区。大寨相继开发了民族团结林、知青林、军民池、周恩来休息厅、支农池、联建池、陈永贵墓地、老英雄墓地、郭沫若诗碑、孙谦纪念地、大寨展览馆、陈永贵雕像、团结沟渡槽、大寨文化广场、大寨文化展示馆、大寨梯田（狼窝掌）、大寨生态园，开放了陈永贵故居、大柳树、火车皮式窑洞、大寨新居、周恩来住址等旅游景点，为大寨增色不少。

龙凤镇张壁村

张壁村是山西省介休市龙凤镇的一个行政村，又称张壁古堡，位于介休盆地东南三面沟壑、一面平川的险峻地段，海拔 1040 米。古堡充分利用依山退避、难攻易守的地理优势，在地下建有长达 3000 米、上下三层攻防兼备的古地道，在地上筑垒造城屯甲藏兵。古堡堡墙 1300 米，面积 12 万平方米。在堡内一条用红色石块砌成的"龙脊街"两侧，错落有致地修建着五大神庙建筑群。张壁古堡是我国现有比较完好的一座融军事、居住、生产、宗教活动为一体的、罕见的古代袖珍"城堡"，它集中了夏商古文化遗址、隋唐地道、金代墓葬、元代戏台、明清民居等许多文物古迹，特别是隋唐地道、刘武周庙、琉璃碑等为全国罕见，张壁独有。张壁村是一个融多民族文化为一体、住百家姓的千年古村落，堪称一部厚厚的史书。

临猗县耽子镇高堆村

高堆村位于临猗县耽子镇西北部，共有耕地面积 5251 亩，地势平坦，环境优美，交通便利。全村共有 8 个村民小组，共 387 户，总计人口 1342 人，劳动力 644 人，党员 40 名，村支两委干部 5 人。大部分村民仍以第一产业即种植业作为主要行业，种植的农作物主要以苹果树、桃树等为主。因有黄灌，水资源较为丰富。村养殖业以养猪、羊为主。高堆村风文明，村容整洁，群众文化活动丰富多彩，以楹联活动为主，每年举行一次，受到市楹联协会和镇政府的多次表扬。

闻喜县东镇镇上镇村

地处峨眉岭腹地、涑水河畔的东镇镇上镇村，是首批省级新农村建设重点推进村。大运路、太风路穿境而过，同蒲铁路绕村而行，侯运高速临村而建，交通便利，经济发达。上镇村现有 3 个村民小组，303 户，1400 余人，1700 余亩耕地。主要依靠劳务输出和地处城郊来发展经济。

近年来，上镇村围绕"同心共建新农村，齐心协力奔小康"这一总体目标，先后投资 500 万元完成了"四化四改"、"五个一工程"建设，实施了八大工程。占地 10 亩的文化广场绿化到位；可容纳千余人的文化活动中心已经落成并投入使用；2000 平方米的综合大楼已全部投入使用，配有图书室、老年活动室、党员活动室、远程教育网、会议室、卫生室等；巷道排水工程全部到位，规划合理的上镇新农村骨架已形成，七纵八横的街、道、巷配置合理；上水畅、排水通，道路硬化、美化、绿化、亮化全部到位。建立了环境卫生长效机制，成立了环境卫生管理领导小组，并确定了 3 名保洁员，固定了 3 个垃圾收集点，在经费方面给予保障；农村宽带、程控电话、光缆电视覆盖率达 98% 以上；标准化小学一座，封闭式幼儿园一处，入学入托率达到 100%，教学成绩名列全县前茅；拥有甲级卫生所一处，新型合作医疗参保率达 100%；村在树中，树在村中。一个布局合理、功能齐全的园林化新农村正以全新的风貌展现在人们面前。

绛县横水镇新庄村

新庄村位于中条山下，涑水河畔，地处横水镇南段 1000 米处，东济高速公路沿村边穿过，交通便利，地势平坦，土地肥沃，地下水源充足。村内棋盘式街道分布均匀，无工业污染，环境优美，空气清新。全村共有 376 户，分 3 个村民组，党员 42 人。

新庄村在县委县政府、镇党委政府的正确领导下，乘新农村建设推进之东风，两委班子及全体村民精诚团结，齐心协力，艰苦奋斗。截至目前，新庄村新农村建设工作初战告捷。村内街道全部硬化，排列有序，四通八达，150 盏路灯式样美观，流光溢彩，数万株冬青松柏和风景树郁郁葱葱，140 个标准垃圾池安装合理，新建不锈钢大门熠熠生辉。村民文化活动中心和舞台设计新颖。

夏县庙前镇西村

庙前镇西村位于中条山前沿，共有四个村民小组，135 户，595 人，1700 亩耕地。20 世纪 80 年代，西村还是一个生产和生活条件极差的小山村，点的是煤油灯，住的是土窑洞。近年来，特别是中央提出建设社会主义新农村以来，西村党支部书记兼村委主任王志忠带领支部两委一班

人，结合本村实际，坚持重要思想，认真学习贯彻精神，落实科学发展观，开拓创新，真抓实干，从改善群众生产生活条件入手，积极实施产业结构调整，加大基础设施建设力度，使群众逐步过上了富裕、文明、和谐的幸福生活。自"四议两公开"活动和"创先争优"活动开展以来，西村村民素质明显提高，邻里之间互帮互助更加和谐，干群关系更加融洽。

定襄县神山乡崔家庄村

神山乡崔家庄村位于县城北端的滹沱河东岸，与县城相距 4 千米，全村 730 户，1970 人，劳动力 1020 人，耕地面积 3200 亩，全村地势平坦，土地肥沃，农业生产基础设施较为完善。

近年来，崔家庄村坚持"民营经济领航，一二产业换位"的指导思想，以民营经济带动全村经济快速发展，坚持以工业化强村，以工业化促进农业向规模化、产业化方向迈进。支部村委主要是从政策上给予鼓励，发展上给予支持，服务上给予保障，极大地激发了广大群众的创业激情。2010 年有锻压企业 100 余户，车钻床 350 台，年产法兰 3.2 万吨，锻件 1.2 万吨，全村固定资产在 100 万元以上的民营企业达 90 户，从业人员 3600 多人，不仅解决了本村 90% 以上劳动力的就业问题，还吸纳了外省、市、县和周边乡村劳动力 2800 多人，民营企业总产值达 5.7 亿元，年收入 3.9 亿多元，年上缴税金 1200 多万元，农民人均收入 10000 元中来源于锻压业的收入就达 95%。锻压业的快速发展促进了各项事业的发展。筹资 200 多万元新建了 3000 平方米的教学大楼，并配备了较先进的教学设备，全村 55% 的企业通过 9001 管理体系认证，90% 的企业开通了互联网。先后投资 80 多万元，建起了便民服务中心、文化广场、健身中心、老年活动室。通过这些项目的建设实施，进一步形成了干部和群众、群众和群众之间的文化纽带，通过文化纽带营造了全村上下的和谐氛围，形成了科教兴村、文化益村、和谐建村的良好局面。同时，投资 80 多万元，硬化村中路 8600 米，使全村大街小巷全部硬化，并投资 22 万元栽种各种风景树 22740 株，使村中街道基本实现了美化，争取市政府投资 70 余万元列入电器化示范村，安装

路灯 150 余盏，并对全村线路进行了高标准整改，购置了铲车、垃圾车，定期清理生活垃圾，真正做到美化、亮化、硬化、绿化，改善了人居环境，创建了人与环境的和谐。

曲沃县史村镇西海村

西海村位于曲沃县的东部，与翼城县相邻，是有名的温泉村，著名的古曲沃十景之一"星海温泉"就位于此处，这里风景优美，素有"北方小江南"之称。该村交通条件十分便利，北邻西高公路，南有晋韩、阳侯高速公路，侯月铁路。全村有党员 35 人，50 岁以下的党员有 18 人，具有大专学历以上党员 2 人，全村共有 3 个村民小组，248 户 1182 人。支部村委一班人始终坚持物质文明与精神文明两手抓、两手都要硬的方针，把提高村民的物质和精神文化生活水平落到实处，改善村民的生活环境作为工作的着重点和出发点，稳步推进富裕、和谐、文明的西海村建设。经过多年的不懈努力，西海村面貌发生了巨大的变化，实现了水泥路全覆盖、小学校舍安全改造全覆盖、村级卫生室全覆盖、广播电视全覆盖、安全饮水全覆盖的五个全覆盖工程。村民生活普遍殷实富裕，村容村貌整齐划一、干净整洁，全村洋溢着一种蒸蒸日上、和谐稳定、文明祥和的氛围，初步形成了一个现代文明的社会主义新农村雏形。

方山县圪洞镇庄上村

方山县圪洞镇庄上村位于县城以南 10 千米处，209 国道东侧，紧依横泉水库。全村有 279 户 926 人，耕地 800 余亩，党员 29 人，农民低保户 32 户 38 人。村民以种植和劳务输出为主。2010 年全村人均纯收入达到 2800 余元。

2008 年在镇党委政府的大力支持下，庄上村立足本村实际，实施了水库移民搬迁工程，对移民户住房进行了统一规划设计、统一组织修建，同年 10 月村民全部搬进新房。同时庄上村以综合整治、着眼于改善人居环境为切入点，广泛开展了"四改四化"为主要内容的环境整治及基础设施建设工程，全部完成了新农村建设，从而改变了农民的生产和生活方式。目前，庄上村以村主干路为重点的绿化、美化、亮化工程已经完成。村级道路全部硬化，每户都安装了上下水，户户完成了改水、改厕、改厨、改圈任务，安装太阳能路灯 83 盏，节能型生物质炉 200 台，新建了舞台、进村彩门，修建垃圾池 5 处，全村垃圾进行了统一处理。解决了群众的饮水难、出行难、就医难、购物难、娱乐难等问题。

庄上村因地制宜，积极筹划落实新农村建设，形成以生态建设为主的建设格局。近年来，庄上村多次派出文化层次较高的农民外出培训，学习作物栽培、管理和病虫害防治技术。先后在村周围试点开发葡萄观光采摘园 30 余亩，种植核桃 400 余亩。目前正在筹备利用紧依横泉水库的地理优势，大力调整产业结构，发展大棚蔬菜基地，开发百亩农业观光采摘园，修建宾馆、游乐场等，使庄上村形成集观光、采摘、休闲、娱乐、度假为一体的生态型旅游示范园区。这些项目的实施将繁荣集体经济，加快新农村建设步伐。

孝义市新义街道办事处贾家庄村

贾家庄村地处孝义市西城区，交通便利、信息灵通，有着得天独厚的优越发展条件。全村开发建设的定坤苑、百草苑、启明苑、慎德苑、滋润苑、新贾庄已初具规模，现有 5 个村民小组 992 户，2957 人，暂住人口 219 户，508 人，有党员 105 名，村民代表 47 名。这里民风淳朴、历史悠久、人杰地灵，文化底蕴深厚。

贾家庄村拥有两项国家级非物质文化遗产——孝义贾家庄婚俗、孝义皮影，一项省级保护文物——孝义三皇庙。孝义贾家庄婚俗具有联结民族感情、凝聚民族意志、增进民族亲和、传承社会美德的功用，剪纸、面食、礼仪等民间文化工艺瑰宝得以展示；孝义皮影制作精美、工艺先进，秉承了老艺术家的技艺；孝义三皇庙凝聚了人文始祖百折不挠、艰难求生、开拓创业、繁衍生息的精神文化。2006 年以来，连续 4 年成功举办了孝义市三皇文化节，村内有近 300 人的锣鼓队、百余人的健身队，40 余人的自乐班，60 余人的农民书画协会，拥有 3 座图书室藏书 20000 余册，连续举办了农民素质、技能大培训。以三皇庙为依托新规划的商贸、观光、旅游民俗一条街，更是为文化带动、产业发展、传承晋商文化、铸造三晋品牌、打造旅游新村提供了广阔的平台。

汾阳市栗家庄乡栗家庄村

栗家庄村隶属于山西省汾阳市栗家庄乡，位于307国道、夏汾高速路旁，汾郝公路穿村而过。全村有580户，2100人，74名党员，3860亩耕地，80%属旱垣丘林地，以核桃、水果林为主，林业为主导产业。乡政府、卫生院、乡中学设在该村，村内现有幼儿园、小学各一所，有5个村级卫生所。

2005年被市委规划成食品工业园区，园区内现有山西特达土畜产有限公司、山西森力啤酒有限公司、天津宏海食用油有限公司、紫微苑生物研发有限责任公司、阳光实业有限公司等十几家公司。栗家庄村坚持走"以主导产业带动为基础，以村企互动为推动"的新农村建设模式，紧紧围绕"林果兴村、工业富村、科技强村、商贸活村、文化立村"的发展道路，大力发展主导产业，积极引进企业，加大劳务输出，村民生活水平显著提高，村里各项事业蓬勃发展。栗家庄村狠抓种植结构调整，大力发展核桃产业。联片发展了300亩优质酥梨、300亩苹果园，村东发展200亩优质桃园。特别是近年来，全村大大小小兴办起50家核桃加工厂，规模发展了2000亩优质核桃园，全村发展核桃合作社3家。村委会多次聘请上级有关部门科技人员进行科技培训，并进行现场指导，使村民合理种植、养殖，科学管理，经济收入大幅提高，农业收入达到300多万元，林业收入达到500多万元。村党总支连续6年被评为五星级农村党支部，在2010年1月19日召开的省委农村工作会议上，被评为山西省首批新农村建设示范村。

河南美丽乡村典型村镇介绍

二七区侯寨乡

物产丰富、人杰地灵的侯寨乡位于郑州市西南部，距市区 5 千米，面积 82 平方千米，共有 28 个行政村，125 个自然村，181 个村民组，人口 4.8 万。侯寨乡自然资源十分丰富，蕴藏着丰富的石灰石、煤、红黏土、地热等资源；更有尖岗水库像一颗璀璨的明珠镶嵌在侯寨乡这片广袤的土地上。豫 03 线（郑密路）、绕城快速路（南四环）、西南绕城高速、郑尧高速穿境而过，便利的交通给奋进中的侯寨乡插上了经济腾飞的翅膀。侯寨乡已逐渐成为各大商家竞相角逐的投资热土、郑州及周边市区居民的首选休闲旅游区及理想居住地。辖区沟壑纵横、风光秀美，樱桃沟、钓鱼沟等景区年接待游客达 100 万人次以上。现已形成了"两节、三园、七区"的旅游品牌。即"樱桃节"和"葡萄文化节"两大旅游节庆活动；樱桃、葡萄和杂果三大果园区；龙西湖、水源涵养林、樱桃沟、钓鱼沟、凤凰岛、双泉农庄、农博园特色休闲旅游区七区。这些景点已逐渐连成线、形成片，为广大市民提供了一个休闲度假的好去处。

巩义市大峪沟镇民权村

民权村地处巩义市大峪沟镇南部山区，是典型的山区农村。全村占地面积 26 平方千米。全村可耕种土地有 1551 亩。

民权村距离大峪沟镇 30.00 千米，国土面积 9.03 平方千米，海拔 1660.00 米，年平均气温 16.00℃，年降水量 741 毫米，适宜种植水稻、玉米、烤烟、大蒜等农作物。有耕地 1370.00 亩，其中人均耕地 0.41 亩；有林地 12175.00 亩。全村辖 17 个村民小组，有农户 816 户，有乡村人口 3350 人，其中农业人口 3350 人，劳动力 2182 人，其中从事第一产业人数 1500 人。2012

年全村经济总收入 1803.9 万元，农民人均纯收入 4302 元。农民收入主要以种植业、养殖业为主。

农业生产相对薄弱，基本靠天收成。村里工业基础良好，有耐火材料厂 6 家、石料加工厂 3 家，在 2007 年实现工农业总产值 2.18 亿元，其中工业产值 2 亿余元，人均纯收入达到了 7200 元。由于村庄属深山区，森林覆盖率已达 38%，经过多年的荒山绿化和封山育林，森林面积已达到 3000 多公顷。早在 1998 年，民权村就开始着手开发青龙山森林资源，拟建立青龙山风景区，发展旅游业，在 2000 年时，该景区被河南省批准为森林公园。在景区内还坐落着中原第一古刹慈云寺，该寺院距今已有近 2000 年的历史。古老的原始森林、优美的山水风光、丰富的佛教文化是民权村得天独厚的旅游资源。如今，青龙山风景区已经初具规模，基础设施也在进一步完善，并带动了第三产业的发展，先后建成数家"农家乐"，增加了农民收入。工业和旅游业的发展，使全村 60% 的劳动力得到了安置，农民生活水平稳步提高。

荥阳市环翠峪管委会二郎庙村

二郎庙村环境优美，群山秀丽，AAA 级环翠峪风景区约 80% 的景点都聚集在这片面积 6.8 平方千米的土地上，辖区共 10 个村民组，1260 人。提起这个村，老一辈的人都说：远近闻名的穷村。而如今走进这个村子，一点也看不出穷在哪里。整齐的房屋、优美的风景、络绎不绝的游客，让这个村成了远近闻名的旅游度假村。

二郎庙村占据着环翠峪景区主要的景点，其中包括：落鹤涧、猴山、双龙峡等，各个景点美不胜收。除美景外，二郎庙村还是荥阳最大的柿子种植基地，满山遍野的柿子被农业部评为"中华人民共和国农产品地理标志保护产品"。为优化旅游产业结构，该村利用6年的时间找到了即摘即食的新品种甜柿。又联合山东、安徽、河北、山西等省的种植合作社组成种植联合社，拓宽柿子销售渠道。

二郎庙村入选"中国美丽乡村"试点后，村里在推进建设上也有了新的规划。"首先要旅游环线从3米拓宽至5米，两侧种上花草，改善出行环境；其次把村里的农家统一进行升级改造，让游客更享受，让村民增收；最后把千亩柿子林升级打造为集旅游、观赏、采摘为一体的现代旅游产业。相信将来，村里环境会更美，村民的收入更高、会更幸福。"

开封县朱仙镇

朱仙镇隶属于河南省开封市祥符区，位于祥符区西南部，距离开封15千米，南接尉氏县，东邻祥符区范村乡、万隆乡和大李庄乡，北接仙人庄，西邻西姜寨。整个镇域介于北纬34°31′~34°41′、东经114°12′~114°20′，南北宽约14千米，东西长约11千米，镇域总面积92.15平方千米。截至2013年，朱仙镇下辖21个行政村，51个自然村，总人口约5.3万，其中镇区人口2.1万，占总人口的比重为40.1%，有汉族、回族等7个民族。

朱仙镇盛产小麦、玉米、花生、西瓜，其中畜牧业发达，是豫东地区牛羊肉深加工和水产鱼苗繁育基地，2008年，实现农业总产值3.8亿元，工业总产值2.526亿元，与广东佛山镇、江西景德镇、湖北汉口镇同为全国"四大名镇"。

孟津县平乐镇平乐村

平乐村位于孟津县平乐镇南部，南邻白马寺，距洛阳市12千米，交通便利，地理位置优越，且历史悠久、文化底蕴深厚，素有"书画之村"的美称。全村共有人口6473人，43个村民小组，耕地9000亩。

孟津县平乐镇平乐村是全国唯一的牡丹画生产基地，被誉为"农民牡丹画创作第一村"。该县充分利用洛阳牡丹的社会影响力，张扬自身优势，明确发展目标，采取多种措施，拓展销售渠道，把平乐村打造成中国牡丹画产业发展中心，建成全国最大的生产销售牡丹画基地，实现平乐牡丹画经济效益和社会效益的双丰收。

平乐镇平乐村地处汉魏故城遗址，因公元62年东汉明帝为迎接西域入贡飞燕铜马筑"平乐观"而得名，历史悠久，文化底蕴深厚。"归来宴平乐，美酒斗诗千"诗句，脍炙人口，千古传颂。富裕起来的农民越来越重视精神文化生活，喜爱并从事书画艺术的人越来越多，紧邻旅游胜地白马寺的平乐村出现了许多爱画牡丹的农民画家。随着洛阳旅游业的日趋繁荣，外地观光者在欣赏洛阳牡丹芳姿的同时，对极具特色的牡丹画爱不释手，他们积极踊跃购买，促进了牡丹画产业的持续健康发展。

汝州市庙下镇小寨村

小寨村隶属河南省汝州市庙下镇，位于汝州市庙下镇政府西2千米，紧邻洛界公路。全村共有2800口人，2560亩耕地。村两委会成员7人，党员56人，人均纯收入11863元。全村以农业为主，有食品加工、化工、养殖等行业。年产12万吨的河南省康龙实业有限公司和年产8万吨的河南东都实业有限公司在本辖区以粮食粉条精加工为主。小寨村每年坚持开展"好家庭"、"好邻居"、"好婆媳"等评选活动，倡导新型、和睦的家庭关系和邻里关系，在群众中形成了"家家争创文明户、人人争做文明人"的新气象。大力开展星级文明村、文明户创建和评选活动。

2014年以来，全村共评选出镇级十星级文明户46户，市级十星级文明户6户。近年来，小寨村以建设"生态小寨、美丽小寨、幸福小寨"为总体目标，以"环境建设"、"绿化建设"、"产业提升"、"服务完善"、"和谐共创"为切入点，快速实现"村庄秀美、环境优美、生活甜美、社会和美"的基本目标。为丰富村民文化生活，小寨村先后建成了文体活动中心、标准化卫生室、花园式小学、敬老院、警务室、体育活动广场等功能齐全的综合服务场所，体育广场内有篮球场、羽毛球场、健身器材、乒乓球室、棋牌室、农家书屋等文化娱乐设施。小寨村还成立了铜器队、中老年舞蹈队、腰鼓队等定期参加活动。全年演出达到30场次以上，参加1500人次。村里采取群众喜闻乐见的形式，开展内容丰富、形式多样的活动，吸引广大群众广泛参与全村精神文明建设，让村民们不出村就能享受到像城里人一样的文化生活。

龙安区龙泉镇

龙泉镇位于安阳市西部。面积 63.43 平方千米，人口 3.5 万。辖龙泉、陈家坡、东平、吴家洞、梨树厂、东方山、九堰、大涧、牛家岗、圪道、后洞、孟家庄、平棘、西洪沟、东洪沟、周家庄、西上庄、西沟、东上庄、楼庄、四门券、李潘流、羊毛屯、师潘流、白龙庙、张家岗、高北河、张北河、张串、全林、许串、石岩、于串 33 个行政村。安鹤公路过境，古迹有元代建的白龙潭庙。

龙泉镇位于安阳市西南 17 千米，属浅山丘陵，总面积 57 平方千米，人口 3.1 万。这里交通便利，向北 4 千米安林高速穿过，省道 303 线境内穿过，向东紧邻京广铁路、京珠高速和 107 国道。1700 年前，蜀后主刘禅被困于此，曾感叹道："此间乐不思蜀也！"成语"乐不思蜀"就来源于此。

河南省安阳市龙泉镇有 1700 多年的花卉栽培历史，是全国著名的"花卉之乡"。近年来，该县大力调整农业产业结构，推动了龙泉花木生产的发展。全镇花木种植面积已达到 1500 公顷，花木品种达到 1500 多个，年总产值 1.54 亿元。

该镇在生产上也实现了产业化，境内拥有投资 500 余万元兴建的占地 500 余亩的花卉批发市场和高标准育培中心。据统计目前全镇每亩平均产值在 7000~8000 元，花木生产已发展成为龙泉镇的支柱产业。花木生产的迅速发展增加了农民的收入，实现了财政增收。龙泉镇被安阳市评定为"特色农业乡镇"，该镇全年花木生产销售收入 0.85 亿元，占全镇农业收入的 45%。花农也从中获得了可喜收益，人均收入达到 2700 元。

新乡县七里营镇刘庄村

河南省新乡县七里营镇刘庄村，地处豫北黄河故道，北依太行，南临黄河，紧靠 107 国道，距新乡市 25 千米，全村现有 356 户，1616 人，1641 亩耕地。如今的刘庄初步实现了农村工业化、农业现代化，经济市场化，农民知识化，生活城市化，是全国农村旅游示范点和河南省旅游景点之一。

刘庄地处豫北黄河故道，面积 1.5 平方千米，党委组织为党委会，村民自治组织为村民委员会，经济组织为农工商总公司，下属制药、机械、造纸、淀粉、农业、商业及车队 7 个产业。

刘庄地处豫北黄河故道，昔日曾是个"方圆十里乡，最穷属刘庄"的村庄。从刘庄建村到新中国成立前夕，刘庄已有 500 多年的历史。50 多年来，刘庄党委带领全村人民以毛泽东思想、邓小平理论和江泽民"三个代表"重要思想为指导，坚定不移走社会主义道路，使刘庄发生了翻天覆地的变化，在刘庄这块 1.5 平方千米的土地上创造了惊人的奇迹。这里，贸工农一体化、农林牧齐发展。2001 年，全村各业产值 4.6 亿元，比 1949 年增长 11790 多倍，比 1978 年增长 360 多倍，集体积累资产 6.1 亿元，人均净收入 7000 元，还享受上学、看病、住房等十多项免费福利。在这里，职工群众居住着集体统一建的双层和五层住宅楼房，人均住房 35 平方米；家家有彩电、冰箱、空调、摩托车……生活富足，安居乐业。这里，江泽民、胡耀邦、李鹏、李先念、乔石、胡锦涛、姚依林、田纪云、姜春云、吴邦国等党和国家领导人亲临视查并题词；130 多个国家和地区的外宾和友好人士前来参观访问；国内各地参观的干部群众络绎不绝。

辉县市上八里镇松树坪村

松树坪村的雪景，有诗云：天山雪云常不开，千峰万岭雪崔嵬。九连山雪大如席，山路之间，松林披雪，山色雪莽，尽显肃穆壮观，游客结伴踏雪而行，宁谧之中，感受着大自然壮丽的景色，令人惬意。

旅游是松树坪村的支柱产业。多年来，松树坪村在管理和服务上狠下功夫，付出了艰辛的努力，成绩斐然。特别是 2009 年，松树坪村旅游业迎来了两件喜事，一是 4 月九连山景区开业，该景区集旅游人文景观为一体，为松树坪村的旅游再添一分活力；二是在市镇两级党委政府的正确领导下，松树坪村的"小交通"进行了整治，景区运营状况大为改观。

九连山景区在景区领导的大力支持下，由西

连通往后静宫的道路已全部铺成水泥路面，天梯进行了重新修缮，松树坪至天梯停车场的道路全部由水泥硬化，景区环境大大改善，后静宫盘古大殿及五位神像重新彩画工程于 2008 年 10 月底竣工，农历十月初八隆重举行开光大典，同时举办九连山非物质文化遗产民俗信仰歌舞比赛。自农历十月初六至初八三天，景区对全国的善男信女免费开放。

修武县岸上乡岸上村

岸上乡位于河南省焦作市修武县北部太行深山区，与山西省陵川县毗邻，国家级重点风景名胜区云台山就在岸上乡境内，全乡辖 10 个行政区，48 个自然村，2839 人，总面积 92 平方千米，2541 亩耕地，林地面积 104186 亩，是一个典型的山区小乡、林业大乡。该乡认真贯彻落实国家退耕还林政策，大力发展以杏、桃、李、石榴、柿子、核桃为主的山区经济林 1500 余亩，退耕还林 500 亩，实施林草、林药间作，种植牧草 100 亩，板蓝根、金银花、血参等药材 100 余亩，同时还试种山药、鸡头参等土特产品。

岸上乡境内拥有世界级风景名胜区云台山，该乡依托得天独厚的地理优势，积极引导广大群众大力发展旅游服务业，建立了集住宿、餐饮、购物、娱乐为一体的综合型旅游服务区。旅游服务业使全乡上下尤其是岸上村发生了翻天覆地的变化，带动了经济建设和社会各项事业的快速发展，全面加快了社会主义新农村建设步伐。

后山各村依托土特产品纯天然、无污染优势，建立以优质核桃等林果为主的农业示范园区 600 亩、退耕还林 1880 亩，扩大土鸡、野猪等特色养殖，对农副产品进行深加工、精包装；新建了茱萸峰茶业、特种野猪养殖、红石峡土特产开发三个农村特产合作社，开发出了连翘茶、猴头菇、杂粮等十种旅游产品，打造特色，叫响品牌。

余关乡黄楝村

内乡县余关乡黄楝村利用青山绿水，发展生态高效农业与旅游业，成为集人文居住、生态农业、旅游观光、休闲娱乐为一体的美丽乡村。黄楝村素有"一山一沟一道坡"之称，过去村里流传着"媳妇上门难，群众走路难，日子过得难"的"三难"传说，出行没出路，致富没门路。2011 年以来，余关乡加大资金投入，整修道路，完善公共服务设施，黄楝村村容村貌焕然一新。

与此同时，黄楝村还先后与牧原公司和浩林果业达成合作意向。牧原公司投资 3 亿元建成了年存栏生猪 10 万头以上、出栏 30 万头的牧原第十七分场；与浩林果业合作建设集核桃新品种繁育、核桃仓储、相关产品研发加工为一体的核桃产业园。这两项产业为当地提供了 3000 多个就业岗位。作为"美丽乡村"创建活动的典范，黄楝村成为内乡县余关乡发展生态经济的一个缩影。

穰东镇穰西社区

穰西社区位于河南省邓州市穰东镇区西北部，下辖 5 个村民小组，706 户，总人口 2960 人（其中回族占总人口的 95%），耕地面积 686 亩，2008 年人均纯收入 5240 元。

近几年来，穰西社区在支部书记闻荣贵的带领下，班子团结务实重干，人心齐，干劲足，紧紧围绕穰东镇的总体工作部署，贯彻落实科学发展观，运用"4+2"工作法，积极建设特色小城镇，实现了经济建设、社会建设、精神文明建设、生态建设、党的建设的深入开展，全社区呈现出经济快速发展、事业和谐共进、社会稳定团结的喜人局面。

芒山镇柿园村

柿园村位于河南省永城市芒山镇南部，芒砀山群保安山南麓，距连霍高速芒砀山站 1.5 千米。

柿园村历史悠久，风景优美，行政区内出土的柿园汉墓是芒砀山汉梁王墓群的经典，其中柿园汉墓中出土的"四神云气图"被中外专家、学者赞誉为"敦煌前之敦煌"，西汉梁孝王刘武之妻李王后陵以其庞大的规模及非凡的价值，被誉为"天下石室第一陵"。据 2013 年 11 月 18 日农业部办公厅关于公布"美丽乡村"创建试点乡村名单的通知，永城市芒山镇柿园村入选了全国"美丽乡村"首批创建试点乡村。

伏山乡里罗城村

2015 年以来，里罗城村被河南省旅游局授予"河南省乡村旅游示范村"荣誉称号，并颁发了牌匾和证书。里罗城村位于商城县东南部，距县城 18 千米，距伏山乡政府 10 千米。辖 22 个村民组，420 户，1790 人，面积 13.1 平方千米，林地 17860 亩，耕地 880 亩，其中基本农田 450 亩、中低产田 430 亩。主产水稻、小麦，盛产茶叶、油茶、板栗，四季分明、雨量充沛。

里罗城村是金刚台景区的南大门，这里集雄、奇、险、秀于一体，是金刚台景区最美、最秀的地方，是游客登临金刚台的理想路线。作为金刚台南部景区，里罗城村红色资源、绿色资源众多，文化底蕴十分厚重。该村是金刚台国家级地质公园核心区，境内千米以上的"猫儿石"、"插旗尖"、"月亮口"、"黑石槽"、"大二坳"等，比肩竞高，构成一幅巨大卧佛形象，这里飞瀑流泉比比皆是，每逢雨季，喷珠溅玉，声若雷鸣，十分壮观；白龙潭、乌龙潭、无底潭、鉴镜潭深邃难测，宛如块块明镜镶嵌山间；这里森林茂密，松柏苍翠，乌桕斑斓，银杏参天，林相整齐，犹如世外生态乐园、天然氧吧。

目前，在市委、县政府的领导下，伏山乡立足本土资源特色和市场需求，不断创新机制、整合资源、提升乡村旅游设施配套，积极推进"乡村旅游示范点"建设，促进乡村旅游和农业融合发展。里罗城村深挖红色历史文脉，充分整合旅游资源，同时加快推进农家乐等娱乐、休闲、度假功能项目建设，进一步提升了旅游接待服务能力和水平。

固始县方集镇小畈村

小畈村位于河南省信阳市固始县方集镇东北，面积 6 平方千米，耕地 1180 亩，全村 444 户，1680 人，是镇规划建设的文明村庄之一。该村庄 2004 年被省建设厅命名为"康居示范村"。

小畈村文明村庄建设始于 2002 年。近年来，该村多方筹集资金，争取上级支持，相继投入近 100 万元对村庄道路、下水道、沼气池、垃圾池、绿化带等基础设施进行配套完善，使文明村庄的道路、下水道、电力、电话、有线电视、绿化带等基础设施日趋完备，品位不断提高，成为方集乃至全县文明村庄建设的样板。在村镇规划建设上，该村积极动员广大党员因势利导，对于规划好的村庄建设点，在小部分群众思想工作没有做通的情况下，鼓励党员带头建房入住，引导群众。在党员的带动下，在小畈文明村庄规划点，现已有 160 户群众入住，住房 960 多间。新的农村村镇更是生态环境和谐发展的村镇，小畈村结合上级要求在全村广泛推广一池三改户用沼气，对于这样一个新型生态农业技术，该村积极发动党员带头修建沼气池，为群众摸索经验，做出榜样。通过引导，取得了良好的效果，全村几十户农村家庭的户用沼气建设全部投入使用，既有效地改善了群众的生产生活条件，又为社会主义新农村的建设开好了头。

韭园镇湾赵村

湾赵村位于河南省扶沟县韭园镇西部，是农业部近日在全国确定的 1100 个乡村作为"美丽乡村"首批创建试点乡村之一，是全国商品粮基地、全国优质棉生产基地、全国平原绿化先进村、全国无公害蔬菜生产基地、全国果蔬百强、全国基础教育先进村、全国科技普及推广先进村。"银山"棉花为全国棉花行业十大知名品牌之一。湾赵村位于 311 国道，扶沟与鄢陵交界处，紧邻 107 国道，距许昌市约 45 千米，距新郑国际机场 200 千米，交通位置十分优越，是镇政府所在地。

雾烟山位于河南省扶沟县韭园镇湾赵村北部，又名烟雾山，因雾烟与乌鸦音相似，所以当地也有叫乌鸦山的。原是我国"五岳"之一"中岳"嵩山山脉余支，道教圣地，每逢农历三月初三、六月初一古庙会时，香客如云、人山人海、热闹非凡。

葛店乡朱庄村

淮阳县葛店乡朱庄村，距县城 17 千米，辖 6 个自然村，2200 人。该村对 6 个自然村进行统一规划、搬迁合并、集中居住，完善基础设施，改善居住环境。依靠农作物种植、小麦深加工和畜牧养殖业等，促进农民增收致富。2010 年实现人均纯收入 5449 元。先后获得省先进文明村、五好党支部、周口市先进文明村等荣誉。

竹沟镇鲍棚村

鲍棚村位于确山县竹沟镇西 10 千米处,总面积 11.8 平方千米,1000 多人,400 多户人家,村庄生态环境优美,下辖邓沟村、巍山铺村、肖弯村、鲍棚村、李保沟村、吴庄村、钉耙沟等 24 个自然村。2012 年被国家农业部评定为"中国最美乡村"的荣誉称号,2015 年被河南省住房和城乡建设厅评选为首批河南省美丽宜居乡村。

竹沟镇鲍棚村原本是一个耕地少、基础差、农业结构单一的山乡穷村。该村在建设美丽乡村过程中,通过大力发展特色农业、休闲农业、乡村旅游等产业,不但解决了让农民富裕起来的问题,又保护了当地的绿水青山,给这个名不见经传的小山村带来了嬗变。小山村因之有了美丽之处。

鲍棚村通过科学的规划、有效的运作、规范的管理,加快推进美丽乡村建设,塑造出具有特色的美丽乡村,使农民在绿水青山中获得更大的收益,实为可赞。

陕西美丽乡村典型村镇介绍

阎良区新兴街道办井家村

井家村在阎良城区东南 2 千米处，阎渭路过村西，关中环线绕村北。全村有 3 个自然村，5 个村民小组，村委会设在井家村袁家组。现有村民 410 户，1603 人，耕地面积 2500 亩，2010 年人均纯收入达 9276 元。该村以农业为主，盛产粮、棉、瓜、菜，饲养业也很发达，是西安市新农村建设首批示范村之一。

井家村在社会主义新农村建设工作中，完成了各项工作目标，实现了村村通自来水、村村通水泥路，又高标准地建成了公共服务中心、文化广场、卫生室等，从根本上改善了群众的生产条件和生活环境。

蓝田县焦岱镇鲍旗寨村

蓝田县焦岱镇鲍旗寨村东邻西部影视城，西邻汤峪温泉度假区，南与云台山景区相连，北沿关中环线，距蓝田县城 15 千米，西安市 40 千米，交通便利。总面积 1886 亩，耕地面积 1313 亩，林果面积 433 亩，品种有柿子、核桃、山楂、杏、樱桃、梅李、花椒、葡萄等，粮食种植有小麦、玉米、豆类、薯类，药材种植有黄芩、丹参等，养殖业有猪、鸡、香醇雁，蔬菜品种多样，有长 1428 米河流。被誉为"中国的普罗旺斯"。

村两委会以林果业为主导，以改善环境、保护生态、发展经济、实现生态、经济双赢为目标的新农村建设。实施硬化村庄道路 6.73 千米，整修排水渠道 14000 米、730 亩核桃产业园，果蔬种植基地，健身广场，危房改造、村庄绿化、人饮和河道治理、远程教育、信息服务等工程建设初见成效。在各级党委、政府的领导下，以及在县、镇各部门的大力支持下，村庄基础设施建设基本完成，"三化一片林"建设初见成效，社

会事业取得了显著变化，成效显著。连年被县、镇党委、政府评为先进基层党组织，新农村建设先进集体。被省列入"一村一品示范村"，被市列入"环境优美村庄示范村"和"生态示范村"。

今天，鲍旗寨村村庄环境优美，自然环境舒适，民风淳朴，社会环境平安稳定。我们深感责任之重大，信誉之重要。我们将珍惜这千载难逢的机遇，继续努力、不遗余力、解放思想、改革开放、与时俱进、科学发展。

城关镇周家门前村

该村辖 6 个村民小组，416 户，1565 人，周家门前村不断完善规划，长抓庄基管理。多年来，村上有一套庄基申报、审批等程序，庄基规划管理严格统一，形成了今天整齐划一的庄基排列规模。治理"三乱"，优化生活环境。投资 3 万多元对全村村庄街道墙面进行了粉刷，绘制宣传画，营造了浓厚的新农村文化氛围；为每个村民户量化了 0.1 亩的"三堆"占用地，实施"三堆"集中管理；成立了村级保洁队，坚持每天打扫清运村民户生活垃圾，确保了村组街道和生活环境干净整洁。多措并举，改善基础设施。先后投资 120 多万元，硬化通村主干路 3 千米、村间街道 25 条 4 千米，道路硬化率达到 100%；新建沼气池 85 口，对村组道路街道实施绿化，栽植塔柏 3000 多棵、垂柳 600 多株、石榴树 370 棵、柿子树 120 棵。村上每年召开农村常用法规学习宣传教育会两次，每季组织村民代表集中学习一次，每月组织党员、村组干部集中学习一次；村上的妇女、共青团、老年协会等组织充分发挥各自职能作用，坚持经常性开展教育活动，使村民整体素质普遍提高，村风正，民风淳。

现有凤翔县照明器材总厂、凤翔县灯具灯饰厂、吉迎门宫灯厂等村办集体、个体民营企业 16 家，近两年大力发展特色产业，民俗"萝卜宴"

发展迅速，接待 20 多户，2009 年全村人均纯收入 5681 元。2008 年被市委市政府评为"新农村建设五星级示范村"。周家门前村以推进三个文明建设协调发展为目标，从整治村容村貌、改善基础设施、加强乡风文明教育入手，开创了新农村建设的新局面，现已成为凤翔县新农村建设的一面旗帜。

黄柏塬镇

黄柏塬镇地处秦岭南麓腹地，距太白县城 71 千米，太洋公路穿境而过，与周至、佛坪、洋县、留坝等县接壤，全镇面积 896 平方千米，人口 2038 人，辖 5 个村 19 个村民小组，耕地面积 2412 亩，林地面积 27 万亩。森林覆盖率 96% 以上，长江流域渭水河水系贯穿全境，太白河、牛尾河、红水河覆盖全镇，境内森林、矿产、水能、生物、药材等资源丰富，大熊猫、金丝猴、羚牛、红腹角雉等珍稀动物种类繁多，是秦岭之中最具原始生态的地区之一，被誉为"天然氧吧"和"秦岭中的九寨沟"，先后被命名为"全国环境优美乡镇"、"陕西特色旅游名镇"、"陕西省最具魅力景区"、AA 级景区、国家水利风景区，黄柏塬村被评为宝鸡市十佳"最美乡村"等称号。

彬县太峪镇

太峪镇地处彬县东南部，乡政府驻地距县城 12 千米，共有 13 个行政村，54 个村民小组，2756 户，1.2 万人，总耕地面积 2.7 万亩。太峪街道现有乡属企事业单位 9 个，全乡有学校 7 所，其中初级中学 1 所，九年制学校 1 所，完小 4 所，初小 1 所。有年产 3 万吨的乡办集体企业拜家河煤矿 1 座。

太峪小镇位于太峪河川道，是古丝绸之路上的重要驿站，明朝时煤炭采掘业在此萌芽发展，清朝时为重要商埠。312 国道、福银高速公路穿街而过，也是规划中的西平铁路必经之处。地理位置十分重要，有人形容为："枢纽三省隔近东南地接长安是古幽门户，纵揽四山明兴工业清盛商埠为关陇咽喉"。该乡结合 312 国道拓宽高速公路建设，对太峪街道进行了扩建改造，街道基础设施基本齐全，使百年古镇焕发新颜。该乡积极响应省、市、县调整产业结构，开发旅游资源的号召，计划利用太峪河川道地形地貌和水资源优势，对北山、本乡境内 312 国道沿线两侧的荒山荒坡荒滩，进行绿化治理，开发建设生态观光农业示范区。

杨家园则镇

杨家园则镇位于子长县东部，源于秦汉时期，是子长县东川的商贸物流中心。镇政府所在地距县城 15 千米。205 省道、神延铁路穿境而过，秀延河横贯其中，是全县自然条件较好的川道镇之一。全镇辖 45 个行政村，1 个居委会，103 户，21610 人。可利用土地面积 15.47553 亩。杨家园则镇按照"规划为先、产业为重、设施为基、宜居为本"的建设思路，着力打造"一河三区一基地，绿园环绕"的山水园林带状组团城镇，将杨家园则建设成为子长东部的中心城镇。

杨家园则镇建设于 2008 年正式启动。实施以来，累计投入资金 23000 万元，完成了城镇基础设施建设，先后拆除窑洞 1200 多孔，建成楼房 1200 间；新建了镇政府办公楼、财税综合办公楼、卫生院、学校办公楼、法庭、派出所办公楼、敬老院；修建了农贸市场 1 个、文化牌楼 3 座、休闲广场 6 个，实施了排污、排洪、引水、绿化、亮化等工程，改造过境道路 2.3 千米，绿化山体 1500 亩，使镇区环境面貌焕然一新。

2011 年被确定为省级重点示范镇后，按照"把杨家园则建成县城的附属中心"的定位，该镇党委、政府委托陕西中晟规划设计院对总体规划、控制性规划和修建性详细规划进行了修订。

另外，修编确定了"一廊、三区、两组团"和"南牧、北菜、中工商"的建设思路，力争通过 3~5 年打造一个工、商、农、牧齐全的现代化特色城镇。

城固县橘园镇刘家营村

刘家营村隶属于陕西省汉中市城固县橘园镇，毗邻史家庄村、新马院村、许家庙村，风景秀丽，物华天宝，人杰地灵。刘家营村地处秦岭南麓胥水河西岸，橘园镇政府西北 1000 米处，北依秦岭南坡山根，南临汉中盆地，地属丘陵，气候宜人，交通便利。全村由 2 个自然村组成，辖 9 个村民小组，521 户，1682 人。总耕地 1725

亩，发展优质柑橘 1700 亩，人均 1 亩园，年产柑橘 4000 吨，产值 400 万元，人均纯收入 3000 元，是优质柑橘生产基地，典型的柑橘产业化村。村党支部和村委会立足实际，把柑橘发展作为群众致富的主要途径。

勉县勉阳镇黄家沟村

勉阳镇黄家沟村位于勉县以北 2.5 千米处，具有丰富的林地、果木、旅游资源，辖区内有著名的三国古战场天荡山、米仓山，还有著名的佛教圣地天灯寺。全村辖 3 个村民小组，172 户，516 人，土地面积 3298 亩。2007 年被省农业厅认定为省级一村一品林果专业村。

在发展产业的同时，积极争取国家扶持，狠抓基础设施建设，提升产业发展基础，促进农民增收，先后争取各级扶持资金上千万元，解决了全村人、畜饮水问题，建成了电气化村，对景区主要道路两侧进行了绿化，改善了村容村貌，现村组道路全部硬化、景区道路四通八达，目前以林果产业为主的乡村旅游已成为该村农民收入的主要来源。

汉阴县城关镇五一村

汉阴县城关镇五一村位于县城以东、月河以南，距县城 3 千米，总面积 20 平方千米，辖 20 个生产小组，1512 户，5011 人。自 2014 年"美丽乡村"项目实施以来，五一村围绕社会主义核心价值观，坚持开展形式多样的精神文明宣传教育活动，形成勤劳致富、尊老爱幼、和家睦邻、爱护环境等良好社会风气。该村退休教师李传文自办"农家书屋"的事迹屡次受到中央、省、市、县表彰，并制作专题片在"2015 年全国新闻出版广电系统先进事迹报告会"上播出。

该村大力提升村民的生产生活品质，通过项目争取和自筹硬化道路 3 千米，建成便民桥两座，文化广场 1340 平方米，陕南移民安置点活动广场 2500 平方米，休闲绿地 1200 平方米，栽植行道树 1200 株；安装路灯 260 盏；低压线路改造 8 千米，增加三台变压器；新修具有净化功能水厂一处，改造自来水管网 5 千米。建立规范垃圾填埋场一座，配置垃圾车一辆、勾臂式垃圾箱 27 个，沿路摆放垃圾桶 60 个，环卫保洁工人 16 人，每年投资 9 万余元，保洁员定期清扫道路，生活垃圾日清日运，实现保洁有制度、垃圾不滞留、村民无负担的模式。

长安镇

长安镇隶属于陕西省安康市平利县，位于陕南东大门，西距平利县城 8 千米，东与湖北省竹溪县毗邻，全镇面积 227 平方千米，辖 20 个行政村，18755 人。地处北纬 32°22′，东经 109°25′，海拔 464～1200 米，年平均气温 14℃，极端最高气温 41.7℃，极端最低气温 -9.5℃。无霜期 250 天，年平均降水量 958.5 毫米，属温热半湿润区。308 省道穿境而过，"安平"高速正在规划建设中。全镇国土面积 227 平方千米，辖 20 个行政村，18755 人。境内资源丰富，茶香四溢，美景如画。秦楚边关古长城巍峨亘古，道教圣地西岱顶风光旖旎，峻险奇秀蜡烛山幽径可探；生态产业园碧波万顷，徽派建筑群交相辉映，特色集镇如置画廊，游人至此，流连忘返，文人雅士，怡神于斯。

长安镇党委、政府以新农村建设为统揽，围绕绿色兴产业，依托资源办工业，突出特色建家园，全力打造西北名茶大镇、安康经济强镇。全镇现有茶园 1.35 亩、茶庄 3 座、茶叶加工厂 6 家、年产值达千万元的茶饮龙头企业 4 家，"女娲银峰"系列名茶两度荣获"中茶杯"一等奖，绞股蓝茶饮品盛誉远播。延绵 10 千米的高效观光农业示范带被命名为"全国农业旅游示范点"。200 万吨旋窑水泥生产线、30 万吨铅锌选矿厂等项目正紧张建设中。

旬阳县石门镇

石门镇是陕西省安康市旬阳县下辖的一个镇级别行政单位，位于巴山北麓，旬阳县南端，东与本县赤岩镇、铜钱关乡相邻，南与陕西省平利县、湖北省竹溪县相邻，西与安康市坝河乡、该县桂花乡相连，北与该县神河镇接壤。占地面积 135 平方千米，辖 12 个行政村，总人口 12685 人。乡政府设在谌家院。石门镇属山区地带，以中山为主，地势东高西低，西东地形剖面呈"L"形，海拔 460～1480 米。河流属汉江水系，大神河由东向西纵贯全境，境内流长 85 千米，向西流至吕河口注入汉江。境内雨量充沛，气候温暖湿润。自然灾害旱、涝较为频繁。石门，因原石门乡政府驻地附近岩石上有人工开凿的垭口通道，形似"门"而得名。

石门地形复杂，气候温和，雨量充沛，植被复杂多样，适宜各种动植物繁衍生长。全乡耕地17318亩，林地总面积11074.5公顷，其中用材林5673公顷，薪炭林4271.9公顷，人工造林27.6公顷，森林覆盖率达80%以上。石门物产丰富，资源繁多。

丹凤县棣花镇万湾村

全村辖9个村民小组，490户，1623人。有党员54名。2008年农业产值500万元，农民人均纯收入3062元，被县委、县政府确定为新农村建设示范村之一，被省委授予省级"生态文明示范村"称号。被县委确定为学习实践科学发展观活动试点村后，该村紧紧围绕"党员干部受教育、科学发展上水平、人民群众得实惠"的要求，精心组织实施，迅速在全村掀起学习高潮，促进了当前工作，有力地推动了新农村建设。

山阳县漫川关镇

漫川关古镇，北纬33°14′，东经110°24′，位于陕西省商洛市山阳县东南，北距县城203省道96千米，福银高速公路距县城仅47千米，南距郧西县上津镇15千米，为国家AAAA级旅游景区。

该镇历史悠久，春秋时为蛮子国；秦楚分界碑今还尚在；南宋时，是宋金双方反复争夺的迂回战场。明清两代，这里水运发达。镇域面积230.7平方千米，总人口25893人。药材资源丰富，形成了以薯芋为主，其他中药材品种合理配置的中药材产业带，种植面积达2.15万亩。域内名胜古迹众多。清光绪十二年（1886）修建的骡帮会馆，为四水归堂式清代砖木建筑，建筑工艺别具一格，属第七批全国重点文物保护单位。

漫川关镇辖小河口、南坡、万福、娘娘庙、纸房沟、前店子、乔家村、街道、闫家店、水码头、箭河、猛柱山、李家坪、花园沟、莲花、东寺、丘林子、松树坪18个村和街道居委会，106个村（居）民小组，总户数6450户，总人口25893人，其中农业人口24005人，全镇平均人口密度138人/平方千米。当前镇区由老街居民区、闫家店开发新区组成，镇区面积1.2平方千米，涉及闫家店村、街道村、居委会，集镇人口8000余人。2012年全镇实现国民生产总值2.31亿元，其中，农业总产值1.41亿元，工业总产值0.9亿元，农村居民人均可支配收入7253元。

甘肃美丽乡村典型村镇介绍

武胜驿镇

2004 年，永登县乡镇区域调整后，原金嘴乡整体并入。辖屯沟湾 1 个社区居委会，武胜驿、富强堡、新民、霍家湾、道顺、黑林、石门岘、聂家湾、火家台、金咀、烧炭沟、向阳、兑角、奖俊埠、三庄、缸子沟、兰草、马荒、石家滩、五段、长丰、大利、旅顺 23 个行政村，112 个社，8067 户，总人口 38330 人，其中农业人口 36335 人。

武胜驿镇自古民风淳朴，崇文尚武，文化发达。明代就有私学，明清时期举人秀才众多，民国时永登著名人物罗钟秀、李发成长期在此任教，他们长于书画，善于吟诗作文，为这里培养了大量优秀人才。武胜驿历史遗迹多，文化内涵厚，往来名人及本土杰出人才为这块土地增添了无限的魅力与风采。武胜驿镇民间建筑古朴典雅。明长城残垣遗迹依稀可见，大小两川特别是大川石门岘村张氏清末民居，小川马荒村殷氏、陈氏、祁氏等家庭古堂屋，栋梁华美，构建精巧，匠心独具，各有特色。这些建筑、庄园都是这片土地悠远历史与灿烂文化的见证。

武胜驿镇民族风情独具魅力。镇内大小两川分布着汉族、回族、土族、藏族等民族，道顺村野葱沟土族村落是兰州市唯一的一处土族村落，仍保留着传统的生活方式。石家滩村藏民族，半耕半牧，以牧为主，民族风情独特，武胜驿独有的多民族文化风情，是兰州市唯一而典型的民族风情区，展示着武胜驿的博大与宽容。

什川镇

什川镇隶属于甘肃省兰州市皋兰县，西南邻城关区青白石乡，东南与榆中县接壤，西北接皋兰县水阜乡、石洞镇。东西长 32 千米，南北宽 25 千米，总面积 405 平方千米，镇政府驻地上车村，距皋兰县城 21 千米，距兰州市区 19.16 千米。

什川因明弘治八年（1495）所筑堡位于上峡至河口，东山至泥湾的什字交叉处，故称什字川堡，后人简称什川。境内东南为山区，占总面积的90%，什川镇四面环山，黄河从中穿过，形成一个河谷盆地，极像太极图形。地势平坦，海拔 1500 米，黄河两岸土地肥沃，气候湿润，盛产瓜果、蔬菜。什川位于城关区东北部，距市区约 20 千米，明朝弘治八年（1495），甘肃巡抚在今什字中心修筑"什字川堡"而得名。什川历史悠久，曾是黄河文化的发祥地，早在汉代就已经很有名气，人文景观星罗棋布，历史传说优美动人。依山傍水的地理环境，巧夺天工的自然景观，风光秀丽的万亩梨园，美丽动人的神话传说，使之成为兰州近郊的一处"世外梨园"。大小峡水电工程的建设、西部大开发战略的实施又为什川平添了新的发展契机。

金川区双湾镇

双湾镇位于丝路明珠甘肃金昌市东郊，与金川区宁远堡镇、民勤县、阿拉善右旗毗邻，距金昌市区 20 千米，是金昌市重要的蔬菜、瓜果、商品粮生产基地之一。双湾镇自古就有"康熙开荒、乾隆配水"的记载，镇内地肥水美、物阜民丰；气候适宜，绿树如荫；粮丰草茂，瓜果飘香，西南低洼处为农业区，东北高凸处为草原。气候属温带大陆性气候，光照充足，年日照时间 2878 小时；年平均气温 9.4℃，最高气温 42.4℃，最低气温-28.3℃；年平均降水量 114 毫米，全年无霜期 156 天。冬季温暖而不严寒，夏季暖热而无酷暑，被誉为"金昌绿洲"、"瓜果甜乡"。

双湾镇虽地处西部边陲，却历来重视农村文化体育事业发展，具有深厚的文化底蕴和开展各类文化体育活动的优良传统，每逢春节、国庆、六一儿童节、三八妇女节以及农闲时节，全镇都要组织开展"秧歌"、"小曲"会演，文化物资交流会，体育运动会，民间手工艺品展评等健康向上、丰富多彩的活动，自古就有"鸡犬之声相闻，戏乐之声不断"的美誉。多年来，该镇积极探索丰富农民群众文化生活的有效途径，大力加强公共基础设施建设。经过不断探索和积极实践，该镇已经形成了"自我管理、服务群众、特色鲜明"的运行模式，成为"丰富群众生活、弘扬先进文化"的排头兵。

水川镇桦皮川村

桦皮川村位于甘肃省白银市白银区水川镇东部，距镇政府 2.5 千米，距市区 26 千米，黄河沿村流过，背靠大坪、重坪两座大山，与榆中县青城镇隔河相望。桦皮川村由麻林坪、桦皮川、蜡梅咀、大坪四个自然村组成。作为白银区指定的社会主义新农村建设示范点，桦皮川村勇于变革，开拓创新，现在已取得一定的成就，并成为白银区的明星村落。全村共 10 个村民小组，1154 户，4573 人，是全区人口最多的行政村。总耕地面积 6317 亩，其中：水浇地 5029 亩，人均 1.1 亩。2010 年农民人均纯收入达到 5880 元。村党总支下设村党支部和季明种植专业合作社 2 个党支部，共有党员 82 人。

近年来，桦皮川村按照"夯实增收基础，优化产品结构，提升农业效益，构建和谐新村"的总体思路，致力于改善农业基础设施条件，调整优化农产品结构，为农业增效、农民增收奠定了坚实的基础。

民勤县三雷镇中陶新村

三雷镇中陶新村位于民勤县城东南 9.8 千米处，是依托中陶新村新农村建设示范点打造而成的集生态观光、农家休闲、餐饮娱乐为一体的乡村旅游专业村。该村共建成日光温室 332 座，暖棚 230 座，优质洋葱基地 600 亩，形成了日光温室、暖棚养殖、优质洋葱三大支柱产业。通过组团方式集中建设，全村现已建成新农宅 103 户，周围环境幽雅、交通便利，满足了群众日益增长的物质文化、生活水平和经济发展的需要。一是统一规划设计，聘请省城乡规划设计院对村庄建设进行了详细规划设计；二是统一户型设计，单户占地面积 480 平方米，分前后两院，前院居住区建筑面积为 120 平方米，为一层起脊框架式结构，房屋结构为四室一厅一厨一卫；三是统一基础设施，配套建设了村民活动中心、村级卫生所、幼儿园、文化舞台和村民休闲广场，统一实施了"一池、三改、四化、六通"工程。

该村秉承城市化的理念建设新农村，用社区化的理念管理新农村，现已发展定点农家乐 20 户，拟统一宣传标识、统一内部设施、统一评定挂牌，不断完善服务设施，逐步拓展发展规模。目前全村日接待游客 100~300 人次，随着建设进程的加快呈稳步增长趋势。走进这里，品位独特的农家小院不仅为你准备了火炕，你还可以亲自动手，烧火做饭，品尝各种野菜水饺、锅贴饼子、菜团子、玉米粥，还可以推碾子、推石磨、篝火、燃放烟花等，让你真正体验到农家生活的乐趣。

位奇镇芦堡村

芦堡村在甘肃省山丹县位奇镇，是一个闻名全省的富裕村。全村集体积累已增加到 1000 万元以上，村集体年收入增加到 100 万元，村里拥有"沙漠公主"、"奥迪"等中高档小轿车的农户达 50 多户，100 万元以上的致富能人 50 多人，还有几个千万元以上的富翁。1989 年和 2001 年，一心为民谋富的村党支部先后两次受到中组部表彰，被评为"全国先进基层党组织"。

2005 年底，芦堡村被列为全省新农村建设试点村，在省、市、县、镇各级的热情关怀和大力支持下，芦堡村精心制定了新农村建设的发展规划，开始续写新的辉煌：加大对各类劳务用工的技能培训力度，扩大成建制、订单式输出，进一步打响芦堡村在西部劳务基地的优势品牌。充分发挥龙头企业亚麻厂的带动作用，巩固扩大了周边 5 个乡镇及国营农场的 1.5 万亩亚麻基地建设。投资 52 万元新打机井 1 眼，衬砌渠道 2 千米，进一步改善了群众的生产条件，为新农村建设提供了强劲的产业支撑。

为了切实改善群众的生活条件，村上投资 12 万元对村口公路两侧 2 千米地段进行了绿化美化，栽植风景树 1600 株。投资 46 万元完成了全省第一个电气化示范村建设项目，推广使用了电气化和太阳能等清洁能源。还投资 92 万元硬化村道路 3.5 千米、铺油罩面 6 千米。特别是投资 100 万元完成了主要街道、次要街道的供排水管网建设，成为全县乃至全市第一个开通排水管网的村，一时成为十里八乡相传的新闻。

肃州区银达镇

银达镇位于肃州区以北 7 千米处，东接三墩镇，西连果园乡，南与泉湖乡隔讨赖河相邻，北与金塔县接壤。辖 14 个行政村，95 个村民小组，7555 户，29622 人，有耕地 71299 亩，人均占有耕地 2.47 亩。全镇以蔬菜、制种、禽畜乳、食用菌、农副产品生产及加工等支柱产业为重点，主攻设施农业、立体套带和科技推广三个重点。银达镇环境优美，水资源十分丰富，有魏家湾、陈家坝等 15 个大型蓄水库，北大河、清水河两条河流。银达镇位于肃州区西北部，平均海拔 1400 米，面积 232.12 平方千米。辖 14 个行政村，镇政府驻银达村。景点有清水河旅游开发区。

在 20 世纪 50 年代，毛主席曾亲自为银达题写按语，素有"文化乡"之称。银达镇党委、政府坚持"文化兴镇、产业富民、务实创新、勇攀高峰"的银达精神，紧紧围绕构建和谐社会这一发展目标，不断地促进乡、村、组三级文化网络建设，大力培育农民业余文化团体。依托乡、村、组文化活动阵地，乡里建起了农民业余艺术团，14 个村建起了秧歌队和文艺演唱队，农户自发组建农民业余自乐班 6 个，家庭演唱队 36 个。同时常年坚持 3 年一届的农民文化艺术节，两年一届的农民运动会。各类文化娱乐活动的经常性开展，极大地丰富了农民业余文化生活。

赤金镇

赤金镇位于玉门市南部。地处石河中游的赤金盆地，平均海拔 1500 米。镇政府驻光明村。兰新铁路横贯镇境，312 国道、玉（门）花（海）公路过境。景点有红山寺、铁人王进喜故居、梦江南度假村等。1956 年设赤金乡，1958 年改设公社，1983 年改乡，1985 年建镇。1996

年，面积 2034 平方千米，人口 1.3 万人，辖天津卫、赤峡、前丰、新风、新民、新光、东湖、和平、营田、西湖、朝阳、苗圃、东沙门 13 个行政村。

赤金镇旅游资源丰富，主要景点有铁人王进喜故居纪念馆、金玉阳光度假村、红山寺、赤金峡度假村、小红柳湾硅化木群，其他旅游景点还有西湖海子、石佛洞窟、金牛泉水、五华山色、条湖碧波、红山寺南湖等，是玉门市旅游项目中的黄金路线。

华池县南梁镇

南梁镇位于华池县东北部，地处陕甘交界，北与陕西省志丹县毗邻，东面、南面、西面三面与华池林镇、山庄、紫坊乡接壤。境内九（窑口）—南（梁）—义（正）道路连接至陕西志丹县义正乡。全乡辖 3 村 18 组，1279 户，5566 人，共有劳动力 4037 人。总土地面积 223.5 平方千米，其中耕地面积 44300 亩，2011 年农民人均纯收入 3745 元。农业产业以地膜玉米种植和舍饲养殖为主；境内森林资源丰富，石油贮量大。近年兴办的神龙山矿泉水厂、综合养殖场、建材公司等一批新兴企业正在带动着全乡经济的发展，地方财政一般性预算收入 64 万元，经济发展水平位居全县前列。

南梁土地富饶，物产丰富。地膜玉米、白瓜子已成为支柱产业，豆类、小杂粮种植已初具规模。草畜产业的发展正在振兴着南梁封山禁牧后的畜牧业。境内森林资源丰富，石油贮量大，南梁采油作业区以日产 600 吨而闻名。近年兴办的神龙山矿泉水厂、综合养殖场、建材公司等一批新兴企业正在带动着全乡经济的发展。社会主义新农村建设，为改变南梁人古老风俗习惯和人居环境树立了典范。

南梁是全市重点小城镇建设示范乡镇之一，2004 年又被列入全国百个红色旅游经典景区之一，2006 年被评为全省历史文化名镇，2008 年被评为省级文明乡镇，2011 年被评为国家级生态乡镇。四通八达的交通和宽松、和谐的经商环境为各方来宾提供了便利的条件，也正在吸引着四方客商前来投资兴业和旅游观光。

安定区青岚山乡大坪村

20世纪80年代初，安定区借助中国政府将安定区（当时称定西县）纳入"三西"（甘肃的定西、河西、宁夏的西海固）建设扶贫、西部大开发和世行贷款项目，坚持山、水、田、林、路的综合治理。从2002年开始，这里的农户不但告别了低矮的土坯房，庭院全部水泥硬化用来集雨，在院内外各挖水窖一眼，配备潜水泵直接将水送入了厨房。每户配备了太阳灶和沼气池，结束了亘古不变靠柴草烧水做饭的现状。

"用省下的秸秆养羊，羊舍直接建到沼气池的上面，粪便流入沼气池，这就形成了种草、养畜、节能、肥田、增收的生态循环经济发展模式。"安定区委宣传部长宗学谦说，他们通过改造并战胜自然，走出了"草多、畜多、肥多、粮多、钱多"的可持续发展之路，2006年被定西市被授予小康村。

近年来，在胡锦涛、温家宝、吴官正、回良玉等中央领导人的亲切关怀和金川公司等社会各界的大力帮扶下，定西市安定区青岚山乡大坪村村民紧紧围绕"再塑大坪新形象，开创大坪新辉煌"的品牌发展理念和"苦干实干，开拓创新"的大坪精神，充分发挥基层党组织的战斗堡垒作用和党员的先锋模范作用，立足农民增收，创新组织设置，大力发展马铃薯、畜草、劳务和蔬菜四大支柱产业和剪纸特色文化产业，使全村产业发展水平得到提高，党群干群关系也得到了明显改善。

两当县张家乡

张家乡位于两当县东北部，是全县边远林区乡之一，海拔在1350米左右，森林覆盖率达90%以上，共有人口1621人，辖5个行政村。乡政府驻张家村，距县城82千米。景点有黑河自然保护区。乡因姓氏得名。新中国成立前称张家乡，1958年并入西坡公社，1962年分设张家公社，1968年改为东风公社，1970年恢复原称，1983年末改乡。1996年，面积154平方千米，人口0.2万人，辖张家、太渠、兴隆场、二朗坝、两当桥5个行政村。

坚持"以川带山，以山促川，山川共进，山川并举"和"围绕一个中心，建好两个基地，抓好三大产业，突出四项工作，办好十件实事"的发展思路。通过典型引导，全乡群众不但在所有耕地地埂上栽植了花椒，还在弃耕地、荒地、河堤边、沟边、房前屋后等闲散地建起了花椒园。通过5年的不懈努力，实现了干鲜果栽植面积5200亩，率先在全县实现了农田梯田化、地埂经济化。太渠村黑河仅花椒一项收入在1000元以上的就有14户，3000元以上的有5户，最高的达到4000多元。地埂经济真正为农民增收创造了新的亮点，为实现全乡群众的脱贫致富奔小康奠定了坚实的基础，也为全县的地埂经济建设开了好头，做了表率。

宁夏美丽乡村典型村镇介绍

青铜峡市瞿靖镇瞿靖村

瞿靖镇位于青铜峡市北部，距市政府 7 千米。辖 1 个居委会、14 个行政村。包兰铁路、大古铁路、小（坝）邵（刚）公路过境。1956 年设瞿靖乡，1958 年改公社，1983 年复置乡，1985 年建镇。1941～1943 年为宁朔县政府驻地。1997 年，面积 45.7 平方千米，人口 1.8 万，辖瞿靖、㔉桥、尚桥、毛桥、马寨、时坊、雷桥、友谊、友好 9 个行政村和瞿靖 1 个居委会。2006 年辖瞿靖居委会，瞿靖、雷桥、马寨、友好、尚桥、㔉桥、友谊、毛桥、时坊、蒋西、蒋顶、东升、银光、新民、光辉、玉南、银辉、朝阳、渔粮 19 个行政村。

石嘴山市惠农区燕子墩乡和路家营村

根据国家环保部（2010 年第 37 号）公告，石嘴山市惠农区燕子墩乡和燕子墩乡路家营村分别被授予国家级环境优美乡镇和国家级生态村。

惠农区燕子墩乡辖 10 个行政村，74 个村民小组，总面积 96 平方千米，总人口 1.5 万。近年来，乡党委、政府把农村环境综合整治工作摆上重要的议事日程，在市环保局和惠农区政府的大力支持和指导下，成立了农村环境综合整治工作领导小组，制订了具体细致的工作方案，建立目标责任考核管理机制，认真贯彻国家西部大开发的有关政策精神，以结构调整为重点，围绕"清洁水源、清洁能源、清洁田园、清洁家园"建设，全面落实科学发展观，切实加强农村环境综合整治。先后在全乡范围内启动了庭院经济林建设、乡村道路建设、农林牧复合型生态建设、中低产田改造、土地治理及农村农业面源污染综合整治等涉及农村环境、关系群众生产生活切身利益的项目工程，取得了明显成效，全面提升了全乡生态文明水平，推进了农村的可持续发展，为全市农村环境综合整治和小康村的建设树立了典范。

宁波美丽乡村典型村镇介绍

象山县石浦镇

石浦镇位于浙江沿海中部、象山半岛南端，北接新桥镇、定塘镇等乡镇；西扼三门湾；南与鹤浦镇、高塘镇隔港相望；东邻大目洋、猫头洋，素有"浙洋中路重镇"之称。

石浦镇为中国历史文化名镇、全国六大中心渔港之一、国家二类开放口岸、浙江省小城镇综合改革试点镇和首批小城市培育试点镇、宁波市首批卫星城市建设试点镇。

截至 2012 年 5 月，石浦镇镇域面积 126 平方千米，中心城区建成区面积 7.5 平方千米，辖 8 个社区、54 个行政村，共有常住人口 14.8 万人，其中渔业人口 2.4 万人，辐射周边 5 个镇乡的十多万人口。

鄞州区下应街道湾底村

截至 2008 年 9 月，全村区域面积 1600 亩，在册户数 390 户，人口 1062 人，外来流动人口 1600 人。拥有一家由村经济合作社控股的集体型企业——鄞州天工实业有限公司，下辖天工巨星有限公司、果汁果酒有限公司、农业发展公司、花卉园艺公司、天宫庄园休闲旅游公司等 7 个子公司。2007 年全村经济总收入 5.5 亿元，村级集体可用资金达 1180 万元，农民人均收入 13743 元。曾获得全国创建文明村镇工作先进村、全国农业旅游示范点、省市区基层先进党组织和文明村、省全面小康建设示范村、市全面小康建设示范村标兵等荣誉称号，实现了物质文明、精神文明、政治文明、生态文明的协调发展。时任国家副主席习近平来湾底村视察时，高度赞赏湾底村为"人与自然和谐发展的生态居住环境"。

为了更好地规划发展，2000 年，湾底村将全村划分为农业旅游观光园区、居民住宅区和天工工业园区三大区块。2004 年，湾底村因地制宜，利用地处近郊和现代农业发展的良好优势，通过旅游规划和资源整合，组建旅游公司，建成了以桑园为主体的 15 个休闲观光点、三条旅游线及配套的餐饮业，全力打造宁波"都市里的村庄，城市中的花园"。桑果等各类农果的采摘、苗圃观赏、田间垂钓和自助烧烤等旅游项目吸引了众多游客，每年还通过举办"桑果节"打响休闲旅游品牌，被授予"全国农业旅游示范点"、"浙江省首批三星级乡村旅游示范点"、"浙江省农家乐特色示范村"等称号。

余姚市泗门镇

泗门镇位于余姚市境西北，距市区 23 千米。古时又称为四门、第四门。境域西南原有汝仇湖，水面达 10 万亩，汝仇湖堤东开四门以便放水灌溉，四水为泗，故称泗门。东与小曹娥镇、朗霞街道相邻，南与马渚镇相接，西毗邻山镇，北濒杭州湾，与海盐县隔水相望。余姚市泗门镇位于杭州湾宁绍平原北部，329 国道从镇中心地段穿过，东距宁波约 80 千米，南离余姚 9 千米，西至杭州约 122 千米，北濒杭州湾。镇域总面积 66.3 平方千米，其中陆域面积 62.5 平方千米，全镇现辖 16 个行政村，4 个社区。常住人口近 10 万，素有"名邦之源"、"阁老故里"之誉，是一座悠久历史和现代文明交相辉映的中心城镇。

浙江美丽乡村典型村镇介绍

桐庐县江南镇

江南镇为浙江桐庐下辖镇，是桐庐县第三中心。位于桐庐县东部，由原石阜镇、深澳镇、窄溪镇三镇合并，富春江南岸。距杭州 70 千米，320 国道与杭千高速横贯全境，区位条件优越，交通十分便捷。总面积 78 平方千米，下辖 19 个行政村，1 个渔业村，1 个居委会，人口 4.2 万。

该镇是桐庐县工业重镇，享有"箱包之乡"、"玩具之乡"、"医疗器械之乡"之美称，近年来，镍铁合金行业发展突飞猛进，全国市场占有率达到 60%，成为全镇经济新的增长点，省级桐庐经济开发区、窄溪工业功能区为该镇招商引资提供了新的平台。有省级无公害农产品基地 2 个，市级都市农业专业示范村 1 个，县级优秀农村合作社 1 个，窄溪河蟹基地被评为市级农业产业化示范基地和农业示范园区，窄溪中华绒螯蟹获省农业博览会优质奖，完成城镇总体规划等四大规划编制工作，全面推进"十百工程"和"康庄工程"建设，农村城市化水平有了新提高。

淳安县文昌镇王家源村

文昌镇王家源村位于淳安县东侧，离镇政府 3 千米，于 2007 年 10 月由原王家、丰源、塔心 3 个行政村合并而成。全村共有 51 名党员，村两委成员 8 名，其中村支部委员 4 名，村民委员会委员 4 名。

全村共有 10 个村民小组，336 户，1082 人，主要经济来源有茶叶、蚕桑、畜牧业以及来料加工。全村共有耕地面积 605 亩，其中水田 562 亩，旱地 43 亩，山林面积 22320 亩。

临安市板桥镇上田村

板桥镇上田村位于板桥镇东面，处于临安、富阳、余杭三市交界地段，地理位置优越，风景秀丽，民风淳朴，人杰地灵。经村规模调整后，现上田村由原上田村、芦山村两个自然村合并而成。全村区域面积 10 平方千米，共有农户 560 户，总人口 1876 人。2008 年初村规模调整后，该村把新农村村庄整治项目作为村规模调整之后的重点工作来抓。实施了道路硬化、村庄绿化、路灯亮化、卫生洁化、河道净化，通过项目建设彻底改变了以前"脏、乱、差"的村容村貌。

2009 年以来，村两委统一思想，团结一致，创建完成了杭州市全面小康建设示范村和杭州市新农村建设标兵村，并积极开展"建设农村新社区，打造和谐新上田"活动，完成了临安市农村新社区示范点的建设，其中服务大厅和卫生服务站的建立，给百姓的生活带来了很大方便，颇得百姓欢迎。2010 年，上田村被确定为"绿色家园，富丽山村"精品建设村之一，项目建设已基本完成。近年来，上田村先后获得了"浙江省无邪教村"、"杭州市全面小康示范村"、"杭州市新农村建设标兵村"、"杭州市示范型农村社区服务中心"、"临安市文明村"、"临安市先进基层党组织"、"临安市新农村建设先进村"等殊荣。

永嘉县大若岩镇埭头村

埭头古村位于大若岩镇境内。古称埭川或埭谷，地型由西向东倾斜，其型如船，人称船型之地。埭头古村建于元代后期，背依九螺山，丹崖如染，面对梧山，苍翠挺秀，为陈姓血缘聚居之村落，现有 1400 余人。埭头古村依山而建，错落有致，层次分明。古村以陈氏大宗到卧龙岗为中心区，分布着陈氏宗祠、积翠祠、墨沼池、墨沼生香、裕后祠、屈庐等古建筑。尤以华祝祠（亦称鲁班祠）与松风水月最为著名。在这里可以看到士习民风、耕读传家的深邃文化底蕴。埭头村自 2003 年成功开发古村旅游项目以来，村两委又创新思路，将旅游业和生态农业结合起来，打造了"楠风营地"项目。

埭头村在楠风营地原来的基础上建一个以蝴蝶科普博览为主题，与埭头古村相配套，集农业生产、休闲观光、科普教育、文化体验、养生度假等多功能于一体的综合型乡村农业生态休闲旅游区。该项目占地 2000 多亩，以"一心、一廊、五区"为总体布局。

为了保护村里的古建筑，该村在西面规划 30 多亩地建新村，解决了村民的住房难问题，还将利用古村吸引游客，利用新村完善的设施服务游客，如餐馆、旅店、商店等。

嘉善县姚庄镇

姚庄镇位于素有"银嘉善"之称的浙江省嘉兴市嘉善县东北部，东与上海市金山区枫泾镇相连，两地边界线长达 8 千米，是浙江省接轨上海的第一站，东接上海 80 千米，西依杭州 98 千米，北靠苏州 90 千米，总面积 30.8 平方千米，辖 18 个行政村和 3 个社区居委会，户籍人口 4.074 万人（2014 年）。镇内地势平坦，土地肥沃，气候温和，四季分明，素有"鱼米之乡"美称。姚庄历史文化悠久，人文景观独特，拥有省级文保单位大往圩遗址，县级文保单位莲花禅寺和净土桥凉亭。姚庄镇通过发展高效生态农业，建成黄桃、蘑菇、大棚蔬菜三大产业。全镇以"绿色食品"锦绣黄桃为主的果树面积达到 10000 亩，种植面积列全国之首，荣获"浙江省黄桃之乡"称号。绿色蘑菇栽培面积 2000 万平方尺，是"中国蘑菇之乡"。大棚蔬菜栽培面积 5000 多亩。

通过大力实施招商引资"一号工程"和"百姓致富工程"，全镇已累计引进外资企业 76 家，合同利用外资 3.74 亿美元，实际利用外资 2.5 亿美元，引进县外内资企业 46 家，吸收县外资金 29.9 亿元，实际到位 20.35 亿元。基本形成了以太阳能源、精密机械、汽车配件、电子元件、运动器材、复合面料、皮革服装、食品加工为主的特色产业。通过新商贸区建设，拓展了镇域规模，新建成市民文化广场、中学、中心小学、中心幼儿园、卫生院综合大楼和商贸中心等公共服务设施。在北鹤村开发建设以"农家乐"为主的休闲生态农业旅游。

海宁市盐官镇桃园村

桃园村位于著名的观潮胜地海宁市盐官镇中部，距海宁市区 20 千米，是由原桃园、众联、莲花三个村撤并而成的平原村，区域总面积 5.7 平方千米，辖 26 个村民小组，有农户 1132 户，总人口 4401 人，党员 173 名，村党委下设三个支部（桃园村农业支部、老年支部、企业支部），现有村干部 7 名，大学生干部 1 名。该村是全国民主法治村、浙江省文明村、卫生村、全面小康示范村、先进基层党组织、兴林富民示范村、民主法治示范村、村级档案示范村、村务公开民主管理示范村、党风廉政建设示范村、文化示范村、绿化示范村、科普示范村、中国计量学院大学生实践基地、巾帼示范村、远程教育学用示范点、嘉兴市"十大"两创先锋等称号。

南浔区和孚镇荻港村

和孚镇荻港村是一个千年历史古村，历史上因河港两岸芦苇丛生而得名，坐落和孚漾的南岸，荻港东靠杭湖锡旅游航道，西接湖菱公路，紧挨 318 国道和 104 国道，水陆交通方便；四面环水，溪水相抱，环境优美；人文荟萃，古建筑众多，旅游资源丰富。全村区域面积 6.3 平方千米，中心村面积 1.3 平方千米，有 41 个村民小组，1146 户农户，总人口 4126 人。

全村农业产业主要以养鱼、养蚕为主，工业产业以纺织、制造业为主，全村共有 28 家个私企业，以占地 605 亩的荻港渔庄为主体的三产服务业蓬勃发展，也是新农村建设的新亮点。2014 年全村工农业总产值达到 9.8 亿元，村民人均年收入约 2.3 万元，村集体经济收入 189 万元。

周边交通十分便捷，距湖菱公路 5 千米，申嘉湖高速公路 10 千米，到上海 2 小时车程，距省城杭州仅百余千米。有宣杭铁路、104 国道、318 国道、杭宁、申嘉湖等高速公路可直达，1 小时交通圈内与本区南浔古镇、安吉风景区、莫干山等知名景点相连，区位优势显著。

安吉县溪龙乡黄杜村

溪龙乡黄杜村位于安吉县东部，溪龙乡南面，居于 11 省道之旁，交通便捷，距县城 20 千米，距杭州80千米，距上海200千米，此处属于亚热带季风气候，温暖湿润，春华秋实，四季分明。由于良好的自然条件及村民对生态环境历来的保护重视，这里空气清新，空气质量为一级；水质清洌甘甜，水体质量也达一级，乃是气净、水净、土净的"三净"之地。"中国白茶看安吉，安吉白茶看黄杜"，是白茶产业的始发地和核心区。

黄杜村90%的家庭都在从事白茶种植、加工与销售，全村共有有机茶园1500亩，并建立国家级生态白茶基地。2005年，全村白茶销售总额达3000万元，全村的人均收入2万余元，白茶产业稳健地走上了发展的轨道。正是随着白茶产业的发展，黄杜村人民的生活水平也大为提升，目前全村绝大多数的村民都住上了别墅房，电话入户率100%，全村拥有家庭轿车80辆，其中不少宝马、奥迪等名牌车。

以白茶产业的发展为契机，黄杜村的村委抓紧实施创建"先锋工程"，先后获得了省级生态村、市级文明村、专业特色村等荣誉称号，实现全村高效农业产业化，并完善村民交通、电力等基础设施，努力建设"生产发展，生活富裕，乡风文明，村容整洁，管理民主"的社会主义新农村。

安吉县山川乡高家堂村

高家堂村位于浙江省安吉县山川乡南端，境内植被良好，山清水秀，是浙江省第一批全面小康建设示范村。总人口826人。该村先后被评为"省级全面小康建设示范村"、"省级绿化示范村"、"省级文明村"、"全国绿色建筑创新（二等奖）"等称号。

2000年以来，村里坚持发展生态经济，先后投入了380多万元。山林面积8456亩，生态环境良好，竹类资源非常丰富，其中毛竹林4639亩，年产毛竹20余万株。引进美国阿科蔓技术生活污水系统项目，建成的生活污水处理设施，能处理村民70%的生活污水。生态无水公厕和生态景观水库、农民小公园，与村四周山上的满眼绿色相得益彰。生态农业和生态旅游的发展，使"夕阳红"农家乐成为生态经济新亮点。高家堂村将继续按科学发展观的要求，努力完成各项生

态建设工作，使山川乡成为生态一流、经济发达、人与自然高度和谐发展的秀美山川。

绍兴县王坛镇南岸村

南岸村位于绍兴县南部山区，会稽山南麓，汤浦水库上游，下辖6个自然村，7个村民小组，有农户446户，人口1311人，总面积5.5平方千米。全村山林面积4729亩，耕地1070亩，茶园915亩。

历年来，南岸村始终把发展经济作为首要工作，坚持对个私经济的扶持政策，努力促使村民发展个私经济。全村已有个私企业20余家，以纺织、服装、食品、塑料、五金、茶厂等为主导行业，投资兴办的润露绿色食品有限公司，"润露"蜂王浆销往全国；玄凤实业有限公司成为国家有机茶基地。现又建造工业集聚点，出租7000平方米，投资250万元，新发展个私企业11家；成立土地股份合作社，有利于土地资源的合理配置；投资100万元优化改造初制茶，新建厂房700平方米，增加新制茶机，进一步促进本村经济发展。新农村建设是一个长远而繁重的任务，要建设新农村，培育新农民，让农民富起来，必须持之以恒，坚持不懈地为人民做实事。社会在进步，时代在发展，全面小康新农村建设必须随着社会的发展而不断赋予新的内涵，南岸村的新农村建设具有持续性、连贯性，村委领导出于长远、持续发展考虑，制定了一系列工作计划。

该村先后多次被评为县、市、省级"五好"基层党组织，成功创建省市县三级全面小康示范村，省级绿化示范村，县、市、省级文化活动中心老年星光之家，市级信息化示范村，县级普及村，市级生态村，市级文明村，市级卫生村，市级文化特色村等荣誉称号。

绍兴市漓渚镇棠棣村

棠棣村属浙江省绍兴市柯桥区西部山区，由头社、二社、刘家3个自然村组成，总面积2.91平方千米，农户496户，人口1509人，人均收入5万元左右，是绍兴藏富于民的典型。诗云"漓渚满目绿无涯，棠棣无处不逢花"，棠棣村是名副其实的"绍兴花木第一村"，95%以上的劳动力都直接或间接地从事着花木的生产和经营，

拥有 3 万余亩的花木基地。先后获得"省级兴林富民示范村"、"省级全面小康示范村"等荣誉称号。

新昌县澄潭镇坑下村

澄潭镇坑下村位于澄潭江畔,清澈见底的江水穿村而过。坑下村全村共有 8 个小组,330 户人家,841 人,其中党员 44 人,为坑下村基层党组织的建设带来了很大的帮助。坑下村拥有 469 亩水田,53 亩旱地,1616 亩山林,为坑下村的农业生产提供了富足的沃土。村庄新农村建设良好,拥有篮球场、健身器材等健身活动中心。整洁平坦的道路贯穿村庄,为村民的出行带来了方便。

坑下村拥有 14 家企业,家庭手工业开展良好。远近闻名的新昌县来益生态园区正位于此村,它不仅为一些闲置的村民解决了就业苦难,更给村里的经济发展带来了长远的利益。

在镇党委、镇政府和村支委、村委的带领下,在坑下村村民的共同努力下,坑下村取得了累累硕果,获得了"十佳优美新村"、"关心下一代先进集体"、"新昌县文明村"、"绍兴市生态村"等荣誉称号。

诸暨市东白湖镇斯宅村

斯宅村位于诸暨市东南部,东部接嵊州市,东南毗邻东阳市,属典型的山区,距市区中心 26 千米。总面积 106.28 平方千米,辖 22 个行政村,130 个自然村,有 5159 户,15840 人。

斯宅古村落属诸暨市东白湖镇管辖,古建筑群周围被青山绿水环绕,风景甚好。由于这里远离城市,许多古迹得以保留至今,值得一游。斯盛居,俗称"千柱屋",是斯宅古村落中最气势恢宏的建筑,是由门额镌"于斯为盛"而名,寓有斯氏长盛之意。

全村有工业企业 209 家(含个私),骨干企业有大鹏冶金机械有限公司、兴荣防火门窗厂、斯奥藤业有限公司、精制茶厂、玩具厂等,其中斯奥藤业有限公司采用进口原藤,专业生产各类藤制家具,产品豪华美观,式样新颖,尤受用户喜爱。全乡有耕地面积 5957 亩,其中水田 4696 亩,旱地 1261 亩,山林面积 14 万亩。以生产毛竹、木材、茶叶、蚕茧、粮食为主,特产有名茶、板栗、香榧、竹笋等,尤以"石笕"茶及"笔峰春"茶最为闻名,多次被省农业厅、国家农业部评为省优、部优产品,曾荣获泰国"博览会"金奖。斯宅乡是全市板栗重要产地,又是板栗良种"毛板红"嫁接苗的主要供应地,种苗供应湖南、江西、福建等地。交通便利,村驻地有公路客运班车直达市区与杭州。

武义县桃溪镇陶村

陶村位于浙江省金华市武义县西南部,距县城 29 千米。东接苦株蓬村;南界破田坑村;西、北连后茶园村。村呈长方形,居住集中。上(茭道)松(阳)公路和武(义)登(云)公路穿过村区。辖陶村、西山下、下库王 3 个自然村。村委会驻地陶村。陶氏祖先从缙云县迁来定居。据《宣平县志(民国)》载:环溪栽有桃树千株,故名陶村。姓氏以陶、祝、郑三姓为多。也有王、徐等姓。

2013 年 11 月 28 日,农业部公布了"美丽乡村"创建试点乡村名单,全国有 1100 个村成为"美丽乡村"创建试点乡村,金华地区也有 5 个村榜上有名。分别是:武义县桃溪镇陶村、磐安县尖山镇管头村、义乌市城西街道何斯路村、义乌市佛堂镇桥西村、永康市江南街道园周村。市委、市政府确定未来 5 年金华市"美丽乡村"建设的主要目标:到 2015 年,全市要建成 42 条美丽乡村风景线,60% 左右的乡镇建成美丽乡镇,70% 的行政村建成宜居、宜业、宜游的美丽乡村。

将"美丽乡村"建设作为促进农村全面发展的综合抓手,把公共服务、富民产业、文化建设作为其重要内容统筹规划实施,成为金华市"美丽乡村"建设的一大亮点。特别是立足"美丽乡村"建设成果,推进"美丽乡村"风景线创建,有力地促进了既有农家乐、休闲观光农业产业提档升级。目前,全市 12 条"美丽乡村"风景线基本成形。

磐安县尖山镇管头村

尖山镇管头村(乌石村)是国家级文明村、省全面建设小康示范村、省农家乐特色村、省精品农家乐村，位于海拔 520 多米的高山台地，素有"火山台地空中乡村"之称，距省级中心镇尖山镇 1.5 千米，全村 260 户 776 人。管头村建筑特色明显，新农村建设采取新村开发和老村改造有机结合，新村全部按照庭院式别墅建设，老村被称为"乌石村"，全部用黑色火山石垒成的古民居，建筑特色古朴、典雅，保存完好，周边环境十分优美，有连片 500 亩优质茶园、毛竹园、千年古道、千年古树群等，具有较高的保护和旅游开发价值。

在省市各级领导的关心和支持下，2005 年管头村在完成示范整治工作的基础上，第一批四户农家乐于 9 月 28 日正式对外营业。目前，全村有农家乐经营户 70 多家，1500 多张床，农家乐经营户占全村总户数的 27%。2012 年，全村共接待游客 28 万人次，农家乐经营收入达 1400 万元，农副产品销售收入达 412 多万元，村集体收入达 58 万元。

管头村农家乐在发展之初，就成立了"乌石农家乐服务中心"，专门配备了工作人员，实行"统一宣传促销，统一分配客人，统一服务标准，统一结账收费"四个统一管理，有效地避免了农家乐经营户之间的无序竞争，提高了农家乐的服务质量，打响了管头"乌石农家乐"品牌。目前，上海等 130 多家省外旅行社与管头有业务往来。管头农家乐的发展得到了省市领导的充分认可。

义乌市城西街道何斯路村

何斯路村位于义乌市城西街道的西北部，是长堰水库上游的一个山区村，全村总面积 376.22 公顷，耕地面积 52.28 公顷，林地 273.96 公顷。现全村共有 431 户，常住人口 968 人，党支部共有党员 39 人，两委班子成员 5 人，设 9 个村民小组，村民代表 23 人。

通过近几年的努力，何斯路村先后获得"全国妇联基层组织建设示范村"、"浙江省文化示范村"、"浙江省文明村"、"金华市新农村建设示范村"等荣誉称号。

发展壮大村级集体经济是提高村民群众收入，增强村两委服务群众能力的重要途径，何斯路村坚持以科学发展观为指导，积极拓宽农村发展空间和经营领域，通过建立乡村生态旅游开发中心、开发香薰观光主题公园、举办乡村生态旅游文化节等形式，着力解决村级集体经济发展问题，较好地实现了农业增长、农民增收和村级集体经济发展的目标。

永康市江南街道园周村

永康市江南街道园周村位于中国五金名城——浙江永康，距市中心约 4 千米，东邻南溪，南倚白云山麓，自然景观清新秀丽，素有永康城市绿肺、后花园之称。

全村现有人口 456 人，农户 175 户，村两委班子成员 6 人，党员 28 人。现有耕地面积 327 亩，山林面积 3000 多亩。2009 年人均纯收入 12068 元。先后被评为"永康市森林村庄"、"永康市生态村"、"浙江省文明村"、"浙江省农家乐特色示范村"、"浙江省绿化示范村"、"浙江省特色旅游村"等。近年来，在上级党委、政府的关心支持下，园周村两委班子带领全体村民，紧紧围绕永康市委市政府"五金名城、生态城乡、商旅大市"的战略目标，秉持"生态立村、环境兴村、旅游强村"的发展理念，依托本村得天独厚的自然生态资源和优越的地理区位优势，高标准规划，大手笔投入，生态村创建工作取得了明显成效，既有野趣横生的山涧鸟鸣、白鹭栖戏，也有古色古香庄重大气的周氏祠堂、整齐划一的小洋房灵动矗立在山水之间，在这里自然生态、人工生态、田园乡村、历史文化、民俗文化交汇融合，相得益彰，描绘出了一幅"绿树成荫、碧水环流、鸟语花香、百姓怡然"的社会主义新农村美好景象。

开化县音坑乡下淤村

衢州市开化县音坑乡下淤村位于浙江省开化县音坑乡东南部的一个山村。距离乡政府 1 千米，该村有 5 个村民小组，246 户，880 人，劳动力 596 人。全村共有耕地 766.5 亩，人均耕地 0.87 亩，林地面积为 672 亩，茶园面积 70 亩，农民经济收入主要依赖农业。正常年景下游村年粮食总产量为 517.5 吨，人均产粮为 588.1 千克。该村养殖规模不断扩大。"十二五"期间，音坑乡围绕"主攻牛羊鸭，稳定猪鱼鸡"的发展思路，大力推进规模化集约经营，促进了养殖业快速发展。

龙游县大街乡贺田村

贺田村共有村两委成员 8 人，村文书 1 人，高中文化程度 3 人，中专 1 人，其余均为初中文化程度，村民代表 66 人（其中包含 41 个党员）。该村在村支书、主任的英明领导之下，村里办公软硬件设施齐全，两委班子团结，战斗力强，办事能力高效快捷，想村民所想，急村民所急，能够做到党务、村务、财务定时公开。村子的文化氛围浓厚，休闲娱乐生活丰富，有图书室、健身场所等，供村民们娱乐，丰富了村民的生活。2008 年，贺田村被评为"十佳和谐组织"。

龙游县沐尘畲族乡沐尘村

沐尘村是浙江省衢州市龙游县沐尘畲族乡政府所在地，是畲族乡少数民族重点村，是沐尘政治、经济、文化的中心。位于龙游南部山区，距县城 27 千米，东邻沐尘水库大坝，西邻庙下乡，南接双溪村，北靠溪口镇。全村由原来沐尘村、木城村、西山面村及高山自然村合并而成，地域面积 5.68 平方千米，其中耕地面积 2640 亩，林地面积 7291.38 亩（其中毛竹面积 6991.38 亩，板栗面积 100 亩，茶叶面积 220 亩）。全村共 26 个村民小组，544 户 1814 人，畲族人口 545 人（分布在 204 户中），占村总人口的 30.04%。沐尘村盛产竹木，立竹量 80 万株以上。沐尘民族文化内涵丰富，畲族婚嫁、山歌等传统习俗，"畲族山寨"等为本村主要民族特色。发展农家乐休闲旅游业。充分发挥良好的生态环境优势，结合村庄整治，积极拓宽农业观光、休闲功能，大力引导低收入农户发展农家乐休闲旅游业，着力打造一个以"吃农家饭、住农家院、干农家活、享农家乐"为特色的农家乐特色村。计划到 2012 年农家乐经营户达到 4 家，从业人员 20 人，至 2012 年经营收入累计达 500 万元，其中带动低收入农户就业 30 人，低收入家庭服务（工资）累计增收 30 万元。

江山市贺村镇永兴坞村

永兴坞村位于浙江省江山市贺村镇，全村 248 户，人口 927 人，党员 27 人。土地面积 2654 亩，其中耕地面积 788 亩，林地 675 亩。2008 年村人均收入 7238 元，村集体总收入 18 万元。村内现有投资 2000 多万元的食用菌白菇生产基地以及清香梨、消防业等特色产业。近几年先后获得了浙江省著名的绿色生态示范村、科普示范村、省级全面小康示范村、省级文明村等 50 多项荣誉称号。

永兴坞村于 2012 年被列入浙江省第一批历史文化村落保护利用重点村。该村以其优越的自然环境资源，成为唯一一个以自然生态为特色的历史文化村落。永兴坞村始建于元朝，距今已有 700 多年历史。1996 年 1 月 1 日，上木山村与永兴坞村合并，合称永兴坞村。永兴坞原名林厅坞，取其古木高大、林形似厅之意。因村形像一张带柄的莲藕叶，又称莲心坞。

永兴坞村完好的生态环境与其尊敬祖先的文化习俗是息息相关、相辅相成的。据族谱记载，永兴坞村村民素来尊敬祖先，爱护世代相传下来的山水田园，并在此过程中形成了"尚自然、遵孝道"的文化习俗。永兴坞村的民俗文化内容丰富多彩，涉及日常生活、游艺民俗、岁时节日等多种形式。近年来，永兴坞村以美丽乡村建设为契机，组织和开展了多次民俗活动，还组织编写了村歌，作为宣传村庄文化的方式，得到了村民的一致好评。

定海区干览镇新建村

新建村地处舟山市定海区干览镇南部，由黄沙、里陈、南洞 3 个自然村组成，辖 18 个村民小组，共有农户 500 户，人口 1578 人，总面积 4 平方千米。

近年来，新建村紧紧围绕"科学规划布局美、村容整洁环境美、创业增收生活美、乡风文明身心美"新农村建设要求，因地制宜提出建设发展新产业、培育新农民、塑造新风貌、创建新班子的发展思路，合理规划，确定了以"文化休闲旅游"为引领的经济发展模式。该村以打造全国艺术院校大学生实践基地、中国戏剧谷为载体，建设成了集火车休闲车厢、渔人码头、休闲仿古老街等项目于一体的南洞旅游文化景观区。

在新的发展模式的引领下，现在的新建村基础设施相对完善、村民收入稳步提升，2012 年村经济总收入 3400 万元，人均收入 19700 元，高于全区水平。该村先后获得全国先进基层党组织、全国文明村、浙江省生态环境教育示范基地、省级绿色社区、首届浙江省农家乐休闲旅游"十佳特色村"等荣誉称号。该村将在目前的成果下，不断凝聚全体党员干部、广大人民群众的智慧和力量，积极发挥基层党组织的战斗堡垒和先锋模范作用，努力将该村打造成一个集人文、艺术、娱乐、休闲、观光、教育等于一体的美丽乡村精品村。

黄岩区头陀镇白湖塘村

白湖塘村位于黄岩区头陀镇西部，东靠洪屿后山，南与82省道相邻，西与北洋相接，北与胡岙村接壤，距镇中心1千米，82省道延伸线紧靠本村，交通便捷。辖区总面积约1464亩，其中耕地面积319.1亩，山林面积421亩。现有13个村民小组，共268户782人，村两委成员共有9人，全村党员41人，村民代表33人，2013年村民人均纯收入6049元。

近年来，白湖塘村在各级党委、政府的正确领导下，广大村民在村党支部、村委会的带领下，抢抓机遇，开拓创新，村庄经济发展和社会各项事业都取得了快速发展。该村积极引导村民发展生态农业，目前，全村形成了以种植糖蔗、水稻、茭白为主业，外出经商或种西瓜相结合的经济发展方式；全村上下全力开展村庄整治活动，新建了村办公大楼，实现了道路硬化、路灯亮化、村庄绿化、环境美化，村容村貌日新月异，村民收入不断提高。

该村积极响应上级号召，合力开展"清洁家园、和谐乡村"、森林村庄建设等活动，致力环境优美，打造富有个性的"美丽乡村"。

黄岩区屿头乡布袋坑村

布袋坑村地处黄岩西部山区屿头乡，距城区40千米，全村共有150户，465人，全村有土地面积244.6亩，林地面积13229亩，村民主要从事水果蔬菜种植，2011年村民人均纯收入4128元。布袋坑村先后被评为"省级特色旅游村"、"市级农家乐特色村"、"先锋工程五好村党组织"、"村庄整治合格村"、"村级党建示范村"、"基层平安建设先进集体"、"先进基层党组织"等。

近年来，布袋坑村在区委、区政府的领导，相关部门指导，村级组织牵头、村民广泛参与下，积极推动美丽乡村建设，已取得一定的成效。布袋坑村按照特色古村落与生态旅游服务为特色的建设目标，委托浙江农林大学进行了规划的编制，并依据规划分段实施推动。目前，全村累计投入资金520多万元，用于村庄各种基础设施建设。

布袋坑村积极发展旅游业和餐饮业，挖掘古村落的文化资源，精心包装、推介具有本地特色的旅游线路，同时充分利用好布袋坑村大面积山林和山塘水库的优势资源，农家乐等服务产业不断壮大。全村已开设农家乐餐饮店8家，休闲型农家乐1家，特色经营户2家。休闲游、民俗游、山水游等"农家乐"观光休闲项目也得到充分发展。

仙居县淡竹乡石盟垟村

石盟垟村位于浙江省台州市仙居县淡竹乡北面，距乡政府4千米，距仙居县城30千米，是进入神仙居、官坑、公盂岩、淡竹休闲谷旅游一条线的最佳入口，也是景区重要的休闲、娱乐后花园。

2009年5月以来，石盟垟村以"美丽乡村"建设为契机，实施了农房改造建设，全村共完成农房改造46户115间。村里的马路也装上了15盏路灯，民居的门前屋后种上了1600平方米的绿化树木。成为仙居新农村改造的典范。

全村有数十家"农家乐"正式对外营业。大部分农家乐都以蔬菜的名字命名，如"玉米居"、"土豆居"、"红薯居"、"冬瓜居"、"南瓜居"等农味十足的牌子，游客们可以在这里吃农家菜、住农家屋、体验农家生活。另外，村里还专门开设了一家规模较大的农家乐客栈，可以同时接待100多名游客吃住。

莲都区大港头镇利山村

利山村位于莲都区大港头镇东南部，距离镇区约6.26千米，是一个有着500多年建村历史的畲族古村落，下辖3个自然村，全村共有156户340人。该村以白莲、茶叶、笋竹、油茶、蔬菜为主导产业，2012年农民人均所得7382元，农民人均纯收入连年大幅度提高。先后获得丽水市"兴林富民示范村"、全市"十佳危旧改造示范村"和首批丽水市"美丽乡村"示范村等荣誉称号。

近年来，利山村按照"三宜、四美"的美丽乡村建设要求，以旧村改造、环境综合整治为重点，以农民增收、加快农村经济发展为主线，着力提高群众物质文化生活水平。特别是通过旧村改造，实现全村整体拆旧建新。新建房屋在总体布局上，傍山依水，自然得体；在空间结构和利用上，以小青瓦、马头墙为特色，灰瓦白墙，马头翘角，墙线错落有致，构成徽派建筑基调，与"古堰画乡"自然生态旅游区风格协调一致。村内道路硬化、村庄绿化、路灯亮化、卫生洁化、环境美化、河道净化均已完成，面貌焕然一新。通自然村公路硬化率、农村垃圾农户收集率均达到100%，生活污水治理农户覆盖率和农户改厕率达到90%以上。

同时，利山畲族村传承和挖掘畲族文化，打造白莲精品园，积极举办摄影采风、畲家婚礼、对唱山歌、打糍粑、宰猪等原生态风俗体验活动，展现畲族人民丰富多彩的精神文化生活。村民们还依托丰富的自然、文化资源，积极发展农家乐乡村旅游等生态产业，努力唱响畲民共建秀丽山村的连台"好戏"。

遂昌县大柘镇大田村

大田村位于遂昌西部，距离大柘镇所在地2.5千米，全村总人口667人，213户，4个村民小组。村环境优美，依山傍水，有一处保护完好的森林公园，面积580多亩。全村有茶叶加工厂67家、五金加工厂3家、农家乐1家、各类商铺5家。该村文化底蕴深厚，科技学习进步，社会治安稳定，村风和谐良好。

近年来，大田村依托优越的地理位置、金山旅游风景区、四周叠翠的茶山和深厚的文化底蕴，逐步走上了茶文化农家乐旅游发展之路。2009年，村两委引进资金，开发建成了"汤沐园温泉"和"龙谷丽人名茶观光园"，给大田村的农家乐旅游发展注入了新的活力，村里7个农户创办了农家乐。

近年来，大田村全面规划，发展乡村休闲旅游，力争几年内把大田建成遂昌旅游的农家乐集散中心。目前，村里建设了农家乐旅游接待中心，农家乐经营户增到26户，床位达390个，能同时接待500多人用餐。在大田农家乐可品尝农家原生态食品、赏龙谷丽人等各种名茶、泡森林温泉浴、参观丽水市首家民俗博物馆——汤溪民俗博物馆、游遂昌各大景区。该村是一个有悠久历史的文化村，村庄古迹多，村民文化底蕴深厚，村民热爱文化，村文化生活丰富多彩，并编写了"大田村志"。该村的文艺活动都是自发而行，具有农村特色，深受广大群众欢迎，也多次获奖。

庆元县屏都街道洋背村

屏都街道洋背村，坐落在巾子峰国家级森林公园西南山麓，距庆元县城12千米。村庄依山傍水，环境优美。这里错落有致的古朴民宅，素雅的粉墙黛瓦、清丽的竹林桃花，凝练着浙南山村传统民居的特有意境，是一处山清水秀、民风淳朴的美丽山村。

当前在国家、省、市、县高度重视"三农"发展，全省创建美丽乡村以及百山祖、巾子峰景区进入规模开发前奏的背景下，洋背村紧抓有利时机，充分利用洋背村的基础条件、资源特征及旅游发展趋势，统筹兼顾、因地制宜、综合规划，努力打造建设成村美、景秀、民富的新型"美丽乡村"。

2012年，结合洋背美丽乡村建设规划，邀请相关专家一起，制定洋背美丽乡村实施方案，以"青山、碧水、幽谷、曲径"为主要景观特色，以感受农家生活为主要游赏内容，对民居建设、农林产业、村庄环境、旅游线路进行改造建设，持续推进村庄和农户庭院绿化美化、发展景观农业和特色农家乐、完善村庄道路和路灯等基础设施、建设村级污水处理和垃圾收集处理设施、开展村庄环境综合大整治等系统工程，加快落实美丽乡村建设。

2012~2013年为洋背美丽乡村重点建设期，洋背将以"百山驿站、巾子门庭、低碳农家、农业花园"为发展目标，投资170余万元，新增防洪堤、游步道、停车场、休闲亭、花坛、路灯、小公园等工程，切实打造"十里低碳洋背"、"百户瓜果之家"和"千亩农业花园"。

福建美丽乡村典型村镇介绍

晋安区寿山乡寿山村

寿山村是石之瑰宝寿山石的唯一原产地。其位于中国福建省福州市的东北部，出福州市区北上，在蜿蜒而平坦的盘山公路上行车30余千米就能到达寿山。寿山村风景优美，气候宜人。寿山村如婴儿般躺在群山的怀抱中，享受着群山的爱护。一眼望去，四周皆山，逶迤的群山映入眼帘，山之绿连绵不绝，甚是养眼。寿山村气候宜人，夏季清爽如丝，在这里完全感受不到城市的燥热，你能真切地感受到当风吹拂过你的脸庞时那一丝丝清凉。寿山村夏季平均气温比福州市低4℃~6℃。

寿山村栖居有近200户人家，他们世代务农，兼及采石，以勤劳和智慧获得了打开这个神仙洞府的"金钥匙"。寿山村人文气息浓厚，民风淳朴。

闽侯县白沙镇孔元村

孔元村位于闽侯县白沙镇东北部，距镇政府5千米，距京台高速互通口100多米，是原福建省直单位所在地，四面环山，具有良好的区位优势。现有耕地1000多亩，山林地8850亩，井下溪、东溪穿村而过，山清水秀、环境优美。全村总人口866人，253户，下辖8个村民小组，村两委干部5名，党员46名。2013年村财政收入25万元，农民人均年纯收入9000元。2012年孔元村被列为福州市精品示范村。自"精品村"创建以来，该村按照"生态美、百姓富、集体强"的要求，积极把握发展机遇，发挥该村优势，做特农业、做优环境，探索了一条适合该村发展、具有该村特色的走生态休闲观光旅游的发展路子。

连江县潘渡乡贵安村

贵安村位于福建省福州市连江县境西北山区潘渡乡境内，距离福州市28千米（贵新隧道西绕城高速开通后仅有12千米距离），距连江县22千米。贵安村静静地卧于北峰山东侧脚下，西溪流水如环腰玉带。村口三棵古榕，虬枝盘旋，叶茂枝繁，见证着自植下以来800多年的历史环境变迁。风景秀美，且近几年特别以丰富的温泉资源出名，带动该村经济发展，建立起如贵安水世界、贵安欢乐谷等大型娱乐设施。

该村有农户705户，共有乡村人口2920人，其中男性1586人，女性1334人。其中农业人口2908人，劳动力1390人。该村以汉族为主，是汉族、白族、彝族混居地。该村到镇道路为柏油路，进村道路为土路路面，村内主干道均为未硬化的路面。距离最近的车站18千米，距离集贸市场18千米。全村共拥有汽车6辆，拖拉机45辆，摩托车252辆。全村耕地有效灌溉面积为849亩，有效灌溉率为89%，其中有高稳产农田地面积464亩，人均高稳产农田地面积0.16亩。

永泰县嵩口镇月洲村

月洲村位于永泰县西南部大樟溪畔，距县城56.3千米，距嵩口镇区10千米，距203省道3.3千米。东与梧桐镇白杜村接壤，西与本镇芦洋、东坡、月洲村交界，南与本镇溪口村相连，北邻本镇村洋村。月洲村是永泰县嵩口镇的一个行政村，因桃花溪在村中绕了个大弯，流成"月"字，又分隔出一个沙洲而得名。全村总人口1307人，面积11.2平方千米，是名副其实的八闽文化第一村。

月洲资源丰富，生机无限。拥有山地总面积14154亩，其中有林地12303亩，耕地838亩，成片的竹林地10亩，沙洲小岛20余亩。气候宜人，四季分明，李园遍地，温泉丰富，森林覆盖率达90%，是永泰县主要的优质果品基地。距203省道3千米，距即将建设的高速互通4千米，地域独特，交通便利。桃花溪干净优美。天然清新的自然风光、原汁原味的乡土本色、淳朴勤劳的民风使月洲呈现一派返璞归真、如歌如画的山水田园景象。若能不断挖掘月洲生态良好、山川秀丽的自然景观资源以及历史悠久、人文荟萃、信俗圣地的文化资源，并加以充分发挥，月洲必能建设成为集信俗朝圣、文化交流、旅游观光、购物休闲的文化产业发展示范园区，成为闽台文化交流合作的重要桥梁和纽带。

永泰县塘前乡芋坑村

芋坑村位于福建省福州市永泰县东部，属塘前乡，海拔45米，东接福清市，西界葛岭镇，南连福清市一都镇，北邻岭头村，离塘前乡8.6千米，离县城38.7千米。柑橘是芋坑村的传统支柱产业，曾经村里漫山遍野都是柑橘树。芋坑村同时也是远近闻名的"枇杷村"，枇杷取代柑橘成为村里的主导经济作物。这一转变，使得村民人均年收入由2005年的4000多元提高至2011年的7000多元，一些枇杷种植大户的年收入已超过10万元。2012年，芋坑村的枇杷种植面积达到3000多亩，柑橘种植面积只剩下1000多亩。

芋坑村紧邻大樟溪水源地，属畜禽禁养区，限制了养殖业的发展；由于生态环境优越，山间植被茂密，周边无工业污染，发展生态农业和休闲旅游成为必然的选择。在主村改造和造福工程建设的基础上，芋坑村利用森林覆盖率高、山水秀丽的自然优势和生态观光农业特色，结合当地的民俗，发展了以三农体验、山水嬉戏、畲族风情为主题的生态休闲旅游。

平潭县白青乡国彩村

国彩村地处海坛北部沿海突出部，位于白青乡中心地段，是白青乡政治、商贸、文化中心。全村有9个村民小组，总人口3117人，总户数1033户。村里有党支部1个，106个党员，村两委班子精诚团结，齐心协力，努力做好村里的各项工作，多次被评为"先进农村基层组织"，还获得"全国民主法治示范村"、"全国美丽乡村试点"等。

在党员的带头示范下，富裕起来的村民们纷纷掏腰包，参与家乡新农村建设。靠近海边一带

的居民，每逢台风来时都提心吊胆，生怕海浪袭击民房，在村两委的号召下，村里筹资56万元，建起了一条长450米、宽6.5米的防浪堤，使附近村民的生命财产安全有了保障；村里道路宽敞整洁，影剧院、文化活动广场等齐全，还建造了多个垃圾处理站，成立了清扫队，定期将垃圾运出深埋。一幅社会主义新农村美好画卷映入眼帘。村两委带领着村民为实现"生产发展、生活宽裕、乡风文明、村容整洁、管理民主"的目标时刻努力着。

涵江区白沙镇坪盘村

坪盘村位于福建莆田市涵江区白沙镇海拔400多米的崇山之顶，与常太镇、西天尾镇、庄边镇接壤，因四周群山屏立，中间地势较平，故而得名"坪盘"。全村现有268户，人口1100人，党员58名。有山地面积10640亩，其中耕地888亩。

坪盘村是莆田市的1个自然村，紧挨狮亭村、宝阳村，人杰地灵，山清水秀，空气清新，风景秀丽。村庄处在海拔400多米的山上，距镇所在地有15千米，由4个自然村组成，258户，1067人。原是省定老区贫困村，近年来依靠枇杷种植和发展小水电等项目，人均收入达4500多元，逐步走上富裕之路。

为改变村庄面貌，近年来村庄加大了基础设施和公共设施建设，投资硬化进村、环村水泥路15.6千米，道路硬化率达100%。修建了人工湖、休闲亭等公共休闲场所。聘请专职保洁员，村庄生活污水集中处理，清洁卫生厕所改造率达100%。

荔城区西天尾镇后黄村

后黄村为"荔城区第一华侨村"，是莆田后黄旅游景区所在地。后黄村是莆田市荔城区西天尾镇的一个行政村，地域面积1.5平方千米，共有2个自然村6个村民小组，莆永路东侧是著名的侨乡。后黄村位于莆田市荔城区西天尾镇以东2千米处，三面环山，山清水秀，花果飘香，民风淳朴。全村254户，村民联户代表36人，人口1010人。现有村"两委"干部5人，党员74人。村民收入以镇内企业务工及种植枇杷、龙

眼、蔬菜、水稻等为主，人均收入近万元。曾先后获得"省级卫生村"、"省级生态村"、"省级文明村"等荣誉称号。

莆田后黄旅游景区所在地后黄村为"荔城区第一华侨村"，素有"南洋风情，梦里老家"的美誉，景区内的百年华侨民居众多，其风格受南洋建筑、外来宗教等多元化影响，既洋溢着浓浓的莆仙风味，又充满着南洋特色。

莆田后黄景区从"新农村"、"幸福家园"的发展建设中脱胎蜕变，着力依托并提升打造知秋湖、乡愁广场、相思园烘焙休闲广场、黄氏宗祠、莆阳民俗文化馆、百年碉楼、600年桃源社、莆阳民俗体验馆、两百年"四目井"、莆阳客栈、榕树码头及滨水休闲带等特色旅游资源。大力推广田园观光采摘农业、华侨民居欣赏、传统手工亲子体验、特色民宿体验等旅游深度文化体验项目。建设发展军旅素质拓展、儿童课外体验乐园、儿童素质拓展、乡村生态美食广场等基地项目，打造南洋风情旅游休闲胜地！让后黄这朵"全国文明村镇"、"中国最美乡村"、"省级生态休闲乡村"、"省级历史文化名村"、"幸福家园"之花绽放风采。

泰宁县梅口乡水际村

水际村地处福建省三明市泰宁县梅口乡东南部，国家 AAAAA 级风景名胜区——金湖之畔，距县城 10 千米，东接南会，西与梅口村仅一水之隔，南连大洋，北邻杉城镇际溪村。水际村因村旁有"白水际瀑布"而得名，曾用名白水际，历代为高平里南会保所辖，直至 1958 年由南会划出下南会另建水际大队，1985 年更名为水际村。现全村人口达 125 户 513 人，辖 4 个自然村，4 个村民小组。

水际村立足区位优势，按照"生产发展、生活宽裕、乡风文明、村容整洁、管理民主"的社会主义新农村建设总体要求，抢抓机遇，敢想敢拼，全力打造"三明旅游第一村"品牌，力争到 2010 年全村劳动力 100% 从事旅游，实现旅游收入 1300 万元，村财政收入 86 万元，30% 的家庭拥有小轿车，50% 的家庭宽带上网，100% 的村民享有新型农村合作医疗保险，在全市率先建成富裕、美丽、活力、和谐、民主的社会主义新

农村。

永安市小陶镇八一村

八一村毗邻 205 国道，地处小陶镇西南部，距离镇中心 5 千米，辖有张坑、半溪、前坂和青石四个自然村，现有 229 户，总人口 802 人，共分成 7 个村民小组，其中党员有 31 名。共有耕地 973 亩，山林 4282 亩，2006 年村财政收入达到了 26 万元，村民人均收入 5750 元，集体经济基础一般，基础设施相对完善，是一个正在向资源特色型经济发展的社会主义新农村。近年来，八一村在建设"一村一品，突出特色，全面发展"的同时，还积极引进各种民营企业，极大地拓宽了村民的就业渠道。此外，还有的村民从事公路运输、种果、种菜、粮食加工等行业，而以商饮、服务业为主的第三产业也有了起步。

永春县五里街镇高垅村

高垅村地处县城西北部，距县城 5 千米，离镇区 3 千米，区位优势明显，是通往吾峰镇及介福乡的交通要道，长龙公路的出口处。全村现有 11 个村民小组，人口 2534 人，村两委成员 7 人，其中支委 5 人，村委 2 人，党员 61 人，耕地面积 2620 亩，山地总面积 9356 亩，农民收入主要依靠种植业及外出务工。2009 年农村人均纯收入 7000 元。2013 年不仅被列入永春县级"美丽乡村"，还入选了全国"美丽乡村"创建试点。

德化县国宝乡佛岭村

佛岭村是福建省泉州市德化县国宝乡政府所在地，是该乡的政治、经济、文化、金融中心，与国宝村、上洋村、厚德村、格头村和赤水镇的苏坂村毗邻，下辖佛岭、洋中、下坑炉、山头 4 个自然村，12 个村民小组，土地总面积 12 平方千米。

佛岭村地势较为复杂，国宝溪流经洋中、下坑炉两个自然村，沿岸地势较为平坦，其余多为低山、丘陵。自然资源丰富，现有耕地面积 871 亩，林地面积约 11286 亩，其中果园面积 572 亩，探明地下矿产资源的有瓷土矿、铅锌矿、煤矿等。水利渔业资源丰富。尚未开发的旅游资源有岩前瀑布及云龙宫、龙济宫、金亭宫。森林资源

有杉、松、毛竹、杂木，还有珍稀的国家保护树种。主要经济作物有德化梨、油柿、柑橘、桃、李、马铃薯、蕉芋、木薯、芥菜。

晋江市磁灶镇大埔村

大埔村位于晋江西北次中心的磁灶镇镇区，面积 3 平方千米，户籍人口 5046 人、外来人口 3500 余人，村党委下设 4 个党支部，党员 120 余名。近年来，大埔村坚持以新农村建设为抓手，改善人居环境，狠抓"三个文明"建设，关心、重视、支持困难群众救助工作和慈善公益事业，积极开展各项民生保障和慈善救助工作。先后被授予晋江市"爱心社区"、晋江市"美丽乡村"、泉州市宽裕型文明村、泉州市 2011~2013 年度文明村、泉州市"美丽乡村"、泉州市先进基层党组织、省级美丽乡村、全省先进基层党组织、"全国示范农家书屋"、"泉州市级交通安全示范村"、"福建省美丽乡村"、"2014~2015 年度晋江醉美村居"、"福建省第十二届省级文明村"、"晋江市共青团青春家园示范点"、"泉州市共青团青春家园示范点"、"泉州市计划生育协会先进集体"等荣誉称号，2013 年入选全国"美丽乡村"创建试点乡村，2014 年全省新型城镇化工作（晋江）现场会参观点之一，2015 年中国新型城镇化高端研讨会暨国家新型城镇化综合试点工作交流会之一。

南安市康美镇兰田村

兰田原称陈田，民国时期谐音为蓝田，1960 年后又谐音为兰田。自元朝起，历明、清至民国十七年（1928）止，均属南安县廿一都，后隶属关系多变，时属玲苏（康美），时属洪濑，时属丰州，今又属康美，全称南安市康美镇兰田村。兰田村位于南安市中部偏东，晋江东溪东畔，东、北为福铁村，西过溪为青山村，南为溪丰、玉湖村。省道 307 公路穿境而过，经兰青大桥过东溪则有"南洪"公路，东南下泉州西门 15 千米，东北上洪濑 8 千米，西南去南安 12 千米。

兰田村规划了以构建和谐社会为目标，以发展经济为核心，以保护环境为前提的新农村建设之路，先后创办了"世纪之村农村信息化产业基地"、"动漫产业基地"、"闽菜品牌孵化基地"、"城市服务业基地"等。学校自主研发了"世纪之村农村信息化综合服务平台"，已在福建省泉州市 2463 个行政村推广使用，建设了 5160 多个信息服务站，创造了 18840 多个就业岗位。

漳浦县南浦乡后坑村

后坑村位于南浦乡东部，东与马苑村为邻，西与兴巷村毗邻，南与龙桥村相接，北与中西林场交界。源自大帽山（海拔 488 米）的后坑溪向西流汇于龙溪（龙溪东流汇入九龙江南溪）。1957 年 10 月以前归南靖县程溪区，属马苑乡所辖，1957 年 10 月以后划归漳浦县，1958 年公社化时，属长桥公社南浦管理区，1961 年属南浦公社后坑大队，即今南浦乡后坑村的前身。村辖后坑、坎仔脚、东湖、祖厝、新墟尾 5 社（自然村）。全村 328 户，总人口 1140 人。其中后坑 84 户，270 人；坎仔脚 90 户，305 人；东湖 89 户，290 人；祖厝 20 户，80 人；新墟尾 45 户，195 人。本村水源充足，所有耕地无论在山上、坑垄、平地，几乎都可成水田，排灌便捷。全村有耕地 1281 亩，其中水田 1150 亩，农地 131 亩。有林地 2300 亩，果园地 260 亩，2011 年粮食产量 272 吨，水果产量 254 吨，生猪出栏 1320 头，鸡、鸭出栏 5800 只，菜牛出栏 5 头。从前农业以种水稻、甘蔗、毛豆为主。现在种植绿竹笋上千亩，成为农业一大特色。第三产业迅速发展，全村发展淡水鱼面积 250 亩，种植花卉 200 亩，有山地造林，山腰种果等，这一带古称"锦田"名不虚传。

诏安县梅岭镇田厝村

田厝村位于梅岭镇政府驻地东南部，直距 1.5 千米。东邻诏安湾田厝港，西至宫口港内海与洋麟塔相望，南连上傅，北接林厝。包括田厝、董厝前 2 个自然村，村委会驻田厝村。地处沿海平原，村落面海而建，以田姓为主，苏、林杂居，汉族，讲闽南话，组成 15 个村民小组。以驻地村命名。民国时属梅中乡。中华人民共和国成立后属第一区、第三区傅厝乡。1956 年属四都区傅厝乡。1958 年属东方红公社傅厝管理区。1961 年 5 月属桥东区下河公社田厝大队。1964 年 4 月属桥东公社。1978 年 1 月属下河公社。

1982 年属梅岭公社。1984 年 10 月属梅岭乡田厝村委会。1991 年 10 月改为今名。

田厝村位于梅岭半岛中枢，是诏安县重点渔村，土地面积 1558 亩，864 户，3604 人，党员 97 人，三面临海，海陆便捷，碧海金滩，水产物产资源丰富，是福建省"百村示范点"之一，漳州市第一批 23 个"社会主义新农村建设示范点"、市基层党建工作联系点。2012 年全村社会总产值 2.2 亿元，村财政收入 200 万元，人均纯收入 2.0 万元，村先后荣获福建省生态村、福建省宜居村、漳州市"先进基层党组织"、县"五好"党支部、"文明村镇"、"尊老敬老"先进村、"先进人大代表小组"等称号。

长泰县马洋溪生态旅游区山重村

山重村，又称古山重，坐落在漳州市长泰县马洋溪生态旅游区内，与厦门集美区仅一山之隔，距灌口镇 16 千米，距长泰县城 29 千米，是"国家生态示范村"、"全国特色景观旅游名村"、"福建省首批四星级乡村旅游经营单位"、"福建省乡村旅游示范点"。山重村四面环山，青山叠翠，秀水涟漾，长泰马洋溪更在此发源。

山重村素有"千年古村落，山水花中游"之美称，每年春季的油菜花、桃花、李花最吸引游客，也因如此，景区极力打造"花果世界"、"田园风光"、"民宿王国"、"农耕体验"等特色乡村旅游产品，更有地瓜、砂仁、土鸡蛋、玉米等丰富的农特产品，景区内还有千年古樟树、宋代石佛塔、明代昭灵宫、子龙庙、水云涧、百年古民居、薛氏家庙、林氏家庙等历史文化资源。游客在观赏山重乡村自然美景之余，还可"吃农家菜、住农家屋、干农家活"，尽享乡村野趣，让身心回归自然，返璞归真。

平和县文峰镇三坪村

三坪村是革命老区基点村，1933 年红三团、红九团曾在三坪胜利会师，是省级文明村和全省民主法治示范村，是漳州市新农村建设的示范点，福建省新农村建设的联系点，辖区内有闻名海内外的国家 AAAA 级风景区——三坪旅游风景区。全村有 8 个村民小组，农户 489 户，人口 2017 人。

三坪村位于平和县文峰镇东北部，东邻龙海，南连漳浦，是平和县的东大门。村民种有琯溪蜜柚、漳州芦柑、毛竹等经济作物。三坪村森林覆盖率高，风景迷人。三坪村有座远近闻名的千年古刹——三平寺（国家 AAAA 级风景区）。相传系唐朝咸通七年（866）由杨义中禅师创建，寺的建筑富有唐、宋时期的艺术特色。寺附近有龟蛇峰、和尚潭、虎跑泉、仙人亭、侍郎亭、龙瑞瀑布、毛氏洞、虎林八大胜景，可供游人观赏，备受海外华侨、侨眷、港澳台胞佛门弟子所敬仰。寺院终年香火不断，游客络绎不绝，春节期间更是人山人海。

华安县仙都镇大地村

大地村地处仙都镇东部，与安溪龙涓乡毗邻，是漳州市第二批社会主义新农村示范村，闻名遐迩的"土楼之王"——二宜楼就坐落于此。全村有 17 个村民小组，811 户，人口 3001 人，村两委 8 人，党员 72 人，充分发挥了农村党员的带头、引导和示范作用。全村总面积 24284.6 亩，其中耕地面积 2174.9 亩，林地面积 14644.1 亩，园地面积 1151.4 亩。2010 年，农村经济总收入 7361 万元，其中村集体经营收入 28 万元。

顺昌县埔上镇张墩村

张墩村位于顺昌县城北面，埔上镇的西南面，主村张墩坐落在 316 国道西侧，东北与口前村接壤，西北、西、西南与大干村、良坊村、沙州坑、余富村为界，南与坊上村为邻，富屯溪从东南方向贯穿境内。

张墩村现辖有 5 个村民小组，一个自然村（双舟尾）。一组 40 户 170 人，二组 36 户 151 人，三组 55 户 226 人，四组 37 户 143 人，五组 40 户 154 人。全村共有 218 户，总人口 844 人，耕地面积 1267 亩，林地面积 4958 亩，其中国有林场经营面积 899 亩，自留山面积 885 亩，葡萄园面积 300 亩。

建瓯市小松镇湖头村

湖头村位于小松镇南部，距城区 13 千米，下辖 8 个自然村、17 个村民小组，现有农户 864

户、3284 人，村党总支下设公共服务中心、文体活动中心和果蔬专业合作社，3 个党支部，党员 88 人，全村土地总面积 16.28 平方千米，其中耕地 4482 亩，山地 17308 亩。2012 年农民人均收入 9688 元。省重点项目南平 500 千伏变电站落户陈田自然村，交通便捷，区位优越。2008 年被确定为南平市中心村建设试点村。

湖头村产业特色明显，农业有新发展。在确保农业水稻种植面积的基础上，积极引导村民发展"茶、果、蔬、蔗"四大主导产业，其中以果蔬种植为主，蔬菜面积 3000 多亩。通过采取"菜—稻—菜"或"菜—菜—菜"的粮经轮作模式，形成了以蔬菜、瓜果、甘蔗、鲜食玉米种植为特色，具有一定区域规模的特色农业经济。以发展现代农业为目标，通过改善农业种植灌溉条件，帮助筹建果蔬专业合作社，注重开展农民创业技术培训、党员结对带创帮扶等措施，农业综合生产能力明显增强，产业特色优势更加凸显，产业化发展水平明显提升，农村经济总量持续增长，农民收入显著提高。

建阳市潭城街道考亭村

考亭地处建阳城西南面，距建阳城关约 4 千米。考亭村背靠青山，三面临水，风景清幽，民风淳朴，自古就为文人墨客所好。现拥有考亭书院、生态果园、麻阳溪浮桥、古寺庙等诸多旅游景点，特别是破石自然村古樟抱佛更为百年奇观。这里自然生态环境优美，并于 2006 年参选了"福建最美乡村"。

全村有农户 278 户，1159 人，其中党员 57 人。拥有农田 1314 亩、池塘 150 亩，葡萄是本村的主要特色产业，该村 90% 的农户都种植葡萄，被誉为"福建葡萄第一村"。该村种植葡萄面积达 1300 多亩，年产约 500 万斤，产值约 1300 万元，2012 年农民人均纯收入达 9786 元。

近年来，该村做大做强葡萄产业，积极发展农村经济，围绕开发考亭文化旅游资源，开展"创绿色家园、建富裕新村"活动，加强了农村基础设施建设，办起了文化俱乐部，新建了健身场所，弘扬了朱熹古文化，农村经济和各项社会事业取得了较好的成效。今天的考亭正向"生产发展、生活宽裕、乡风文明、村容整洁、管理民主"的社会主义新农村快步迈进。

新罗区龙门镇洋畲村

洋畲村地处新罗区西南部，海拔 700 米，距龙岩中心城区 15 千米，是革命基点村之一。全村 96 户 342 人，分两个村民小组，有党员 34 名，其中女党员 10 名。全村耕地面积 415 亩，拥有山地面积 6000 多亩，其中竹林面积 2000 亩；柑橘面积 1830 亩，是龙岩市水果专业村之一。2007 年 5 月成立龙岩市新罗区洋畲柑橘专业合作社，成员数 67 人。全村绿色植被覆盖率达 95% 以上，空气清新，植被保护完好，被誉为离城市最近的"原始森林"。

洋畲村的发展主要经历了产业调整期、经济致富期、新村规划建设期、生态旅游发展期。通过发展一村一品，打造洋畲原乡生态旅游特色品牌，做活做好柑橘、毛竹、农家乐、生态游四篇文章。目前全村已发展柑橘种植农户 78 户，种植水果 1830 亩。开办农家餐馆、农家旅馆 30 家，土特产品店各 1 家，成功举办了七届柑橘采摘旅游节。村里的各项社会事业也在逐步健全和完善中。

随着"大力推进生态文明建设"的提出，洋畲村立足独有的环境资源，认真勾勒美丽蓝图，如火如荼地建设美丽洋畲。现已完成村庄美化亮化工程，安装环村太阳能路灯；进一步规范和完善村内建筑，美化绿化村庄环境，通过整顿四个台阶的村道，将沿途乱搭盖的灶台和沿廊钢棚拆除，规范柴火、农具的摆放位置。抓住时机，搞好绿化，修建护堤花圃，实行门前"三包"制度，村民可自行种植蔬菜或果树。分步骤完成村庄基础设施、自来水管道改造等工程，增设公共服务设施，让洋畲村既有田园风光也有生态景观，更有文化气息、文化品位。未来洋畲村将与旅游开发公司合作，共同建设洋畲原乡生态旅游度假区，大力发展生态旅游业，走出一条"政府主导、村民主体、企业主唱"的美丽乡村建设新路径。

长汀县策武镇南坑村

南坑，一个洋溢着乡土气息的村名不断在耳畔叩响时，双脚便情不自禁地迈向这个久违的村落。映入眼帘的是青山环抱、明亮清澈的小溪从远山深处潺潺穿村而过。溪的两岸阡陌纵横，庄稼四季常熟，农家别墅依山而建，小桥流水静谧农家，"农民之家"、体育场、古木桥、公园等错落有致，太阳能路灯沿路整齐划一，沿着乡村小道望去，整个村落像一条长长的平坦的峡谷，行走在村中，犹如走进了一幅水墨画里。南坑村距长汀县城和龙长高速路长汀出口5千米，地处319国道旁，紧邻策武工业集中区和火车站、汽车总站新址，全村236户，1126人，耕地面积853亩，山地面积12467亩。

近年来，南坑村以推进社会主义新农村建设为契机，围绕把南坑建设成为"生态良好、群众富裕、和谐稳定的城郊农家休闲山庄"的工作目标，以发展乡村旅游业为抓手，大力实施项目带动线路，全面调整农业产业结构，大力发展以"猪—沼—果（菜）"循环经济模式为代表的绿色生态农业，走出了一条农业观光和乡村旅游发展之路。该村先后荣获"全国文明村"、"卫生村"等荣誉称号。村党支部也先后被评为"先进基层党支部"、"五个好支部"等。

上杭县古田镇五龙村

古田镇五龙村位于著名的"古田会议"会址东侧，彩眉岭山下，由五甲、邓家坊、白莲塘、黄龙口、大坪5个自然村组成，面积18.67平方千米，其中耕地面积1745亩，山林面积29000多亩，291户，总人口1161人。全村共有党员49人。五龙村是远近闻名的沉缸酒和五龙酒饼的发祥地，盛产五龙酒、五龙酒饼、五龙茶等特产。近年来，在上级党委政府领导下，大力弘扬古田会议精神，紧紧围绕社会主义新农村建设这一工作主线，深入开展"三级联创"活动，在"创"字上下功夫，在"特"字上做文章，取得了明显成效。

连城县宣和乡培田村

培田村位于连城县西部，距县城40千米，面积13.412平方千米。2002年，全村共335户，1436人，原辖于长汀县宣河里六图，1956年划归连城县。明清时期这个村先后修建的村庄建筑群，诸如宗庙、社坛、牌坊、书院、"九厅十八井"宅第等，是福建省保存较为完整的明清古民居建筑群之一。

培田人传承客家"孝悌为本，耕读传家"的传统与"业继治平，开拓进取"的精神，充分发掘利用本地资源，发展农林业、加工业和织造等手工业。同时，培田又是连城到长汀古道上的驿站，水陆通衢，便于商贾外调内运、集散中转，商业及运输业亦逐步发展起来，形成耕、读、商并举的客家村落。随着经济发展和文化的发达，明清时期，培田出现一批富商巨贾和文武官宦。他们相继在家乡建造以7座"九厅十八井"大宅为代表的30幢高堂华屋、21座宗祠、6处书院、2道牌坊、4座庵庙、1条千米古街，遂形成村内面积达7.9万平方米的古民居建筑群。

培田古民居汇集京、皖、粤、赣、闽等地的建筑模式和风格，且错落有致，布局合理，将民居建筑、礼制中心、文化中心、休闲中心和园林绿化有机地统一起来，达到"虽是人工，宛如天成"，令人赏心悦目的效果。

寿宁县犀溪镇西浦村

西浦景区位于福建省寿宁县东北部闽浙边界的犀溪镇，是犀溪文化生态旅游区的重要组成部分，景区距离寿宁县城20千米，距离浙江泰顺县城15千米，规划面积3.5平方千米。景区以生态水系和生态植被为基础，以廊桥和古建筑等生态文化为特色，突出状元、民俗、戏曲文化亮点，建设集旅游观光、运动休闲、修学科考等于一体的综合型旅游区。景区中心西浦村有836户2703人，是一座血缘村落，至今已有1100多年的历史，这个方圆不足2千米的村落世代居住的缪姓族人，在长达1000多年的历史长河中演绎出许多动人事迹。这里钟灵毓秀，人文荟萃，是南宋特赐状元缪蟾的故里，历朝历代缪氏家族还涌现出文武2位状元和18名进士（家谱记载41名），为全国少有。国家非物质文化遗产"北路戏"在这里传承久远，村内木拱廊桥、状元坊、古碇步、永安桥等古建筑与滨水杨柳带、鲤鱼溪等自然景观完美结合，展示了西浦村"廊桥水乡·状元故里"的独特魅力。该村先后被评为"中国最有魅力休闲乡村"、"全国生态文化村"、"中国传统古村落"、"全国文明村镇"、"省级园林村"、"海西十佳魅力乡村"、"福建省首批四星级乡村旅游经营单位"、"省旅游特色村"和"宁德市十佳乡村旅游特色村""国家 AAA 级旅游景区"等。

福鼎市硖门畲族乡柏洋村

柏洋村位于福鼎市硖门畲族乡西北部，距集镇 5 千米，距太姥山火车站 10 千米，县道 973 线、福宁高速公路和温福铁路穿境而过，境内高速公路互通口已通车，连接村与硖门集镇的长818 米、宽 12 米的硖门隧道已竣工通车，交通区位优势显著。全村地域面积 11.5 平方千米，辖 5 个自然村，共有 721 户 2760 人，其中畲族人口 67 户 307 人，外来人口 650 人，党员 102 人。先后被评为全国小康建设明星村、全国先进基层党组织、全国魅力新农村十佳乡村、全国巾帼示范村、省先进基层党组织、省文明村镇、省民族团结进步先进集体、省新农村建设"百村示范"联系点。2011 年柏洋村党总支部升格为柏洋党委。

厦门美丽乡村典型村镇介绍

同安区莲花镇军营村

厦门军营村位于福建省厦门市同安区莲花镇，在厦门第二高峰状元尖脚下，海拔千米以上，因此厦门军营村素有"高山村"之称。它地处厦门、漳州、泉州的交界处，地理位置十分重要，环境优美，如诗如画，这里植被丰富，生态保护很好，从城里到军营村，我们走的是一圈一圈盘旋的山路，从车窗里向外看，有种"扶摇直上九重天"之感。走进军营村，没有了城市的行色匆匆和喧嚣，因为我们已经被这里的静谧所感染。站在状元尖的山脚下我们真切感受到大自然的鬼斧神工，"会当凌绝顶，一览众山小"，周围群山碧水环绕，犹如桃源之境，陶冶着我们的心灵。

翔安区新圩镇

新圩镇位于厦门市翔安区北部，北接南安市，东邻大帽山农场，西邻同安区五显镇，南与同安区洪塘镇和本区马巷镇、内厝镇接壤，总面积77.03平方千米（不包括大帽山农场），其中山地面积49平方千米，属半山区。镇区距翔安区驻地新店镇15千米，与厦门岛直线距离25千米。新圩镇政府驻地设在新圩村，下辖古宅、后亭、后埔、金柄、凤路、村尾、乌山、新圩、马

塘、云头、面前埔、上宅、诗坂、东寮、桂林、庄安16个村委会和龙新居委会。全镇共有67个自然村，175个村民小组，10841户，39285人。新圩建制至今已近300年，有着丰厚的人文积淀和久远的商贸传统，以及众多的文物古迹和丰富的民俗风情。区内自然资源丰富，属半山区，山清水秀，森林覆盖率达53%。

新圩镇经济社会各项事业取得了可喜的成就，曾先后获得"全国经济普查先进单位"、"全国群众体育先进单位"、"全国环境优美乡镇"、"全国亿万农民健身先进镇"、"福建省2004年全民健身周活动先进单位"、"福建省2009~2011年度文明乡镇"、福建省"落实企业安全生产主体责任先进集体"、"厦门市文化先进镇"、"1999~2004年度厦门市侨务系统先进集体"、"厦门市创建全国文明城市工作先进单位"、"2001~2005年厦门市法制宣传教育先进集体"、"厦门市文明镇"、厦门市2011年度"五大战役"先进单位、2005年度翔安区经济社会发展杰出贡献基金奉献奖等多项荣誉称号，马塘村还荣获"全国绿化先进单位"、"全国文明村"称号。2011年2月，新圩镇被确定为福建省首批21个小城镇综合改革建设试点，在2012年3月入选全国第三批改革发展试点城镇，并于2013年的全省小城镇综合改革建设试点考核评比中获一等奖。

内蒙古美丽乡村典型村镇介绍

呼和浩特市新城区保合少镇恼包村

恼包村属呼和浩特市新城区保合少镇人民政府管辖，地处新城区东北端，大青山前、G6高速南、绕城高速西、110国道北，是内蒙古自治区首府呼和浩特市东出入口，交通十分便利。地形地貌属冲洪积倾斜平原，北高南低，坡度1~2度。本村海拔高1142米。属半干旱陆地性气候区，春季干旱，主导风向为西北风居多，夏季炎热少雨，秋季早晚温差大，冬季寒冷而漫长，本区域降水以季节性暴雨居多。年平均气温6.0℃，最大风速每秒17.2米，土壤冻结期一般为6个月，最大冻土深度为1.56米，行政村辖区面积15平方千米，距保合少镇人民政府3千米，由蒙、汉、维、满四个民族组成，960户，2480人，党员62名，全村总耕地面积9600亩，人均耕地4.2亩，人均年纯收入12000元，支柱产业是现代农业，以旅游观光休闲采摘、物流园区和种养殖为主的五家大型企业和30多户个体私营企业驻村。社区服务设施一应俱全，拥有日供水量5000吨的自来水厂，负责24小时供水，每天有往返12次的103路公交车等特殊服务设施。2012年由区委定为"城乡一体化"示范社区。

赛罕区金河镇根堡村

内蒙古呼和浩特市赛罕区金河镇根堡村地处金河镇，相邻四间房村、沙良村、色肯板村，社会和谐稳定，人杰地灵，广聚人气，山清水秀。根堡村位于102省道16千米处，全村拥有土地面积3500亩，共有200户802人，村党支部书记为巴丑罗，村委会主任为高为民，该村的主体产业为奶牛养殖业，全村共有奶牛1220头，奶站4个，年产鲜奶4026吨，目前村民逐步调整产业结构，积极发展蔬菜种植业。

和林格尔县舍必崖乡小甲赖村

内蒙古呼和浩特市和林格尔县舍必崖乡小甲赖村是呼和浩特市一个行政村，邻村有水口村、西营子村、估尔什村，气候宜人，风景如画，山清水秀。

固阳县银号乡

银号乡位于固阳县东北25千米处，是固阳县后山地区的一个农业乡，地处昆都仑河和艾不盖河上游，总土地面积388平方千米。全乡辖11个村，85个自然村。现有总户数2833户，总人口12227人。2004年人均纯收入是3400元。全乡总播种面积11.9万亩，其中水浇地1.9万亩。农作物以玉米、土豆、荞麦、小麦、药材、油料为主。2000~2003年退耕还林1.8万亩。全乡有家畜总头数3.3万头（只）；绵羊1.6万只，山羊1.7万只，牛734头，其中奶牛587头。银号乡南北两端多为山区，中间昆河上游两岸为河滩水浇地，其余大部分为坡梁旱地，其中山丘地占80%，滩川地仅占20%。年降雨量不足300毫米，70%的降水集中在7~9月，春季和初夏降水极少，全年无霜期90~110天。全乡现有林地面积10万亩，森林覆盖率17%。土壤沙化比较严重，属半干旱农业区。银号乡矿产资源比较丰富，主要矿藏有铁石、硅石、蛭石、铜、大理石、石灰石等，储量大，有一定的开采价值。全乡工矿企业发展迅速。截至2015年9月底，全乡共完成固定资产投资7575万元。现已注册选矿企业13家，建成投产的6家。全乡农业喜获丰收，粮食产量达4368.77万斤，油料产量达553.48万斤，较上年有大幅增长。全乡劳务输出2741人、经济收入20余万元，农民人均收入有较大提高。全乡四年退耕还林面积总共完成18000亩，宜林荒坡造林面积达到31700亩。成活率均在70%以上，达到国家规定标准，并顺利通过国家、自治区和包头市林业部门的验收。此外，还完成飞播造林面积 6000 亩，围封天然林 12000 亩。银号乡境内有丰富的旅游资源，前公村的鹿岩画、三元城古城、鳖字石等古迹已广为人知，需要进一步的开发。位于德成永村的"仕兴园"生态旅游度假村是新建的集钓鱼、娱乐、餐饮于一体的旅游区。

赤峰市元宝山区元宝山镇木头沟村

元宝山区木头沟村总面积 21.5 平方千米，全村有 5 个自然营子、8 个村民小组，共有 596 户，1982 人。

近年来，木头沟村连续实施三期生态移民工程，对居住环境恶劣、生产生活条件差的木头沟、陈家窝铺、扇子沟 3 个自然营子 5 个村民小组实施了生态移民，根据村民意愿分别安置在木头沟村产业园、木头沟新村天和人家小区。

2016 年，该村计划投资 1100 余万元，全面实施南洼产业园、兴隆洼产业园、木头沟村产业园、木头沟新村天和人家小区 4 个村民居住地的"十个全覆盖"提质升级工程。截至目前，已完成街巷硬化工程、绿化工程和南洼自然营子环境整治工程。其中，路肩硬化 8000 平方米，下沉树坑整地硬化 4.4 万平方米，临墙根硬化 2.6 万平方米，甬道硬化 5800 平方米，墙头带帽 8000 米，墙体抹面喷漆处理 2.6 万平方米。村文化活动室、标准化卫生室、便民连锁超市、党员活动室提质升级任务全部完成。全村土房、土墙改造，预计 7 月末完成。

林西县五十家子镇五十家子村

内蒙古赤峰市林西县五十家子镇五十家子村是赤峰市一个自然村，紧挨东边墙村、朝阳沟村，人勤物丰，天蓝水青，山清水秀。

林西县五十家子镇位于林西县政府所在地东北 75 千米处，东邻巴林右旗朝阳乡，北接锡林郭勒盟的西乌珠穆沁旗。全镇总面积 266 平方千米，辖 5 个行政村（水泉沟村、朝阳沟村、五十家子村、西耳子村、东边墙村），35 个自然村，3465 户，14180 人，在总人口中以汉族为主体，同时混杂居住着蒙、满、回、藏等少数民族。五十家子镇地理位置优越，有近百年历史的"三

八"集名扬区内外。这里交通便利，庙大公路穿境而过，每天有十几辆往返于大板、西乌旗、林东、林西等地的客运车辆。镇政府所在地距大板、林西火车站距离分别不足 75 千米。通信、电力先进。程控电话、移动通信覆盖全境，十千伏安供电网络，保证了全镇生产和生活正常用电。镇内水资源丰富，有 150 万立方米容量的水库一座，查干沐沦河流经镇内，2 条万亩灌渠，5 条千亩灌渠。镇内土地肥沃，农作物以玉米、小麦、杂粮杂豆为主，年玉米产量在 850 万斤以上，豆类产量在 350 万斤以上，自 2001 年实施封山禁牧政策以来，畜牧业全部实行舍饲圈养，截至 2003 年 6 月末，全镇大小畜存栏 38629 头（只），其中牛存栏 4609 头（只）。由于西北两侧靠近牧区，年上市交易的牲畜达 10 万头（只）左右，上市皮张 25 万张左右，绒毛 130 吨左右。

五十家子镇地上地下资源丰富，盛产蕨菜、黄花、蘑菇、山杏、赤芍和黄芪、黄花等，地下含有铅、锌、银、铜等丰富的金属资源，现有三支探矿队正在进行地质勘探。

鄂尔多斯市东胜区罕台镇撖家塔村

内蒙古鄂尔多斯市东胜区罕台镇撖家塔村受东胜区管辖，相邻乌德呼舒村、九成功村、色连村，水美，人杰地灵，英才辈出，物华天宝。

撖家塔村位于东胜区罕台镇西南，辖区内交通便利，水土肥沃，自然风光秀美，是一块人杰地灵的风水宝地。210 国道、旅游专线穿村而过；著名的阿布亥川自北向南通往康巴什新区，水资源丰富，适合发展种养殖业；村内有秦直道、大秦避暑山庄等旅游景区；村内民风淳朴，文化底蕴深厚，至今保持着"耕读传天下"的质朴家风，村里有 70 余人在机关、学校工作，是东胜区远近闻名的文化村。以上优势，为撖家塔村发展乡村旅游奠定了坚实的基础，并使其成为了东胜区首个鄂尔多斯市乡村旅游示范村。

准格尔旗十二连城乡五家尧村

十二连城乡五家尧村是自治区、市、旗三级新农村建设试点村之一，全村总面积 97 平方千米，包括 6 个行政村、41 个合作社，总人口 7817 人，实际居住人口 5600 人。有耕地 6 万亩，全部

为水浇地。近年来，在市委"城乡统筹、集约发展"战略指引下，准格尔旗提出在沿河优化发展区优先发展高效农牧业，2007年确定五家尧地区为现代农业示范园区，五家尧村为新农村建设试点村，围绕建设社会主义新农村"20字"方针，按照"以资源定产业、以产业定就业、以就业定人口、以人口定社区"的总体思路，创造了以"三化"、"四转变"为特征的"五家尧模式"。三化：种植规模化、养殖园区化、居住社区化。四转变：生产方式、经营方式、生活方式、管理方式的转变。围绕"三化"、"四转变"，带动了农村土地的再次革命、生产资料的优化组合、流通渠道的集中调剂、农民收入的多元推动、公共服务的统一配给、基层党建的二次强化。

一是生产方式的转变。即通过土地整理整合、设施配套，实现由小田变大田、由传统劳动变机械化作业、由零散养殖变园区化养殖、由无关联生产变为循环利用。资源利用率提高了77%，劳动生产率提高了60%。在产业发展上，以发展绿色循环产业为目标，种植一些反季节油桃、草莓、蔬菜和花卉等农副新产品，进一步优化产业结构，提高经济效益。在6万亩耕地中，规划建设设施农业1万亩，已完成7000亩；经济作物种植完成1万亩；大田规模化种植饲料玉米4万亩，实现了品种统一、联户经营。按照6万亩土地测算，规划建设15万只羊单位的规模化养殖基地。同时，配套建设了沼气站、有机肥料厂、有机饮料加工厂，实现种植业秸秆经过有机饲料厂加工进入养殖业，养殖业粪便进入沼气站，沼渣沼液经过有机肥料厂加工进入设施农业及大田规模种植，沼气为居民生活供气，形成一条相对封闭的循环产业链。

二是经营方式的转变。即通过体制创新、管理创新，实现由家庭经营变为公司、合作社经营，由自主生产创收变为土地外包、劳务打工、入股分红等多重增收，由玉米等传统作物为主变为水果、花卉等高端作物为主，由农户销售变为物流配送，由无对接养殖变为订单式种养殖。先后引进内蒙古蒙绿有机农业开发公司等13家企业，当地农民自发联合组织成立了种养殖专业合作社（协会）13个，为新农村建设奠定了产业发展基础。自2006年以来，五家尧新村共流转

土地22678亩，其中设施农业7000亩，其他用地3400亩（微藻项目1400亩，畜牧业养殖2000亩），规模化种植12278亩，流转农户924户3015人。土地规模经营累计完成10万亩，其中五家尧新村5万亩。2010年全旗建成设施农业7333亩，其中五家尧新村2000亩。建成规模养殖园区8处，其中五家尧2处。同时，配套建设了农畜产品物流园，总占地面积800亩，总建筑面积18.9万平方米，总投资4.3亿元，建成后将成为十二连城及周边地区最大的农畜产品加工、物流及经济交流中心。一期工程总建筑面积5.5万平方米，总投资2亿元，现正在做工程后期完善和投入使用准备工作。五家尧农民人均纯收入从2006年的5276元提高到2010年的19320元，收入来源从2006年的主要以种养殖生产性收入为主，转变到了2010年的工资性收入占总收入的80%以上。

三是生活方式的转变。即通过宅基地换楼房，实现农民进社区，配套公共服务，创造了与城镇居民基本相当的整洁、舒适、优美的居住环境。鼓励农民放弃宅基地换楼房，集中社区化生活。小区一期工程建设391户、45159万平方米、投资2.3亿元，现入住登记手续已全部办理，共210户居民搬迁入住，剩余部分正在装修中；目前，五家尧精品移民小区二期工程规划设计、征地工作已完成，正在进行拆迁工作。同时，积极完善小区服务功能，配套建设了幼儿园、小学、卫生院、社区、文体活动室、物业管理中心、农民培训服务中心、敬老院、商场等公共基础设施。

四是管理方式的转变。即通过建设社区服务中心，建立联合党支部，实现村企共建，共同谋划新村发展，共同开展新村建设。整合党建资源、社区资源和企业资源，以村民自治的方式，六个村支部和企业支部联合成立五家尧农村社区党总支，总支委员会由六个村支部书记、部分村主任、部分乡镇干部、企业合作社负责人等13名委员组成，共同谋划新村发展、管理新村建设。认真贯彻落实市委"四权四制"政策，并采取"四议三公开两监督一满意"做法，将各类矛盾纠纷化解在农村一线。2006年，五家尧新村建设以来，累计投入资金6.632亿元，其中设施农业2.485亿元、项目和基础设施建设1.847亿元、

小区建设 2.3 亿元。

鄂托克旗阿尔巴斯苏木赛乌素嘎查

赛乌素嘎查是内蒙古鄂尔多斯市鄂托克旗阿尔巴斯苏木下辖的一个行政村（嘎查），历史上是传统牧区，是著名的阿尔巴斯山羊的主产区。"赛乌素"蒙古语意思为"好水"，这里地下水资源较丰富，距离黄河支流都斯图河较近，地势平坦，适宜农牧业发展。嘎查位于阿尔巴斯苏木的西南部，北邻棋盘井镇，西边是乌海市的巴音陶亥镇，东边是阿尔巴斯苏木的巴音陶劳盖嘎查、南边是陶利嘎查。居民以蒙古族为主，还有回族和汉族。随着新农村、畜牧区建设的不断深入，嘎查的经济和社会发展很快，农牧民的生产生活方式也在发生着新的变化。

额尔古纳市恩和俄罗斯民族乡

恩和俄罗斯民族乡是全国唯一的俄罗斯族民族乡，是内蒙古自治区呼伦贝尔市额尔古纳市下辖的一个乡镇级行政单位，辖区 2068 平方千米，隔额尔古纳河为界与俄罗斯相望，边境线长 75 千米。下辖 7 个自然村屯，总人口 2380 人，由汉、俄、蒙等 10 个民族组成，少数民族人口 1520 人，其中俄罗斯族及华俄后裔 1329 人，约占总人口的 56%。按户口性质划分，城镇人口 1754 人，约占总人口的 74%。2015 年地区生产总值 2.3 亿元，城镇居民纯收入 12372 元，农牧民人均纯收入 10981 元。

驻地有 1 个国营农牧场（恩和农牧场），2 个国有林场（恩和林场、自兴林场）。境内原始林地约 120 万亩，草原 40 万亩，耕地 20 万亩，林草覆盖率达 80% 以上。居民生产生活及风俗习惯始终保持着原始的俄罗斯民俗风情。居住俄式木刻楞，固守俄罗斯族的饮食习惯和节庆时令。

丰镇市巨宝庄镇巨宝庄村

巨宝庄新村位于城郊结合部，全村 50 户、176 人，现有耕地 1000 亩，全部为水浇地。近年来，巨宝庄村紧紧围绕社会主义新农村建设"20字"方针，把发展设施蔬菜作为新农村建设的产业突破口，通过生态移民、组建蔬菜合作社、引进龙头企业等方式，积极从先进地区引资金、引管理、引技术、引订单，引导农民参与到现代农业的生产经营中来，形成了"政府引路、部门服务、龙头带动、规模发展、农户参与、合作经营"的发展模式。目前，该村正在规划建设千亩设施蔬菜园区，如今已建成 800 亩。

扎赉特旗好力保乡永兴村

扎赉特旗好力保乡永兴村以推动发展、服务群众、促进和谐为目标，加快新农村建设产业支撑，重点抓好三个产业，使全村新农村建设步入了新的轨道。

一是甜叶菊种植产业。永兴村以保安沼农工贸甜菊糖公司为依托，建甜叶菊育苗基地 6000 平方米，栽植甜叶菊 1000 亩，发展种植户 20 户，初步形成了"公司+基地+农户"的生产经营模式。

二是生猪产业。经过几年的发展，全村现有 1000 平方米以上生猪养殖小区 10 个，200 平方米以上养猪大户 18 户，目前饲养状况良好，在市场价格的拉动下，出栏量逐步增加。

三是育肥牛和育肥羊产业。建设了集育肥牛、育肥羊和糖化饲料生产于一体的养殖场 1 处，年出栏育肥牛 1000 头以上、出栏育肥羊 2000 只以上，带动了年出栏 50 头（只）以上的西门塔尔牛和小尾寒羊养殖户 25 户，散养户 94 户，全村牛饲养量达 2000 余头，羊饲养量达 3000 只。

突泉县东杜尔基镇杜祥村

内蒙古突泉县东杜尔基镇杜祥村辖 1 个自然屯，168 户，836 人，耕地 5220 亩。村党总支下设 5 个党支部，26 名党员。全村有 5 个农村合作经济组织，2 家村办企业。杜祥村是全区社会主义新农村、新牧区建设试点，也是自治区级基层党组织建设示范点。2005 年，被突泉县委评为"五个好"村党支部；2007 年，被确定为自治区党委常委、组织部新农村建设和基层党组织建设联系点；2008 年，被授予全区"五个好"嘎查村党组织称号；2009 年，被评为自治区级生态村；2011 年，被评为国家级生态村；2011 年、2012 年连续两年被突泉县委命名为"红旗党组织"。

辽宁美丽乡村典型村镇介绍

沈阳市棋盘山开发区望滨街道办事处闫家村

闫家村位于棋盘山开发区望滨街道办事处东部，南至秀湖景区蒲河上游的四家子村、北与国家森林公园隔道相邻，东至花果山神秘谷，是棋盘山国际风景旅游开发区确定的重点规划建设村之一。全村现有农户85户，281人。全村总面积3020亩，其中，耕地面积812亩，林地面积902亩，果园面积300亩。近年来，该村在棋盘山开发区管委会、望滨街道办事处的大力支持及各级环保、城建规划部门的具体指导下，积极开展创建国家级生态村的活动，严格对照国家级生态村的指标体系要求，坚持围绕以生态建设为中心，制定了符合区域环境总体要求的生态建设规划，科学规划，布局合理。目前，已具备了生产发展、村风文明、村容整洁、宅边路旁绿化、水清气洁、管理民生，经济与生态保护协调发展的社会主义新农村雏形，进一步推进了闫家村生态建设和环境保护工作，促进了当地经济快速健康的发展。

辽中县潘家堡乡蔡伯街村

辽中县潘家堡乡蔡伯街村位于辽中县城北部，距辽中镇30千米，距沈阳市区50千米，交通便利，资源丰富，土地肥沃，环境优越。全村共有农730户，2309人，耕地面积6390亩，棚菜、运输、养殖业并举。棚菜生产已成为主导产业，全村现已开发棚菜1500亩，人均收入超过5900元。2004年以来连年获得沈阳市环境整治达标单位、党群共富先进单位、市级文明村等荣誉。2006年获得辽宁省先进集体、辽宁省先进党支部荣誉称号。如今，蔡伯街村以棚菜产业为支柱，年总收入达到136万元，村级积累120多万元。存款30万元的农户100多户，占总户数的25%；存款80万元以上的占总户数的20%。

蔡伯街村的棚菜生产品种多样，有黄瓜、西红柿、辣椒、茄子、芸豆等多个品种。蔡伯街村依靠生产的规模化，品种的多元化，创出了品牌，不但牢固占领了东北市场，满足了当地人们的需求，而且还远销北京、天津、广州等地，为振兴辽中经济发展做出突出贡献，同时也给农户带来丰厚的经济效益。

台安县高力房镇乔坨村

台安县高力房镇乔坨村位于盘锦市和鞍山市交界处，距鞍山50千米，盘锦30千米，交通便利，资源丰富，土地肥沃，环境优越。全村共有农户503户，1980人，耕地面积5400亩，以种植网纹瓜、种鸡、蛋鸡养殖和加工、饲料生产、种鸡孵化等为主。网纹瓜生产已成为本村的主导产业，全村现已发展到网纹瓜面积450亩，有高标准日光温室大棚450栋，人均收入超万元。2005年乔坨牌网纹瓜被评为无公害绿色产品，其产品标准为Q/FST-01-2005，2006年被评为鞍山市名牌产品，2007年被评为辽宁省名牌产品，并通过ISO9001：2000质量管理体系认证，被国家甜瓜协会定为2008年北京奥运会指定甜瓜系列产品之一。2006年，乔坨村被省政府评为先进党支部、鞍山市文明村"五个好"党组织、新农村建设标兵、台安县特色产品十强村等。如今，乔坨村以网纹瓜生产为支柱，年总收入850万元，村积累100万元。

以网纹瓜的生产为主导，养殖、加工、运输等并举，多元化发展。目前，乔坨村450栋日光温室大棚生产网纹瓜、礼品西瓜、黄瓜、西红柿、辣椒、茄子、芸豆、油桃等十几个品种，果菜、生菜、油菜、苦苣、菠菜、小白菜、茼蒿、香蕉、小葱等20多种叶菜。依靠生产的规模化、品种的多元化创造效益，以网纹瓜为主导创造了名牌产品，不但牢固地占领了辽宁市场，而且还远销吉林、黑龙江、北京、上海、郑州等各大市场，获得了丰厚的经济效益。2006年450栋日光温室大棚实现了全年2~3茬作物种植，由原来15000元的收入增加到30000元以上，四个村外牧业小区，共养种鸡8万只，蛋鸡7.6万只，效益380万元，新思路的模式迅速得到群众的认同，并得以规模推广和发展。

岫岩满族自治县新甸镇合顺村

岫岩满族自治县新甸镇合顺村位于岫岩的南端，与庄河市接壤，距国家AAAA级著名旅游区冰峪沟仅5千米，交通便利，资源丰富，土地肥沃，环境优越。全村共有农户752户，3004人，耕地面积8860亩。全村以棚菜、运输、蛋鸡饲养业并举，温室大棚生产为主导产业，现已开发温室大棚3000余亩，人均拥有温室大棚一亩以上，人均收入6000元，2004年被岫岩满族自治县确定为绿色无公害蔬菜生产基地，生产的小柿子享誉国内外。2004年以来连续四年被评为鞍山市市级文明村；2006年被评为辽宁省小村镇建设示范村，县级专业化产业村；2007年被确定为鞍山市社会主义新农村建设示范村。

合顺村以多元化品种开拓市场，目前，全村的温室大棚生产黄瓜、西红柿、棚桃、草莓等十几个品种的蔬菜。依靠生产的规模化、品种的多元化，合顺村的温室大棚蔬菜生产创出了自己的品牌，特别是生产的小柿子被评为辽宁省绿色无公害食品，产品销往大连、沈阳、鞍山、丹东、辽阳等大中城市，受到客商的好评，不仅牢固占领了本省市场，还远销到长春、哈尔滨和俄罗斯等地，获得了丰厚的经济效益。

为了继续扩大生产规模，提高产品的质量和效益，2007年全村又投入资金100万元，对现有的温室大棚进行扩大改造，以提高经济效益，预计改造后，全村的温室大棚每年可提高经济效益500万元以上，新的模式得到了村民的认同，温室大棚的规模也在不断地扩大。

海城市西柳镇

海城市西柳镇地处辽东半岛北端，位于辽宁沈阳经济区和沿海经济带的交会节点。境内有沈大、京丹、盘海营等高速公路和哈大高铁、盘海营高铁、沟海铁路、长大铁路等纵横交错，桃仙、周水子等国际机场和大连、营口、鲅鱼圈、丹东、锦州等港口近在咫尺，是东北地区的交通枢纽和商埠重镇。全镇总面积64.12平方千米，辖14个行政村，有常住人口8.2万人，日流动人口8万~10万人。

改革开放以来，敢为人先的西柳人培育发展了闻名全国的西柳服装市场，改写了"西柳自古无集市"的历史。如今，西柳市场建成区占地面积4.5平方千米，建筑面积116万平方米，拥有摊位2.5万个。市场经营服装、布匹、针织、小百、服装辅料及电子电器等20余类2万多种商品。主要辐射东北三省、内蒙古及华北、西北、中原等部分省区，并通过订单和边贸打入国际市场。西柳市场先后荣获"全国文明市场"、"全国示范市场"、"第八批推进流通现代化全国重点批发市场"等荣誉称号。

以服装市场为龙头，西柳镇经济社会迅猛发展。西柳镇先后获得全国小城镇综合改革试点镇、全国小城镇建设示范镇、全国文明村镇、国家卫生镇、国家美丽乡村、中国裤业名镇、中国棉服名镇和中国首批特色旅游乡镇和国家宜居示范镇等荣誉称号。

新宾满族自治县永陵镇赫图阿拉村

永陵镇赫图阿拉村地处长白山系边缘，龙岗山南脉地带，村庄环抱国家AAAA级景区赫图阿拉城，旅游资源丰富。全村林地面积1866.7公顷，森林覆盖率73%。清澈的苏子河水自东向西穿流而过，辗转流入浑河，汇入大伙房水库，为沈抚人民提供了优质的饮用水源。这里空气清爽、气候宜人、绿树成荫、山清水秀，真正实现了人与自然和谐共生的美丽新农村。全村占地面积6000亩，现有658户，2208人。

赫图阿拉村，原名老城村，公元1644年大清朝迁都北京后，称北京为"新城"，称赫图阿拉为"老城"，老城村因此而得名。赫图阿拉城分为内城和外城。外城建于1605年，当年主要居住着八旗精悍部卒。外城东西长1335米，南北长1352米，占地约155.9万平方米，外城城墙周长5230米，设8门。主要遗址有驸马府、铠甲制造场、弧矢制造场、仓廒区等。

现在居住在外城的居民，住房都是仿古民居，青砖灰瓦，白色五花山墙，垂花门、月亮门搭配青砖仿古围墙。街内有铁匠铺、酒馆、风味小吃等店铺。赫图阿拉村环抱国家级重点文化保护单位赫图阿拉城，文化底蕴极为丰富。但是一直以来这一区位优势并没有得到良好的发挥，经多方考察，当地政府决定以"旅游、文化"为主题，整合村里的山水资源、旅游资源、民俗资源，发展新型农家乐。

清原满族自治县南口前镇王家堡村

王家堡村位于清原满族自治县南口前镇北部，耕地面积 3090 亩，有林面积 8.6 万亩，森林覆盖率达 90% 以上。

辖区内金、铜、铁等矿产资源丰富；亚洲第一大天然石佛端坐其中，旅游业是该村崛起的朝阳产业。先后荣获省文明村、省环境优美村、市和谐村创建达标村、县新农村建设先进村等多项荣誉称号，2011 年荣获全国文明村称号。

多年来，王家堡村依托本村的资源优势发展特色产业，通过合作社的运作模式，使全村成为食用菌生产专业村；开发建设中的金山石佛生态旅游风景区，使旅游产业收入成为农民增收的一个新亮点；创建全国最大的东方百合原种种球繁育基地，并发展成为集观光农业、高效农业、设施农业、特色农业为一体的综合示范园区。

以"省移民集中扶持示范村"、"农业部、辽宁省农村清洁工程示范村"、"民族特色村寨示范村"等建设项目为契机，实施了村屯基础设施硬化、亮化、美化、绿化系列改造工程，建立卫生保洁管理机制，进一步改善了王家堡村的村容村貌和人居环境，如今王家堡村已经成了一个生产秩序井然、生活安逸祥和的幸福文明家园。

清原满族自治县南山城镇大北岔村

大北岔村位于辽宁省抚顺市清原县南山城镇，现有农户 220 户，总人口 952 人，境内总面积 2.1 万亩，其中耕地面积 1800 亩，有林面积 18122 亩。村办企业 3 个，2005 年村集体收入 16 万元，全村人均收入 4300 元。大北岔村多次被

抚顺市委、清原县委评为先进党支部和先进集体，并被清原县委授予"五好"活动红旗党支部，县小康示范村等荣誉称号，1999 年被省委命名为省级安全文明村，2003 年被评为省级文明村。

大北岔村森林资源比较丰富，该村依托山区资源积极引导农民进行种植业结构调整，改变传统农业为特色种养。2000 年初，经过多方考察论证，村班子做出了发展反季山野菜大棚的决定，要求班子每名成员带头自建一个大棚，并且要发动村民建大棚。当年新建反季山野菜大棚 65 个，其中四位一体沼气大棚 40 个，发展的品种有刺嫩芽、大叶芹、柳蒿等，年产值达 50 万元。在抓住反季山野菜这一主导产业的同时，村里还加大了对中药材种植和养殖业的开发力度。

现在已发展五味子、林下参、川贝母、细辛共 1500 亩，新开发的五味子保健品和调味品已注册，取得专利，并得到上级部门的关注，为五味子发展提供了更大的空间。在养殖业发展上也形成了规模化。现在全村养牛 300 头，养羊 500 只，养猪 1000 头，有林蛙养殖基地一个，包括蛙塘 500 多个，年产值达 120 万元。

大北岔村几年来以治理脏、乱、差为突破口，以改善人民居住环境，营造一个整洁优美安定团结的社会环境，积极地开展了文明村创建活动。2000 年村集体投资 17 万元，农民自筹资金 30 万元，砌院墙 6700 延长米，修街路 2500 延长米，修边沟 5000 延长米，下涵管 15 处，安路灯 8 盏，彻底改变了"脏、乱、差"的现象。村容村貌整洁一新。为了保护自然资源，使农民用上清洁方便的新型能源，2004 年大北岔村引资 40 万元新建了群体秸秆气化站，140 户农民用上了节能燃气，改变了农民多年来用木材做燃料的做法，也使大北岔村走在了维护生态平衡、坚持可持续发展的前列。通过文明户的评比，村民以勤劳致富为荣；以敬老爱幼为荣；以邻里和睦为荣；以争得星级文明户为荣；以得到星级诚信户为荣。村里八星户以上的农户达 80% 以上，形成了文明向上的和谐氛围。

本溪满族自治县东营坊乡

东营坊乡是辽宁省本溪市本溪满族自治县的

一个下辖乡，地处本溪满族自治县东部山区。辖东营坊、宫堡、荒沟、湖里、红土甸、大阳、小东沟、洋湖沟8个村，35个村民小组，总人口10200人。总面积30.4万亩，其中森林面积26.9万亩，耕地、滩涂及未利用土地1.5万亩。森林覆盖率达90%以上，是九山半水半分田的典型林业山乡。

境内长白山系千山山脉及其支脉自东向西横贯全乡，地形呈东高西低的特点，海拔千米以上的山峰7座。南太子河发源于洋湖沟村草帽顶子山西麓，流经洋湖沟、小东沟、红土甸、湖里4个村。

东营坊乡地处本溪满族自治县东部山区，唐朝薛礼东征高句丽时在这里驻扎过兵营，明清两代也在此地驻过兵，又因其在碱厂重镇之东而得名。

东营坊乡距本溪市东南82千米，距本溪满族自治县县城47千米，距沈阳170千米，距大连445千米。东邻桓仁县，西接碱厂镇，南依兰河峪乡，北靠新宾县。

东营坊乡的家参野播、细辛林下栽培为主的中药材生产，成为全乡的主要产业；1996年以来，全乡大规模发展香菇生产，已形成产业化，1998年荣获"全国食用菌行业先进乡"。

境内盛产食用菌、野果、山野菜、野生中药材和野生动物等珍奇土特产，以山参、细辛、五味子、黄芪、贝母、桔梗、柴胡、龙胆草、木通、猪苓等为主的120多种中草药材成为全县中药材的主要产区。

铧本新线公路开通之后，促进了村里旅游经济的开发，洋湖沟成为闻名遐迩的画家村。

丹东市振安区五龙背镇

五龙背镇隶属于丹东市振安区，位于丹东市近郊北部，总面积为114.6平方千米，自然地貌为"七山半水二分田，半分道路和庄园"，下辖七个村委会和两个社区。全镇总人口为37257人，其中农业人口21218人。全镇有耕地35205亩，林地96000亩。

五龙背镇位于丹东主城区北部，东经123°22′~125°41′；北纬39°43′~41°09′之间，辖区中老城区6平方千米，规划建设中的新城区5平方千米，工业园区8平方千米，五龙山风景区30平方千米。农用地面积9597公顷，建设用地1596公顷，未利用地面积649公顷。辖6个村委会和3个社区。

五龙背属暖温带季风型大陆性气候，年平均气温9℃左右，雨水充沛，年平均降雨量在800~1200毫米，是中国北方雨量最多的地区。受太平洋热带高气压的影响，冬无严寒，夏无酷暑，是东北地区最温暖、最湿润的旅游避暑胜地，是丹东市城市总体规划中的旅游休闲度假分城区。

五龙背镇交通十分便利，距丹东市区20千米，沈丹铁路、国道304线穿镇而过，丹柞线、五炮线两条公路与各村公路相连接，沈丹高速公路在五龙背设有出口，距丹东机场40千米，距大东港75千米，已经形成铁路、公路、海运、空运相互交错的立体化交通体系。

五龙背镇自然资源得天独厚，五龙背镇温泉是中国名泉之一，据《中国名胜词典》记载，五龙背镇温泉有1300多年的历史，主泉温度71度，含有碳酸盐、重碳酸盐和40多种微量元素，经常洗浴不仅润滑、清爽，而且对风湿症、神经痛和多种皮肤病都有显著的疗效。五龙背镇有大中型温泉疗养院5家，高标准室内温泉游泳馆2家，在建游泳馆2家，大中型宾馆8家，在建三星级宾馆1家，高档温泉洗浴中心3家。五龙山风景名胜区景观多姿秀美，胜景浑然天成，以山峰险峻、奇石林立、千姿百态著称。春天鸟语花香、杜鹃争春；夏天天女散花、木兰青翠；秋天满山红叶、层林尽染；冬天"梨花"万树、竞相开放，犹如一幅幅自然的山水画卷。2004年被评为国家AAAA级旅游景区。

东港市北井子镇獐岛村

獐岛，又称小鹿岛，位于辽宁省东港市北井子镇西南部，鸭绿江与黄海交汇处，是我国1.8万千米海岸线最北端起点第一岛，与朝鲜、韩国、日本隔海相望。

獐岛村因其山海形胜、物华天宝、人文醇厚而成为国家级旅游景区、国家五星级休闲农业与乡村旅游示范点，全国休闲渔业示范点，被冠以"中国美丽乡村"和"全国生态文化村"的称号，每年吸引着大量来自海内外的游客。仅旅游一项，2014年全村共收入8000万元，日接待游客近4000人，年接待游客20万人次。

如今的獐岛村美丽依旧，岛上山青崖峻，主峰海拔71.1米，林木茂盛，森林覆盖率达75%，林木绿化率达到65%以上，居民庭院、"四旁"绿化率达100%，岛内绿化基本实现了"四季常青、三季花开"的目标。花开时节，遍野的合欢花丝丝嫣红，与风曼舞。

渔村四面环海，岛岸线长达10千米，高潮水深8~10米，低潮水深3~5米，涨潮时，海岛被分成六个小岛，潮落时又连为一个整体，景观奇特壮美。辽阔的海面一望无际，碧波浩瀚；成群的海鸥翱翔蓝天，追波逐浪；海岛南岸银滩漫张，北岸怪石嶙峋，破浪生花；日则白帆，云朵点点，夜来渔光，星光闪闪，形成优美动人的画卷。

岛上海产丰富，鱼类、贝类、虾类达百余种，仅贝类就有30余种，尤其盛产对虾、海蟹、青虾、贝类和鲈鱼等各种海水鱼类。其中，梭子蟹、文蛤、对虾、海螺、黄蚬子、牡蛎、海蜇、小人仙，被誉为獐岛"八珍"，有很好的药用价值，在《中国食疗大典》中榜上有名。褐牙鲆、鲐鱼、蓝点马鲛、石鲽、梭鱼、鲈鱼、带鱼、孔鳐，被称为獐岛"八鲜"，是具有当地特色的美味海鲜。

辽阳市弓长岭区汤河镇

汤河镇地处辽阳市弓长岭区东南部，总面积153平方千米，耕地2万亩，山林12.4万亩，人均耕地1.4亩，辖9个行政村，1个社区。全镇总人口15539人，其中农业人口14482人，城镇人口1057人，有汉、满、回、壮、蒙古、朝鲜、维吾尔、俄罗斯、锡伯九个民族。

镇政府驻柳河，人口1.6万人，面积120平方千米，辖2个社区居委会：柳河、汤河；12个村委会：小安平、孙家寨、小岭子、四方台、三官庙、穆家、石桥子、望宝寨、红花峪、柳河、牛录堡、瓦子沟。

2016年10月14日，辽宁省辽阳市弓长岭区汤河镇被住房和城乡建设部评为第一批中国特色小镇。

汤河镇山山藏宝，水水含金，自然资源十分丰富，冷热"姊妹泉"闻名省内外，是我国已发现的较大的天然矿泉之一，日涌量2600吨，年

流量达94万吨。全镇有矿泉水企业4家，年生产能力20万吨。热泉涌出地表温度可达72℃，泉水透明，呈弱碱性，含氡量比陕西临潼华清池温泉高6倍，比汤岗子温泉高近40倍，氡是最具医疗价值的元素，而汤河温泉的含氡量在我国30余处温泉中名列前茅，对治疗风湿、关节炎等疾病疗效显著。冷泉清澈见底，水温达11℃~13℃，属含锶和偏硅酸的碳酸钙型低矿化泉水，并含有锂、钼、硒、氡等有益人体健康的微量元素和成分，其中硒具有抑癌、抗癌作用，长期饮用可治疗消化系统、心脏、贫血等疾患。汤河冷泉含硒量适度，是一种开采价值较高的珍贵天然矿泉水，可作为瓶装天然矿泉和配制软饮料生产用水。坐落于汤河镇的汤河水库是辽宁省唯一未被污染的水库，库容量5.98亿立方米，灌溉面积达43万亩；每年为鞍山、辽阳、辽阳化纤公司、鞍钢集团弓长岭矿业公司提供居民用水和工业用水。汤河水库的建成对于提高全市防洪能力，支援工农业生产起到了重要作用。水库四周风景秀丽，峰峦峭壁，水天一色，构成绚丽多彩的龙山风景区。

汤河镇地处北温带，属温带大陆性气候，全年受季风影响夏季多东南风，温湿多雨，冬季多偏西北风，年均气温7.1℃~8.4℃，无霜期多年平均160天，平均日照时数是2512.5小时。年平均降水量743.5毫米，适宜种植多种农作物。

调兵山市晓南镇锁龙沟村

锁龙沟村位于调兵山市晓南镇西北部，北邻调兵山市区，距离调兵山市中心1千米。距离铁岭35千米。东邻新梨线公路，距离沈阳仅80多千米，南、西、北三面环山，环境优越、景色优美、物产丰富、交通便利。全村现有农业人口864户，3014人，耕地面积6700亩。2004年、2005年、2006年先后被评为铁岭市级文化工作先进村、体育工作先进村、法制工作先进村、村屯建设先进村。几年来，锁龙沟村在党的惠农富民政策指引下，坚持解放思想、抢抓机遇、科学发展，以建设社会主义美丽乡村为目标，以建设生态宜居村庄为总抓手，修"源头"储"活水"，使村集体经济不断壮大，生态环境得到极大改观，社会风气日益和谐，群众生活水平明显提高。2013

年被评为省环境优美村和生态宜居示范村，2011年、2015年连续两次摘得全国文明村桂冠。

2006年被确定为铁岭市新农村建设试点村。锁龙沟村各行各业全面发展，在一村一品的建设中制种产业在2005年被定为主导产业，现在锁龙沟村以玉米制种为主导产业，带动棚菜、运输、养殖、果树多业并举，现在全村总产值近4000万元，村集体收入500万元，2006年人均收入达5580元。村内存款超过10万元的农户超过200户，占全村的25%。

锁龙沟村有着深厚的辽金文化底蕴，相传800多年前，金元帅兀术曾掳北宋徽钦二帝囚禁于此坐井观天，故有"锁龙"一说。因沾了文化的边儿，锁龙沟也算小有名气。

开原市庆云堡镇兴隆台村

兴隆台村全称为辽宁省开原市庆云堡镇兴隆台村，位于庆云堡镇西南部，彰桓公路南6千米处，有黑色油路与彰桓线相接，全村拥有农户458户，农业人口1580人，其中劳动力550人。兴隆台村交通便利，地势平坦，土质肥沃，全村共有耕地面积8000亩，其中水田面积7500亩。2006年兴隆台村作为铁岭市第一批社会主义新农村建设的试点村，按照"生产发展、生活宽裕、乡风文明、村容整洁、管理民主"社会主义新农村建设的总体要求，全面推进新农村建设。2006年以来该村经济快速发展，农业综合生产能力迅速提高，保持了粮食稳定增产和农民持续增收，在村党支部和村委会的带领下，生活富裕起来的农民积极投入文明村建设中。该村先后被开原市授予"文明村"称号。绿色稻米产业作为该村的支柱产业，该村共有耕地面积8000亩，其中水田面积7500亩，耕地地势平坦，土质肥沃，灌溉用水为清河自流水和地下水，水源充足，水质上乘。年降雨量适中，光照充足，无霜期150天，生态环境良好，无污染源。大气、水、土壤等生态环境条件均适合绿色水稻的种植。经过多年发展，形成了农田标准化、灌溉节水化、管理科学化、生态良好化的绿色水稻生产基地。

建平县万寿街道办事处小平房村

小平房村共有7个自然屯，13个村民小组，881户，3167人，占地面积2.8万亩。2007年，小平房全村工农业总产值达到1.5亿元，上缴税金2400万元，集体经济收入1800万元，农民人均纯收入达到7500元。

被誉为"辽西第一村"的省级文明村——建平县万寿街道办事处小平房村，在建设生态村的过程中，按照社会主义新农村建设的总体要求，走出了一条"依靠资源强工业，依靠工业哺农业"的新农村建设路子，在科技兴村的建设中迈出了坚实的步伐。

小平房村的特色产业有：栽植南果梨1600亩，到2010年预计达到3000亩，形成一定规模的南果梨基地。同时建设了与南果梨开发配套的大型鲜贮库一处，蓄水池两处，绿色无公害鸡蛋产业和有机肥源相继形成，为有机绿色南果梨产业奠定了基础。利用双王山卧佛岭、神仙洞、十八罗汉等历史传说和自然植被丰富的资源优势，开发柴家营天秀山森林公园一处，现基础设施投资已达500万元，设施完备的柏油路、气势恢宏的圆照寺已经建成，一个集休闲、娱乐、度假、观光多功能为一体的天秀山旅游区初步形成。

小平房村以种植无公害谷子为主，年产量超过30万斤。该村的"绿园谷业农民专业合作社"的小米2008年被县绿色食品发展中心认证为"A级绿色食品"。

喀喇沁左翼蒙古族自治县官大海农场

国营官大海农场位于县城驻地大城子镇西12千米处，南与坤都营子乡隔河相望，西与凌源市乌兰白乡相连，东、北同六官营子镇为邻，后金天聪九年（1635）设置喀喇沁左翼族，治所在官大海，1961年官大海从六官营子公社分出，建立国营农场。

农场下设四个分场，12个作业组，1026户，其中蒙古族占总人口的67%，是一个以农业为主、少数民族聚居的乡镇建制式国有农场。

农场地势走向西高东低，北高南低，全场总面积17.6平方千米，其中耕地面积5470亩，林地面积8200亩，水域面积310亩。年平均气温8.7℃，无霜期152天，平均降水量400~500毫米，全年气候温和，日照时间长。

国营官大海农场党委围绕县委、县政府提出的"保护地、经济林、牛羊禽"三大主导产业开发，大力调整农业产业化结构，集中发展设施农业。在东官分场建成"三结合，四位一体"标准高效示范小区一处，采取冷暖棚结合的方式，每户冷暖棚中实现收入 2.5 万元，技术含量高，经济效益十分可观，得到了全场广大农工的普遍认可，并受到了上级政府部门的表彰。

从官大海农场实际出发，农场党委提出把经济林发展作为当前乃至今后一段时期内农业产业结构调整的三大主导产业之一，制订了经济林发展的整体规划。在加大封山禁牧、护林防火工作力度的同时，在经济林整地造林、荒山造林等方面都取得了新的突破。2006 年发展冷棚葡萄 2000 株、油桃 2000 株。树木长势良好，前景比较乐观，走出了果蔬结合的新路子，为长远发展创出了新路。官大海农场"四位一体"的标准高效示范小区，在北荒分场建养牛小区一处，突出规模生产，强化服务体系建设，加快畜牧业的产业化进程，促进畜牧业生产持续、稳定、协调发展。2006 年在北荒分场落实"整村推进"工程，养牛总数达到 430 头，年新增 200 头，户均达到 3 头牛。全场 2005 年实现大牲畜存栏 1234 头，生猪存栏 2600 头，羊存栏 2200 只，禽类 6 万只。同时加大畜禽的防疫力度，实现了耳标佩戴率和疫苗注射率两个 100%。

吉林美丽乡村典型村镇介绍

长春市朝阳区乐山镇糖坊村

糖坊村位于朝阳区最南部，面积 11 平方千米，耕地面积 425 公顷，528 户，总人口 1477 人，下辖 5 个社、4 个自然屯，2014 年农民人均收入 12000 元。

近几年，糖坊村整合各方面涉农资金 800 余万元，新修水泥路 9.6 千米，新修沙石路 8.4 千米，农村道路基本实现户户通；架设农村高低压线路 12.5 千米，安装变压器 15 台；打深水井 8 眼；先后完成了 2600 延长米围墙和 2000 延长米路边沟改造任务；建有 3000 平方米的休闲文化广场 1 处，安装健身路径设施 10 台套；栽种各种树木 4100 株；农村泥草房全部改造，卫生厕所、安全饮水、通信网络均实现全覆盖。村里还成立两家农民合作社，建有农民夜校和图书室。村里成立保洁队，配备了保洁员和保洁车，落实了卫生保洁制度和门前三包制度，实行环境管理动态化、卫生保洁常态化。

成功引进国家反恐基地建设项目，为糖坊村进一步发展提供了便利条件。

农安县合隆镇陈家店村

陈家店村东邻 302 国道，距长春市 16 千米，交通便利。面积 10.96 平方千米，10 个自然屯，耕地 793 公顷，林地 41.93 公顷，水域 11 公顷。全村 997 户，3636 人。2014 年全村实现工业产值 761 万元，农业产值 2149 万元，蔬菜及特色收入 1390 万元，农民打工收入 2500 万元，其他收入 341 万元，农民人均纯收入达 14400 元，村集体固定资产 6000 万元。

陈家店村成功建立了"党委+公司+合作社"的"1+2"富民党建新模式，走出了一条党的建设与经济社会"捆绑式发展"的新路子。全村实施土地流转 480 公顷，占总耕地面积的 61%，预计五年内耕地实现全部流转。2009 年，陈家店村党委大胆提出建新楼拆宅基地的想法，现已建成 23 栋，村民入住率达 85% 以上。社区的硬化、亮化、绿化基本完成，供热、供水、排污系统已完善，村民生活环境明显提高。先后制订符合村情民意的"十星级文明户"、"孝老爱亲户"、"好婆婆"、"好媳妇"等评选方案和标准，每年都评选出先进典型进行表彰，促进乡风文明。多次举办农民文化艺术节。未来，陈家店村将全面实施农业现代化，同时借助发展现代农业，进行旅游等相关产业开发，促进城镇化建设。

榆树市恩育乡红庙村

红庙村共有 7 个自然屯，698 户，2896 人，2014 年人均纯收入 11300 元，是一个以玉米种植为主的农业村。几年来，红庙村投资 700 多万元，抓基础设施建设。修筑 18.5 千米的水泥路，先后栽植各类树木 13500 棵。在每个自然屯修建了占地面积 1000 平方米的垃圾场和积肥场。建 2500 平方米文化活动场一处，新建 140 平方米村部一处。通过标准化改造，实现了围墙、边沟、绿化、过道桥、卫生厕所标准统一；实现了户户通水泥路。以《村规民约》的模式，狠抓卫生长效保洁机制，使红庙村成为远近闻名的"干净"村。从 2013 年开始，在全村推广使用了秸秆颗粒锅炉和户用沼气新型能源，实现了群众春夏秋沼气做饭、冬季颗粒锅炉取暖。

通过制定《村规民约》、《文明农户评选》、《五好家庭标准》等规范村民们的言行举止。开展"双学双比"、"巾帼建功"、"五好家庭"、"好媳妇"等一些村民喜闻乐见、各具特色的活动，引导他们破除陈旧的生产生活陋习。依法治村，保持社会稳定。多年来村里没有出现一起刑事案件。

德惠市米沙子镇太平沟村

太平沟村位于德惠市米沙子镇政府西侧，毗邻102国道，区位优越，交通便捷。全村面积12.61平方千米，耕地面积775公顷，有8个自然屯，12个社，892户，3576人，2014年人均纯收入达到12600元。

太平沟村坚持规划先行，聘请专业机构对村屯建设进行了统一规划。坚持以工业和现代农业为主导，大力发展第三产业，形成了第一、第二、第三产业齐头并进的发展新格局。目前，村域内已落户企业10户，总投资近25亿元。努力加大基础设施建设投入，改善基础设施状况。投资850万元实施李春江屯、卢家店屯改造工程，完成12500延长米明沟排水、13000延长米围墙、198个统一大门建设；购进垃圾车三台，翻斗车一台，垃圾箱60个，垃圾堆放点30处。村内配备了文化大院、老年幸福院、篮球场、足球场、排球场、羽毛球场、健身广场等一系列文体活动场地设施。定期举办东北秧歌、球类比赛、象棋比赛、猜灯谜等大型文体活动，极大地丰富了村民的业余生活。完成太平沟村通往米沙子镇区3千米主干道美化亮化工程，总造价480万元。"村美、民富、人和"的美丽乡村越过越红火。

四平市梨树县梨树镇高家村

高家村位于梨树县梨树镇郊，距县城5千米，是全县棚膜瓜菜生产基地。全村现已建成大棚960栋，户均3栋以上，总面积1440亩，地膜和露地瓜菜种植面积2920亩，瓜菜面积占全村耕地面积的80%，全村瓜菜总产量达到4500多万斤，产值4500多万元，人均纯收入3.1万元，产品远销哈尔滨、长春、沈阳、北京、上海等地，深受广大消费者欢迎。2007年中国科学院沈阳应用生态研究所、东北地理与农业生态研究所和梨树县农业推广总站在该村建立东北地区首个玉米秸秆覆盖栽培技术试验示范基地，面积15公顷，承载国家科技支撑计划、国家重点研发计划、国际自然科学基金重点项目等8项重大科研项目，为推进黑土地保护研发和技术成果转化应用做出突出贡献。

伊通满族自治县河源镇保南村

保南村位于伊通县河源镇，面积28.8平方千米，下辖11个自然屯，农户843户，3270人，耕地面积15000亩，森林覆盖率58.6%。近年来，保南村依据优越的自然资源条件，积极推进美丽乡村建设，做大做强休闲旅游业，每年吸引长春、磐石、辽源、四平等地游客20余万人，户均增收1万元。目前，该村基础设施完善，广场、文化大院、宴席大厅、农家饭庄、农贸大集、超市、农村淘宝、物流等一应俱全。2011年被评为省级生态村，2016年被四平市评为"十佳旅游乡村"和"五安"示范村。

通化市东昌区金厂镇

金厂镇位于东昌区南部。东与通化县东来乡接壤，南与集安市头道镇为邻，西与通化县大都岭乡（现并入快大茂镇）交界，北与环通乡毗邻。辖1个社区、3个行政村。镇政府驻金厂街，距区政府5千米。303国道过境。景点有白鸡腰国家级森林公园、金厂滑雪场等。

此地域有金矿，最早有人在此淘金，得名金厂。1947年设为金厂村，1956年设金厂乡，1958年改公社，1983年改乡。1984年11月15日，经省政府同意将乡改为镇建制。1996年，面积135平方千米，人口1.6万人，镇政府驻金厂，辖金厂、前进、跃进、上龙头、新立、夹皮沟、江沿7个行政村和以序数命名的3个居委会。

通化县英额布镇

英额布镇隶属于吉林省通化县，位于通化县西北部，距县城23千米。辖12个行政村，2个社区，总人口10412人，其中农业人口8742人。全镇面积185.6平方千米，耕地面积27910亩，其中水田6598亩。全镇经济以农业为主，以特色产业为辅。中草药材发展较快，经济田种植面积4570亩，占旱田面积的21%。有乡镇企业3户：镁砂厂、甜玉米加工厂、木材加工厂。2002年，实现工农业总产值3175万元，完成财政收入156万元，年初税收基数99万元，农民人均纯收入达到2649元。

柳河县安口镇烧锅村

安口镇位于吉林省柳河县城西南部，距县城19千米。全镇所辖17个行政村，36个自然屯，面积267平方千米，总人口20555人，4910户，耕地面积50027亩，其中旱田36027亩，水田14000亩。

烧锅村辖3个自然屯，共有336户，1256人，有耕地面积3477亩，其中水田297亩，旱田3180亩，粮食作物以玉米、大豆为主。该村为增加农民收入，鼓励发展经济作物，调整种植业结构，发展大蒜1000亩、西瓜500亩、中小药材500亩，西瓜和蒜远销到沈阳、大连等地，增加了土地产业的经济效益。

白城市洮北区平安镇中兴村

中兴村位于白城市洮北区平安镇西北部，面积8平方千米。全村总户数336户，总人口1040人，其中蒙古族280人。近年来，中兴村把握先行先试的政策机遇，在推进经济、社会、党建相统筹、相促进上大胆实践、积极探索，村集体年收入从几万元增长到200万元，中兴村人均纯收入也由原来的3800元提升到现在的13000元。不仅彻底甩掉了贫困落后的帽子，而且跃升为白城市新农村建设示范村。该村从农业现代化入手，着力夯实富民强村基础。

大安市四棵树乡建设村

四棵树乡建设村位于乡政府西北部，全村下辖4个自然屯，总面积3.3平方千米，其中：耕地面积530公顷，草原面积800公顷，土地整理（开发水田）面积1500公顷。全村总户数452户，总人口2136人。几年来，建设村充分利用现有资源，发挥区位优势，通过一系列举措，使村集体经济实现了新突破，较好地完成了"美丽乡村"各项建设任务，建设速度快，完成质量高，"美丽乡村"建设成果丰硕。几年来，建设村充分利用现有资源，发挥区位优势，通过一系列举措，使村集体经济实现了新突破。

延边朝鲜族自治州延吉市朝阳川镇仲坪村

延吉市朝阳川镇仲坪村位于朝阳川镇北部，距延吉市8千米。全村共有11个自然屯，15个村民小组，348户，1574人，其中朝鲜族1080人，党员45人，入党积极分子2人。全村耕地面积362公顷，其中水田面积265公顷，旱田面积97公顷，村主导产业是水稻。

图们市月晴镇水口村

图们市月晴镇水口村位于镇政府以西1.5千米处，邻近中朝边境。全村面积3.78平方千米，有1个自然屯，3个村民小组，85户，310人，朝鲜族人口占98%，是典型的朝鲜族聚居村落。全村耕地面积150公顷，2015年，全村实现农业收入380万元，农民人均收入实现11000元，村集体收入达到25万元，村集体积累达到60余万元。全村150公顷耕地全部由股份制农场经营管理，农场现拥有1个粮食加工厂，17台（套）农机设备，总资产达到300余万元，流动资金80余万元。

2012年底，水口村确定了"盘活土地资源，发展新型农业"的发展思路，探索推行土地规模化经营，逐步收回本村农户对外低价承租的土地，整合村内3家专业合作组织，组建便民粮食种植专业农场，实行股份制模式，农民按照人均占有耕地面积以户为单位入股农场享受利益分配。启动资金由村委会向银行抵押本村86公顷集体林地贷款80万元筹措。至此，全州首家股份制农场组建完成，生产经营逐步走向成熟规范。

和龙市西城镇金达莱村

金达莱村位于吉林省延边州和龙市，延和一级公路北侧，距和龙市区21千米，全村面积4369公顷。金达莱村共计511户1332人。其中朝鲜族人口1209人，占全村总人口的91%。金达莱村是和龙市2010年遭受洪灾的重灾区。镇党委、政府经过深入调研，历经50天的奋战，完成了85户住房重建任务，实现了"灾村"变"新村"的华丽转身。

金达莱村现已成为和龙市"平岗绿洲"建设的重要节点。金达莱朝鲜族民俗村总体规划占地面积达45公顷，主要分为特色农业产业区、金达莱庆典广场、假日农场、民俗商业区、高级私人别墅区、民俗酒店等。按照总体规划，金达莱村将依托历史、民俗、生态、文化等特色，建设成为名副其实的中国朝鲜族民俗第一村。

此规划计划总投资（包括招商引资）3000万元，截至目前，已投资900万元。民俗村的路基建设全部完工；入村桥梁已建设完成。

汪清县汪清镇春和村

吉林省汪清县汪清镇春和村是一个以朝鲜族为主，朝、汉混居的民族村，距镇区5千米，耕地面积166公顷，其中旱田126公顷，水田40公顷。全村总户数140户，总人口350人，劳动力220人，其中朝族130户，占全村总户数的90%，汉族10户，占全村总户数的10%。近年来，春和村干部群众齐心协力，深入贯彻落实科学发展观，围绕经济建设这个中心，狠抓精神文明建设，把精神文明建设和物质文明建设放在同等重要的位置，统筹安排，周密部署，整体落实。村"两委"按照"生产发展、生活宽裕、乡风文明、村容整洁、管理民主"新农村建设的要求，积极开展先进村创建工作，有力地推动了其他各项工作的开展，村容村貌发生了可喜的变化。社会风气健康向上，经济建设稳步发展，村民的收入、生活水平逐步提高。

黑龙江美丽乡村典型村镇介绍

阿城区金龙山镇吉兴村

阿城区金龙山镇吉兴村依托金龙山原始森林公园资源优势，以"山、林"为环境发展基础，以"木刻楞"式建筑风格为表现形态，以森林公园单日游为服务目标，以宜居、旅游服务、度假休闲为主要功能，把头道河子旅游服务区打造成极富北方特色的山地居住区、金龙山风景区综合服务基地、黑龙江省极具特色的风情小镇。通过申报，参加全省十佳"美丽乡村"评选，通过黑龙江电视台向社会宣传推介，由公众在网上投票，金龙山镇吉兴村以 14 万多票的优势，被评选为黑龙江省十佳"美丽乡村"中的居态美村。

宾县宾州镇友联村

宾县宾州镇友联村辖 12 个自然屯，1050 户，4080 人，劳动力 1890 人，耕地 13602 亩。先后获得首批国家级美丽乡村，全国休闲农业与乡村旅游示范村等荣誉。

友联村自然环境优美，山水风光独特。近年来，他们依托青山绿水和冰雪资源，采取政府扶持、村民供地、企业投资开发反哺美丽乡村建设的"3+1"村企共建方式，整村改造建设农民新居，村民免费住上楼房，企业也拓展了寒地温泉、水上乐园、冬季滑雪等旅游产业。

目前，友联村建成 11 栋住宅楼、23 栋特色休闲民居和 2 万平方米的杨家屯公园。万只森林鸡厂、五星级温泉假日酒店和 5.3 万平方米的英杰水上乐园先后落成。友联村产业经济蓬勃发展，八方游客纷至沓来，《大村官》等众多影视剧到此拍摄，2015 年实现旅游总收入 2.2 亿元。村民到企业就近就业，借势发展采摘园、特色养殖，经营"农家乐"，与企业实现了共同富裕。

富而思美、富而思乐，友联村村民自身素质和文明程度不断提升，涌现出十星级文明户 60

户，文明家庭 55 户，乡贤能人 20 人。融兴公司与友联村共同建设公共服务活动中心，为村民开展活动、演出创作、学习培训提供平台，促进文化共享。自编自演、寓教于乐的乡村小剧场演出，不仅成为农村精神文明建设的一道独特风景，也引来无数游客驻足观看。

尚志市元宝镇元宝村

元宝镇元宝村是中国土改文化第一村、国家 AAA 级旅游区、国家农业旅游示范点。位于尚志市东 27 千米处的元宝镇元宝村，是著名作家周立波的长篇小说《暴风骤雨》的原型地——当年的元茂屯。中国土改文化第一村始建于 2003 年，景区规划面积 121 公顷，拟投资 5181.2 万元。

1946 年，党中央为建设和巩固东北政权，夺取全国解放战争的全面胜利，向东北广大农村选派了大批土改工作队，率先在东北开展了土地改革运动，粉碎了封建土地所有制，把土地分给了农民。著名作家周立波作为一名土改工作队员，亲身经历了这场波澜壮阔的政治运动，并编著了长篇小说《暴风骤雨》。后来根据小说改编拍摄成电影《暴风骤雨》享誉全国。

改革开放后，原来的元茂屯在村党支部书记张宝金同志的带领下，走工农结合道路，过去穷得叮当响的元茂村，变成了远近闻名的亿元村。时任国务院总理温家宝等国家和省市领导都来过这里，视察村企业集团建设，并感受土改文化。主要景点有《暴风骤雨》纪念馆、《暴风骤雨》影视城、绿色庄园别墅区、高科技生态农业园区、生态园林区、湿地保护区和生态工业园区等。

甘南县音河乡兴十四村

黑龙江省齐齐哈尔市甘南县音河乡兴十四村素有"龙江第一村"的美誉，位于黑龙江省西北部，甘南县城东南 17 千米处，是 1956 年由山东临沂地区移民组建起来的移民村。全村面积 3.3 万亩，其中耕地 1.68 万亩、树林 1.13 万亩、草原 4000 亩，198 户村民、956 人。兴十四村生态产业园的建设，为破解"三农"难题提供了新思路，为社会主义新农村建设提供了良好载体。兴十四村是黑龙江省有组织地从山东省临沂地区接收安置的移民新村之一，接收安置了 100 户，428 人。在各级党委和政府的领导下，在各级组织和当地群众的支持和帮助下，经过 20 多年的艰苦奋斗和辛勤努力，坚持以农为主、农林牧副渔全面发展的方针，1980 年全村农业生产已实现了机械化和水利化，只用少数劳动力承包农业生产；人工造林 1070 亩；同时拨出一部分劳动力发展养牛等畜牧业和养殖业。1980 年以后又开始兴办村办工业，已建有乳粉厂、粮油加工厂、水果罐头厂等，已成为黑龙江省农业机械化、农林牧副渔全面发展的先进典型，是全国农业先进单位。1992 年全村人均收入 2500 元，为省一级首富村。

鸡西市滴道区滴道河乡金铁村

滴道河乡金铁村位于滴道区中心，属城乡混居。全村共有 561 户，1285 人，耕地面积 2224 亩，党员 39 名。近年来，金铁村党支部以争创创新型、服务型、和谐型三型党组织为目标，以建设美丽乡村活动为载体，以实际行动践行中国梦，党员思想、组织作风和党员干部队伍建设不断提高。近年来，先后获得市级农村增收先进村、新农村建设先进村、巾帼示范村、省级五星级新农村示范村、国家级美丽乡村、百名示范村等国家和省市级荣誉 8 项。

鸡东县鸡林朝鲜族乡

鸡林朝鲜族乡位于鸡东县东部，距县城 6 千米，面积 50.33 平方千米。20 世纪 20 年代初期，有朝鲜族在此定居，1983 年由鸡林乡改为鸡林朝鲜族乡。现有耕地面积 4.3 万亩，其中水田 4.1 万亩，旱田 2000 亩，主要农作物是水稻。全乡辖 6 个行政村，10 个自然村。共有 1.02 万人口，朝鲜族占 99.8%。鸡林朝鲜族乡属穆棱河冲积平原，地势平坦，土壤为水稻土，土质肥沃。2003

年粮食总产 1578.5 万千克，人均总收入达到 3061 元。多种经营，包括种植药材、养鹿、培植木耳、养鱼等。乡办企业有造纸厂、煤矿、砖厂和综合厂等。文化生活十分活跃，有中学 1 所，小学 1 所，外语学校 2 所，该乡建有卫生院、广播站、电影院、老年协会等。

鹤岗市萝北县太平沟乡太平沟村

太平沟村位于萝北县政府所在地凤翔镇北 130 千米处，黑龙江西侧，与俄罗斯隔江相望。共有太平沟、新河口 2 个自然屯，全村 138 户，524 人，有劳动力 194 人，贫困户 55 户，贫困人口 188 人，贫困户劳动力 68 人。太平沟村总面积 21011 亩，大体构成和分布为四河二沟一条江，无霜期 60~70 天，年降水量 630 毫米，自然条件差，平均海拔高，气候寒冷，冻灾、雹灾、霜灾等自然灾害频发。耕地面积仅有 1149 亩，全部为旱田，土质结构为沙石土，不利于发展粮食生产，草地面积、水面面积、林地面积较大，分别是 3021 亩、1872 亩、920 亩，分别占总面积的 14%、9%、4%。

伊春市嘉荫县保兴乡互助村

互助村共有耕地 22280 亩，现有居民 157 户，人口 578 人，住房砖瓦化率达到 78%，有线电视和程控电话入户率均达到 96%，2007 年人均纯收入达到 5830 元。近两年，先后被授予县级绒山羊发展工作先进集体、市级"五个好"先进村党组织、省级花园式居住单位、市级新农村建设先进试点单位、县级"葆先进当先锋，建设江城立新功"主题实践活动先进集体和乡级"五个好"村党支部。

铁力市年丰朝鲜族乡吉松村

吉松村是朝鲜族村，全村有农户 157 户，人口 557 人。村党支部不断加强自身的思想、组织和作风建设，团结和带领广大村民建设社会主义和谐新农村，组建了吉松股份合作农场，大力发展公益事业，改善了村组面貌，探索实现了"支部+农场"新型管理模式；组建了种植、文化、旅游、劳务输出和新农村建设 5 个党员事业区，事业区作用发挥良好。全村有 216 人外出务工，外出务工人员年收入 1100 万元，人均收入 4.2 万元；修建 2 处文化活动场所，安装 83 盏路灯，村容村貌、人居生活环境发生了巨大变化。两年来，共出资 5 万多元承担了村民农村新型合作医疗资金，支付村屯卫生保洁、路灯用电等费用；每年从公益金中列支近万元，用于活动室冬季取暖和开展各种活动。村党支部先后被授予省级"五个好"村党支部、省级文明村标兵等称号，连续多年被评为市乡先进基层党组织。

佳木斯市东风区建国镇建国村

建国村地处佳木斯市东部，距东风区政府仅 14 千米，是佳木斯市的东大门，佳抚公路穿村而过，是全乡最大村、乡政府所在地。全村区域面积 2.2 平方千米，共有耕地面积 13513 亩（全部为水田），现有产值百万元以上企业 33 家，其中大小米业公司 18 家，年加工东北优质粳米 19000 吨，种业公司 16 家，生产二三季温带水稻优质品种 9000 吨，有各类工商业户 100 余户，有养殖场（户）98 户，现生猪存栏 2200 头，可繁母猪 400 多头，肉牛存栏 230 头，畜禽 3 万余只。全村现有 37 个村民小组，常住 1430 户，5290 人，外来人员 900 多人。2011 年人均年收入达到 8260 元，2012 年底人均收入达到 1 万元以上。村党支部下设 6 个党小组，现有党员 43 名。

抚远县乌苏镇赫哲族村

赫哲族村位于黑龙江省最东北角，地处黑龙江、乌苏里江汇流地带，东部和北部隔乌苏里江与俄罗斯的哈巴罗夫斯克（伯力）和俄边陲镇卡杂克维茨沃相望。区域面积 18.78 公顷，2002 年被省委、省政府批准为少数民族村，全村 661 户，2130 人，其中，赫哲族 51 户，赫哲族人口 158 人。赫哲族文化有着悠久的历史，赫哲人多年来沿袭着自己的生活习惯，在黑、乌两江沿岸居住，从事渔猎生产。

该村建设了高雅别致的赫哲族风情文化村，设计建筑古典优雅、风格独具，外墙采用高科技保温材料，致力于户户精品。沿村周围大面积植树造林，村内主街及巷道做到乔、灌、花草结合，规范了绿化带和绿地，使全村绿地覆盖面积达到 45%。

该村形成了民族风情、生态观光、休闲度假、餐饮娱乐为一体的新格局。旅游业将成为赫哲族村农民增收的亮点，并通过招商引资在村内建设了旅游产业项目"百锅宴"。

赫哲族村举行了"首届东极杯篮球比赛"、"拔河比赛"等大型文体活动。

宁安市江南朝鲜族满族乡明星村

明星村属宁安市辖乡，原属宁安县二区，1958 年改江南公社，1984 年置江南乡，1986 年改江南朝鲜族满族乡。位于市境北部，距市府 2 千米。面积 358.4 平方千米，人口 2.3 万。通公路。辖江南、新安、新兴、南江、镇江、新城、勇进、嘎斯、河东、榆林、大唐、宝山、东安、四方、马家、桥东、东升、共进、龙江、马南、新顺、永胜、明星、黄旗、张家、永安、水库 27 个村委会。乡镇企业有机械、制油、木材加工等厂。农业主产玉米、水稻、小麦、谷子。

五大连池市龙镇发展村

五大连池市龙镇发展村距市区 60 千米，位于吉黑高速 52 千米处，总面积 6.7 平方千米。全村共有 312 户，1206 人，465 个劳动力。全村耕地面积 10700 亩，年外包地 3 万亩，有草原 2870 亩，林地 400 亩，水域 350 亩。自来水入户率 100%，村内中小学适龄儿童入学率 100%，有线电视入户率 100%，新型农民合作医疗参与率 100%，住房砖瓦化率 100%。2014 年农民人均收入 13600 元。总债权 116.3 万元，总债务 18.7 万元。

上海美丽乡村典型村镇介绍

闵行区浦江镇新风村

新风村是上海市闵行区浦江镇的一个下辖村，地处浦江镇东南部，与浦东新区航头村、长达村接壤，属纯农化地区。全村共有 9 个村民小组，总户数 578 户，户籍人口 2004 人，外来人口 1158 人。村区域总面积 3362 亩，耕地面积 1938 亩。新风村原本经济总量较小，属经济薄弱村，近几年，新风村跟随浦江镇城市化发展的步伐，充分发挥本村特色，大力发展精品农业，以组建农业专业合作社模式，不断提高村级集体经济。新风村先后被评为上海市卫生村、闵行区文明村、闵行区环境优美村等，2013 年 7 月荣获上海市第二届"我喜爱的乡村"称号。目前新风村有一个区级、四个镇级现代农业特色项目，共占地面积 1100 多亩，分别为"浦江玫瑰园"、"葡萄"、"蔬菜"、"草莓"及"兰花"基地。

在 2010 年上海世博会期间，"浦江玫瑰园"的前身"响水湾农庄"被市农委、市旅游局命名并授牌"世博观光农园"，成为世博配套服务单位。"浦江玫瑰园"于 2008 年开始建设，2013 年基本建成，占地面积 518 亩，种植来自世界各地的玫瑰逾 120 余种，是目前上海最大的玫瑰主题园区。园区规划玫瑰花田、五彩花坡、沙滩、奇石、小木屋、树林、草地、溪流。

"葡萄基地"的自主品牌是侨嘉葡萄，园内种植培育了 20 多个国内外精品葡萄，严格实行标准化生产。侨嘉葡萄曾经作为世博会特供果品之一。在"2010 年上海市优质果品评比"活动中，侨嘉葡萄园的"醉金香"获上海市优质葡萄评比金奖，这是闵行区葡萄首次获得全市性评比金奖。2011 年，在上海市优质葡萄评比活动中，"巨玫瑰"和"巨峰"荣获银奖，坊间俗称"南有侨嘉，北有马陆"。

"蔬菜基地"由虹桥园艺场经营，是上海市菜篮子工程定点供应商之一。"草莓基地"主要以草莓采摘体验为主，园内种植了五六个品种的草莓，平时既可供游客采摘品尝，又对外销售。"兰花种植基地"由台商独资经营，种植兰花 20 多种，销往国内外，是浦江镇又一特色项目。

随着都市农业旅游的不断发展，新风村将依托"浦江玫瑰园"等农业项目，进一步做大做强精品农业，开发都市农业旅游，不断提高村级集体经济，改善村容村貌，提高百姓生活水平。通过"侨嘉葡萄"、"浦江玫瑰园"等成熟品牌的引领，把新风村打造成一个主题鲜明、富有特色、休闲功能齐全的近郊农业休闲娱乐新地标。

宝山区罗店镇天平村

天平村地处宝山区罗店镇东北角，与月浦镇盛桥交界，辖区总面积 2.4 平方千米。天平村的前身，在解放初期名为聚源乡联合村（以天平沟宅为基础）。1956 年由初级合作社升级为高级合作社，为扩大规模，整合了 16 个自然村，这也是现在天平村的范围。1958 年，取消合作社，成立了人民公社，改名为天平大队。改革开放后，正式命名为宝山区罗店镇天平村。由自然村申家楼村、天平沟村、北严宅村、楼里村、南龚村组成。总人口 2895 人。其中：本村户数 526 户，本村人口 1835 人，农保人口 506 人，镇保人口 224 人，城保人口 300 人；外来人口 1006 人；其他人口 54 人。耕地 2260.00 亩，粮田 300.00 亩，常年菜田 700.00 亩，林地 1130.00 亩，鱼塘 100.00 亩，畜禽场 30.00 亩。该村 2009 年集体经济可支配收入 361.00 万元，2009 年农民人均纯收入 11289.00 元。

嘉定区华亭镇毛桥村

毛桥村隶属上海市嘉定区华亭镇，地处上海市郊西北部，北与江苏省交界，位于嘉定现代农业园区核心区，区级霜竹公路横贯全村。全村总面积 0.85 平方千米，其中耕地 870 亩，水面 50 亩，果园 120 亩，辖 8 个村民小组，251 户，户籍人口 660 人，人均耕地面积 1.32 亩。2012 年全村工业总产值 2.99 亿元，税收 497.3 万元，全村可支配收入 300 万元。

2013 年 7 月荣获上海市第二届"我喜爱的乡村"称号。

浦东新区周浦镇棋杆村

棋杆村于 2002 年 11 月由原棋杆村、平桥村合并组成，位于周浦镇东北部，东邻六灶镇其成村，南与北庄村、瓦南村交界，西接界浜村，北靠在建的上海国际迪士尼乐园。全村总面积 4.3 平方千米；有耕地面积 178 公顷，其中：粮食种植面积 45.0 公顷，经济作物种植面积 77 公顷，果树种植面积 56 公顷，鱼塘 16 公顷；下辖 24 个村民小组，1527 户，3699 人。2001 年，原平桥村接收安置三峡移民 4 户、16 人，在上级政府统一安排下，给他们建楼房，分承包田、自留田、农具，并指导他们生产。村民姓氏以张、顾、陆等居多。

2000 年后，因建 S2 高速公路、50 万伏高压线工程，棋杆村 9 组、11 组、23 组拆迁村民 42 户，主要安置在周浦镇四高小区、瓦南中心村等小区内。

棋杆村水陆交通便捷，水路有南北向八号桥港与东西向六灶港，陆路有东西向的周祝公路、周邓公路，南北向的 S2 高速公路，立交桥横跨周祝公路和六灶港，并与周邓公路相会；还有棋瓦路、葡萄路、棋杆路、郭洋路、平棋路，呈"中"字形布局全村，并与机耕道连接，通向全村所有村宅。

书院镇塘北村

塘北村位于书院镇最南端，东与临港新城相邻，南与泥城镇龙港村隔河相望，西与南果公路接壤，区域内两港大道贯穿塘北村。全村总面积 3.74 平方千米，所辖 25 个村民小组，全村总户数 1710 户，人数 3955 人，外来人口登记数 816 人。塘北村原先属于泥城人民公社管辖，1958 年，书院公社成立。塘北村于 1958 年属书院人民公社管辖，1981 年 8 月，友谊大队改名为塘北大队，2003 年，塘北与石南合并为塘北村，现塘北村由 25 个组组成。总人口 4771 人。其中：本村户数 1710 户，本村人口 3955 人，农保人口 1390 人，镇保人口 350 人，城保人口 2000 人；外来人口 816 人；其他人口 215 人。耕地 3300.00 亩，粮田 2416.00 亩，常年菜田 99.45 亩，林地 200.15 亩，鱼塘 286.63 亩，畜禽场 4.50 亩。该村 2012 年集体经济可支配收入 300.00 万元，农民人均纯收入 16800.00 元。

金山区廊下镇中华村

中华村位于金山区廊下镇西部（漕廊路、朱平路交接处），东与本镇山塘村相邻，南与浙江省平湖市广陈镇李马村隔河相望，西与本镇中丰村隔河相望，北与本镇中民村相邻；1956 年成立中华高级农业生产合作社，设立了龙门、长浜、扶桑 3 个行政村，1958 年成立了廊下人民公社中华生产大队。1984 年建立中华村民委员会，中华村内有一个明代龙门寺，一度为集市，至抗日战争时期逐渐衰落，新中国成立后寺院改建为学校，现仅留遗址。村民张永年家有桂花树 1 棵，树龄百余年，属县级文物。中华村总人口 1986 人。其中：本村户数 495 户，本村人口 1896 人，农保人口 1189 人，镇保人口 582 人，城保人口 35 人；外来人口 88 人；其他人口 2 人。耕地 1132.00 亩，粮田 30.00 亩，常年菜田 87.00 亩，林地 600.00 亩，鱼塘 10.00 亩，畜禽场 5.00 亩，草坪 400 亩。中华村 2010 年集体经济可支配收入 139.02 万元，农民人均纯收入 23540.00 元。

松江区泖港镇

松江区泖港镇地处上海市松江区南部、黄浦江南岸，是松江浦南地区三镇的中心；东北距上海市中心 50 千米，北距松江区中心 10 千米。松江区泖港镇中心地理坐标为东经 121°、北纬 31°。地平面由东南向西北倾斜，东、南部稍高，西、北部低洼，海拔在 2.4 米以下；有一大片低洼地（习称万亩泖田，古代三泖之一部）。2001 年 1 月 8 日，原泖港镇、五库镇撤二合一，组建成新的泖港镇。2008 年区域总面积 57.62 平方千米，东隔乡界泾与叶榭镇相连，西以茹塘港为界与新浜镇相邻，南隔小泖港河与金山区朱泾镇相望，北以黄浦江上游横潦泾为界与石湖荡镇相望。域内沿黄浦江、横潦泾南岸，有上海市黄浦江水源保护区"万亩涵养林"。泖港集镇是泖港镇人民政府所在地，是全镇政治、经济和文化的中心。2008年镇区规划面积3.8平方千米，东靠竖潦泾、南靠大泖港河、北至叶新公路、西接A30高速公路。泖港镇下辖16个村民委员会，283个村民小组；2个居民委员会，18个居民小组。总户数11550户，总人口38941人，其中非农业人口18292人。泖港属海洋性季风湿润气候，年平均气温17℃，常年平均降水量1157毫米，雨日125天，年平均日照1909.2小时。泖港地貌为太湖流域蝶形洼地底部，境内地势低平，河渠纵横，池塘众多，是典型的水网地带；河流均为感潮河道，昼夜涨、落各2次，黄浦江（米市渡）最高水位为吴淞零上3.8米、警戒水位3.3米、危险水位3.5米。2008年末泖港镇耕地面积1825公顷。泖港土壤母质为江海沿积和江湖沉积，逐渐发育成脱潜型水稻土、潜育型水稻土、残积盐土、挖垫灰潮土4个亚类、11个土种，其中以黄底青紫泥、黄小粉土为主要土种。泖港地处长江三角洲，地势平坦，土壤肥沃，水资源丰富，主种农作物粮棉油及各种蔬菜、瓜果，主要养殖各类家畜家禽及河鲜，素有"鱼米之乡"之称。

青浦区朱家角镇张马村

张马村坐落于繁华的国际大都市——上海的西南方向，在有"上海后花园"及"鱼米之乡"美称的青浦区区域内，是"江南古镇"朱家角的南大门。东南靠松江区的永丰村和泖口村，西邻练塘镇，上海太阳岛国际俱乐部位于村区域内，北与李庄村接壤，距朱家角镇6千米，A9高速公路、318国道5千米左右，水陆交通便捷，沈太路贯穿全村南北，拦路江和太浦河汇集于村西侧，沿拦路江涵养林500亩，绿树成荫，风景秀丽。20世纪50年代中期，农村积极响应国家指示，建立了农业生产合作社。中共十一届三中全会后实行多种形式的农业生产责任制直至发展到家庭承包责任制，主要形式是"分田到户"。农村发生了翻天覆地的变化，农副产品不断得到发展，从以前单调的水稻、小麦、油菜等发展到多

样性的种植，如茭白、花木、藕等各类种植作物。近年来随着改革的深入，农民自愿有偿流转承包责任地，发展规模化经营。2005年由美籍台商温在兴租赁386.8亩土地，开发投资兴建以香草为主题的观光农业休闲园区，是世界上首屈一指的农业休闲区。2004年镇龙头企业巷农公司建立了泖岛茭白合作社，以公司带动农户，保障了农民的利益，确保了农业的增收、增效。2006年巷农公司流转租赁80亩发展新型蔬菜种植基地，2008年又扩展了150亩以茭白、水稻为主的优质安全卫生的多品种种植基地和30余亩果园。上海市、区级领导多次参观和指导，发展势头良好，后劲十足，推进了农业产业发展的力度，确保了土地保值增值。张马村由自然村莫介村、施家浜村、杨家埭村、张字圩村、莫家浜村、汶浜村组成。总人口2468人。其中：本村户数581户，本村人口2018人，农保人口125人，镇保人口780人，城保人口862人；外来人口450人；其他人口251人。耕地2930.00亩，粮田1500.00亩，常年菜田730.00亩，林地300.00亩，畜禽场0.00亩，观光香草400亩。该村2012年集体经济可支配收入121.00万元，农民人均纯收入12042.00元。

奉贤区庄行镇新叶村

新叶村地处奉贤区西北角，西邻松江区叶榭镇，北接黄浦江与闵行区相望，为三区交界处。根据奉贤区区域总体规划（2004~2010），于2008年6月进行行政村村域调整，将原新光村和原叶家村两村合一，并更名为新叶村。新光俗称"龙梢"，原来交通不便，土地贫瘠，黄浦江岸线开发之后，遂成开发热土，上海粮食储运公司就建于该村黄浦江沿岸。叶家古有叶家弄，为叶姓世居，1998年建成并通航邬马（邬桥—闵行区马桥）浦江客运轮渡，日客流量5000人次。现全村区域面积5.2平方千米，耕地面积4054亩，可耕地面积3689亩。共27个村民小组，户籍人口3278人，正式党员126名。现有农业专业合作社3个，实体企业7家，贸易型企业21家。2009年完成工业总产值5000万元，利税300万元，拥有固定资产800万元，年可支配资金为100万元，在全镇处于中上水平，村级综合实力

显著增强。

崇明区崇明县横沙乡

横沙乡隶属上海市崇明区，位于崇明区东南部长江口，西邻长兴岛，北邻崇明岛，西南邻浦东新区，中心位于北纬31°20′33″，东经121°50′15″。南与上海浦东接壤，北与崇明隔江相望，西与长兴岛毗邻，东临东海，东西宽9.81千米，南北长10.39千米，总面积51.74平方千米。截至2008年，全乡辖24个行政村和1个社区，户籍人口33000人，全乡常住人口近3万人。

2013年全乡共实现税收6.48亿元，其中地方税3.93亿元，完成地方税比2012年增长10.2%。横沙乡属亚热带季风性气候，具有明显的海洋性气候特征，四季分明，温和湿润，空气清新，冬暖夏凉，年平均气温15.4℃，极端高气温33℃~36℃，极端低气温零下2℃~5℃，比上海市区的气温冬天高2℃左右，夏天低2℃左右，年平均日照2200小时左右，年总降雨量1100毫米左右，无霜期240天左右，最高潮位5.9米，最低潮位-0.27米，常年风向以东北风、东南风为主。每年7月、8月、9月是本乡重大灾害性气候季节。热带风暴、台风是影响本地区的重要因素，台风以偏东北风和偏东南风为主，常伴有暴雨或大暴雨。

江苏美丽乡村典型村镇介绍

南京市江宁区谷里街道周村

周村社区位于南京市江宁区谷里街道东北面，东邻牛首山风景区，西南与荆刘社区、箭塘社区毗邻，北面与雨花区马家店社区接壤，占地面积7.6平方千米，田地2735亩，水面2100亩，山林4000亩，辖区内18个自然村、下设22个居民小组，886户，总人口2858人。

社区当地居民自主创业62家，其中农家乐经营户32家，解决本地80%劳动力就业问题。2011年社区实现集体总收入650万元，可支配收入达374万元，社区集体经营性收入184万元，居民人均收入17015元，比上年增长15.1%。

周村按照"七室两超市一广场"和"面积在600平方米以上"的要求，建立了综合服务中心1300平方米，具备综合便民服务室、综合办公室、文化室、卫生室、警务室、调解室、书记室、主任室、党员服务站、社区卫生计生服务站、劳动和社会保障站、社区宣传栏、社区公示栏、社区居民学校、居民文体活动场所等功能配置。

周村积极打造生态环境，提高空气质量，保持省级生态示范村品牌。村庄绿化率达48%，林木覆盖率达40%，村庄环境整治达标率达95%，河塘清淤34面，大幅度改善水体质量和水面环境，建设有1个污水处理站。

周村地处南京南部近郊生态廊道，毗邻牛首山这一佛教牛头禅宗发祥地，山上有著名的"摩崖石刻"及岳飞抗金故垒。另外，周村南有郑和墓及郑和纪念馆，西有日本友好樱花园，历史人文资源底蕴极为丰厚。

南京市江宁区横溪街道石塘村

石塘村北距南京市中心35千米，西距马鞍山市区25千米，村内有旅游大道贯穿南北，村外有汤铜公路连接城区，交通十分便捷。村庄位于江宁区横溪街道中西部，占地面积5.93平方千米，耕地面积1100亩，下辖5个自然村，8个村民小组，现有村民367户，常住人口1196人。该村先后荣获"中国乡村旅游模范村"、"全国魅力新农村十佳乡村"、"全国最美村镇典范奖"、"全国最美村镇贡献奖"、"全国美丽宜居示范村"、"江苏最美乡村"、"江苏省水美乡村"等十多项殊荣。

石塘西连皖江、东接机场，云台山脉环拥全境，境内竹林绵延，环境优美，景色宜人，有"石塘竹海"和"石塘人家"两个江苏省四星级乡村旅游示范景点，年接待游客41.3万人次。其中，石塘竹海素有南京"小九寨沟"之美誉，竹林种植历史悠久，终年云雾紫绕，风吹竹涌，风止竹静，鸟雀啼鸣。社区生产的"夜合山"牌碧螺春、雨花茶远近闻名，2012年获南京市农委金奖，现有茶园320亩，年产高档"夜合山"茶叶4200余斤。石塘社区已有农家乐81户，户均月收入4万元，净利润1.2万元，初步建成集休闲山居风俗和农家乐乡村旅游为一体的综合型旅游服务的美丽乡村。

南京市六合区竹镇镇大泉村

大泉村位于南京市六合区竹镇镇中部。村域面积18.7平方千米，总户数2740户，人口9080人，下设35个村民小组，党员257人。

近年来，大泉村在各级领导的关心和重视下，以建设"都市美丽乡村、农民幸福家园"为目标，以增加农民收入为核心，以创建南京最美乡村为载体，大力实施"基础设施建设工程"、"特色产业发展工程"、"文化建设工程"、"社会保障覆盖工程"，建成了具有特色的"村美人富、文明和谐"的美丽乡村。先后荣获"全国创建文明村镇工作先进村"、"全国先进基层党组织"、

"江苏省文明村"、"江苏省社会主义新农村建设先进村"、"江苏省最具魅力乡村"等荣誉称号。

大泉村共有26个自然组（原大泉村10个自然组、六娄村16个自然组），农业人口4500人左右（原大泉村2200人左右、六娄村2300人左右），土地总面积17411.60亩（原大泉村8095.00亩、六娄村9326.60亩）：其中建设用地2950.10亩（原大泉村1480.70亩、六娄村1469.40亩），灌溉水田5999.10亩（原大泉村2170.40亩、六娄村3828.70亩），合同承包面积5236.83亩（原大泉村2701.53亩、六娄村2535.30亩）。居民1350户，农民人均纯收入6600元，集体经济收入近150万元。

18.7平方千米的大泉大地，山水灵秀，奇趣天成，境内生态环境优美，旅游资源丰富。以大泉湖—止马岭为核心的74平方千米区域内山水相连，植被繁茂，生态完美，分别被市政府和市农林局确立为市级风景名胜区、南京龙泉森林公园，并被省指定为空气质量标准对照区，是南京市的7大生态园区之一，迷人的桃花岛、碧波荡漾的大泉湖、静谧深秋的池杉林、万亩彩叶苗木基地让人流连忘返，多年来的植树造林、村庄绿化，使全村森林覆盖率达62%。

南京市溧水区洪蓝镇傅家边村

傅家边村位于南京市溧水区洪蓝镇东南，地势优越，基础设施完善，山清水秀，自然环境优美。辖区面积为12.8平方千米，耕地面积为4210亩，共有34个村民小组，人口4335人，党员97人。

傅家边村先后荣获全国绿化先进单位、江苏省生态村、江苏省民主法制示范村、江苏省卫生村、南京市安全文明村、建设新南京有功单位和南京市先进基层党组织等光荣称号。2012年获评"江苏最美乡村"。

傅家边村农业方面以水稻、蔬菜种植、特色有机农业、大棚草莓、有机瓜果等为主，产出稳定，农民收益良好。村党总支、村委会认真贯彻落实"三个代表"重要思想，坚持以发展经济、强村富民为己任，扬长避短，发挥优势，村级经济特别是工业经济得到了快速发展，村级综合实力不断提高，三个文明建设取得了显著成绩，各

项工作都走在了全镇乃至全县的前列。

傅家边以响应溧水区建设生态溧水为中心，以生态傅家边为主题打造傅家边的特色产业。在国家、省市县政府的领导下，重点打造创建了南京傅家边现代农业园开发总公司及南京傅家边科技园集团有限公司。

南京市高淳区桠溪镇蓝溪村

蓝溪村位于高淳区桠溪镇西北部，村域总面积约8.53平方千米。全村共辖12个村民小组，总户数1026户，总人口3053人，党员101人，村域耕地面积3500亩，人均耕地面积1.15亩，园地2500亩，林地3500亩。近年来，蓝溪村紧紧围绕县委县政府"强基工程"和新农村建设的要求，以创建"特色产业村"和"文明家园生态村"为重点，挖掘自身资源，加快项目推进，加快了新农村建设进程。蓝溪村先后被评为"南京市综合实力百强村"、县级"强基工程"先导示范村、"江苏省最具魅力休闲乡村"、"南京市乡村旅游十强村"、"江苏省三星级康居示范村"等荣誉称号。

按照产业规模化、农民组织化、产品多样化的要求，蓝溪村充分利用现有资源优势和产业基础，大力发展特色主导产业。目前，蓝溪村已形成了千亩有机茶，千亩早园竹，并取得了较好的经济效益。与此同时，抓住蓝溪村紧邻"国际慢城"的区域优势，通过"走出去，请进来"，上下对接，招商引资有了新突破。截至目前，已成功引进3家招商企业。其中青岛枫彩农业科技有限公司投资规模达2亿元。所有这些，对促进集体增收、带动农民致富发挥了很大的作用。2011年，蓝溪村集体经营性收入达287万元，农民人均纯收入达13336元。

按照新农村建设的总体要求，以科学发展观为指导，蓝溪村把基础设施建设摆在突出位置。通过自身造血、对上争取等途径，近年来，累计投入1600多万元，用于改路、改水、危桥改造、农网改造、有线电视"户户通"等一系列工程，建成了蓝溪中心村一条街，农贸市场，所有自然村主干道实现"灰色化"，村村建有老年活动室，新建了水泥球场，添置了健身器材，每个自然村建有1~4个公厕，三格式化粪池全面覆盖，并配

备专职保洁员，绿化 4 万多株，墙面出新 5 万多平方米，重点水库、塘坝得到了清淤和加固，改造了一批农田排水沟和村庄排污沟，其中大山自然村因地域优势处于"国际慢城"核心区域，蓝溪村重点对大山自然村进行了打造，围绕建设生态文明示范村、打造"长江之滨最美乡村"目标，按照"六整治六提升"要求，突出整洁、生态、文化等特点，对整个村庄主体进行了徽派建筑风格改造，先后投入 1000 多万元，对村内主干道沿线第一批 30 户农户进行了墙面出新，启动建设了 25 户农家乐、8 家农家客栈；对村庄整体环境进行了综合整治，拆除改造房屋 30 余间、墙面出新 4.1 万平方米，新建停车场、体育场、市民广场各 1 座，公厕 3 座，垃圾箱 5 个，完成 2 座污水处理站的建设和 6 个河塘的清淤、固埂、护坡工程，开挖明沟 4200 米、暗沟 2700 米，铺设自来水管网 8100 米，栽植各类树苗 17000 株（棵），完成道路灰色化 8200 平方米，并对村庄内部景观道路实施青砖铺设等特色化处理；在此基础上，积极发展特色旅游业，增加了古水车、古磨石、茅草屋、垂钓台、文化娱乐、风景游玩、果品采摘等特色旅游内容，特色产业发展已逐渐成为该村农民特色经济增收的支柱产业。近年来，蓝溪村抓住"国际慢城"的发展契机，以打造长江之滨最美丽乡村为目标，深入挖掘自身资源，加快新农村建设进程。集中力量投入特色产业千亩有机茶园、千亩早园竹、特色乡村旅游建设，促进农民增收致富。加强生态保护，独特的田园风光魅力和生态景观特色，享有"金陵天然氧吧"的美誉。来到蓝溪村，你会看到大山下千年古戏台、张巡纪念馆、芮氏宗祠岿然矗立，你会听到铜锣井、祈愿树、文峰塔的民间故事广为流传。

无锡市锡山区东港镇山联村

山联村地处无锡市东北部，毗邻常熟、江阴，全村总面积 6.8 平方千米，共有 40 个自然村，常住人口 6309 人。山联村背靠顾山，东有锡张高速，西有 S228 省道，自然条件优越、出行交通便捷。2008 年以来，山联村以社会主义现代化新农村建设为发端，围绕"增收、富民、生态、文明"目标，以"美化、亮化、绿化、硬

化"为标准进行生态修复，并规划建设现代农业观光区、高效农业养殖区、生态人居区、休闲运动区、综合服务配套区 5 大区域，大力发展高效特色农业、旅游观光农业等绿色经济，培育优质农产品和乡村旅游品牌，实现农业增效、农民增收的目标，2011 年人均可支配收入 24000 元，居全市领先位置。依靠壮大的村级经济，山联村先后投入 520 多万元新建了社区服务中心和各类文体娱乐设施，极大地改善了村民的生产生活条件。山联村是一个产业特色鲜明、生活富裕安康、自然生态优良、村民意气风发的"最美乡村"，是人与自然和谐发展的新农村典型示范村，被誉为"无锡最美乡村"。山联村地处无锡市锡山区东港镇北部，位于无锡、常熟、江阴三市交界处，素有"鸡鸣闻三县"之称。小村依靠顾山特有的自然风景发展生态乡村人文旅游。先后获评"中国美丽乡村"、"中国特色村"、"全国休闲农业与乡村旅游示范村"、"无锡市乡村旅游示范点"、"江苏省四星级乡村旅游景点"，2016 年全年接待游客达 60 万人次。

无锡市惠山区阳山镇

阳山镇位于惠山区西南部。东与钱桥街道、胡埭镇接壤，北接洛社镇，西与常州市为邻，南为滨湖区胡埭镇。面积 43.64 平方千米，人口 4.04 万人（2011 年）。辖新渎、陆区 2 个社区和桃源、阳山、住基、鸿桥、安阳山、尹城、光明、高潮、冬青、普照、桃园、火炬 12 个行政村。

阳山镇具有良好的工业基础。全镇有工业企业近 500 家，形成了以机械、仪表、纺织、汽车配套等为主体的工业体系，部分产品在国际国内市场占有较大份额。惠山经济开发区阳山配套区总体规划面积 4 平方千米，由中小企业创业发展区、传统产业安置区、高新技术产业发展区 3 个区域组成。

境内景色秀丽，有狮子山、长腰山、大阳山、小阳山 4 座山丘，因周朝封姬安阳侯于此而统称安阳山。这拔地而起的小丘，犹如镶嵌在水网湖域的绿色明珠，水山相映，风光旖旎。安阳山为华东地区唯一的火岩层山。大阳山山峰突兀，断岩峭壁，曾被明太祖赞为"八面威风"，

山间有朝阳洞、清水洞、文笔峰等一批洞天福地，山顶有古火山喷发口，尤以公元1246年东渡扶桑创建日本建长寺的一代宗师大觉禅师之碑而闻名于海内外宗教界。修复的朝阳寺，愈加异彩夺目，光照千秋。小阳山低矮小巧，窈窕俊秀；长腰山形如卧牛而得名；狮子山林茂花繁，妩媚动人，山脚下坐落着始建于光绪年间著名的"安阳书院"。阳春三月，万亩桃花漫山遍野，竞相怒放，争奇斗艳，绚丽多姿，把古老的阳山点缀成一个真正的"桃花源"。5月下旬，早桃上市，直到9月中旬收市。桃熟时节，硕果累累，乍点红唇，色丽香溢，人称"江南一绝"。凭着得天独厚的自然条件和丰富的桃文化、佛文化、石文化，1999年被批准建立省级森林公园。正规划建设火山地质公园项目，同时申报"江苏省地质公园"。

改革开放以来，阳山镇以水蜜桃为主的多种经营稳步发展，水蜜桃基地建设和果树示范园建设日益加强，先后被列为江苏省农业标准化示范区及江苏省模范果园。水蜜桃已发展到20多个品种，1999年荣获"中国99昆明世博会唯一指定无公害水蜜桃"称号，享受永久冠名权；2006年被农业部授予"中国名牌农产品"称号。2006年盛产水蜜桃1.55万吨，镇水蜜桃市场已成为无锡地区水蜜桃销售集散中心。阳山水蜜桃畅销上海和苏锡常等大中城市，受到广大消费者的青睐，"果中皇后"美誉远扬。

全镇拥有各类企业近500家，形成了以机械、仪表、印染、化纤、汽车配套等为主体的工业体系，部分产品在国际国内市场占有较大份额。确立"科教兴镇"的战略思想，优先发展教育，全面推进素质教育，幼教、职教、成教及中小学基础教育事业蓬勃发展。社会主义精神文明建设屡创新高，先后荣获省文明镇、省卫生镇、省新型示范小城镇三大荣誉。

江阴市华士镇华西村

华西村隶属于江苏省江阴市华士镇，位于江阴市区东，华士镇西。从2001年开始，华西通过"一分五统"的方式，帮带周边20个村共同发展，建成了一个面积35平方千米、人口达30340人的大华西，组成了一个"有青山、有湖面、有高速公路，有航道、有隧道、有直升机场"的乡村。

江阴华西村位于长江三角洲的太湖平原北侧，全境地势平坦。地质上受中生代燕山运动影响断裂沉陷，接受新生代以来的长江冲积和太湖沉积。北部沿江地带为长江冲积平原，地面高程2.0~4.5米。南部为太湖水网平原，地面高程一般为5~8米，其中西南圩区，地势低洼，地面高程仅1.5~2米。平原水旱田以黄沙土为主，山地多为黄棕土壤。华西村位于淮河以南，属亚热带气候，雨量适中，具有寒暑变化显著、四季分明的特征，年平均气温为13℃~16℃。由于受季风气候影响，降水充沛，年降水量724~1210毫米，其中4~10月平均温度在10℃以上，最冷为1月，平均温度2.5℃；最热为7月，平均温度27.6℃。

华西村有名的景点有80多处，华西金塔是它的标志性建筑，七级十七层，高98米。2012年，华西村总收入524.5亿元，华西村旗下华西集团1996年被农业部评定为全国大型一档乡镇企业，华西获得了"全国文明村镇"、"全国文化典范村示范点"、"全国乡镇企业思想政治工作先进单位"、"全国乡镇企业先进单位"等荣誉称号，并被誉为"天下第一村"。

江阴市顾山镇红豆村

红豆村位于江苏省无锡江阴市顾山镇，处于江阴、张家港、常熟和无锡市区的交界处，地理区位良好。暨南大道、锡张高速公路都从此穿境而过，从这里到张家港市区10分钟，到常熟20分钟，到无锡30分钟，到江阴40分钟，到苏州、上海各50分钟。

顾山镇是红豆故乡，红豆村更是因梁昭明太子亲手栽植的千年古树红豆树而得名，红豆古树距今已有1500多年历史。顾山镇自古就是著名江南古镇，南朝已盛，清康熙三年始称镇，在历史上以人杰地灵、经济繁荣、文化底蕴深厚而闻名遐迩，素有"金顾山"之美称。

红豆村村域面积7.4平方千米，耕地面积4129亩，粮田面积2985亩，果林水产养殖面积1134亩，其中：水蜜桃3000亩、菊花800亩。尤其是围绕打造中国"菊花名村"的目标，红豆村不断扩大种植面积，引进各类先进种植技术，全力做大菊花产业，带动周边农民增收致富。

红豆村被列入江苏省 2007 年 200 家村庄环境整治试点村之一，并与清华大学合作，修编完成了全村的村域总体策划，细化了红豆村生态园工程策划。除了打造有地方特色的民居，在整治的同时，红豆村还建设了与乡村景观相协调的配套设施：游客中心，停车场，设有残疾人专用的公共厕所等卫生设施，古色古香的路灯，醒目的标识导引系统，健身休闲场所等，适宜游客观光、休闲、健身。

宜兴市湖㳇镇张阳村

宜兴市湖㳇镇张阳村位于国家级风景名胜区——阳羡生态旅游区内，全村现有人口 2512 人，区域面积约 10 平方千米。2012 年工业总产值超亿元，农林牧副渔总产值达 2.8 亿元，实现村级可分配收入 409 万元。

张阳村掩映在青山绿水中，这里林壑优美，民风淳朴，名胜古迹众多，历史文化悠久，有明代文徵明述文记载的、被誉为荆溪十景之首的"玉潭凝碧"，有相传张道陵和张果老相继修道的道教福地"张公洞"，茶圣陆羽著述《茶经》的青塘别业也坐落在张阳村的青青茶园里。近年来，村党总支部一班人坚持科学发展观，立足生态保护，大力发展特色旅游观光和高效生态农业，形成了以树桩苗木基地、生态农业、农家乐观光等项目为主，现代农业与旅游相结合的特色产业。同时，扎实推进农村精神文明建设，把淳朴的乡情、文明的新风和丰富的文化生活融进了新农村建设中，一个幸福和谐的美丽乡村正在宜南山区崛起。

近年来，张阳村先后获得了"国家级生态创建先进村"、"江苏省社会主义现代化新农村建设先进村"、"无锡市幸福村"、"陶都美丽乡村"等多项荣誉称号。

徐州市贾汪区青山泉镇马庄村

马庄村隶属于江苏省徐州市贾汪区青山泉镇，地处徐州市东北郊 25 千米处，西邻 104 国道 7 千米、京福高速公路 3 千米、东靠 206 国道 5 千米、南濒京杭大运河 4 千米、京沪高速铁路徐州站 18 千米、观音机场 50 千米，地理位置优越。现有人口 2343 人，耕地 4100 亩，6 个村民小组，103 名党员，16 家核心企业。

改革开放以来马庄村一直致力于发展经济，富裕百姓，优化人居环境，开展丰富多彩的文体活动，打造实力、魅力、和谐的社会主义新农村，现全村已形成"夜不闭户、路不拾遗、富裕文明、安乐祥和"的局面，被誉为"华夏文明一枝花"，成为中国新农村建设的一颗璀璨明珠。

马庄村拥有以纺织、制衣、精密铸造、食品、建材、运输为主体的 16 家核心企业，员工 2200 人，其中各类技术人员 153 人。上年实现工农业总产值 1.83 亿元，人均收入 8210 元，人均住房 60 平方米；农业已形成以花卉苗木为主的产业结构调整格局；民兵营"八队一兵"闻名全国。

1988 年马庄村创建了"苏北第一支农民铜管乐团"，已先后为中央、省、市等各级领导来宾、机关部队、厂矿院校等演出 6000 余场次，1997 年参加了中央台的春节联欢晚会，2007 年 4 月应邀赴欧演出并获意大利第八届国际音乐节团体第二名的好成绩，向世界彰显了当代新农民形象。2000 年被江苏省表彰为"特色文化团队"、"服务农民服务基层文化工作先进集体"。农民乐团与市场接轨，促进了全村文化产业化的大发展。

马庄村先后荣获"全国文明村"、"中国十佳小康村"、"中国民俗文化村"、"全国民主法治示范村"、"全国造林绿化千佳村"、"全国基层民兵预备役工作单位"、"全国军民共建社会主义精神文明先进单位"、"全国小康建设示范单位"、"全国计划生育工作先进单位"、"全国五四运动红旗团支部"，江苏省"先进基层党组织"、"文明村标兵"、"生态村"、"卫生村"、"全民国防教育先进单位"，徐州市"十大魅力乡村"、"社会主义新农村建设十佳示范村"，贾汪区"综合实力十强村"等荣誉称号。

常州市武进区雪堰镇雅浦村

雅浦村隶属于常州市武进区雪堰镇。该村位于风景秀丽的太湖之滨，东依无锡马山，南临太湖，西接宜兴，地理位置得天独厚。

全村辖区面积 5.2 平方千米，现有村民小组 21 个，农户 700 多户，总人口 2600 多人。2011

年农村经济总收入 4.1 亿元，村级年收入 168 万元，农民人均纯收入达 1.70 万元。

2006 年聘请苏州科技学院城市规划设计研究所制订了村庄建设规划，以村庄环境整治为抓手，按照绿化、净化、美化、亮化、硬化的要求，率先开展新农村建设试点，赢得了新农村建设"雅浦版本"的美誉。2007 年按照"五化三有"建设标准，积极实施农村文明提升工程，新建了集电子阅览室、村民活动室、卫生服务站和便民超市于一体的多功能公共服务中心，并投入 30 多万元高标准建设了警务室，率先建成技防村。2008 年积极开展农村面源污染控制项目，高标准规划建设了生活污水集中处理设施，全面实现了农村"十个村村有"。

雅浦村于 2010 年 10 月被全国生态文化协会命名为全国生态文化村。2011 年初雅浦村又喜获国家级生态村殊荣，并继续推进生态创建，全力改造休闲垂钓公园，生态建设再迈新台阶。先后荣获全国绿色小康村、江苏省社会主义新农村建设先进村、省康居示范村、省级卫生村、生态村、绿色江苏建设模范村、常州市文明村、"五好"党建示范村、小康家园示范村、武进区十大"最美乡村"等称号。

金坛区薛埠镇上阮村

上阮村位于金坛区西部丘陵山区薛埠镇，自然条件优越，土壤大多为黄棕壤，土层深厚，保水保肥能力强，有机质含量 1.0%，pH 值 5.5~6.5；气候温和，日照充足，雨水充沛，无霜期长。年平均降水量 1078.1 毫米，年平均日照 2040 小时，年平均无霜期 228 天，年平均气温 15.3℃；上阮村远离集镇和工矿企业，环境优美，保持着一方净土、净水、净气，自然条件十分优越，水土资源得天独厚，十分适宜发展优质绿色林果。水源充沛，上阮村现有 10 立方米以上水库 3 座，3 万~8 万立方米塘坝 3 座，总库容 220 万立方米，灌溉库容 160 万立方米，平均每亩农田可供水 600 立方米，其水源总量基本可以保证经济林果生产基地发展用水的需要。

薛埠镇上阮村总人口 4219 人，其中农业人口 4029 人，农业劳动力 2077 人。2008 年农民人均收入 9400 元。农业生产以粮油、茶叶和花木为主。

当地农民有板栗、茶叶等经济林果种植习惯，近几年来，随着农业产业结构不断调整，无性系良种茶、果树、花木等经济林果发展迅速，陆续有民间企业来此投资，发展优质高效经济林果产业，积累了一定的种植技术、市场和管理经验，农户发展特色优质高效经济林果的积极性较高。为了更好地带动上阮村农业、农村和农民的发展，以建立"公司+基地+农户"的农业产业化经营体系，促进农产品产业产、加、销一条龙生产，贸、工、农一体化经营，大幅度地带动和促进项目区的农业增效和农民增收。

上阮村建立生态防护林网，增加森林覆盖率，把合理开发、综合利用与生态自然环境保护相结合，建设新型林、果、山、水、路生态绿色产业园区，保持良好的生态环境。

苏州市吴中区东山镇三山村

三山村位于苏州市区西南 50 千米处的太湖之中，由泽山、厥山、三山三岛组成，总面积 2.8 平方千米，5 个自然村，6 个村民小组，260 余户，800 余人。

三山岛历史悠久，1984 年考古发掘出大量旧石器，证实距今一万多年前，三山岛就有人类活动的踪迹，被学者们命名为"三山文化"，也由此证明了长江流域和黄河流域同样是孕育中华民族的摇篮。

三山岛历来以农业为主，村民收入低。村级收入薄弱，几乎为零，是名副其实的贫困村。自 2001 年 9 月成立"三山旅游开发公司"开发旅游以来，旅游业已成为三山村发展经济的支柱产业，也成为村民收入的重要来源。2007 年三山村实现旅游收入 420 万元。

村民"农家乐"饭店有 57 家，三山岛上的载客电瓶车有 50 多辆，还有快艇、导游、农副产品销售等，旅游带动的社会效益达 2520 万元。村民收入稳步提高，人均收入达 15300 元。旅游业的蓬勃发展，壮大了村级经济，促进了村民三产经济收入。

三山岛是旅游胜地，也是丘陵山区重点建设之地，2007 年三山岛作为国家综合开发丘陵山区项目的一个实施点，项目分期对东泊、大山、行山、小姑山等丘陵山体进行整治与环境保护。特设立生态果树示范园及采摘园，建设总面积300亩，种植品种分枇杷、桃树、李树及茶树。果树示范园建成后，将是一个月月有果的集东山各类果树品种于一体的生态示范果园。通过丘陵山区项目的实施，充分利用得天独厚的自然景观、文化资源和丰富的丘陵山区特色经济作物，将丘陵山区的现代农业和旅游产业有机结合，发展特色休闲乡村旅游农业。

常熟市支塘镇蒋巷村

蒋巷村位于常、昆、太三市交界的阳澄水网地区的沙家浜水乡。全村186户，800多人，村辖面积3平方千米。先后被表彰为全国文明村、国家级生态村、全国民主法治示范村、全国新农村建设科技示范村、全国敬老模范村、全国农业旅游示范点，江苏省文明村标兵、卫生村、百佳生态村、循环经济示范村、民主法治示范村、三星级信息化示范村、人居环境范例奖。

1000多亩集约化经营、机械化耕作、标准化生产、生态化种植的无公害优质粮油生产基地，全面实施"储粮于田"的低碳工程，确保粮油产量质量安全。建设生态种养园，扶持养殖专业大户，全面发展多种经营。以蒋巷生态园为基地，以社会主义新农村为定位，以全国文明村、全国农业旅游示范点等集体荣誉和常德盛书记个人声誉为依托，投资建设村史展览馆、江南农家民俗馆、农艺馆、蒋巷图书馆、青少年科普馆、实践基地中心大楼、农耕实践区域等景区景点，增建三星级蒋巷宾馆、度假村、钓鱼台、采摘区、游乐区、动物观赏区、学生社会实践基地、彩弹射击场以及商业贸易、停车等旅游服务、休闲娱乐等设施，发展新农村建设考察游、生态田园观光游、农家生活乐趣游、农耕文化体验游、未成年人社会实践游。每年接待游客超过10万人次。

村级龙头企业——江苏常盛集团（下属四家股份制公司），1997年被批准为省级企业集团，同年跻身全国乡镇企业集团行列。2003年评为全国"诚信守法乡镇企业"，并列入江苏省先进企业、高新技术企业，"常盛"商标为省著名商标。轻、重钢构件及轻质建材系列产品，连年被评为江苏省同行业唯一的名牌产品，钢结构工程连年

获上海钢结构建筑工程"金钢奖"。2007年部分钢结构件参与奥运场馆建设，并开发了风电设备生产。

张家港市南丰镇永联村

永联村隶属于江苏省张家港市南丰镇，位于张家港市东部。面积10.5平方千米，拥有77个村民小组，村民10400人。2010年，村工业销售收入285亿元，利税16亿元，村民人均收入21586元，村办企业永钢集团总资产达160亿元，拥有500万吨钢和500万吨钢材的年生产能力，名列全国冶金百强企业第29位，全村总资产达40亿元，综合经济实力跨入全国行政村三甲行列。2011年1~7月炼钢250万吨，轧钢262万吨，销售收入212亿元，利税10.38亿元。"十二五"期间永钢和永联村所有建设项目总投资90亿元，到2013年永钢跻身为炼钢和轧钢产能各1000万吨的综合型冶金企业，年销售收入达700亿元，利税50亿元。

永联村先后获得"全国文明村"、"全国先进基层党组织"、"江苏省百佳生态村"、"全国农业旅游示范点"等30多项省和国家级荣誉称号。2014年，入选中国九大土豪村。

随着集体经济实力的壮大，永联村不断以工业反哺农业，强化农业产业化经营。2000年，村里投巨资成立了"永联苗木公司"，将全村4700亩可耕地全部实行流转，对土地进行集约化经营。这一举措，被永联村民称作"富民福民工程"，获得了巨大的经济和社会效益：苗木公司对外承接绿化工程，出售绿化树木，每年可获得上千万元的效益；村民每亩土地每年可以获得1200元的土地流转费；100多位没有进永钢的农民，可就地转化为苗木公司的工人，扩大了农民就业渠道；而苗木基地本身则成为永钢集团的绿色防护林和村庄的"绿肺"。

目前，永联村正在规划建设3000亩高效农业示范区，设立农业发展基金，并提供农业项目启动资金，对发展特色养殖业予以补助，促进高效农业加快发展。

昆山市张浦镇姜杭村

姜杭村位于昆山市张浦镇西南侧，东临商秧

湖，西靠大直江，南与大市村相邻，北与赵陵村接壤，江浦南路穿村而过。全村由 5 个自然村组成，共有村民小组 23 个，总人口 1693 人，面积 3.07 平方千米。2012 年，姜杭村村级可支配收入 374 万元，村民人均收入 24014 元。

姜杭村先后获得了江苏省卫生村、江苏省特色示范村、江苏省生态村、江苏省康居示范村、江苏省民主法治示范村、江苏省三星级康居乡村、苏州市建设社会主义新农村示范村、苏州市"三十佳"卫生村、苏州市文明村等荣誉称号。

姜杭村依姜里潭而建，形如太极，村中道路弯曲似迷宫，整个村貌犹如一幅八卦图，商秧湖与姜里潭犹如日月潭一般，交相辉映，神韵灵动。2011 年，姜里遗址考古发现遗址文化堆积从下往上分别为马家浜、崧泽、良渚文化，这三种文化不仅代表了长江下游原始文化的发展序列，而且在同一遗址形成上下文化堆积，在长江下游三角洲地区十分罕见，反映姜里历史源远流长、文化连绵不断。姜里潭边还坐落着一座拥有 800 多年历史的东岳庙，素有"太极水村"、"水乡道教圣地"之称，村内保留着凤凰墩、响铃桥、老庙义渡等历史遗存……

苏州市吴江区同里镇北联村

同里镇北联村，地处江苏、浙江、上海两省一市交会的金三角地区，是中国沿海和长江三角洲对外开放的中心区域，北联村地处同里镇东北部，地理位置优越，北部与苏州工业园区接壤。苏同黎公路南北向穿越全村，镇村公路四通八达，方便游客出行。目前为吴江国家现代农业示范区的核心区。

全村现有 13 个自然村（36 个村民组），3550 人，土地面积 5509 亩，其中鱼池 1818 亩，蔬菜和花卉苗木 1736 亩。全村有标准厂房 8500 平方米，村集体有 200 万元经营性资产。

北联村先后被评为美丽乡村、江苏省特色样板示范村、江苏省社会主义新农村建设先进村、康居示范村、生态村、创建文明村工作先进村、卫生村、苏州市先锋村等荣誉称号。目前，北联游客服务中心即将完工，届时将为游客提供更大的便利。

太仓市城厢镇东林村

太仓市城厢镇东林村位于太仓市区以北，东枕石铺塘，西临半泾河，南起苏昆太高速，北延杨林塘，辖区面积 7 平方千米，可耕地面积 4400 亩，全村农户 768 户，在册人口 2985 人，农村劳动力 1640 人，下辖 42 个村民小组，党员 161 人。苏昆太高速公路、新港公路、太沙公路、杨林塘穿域而过。国家水利风景区"金仓湖"亦坐落在区域内，具有水陆交通便捷、人杰地灵的区域优势以及土地资源丰富等特点。从 2007 年开始，充分利用金仓湖区域开发建设的机遇，加快推进城乡一体化建设，全村已实现"三集中、三置换"。

东林村作为城乡一体化的试点村，在改革的浪潮中发生了翻天覆地的变化，村级经济从 2004 年合并时的 70 万元，增长到 2012 年的破 2000 万元，村级总资产超亿元，2013 年实现农民人均收入 25070 元。2009 年起，连续五年进入太仓市村级经济十强村，苏州市村级经济百强村，历年来先后获得"国家级生态村"、"全国农机合作社示范村"、"全国妇联基层组织示范村"、"全国人口与计划生育群众自治示范村居"、"省社会主义新农村建设先进村"、"省最美乡村"、"省文明村"、"省卫生村"、"省民主管理示范村"、"省最具魅力休闲乡村"、"苏州市十大幸福乡村"、"苏州市现代化新农村建设示范村"、"太仓市先进基层党组织"等多项荣誉称号。

东林村历史悠久，人文荟萃，娄东文化源远流长。拥有元代石拱桥、张溥宅第、王锡爵故居、宋文治旧居等文化遗存。丹青大师仇英、雕刻大师陆子冈、文学家王世贞、昆曲创始人魏良辅等，均名冠当时。近年来，东林村大力发展高科技农业、生态养殖业、休闲旅游业，村级经济、人居环境、社会民生全面提升。东林的富硒大米、四季水果、新毛芋艿、生态猪肉、山羊肉等农家特产远销省内外，鲜美的味道让人啧啧称赞。

海门市海永乡

海永乡属江苏省海门市管辖，位于中国第三大岛——崇明岛。海永乡占地面积 8 平方千米，其中农场国有土地 2000 多亩，常住人口 5003 人，下辖 1 个农场大队和 2 个行政村。南部与西部和崇明岛紧密连在一起，北依中国的"黄金水道"——长江。因其地理位置的特殊，被人誉为"江苏的上海"、"海门的崇明"。这里环境优美，气候宜人，资源丰富。崇明岛是中国第三大岛，也是世界上最大的河口冲积岛屿。该岛位于万里长江入海口，三面环江，一面临海。崇明岛在东经 121°09′30″～121°54′00″，北纬 31°27′00″～37°51′15″的位置上，地处北亚热带，气候温和湿润，日照充足，四季分明。岛上水土洁净，空气清新。

海永乡粮食作物以水稻为主，主要经济作物有蔬菜、棉花、油菜、西甜瓜、四青作物等。海永乡按照突出重点、抓出特色、产业带动的农业发展思路，加大了产业结构的调整力度，突出抓好三个产业带，即：沙南村甘蔗产业带（500 亩），沙南村西瓜—棉花产业带（500 亩），永北村四青作物产业带（1000 亩）。特色农产品有：中华绒螯蟹、南美白对虾、西甜瓜、种猪等。注册了"海隆"牌农产品系列商标。2006 年海永乡农业总产值 1871 万元，农民人均收入 6300 元。通过无公害农产品产地认定面积 5000 多亩。建立了无公害粮油基地、无公害瓜蔬基地、无公害水产养殖基地 3 个。海永乡农业生产走向规模化、规范化、无害化、产业化发展。海永乡近两年外向型农业突飞猛进，目前共有示范园区 5 个。民政部社会工作协会乡镇工作委员会、中国乡镇科学发展研究课题组，在北京人民政协礼堂中南厅举办了 2008 中国乡镇可持续发展高峰论坛暨中国乡镇科学发展研究成果发布会，江苏海门市海永乡在全国 40803 个乡镇中脱颖而出，荣获 2008 年"中国乡镇投资潜力 500 强"乡镇。

淮安市淮阴区码头镇码头村

码头村位于淮安市区西南郊 10 千米，境内水网纵横，京杭大运河、淮沭新河绕境而过，张福河、古黄河穿越腹地。辖区面积 3.68 平方千米，人口 3230 人，2012 年村集体经济收入 600 万元，村民人均年收入 14000 元。

码头村历史悠久，文化底蕴深厚，是西汉时期伟大的军事家韩信的故里，也是著名的辞赋家枚乘的故里。境内的码头三闸遗址 2006 年被列为"全国重点文物保护单位"。近年来，码头村大力发展高效农业，新建智能温室 2 万平方米，连栋大棚 1 万平方米，种植高效农作物，集观光、旅游、采摘多功能于一体。建设生态型循环水养鱼工厂，带动高档水产品苗种生产及规模化养殖。深入发掘楚汉文化、运河文化、名人文化，着力开发一级景点，每年吸引众多游客前往参观。

先后获得江苏省三星级康居示范村、江苏省生态村等荣誉称号。

盐城市盐都区郭猛镇杨侍村

杨侍村隶属郭猛镇，郭猛镇是以英雄烈士命名的乡镇，历史悠久，人杰地灵。杨侍村距郭猛镇区 2 千米，由原严桥村、北侍村、张铺村、蒋庄村四个村合并而成。杨侍村紧靠盐城市区 15 千米，30 米宽六车道的杨侍大道直达市开发区盐读路；省道宁盐一级公路贯穿郭猛镇南北，盐金国防公路、徐淮盐高速公路横跨郭猛镇东西，距新长铁路 22 千米、盐城民航站 25 千米，距宁靖盐高速出口 5 千米。

全村现有 1680 户居民，人口 5580 人，耕地面积 7390 亩，2011 年实现三业总产值 3.5 亿元，税收 1500 万元，农民人均收入 14376 元，劳动力就业率 100%，先后荣获省、市、区级"康居示范村"，省、市级"文明村"，盐城市"最美乡村"称号。连续六年被盐都区委、区政府表彰为"农村经济排头村"。杨侍村一直坚持"以工兴业，富民强村"的理念，先后培育了稳强打捞、稳强纺织、稳强服装、华璧铸造、伟拓球铁、木器加工、陶瓷批发、稻米加工等一批特色产业。

杨侍村按照上级党委、政府要求，遵循科学发展观，建设社会主义新农村，实行"以工强村、反哺农业"，大力发展"生态农业、高效农业、有机农业、规模农业、观光农业、旅游农业"。为了节约农村土地，改造农村旧环境，改变农村旧面貌，逐步将分散农户集中居住。

东台市梁垛镇临塔村

梁垛镇临塔村坐落在古老的运盐河道、入海

水道与历史文化长廊的泰东河旁，因毗邻建于唐代海春轩千年古塔而得名。村庄地处城郊，水源丰富、土壤肥沃、物产丰富、人杰地灵、民风淳朴。全村村域面积 520 公顷，耕地面积 2354 亩，居民 826 户，12 个村民小组，人口 2642 人。村庄古名"舍子头"，传统文脉深厚，文化遗存丰富，是古老美丽神话传说"天仙配"中七仙女离别董永上天庭弃子之地。传说中的舍子头、抱子沟、桑梓河卧牛汪等遗存古迹，星罗棋布，都原汁原味地保存至今。村庄自然生态环境优美，农民生态别墅园、天然竹林、天然湖等人文景点众多，铁榆、油柞、本槐等珍稀名贵树种随处可见。2012 年，村庄从众多的参评乡村中脱颖而出，获得"江苏最美乡村"称号，是盐城地区唯一获此殊荣的村庄；2013 年，再获"中国美丽乡村"试点村的殊荣；2014 年荣获全国"生态文明村"称号；2015 年获"全国文明村"称号。

如今，勤劳朴实的临塔人遵循先辈遗训，积极传承古老的董永孝贤文化，孝敬长辈，遵纪守法，诚实守信，热心公益，蔚然成风；编蒲包、小淮戏、舞龙、庙会等传统民俗折射出临塔人的人文底蕴，打造了临塔农村生态文明品牌。

大丰区大中镇恒北村

恒北村地处大丰区南侧，隶属大中镇，距离城区 4.5 千米。全村共有村民小组 11 个，农户 1300 户，总人口 3529 人，耕地面积 9600 亩，其中果园面积 4000 亩。恒北村以盛产早酥梨闻名，是全国最大的早酥梨商品生产基地之一，有着 40 多年的早酥梨种植历史。2016 年，全村总收入 12366 万元，同比增加 8%，实现农民人均纯收入 27500 元，同比增加 10%。

恒北村建筑面积 7.6 万平方米，共有各种类型别墅、跃层式住宅 300 套，是苏北一流的"绿色、生态、宜居"新社区。大力发展生态旅游，建有梨园赏花、农家采摘、果品展示科普加工、农家乐、民宿等旅游配套。村党群服务中心占地 5000 平方米，设有展示厅、便民服务中心、早酥梨专业合作社、图书阅览室、人口文化室、健身活动室、多功能党员活动室等，为村民提供功能完善的全方位服务。村总长 18 千米的主干道，全部实施了道路硬化，新建桥梁 26 座，涵闸 11 座，

注重实施道路绿化、庭院绿化、河道绿化、田园绿化、景点绿化，全村绿化面积达 95%，全村农民楼房居住率达 36%，116 户村民进入新农村集中居住小区，实现了城乡供水一体化全覆盖，垃圾统一清运，生活污水统一处理。村产业特色明显、村容整洁、村风文明、村民富裕、管理民主。

仪征市铜山办事处长山村

长山村位于扬州地区最西部，与南京市六合区接壤，东濒枣林湖，南接宁扬高速，北依革命老区月塘，面积 25.3 平方千米，是全办行政面积最大的村。辖 31 个村民小组，常住户 1600 余户，人口 5800 多人。全村山多地少，丘峦起伏，绿化面积 1.5 万亩，森林覆盖率近 40%，山清水秀，景色宜人，境内沙、石、雨花石、红土等土地资源丰富，茶叶、花草、果树、优质树木等农业结构多样，素有"十里长山"的美名。

目前已建设好农民集中区一个，占地面积 40 亩，大小户型 96 户，入住人口 300 人；建成全市最大的集中区——长安集中区，占地 750 亩，现已入住农户 166 户。新建的村社区综合楼坐落于长安集中区 1 号区南，建筑面积达 2900 平方米，总投资约 500 万元。现已将综合楼后进三层对外出租，租金约 30 万元/年。前面二层为便民服务中心场所，建筑面积 1100 平方米，建有标准的"五室两超市一广场"，并配套建设了长山村法制文化广场。长山村党总支部下设工业、经济发展和农村 3 个支部，党员 104 人。

近年来，已引进红山体育公园、康大高效农业、枣林湖休闲山庄、中华民族村、上海森海林业公司、水泊长山、绿叶生态农业等多个项目，流转土地近 6000 亩、林地 2000 亩，引进投入资金近 4 亿元。到 2011 年共发展花木、茶园 2000 多亩，观光、旅游景点多处。村集体拥有园林公司、农民土地股份经济合作社及村茶厂 3 个企业。2011 年村集体总收入 145 万元，农民人均收入 12600 元，通过了扬州市新农村建设示范村、江苏省全面小康村验收，获得扬州市双文明村称号，连续五年被评为仪征市双文明村。

高邮市菱塘回族乡

菱塘回族乡位于江苏省中部，历史文化名城

扬州市北郊，高邮湖西畔。

菱塘是民族之乡，民族风情是菱塘的特色。唐朝时期即有"胡商"居住，元朝便有回民定居的"回回湾"。1988年5月12日成立了江苏省惟一的民族乡，现辖6个行政村和2个社区，53.9平方千米，2.3万人，其中回民占30%以上，是全国最具魅力的穆斯林城镇、江苏省特色景观旅游名镇、江苏清真美食之乡。域内清真村是中国少数民族特色村寨，古清真寺是江苏省文物保护单位、国家AA级旅游景区。

菱塘是宜居之乡，绿色生态是菱塘的原色。三面环湖的菱塘，到处绿树成荫、绿草茵茵，绿美相融，景色如画，绿化覆盖率近45%，是扬州市首批国家生态镇、国家卫生镇，是全国重点镇、国家园林城镇、全国"美丽乡村"创建试点单位、江苏省水美乡镇。辖区内的菱塘村是全市首家国家级生态村、江苏省最美乡村。

菱塘是电缆之乡，特缆产业是菱塘的亮色。起步于20世纪80年代初的电线电缆产业，逐步形成了30多个系列，基本形成了"一厂一品"的产业格局，是国家特种电缆产业基地、江苏省创新型试点乡镇、江苏省智能电网产业基地、江苏省特种电缆产业产学研协同创新基地。除特种电缆产业外，菱塘还有绿色照明、现代农业、民族旅游等基本产业。乡内的工业集中区是江苏省级科技产业园、江苏省中小企业产业集聚示范区、扬州市重点发展型工业集中区、扬州市生态工业园。

菱塘是和谐之乡，民生幸福是菱塘的底色。菱塘分别于2005年、2009年、2014年连续三次被国务院表彰为"全国民族团结进步模范集体"，同时还是全国文明乡镇、扬州市社会治安安全乡镇"十三连冠"、高邮市首家和谐乡镇和全面小康乡镇。

镇江市丹徒区世业镇

世业镇位于江苏省镇江市西郊，四面环江，是长江中下游的大洲之一，南与镇江市区一江之隔，北与仪征隔江相望。全镇呈"元宝"状，东西长，南北宽，总面积16.5平方千米，人口14200人，人口密度323人/平方千米，全镇现有耕地3万余亩，水面6000余亩，江滩5000亩，

江堤岸线长26千米，均按98国标11米设防。世业镇河床稳定，近百年来未发生洪涝灾害。

世业镇历史上曾被命名为鹰洲、还青洲、泗业青沙洲、胭脂花粉洲、世业官洲，后统称为世业洲，此名一直沿袭至今。魏晋南北朝以来，由于气候偏凉干燥，长江泥沙淤积增多，逐步形成江中沙洲。在唐朝以前，现世业镇的位置上已形成一个很大的洲体，名为新洲（边滩又叫黄天荡）。其间，洲体由于江水冲击不断变动，从唐朝至明代，多次移动分合，逐步稳定后演变成现今的世业洲，成陆已有600年历史。

世业镇属亚热带季风性湿润气候，年均日照2150小时，年平均气温15.4℃，年平均降水量1063.1毫米，无霜期235天。世业镇远离工业区，具备良好的田园风光，无污染、无噪声、空气清新、环境幽静、绿树成荫、鸟语花香、四季宁静、岛屿风貌自然，是理想的生态旅游区。

扬中市新坝镇新治村

新治村位于江中明珠——扬中市西南部，辖区面积4.36平方千米，人口4580人。2012年村集体经济收入500万元，农民人均年收入25000元。

新治村是扬中长江大桥桥头堡，南临长江，与镇江名胜风景区圌山隔江相望，堤外江水圌山倒映，堤旁滩涂绿树葱葱，堤内民居绿荫掩映，到处风景如画，令人心旷神怡。村内规划齐整，道路通达，工业集中区、农民集中居住区和农业生态园区分区而建，功能齐备。农业园区突出结构调整，意杨、垂柳等苗木和草坪、花卉基地成为主流。

新治村先后获得国家级生态村、江苏省文明村、江苏省社会主义新农村建设先进村、江苏省康居示范村等荣誉称号。

句容市后白镇

江苏省句容市后白镇位于江苏省句容市城南17千米处，地处国家AAAAA级风景区茅山西麓。全镇总面积73平方千米，内有耕地2139公顷，集镇面积1.3平方千米，总人口29939人，总户数10939户。下辖12个行政村和1个居民委员会。镇党委下辖15个企业党支部（党委、党

总支），党员 1520 人。1992 年 3 月 12 日经省政府批准撤乡建镇，是江苏省文明镇、江苏省卫生镇、江苏省社会治安综合治理先进镇、江苏省新型示范小城镇、江苏省现代化乡镇。

后白镇坐落于道家圣地茅山脚下，属典型的低山丘陵地区。交通阡陌，行足便利，长约 6 千米的 104 国道路段纵横镇境南北，西抵南京禄口国际机场 28 千米，距南京、镇江、常州市均约 60 千米。

土地肥沃，气候温和。全镇 4 万多亩耕地属肥沃圩田，水利条件十分优越，能够旱涝保收。镇域建有万亩观光型现代化农业示范园；有近万亩水面，其中可供养殖水面 8000 亩；可供开发利用的旱地资源近 5000 亩，土壤结构良好，黄土层深厚，pH 值 5.5～6.5，属亚热带季风气候，四季分明，光照充足，自然气候温和，规划改造后的塘坝蓄水丰富，灌溉自如。

泰州市姜堰区沈高镇河横村

河横村紧邻国家 AAAAA 级溱湖风景区，辖区面积 5.5 平方千米，人口 3153 人。2012 年村集体经济收入 152 万元，村民人均年收入 15478 元。

河横村是蜚声海内外的生态名村，1990 年获得联合国环境规划署授予的"生态环境全球 500 佳"殊荣后，该村以生态环境为立村之本，推动经济社会全面发展，2005 年该村作为旅游景区正式对外开放，每年接待游客 30 万人次以上，得到了各界人士和各大媒体的广泛赞誉。近年来，该村被授予全国文明村镇、国家级生态村、全国部省共建社会主义新农村建设示范点、国家 AA 级旅游景区等称号。

河横曾是国宝麋鹿生活的乐土，百年牡丹园是精心打造的主要景点之一。20 世纪 80 年代，河横人创新发展模式，推广以循环经济为代表的生产生活方式，得到了联合国环境规划署的认可。长期以来，河横人发挥生态环境优势，秉承生态强村理念，积极拓展现代农业特色，大力发展观光农业、乡村旅游业和农产品深加工产业，年接待游客 10 万人（次）。全村 5 大系列 18 个品种的农副产品获准使用国家绿色食品商标，成为全国绿色食品生产基地。

泰州市姜堰区溱潼镇湖南村

湖南村位于苏中里下河地区，全村现有 28 个村民小组，4536 人，2014 年村集体经济收入 270 万元，农民人均纯收入 13426 元。

过去，湖南村村民以种田、养鱼为生，自 2003 年该村纳入溱湖风景区以来，村里农民纷纷吃上了"旅游饭"。目前，近 500 人在溱湖风景区上班，有的负责景区绿化建设，有的从事会船、摇橹船表演等特色服务，另有部分村民开办"农家饭庄"，以"溱湖八鲜"招揽游客。湖南村在不改变村庄形态、肌理，不填河、不砍树的基础上，对绿化进行完善，形成了更加朴素、更加生态自然的风貌，实现了水清、岸绿、村美，是诗中的小桥、流水、人家的现实写照。投入 90 万元建立生态停车场，集休闲娱乐健身于一体，文体活动经常性开展，群众参与度高、幸福感强。湿地景观等旅游资源得到保护，农家乐等乡村旅游和休闲娱乐得到健康发展。

湖南村先后获得"中国最美乡村试点村"、"泰州市最美乡村"等荣誉称号。

泰兴市黄桥镇祁巷村

祁巷村位于中国历史文化名镇——泰兴市黄桥镇南首，全村面积 6.4 平方千米，人口 5516 人。

这里钟灵毓秀，人杰地灵，是中国现代地质之父丁文江先生的故乡，著名的黄桥战役在这里打响。近年来，祁巷村因地制宜发展生态农业观光旅游产业。总投资 2.1 亿元的小南湖生态园集生态农业、休闲养生、科教体验、观光旅游为一体，景点观赏区内人工湖、景观河波光粼粼、水碧天蓝，人造南山果木叠翠、土丘起伏，亭台楼阁别致优雅、风情万种，大型垂钓中心、休闲茶庄让游客尽享诗意人生；园内农家乐以本地乡土种养的农产品为原料的"祁巷八大碗"，成为乡村美食文化的主打名片；培训体验区内 400 米跑道的跑马场、军事体验林、科普教育、拓展培训基地、游船娱乐中心更让不少旅游团队慕名而来……祁巷将真正成为宜居最美乡村、人间幸福天堂。

祁巷村先后获得"江苏省民主法治示范村"、"江苏省林业绿化模范村"、"泰州市全面小康建设先行村"、"泰州市全面小康建设示范村"等荣誉称号。

宿迁市宿豫区顺河镇林苗圃居委会

宿迁市宿豫区顺河镇林苗圃坐落于六塘河畔，环境优美，区位优越。全居总面积1平方千米，下辖4个居民小组，现有居民215户，社会人口1030人，可耕种面积1246亩，果园面积占70%，花卉苗木面积占30%。全居大部分农户参与林果、苗木、花卉栽培，主要水果品种有早酥梨、白酥梨、葡萄、山楂、银杏、水蜜桃等，是闻名遐迩的果、苗、花卉生产基地。2015年人均收入2.7万元，村集体经济收入20万元。

近年来，林苗圃以绿色生态为主旨，结合村庄环境综合整治、康居示范村建设，充分利用梨园特色景观，先后投资4000余万元，建成万株千亩梨园、百亩有机葡萄园、彩林园、牡丹园、海棠园、樱花园、山楂园、樱桃园、草莓园、桑葚园10个生态观光点，形成"春赏花，夏观绿，秋品果，冬看树"的四季风光，并在园内规划建设了赏花台、许愿岛、网络创业服务中心、汽车影院、游乐中心、梨韵山庄，2016年新建亲子园及垂钓中心等人文景观。现正在进行民宿改造，主要带动居民参与旅游业发展，形成了集高效农业种植、旅游观光、休闲餐饮、生态居住于一体的城市后花园。

在街道党工委、办事处的关心支持下，林苗圃各项工作取得了上级领导部门的一致认可，先后被评为"中国美丽乡村"、"江苏省文明乡村"、"江苏省三星级康居乡村"、"江苏省人居环境范例奖"、"江苏省平安创建示范村居"、"江苏最美乡村"和"江苏水美乡村"，2016年荣获江苏省"民主法治示范村"，宿迁市委、市政府颁发全市全民创业工作"先进村居"，"支部+电商"党建富民工作先进单位，宿豫区委、区政府颁发"一村一品一店"先进村居等荣誉称号。

泗阳县李口镇八堡村

八堡村位于泗阳县李口镇东北部，东依京杭大运河，西临古黄河，环境优美，民风淳朴。辖区面积4.2平方千米，人口3452人，2012年村集体经济收入180万元，村民人均年收入10013元。

近年来，八堡村因地制宜，全面打造既有古朴风貌，又充满现代气息的康居村庄——八堡人家。全村建成建材产业园、休闲垂钓中心、麋鹿生态保护园、村民娱乐活动中心、健身中心等。围绕老百姓生活需要全面建成村庄道路、桥梁、公厕、垃圾池、污水处理厂等民生工程。广泛开展"美德农民、美满家庭、美丽村庄"创评，引领村民崇德向善、见贤思齐，丰富了全村的文化底蕴和人文风尚。

先后获得江苏省农民体育先进村、宿迁市环境整治先进村、宿迁市文明村等荣誉称号。

安徽美丽乡村典型村镇介绍

合肥市长丰县水湖镇费岗村

安徽省长丰县水湖镇费岗村位于水湖镇西南部，距县城3千米，南与罗塘乡黄岗村交界，东邻李岗村，西邻长岗村，北接阮巷村。全村现有人口2089人，耕地面积3469亩，辖8个自然村庄13个村民小组。

近年来，费岗村大力实施产业结构调整，主要以种植业为主，水稻面积1100亩，草莓、蔬菜面积逐年增加，草莓面积达到1700亩。村党支部在书记的带领下注重抓基层组织建设，积极开展创先争优活动，推行村务政务公开，实行民主决策、民主管理、民主监督、民主评议的村级事务管理制度，加强村务监督委员会建设，不断建立完善制度，充分发挥农村基层组织作用，做好为民服务，带动村民致富。

肥西县官亭镇回民社区

官亭镇回民社区系原马河湾、丰祥两村合并而成立的，新成立的回民社区地处官亭镇东南，与镇区紧紧接壤，辖9个住宅小区。区域面积18514.3亩，耕地面积12480.24亩，水域面积2576.2亩，目前全部实行土地流转。人口4831人，其中少数民族1205人。在社区的建设过程中土地整理是项目建设的龙头。通过对项目区18514.3亩土地及宅基地进行整理，可新增耕地2906亩。其中耕地整理可新增1454亩，宅基地整理可新增1452亩，新增耕地率为15.7%。为确保土地整理有效实施，达到预期效果，在市、县国土部门的指导下，镇政府成立了马河湾、丰祥土地整理项目领导组，从而使回民社区在建设过程中的土地整理工作顺利进行。在新村建设中，根据群众意愿和实际情况，确定了一个规划安置点——丰祥农庄。成立了"马河湾—丰祥项目村民理事会"，全程参与新农村建设相关事宜。

庐江县汤池镇果树村

果树村位于汤池镇西部，距镇区6千米，南与三冲村相连，北与马槽村相邻，群山环抱，郁郁葱葱，鸟语花香，四季如春，景色秀丽迷人，是安徽省著名茶叶品牌白云春毫的中央生产地，区内有千年银杏，有五六百年的古山茶花，有宋瓷窑址，有张良墓地。总投资约1500万元的白云禅寺位于村内二古峰上，3.5千米长的通往白云禅寺的公路像银色巨龙一样仰卧在山上，是佛教圣地，重要的旅游景点。区内共有11个村民小组，653户2269人，耕地面积498亩，水域面积60亩，林地面积7600亩，区内主导产业以种植茶叶为主。

在广大干群的共同努力下，果树村积极开展文化建设，广泛进行农村环境综合整治，不断引导和强化居民的尊商、重商、亲商意识，为投资者创造良好的投资环境。同时，果树村依托区域优势，大力发展苗木花卉和茶花园，努力打造特色旅游产业，以实现经济的可持续快速发展。

芜湖市繁昌县孙村镇中分村

中分村位于繁昌县城以南，孙村镇东大门，旧时俗称"小南乡"，是通往国家AAAA级风景区——"马仁奇峰"的必经之地。新四军三支队司令部旧址纪念馆坐落于此，与城南柯冲古瓷窑遗址、欧亚人类发源地——孙村"人字洞"、狮子山脚下的宝莲寺，构成一幅环形的旅游路线，是繁昌旅游业的又一亮点。

中分村是一个集旅游、度假、观光、民俗、文化、娱乐于一体的现代化生态旅游型村庄。古老的村落蕴含着浓厚的人文气息，早在清朝同治十一年间，曾以"独脚莲花台"著称，驰名于大江南北，东起宁沪、西至汉口、北到巢合、南达宣徽，前来观光的游客不下20万人次。就是这种特有的灵气孕育着一代又一代的中分徐氏家族。皖南地区少有的"父子墓"、"婆媳墓"、"兄弟墓"以及"中分徐氏祭祖习俗"均被安徽省人民政府于2008年列入省级第二批非物质文化遗产名录；村民自发筹资恢复重建的"新四军三支队司令部旧址"也已被批准为"繁昌县爱国主义教育基地"以及"芜湖市文物保护单位"。

中分村，一个有着600多年历史的古村落，现已被批准为"安徽省红色旅游景区"以及繁昌县美好乡村建设重点村。该村以"大力发展红色文化，积极传承革命精神"为主，坚持以科学发展作为一切工作的出发点和落脚点，因地制宜，审时度势，为打造出别具一格的红色中分而共同努力。

南陵县大浦村大浦新村

大浦新村是安徽省新农村建设"千村百镇示范工程"示范点之一，是芜湖市确定的新农村建设试验区，是南陵县委、县政府以"三区"建设推进"三化"的三大板块之一。采取企业资本参与新农村建设这一特色模式进行建设，积极探索一条政府引导、企业运作、村企共建、项目组合、政策扶持、产业带动的新农村建设新思路。2011年，大浦农业科技园正式晋升为"国家农业科技园区"，享有"南陵县国家现代农业示范区大浦核心区"、"全国休闲旅游示范区"、"全国农产品加工示范基地"、"全国农业旅游示范点"等多项荣誉。新村规划面积23900亩，水域总面积约3500亩。辖许镇池湖村、龙塘村和黄塘村三个村委会中的42个自然村，3430户村民，人口12000人。

大浦新村的发展规划及定位是：第一，建立现代农业孵化基地，促进现代农业科技成果的推广和应用。第二，建设国家级生态旅游度假休闲基地。打造现代农业和生态观光旅游，建设融科学性、艺术性、文化性于一体的人地合一的休闲观光景点，为城乡居民观光、休闲、度假提供宁静、清新、优美的田园风景和生态环境。第三，建立青少年科普教育基地和新型农民培训基地。区内将建设农事体验园和拓展中心等设施，让青少年参与农事体验，切身感受现代高科技农业的魅力。同时，面向广大农民，利用各种设施、技术、人才，培养具有现代科技意识的新型农民。

第四，建立安全农副产品国际交易物流中心。建立农展馆、无公害农产品质量认证中心、无公害农产品检测中心、无公害农副产品批发市场。以优势产业的培植和发展促进和带动大浦新村经济和社会的可持续发展。第五，建立绿色食品工业园。第六，建设新型农民社区。通过高起点建设安置小区，改善农村的居住条件，目标是建成"安徽省第一农民社区"。通过建设，将彻底改善农民居住环境，改变农民传统生产、生活方式，解决劳动力就业问题，促进农民增收，塑造农村发展新模式，为现代农业树立榜样，为企业参与树立模范，为农民增收树立信心，为农村发展和综合改革开辟道路。主要体现在以下方面：为全省乃至全国新农村建设提供示范，探索积累经验；促进城乡一体化发展；改善农民居住环境，带动农民致富；开发浦西湖旅游资源，打造浦西湖旅游大文章，带动当地经济快速发展。

五河县头铺镇八岔村

安徽省蚌埠市五河县头铺镇八岔村，毗邻安淮村、单台村，有3400人，2995亩土地，人杰地灵，气候宜人，村庄内水泥路纵横交错，各种花果交相辉映，交通便捷，环境优美，200多亩葡萄采摘园、小杂果采摘园，庭院经济有银杏、大枣、花卉、梨、李、桃等。先后获得"全国绿化千佳村"、"全国绿化小康村"、"市级生态村"、"省新农村建设先进单位"、"省民主法治示范村"、"村干部、大学生村官培训基地"荣誉称号。

淮南市潘集区祁集镇陈郢村

陈郢村位于镇政府两侧，东与曹岗村相连，南临淮河，北接劝桥，交通十分便捷。全村辖10个村民小组562户，总人口2160人。耕地面积为1435亩。

近年来，村两委在上级党委的正确领导下，充分发挥作用，带领全村人民发展经济，取得了一定的成绩。陈郢村主要发展豆制品加工业，年人均收入高于全乡水平。

马鞍山市当涂县护河镇桃花村

当涂县大青山李白文化旅游区桃花社区，下辖原桃花村、万山自然村、詹村自然村、吕墓冲自然村，地处风景秀丽的大青山东麓，北临碧波荡漾的姑溪河，半山半圩与唐代大诗人李白墓园一山之隔，这里山清水秀，民风淳朴。境内有东晋大司马桓温墓、晋墓群、明代琉璃瓦窑址和新石器遗址等省市级文物保护单位，有李阳冰故宅、千年枸骨冬青古树、千年古井等历史资源，另有青云寺、百灵庙、大山庙等诸多庙宇，人文资源丰富。

护太路穿境而过，紧邻宁马芜高速公路，交通十分便捷。全社区 1660 户 6250 人，面积达 20 平方千米，辖 46 个村民小组 25 个自然村。主导产业——经果林，种植果树有百年历史，果园内有桃、李、柿、石榴、葡萄、板栗等 30 多种优质鲜果。现有果园面积近万亩，形成了"十里桃花，万亩果园"的独特景观。

依托资源优势，自 2006 年以来，连续举办了 11 届"桃花节"和"采摘节"，通过旅游业的发展，带动了二三产业，有力地推动了新农村和"美好乡村"建设，为农民增收增添了新亮点，通过"桃花节"的举办，大大提升了桃花社区的知名度，收到了较好的经济效益和社会效益。

2006 年桃花村被列为省第一批千村百镇新农村示范点，同年被市评为"农家乐旅游示范区"。2007 年被评为"安徽省农家乐旅游示范点"和"安徽省森林旅游人家"，2007~2008 年被市评为"旅游工作先进单位"。2008 年被评为"全国农业旅游示范点"、"省级生态示范村"，被省妇联评为"巾帼示范村"，被市科技局列为"科技示范村"。2010 年被评为省级、县级新农村建设先进单位，同年被马鞍山市授予第二届"文明村"、当涂县首届"文明村"等荣誉称号。2011 年被安徽省授予"文明村"和马鞍山市先进基层组织等荣誉称号。2012 年被命名为"安徽省卫生村"，"2012 年中国·当涂护河园艺桃花节"被评为 2012 年度全市"十大品牌会展"。2012 年，县委、县政府全面启动"美好乡村"建设工作，被当涂县确定为重点打造的国家级生态旅游村和"美好乡村"建设精品村。

淮北市濉溪县濉溪镇蒙村

蒙村隶属于安徽省淮北市濉溪县濉溪镇，地处濉溪镇西北边，距镇政府所在地 6 千米，到镇道路为硬化路，交通方便。东邻杜庙村，南邻花园村，西邻刘桥村，北邻土楼村。面积 616 平方千米，辖 5 个自然村，15 个村民小组，有农户 1280 户 5013 人，年降水量 1200 毫米，全村有耕地总面积 5308 亩，适合种植小麦、大豆等农作物。

蒙村大姓为张氏，大明洪武年间自山西洪洞大槐树老鸹窝迁出至濉溪蒙村居住，后随人丁兴旺，遂散居于附近村落。村内有菩提寺、古汉墓等旅游景观。濉溪县蒙村是安徽省美好乡村建设示范村，也是省级农民文化乐园示范点，在推动美好乡村建设和农民文化乐园建设的过程中，濉溪镇着力实现双推进，提升软实力，把蒙村打造成宜居、宜业、宜游的美丽乡村。

铜陵市铜陵县西联乡梨桥村

梨桥村位于西联乡中部，为原和平乡政府所在地，区域面积 5 平方千米。全村辖 7 个自然村 1879 人，现有耕地 3650 亩，林地 130 亩，水域面积 650 亩。经济发展主要以种植棉花、水稻、油菜、小麦、水生蔬菜和水产养殖为主。曾荣获"省级生态村"、"市级文明村"等称号。在美好乡村建设过程中，该村以石桥钟、前头胡两个自然村作为中心村布点，以"梦里水乡、古韵梨桥"为创建目标，率先启动美好乡村建设，成效明显，已荣获"全国美丽宜居村庄示范村"称号。

该村坚持规划先行、舆论先行、民生先行"三个"先行，理清美好乡村建设工作思路；狠抓干净整洁、美化提升、配套服务"三个"重点，突出美好乡村建设整治内容；强化机制保障、活力保障、产业保障"三个"保障，确保美丽乡村建设稳步推进。

安庆市怀宁县洪铺镇五桥村

怀宁县洪铺镇五桥村紧邻洪铺镇，辖 23 个村民小组，528 户 2110 人，耕地面积 134.3 公顷，水域面积 16.2 公顷，林地面积 251 公顷。村内交通便捷，环村公路已基本贯穿全村。绿化与亮化工程已全部落实，村容村貌干净、整洁，环境宜人。

近年来，在党的富民政策指引下，在镇党委、村党总支的正确领导下，通过全体村委班子成员的共同努力，努力学习贯彻科学发展观，不断加强和完善村内各项建设，使村民有较强的认同感和归属感，并多次荣获上级政府表彰。五桥村领导班子以创造环境优美、社会稳定、家庭和睦、邻里团结、文明富裕、村民安居乐业为目标，将继续奋力拼搏，锐意进取，完成社会主义新农村建设伟大目标。

枞阳县会宫镇会宫村

会宫村位于枞阳县中部，是会宫镇党委政府所在地、县整村推进示范村，现有面积10平方千米，耕地面积3404亩，辖69个村民小组，1340户6200余人。

会宫村区位优势明显。地处在建的池州长江大桥北引桥出口处，省道枞桐路和铜安路在此交会，是典型"三岔"路口。枞桐路穿境长达2.5千米。7.5千米通村水泥路贯通各村民组。人文底蕴深厚，区域内有明朝开国元勋、大刀王胜之墓和大屋牌坊等古迹。省级示范高中会宫中学坐落其境。资源禀赋丰裕，拥有铜、铁、优质石子等丰富的矿产资源，储量丰富。会宫大畈数千亩良田优质高产，可开发精养水面近千亩，林木资源丰富，退耕还林500余亩。

潜山县痘姆乡求知村

痘姆乡求知村坐落在天柱山南侧，由原元丰、汪岭两村合并而成，总面积12.6平方千米，与黄铺、水吼、天柱山三镇交界，全村35个村民小组，945户3786人。

为了使村级工作逐步走上规范化，村里新增建筑面积120平方米，开创了"求知村劳动力转移培训基地"。在"双培双带"活动中，涌现出种养大户王结顺，养牛30头，养猪210头，种瓜蒌50亩，新增50亩；外出务工的彭从政回乡兴办铆钉厂，产销两旺；村主任聂升全在搞好村级工作的同时，带头办企业，他创办的东升塑料吹膜厂，生意红火，前来订货的顾客络绎不绝，解决了20余人的就业；村总支书记傅绍生创办的汽车减震器厂已投产，在他们的带领下，求知村的"双培双带"典型层出不穷。

村级集体经济主要来源于茶林场，年收入4万余元。近几年，多方争取项目，筹措资金，为

民办实事。投资20多万元、全长3千米、受益面积1800亩的陈家堰标准化沟渠已修建完毕；投资100多万元新建的500立方米蓄水池解决了2000多人的饮水问题，使全村80%的农户安装了自来水；全长9.8千米的硬化公路，纵穿全村；聂冲组组民人均集资580元，修通了全长800米的水泥路，使全组30多户家家通公路。为解决偏远山区村民住房的难题，按新农村建设的规划要求，正在逐步实施康居新村建设。该村两委班子从一件件实事入手，以公道、正派、务实的工作作风，赢得了群众的充分信任，从而极大地增强了党组织的凝聚力和战斗力。

求知村将抓住机遇，因地制宜，力争建成千亩瓜蒌、千亩茶园、千亩桑园、千亩油茶，努力打造一村一品，建沼气池200口，美化家园，保护生态，治理脏乱差，发展现代特色农业，引导和鼓励外出务工人员回乡创业，使这个天柱山脚下的小山村，木材用不了，花果摘不完，香茶采不尽，在不久的将来，有望成为都市人心驰神往的"农家乐"旅游观光村。

宿松县洲头乡

洲头乡是安徽省安庆市宿松县下辖的一个镇，位于安徽省西南边界，属长江中下游冲积平原，土壤肥沃，以沙土、沙壤土、壤土为主。该乡总面积90.6平方千米，耕地面积5.8万亩，江湖滩涂1.7万亩，可养水面3万余亩。

该乡依托黄金水道的长江、105国道，均沿乡经过；村镇内修建了水泥路和柏油路，水陆交通便利。洲头乡是一个有5万人口的农业大乡，辖11个行政村。该乡农产品以棉花、油菜作物为主。土壤耕作层深厚，气候土地条件特别适合发展上规模蔬菜、花卉生产，可养水面水质无污染，溶氧量高。该乡各项基础设施完善、经济发展迅速、社会各项事业稳步发展。

桐城市范岗镇樟枫村

樟枫村位于安徽省桐城市范岗镇，是省级新农村建设示范村，现有41个村民小组，1135户4742人，耕地面积4355亩。在新的村两委带领下，新农村建设各项工作开展得轰轰烈烈，实施了村村通工程、沼气工程、改水改厕工程等项

目、中心村庄建设和村庄整治工作开展得如火如荼，全村到处都能看到建设新农村的火热场面。

该村强化组织领导，发挥党组织的战斗堡垒作用，调动农民的积极性，充分发挥农民主体作用。建设新农村，农民是主体。在村两委的宣传引导下，该村建设新农村的热情空前高涨，无论是修路、修塘，还是村庄整治，村民都一致拥护，并且自愿筹资，投工投劳。修路工程队干到哪里，村民就服务到哪里，免费提供中餐、茶水。

樟枫村集体经济比较薄弱，但村两委坚持把为村民办实事作为一切工作的出发点和落脚点，深入细致地做好宣传组织工作，充分发挥村民理事会作用，极大地激发了广大村民建设自己家园的主动性和积极性，办成了一件又一件实事，得到了有关部门和社会各界的肯定和支持，形成良好的新农村建设氛围，值得各村借鉴和推广。

黄山市屯溪区黎阳镇凤霞村

凤霞村位于中心城区西北，距中心城区 4 千米，辖 4 个村民小组，116 户 389 人，现有耕地面积 210 亩，山地面积 400 亩，水塘面积 100 亩。近年来，凤霞村紧紧围绕新农村建设二十字方针，结合深入学习实践科学发展观活动，以"抢抓机遇，发展凤霞"为主题，紧紧抓住黄山雨润高尔夫项目建设征地契机，实施"跳出凤霞，发展凤霞"的发展战略，在九龙工业园区创办了凤霞创业园，为建设各类公益事业提供有力保障。

凤霞村先后多次荣获市级基层党建工作"先进村"、社会主义新农村市级示范村等荣誉称号。曾多次接待国家部委、省市区镇各级有关部门领导，为凤霞村的发展建设提供了宝贵建议。凤霞村两委班子以"五个好"村党支部为目标，大力加强村支部和党员队伍建设，求真务实，开拓进取，实现农村党建工作新突破，促进本村经济和社会各项事业全面发展。

黄山区甘棠镇庄里村

庄里村位于黄山区西郊，距城区 1 千米，东邻大桥村，南与耿城毗邻，西依章村，北接民主村。2008 年 2 月实施村级规模调整，将原庄里村、乌羊村、刘村合并为现庄里村。全村总面积 21 平方千米，辖 14 个村民小组，640 户 2300 人，

山地面积 39000 亩，水田 2500 亩，旱地 760 亩；有三个水库分别是跃进山塘、团结水库、十甲水库；建有高山蔬菜、高山茶园、大棚蔬菜、苗木、果园等种植业基地，有丰富的毛竹资源和土地资源，风景秀丽的肖黄山已被评为国家 AA 级景区，唯一的千年榧树坐落在庄里村；以旅游招商为目的成立了怡园公司，建有 2000 平方米的为民服务活动中心、两个休闲健身广场及肖黄山老年之家，开辟了社会主义荣辱观教育文化墙和刘村二十四孝文化墙。

庄里村先后荣获国家级生态村、全国民主法治示范村、全国敬老模范村、全国妇女法制宣传教育示范点、全国美德在农家活动示范点、省先进集体、省"五个好"村党组织标兵、省巾帼示范村、省社会主义新农村建设示范村等称号。2011 年，在全市经济观摩会上，庄里村的老村庄改造得到了上级领导的肯定和社会各界的赞许，掀起了全区乃至全市的农村改造热潮。

黄山区新明乡猴坑村

"中国猴坑村"全称为安徽省黄山市黄山区新明乡猴坑村，是中国十大名茶——太平猴魁的发源地、核心产区，是全国一村一品示范村、安徽省首批特色产业茶叶之村、安徽省太平猴魁专业示范村、黄山市社会主义新农村示范村。

猴坑村地处黄山区东部、太平湖畔，是一个移民后靠村。区域范围东至甘坑、芦汐坑，北至曙光村小河里，西至龙门乡，南至饶家、双坑，总面积 19.37 平方千米，共辖 12 个村民小组，437 户 1428 人。全村拥有茶园 4000 余亩，林地 26000 余亩，耕地仅 45 亩，茶竹木是当地群众的主要经济收入来源。

猴坑村的猴村村民小组是太平猴魁发源地，该村民小组共 22 户 77 人。

"中国猴坑村"在世人眼中，是一个神秘不可复制的地方。一是这里的生态环境，无与伦比。村域地理位置东经 118.5°、北纬 30.7°；年均气温 14℃～15℃，年降水 1650～2000 毫米，无霜期 220～230 天，相对湿度 80% 以上，森林覆盖率 95% 以上。这里山岭纵横，峰峦起伏，坑峪幽深，山涧潺潺，气候湿润，"晴时早晚遍地雾，阴雨成天满山云"，这里的宜茶环境得天独厚，

生态环境无与伦比。二是这里的太平猴魁，举世闻名。猴坑村一村一品"太平猴魁"，20世纪元年创制于此。因该茶品质为尖茶之魁，又首创于太平县猴坑，故茶名被先人确定为"太平猴魁"。太平猴魁以其卓越的品质而蜚声中外，其色、香、味、形在我国众多名茶中独具一格，具有"两叶抱一芽，扁平挺直，魁伟重实，色泽苍绿，兰香高爽，滋味甘醇"的品质特征。百余年来屡获殊荣，1915年荣膺巴拿马太平洋万国博览会一等金质奖章；1955年被评为中国十大名茶；2004年在中国（芜湖）国际茶博会上摘取"茶王"桂冠；2007年被作为国礼由胡锦涛主席亲送俄罗斯普京总统；2009年，被授权为上海世博会特许茶。三是这里是革命老区，历史厚重。猴坑村新中国成立前称三门，是近代皖南革命斗争的中心之一，涌现了叶碧贞烈士（中潭人）等众多革命志士。抗战时期，当时新四军军部驻皖南云岭时，周恩来和新四军领导人叶挺、袁国平、张云逸、陈丕显等同志，以及美国记者史沫特莱、菲律宾华侨领袖王西雄等很多革命先辈在此转战留驻。1939年周恩来赴皖南云岭两次途经三门，见当地茶商刘敬之深明大义，为国捐资出力，遂题词赠曰："绥靖地方，保卫皖南，为全联导，为群众倡"，留下了一代伟人与太平猴魁茶的佳话。四是这里是太平湖畔，风景如画。猴坑村的大部分村落均散落于太平湖畔。晴空下，美丽的太平湖面烟波浩渺，绵言细语，一望无际，蓝天白云尽入怀，分不清水在天上，还是天在水中。环湖皆是画，湖四周青山隐隐，炊烟袅袅，好一派美丽恬静的山野风光；岸边的山庄村舍倒映水中，犹如水中楼阁，自然水墨画；四周峰峦起伏，植被繁茂，苍翠欲滴，有青山如黛，逶迤而去，淡入天边，留下水墨的烟岚，似有似无；不时跳出一簇簇房舍，白墙黑瓦，光斑闪烁，被龙松风竹掩映，时隐时现。湖光山色，山清水秀，空气清新，是这里的标志和骄傲。

近年来，全村人民意气风发，在村两委一班人的带领下，坚持"打好猴魁牌，做大茶文章"的发展思路，以美好乡村建设为指南，加大招商引资与项目建设，完善基础设施，保护与优化发展环境，全村经济社会得到了快速、可持续发展。目前，"中国猴坑村"正朝着精心建设全省农家乐乡村旅游"金名片"，全力打造全国社会主义新农村建设示范村的目标大步走来。

歙县雄村乡卖花渔村

卖花渔村又名洪岭村，位于雄村乡东侧，北有瀹岭下村，南为庄源村，东邻坑口乡瀹岭坞、瀹坑，西靠夏坑村。距县城15千米，距雄村乡政府15千米；距徽杭高速4千米。卖花渔村是独立行政村，下辖206户670人。该村拥有耕地面积1530亩，林地2200亩，建设用地170亩。卖花渔村是历史上盆景四大流派之一的徽派盆景的发源地，是我国著名的盆景之乡。卖花渔村在政府的领导下，大力发展花卉盆景产业，主要种植有梅花、罗汉松、茶花等植物。

休宁县海阳镇盐铺村

盐铺村位于休宁县城西郊，面积10328亩，其中耕地面积1969.5亩，林地面积8008亩，辖10个村民小组，559户1937人。近年来，盐铺村以特色经济为抓手，发展有机徽菊和乡村旅游，通过合理规划布局，调整产业结构，实现农民增收，成为黄山市首个农民人均纯收入突破万元的村，2015年农民人均纯收入达18600元，连续六年位居全市村级农民人均纯收入之首，并多次受到省、市、县表彰，曾获全国"一村一品"示范村、民主法治示范村、安徽省生态村，"新农村建设安徽省先进村"和"黄山市第一届文明村"等称号。

盐铺村位于安徽省黄山市休宁县海阳镇，西出海阳，顺夹溪河而上2千米处，便是盐铺。盐铺，顾名思义为存盐的铺子，因紧傍夹溪、横江水系，早在清代康熙年间便以其得天独厚的地理优势成为休宁县四大水运码头之一。村中不仅有囤积食盐的仓库，还有许多经销食盐的店铺，村庄因盐而得名。

盐铺生态绝佳，景色优美，民风淳朴，是最佳的旅游休闲地，名副其实的新农村之花。盐铺村将继续坚持走可持续发展道路，争取建成生态最美、农民最富、村容村貌最整洁的社会主义新农村。

黟县宏村镇宏村

安徽宏村，因"扩而成太乙象，故而美曰弘

村"，清乾隆年间更名为宏村，位于徽州六县之一的黄山市黟县东北部，距黟县县城11千米，是古黟桃花源里一座奇特的牛形古村落。宏村地理坐标为：东经117°38′，北纬30°11′，整个村落占地约19.11公顷，枕雷岗面南湖，山水明秀，享有"中国画里的乡村"之美称。宏村始建于南宋绍兴年间（1131～1162），距今约有900年的历史，宏村基址及村落全面规划由海阳县（今休宁）的风水先生何可达制订。2000年11月30日，宏村被联合国教科文组织列入了世界文化遗产名录，是国家首批12个历史文化名村之一，国家级重点文物保护单位、安徽省爱国主义教育基地、国家AAAAA级景区。2016年10月14日，安徽省黄山市黟县宏村镇被国家发展改革委、财政部以及住建部共同认定为第一批中国特色小镇。

在皖南众多风格独特的徽派民居村落中，宏村是最具代表性的。从整个外观上说，宏村既有山林野趣，又有水乡风貌。村中各户皆有水道相连，汩汩清泉从各户潺潺流过，层楼叠院与湖光山色交相辉映，处处是景，步步入画。闲庭信步其间，悠然之情浓烈得让人心醉。全村现完好保存明清民居140余幢，著名的有：树人堂、桃源居、敬修堂、德义堂、碧园等一大批独具匠心、精雕细作的明清古民居。

近年来，宏村始终以敬畏之心珍爱祖祖辈辈创造的文化遗产，严格遵循"保护为主，抢救第一，科学开发，永续利用"的原则，坚持以科学规划为龙头，实施了古民居保护、三线地埋、白蚁防治、室内电路整改、消防隐患整治、道路仿古硬化、封山育林、名木古树复壮等保护工程，完成农贸市场、旅游工艺品市场搬迁，推进邑溪河流域综合治理、农业综合开发、污水处理、月沼南湖清淤、生态公墓建设等环境治理项目，有效维护了古村落的真实性和完整性，延续了文化遗产文脉，初步构建了保护文化遗产、促进和谐发展的良好局面。

黟县西递镇西递村

西递，安徽黟县南部古村落。2000年11月30日在澳大利亚凯恩斯召开的联合国教科文组织第24届世界遗产委员会会议作出决定，将西递列入世界文化遗产名录。2001年6月25日，西递被国务院批准为国家重点文物保护单位，2011年5月5日荣升为国家AAAAA级景区，获得"中国十佳最具魅力名镇"、"全国文明村镇"、"全国环境优美乡镇"、中国最值得外国人去的50个地方、中国首份"名村排行榜"魅力指数全国第七等荣誉。

西递是黄山市最具代表性的古民居旅游景点，坐落于黄山南麓，距屯溪54千米，距黄山风景区仅40千米，距黟县县城8千米。该村东西长700米，南北宽300米，居民300余户1000多人。

西递村建房多用"黑色大理石"（并非黑色大理石），两条清泉穿村而过，99条高墙深巷，各具特色的古民居，使游客如置身迷宫。西递村前的牌楼西递始建于宋朝的元祐（宋哲宗）年间，由于河水向西流经这个村庄，原来称为"西川"。因古有递送邮件的驿站，故而得名"西递"，素有"桃花源里人家"之称。之所以改称西递这个名字有两种说法，一是以前这里是交通要道，朝廷在此处设有驿站，用于传递公文和供来往官员暂时休息，驿站在古代又称为"递铺"，所以西川又称为"西递铺"。二是中国大地上的河流都是向东去的，而西递周围的河水却是往西流的，"东水西递"，所以西川也就被称为西递了。

祁门县渚口镇渚口村

渚口村位于黄山市祁门县渚口乡南部，东与伊川接壤，西与水村毗邻，南接溶口乡，北连大北埠，紧邻祁门闪里镇，距祁门县城30千米。因其"溪水潆洄，环映如锦；北靠成峰，障蔽如城"，故又名"锦城"，唐乾符年间，祁门倪氏始祖康民与郑传集众抗黄巢，加封检校兵部尚书，其五世孙约于宋中期由伊川迁居渚口，距今已有1000多年的历史。

渚口为倪姓聚居地，后发展为倪、吴、胡三姓融合共居，是徽州人聚族而居又融合发展的典型村落，现有284户1005人。"渚"为万山丛中一小洲，村落一面靠山，三面环水，村人称铜锣形、腰带水。村前平畴轩敞，古树参天；村内粉墙黛瓦，街巷宛若迷宫。

渚口村自古文风昌盛，历代名人辈出，旧时私塾众多，古有举人5人，文武科进士5人，七品以上16人。明代倪思辉，官至南京户部尚书，明史有传。清代倪望重，历任浙江诸县知县，以府官致仕，其藏书楼以"万卷楼"闻名遐迩。胡士著，清康熙进士，官至翰林院詹事，他与江南诸多名士往来，拓展了徽州的人文空间。吴书升独穷经史，开祁门一邑文风。明清两代，村人远游淮泗，经商者无数。倪本高，明万历业盐两淮，起业巨万；清末民初粮商倪尚荣，因修县积谷仓而受民国总统黎元洪以"泽被乡闾"的匾额嘉奖。

村中民间文化遗存丰厚，器乐演奏《十番锣鼓》堪称乡村"迎宾曲"；民间舞蹈《扑蝶舞》被誉为祁门旋律；《姐妹看灯》曾进京中南海为中央演出。

滁州市来安县汊河镇相官村小李庄

相官村位于汊河镇的北部，104 国道穿境而过。距镇政府 10 千米，村委会位于小李庄路口处，紧邻 104 国道。全村辖 32 个村民小组，1019 户 4236 人，全村绝大多数人为汉族，有少量回族村民。全村有耕地 7432 亩，人均 1.75 亩。

104 国道穿村而过，全村 32 个村民小组除村村通外，全都铺上了砂石路，相官村距来安县城、滁州市区、南京市均为 30 千米，交通便利。

相官村为滁州市社会主义新农村建设示范点，其中李庄组为安徽省最先的一批示范点之一。相官村生态农业已初步形成了规模，依托威光绿园农业专业合作社，在小李庄等 4 个村民小组已发展了百亩大棚蔬菜种植、百亩水面养殖、百头生猪饲养等立体生态农业，无污染，附加值高。

全椒县石沛镇黄栗树村

黄栗树村位于全椒县石沛镇西北部，于明朝建镇，系历史古镇，村域面积 19.65 平方千米，耕地 2654 亩，山林 8550 亩，辖 25 个村民小组 3628 人。村内碧云湖是安徽省十大水库之一。黄栗树村是国家旅游局批准的"首批中国乡村旅游模范村"，2017 年荣获"中国十大最美乡村"称号。

黄栗树村因漫山遍野的黄栗树而得名，整体建筑以徽派风格为主基调。黄栗树村紧紧围绕生态抓建设、围绕旅游谋发展，打造宜人、宜居、宜业、宜游的特色旅游风情小镇。

凤阳县小溪河镇小岗村

小岗村隶属于安徽省凤阳县小溪河镇，位于凤阳县城东部 25 千米处，距宁洛高速（G36）凤阳出口 15 千米。是中国农村改革发源地，中国十大名村之一，国家 AAAA 级旅游景区，沈浩精神起源地、中国幸福村、中国乡村红色遗产名村、全国红色旅游经典景区、全国旅游名村、全国干部教育培训基地、全国大学生假期社会实践教育基地。

1978 年，18 位农民以"托孤"的方式，冒着极大的风险，立下生死状，在土地承包责任书上按下了红手印，创造了"小岗精神"，拉开了中国改革开放的序幕。

小岗村，总面积 15 平方千米，处于中国东部湿润季风区内，淮河以南属北亚热带，淮河以北属于暖温带，这样两种气候之间除地理位置上有一河之隔外，并无截然不同的界限。处在北亚热带向暖温带渐变的过渡带内，在气候上就具有明显的过渡性特点，其表现为终年气候温和，四季分明，光照充足，水热同季，干冷同期，无霜期较长。

太和县旧县镇张槐村

张槐村位于太和县城北 10 千米，105 国道穿村而过，全村有 12 个自然村 5160 人，7000 多亩耕地。在当地种植大户徐淙祥的带领下，累计推广农业新技术、新成果 186 项，出色地完成了 95 项国家级和省级农业科技攻关、协作项目，示范带动了当地农民科学种田热潮。2011 年 4 月 8 日，时任中共中央政治局常委、中央书记处书记、国家副主席习近平在安徽调研，习副书记走进太和县旧县镇张槐村田间，与正在忙农活的村民亲切交谈，了解当地农业生产情况，极大地激发了当地群众的热情。

宿州市埇桥区桃源镇光明村

光明村位于桃源镇中南部，206 国道东侧，共有农业人口 3440 人，面积 6 平方千米，耕地面积 7988 亩。该村以农产品深加工产业为主，宿州市龙头企业坐落其中，不仅解决了农村富余劳动力的就业问题，而且还使农民收入得到较快的提高，同时，该村还是桃源镇新农村建设示范点。

灵璧县虞姬乡虞姬村

虞姬村位于灵璧县城东部，与泗县长沟镇接壤，303省道穿村而过，省级文物保护单位虞姬墓坐落在村内，是安徽省首批新农村建设示范村，市县共建美好乡村重点村，人文环境较好。全村共有土地9910亩，耕地面积7536亩，辖9个自然村，11个村民小组，5340人。全村以农业及农贸服务业为主。

虞姬村名字来源于虞姬墓，相传虞姬性情温柔，知书达礼，深得项羽喜爱。虞姬自刎后，项羽带着她的尸体，向南驰走，不料汉兵追至，项羽无可奈何地丢下了虞姬的尸体。项羽突围后，虞姬的尸体被来不及突围的楚兵移葬于"霸离铺"东2.5千米处，后来这里出现的村庄就叫"虞姬村"。这即是虞姬村的来源。

六安市金安区木厂镇新庄村

新庄村是安徽省六安市金安区木厂镇下辖的一个村级行政单位，位于木厂镇东南部的省级木南现代农业示范园核心区，全村总面积5.2平方千米，实有耕地面积5700亩，下辖16个村民小组，22个自然村，586户2206人。

全村共有5个新农村建设规划点，村两委在村支部书记的带领下，团结一致，改变旧的传统思想，进行土地流转，到目前全村土地流转率达98%，引进五家企业（六安先锋米业有限公司、六安四海园农业综合开发有限公司、六安西商集团、帅府农业生态园、六安神农庄园生态农业有限公司）。新庄村先后被省环保厅和农业部授予"省级生态村"和"全国美丽乡村"称号，成为金安区首批10个美好乡村之一。目前以村党支部为核心的村级配套组织齐全，村两委在镇党委、政府的坚强领导下，正带领新庄人民大踏步地走向富裕道路。

裕安区苏埠镇南楼村

南楼村位于苏埠镇东部，苏戚路穿境而过，毗邻105国道，环拥淠河总干渠，交通便捷，水源丰沛，地势平坦，土地肥沃。全村土地总面积6100亩，其中耕地面积2875亩，水域面积1050亩。辖7个村民小组，1008户3546人。

近年来，村两委立足本村实际，大力发展现代农业生产和私营企业，目前全村现有占地70亩木材加工区一个（有20家企业）、裕胜板材包装箱厂一家、友信水泥制品有限公司一家、南楼服饰和星瑞服装厂等服装企业六家、华羚针织企业三家，解决本村富余劳动力1058余人，规模型养猪场五家，年产1000万元的卫生洁具厂已开工建设，2万棵意杨树逐步增效。

寿县安丰镇梧桐村

梧桐村是安徽省淮南市寿县安丰镇下辖的一个村级行政单位，位于安丰镇北，交通方便。气候湿润，水资源丰富，适合农作物的生长。全村现有38个村民小组，1359户5054人。

位于安丰镇北，与镇区相连，地理位置优越，上接瓦西分干渠，下连金店支渠和安丰支渠，紧邻梧桐新村，北邻保义镇。寿六路横穿而过，新建的济祁高速从梧桐村修建2千米多，高速公路的出口就在村南端，交通方便。气候湿润，水资源丰富，适合农作物的生长。耕地面积13300亩，森林覆盖率32%。该村主要以生产农产品为主，兼顾发展林、牧、副、渔业生产，同时加大发展无公害蔬菜、林果、养殖等行业。农业主要生产水稻、小麦、油菜等；林业有四旁树、农田林网；牧业主要为养猪、牛、羊、鸡、鸭、鹅等；渔业生产以丰华水产养殖场为依托的库塘养殖已成布局。农民的康居工程，梧桐新村第二组团已经建成，532户农户即将入住，一派新农村的景象成为梧桐村的现实。

梧桐村过去一直是贫困村，多年来，村民一直经受着易干易旱的考验，靠有限的土地仅能获得有限的经济效益，绝大多数农民处于温饱线上。村两委班子调整后，为改变贫困落后的面貌，他们自力更生，千方百计筹集资金，进行了大规模的农村生态工程建设，整治土地，开挖鱼塘，修渠灌溉，铺路为民，能种则种、能养则养，疏通水道，改变了农村的生态环境。

随着生产、生活水平的不断提高，村里的相关环境需要进一步加以改善。因此，还要运用科技手段，来改造和建设美好的家园。通过兴建沼气池，促进了农、林、牧、副、渔业的协调发展，大大降低了生产成本。根据该村现状，依靠科技，走一条发展沼气生产、合理利用资源循环再生的路子，是促进全村各项事业和经济发展的有效途径。

舒城县桃溪镇红光村

红光村地处桃溪镇最北端，与肥西县隔河相望，206国道贯穿全村1.2千米，防汛路横穿境内2千米，面积2.44平方千米，辖13个村民小组，487户1500人，耕地1500亩。红光特色餐饮业发达，素有"桃溪瓦罐汤，江南江北香"之美誉。

村两委兢兢业业，一心为民，各项工作取得较好成绩，县委、镇党委分别授予其"先进基层党组织"称号。红光村党支部严格执行"三会一课"制度，以创建"五个好"党组织为目标，以"六大载体"建设和"一创三联"活动为载体，开展各项主题教育活动，激发了广大干群参与美好乡村建设的热情，在城乡党建结对共建活动中，省财政厅国际债务处、市委党校为红光村安排了30万元用于中心村及防汛路亮化工程。县农科所征地550亩，用于精品蔬菜种植。光世农业公司租地1300亩，发展设施农业。

为科学、高效地建设好示范区，2010年初，县政府邀请中国农业大学农业规划科学研究所，历时近半年，反复论证，于2010年7月，编制完成了"安徽省桃溪现代农业综合开发示范区总体规划（2010~2015）"。整个规划区可以概括为"一核六区三带"的大格局。

"一核"，即红光村美好乡村建设核心区，核心为红光示范点。

"六区"，即美好乡村建设示范区、高标准粮油生产区、设施蔬菜生产区、花卉苗木生产区、生态水产养殖区、优质农产品加工区。

"三带"，即丰乐河、老人河、路里河景观带。

示范区规划建设年限为5年，即2010~2015年。

金寨县双河镇河西村

河西村是安徽省六安市金寨县双河镇下辖的一个村级行政单位，位于金寨县双河镇西南部，是开国上将、全国政协原副主席洪学智将军的出生地，村域森林覆盖率高，山清水秀，环境优美，水面、山场、旅游等资源丰富，蚕桑、板栗等传统产业优势明显。美好乡村建设开展以来，该村挖掘本地资源优势，创新发展理念，扎实推进，科学谋划，初步形成了"生态宜居村庄美、兴业富民生活美、文明和谐乡风美"的秀美山村景象。

亳州市谯城区十河镇大周村

大周村位于安徽省亳州市谯城区十河镇，是十河镇下辖的一个行政村，人口2000多人。是亳州市境内新农村示范点，也是著名的蔬菜基地。

十河镇大周村地处黄淮流域，属温带季风性气候。四季分明，光热资源充足，年最高气温40℃，最低温度-15℃。多年平均降雨量约为840毫米。地理位置优越，交通十分便利。地处淮北平原，土壤肥沃，气候温和，雨量适中，无霜期209天，日照时间长，物产丰富。农作物以小麦、玉米、大豆、中药、蔬菜为主，经济作物主要有棉花、烟叶、中药材等，是安徽省优质烟叶生产基地、亳州市良种棉繁育基地和无公害蔬菜生产基地。

利辛县王人镇曹店村

曹店村位于安徽省亳州市利辛县王人镇，王人镇向南3千米，毗邻阜涡路，位于阜涡路、济广高速交会处，距济广高速阜阳北入口10千米，交通便利，民风淳朴，拥有现代化的农业示范基地、规模化的养殖基地、现代化的工业园区、新型农村住宅小区等，同时有在建的商务会馆、旅游接待服务中心、休闲娱乐中心，是周末休闲娱乐的好去处。

池州市贵池区乌沙镇乌沙社区

乌沙社区位于长江南岸，交通便捷。社区辖48个居民组，2050户8618人，耕地面积1407余亩，可养殖水域面积200余亩。在经济发展方面，以水稻、棉花、油菜种植和个体商业为主；居民从事的主要行业是农业生产、个体商业和外出务工等行业，居民主要收入来源是农业产品销售、零售业和务工工资等。

石台县矶滩乡沟汀村

矶滩乡沟汀村位于石台县秋浦河下游，殷石公路穿村而过，东与太胜村接壤，西与洪墩村相接，南与矶滩村毗邻，北与贵池杨棚村山水相连。全村辖 5 个村民小组，290 户 1780 人。

沟汀，多年前秋浦河石台段最后一个水码头。明清两代，沟汀村是远近闻名的商埠，河面舟楫云集，古有"日有千烟"之称。从前，沟汀是徽池古道的必经通衢，古道沿徽州至安庆，行至石添唐家渡分路，转向正北，经沟汀、鸂鶒入贵池县境；至虎子渡，沿秋浦河，指北偏西，顺流直下，经高坦、殷家汇转，向东北行至贵池城，全程 200 千米。据《石台县志》记载，当时沟汀是皖南重要的土特产集散中心，桨声灯影，繁华一时。"上抵香口，下抵江口，沟汀是个小扬州"，这是秋浦河两岸流传很广的一句话。

全市最大的大龙湾水电站坐落在沟汀上街组地段，县重点工程粮食产业园区坐落在龙坡地段，乡敬老院坐落在上街组地段。境内还有多处旅游资源，如沟汀新石器遗址，金水岸漂流等。

宣城市郎溪县凌笪乡钱桥村

钱桥村隶属于安徽省郎溪县凌笪乡，以境内宋代古桥命名。郎溧路贯穿村域，5.9 千米的通村公路连通各自然村，交通便利。

据明《嘉靖建平县志·桥》记载："钱桥在县东北一十五里，宋丁丑年钱兴务募缘建。"解放初期，凌笪三区指导员在划村命名时，为纪念古桥，将该村命名为"钱桥行政村"，驻地南潘自然村。1953 年划乡建政，钱桥村改为钱桥乡，

属凌笪三区。1955 年 2 月划归郎源乡，不久又划归南潘乡，属涛城区管辖。1958 年成立凌笪人民公社，钱桥村又回归凌笪公社，后成立钱桥生产大队，辖 10 个生产队。1966 年，大队部从南潘迁至孔塘。孔塘，村西北有塘，旧为孔姓所有，因名。1980 年，五武山从钱桥分出，成立五武山大队，大队部在五武山小湾。1983 年，公社改乡制时，分别为钱桥、五武山村委会。2001 年，两村又合并，仍称钱桥村。2005 年，在孔塘北新建村委会驻地，同年迁入。

钱桥村域面积 12.1 平方千米，辖 10 个自然村，688 户 2646 人，耕地面积 4076 亩。村域东至广德梅泉村，南至涛城庆丰，西与建平镇金牛村接壤，北至大吴村域。钱桥村旱地较多，村内自然环境优美，五武山和武西水库坐落在龙须湖上游。古钱桥遗址在龙须湖淹没区内，林木覆盖率达 92%。

宁国市港口镇山门村

宁国市山门村位于宁国市港口镇西南部，北邻本镇太平村，南与宁国市青龙乡接壤，当地政府官方网站资料显示，下辖 35 个村民小组，4587 人，面积 23.07 平方千米，是宁国市新农村建设试点村之一。经济以传统种植业、养殖业、运输业以及劳务经济为主。

该村境内水源充裕，植被茂密，古树名木众多，自然条件良好，拥有山场 1667 公顷，耕地 267 公顷，水田 226 公顷；矿产资源丰富，石灰石品优量大，煤资源分布广泛。

作为新农村建设试点村，自新农村建设工作启动以来，村两委将大部分精力投入到新农村建设工作中。

江西美丽乡村典型村镇介绍

新建县樵舍镇朱坊村

朱坊村位于樵舍镇西南部新坎樵公路旁，距南昌市区、新建县城均约 30 千米，属南昌半小时经济圈，西邻昌北机场，东连七里岗集镇。朱坊村总户数 528 户，人口 1736 人。耕地面积 960 余亩。其水、陆、空运输十分便利，东邻赣江龙头港码头，水运发达；西接江西的空中门户——昌北机场，空运便利；京九铁路、昌九高速公路、福银高速公路擦肩而过，陆地运输得天独厚。鄱阳湖生态经济区和南昌区域经济中心城市的发展为朱坊村造就了巨大的市场潜力，提供了理想的区域市场客源支撑，具有发展环城市带乡村休闲度假旅游的良好区位条件。

朱坊村距南昌市区约半小时车程，远离城市喧嚣，自然景色优美。村内植被丰富，环境优美，乡风淳朴，非常适宜人文景观旅游和生态自然旅游。朱坊当地流传着一个美丽动人的爱情故事：2000 多年前春秋时期"吹箫引凤"的主人公萧史和弄玉乘坐一龙一凤离开西山后，见朱坊此地山水相依，风景宜人，是一个渔、樵、耕、读的世外桃源，最终两人相约在此定居生活，颐养天年。这个故事一直被后人所传诵，家喻户晓的成语"乘龙快婿"和"龙凤呈祥"均出自该传说。朱坊村先后获全市新农村建设重点打造示范村、省新农村建设百佳优美村庄、省民主法治示范村、省精品农村示范社区、南昌市级生态示范村等多项殊荣。

进贤县前坊镇太平村

太平村紧邻鄱阳湖、军山湖、青岚湖之间，村庄依山傍水，风景秀丽，自然生态环境良好，先后被评为南昌市十佳旅游景观名村、十佳乡村旅馆、江西省休闲农业示范点、江西省乡村旅游示范点、江西省级生态村、国家 AAA 级旅游景区、中国幸福村、全国文明村镇等。

萍乡市湘东区麻山镇幸福村

萍乡市麻山幸福村位于萍乡市湘东区麻山镇，距离萍乡城区 10 千米，农户 586 户，人口 2573 人。这里依山傍水，风景秀丽，春来山花烂漫，盛夏瓜果累累，秋日天高气爽，寒冬腊味飘香，加上规模宏大的农业景点，微观的农事体验，使人置身其中，飘然欲仙之感美不胜收，属原生态的自然田园风光，是休闲旅游的首选之地。

作为全国农业旅游示范点和江西省农业旅游示范点所在地，麻山幸福村围绕农村发展、农业增效、农民增收，以葡萄、草莓、无公害蔬菜、果树栽培、花卉苗木等产业发展为重点，以"观农家景，吃农家饭，住农家屋，采农家果，干农家活，体验农家生活乐趣"为内容，把乡村旅游与现代农业、与新农村建设、与改善农村环境、与建设优质农产品加工供应基地、与提升农民素质、与民俗文化保护、与打造乡村品牌相结合，走"公司+基地+农户"的路子，充分利用肥沃的土壤，广阔的田野，积极打造生态农业、特色农业、规模农业，严防各种污染，营造清新宜人的自然环境。目前，全体村民正以科学发展观为指导，努力建设红色吸引人、绿色陶醉人、休闲留住人的乡村旅游景区。最终建设成为集农业休闲观光、农事体验、农家乐等为一体的乡村旅游景区。

九江市庐山区海会镇

海会镇隶属于江西省九江市庐山区，地处江西省九江市东郊，东临烟波浩渺的鄱阳湖，西靠风景秀丽的庐山五老峰，南接庐山市城区，北接濂溪区高垅乡，曾为官道驿站，宋称茶庵，民国时期称土楼，后以"百川汇海"之意取名海会，是一个具有 2000 多年历史的古镇。

海会镇有 9 个行政村、1 个林场，共 123 个自然村组，现有人口 2.82 万人，其中城镇居民 7472 人。江西省一级公路环庐山大道，穿境而过，交通十分便利。镇域面积约 60 平方千米，平均海拔 380 米，林木资源丰富，地势为东低西高，西部为山林，属庐山山体的一部分。地处亚热带地区，气候宜人，雨量充沛。镇内资源丰富，蕴藏了大量的高岭土、花岗石，镇内饮用灌溉用水来自庐山山体，水质优良，沿鄱阳湖岸线约 9.5 千米，渔业养殖条件优越。

2017 年 7 月 28 日，海会镇入选为第二批中国特色小镇名单。海会镇是著名的旅游乡镇，有全国旅游第一镇的美誉。境内有庐山东门、庐山三叠泉风景区、第四纪冰川遗迹、碧龙潭风景区等著名景区；海会寺、原国民党军官训练团遗址等大量历史古迹。

海会镇是庐山云雾茶的始产地，素有"茶圣落足品茗之地，'诗仙'筑庐隐迹之所"之美誉，是庐山云雾茶茶种（小叶品种）的主要种植地、庐山云雾茶天然野茶的主要分布地（均在海拔 600~800 米山林中）。目前仍保持原始手工加工、制作以及种植的区域，其中"七尖幽兰"云雾茶种植基地代表庐山云雾茶参加百年世博，并荣获中国名茶金骆驼奖。

星子县温泉镇

温泉镇是江西省九江市庐山区下辖的一个镇。位于美丽的庐山南端，地处庐山市、德安县、九江县三县交界处，地理位置独特，九（江）隘（口）、星（子）德（安）公路过境，是贯穿三县（市）的交通枢纽。温泉镇因镇内的庐山脚下有著名的温泉而得名。

温泉镇面积 107.5 平方千米，辖 9 个行政村（区），约 2 万人，均为汉族江右民系。境内有虎爪崖、陶渊明醉石、东林大佛、天下第一泉、磨盘岭周代文化遗址等名胜古迹。省庐山温泉工人疗养院设于此。

温泉镇的温泉为元古界板溪群浅变质岩，岩性主要为二云母片岩、石榴云母石英片岩、石英片岩和角闪片岩，有大量花岗岩脉、花岗伟晶岩脉和角闪岩脉浸入其中，分布在东西向狭长沟谷中，自第四系黏土、沙砾石层中涌出，伴有串珠状气泡溢出，泉水无色、透明，含硫化氢，平均水温 65℃，水质为重碳酸钠型水。素有"江南第一温泉"之美誉。

彭泽县马当镇船形村

"铜安庆，铁九江，不如马当小地方"。蜿蜒腾跃的马当，悬崖峭壁的矶山，波澜壮阔的长江，成为古色古香徽派建筑群的"背景"元素，这就是美丽的省级妇女儿童之家示范村——彭泽马当镇船形村。船形村位于长江中下游南岸，属中亚热带和北亚热带过渡地带，地势为丘陵地形，西北临江，域内马当炮台山已列入省级文物保护重点，山水相连，生态优美。

马当形如奔腾的骏马横枕江中，"马当"地名由此而来，早在唐代就有李白、陆龟蒙、王勃等大文豪在此留下墨香。1912 年孙中山先生视察长江时曾在马当炮台山挥笔写下"中流砥柱"四个大字，此外还有令马当人引以为豪的彭泽核电工程等，这些古今元素为船形打造最美乡村提供了醇厚的"底色"。

近年来，马当镇通过总体规划，借助申报省级示范镇和国家级示范镇的大好时机，在船形新村外面，修建一条 2.3 千米长的府前大道，横贯东西，打造一条西洋式建筑的商业大街，与净白龙首翘角的居民宅相衬，使独具特色的居民小街、小巷七弯八拐，与船形村的徽派建筑群交相贯通，衬托了城中村的静美！如今走进船形新村——核电移民小区，美丽的徽派建筑群让人眼前一亮，容纳几千人的休闲广场与文化活动中心尤显大气，一栋栋阁楼错落有致，别具风貌；村办幼儿园里琅琅的读书声和歌声别有天地，银杏树下，女子秧歌队与篮球队员们激情表演……在"城中村、村中城"的美丽身影随处可见……

新余市孔目江经济生态区欧里镇昌坊村

昌坊村是全国农业旅游示范点，国家 AAA 级旅游景区，国家级生态村和全国文明村。它隶属于新余市孔目江区欧里镇，离国家重点风景名胜区仙女湖仅一山之隔，距城市中心区 20 千米。

昌坊村犹如一幅美丽的山水画，自然风光秀丽，山环水绕，开门见山，出门即水。景区面积 4 平方千米，内有山林生态面积 3000 余亩，湖泊等水域面积 600 余亩，半人工生态的耕地面积 600 余亩，果林苗圃面积 600 余亩，森林覆盖率

70%以上，是天然氧吧；整个村庄生态自然环境特征是"楼宇连绵，一江水，四面绿"。

昌坊村是一个有700多年历史的古老山村，在历史上，昌坊村的位置正好在原新余县和分宜县交界点上，也是新分两县交通要道上的一个中点站。旅游资源既丰富又独特，历史文化和生态环境优势明显。古道、古树、古洞、古寺、古窑、古水井、古店铺、古祠堂，山如黛，湖似镜，蓝天白云，泉水叮咚，鸟语花香。在这里，肃然朝庙，热情漂流，休闲垂钓，悠然在现代农业示范园里采摘观光；在这里，游山水文化广场、榨油坊、美食街和仿古祠堂；观手工夏布、传统戏曲、腰鼓和舞龙；听故事传说、民间锣鼓、山歌民谣和歌曲合唱；在这里品尝农家美味，融入湖光山色，享受春的美丽，夏的热情，秋的果实，冬的诗韵和吃、住、玩、行、购、娱一条龙优质服务，既开心，又浪漫。

仙女湖区九龙山乡

九龙山乡位于新余市南部30千米处，地域面积80平方千米，总人口8600余人，是国家AAAA级旅游区、国家级重点风景名胜区仙女湖的重要组成部分，辖5个行政村、2个农业分场、1个国有林场。与吉安、分宜、峡江、渝水四县交界，境内交通便捷，5千米长的省级柏油路直抵新钢公司山上生产区，更有武吉高速公路穿境而过。

境内青山秀水，气候宜人，可歌可泣的红色历史文化、独具特色的自然风光和美丽动听的神话传说构成了丰富的绿色生态景观和历史人文景观，素有新余的"井冈山"和"小庐山"之美称。

全乡现有林地面积8939亩，活立木蓄积量15.2万立方米，森林覆盖率达71.2%，是假日休闲理想的"天然氧吧"。九龙库湾区域面积25000多亩，其中淡水面积8800亩，渺然一片漾微白，千顷平湖生波远。

依山傍水而建的江西现代运动狩猎场正在如火如荼的建设中，九龙红色旅游漂流红红火火。

仙女湖纯正茶油、仙润笋干、仙龙火腿、仙龙皮蛋等一批绿色旅游食品在市场格外走俏，并逐步走向国际市场。

贵溪市雷溪乡

雷溪乡位于贵溪市郊，东邻流口镇，南连塘湾、金屯镇，西接罗河镇，北与雄石毗邻，行政区域面积44平方千米，辖9个行政村，53个村民小组，总人口19668人。雷溪交通便利，距市区仅9千米，贵塘公路纵横南北，直抵320国道。通信基础设施健全，程控电话光缆布满全乡各村，实现村村通，中国移动公司和联通公司分别在境内设立基站，无线通信网络便利。

雷溪属丘陵河川地带，地势东南高、西北低，西溪及排洪港由南向北分别纵贯西部境边和境东。年平均气温18.20℃。无霜期约262天，年降水量1833毫米，土壤多属红壤及冲渍水稻土，宜林宜耕矿藏资源十分丰富。共有耕地17182亩，是贵溪市商品蔬菜生产的主要基地，蔬菜种植成为农业产业结构调整的主要方向，蔬菜生产是人民群众生活水平提高的主要途径。现有山地面积11900亩，果业发展迅速，橘、梨、桃、李等品种齐全。

全乡有小Ⅰ型水库1座，小Ⅱ型及山塘水库11座，综合养殖业稳步推进。雷溪乡紧紧围绕全面建设小康、奔向小康社会的目标，从农村政策、发展、稳定的大局出发，促进农村经济和社会各项事业全面、和谐发展。

赣州市章贡区沙石镇火燃村

江西省赣州市章贡区沙石镇火燃村位于沙石镇东南部。村委会驻地竹子圳，距镇10千米，地势略由南向北倾斜。辖13个村民小组，423户，人口1632人，耕地面积1346亩，山地面积7334亩。

近两年来，努力壮大村级集体经济，完善基础设施，改善村民生活，硬化村级水泥公路，制定了中心村建设规划，村级经济蒸蒸日上，村民生活条件明显改善。

宁都县田埠乡东龙村

东龙，是我国清代初年著名文学家"宁都易堂九子"之一的李腾蛟的故乡。它位于江西宁都县东南，与石城县交界的一个海拔约500米左右的山间盆地上，东距宁都县城约70千米，西距石城县城约20千米；其东、北、西、南四面分别与石城小松镇的迳里、罗溪与宁都田埠乡的马头、杉涧、王沙相邻。尽管历史上这里一直归属宁都县管辖，但由于该村位置靠近石城，"隶宁而远，距石为近，其先代田丘，亩垅，姻嫁，仕宦，半在石城"，故村民与石城过从甚密，以致明清时期，大量读书人都到石城参加科考，人称"宁都的仔，石城的郎"。

东龙行政村占地约 10 平方千米，有耕地 2703 亩，辖 13 个自然村 18 个村民小组。13 个自然村中有 11 个自然村坐落在东龙盆地上，组成一个相对集中的村落。而樟木、小斜垅则散落在村西南广袤的丘陵山地上。全村共有居民约 400 户 2000 余人。

宁都县田埠乡东龙村，是一座人文和谐、文化底蕴深厚的古村落。当年的李氏家族在村西边"百间大屋"内居住。据有关史学专家考证，东龙村始建于北宋乾德五年（967），具有 1000 多年的历史。村中古木参天，绿树成荫，处在一个海拔在 500～900 米、占地面积约 2.5 平方千米的山间盆地里。盆地中阡陌纵横、清溪环流，景如诗画，祠堂民宅、小巷幽径错落有致，令人流连忘返。

2013 年 8 月东龙村入选"第二批中国传统村落"，同年 12 月被国家农业部确定为"美丽乡村"创建试点村。

于都县靖石乡黄沙村

黄沙村地处靖石乡北部，因黄泥沙壤土质得名。四面崇山峻岭，中间梯田成排，北高南低，水往南流。辖 22 个村民小组，总人口 3018 人，588 户。全村有耕地 2302 亩，以种植业、养殖业、林果业为主。种植业主要包括水稻和杂粮农作物，养殖业主要以奶牛养殖为主，林果业以毛竹、青梅为主，全村共养殖奶牛 1500 多头，是靖石乡奶牛重点村之一。黄沙村境内风景秀丽，气候宜人，既有难得的北国草原风光之秀丽，又兼有南国奇山险峻之雄伟，省内知名的农业产业化龙头企业——屏山牧场就落户该村。

兴国县方太乡宝石村

宝石村位于方太乡南面，距离方太圩镇 4.5 千米，与高兴、长冈、鼎龙、崇贤四乡交界，全村辖 22 个村民小组，779 户 3496 人，全村耕地面积 2684 亩、林地面积 28790 亩。

宝石村农业主导产业以水稻、烟叶、脐橙为主，近年来尝试发展了大棚蔬菜、甜叶菊等新兴农业产业。风景秀丽的宝石仙境坐落其中，双凤朝阳、梦幻西天、双乳峰等著名自然风光和狮子岩、松音岩寺等古寺闻名于兴国，是兴国县旅游资源开发的重点景区之一。

南康市横市镇增坑村

增坑村位于江西省南康市横市镇以北 1 千米车田镇北偏西方，距镇政府驻地 7.5 千米，是赣粤高速公路横市出口所在地，横大公路穿村而过，交通方便。

全村总面积 7.3 平方千米，其中山林面积 9500 亩、水田面积 1300 亩，有 4 个自然村，21 个经济合作社，总人口 2700 人，有 6 个姓氏，主要姓氏为邓、陈、黄等。

现有耕地 1362.35 亩，主要产业以无公害水稻、西瓜种植、果树种植、无公害蔬菜等为主，并且发展养牛、养猪、养鸡业等。

该村是横市镇最早建设的新农村示范点，其粮油加工区着力发展工企贸易，增加农民收入，努力建成一个生态文明、贸易畅旺的小康富裕村。

吉安市吉州区兴桥镇钓源村

钓源村是一个被列为中国历史文化名村及国家 AAAA 级旅游景区的千年古村。钓源古村坐落在江西吉安市吉州区兴桥镇，离市区 18 千米，该村始建于唐代末年，是北宋著名政治家、文学家欧阳修宗裔聚居地，有"小南京"之称。整个村庄依山傍水，环境优美。千年垂柏矗立；堂前屋后，蕉翠欲滴，竹风如涛；村内池塘、星罗棋布、众星捧月，黛顶翘檐倒映其中；村外古樟成林、稻田、水塘、青山交映，林木扶疏，山禽唧唧，花红柳绿，蜂飞蝶舞，风景秀丽，空气清新如洗，沁人心脾。古村内外环境浑然一体，宛如世外桃源。

钓源村由渭溪和庄山两个自然村组成，一条呈东西走向、上植 1.8 万余株古樟、形似道家太极图中分线的 S 形山脉——长安岭，将渭溪和庄山分置于太极中分线的两区。拥有钓源村七成以上古建筑的庄山村，中有东高西低的十余口池塘一字相连，北有对门山横陈屏列，使庄山村两山夹一水，形成了传统八卦中的"离卦"。现有居民150余户近900人。

钓源古村还有一个极为奇谲的特点。全村无论街、道、巷无一取直，全然"歪门邪道"；建筑物的朝向，一反坐北朝南的惯例，而囊括北南西东多种朝向。

钓源现存建筑190栋，有庙观、祠堂、书院、别墅、民居等。其中102栋为明、清建筑，近代建筑有88栋。

峡江县水边镇湖洲村

湖洲村位于江西省吉安市峡江县水边镇。2012年被评为江西省千年古村，2013年初，被江西省评为156处文化遗产重点保护基地之一。2014年3月，被住房和城乡建设部、国家文物局列入第六批中国历史文化名村名单。

湖洲村不仅古老，而且环境清净优美：山清水秀，四面环山，雄峰叠嶂，气势宏伟；村前小桥流水，沂江河溪，蓝天碧水，清澈见底，小鱼小虾，戏水无忧，夏天更是村民们的纯天然泳池，孩子们的消暑乐园；村中古祠古庙，古居民屋，一幢幢，一排排，望不尽，转不出，实为大，低头走，卵石路，干净清爽，踏上走，疗足养生，活血益精，抬头看，彩檐筒瓦，雕梁画栋，飞楼插空，兽头风羚，屋檐画册，圣人杰作，史海依稀，繁华盛世，古石阳县址，极尽人间美景。

整个村落95%以上都是习姓居民，大概有1000多户4000多人。

据《习氏族谱》记载，北宋宝元元年（1038），湖洲始祖习有毅（991~1055）远公任吉州府刺史，1045年卸任后顺赣江而下，逆沂江而上在古石阳县旧址（湖洲）安家建院，生有长子习俊，次子习僚，幼子习信；长孙仁德于元丰乙丑年（1085）率族裔，倾其家资大造屋宇，创建花门楼。因为在当时这幢楼高大宏伟，有"仙凡之奇"，远近闻名。久之，花门楼便成了湖洲习氏的代称。此后，凡从湖洲出去的习姓都称自己为"花门楼人"。

泰和县马市镇蜀口村

蜀口村（俗称蜀口洲），为江西省吉安市泰和县马市镇下辖村，地处县城西南郊区，总面积12.85平方千米，四面环水，东南临赣江，西北靠蜀水，地势低注，全村936户3480人，耕地面积2567亩，有13个村民小组。由于在赣江河边，地形低，每年都要遭受到程度不同的洪水侵袭，是有名的"洪灾村"，经济落后，道路难行，村民收入较低，思想观念落后，村级集体经济薄弱。为了彻底改变蜀口村贫穷落后的面貌，在镇党委、政府的领导下，蜀口村党支部、村委会根据本村实际，征求党员、群众意见，制定了"十一五"发展规划，围绕"壮大茶产业，发展生态村，建设新农村"的目标，带领村民扎实工作，埋头苦战，全村面貌得到改观，群众生活水平有所提高，取得了长足的发展。

蜀口洲风景区主要有复亨堂古祠、墨钵、宋代皇冠形古墓、朱钵、探花碑、解元碑、崇德堂古祠等21个景点。其中蜀江古村从南宋年间立基至今，经过近千年的繁衍生息，孕育了许多英雄典故、历史名流、自然风景及风格独特的各种古建筑和古代文化，在明朝时期被誉为江南的"小南京"。古村内的古祠、古墓、古碑、古匾及名木古树至今保存完好，宗祠内"五经科第"、"朝天八龙"、"二十一进士"、"父子进士"、"兄弟尚书"、"三世宪台"等古老的辉煌历史至今令世人敬仰和传颂。此外，景区特产蜀口茶享誉全国，为清朝皇室贡品，曾荣获上海世博会、首届"国饮杯"全国茶叶评比、江西省名优茶评比银奖、金奖。

井冈山市厦坪镇菖蒲村

菖蒲古村隶属于井冈山新市址所在地厦坪镇，位于井冈山市东南面，高速公路连接线出口处。属丘陵平原地带，平均海拔260米左右。泰井高速连线穿境而过，是进入井冈山AAAAA级风景名胜区的"必经之村"。辖山田垅和南城陂两个村民小组，面积共1平方千米，其中耕地面积380亩、水域面积80亩，现有112户农户460人。

近年来，随着井冈山旅游业的蓬勃发展，古村村民在上级党委政府的引领下，以建设新农村为契机，加快了古村的修复性建设，大力整治村容村貌，村内精心设计铺设了鹅卵石巷道4710平方米，修建水泥村道1700余米，并建成两个近1000平方米的大型停车场，村内种植樟树、桂花树、柏树、毛竹、果树（苗）等4000余株。如今古村装扮一新，一栋栋青砖黛瓦的徽派建筑民居错落有致，古宅小院、鹅卵石巷道、小桥流水充分体现了古村环境优美、古朴、典雅的特色。

铅山县武夷山镇

武夷山镇是江西省铅山县下辖镇，位于武夷山脉北麓，"华东屋脊"黄岗山下，与世界自然和文化双遗产地福建省武夷山市山水相连，被誉为上饶市的"南大门"。

武夷山镇交通条件优越。作为由赣入闽的要道，国防二级公路上分线和横南铁路横贯车盘、乌石村。在紧挨镇区的五里峰设有火车货运站，足可以为大宗货物运输提供便利。镇区距福建武夷山机场、上海至瑞丽311高速公路出入口及县城均约40分钟车程。

武夷山镇是原上饶地区武夷山综合垦殖场撤销后，于1998年1月新设的建制镇，同时成立了国有武夷山林场，实行两块牌子一套人马的管理方式。全镇（场）下辖6个行政村（林业分场）和车盘居委会，有102个村民小组，面积34万亩，耕地面积1.1万亩，总人口1.6万人，其中农业人口1.35万人。

武夷山镇林业资源丰富。全镇山林面积29万亩，其中毛竹林6万亩，茶叶、油茶林等经济林2万亩。

武夷山镇水能蕴藏量极大。从海拔2157.7米的华东最高峰黄岗山到海拔160米的马家坪自然村，巨大的地理落差蕴藏着极大的水能。

武夷山镇矿藏品种较多。主要有硫铁矿、花岗岩、高岭土、铅锌矿、石英石、钾长石、钼矿等。

婺源县江湾镇

江湾镇地处皖、浙、赣三省交界的婺源县、江湾水中游。溪（西）婺（源）公路自东而西横贯中部，汪口俞氏宗祠及曲尺碣为省重点文物保护单位。2016年10月15日，江湾镇入选第一批中国特色小镇。

全镇面积316平方千米，其中林地42.2万亩、水田23723亩、旱地3915亩，森林覆盖率88.9%。下辖20个村（居）委会，人口3.06万人。

江湾镇距县城28千米，距风景名胜区黄山96千米，离瓷都景德镇110千米，溪婺公路穿境而过，景婺黄（常）高速公路有立交道口，交通十分便利。江湾土地肥沃、物产丰富。经济作物以油茶、雪梨、绿茶为特色。大畈歙砚享誉国内外。

北宋神宗元丰二年（1079）萧江第八世祖江敌始迁江湾。自唐以来，江湾便是婺源通往皖浙赣三省的要塞。这里山水环绕、风光旖旎、物产丰富、文风鼎盛。绿茶、雪梨久负盛名，还育出清代经学家、音韵学家江永，明代户部侍郎江一麟，清代著名教育家、佛学家江谦等一大批学士名流。江湾自古文风昌盛，是婺源书乡代表，村中至今保存有"三省堂、敦崇堂、培心堂"等民居。还有东和门、水坝井等历史古迹，极具历史价值和观赏价值。江湾镇是婺源文化与生态旅游区的一颗璀璨明珠。

山东美丽乡村典型村镇介绍

济南市长清区双泉镇

双泉镇地处山东省济南市长清区南部，行政区域面积 100 平方千米，辖四个管理区，48 个行政村，59 个自然村，3.1 万人。自古就有"四面云山不墨画，一曲涧水无弦琴"之美誉。如今更以"江北婺源，水乡双泉"名扬海内。是全国美丽乡村创建试点镇，山东省文明镇，山东省生态镇，山东省旅游强镇，山东省最美风情乡镇，齐鲁美丽田园，《人民日报》、《中国经济周刊》记者采风基地。

双泉镇钟灵毓秀，物产丰饶。双泉地处山东中部，属温带半湿润大陆性气候，主导风向为西南风，年平均气温 13.8℃，年平均日照时数为 2623.9 小时，年平均降水量 623.1 毫米，相对湿度 61%。地貌主要属鲁中低山丘陵区，系泰山西部余脉，属纯山区，海拔高度在 29.4~998.6 米，相对高差 959.2 米。辖区属黄河流域、南大沙河（宾谷河）水系。双泉镇泉水资源丰富，长命泉有 161 处，季节泉不计其数，众多泉水汇流成河。主要河流为宾谷河西源头主流，宾谷河源头主流贯穿全镇南北，主河道全长 15.6 千米，支流总长度 20.2 千米，河道平均达 60~80 米宽。年平均径流深 199 毫米，地表径流量为 0.2 亿立方米，地下水资源为 0.5 亿立方米，全镇人均占有水资源 2333 立方米，是名副其实的泉水之乡，是著名的济西地下水的重要源头。双泉南部东西排列着十个自然村，泉水清澈甘冽无垢，且富含微量元素，乃天然的矿泉水，较有名的当属双泉、黄鹂泉、五眼井、满井泉。经过十年的精心打造，独具风貌的山乡水镇已闻名遐迩，实为北方山区乡镇所罕见，已建成 40 千米的水上长廊，160 余座塘坝，4 座小二型水库，2 处湖面（拟建 6 处），普查修复 161 处泉眼，真可谓"家家喝泉水，户户临河住"。"美丽双泉，生态水乡"和"江北婺源，水乡双泉"已成为驰名全国的贴金名片。

商河县贾庄镇南庞村

贾庄镇位于济南市商河县城西 8 千米处，省道 316 线横跨东西，济乐高速纵贯南北并设有出口和服务区。

贾庄镇以"温泉旅游名镇、投资创业新城、花卉苗木之乡"为特色。先后荣获"好客山东休闲汇山东省最佳休闲乡镇"、"山东省苗木花卉百强镇"、"省级旅游强镇"、"省级文明镇"、"济南乡村文明行动第一批示范乡镇"等荣誉称号。

贾庄镇以乡村绿洲为依托，建设 1200 亩文化旅游园区，其中 3082 平方米游客服务中心、6000 平方米温泉疗养体验区、7 万平方米花卉观赏区、5000 平方米鼓子秧歌民俗欣赏区、1.2 万平方米采摘区、6100 平方米农家乐餐饮住宿区、5.3 万平方米休闲垂钓游园等，将乡村绿洲培育成集温泉体验疗养、鼓子秧歌欣赏、生态农业观光、农副产品开发于一体的多功能、综合性生态文化旅游景点。乡村绿洲占地 2000 亩，建有 50000 平方米的现代化智能温室，利用地热资源培育红掌、文心兰、蝴蝶兰等名贵花卉，年销售花卉 80 万盆，是济南市最大的红掌种植基地，省会市场占有率达 90%；建有 1600 亩的苗木基地和 200 亩的牡丹园观光区，2011 年通过国家 AA 级景区验收，是全省农业旅游示范点、全市"十大观光休闲农业示范基地"和全市十条观光休闲农业线路之一——商河鼓乡神韵线路景区。

淄博市淄川区双杨镇藏梓村

藏梓村位于山东省淄博市淄川区双杨镇。土地总面积约 6300 余亩。总人口 760 人、居民 230 户。藏梓村的梓橦山是鲁中历史文化名山。传说古时该山生长了大片梓树和橦树，故称此山为梓橦山。梓橦山有鬼谷子、孙膑、庞涓、苏秦、张仪、王樵等历史人物遗迹和传说，更有鬼谷子洞、八棱碑、王樵茧室、玉皇宫、黄岭寺、儒学院、冀经书院等历史文化遗存。苍松翠柏、神泉碧水、怪石突兀的梓橦山，处处充满了神奇和传说。

梓橦山上的鬼谷祠、鬼谷洞、鬼谷泉，是战国时期鬼谷子修身养性、讲学授徒之地，所以，梓橦山享有中国古代第一所军事学院的美誉。鬼谷子在梓橦山隐居期间，写下了纵横家理论巨著《鬼谷子》，他的谋略被广泛用于世界政治、军事、外交、经济等各个领域。当代人用刻瓷艺术长影壁，再现了理论巨著《鬼谷子》，该长影壁长64米，3卷23篇8368字，被列入吉尼斯世界纪录。

北宋大孝子王樵，字肩望，自号"赘世翁"，梓橦山庄（今藏梓村）人，文武兼备。宋真宗咸平二年（999），契丹游兵掳掠淄川，王樵父母被掳。王樵北去千里寻亲，数年无果。还乡，木刻双亲像葬于梓橦山并守孝6年。王樵守孝期间，总结自己寻亲的经历及对契丹部落的了解，写下了《游边集》、《安边集》、《靖边集》三部兵书，并上奏朝廷希望采取措施保卫边疆，抵御外族入侵。无奈政局腐败，国仇家恨无处伸张。王樵身心备受摧残，于梓橦山之阴垒砖自囚，叫作"茧室"。后人仰慕王樵的美德，建孝子祠以纪念之。1994年始，藏梓村对梓橦山进行规划开发，建成占地200公顷的梓橦山风景区，人文景观与自然景观浑然天成，山为景，景盘山，山景一体，湖光山色交相辉映，红墙碧瓦绿树成荫，20处胜景错落有致。1998年5月，中央军委副主席、国防部长迟浩田上将为梓橦山鬼谷洞题词"鬼谷仙"。

枣庄市山亭区城头镇西城头村

西城头村前身城头村由来已久。曾在该村出土过汉代石刻（现在滕州市文物馆存放）。1955年，城头村分为西城头、东城头二村。西城头村地处平原地带，地势平坦，水源丰富，发展农业具有得天独厚的条件。村境东西最大距离1.6千米，南北最大距离1.7千米，全村占地面积270公顷，其中耕地面积240公顷，盛产小麦、玉米及各类蔬菜。境内交通便利，省道木娄（滕州木

石至泗水娄德）公路和市道滕水（滕州至水泉）公路纵横交叉穿境而过。境内驻有胶合板厂、金城淀粉厂、机械制造厂及多家民营企业，是投资建厂的黄金地段。2000年，全村共有1350户，总人口4802人。人口自然增长率为6.8‰。全村姓氏有田、张、杜、宋、曹、韩等61个，其中田姓最多。村内汉回混居，有回族群众700多人。据考证，回民刘氏、马氏、韩氏、王氏、陈氏、杨氏等陆续由济南、禹城、济宁等地迁此定居。现回汉亲如一家，共同发展经济。

滕州市洪绪镇龙庄村

龙庄村位于镇政府驻地南侧2.5千米，箭波路从村内通过。辖4个村民小组。全村有418户，1525人，耕地1428亩，2010年农民人均收入1.27万元。1988年成立了"农工商总公司"，对土地实行集约化经营，成为小麦种子基地，是鲁南地区唯一的土地集体所有村，全镇唯一的喷灌灌溉村。工业起步较早，形成了工业群体，分为五大类，八大系列，200多个花色品种，特别在塑料加工业方面成绩突出，是江北最大的塑料制品加工基地。

该村围绕新农村建设目标，以解决工业用地困难为出发点，委托南京林业大学对全村进行科学规划，将全村规划为农民公寓、工业区和农家乐三部分，设计出了一条节约用地、发展村域经济、美化村庄环境的新农村建设之路。成功实施新型农村社区建设，建成多层住宅楼60栋，已完成整村搬迁。规划建设的"幸福龙庄"乡村游景区即将全面运营，成为滕州市乡村游"五朵金花"之一。村内社会各项公益福利事业比较完备，正在建设农村社区服务中心，镇九年一贯制学校坐落于该村，1990年在全市农村首批建成万册图书馆，1991年6月1日，被市政府命名为"一类文化大院"。龙庄是山东省文明村、山东省绿化示范村，多年的枣庄市经济百强村，枣庄市首批文明生态村，2010年、2011年、2012年连续三年在全市农村工作会议上做典型发言。

东营市东营区龙居镇

龙居镇位于东营区境西南部，距区政府20千米，东邻史口、牛庄两镇，南与博兴县交界，

西依黄河与利津县相望，北与垦利县接壤。2006年底，辖55个村民委员会；有9984户，非农业户口2018人；人口自然增长率2‰。

该镇属暖温带大陆性气候，雨量适中，光照充足，四季分明，历年春季干旱多风，夏季炎热多雨，秋季凉爽多晴天，冬季寒冷少雪。年平均气温12.4℃，全年日照量为2750小时，年平均降雨量为580毫米，无霜期在200天左右。最大积雪厚度为17厘米，最大冻土厚度为0.54米。

龙居镇被山东省旅游局命名为"省级旅游强镇"。2008年，龙居镇抓住东营市创建中国优秀旅游城市的有利时机，大力发展休闲观光农业，全力打造生态旅游名镇。这个镇高起点编制旅游规划，聘请青岛大学旅游研究所完成了《龙居镇旅游总体规划》，为打响精品旅游、特色旅游品牌奠定了良好基础。同时高标准实施了景点建设，截至2008年，投资2000多万元建设了展新路、循环观光路、农业生态园、龙居湖文化公园、紫葚采摘区、黄河滩区沙地运动中心等景点，初步搭建起了黄河展区生态观光旅游的大框架。龙居镇还高投入开发旅游产品，通过财政投入、吸引社会资金、鼓励能人回乡创业等方式，积极促成了桑叶茶、桑葚酒、速冻蚕等一大批特色旅游产品的开发。

龙居镇于2008年成功举办了"桑葚采摘节"、"麻湾西瓜品尝推介会"两大节会，游客采摘桑葚20多万斤，销售麻湾西瓜500吨，带动了当地餐饮服务业的健康发展和桑叶茶、龙居丸子、龙居月饼、老粗布、草编等特色产品的旺销，取得了经济效益和社会效益的"双丰收"。2008年龙居镇共接待游客8万多人次，实现旅游收入600多万元，成功跨入了省级旅游强镇行列。同时，龙居镇小麻湾村还被山东省旅游局命名为"省级旅游特色村"。

广饶县李鹊镇

李鹊镇隶属于山东省东营市广饶县，地处黄河三角洲和东营市的南部，北距广饶县城8千米，南邻临淄区，东与广饶县大王镇相接，西邻淄博市和滨州市。该镇总面积66.44平方千米，耕地面积75916亩。设57个村民委员会，2005年，全镇共10806户，有36768人。人口自然增长率为3.89‰。

李鹊镇历史悠久，人杰地灵，文化底蕴丰厚。境内考古发现的西辛文化遗址始于龙山文化延至商周秦汉时期，是黄河文化和齐文化的发祥地之一。悠久的历史，璀璨的文化，营造出人文荟萃和英才辈出的文化氛围。东汉时期以勤劳孝亲而知名的董永，明朝时期以刚正不阿而彪炳史册的会元李舜臣、进士孙三杰，太平天国农民革命战争时期的起义首领李金鳌，积极投身革命舍身掩护同志的人民英雄耿贞元都诞生在李鹊镇。

莱阳市姜疃镇濯村

濯村村名来自"沧浪之水清兮，可以濯我缨，沧浪之水浊兮，可以濯我足"。濯村位于莱阳市区南20千米的五龙河畔，面积6.72平方千米，全村1636户，5000人，耕地面积8900亩。十几年来，濯村依法流转土地，发展现代高效农业，建起了大梨、苗木、花卉、生态园等果品园林基地；建立了1000余亩的工业园区，16个项目进入园区；努力打造美丽乡村宜居环境，建成了"三季有花、四季常绿"全国一流的花园式村庄；着力打造特色旅游品牌，制定了"一河两带三山一园"的创新发展规划。先后荣获"全国文明村镇"、"全国农业旅游示范点"等荣誉称号。

濯村是莱阳建村较早的村庄之一，濯村宫氏一族更是历史上胶东宫姓最显赫的名门望族。元朝集贤学士宋渤在为宫礼撰写的碑文中这样评价宫氏家族："有田万顷，五世聚居，老稚常满三百口，为东海巨族。"宫氏以五龙河畔濯村为中心向周围村庄扩展，家族兴旺，人才辈出。宫礼是金大定二十五年（1185）进士，积官青州刺史、骑都尉、开国男，诰封朝列大夫，赐紫金鱼袋。他是宫姓历史上第一位进士，他的儿子宫福寿，诰赠光禄大夫，三个孙子宫诚、宫谦、宫诜，皆有官衔。迁居即墨的后人宫友贤，于明朝永乐二年（1404），殿试高中一甲第三名探花。宫义、宫智于金大定年间从五龙河畔东迁到乳山崖子镇青山村。多少年后，一代武术大师宫保田，就出生在这里。宫保田世称"燕蝙蝠"。

明朝初年，宫敬惠从濯村迁到西邻董格庄村。经过几百年的发展，濯村也早已成为一个千余户人家的大村落，号称"莱阳第一村"，美丽的田园风光每年都会吸引大量的中外游客。

莱州市金仓街道

金仓街道位于莱州市北部，东邻三山岛街道，北距莱州港4千米，北部、西部濒临渤海莱州湾，南部与城港路街道接壤，总面积67平方千米。218省道从街道东部边缘穿过。街道政府驻地距市区22千米，是莱州市村庄数量和人口数量最少的镇街。

境内地势平坦，以平原为主，最高点在仓北村，海拔21米。西部、北部海岸线总长21千米，海产品丰富，尤以梭子蟹、对虾、大竹蛏、文蛤四大海鲜闻名全国。沿海地区有1.31万亩人工栽植的黑松林，故空气清新，生态良好，宜居宜游。西部沿海有大量滩涂，适宜海水养殖；北部近海水质良好，滩涂沙质细腻、洁净，号称黄金海岸，适合休闲娱乐；东南部土地肥沃，种植业发达。

传统产业以种植业、海上捕捞、水产养殖、海产品冷藏加工、建筑安装为主，2011年8月成立以来，依托生态环境优越的半岛型海滨资源，以独特的海洋生态文化为内涵、丰富的海洋经济为补充，发展以度假功能为核心的海滨旅游综合体，重点打造滨海旅游、工业旅游和乡村旅游三大板块。

金仓街道先后被评为"好客山东休闲汇山东省最佳休闲乡镇"、"山东省旅游强乡镇"、"山东非去不可旅游景区"、"省级安全社区"、"烟台市级文明单位"、"烟台市安全生产先进单位"、"全省农机安全示范乡镇"。

蓬莱市刘家沟镇马家沟村

马家沟村位于蓬莱市刘家沟镇东部，地处胶东半岛黄金旅游板块的核心位置，毗邻烟蓬观光大道，全村256户共650人，人均纯收入23100元。马家沟村按照发展农业生态旅游的思路，初步形成葡萄酒文化体验区、滨河临水垂钓区、特色果蔬采摘区、农家乐休闲区、综合餐饮服务区等板块，农村休闲度假布局已初见雏形。马家沟村的民俗文化内容多种多样，犹以富有特色的锣鼓文艺表演和"八大碗"饮食闻名于十里八乡。马家沟锣鼓秧歌表演队曾多次代表镇乡参加蓬

莱、烟台等组织的比赛和表演，获得了领导和观众的一致好评。"八大碗"由刘家沟一带旧时喜宴沿袭而来，现已申请商标注册，同时也成为了马家沟发展乡村旅游的文化卖点。

栖霞市桃村镇国路夼村

国路夼村位于胶东腹地，栖霞市大庄头乡境内，村落三面环山，东邻塔顶山，北倚玉顶山，南面南刁顶，山间有潺潺溪水自东向西流过。国路夼村山旷地广，总面积10.1平方千米，土地2250亩，共有810户，2257人，山岚面积10800亩，果园面积4700亩。2014年全村经济总收入达2.4亿元，农民人均纯收入17500元。

因地制宜，依靠品牌优势，大力调整种植结构，实施了"五个一"工程，即发展无公害苹果、大樱桃、香椿、板栗、大枣均1000余亩，年可增加农民收入达2000万元。为了进一步提高农业管理能力和农民经济综合管理水平，该村先后成立了富财大樱桃农民专业合作社、香椿专业合作社、乡村旅游专业合作社、果业专业合作社以及水利专业合作社。自2003年以来，先后投资2000多万元开发生态旅游，年可接待游客35万人次以上，增加收入200多万元。在增加了集体经济收入的同时，生态旅游业的发展吸纳了大量的劳动力，拓宽了村民的就业渠道，增加了村民收入。

该村获得了"全国生态环保达标示范村"、"全国农业节水示范村"、"全国山水林田路综合治理百佳村"、"全国创建文明村镇工作先进村"、"全国生态文化村"、"全国造林绿化千佳村"、"全国绿色小康村"、"中国名村"、"国家AA级旅游景区"等称号。

寿光市孙家集镇

孙家集镇位于寿光市西南部，是寿光市的西南门户，北距市区6千米，东临弥河，西接青州，风景秀丽，环境优美，是全国大棚蔬菜发祥地，被国家命名为"中国大棚蔬菜第一镇"。

该镇文化底蕴浓厚，旅游资源丰富。冉宋台村的"宋台神釜"和边线王村的古文化遗址，据考证多属大汶口和龙山文化，历史悠久，保存相对完整；张家寨子村有一株直径1.8米的银杏

树，据考证系明代以前栽植，"银杏承云"被誉为寿光"新八景"之一；女革命家陈少敏的故乡范于村，她的丰功伟绩和高风亮节，赢得了世人的尊重；三元朱村的社会主义新农村建设和绿色蔬菜文化吸引了全国各界人士，前来参观者络绎不绝；只有0.35米的地中山脉——静山，碧波荡漾的人工湖，水天一色的弥河，构筑了一个以古文化为底蕴，红色为主线，绿色为主题，新村建设为亮点，串联东西、纵贯南北的大旅游格局。

寿光市双王城生态经济园区

2011年12月，双王城生态经济园区成立，行使镇级管理权限。该园区位于寿光市西北部，东邻羊口镇、营里镇，西毗台头镇、东营市广饶县，南与台头镇、田柳镇接壤，北倚羊口镇。辖双王城水库区域、机械林场区域、清水泊农场区域、巨淀湖区域和牛头镇、寇家坞、李家坞共14个行政村，7052户、23926人，总面积193平方千米。园区管委会驻双王城水库东。2015年，全区完成社会固定资产投资11.2亿元，实现财政总收入6795万元，其中地方财政收入6043万元，同比增长19.7%。4年间，园区先后获得全国美丽乡村试点单位、国家湿地公园、山东省首批生态旅游示范单位和休闲农业与乡村旅游示范点、山东省爱国主义教育基地、山东省国防教育基地、山东省党史教育基地等荣誉称号。

2011年伊始，园区围绕巨淀湖生态湿地、滨海国家湿地公园（林海生态博览园）、双王城水库等重点区域，先后完成3万亩的成片造林和湿地建设，建成3000亩的中国北方盐碱地苗木基地。2012年，投资1.7亿元，动工建设巨淀湖景区、双王城一号大街等8个项目。完成双王城环库林场建设项目，开始进行园区生态开发。结合小清河流域生态修复，推进总投资10亿元的巨淀湖湿地引水、湿地水网、退耕还湿、湿地保护和治污减排五大生态治理工程，启动环巨淀湖沿塌河的大型生态修复工程建设。2013年，投资5.8亿元，建设巨淀湖路、海洋湿地研发中心等6个项目，生态开发初现成效。2014年，投资7.3亿元，新建双王城净水厂，续建巨淀湖路等8个项目，巨淀湖景区开始投入运营，生态开发

效果显著。2015年，投资11.18亿元，完成海洋湿地研发中心、汉文化产业园、双王城净水厂以及多个民生项目建设，双王城生态开发带来的经济效益、生态效益和社会效益实现同步提升。4年间，栽植湿地适生树种60多万株、水生植物12万平方米。恢复芦苇沼泽湿地145公顷，盐碱湿地植被100多公顷。完成造林绿化面积4万亩，其中生态公益林2.2万亩、社会资本造林1.3万亩，整个区域绿化水平进一步提升。

微山县西平乡西平村

西平村隶属于山东省微山县西平乡，为微山西平乡人民政府和西平村委会驻地，距县城18千米。邻曹枣公路，京杭大运河过境。

人口1433人，原靠一座土寨西门建村，名西门村，后演变为西平村。1984年，由沛县划归微山县。工商业有西平建筑公司、西平侨属联合公司。耕地1622亩，主产小麦、水稻。另有湖产989亩，特产浅水白莲藕。北3000米是大屯电厂，有班车通徐州、微山。

泗水县泗张镇王家庄村

泗张镇位于山东省泗水县城东南25千米处，北纬39°，东经117°，南与孟子故乡邹城市城前镇接壤，东与平邑县丰阳镇为邻，西与本县圣水峪乡相连，可一同眺望孔子故里曲阜。该镇南北长23千米，东西宽20千米，总面积20.6万亩，其中耕地面积49175亩，有林果面积13.8万亩，林木覆盖率61%。全镇辖79个自然村、66个行政村，14075户，48000人。该镇交通便利，东接京沪高速公路，西邻京福高速公路，北连327国道，日菏高速公路横穿东西，S244省道南北穿越。境内山峦起伏，有大小山头93座，如中部的老猫山、红山、老寨山，中南部的玉皇山、柴火山、消息石顶、老猫洞山，西北部的安山，东部的圣公山。这里山清水秀，鸟语花香，林茂果丰，物产丰富，古迹众多，是著名的生态名镇，休闲度假胜地。

宁阳县鹤山乡

鹤山乡位于山东省泰安市宁阳县西北部，因境内有形似松鹤的鹤山而得名。鹤山乡地处环渤

海经济圈内，区位优越，交通便利，通信方便。境内有鹤山、宁阳颜子庙、奎星阁等景点。

2016年2月4日，经山东省政府批准，宁阳县鹤山乡撤乡设镇，新设立的鹤山镇行政区域范围和政府驻地保持不变。鹤山镇内众多山峰星罗棋布，北部有大汶河穿行其境，山水相连，使这里蕴含着深厚的文化底蕴。

泰山脚下，汶河南岸，南有孔子故里曲阜，西与水泊梁山相望，总面积99平方千米，辖49个行政村，人口5.5万人，耕地8.8万亩。鹤山乡东部为冲积平原，西部为山地丘陵，北部有大汶河穿越乡境。

东邻京福高速公路、京沪铁路、104国道和济兖路，中小路贯穿南北，辛周路、鹤光路横穿东西。

鹤山镇自然资源丰富。拥有丰富的石材资源、黏土资源和河沙资源，石灰石纯度好，品位高，易开采，总储量达到10亿立方米，河沙储量约8000万立方米。

鹤山镇经济基础雄厚。工业经济初步形成了以服装、化工、建材、农副产品深加工为主的产业集群；农业经济全面发展，形成了"东菜西果、北林中桑，全面发展制种业、畜牧业"的格局。

特色产业初具规模，灵芝盆景、绿豆粉皮、井水白莲藕、汶河咸鸭蛋等是鹤山镇远近闻名的特色产品，正逐步发展成为鹤山的优势产业；劳务输出闻名全国，形成了"订单式培训、成建制输出、合约化管理、高水平返乡创业"的"鹤山模式"，年输出劳务人员2万余人，是鲁西南最大的劳务市场。

这里的山峦被赋予美丽的历史传说，这里的土地充满神秘色彩和灵气，孕育了一代又一代的鹤山儿女，创造了灿烂的历史文化，这里有神似松鹤的"鹤山"，有长生不老的"龟山"，有翠柏密布的"皋山"，有众多连绵不断、形似蛟龙的山峰组成的"卧龙山"。

这里历史文化遗产众多，有全国仅有的"二梁不在大梁上"的元代建筑颜庙，有奇树云集、名贵树种保存几百年的颜林。这里曾诞生过一代英雄武进，有长眠于此的宋代监察判官毕津。

新泰市龙廷镇掌平洼村

掌平洼村，隶属山东省新泰市龙廷镇。辖5个自然村，398户，1219人，林果面积1200亩，主要盛产杏梅、油杏、大樱桃、李子等，是个典型的林果专业村。被国家农业部授予全国"一村一品"示范村，美丽乡村创建试点村，山东省最美乡村等荣誉称号，还被列为全国500家旅游扶贫村之一。

近年来，该村利用林果资源优势，打造集赏花、采摘、观螺旋井、吃农家饭为一体的乡村特色旅游，吸引越来越多的游人慕名来该村赏花、采摘、观光、吃农家饭。在杏梅花开季节，每天游人达四五千人。2014年村两委注册成立了掌平洼乡村旅游开发有限公司，积极对上筹措资金200万元，整修环山路5千米，增添进山门牌、公厕、路标、休闲广场、桌椅、垃圾箱等基础设施，修缮了螺旋井，完成了15家农家乐改橱、改厕工程，提升了接待能力和水平。

文登区界石镇

界石镇位于威海市文登区西北部。东接环翠区汪疃镇并与环翠区崮山镇黄岚隔水相望，南与文登区葛家镇相连，北界环翠区初村镇，西隔昆嵛山与烟台市牟平区龙泉镇为邻。面积186.4平方千米，人口3.23万人。镇政府驻大界石，距市区19千米。四面环山，中为盆地。西南为昆嵛山主峰泰礴顶。上庄至泽头和俚岛至李格庄公路于境内交会。景点有昆嵛山风景区。古迹有罗汉庵摩崖石刻、司马长元墓、无染寺、六度寺遗址等。界石镇50千米范围内有威海和烟台两处空港，烟台、威海、石岛等多处海港，烟台、威海、文登三处铁路火车站点；车程均不足30分钟。境内交通发达，俚李线（省道303）横穿东西，上泽线（省道205）、鞠北线纵贯南北，界晒线环绕米山水库西侧。乡村公路密布成网，通达各个行政村。界石镇地处胶东经济圈中心位置，周边的青岛、烟台、威海等地区经济发展起点高、速度快，是中国经济较为发达的地区。目前，威海已与100多个国家或地区开展了经贸往来，与多个城市建立了友城关系。

荣成市成山镇西霞口村

西霞口村隶属于荣成市成山镇，位于成山镇东部，现有 1300 人。1997 年，西霞口村取得了成山头国家级风景名胜区的经营开发权，是年 3 月，先后投资 3000 多万元，建成神雕山野生动物自然保护区，占地面积 250 余公顷，三面环海，一面接陆。拥有国家 I、II 类保护动物 80 多种。是融观赏性、知识性、趣味性于一体的休闲娱乐场所，年吸引游客近 30 万人次。1997 年，将神话传说中被二郎神摒弃在海中的仙岛——海驴岛，投资 500 多万元，开发成了"海驴岛风景区"，占地面积 200 公顷。

莱芜市莱城区大王庄镇竹园子村

竹园子村隶属莱城区大王庄镇，位于莱城西北 35 千米处，西南距镇政府 3 千米。东隔岭是龙亭峪，西至王庄河，南至程家庄，北边是豆腐石村。全村共有耕地 305 亩，荒山面积 200 亩。124 户，370 人。

《康熙莱芜县志》载：明朝末年，张姓由大王庄迁此建村，因村旁野竹遍生，故名"竹园子"。

村庄所属之地，山川秀丽怡人，景物繁多，流传着许多的动人传说。村北山坡名为风坡。因连年灾害不绝，找仙人看之，修有山神庙，所修之庙高不过 2 米，长 3 米有余，2 米多宽，砖石砌成，建在平台上，直至如今。节日之时，仍有不少老人前来焚香烧纸，祈求风调雨顺，国泰民安。村东北山坡上，有块圆形约 10 立方米左右的岩石，名曰"歇凉石"。上有小洞，似猿人头，又像老虎头、狮子头，下面由 3 块小石头支撑，远望像悬浮在山坡上。顺老石沟而上，右侧一小山沟两旁各有一岩石洞，东边的叫"狐仙洞"，西边叫"仙女洞"，两个洞口相对，神奇美艳。顺老石沟再向上便是"天河"，一条宽约 5 米的水道，从 200 多米高的山顶上顺坡而下，雨季到来时，水从山顶沿水道蜿蜒而下，似从天而来，十分壮观。

沂水县泉庄镇

沂水县泉庄镇位于沂蒙山区腹地，距沂水县城 27 千米，辖 31 个行政村，3.4 万人，总面积 97 平方千米，先后荣获"省级环境优美乡镇"、"全省信访工作先进单位"、"市级精神文明村镇"、"建设平安临沂先进乡镇"等荣誉称号。

境内交通便利，沂崔路、郭王路、龙泉路、龙张路四条主干线纵横交会，其中沂崔路、龙张路二条二级柏油路分别与省道兖石路、沂博路相接，是沂水县最早实现"村村通"的乡镇。北距青莱高速张家坡出口 15 千米，南距临沂飞机场 120 千米，东距青岛港 200 千米、日照港 120 千米、沂水火车站 40 千米，西距京沪高速蒙阴出口 60 千米。

泉庄镇自然资源丰富，矿产资源主要有石英砂岩、页岩、石灰岩、钠长石等。泉庄因境内泉水众多而得名，拥有大小泉水 1000 余处，水质清冽，山水相映，著名的有虎头泉、马蹄泉、响泉、塔井泉、救命泉等。温凉河冬暖夏凉，四季水温 15℃，马连河全长 25 千米，自南向北流淌融入沂河。

泉庄镇旅游资源以崮崖风光、民俗风情、历史文化、绿色农业为主，其中最具代表性的是被誉为"沂蒙七十二崮之首"的纪王崮，已初步开发建成了集历史文化、旅游观光、商务会议、休闲娱乐、户外度假、旅游购物于一体的"天上王城"景区。2009 年"天上王城"景区顺利通过了国家 AAAA 级景区认证。

沂水县院东头镇

院东头镇是沂蒙"红嫂"祖秀莲的故乡，位于沂水县城西南 25 千米，总面积 106 平方千米，耕地 3.2 万亩。辖 37 个行政村，120 个自然村，9000 户，2.9 万人。院东头镇位于山东省山水胜地和黄金海岸旅游大格局的中间地带，随着青莱高速、长深高速建成并在沂水交会，全乡旅游的可进入性大为提高；特别是随着沂河滨河大道建成通车，将形成沂水、沂南、莒县等周边县半小时生活圈，临沂、日照等市 1 小时生活圈，成为"临沂后花园"。

全镇属纯山区，辛子山林场驻此，全乡森林覆盖率 51.2%。地势西高东低，境内山峦起伏，沟壑纵横，平均海拔 400 米左右。主要河流峙密河，境内长 26 千米。有中型水库 1 座，小 I 型水库 1 座，小Ⅱ水库型 4 座，塘坝 34 座。系暖温带季风性湿润气候，年均气温 12.0℃～13.0℃，年均降水量 820～850 毫米，无霜期为 190～200天。盛产生姜、板栗、茶叶，系全省无公害农产品生产基地，年产生姜 2000 万千克、板栗 1050万千克、茶叶 2 万千克。主要特产有沂蒙全蝎、山山牛、山参、何首乌、松蛹、松菇等。旅游资源丰富，岩溶地貌独特，革命战争纪念地、古寺院遗址、古树众多，已形成了以天然地下画廊、地下萤光湖国家 AAA 级景区为核心的"沂蒙山乡生态休闲旅游区"，拥有全国农业旅游示范点 1处，国家 AAA 级景区 2 处，正在按照国家 AAA级景区规划建设的景区 5 处，有星级宾馆 2 处。

莒南县洙边镇

洙边镇位于鲁苏两省、赣榆、莒南、一县一省交界处，辖 45 个行政村，5.2 万人，面积 120平方千米，耕地 7 万亩，森林覆盖率达 55%。是著名的"国家高产优质板栗示范基地"、"有机茶生产试验示范基地"，有"中国茶叶之乡"、"中国板栗之乡"之称，被水利部、财政部命名为"全国水土保持生态环境建设示范小流域"，是城里人度假旅游的胜地。2007 年被评为省级文明乡镇、临沂市最佳魅力乡镇。

洙边镇历史悠久，文化源远流长。秦汉时期为东海郡祝其县治所，南北朝时期是南北政权互相争夺的前沿阵地，唐以后归密州莒县，宋归莒州，元归益都路莒州，明属青州府莒州，清属沂州府莒州。境内文化遗址有"孔子晒书台"、"卜子书院"及汉代、宋代等古文化遗址多处，形成了以儒家文化为主体的文化传统。

蒙阴县野店镇毛坪村

毛坪村（社区）隶属于山东省（临沂市）蒙阴县野店镇，位于蒙阴县城北 25 千米、野店镇驻地西南 8 千米。是山东省农业旅游示范点、农业部"美丽乡村"试点村、著名的优质苹果出口基地建设村，是蒙阴县委打造的"三同"（同吃同住同劳动）实践教育基地之一，还是"上山下乡"知青点、"华东爆破大王"臧西山的家乡。2016 年 11 月，毛坪村被中华人民共和国住房和城乡建设部等部门列入第四批中国传统村落名录

公示名单。

毛坪村位于雷公山自然保护区东南部，与本县永乐镇、大塘乡接壤，同榕江县平阳乡为邻，距离县城及乡政府驻地各为 47 千米。村驻地海拔 850 米，最高农田处海拔 1350 米，年平均气温 14.5℃，全村 232 户 1013 人，国土总面积 31平方千米，耕地面积 937 亩，其中稻田面积 830亩，人均 0.93 亩。房子建设是干栏式建筑风格，房屋布局错落有致，集中连片居住。村容寨貌原始古朴，别具一格，民族风情浓厚、淳朴，民俗文化、节日独具特色，受外来文化影响较小，是典型的雷公山山区苗寨。

德州市德城区黄河涯镇

黄河涯镇位于德州市德城区南郊，全镇 69个村，总面积 110 平方千米，耕地 10.6 万亩，总人口 5.7 万人，京沪铁路、105 国道、101 省道、环城高速公路穿境而过，镇驻地靠近火车站、汽车站，交通便利，通信设施先进。该镇先后被授予全国"美丽乡村"创建试点乡镇、全省"百镇建设示范行动"示范镇、"一圈一带"发展战略文化旅游名镇、山东省旅游强乡镇、省级旅游特色乡镇、省级文明镇等荣誉称号。

全镇工农业发展迅速，全镇共有民营企业170 家，各种商业网点 1600 个，个体工商户 3703个，希望工业园已形成规模，规划面积达到 3000亩，现已入驻企业 53 家，总投资 2.9 亿元，其中全国最大的民营企业希望集团在工业园建成投产。企业经济效益显著，成为德州市十强乡镇之一。农业资源丰富，盛产小麦、玉米、棉花各种类蔬菜果品。粮食总产达到 29570 吨，棉花产量达 21 万担，瓜果产量达 81500 吨。德州西瓜历史悠久，享誉全国，被注册为"德城牌"绿色食品，评为部优产品。第三产业发展迅速，有德州市黄河涯粮油批发市场、德州黄河涯棉花市场、宋奇屯蔬菜批发市场、黄河涯集贸市场、岳高铺集贸市场。

临清市松林镇亢庙村

亢庙村位于山东省临清市松林镇东南部，距镇政府 2 千米，东与西尚官营村为邻，北与马张村交界，西与张庄村接壤，南与王大人村相连。

该村地处鲁西北黄河冲积平原，地势西高东低。

土壤以沙壤土为主，东西最大距离 2 千米，南北最大距离 3 千米，境内有 2 条沥青路与村内街道相连接。交通十分便利。全村辖区总面积 382 公顷，村庄建成区面积 70 公顷，有汉、回、土家三个民族，全村姓氏有王、梁、李等 12 个姓氏，其中王姓氏人口最多，该村曾荣获市级"双文明村"荣誉称号。

据本村玉皇庙碑文记载，此村原名"安仁村"，村址靠近黄河故道，约在明初村民筹建"玉皇庙"，村民亢蒙捐献耕地十二亩，故改村名为"亢家庙"，后简称"亢庙"。

邹平县韩店镇西王村

西王村位于山东省滨州市邹平县韩店镇，是一个"以企兴村"的典范。经过 20 多年的努力，这个原本只有 160 户、530 人的贫困小村，已经实现了农业产业化、乡村城市化、土地集约化、村企一体化、生活福利化、管理社区化。其村办企业西王集团集玉米深加工、特钢、置业、酒水、物流、热电等多行业于一体，拥有资产 136 亿元，2010 年实现销售收入 168 亿元，荣列中国企业 500 强、中国制造业 500 强。

西王村社会主义新农村建设走在全国前列。2010 年 5 月，西王村成功举办全国首届中国经济强村精神文明座谈会，获得"全国文明村"、"全国先进基层党组织"、"全国民主法治示范村"、"中国经济十强村"、"中国经济百强村"等荣誉称号。2011 年 11 月由中国生态文化协会主办、辽宁省鞍山市人民政府承办的国家生态文明教育基地、全国生态文化示范基地、全国生态文化示范企业、全国生态文化村授牌仪式暨第四届中国生态文化高峰论坛在辽宁省鞍山市举办。滨州市邹平县韩店镇西王村受到了表彰，获得"全国生态文化村"称号。

菏泽市牡丹区马岭岗镇穆李村

穆李村位于山东省菏泽市牡丹区马岭岗镇内北境，北依万福河，南靠外贸路，西接大杜庄，东连解元集，距菏泽城 10 千米，坐 56 路公交车可到，系山东省五星级好客人家农家乐。

穆李村为顶峰国际规划设计公司 2010 年旅游规划项目，已成为山东省一村一品典范、庄园经济楷模，现有古寨墙、千亩果园，是山东省最美乡村、魅力乡村、山东最佳休闲乡镇（村），菏泽市乡村旅游示范村，A 级旅游景点。目前，菏泽城区中华路至穆李村 3 路公交车已开通运行。

穆李村共有耕地 95 公顷，人口 1650 人，是著名的小康村。穆李村历史悠久。明洪武年间，穆氏、李氏先祖由山西洪洞县至此，分别形成了穆庄、李庄。在两村中间合修一观音庙，始称穆李村。清嘉庆年间，村民为防兵匪水患合修一寨，此后更村名穆李大寨。1957 年夏，连降暴雨，寨内积水逾三尺，村民无法居住。1959 年至 1962 年，外迁为东、西、南、北 4 个穆李自然村。穆李行政村为 4 个穆李自然村的合称，有东穆李、西穆李、北穆李和南穆李之称。

湖北美丽乡村典型村镇介绍

武汉市蔡甸区奓山街道星光村

星光村隶属于武汉市蔡甸区奓山街道，面积2平方千米，邻近318国道和奓山集镇，耕地面积765亩，辖7个村民小组，现有农户255户，总人口1039人。

从2003年起，该村积极探索新农村建设，逐步摸索出一条整村搬迁—盘活土地—发展产业—农民持续增收的新农村建设之路。目前，全村完成农民新村建设第一、第二期工程，建成别墅式住房4万平方米，搬迁农户189户，占全村总数的74.1%，初步实现了经济发展工业化、村庄建设城镇化、农民生活居民化的建设目标。

星光村在实施新农村建设的过程中，始终以"盘活土地，发展产业"为根本目的，集中和节约每一寸土地，将腾出的土地用于发展壮大集体经济。农民在住别墅式新房之前，每一农户的宅基地加前后院等，平均占地1亩多，而别墅式新房每户仅占2~3分地，土地占有率大大下降，目前，该村仅从189户搬入新村的农户中腾出土地218亩。对于腾出的土地，该村先后投入200万元，已完成一期180亩土地的"三通一平"，建设标准化厂房2000平方米，兴建"星光工业园"，引进武汉祥泰汽车配件有限公司等投资规模1000万元以上的企业3家，取得了良好的经济效益。村两委会一心一意谋发展，坚持以提高农业综合生产能力为重点，积极调整农业结构、大力发展都市农业，先后建起标准化农业生产基地500亩，大、中温棚300余亩，发展草莓、藜蒿、梨枣等特色农业480亩，较好地实现了由城郊型农业向都市型农业的转变。

武汉市江夏区法泗街大路村

大路村位于武汉市江夏区法泗街中部，现有总人口1003人，共258户。大路村始终坚持三化同步发展，坚持城乡统筹，以"生态美、村容美、庭院美、生活美、乡风美"五美为标准建设美丽乡村。

从2008年至今，大路村开展了新农村建设，通过土地平整、土地流转、建设新农村住房、建设农产品加工园等一系列措施改善了村民的生活生产条件，大幅度提高了全村村民的收入，在构建美丽乡村的道路上稳步前进。

大路村根据现有条件，前期规划1000亩土地用于农产品加工园建设。加工园建成以后以本土知名企业桂子米业有限公司为依托，对稻米、净菜、籽莲、藕、黄辣椒等农作物进行深加工；引进红心禽蛋有限公司批量生产皮蛋、咸蛋，发展系列农产品，打造品牌，增加农产品附加值，建成具有法泗农业大镇特色的加工基地。

阳新县兴国镇宝塔村

阳新县宝塔村位于富河中下游，是一个围垦起来的湖区村，全村下辖10个自然村（村民小组），1455户，总人口6813人，耕地面积2.2万亩（旱地1.5万亩，水田7000亩），水塘面积1万亩。

宝塔村以前由于经济发展水平落后，自然条件有限，素有"虫窝子"、"水袋子"之称。经过多年的农业综合开发，目前已初步形成了以湖蒿、优质稻、湘莲、蔬菜种植、鱼池水产精养5大农业经济支柱产业。

依托黄石市新农村建设示范村的优势，完成了村级建设总体规划。共投入资金300余万元，建成一座村民文化娱乐休闲广场和一个篮球场，新修村庄及基地主要道路5千米，并进行了绿化，家家都通了自来水，建了沼气池，主要街道都有污水下水道，修建了公共厕所。现在整个宝塔村是草地绿了，房子新了，整个生活环境漂亮了，幸福荡漾在每个村民的脸上。在党的新农村政策下，全体村民在村委会的带领下向幸福和谐的小康村迈进。

郧县茶店镇樱桃沟村

樱桃沟村位于郧县茶店镇境内，地处郧县与十堰张湾区结合部，属典型的"八山半水分半田"，自然条件恶劣，水旱灾害频发。长期以来，由于基础设施薄弱、农业生产结构单一，农民素质不高，生产能力落后，农民收入有限，属集中连片贫困村落之一。全村面积 7.67 平方千米，其中耕地面积 2300 亩，以坡地为主。

2010 年樱桃沟村被确定为郧县首批扶贫"连片开发"试点村，经过两次的整体推进，基础设施条件明显改善，特色休闲观光农业初具规模，贫困农户致富能力显著增强，社会事业发展协调推进。2011 年底，小水果基地规模达到 2400 亩，蔬菜基地 450 亩，实现了"人均—亩果、户均—亩菜"的目标，仅此两项就可实现人均纯收入增加 1000 元，发展农家乐 30 户，扶持养殖专业户 10 户，种植专业户 26 户，致富产业初具规模。人均纯收入在 1196 元以下的贫困户为 54 户，减少 84 户，降低 60.8%，贫困人口 137 人，减少 356 人，减少 72.2%，全村人均纯收入达到 4900 元，樱桃沟也正在逐步成为城乡一体建设的先进区、新农村建设的示范村、名副其实的生态旅游村和扶贫开发的示范村。

竹山县麻家渡镇罗家坡村

罗家坡村位于湖北省西北秦巴山区腹地、竹山县麻家渡镇西 1 千米处，紧邻 305 省道，属十堰市竹山县麻家渡镇。东邻店子街村、西与保丰镇相连。坐落于女娲岗东坡。罗家坡村辖 3 个村民小组 1754 人，耕地面积 955 亩。罗家坡村以农业为主，盛产茶叶。该村绿松石加工业发达，绿松石产品远销西藏等全国各地，并出口至美国等世界发达国家。2014 年全村人均纯收入 5333 元。是全国"十星级文明农户"创建发源地和"东方圣玉"绿松石专业村。被省文明委评为文明村，被中宣部、中央文明委授予"全国创建文明村镇工作先进村"称号。

丹江口市官山镇吕家河村

吕家河村位于湖北省丹江口市官山镇，被称为"中国汉族民歌第一村"。吕家河原名茅坪河，据传，秦朝相国吕不韦被流放房陵时曾有家眷在这里居住，故改名为"吕家河"。该村地处道教名山武当山西南麓，武当山南神道中段，距武当山金顶天柱峰 18 千米，素有"武当后花园"美誉。这里西接十堰、南邻神农架、房县、北连汉江，距 209 国道仅 6 千米，是鄂西生态文化旅游圈中的一个重要节点。耸立于吕家河村口的"八卦亭"，是一座道家风格的民歌表演堂，它是村民放歌、游人赏歌的互动场所。吕家河是一块歌唱的土地，人们过着如诗似歌的日子。全村 1079 人中，能唱民歌 2 小时以上的 120 多人，能唱民歌 100 首以上的 80 人，能唱 1000 首以上的有 4 人。现已收集整理的民歌达 5000 多首，记录的曲调有 79 种之多。1999 年以来，国内外众多知名媒体、专家、学者纷至沓来，宣传、探讨、研究吕家河民歌民俗文化，专家将其定名为"中国汉族民歌第一村"。2008 年 6 月，吕家河民歌被列入国家级非物质文化遗产名录。

秭归县水田坝乡王家桥村

王家桥村位于水田坝乡东北部。村委会驻地红庙，距县城 73 千米，因王氏在此修建一座木桥而得名。东接青蒿峪村，南接龙口村，西接严坪村和陈家岭村，北接大水田村。1958 年公社化时被命名为王家桥大队，1965 年称王家大队，1979 年改称王家桥村。2001 年 2 月，王家桥村与乔家坡村（原名古坪，1981 年 3 月以姓氏和地名更名为乔家坡大队，后更名为乔家坡村）合并为王家桥村。辖 8 个村民小组，717 户，1973 人。全村面积 6.31 平方千米，其中耕地面积 20.49 公顷，园地面积 287.09 公顷，林地面积 271.72 公顷。森林覆盖率 43%。野生动物有红腹锦鸡、猪獾、黑眉锦蛇、喜鹊等。

枝江市问安镇关庙山村

关庙山村隶属于湖北省枝江市，位于问安镇南部。地处江汉平原西部边缘，拥有 4 万多平方米的关庙山遗址，属于国家重点文物保护单位。

关庙山遗址位于枝江城东北 11.5 千米处的问安镇关庙山村，有一个新石器时代的原始村落遗址，文化堆积 1 米多厚，经碳－14 测定，距今 5000~6000 年。被中国社会科学院考古所的专家们命名为大溪文化的"关庙山类型"。关庙山遗址已被湖北省人民政府公布为重点文物保护单位。关庙山遗址于 1977 年兴修水利工程时被发现，当时就引起中国社会科学院考古研究所湖北队和省市文物考古部门的高度重视，立即对该遗址进行了重点发掘，在发掘的 2000 多平方米的探方中，出土文物达 5000 多件。

鄂城区长港镇峒山村

长港镇峒山村有 6 个自然村，11 个村民小组，有农户 913 户，人口 3723 人，全村有国土面积 15000 亩，其中耕地面积 11000 亩。峒山新社区的发展目标是：以产业为支撑，通过发展现代农业、休闲、生态、观光农业，打造特色旅游新社区。在新社区建设中，峒山村明确了"五个一"的建设思路。即"三点一线"的建设规划；"三位一体"的产业定位；"三管合一"的管理模式；"8+1"的服务载体；"13+1"的项目建设。

峒山社区作为市级建设示范社区，坚持"高起点、高要求、高标准"，大胆创新，先行先试，着力推进城乡一体化改革试点，争当改革发展的排头兵。在产业发展上，突出了峒山观光旅游、生态农业、古镇文化三位一体的特色，体现了"产业兴村、生态立村"，一年多以来峒山村的宜居村庄项目建设各项工作取得突破性进展，高质量地完成了全年宜居村庄项目建设目标任务。

京山县孙桥镇沙岭湾村

沙岭湾村地处孙桥镇集镇以南，全村总面积 13 平方千米，耕地面积 4475 亩，10 个村民小组，398 户，1498 人。地理状况是"三河、四岭、七分田"。是典型的丘陵地带。"三河"就是三条河由北向南通村而下（惠亭水库）；"四岭"就是三条河把全村分为四部分；"七分田"就是 3947 亩水田，568 亩旱地，3000 亩荒坡。山地面积 2300 亩，共有养殖水面 1240 亩，其中精养鱼池 958 亩，生猪养殖 127 户，其中百头以上养殖大户 76 户，新农村居民点 3 处，面积 7000 平方米。人口现状：全村辖 10 个村民小组，户籍人口（人）1498 人，常住人口 1047 人，外出务工 210 人，劳务收入 150 万元。2012 年全村人均纯收入 9830 元。

安陆市棠棣镇李园村

李园村位于湖北省安陆市涢水西岸，距县城 2.5 千米。汉十高速擦边而过，悠悠涢水傍村而流。全村土地面积 3800 亩，人口 3200 人。近年来，李园村致力开发生态旅游，使这个李白故里名不见经传的小乡村，逐渐发展成为全省村级经济综合实力 500 强村、全省农业旅游示范村。全村拥有 3 个公司，20 余家企业。随着污水处理厂、自来水厂的兴建投产，李园村被称为无污染的净化之村。

石首市桃花山镇李花山村

李花山村在石首市桃花山镇中北部，版图面积 7 平方千米，总户数 225 户，是石首市确定的新农村建设示范点。李花山村旅游资源丰富，东部为连绵的桃花山，海拔 253 米，常年气温比平原低 3℃左右，是消夏避暑的宝地，现已开发成仙人洞度假村，前来游览观光的人络绎不绝；西面是风光旖旎的三菱湖，依山傍水，环境幽静。李花山村风土人情浓郁，文化内涵丰富。李花山村借桃花山之名快速发展起特色山乡农家休闲游，225 户人家有 10 户办起了农家山庄，其中两家被荆州市旅游协会定点推荐。全村引进 7 家企业投资 1000 万元，在易龙湾修建生态园、民俗村，建立民俗文化展览区；以李花山庄、仙人洞度假村为中心建立农耕生活体验区；以红军树革命烈士纪念园为中心建立红色历史教育区；以三菱湖为中心建立水上冲浪、垂钓、划船等激情浪漫休闲区。按年接待 50 万人次计算，年收入可达 5000 万元以上。

洪湖市瞿家湾镇

瞿家湾镇位于湖北洪湖，东经 113°16′，北纬 29°31′。全镇面积 42.5 平方千米，镇区面积 7.5 平方千米，总人口 3.2 万人，耕地面积 13715 亩，大湖养殖水面 10 万亩，自然资源十分丰富。

瞿家湾是一块红色的土地，革命的火种曾经在这里保存和燃烧，贺龙、周逸群、段德昌等老一辈革命先烈曾在这里浴血战斗，昔日湘鄂西革命根据地的首府就坐落在这里一条饱经沧桑的老街上，这条老街也早已列入国家文物重点保护单位，现存有革命旧遗址 39 处，成为全国优秀爱国主义教育基地和湖北省国防教育基地。

瞿家湾镇抓住机遇，抢借外力，大力发展以生态农业、现代加工业和旅游观光业为基础的三位一体的特色经济，同时投入近 10 亿元，高起点、高标准地大力发展城镇建设，使红色苏区面貌焕然一新，以唐城大道为轴心的新型工业园区展示着大都市现代企业的风貌，以蓝田生态园为中心的国家 AAAA 级旅游风景区突现着湖光水色、海市蜃楼的壮观，以明清一条街为核心的古建筑群飘逸着古色古香的民俗风韵……整个镇区之内，街道宽阔，高楼林立，红花锦簇，绿树成荫，一入夜，万灯齐明，霓虹闪烁，使整个瞿家湾似一颗耀眼的明珠，镶嵌在洪湖之滨，尽显现代都市之风貌。

松滋市斯家场镇万年桥村

万年桥村位于湖北省松滋市斯家场镇，有农户 659 户，2819 人，2711 亩耕地。近几年来，村党支部一班人带领村民不等不靠，自己动手建设新农村，取得了明显成效。昔日贫瘠落后的万年桥村，如今道路连通，小区整洁，乡风文明，产业待兴，干群精神振奋，百姓安居乐业。

全村有耕地面积 5184 亩（其中：田 1726 亩，地 3458 亩），人均耕地 3 亩，主要种植甘蔗、烤烟、木薯、粮食等作物；拥有林地 35095.9 亩，其中经济林果地 1920 亩，人均经济林果地 1.15 亩，主要种植咖啡、茶叶等经济林果；水域面积 1131 亩，荒山荒地 10119 亩。有金矿、铜矿等资源。

罗田县九资河镇圣仁堂村

圣仁堂村是湖北省黄冈市罗田县九资河镇下辖的一个行政村，位于九资河镇东部，天堂寨景区内。

近年来，圣仁堂村利用特色资源，大力发展旅游产业。一是发动村民建高标准的"农家乐"旅馆。到目前共建农家旅馆 80 余家，投入使用 40 余家。这些农家旅馆以大别山农家特色饭菜招待游客，深受广大游客的喜爱。大别山吊锅更是圣仁堂一大特色，广为流传。二是旅游基础设施日益完善。先后投资 250 多万元，建成了 5000 平方米的绿化广场和停车场，硬化村主干道，还安装了太阳能路灯。三是大力招商引资，引进并建成了天堂峡谷漂流项目。该项目由江西客商投资 400 万元开发，已于 2003 年建成并投入使用。2008 年漂流经营收入逾 200 万元。四是旅游产品开发悄然兴起。先后开发了极富大别山特色的天然野菜、大别山三宝（茯苓、杜仲、天麻）、天堂奇石、大别山根雕等系列产品，深受游客喜爱。

圣仁堂村 2006 年被国家旅游局命名为"全国农业旅游示范点"，2005 年列入全省"百镇千村"重点村，2008 年被评为黄冈市"十大秀美乡村"。

英山县温泉镇百丈河村

英山县温泉镇百丈河村位于鄂皖两省交界处，全村有 6 个村民小组，209 户，807 人，耕地面积 372 亩，茶园面积 410 亩，山林面积 2300 亩。该村先后荣获湖北省"新农村建设示范村"、"农业生态旅游示范点"、"全国生态家园"称号。2008 年村党支部被省委表彰为"五好村党组织"。

百丈河村曾经是一个特困村，村民收入主要来源于种植小麦、稻谷、红薯等，村级集体经济尤为薄弱，村集体负债近 60 万元。近年来，该村初步形成以茶叶种植为主导产业、以生态养殖为龙头产业、以民营经济为扩充产业的产业格局，带动了村民致富，增加了村集体收入，实现了由贫穷落后村向小康示范村的跨越。百丈河村紧紧围绕"产业兴村、特色富民"的发展思路，因地制宜发展茶叶产业，突破性发展禽畜养殖，走出了一条"多元化开发、集约化经营"的产业发展之路。目前全村无公害茶叶基地面积达到 460 亩，户均实现 1.5 亩茶，户均增收 5000 余元。突破性发展养殖业，新建了 1 个养殖小区，村民入股兴建了黑山羊养殖基地和万头养猪场。

嘉鱼县官桥镇官桥村

官桥村位于湖北省咸宁市嘉鱼县官桥镇，村庄紧依长江，毗邻京汉铁路和京珠高速，南望潇湘，北连武汉，交通便利。全村800余户，3020人，面积17.6平方千米，其中耕地面积4600余亩、山林7500亩、茶园1300亩、鱼池1500余亩、猕猴桃园120余亩。

2007年，官桥村提出"建工农业风景区，兴旅游支柱产业"的目标，以高科技工业、新农村建设、田野风光为主体，因地制宜，突出特色，打造田野特色旅游品牌，逐步形成集工业旅游、农业观光休闲、生态旅游于一体的综合旅游体系。

赤壁市沧湖开发区普安村

沧湖生态农业开发区普安村地处赤壁市西南，距市区、京珠高速公路、107国道35千米，三国赤壁古战场8千米。省道214蒲洪公路穿境而过，交通条件便捷，山水秀丽，资源丰富。属亚热带季风气候，四季分明，光照充足，雨量充沛，气候温和湿润，夏热冬冷，年平均气温17℃左右。村域面积12.5平方千米，下辖5个村民小组，总人口938人。2014年农民人均纯收入达到11220元。沧湖普安村知名度高，在2010年被省环保厅评定为"湖北省级生态村"，2013年被农业部推荐为全国"美丽乡村"创建示范单位，2014年被省政府评定为"省级旅游名村"，2014年被赤壁市列为"美丽乡村"创建单位。

利川市毛坝乡夹壁村

夹壁村位于湖北省利川市毛坝乡西北边，距乡政府7千米，辖14个村民小组，419户，1676人，950个劳动力。

夹壁村属于新中国成立后近期大力发展的"新农村"典范村，全村有耕地面积2022亩，其中水田834亩，旱地1188亩，有效灌溉面积200亩，主要经济产业为养殖业和种植业，也是"湖北省十大茶叶名乡名镇"毛坝乡的一个重点茶叶种植及生产大村。

咸丰县黄金洞乡麻柳溪村

麻柳溪村因一条两岸长满麻柳树的小溪纵贯全村而得名，当地村民大多沿河而居。该村位于咸丰县黄金洞乡西北角，省道248擦村而过，距咸丰县城65千米，乡集镇9千米，全村村域面积29877亩，辖8个村民小组，365户，1286人，以羌族、土家族为主的少数民族人口约占总人口的98%，是鄂渝边区迄今为止发现的最大羌族村民聚居地。

当地建筑以吊脚楼为主，或连排建在坝上，或独栋立于山间，数量众多且风格统一，羌寨吊脚楼正屋建在实地上，厢房除一边靠在实地和正房相连，其余三边皆悬空，靠柱子支撑，其特点：一是基本没有高脚；二是立基更稳后层数增加到两层半或三层，外加宽大晒台，面积和空间更大；三是造型更加丰富，一般都是翘檐垛脊，一色柚木外墙，既实用又好看。这些吊脚楼依山而建，错落有致，加上立于溪边的众多水碾子（以前村民就用这种水车的动力来加工茶叶）、羌式风雨凉桥和碉楼，更凸显它独具特色的羌寨风情。

仙桃市三伏潭镇栗林嘴村

栗林嘴村隶属于湖北省仙桃市三伏潭镇，北濒汉水，南临排湖，东距武汉市128千米，西离宜昌市233千米。贯通湖北东西的沪蓉（湖北境内称"宜黄"）高速公路和318国道分别于村北4.5千米和5千米处穿过。辖区地势低洼平坦，平均海拔26.5米，土层深厚，水网密布，属于典型的平原湖区。该区域光温丰沛、雨热同期。常年平均气温16.6℃，最低温度-4℃，全年无霜期253天，常年平均降水量1200毫米，年日照时数1900小时，常年主导风向为北、东北，年平均风速4.5米/秒。

栗林嘴村下辖12个村民小组，现有农户793个，人口3254人，初中文化以上人员1063人，劳动力1271人（其中：从事农业307人、外出务工等非农业964人）。总土地面积10500亩，其中：耕地4463亩（水田3934亩、旱地529亩）、坑塘与养殖水域面积1406亩、绿化林地521亩、道路用地1105亩、沟渠用地702亩、居住用地485亩、其他1818亩。

天门市岳口镇健康村

天门市岳口镇健康村是住房和城乡建设厅新

农村建设百镇千村试点示范村，国家科技部首批新农村建设科技示范村。健康村党委 2006 年被中央组织部授予"全国先进基层党组织建设先进单位"称号；2010 年被湖北省环境保护厅授予"生态文明建设示范基地"和省级"生态村"称号；2011 年被湖北省新型城镇化领导小组命名为"宜居村庄"。

全村共有 13 个村民小组，828 户，3592 人，耕地面积 1800 亩，其下属的湖北健康（集团）股份有限公司 1999 年被农业部等九部委确定为国家级农业产业化重点龙头企业，村内有企业 18 家，总资产 2.78 亿元。

湖南美丽乡村典型村镇介绍

长沙市望城区靖港镇

靖港原名芦江，唐朝大将李靖曾在此驻军，因其治军有方，从不骚扰百姓，故后人将此地改名为靖港。靖港镇自古得水运优势，坐落于湘江西岸，曾为三湘物资集散的繁荣商埠，美名"小汉口"。靖港曾为湖南四大米市之一，又是省内淮盐主要经销口岸之一，商贾云集，市场活跃，为境内第一繁荣集镇。

靖港保留了不少清代建筑，有古驿站、古街、古作坊等，其中最起眼的还是被称为宏泰坊的古代青楼。据说，当年青楼的税收，曾经是靖港的第二大收入。青楼的修缮，曾经引起不小的争议，最后本着还原历史、尊重历史的态度，对青楼进行了较彻底的维修。靖港镇位于湖南省长沙市湘江下游西岸，距离长沙城区约为 30 千米，属望城区所辖乡镇。地理上为洞庭湖流域南缘的大众垸区；南部、西部和北部分别与本县新康乡、格塘乡和乔口镇相邻，东面隔湘江与铜官镇相望。由长沙市区直达望城区的高等级公路雷锋大道直接延伸至该镇，水陆交通十分便利。

长沙县开慧镇

开慧镇为长沙县辖镇。1949 年属白石乡，1956 年为开慧乡，1958 年属开慧公社，1983 年复置乡。位于县境北部，距县府 38 千米，面积 52.4 平方千米，人口 2.1 万。乡政府驻竹山铺。京珠高速公路过境，并在境内设分路口，通往 107 国道。

2015 年，根据长沙县乡镇区划调整方案，开慧镇和白沙镇合并设立开慧镇。

长沙县开慧镇地处东亚季风区中，属中亚热带季风湿润气候。天气温和，热量丰富，降水充沛，日照较足，四季分明，生长季长。具有春暖多变，春末夏初多雨，伏秋多旱，秋寒明显，冬少严冬的特点。冬季多偏北风，夏季多偏南风。全年无霜期 300 天左右，不存在永久冻土。

开慧镇是毛泽东同志早期从事过革命活动的地方，是毛泽东同志的亲密战友和夫人——杨开慧烈士的故乡，也是中国最早的共青团员、第一位女共产党员、湖南省第一任省妇联书记、中国妇女运动的先驱——缪伯英烈士的故乡。开慧镇位于长沙县北部，处于长沙、平江、汨罗三县之交，距省会长沙 30 千米。开慧烈士故居被定为国家级风景旅游区，也是湖南省首批爱国主义教育基地。

宁乡县金洲镇关山社区

金洲镇关山社区位于湖南省长沙市。距长沙市区 15 千米，下辖四个街道：李家岭街道、响塘街道、龙骨冲街道、关山街道。

社区共有 16 个居民小组，626 户，2660 人，面积 4.94 平方千米，水田 1494 亩，旱地 620 亩，山林 1780 亩，水域 1006 亩。修建了关山大道（欧洲北路）、关山景区环线与市内互通，交通十分便利。

关山历史人文资源丰富，因三国时期的蜀将关羽屯兵而得名，关圣庙、箭楼、烈马卧槽等地名留下了三国时期的金戈铁马和隆隆战鼓的历史印记，金洲大道修建时挖掘出大量古剑、戈、刀等足以印证；全国佛教协会荣誉会长一诚大师出生地距此仅一冲之隔。

浏阳市北盛镇马战村

马战村位于湖南省长沙市浏阳市北盛镇东南部，是原国家副主席王震将军的家乡，是浏阳市新农村建设示范村，距北盛集镇仅 1 千米，永社公路穿越其境，村内两条主干道可直达 319 国道，交通十分便利。

全村总面积 6.8 平方千米。全村有耕地面积 3800 余亩，水田 3622 亩，山地 3500 余亩。辖 42 个村民小组，1138 户，4501 人。

农业以水稻、烤烟、西瓜种植为主导，以生猪、北京鸭和鱼类为养殖业的主体。全村个体私营经济业主110多人，其中80多人分布在北京、上海、广州、长沙、浏阳等地，主要项目为皮鞋、服装、编织、建筑、钢管架材租赁、棉纱纺织经营，劳务输出为500余人，农、工、商经济所占比重分别为40%、45%、15%。

全村基础设施完备，农田整改全面完成，村级公路全部硬化，农电整改到位，闭路电视进村，水利实现旱涝保收，新农村建设规划到位。村内社会秩序良好，人民生活水平日益提高，连续几年被市委、市政府评为先进基层党组织、敬老模范村、文明村、先进村、社会治安综合治理先进单位。

韶山市韶山村

韶山村是毛泽东同志的故乡，是全国爱国主义教育基地和革命纪念地。韶山村地处韶山风景名胜区核心景区内，距市中心仅6千米，共有15个村民小组，456户，农业人口1287人，省、市有关单位驻村城镇人口2400人。全村辖区面积4.91平方千米，村镇区面积1.05平方千米。耕地面积660.5亩，其中水田580.5亩，旱地80亩；林地5140亩，森林覆盖率达88%；水域90亩。

韶山村以红色旅游为支柱产业，近三年来，共接待中外游客600万人次，逐步形成了集餐饮、住宿、导游、纪念品销售于一体的服务网络，旅游收入达6亿元。围绕红色旅游，韶山村大力发展生态农业，现已建设了30亩"祖田米"、60亩湘莲、180亩猕猴桃、170亩花卉苗木和120亩茶园，水果、蔬菜种植和水产养殖也初具规模。基础设施较完善。

隆回县虎形山瑶族乡

虎形山瑶族乡位于湖南省邵阳市隆回县的最北端，距县城105千米。境内有一山，形如虎踞，地名沿此，乡政府亦以此得名，有邵阳小西藏之称。这里居住着我国独一无二仅6000余人的瑶族分支，因其服饰独特、色彩艳丽，人称"花瑶"。他们独立于其他瑶族分支封闭在这荒野大山里，忠实地传承着先祖最为古朴纯真的生活。瑶族支系众多，分布广阔，各支系服饰也不

尽相同。所以，过去瑶族曾因服饰的颜色、裤子的式样、头饰的装扮不同而得各种族称。像广西南丹的"白裤瑶"、龙胜的"红瑶"等瑶族服饰是人们所熟知的，而湖南省隆回县的"花瑶"却鲜为人知。

虎形山瑶族乡总面积92.29平方千米，耕地面积12228亩，其中水田9411亩，旱地2817亩，林地94309亩，草地7388亩，其他30662亩。

虎形山瑶族乡地处高寒山区，平均海拔1350米，全年无霜期220天，平均气温11℃，年降雨量1700毫米。

地下有开采不完的优质花岗岩石，有煤矿、铁矿及其他稀有矿藏。地上有年销售量约3000立方米的林木；素有"瑶山云雾茶"之称的茅坳银毫、银针、银球、银棒等名茶分别获省"湘茶杯"金奖和银奖。这里古木参天，银花遍地，怪石嶙峋，群峦叠嶂，沟壑幽深，云雾缭绕，恍如仙境。夏季凉爽宜人，是理想的避暑场所，冬季则是南方罕见的冰天雪地，树上满是晶莹剔透的树挂。

截止到2013年底，虎形山瑶族乡共有4250户，总人口15955人，其中瑶族人口1582户，6428人，占全乡总人口的40%。

汨罗市白水镇西长村

白水镇西长村距汨罗市区15千米，总面积4.28平方千米，辖20个村民小组，共有407户，1662人，其中水田912亩，山林3412亩，旱地688亩，人均年收入达13100元。西长村地形以山地和丘陵为主，全村森林绿化率、覆盖率达90%以上，全村有珍贵树木800亩，油茶林800亩，苗圃200亩，垂钓中心50亩，休闲娱乐场地50亩，果蔬基地250亩，是湖湘地区珍贵苗木种植、销售和生态休闲旅游基地。

近年来，西长村大力开展社会主义新农村建设，先后获得"全国美丽乡村"、"全国休闲农业与旅游星级园区"、"湖南省农村新型集中社区建设试点村"等荣誉，成为全省"同心工程"示范点。

汉寿县岩汪湖镇

岩汪湖镇全镇区域面积151.87平方千米，总人口60296人，耕地面积130146亩，共辖43

个行政村、3 个居委会。目平湖湿地保护区、岩汪湖电力排灌站等设于境内。

岩汪湖镇解放时属福城乡，隶属第一区。1963 年，改属周文庙公社，1984 年 7 月建岩汪湖镇。

岩汪湖镇经 2015 年底汉寿县乡镇区划调整改革，由原岩汪湖镇、原大南湖乡、原周文庙乡合并成立岩汪湖镇，位于洞庭湖西南，汉寿县东南部，镇区中心距县城约 14 千米，东抵洋淘湖镇，南隔撇洪河与龙潭桥乡、崔家桥镇相望，西与太子庙镇、株木山街道、辰阳街道、龙阳街道相邻，北与沅水相畔，是西洞庭湖国家湿地公园的门户，澧水与沅水交汇形成了这里优美的湿地风光、肥沃的土地和丰富的野生水产资源。

岩汪湖镇坐落在西洞庭湖目平湖畔，湖光独特、风景秀美、气候怡人，西洞庭湖国家城市湿地公园在其境内（治所在原湖州管理局）。该镇历史悠久，上古至今，留下"老龙潭"及"九蛇搂一龟"的传说。龟山、龙潭渡遗迹尚存。

石门县秀坪园艺场

石门县秀坪园艺场距县城 30 千米，傍澧水河，枕十九峰，石陬公路（石门—桃源）穿行而过。1975 年建场，辖 5 个村，总人口 5000 人，总面积 21000 亩，其中柑橘面积 10000 亩，是全国最大的早熟蜜橘生产与出口基地、湖南省引进国外智力成果示范推广基地、湖南省科技成果转化与实践基地、"国家星火计划项目"无公害精品蜜橘出口基地、国家商检局出境水果果园基地，产品获中国湖南第六届（国际）博览会金奖。被常德市人民政府授予"常德市农业龙头企业"称号。2008 年成为湖南省农业旅游示范点。石门南部低山丘平区号称"五万亩橘海"，秀坪园艺场便是"橘海"的中心。30 多年来，秀坪园艺场的早熟蜜橘凭着过硬的品质，长盛不衰，一直保持着国家柑橘出口基地的荣誉，成为石门农村经济的一块金字招牌。

张家界市永定区王家坪镇石堰坪村

石堰坪位于永定区王家坪镇东南部，距世界自然遗产张家界 48 千米，距桃花源 70 千米，距沅陵伍强溪 50 千米，地处三处风景的大旅游圈中心地带。全村面积 1700 公顷，现居住有土家族 982 人，182 栋吊脚楼，核心保护区 85 栋，这里古木参天，植被完好，村落建筑古朴原始，人文历史源远流长，民俗文化灿烂悠久，堪称中国目前保存最为完好的原生态吊脚楼古老村寨。

石堰坪民族文化历史悠久，民间艺术多姿多彩，民俗风情浓郁，自然山水秀美，原生态田园风光，上百栋土家吊脚楼融入其中，回归自然，被世界自然遗产基金会总裁安迪誉为"中国少数民族民居建筑的经典"，源于远古的土家民族舞蹈"扬叉舞"被世界文化遗产开发公司总裁迈尔克博士称为"原生态之舞"，土家族农耕文化艺术源远流长，誉满海内外。

近年来，村支两委借助民族文化优势、生态自然风光，依托张家界旅游大背景，着力打造与张家界旅游大市场对接的民俗文化旅游产业品牌，实现从农业经济向旅游经济的跨越式发展。

张家界市武陵源区天子山镇泗南峪居委会

泗南峪居委会位于张家界市武陵源区天子山镇西部，是该镇党委政府及镇直机关、学校所在地。东邻向家坪居委会，南接天子山居委会，西与中湖乡石家峪村交界，北与桑植县汨湖乡接壤。

由廖家台、伍家大屋 2 个村民小组和江务峪、新田坪、新仓库、黄龙泉、西牛湾 5 个居民小组组成，总面积 14686 亩。耕地 1961 亩，林地 10395 亩，森林覆盖率达 70%。居委会主要由四大峡谷组成，地形呈正方形，地势西高东低，平均海拔约 1100 米。境内有四条小溪，一条发源于中湖乡扎营垭，一条发源于江务峪组，一条发源于黄龙泉景区，一条发源于天子山麓，四条小溪分别在新田坪、黄龙泉、西牛湾组汇合，向东北方向流入桑植县汨湖。境内山坡田居多，沿四条小溪两岸有部分土地。居委会集体企业有水泥砖厂，400 亩猕猴桃基地，200 亩板栗基地。

居民大部分是土家族，主要姓氏有伍、熊、覃、彭、张、郭、陈等。全居委会共 220 户 721 人，劳动力 294 人。经济收入来源除传统种养业、农产品加工业及外出务工外，因其地处张家界武陵源风景区西大门，旅游服务业收入可观。该居委会利用得天独厚的旅游资源优势，以"生态优先、旅游主导、城镇提质、文化提升、惠民和谐"为发展主线，实现了街道美化与亮化，对全村 40 多栋房子进行民族化包装，改造有线电视、电信网络，实现有线电视、互联网户户通，着力打造泗南峪特色村寨，大力发展自然观光游、休闲度假游。

桑植县洪家关白族乡实竹坪村

实竹坪村位于湖南省张家界市桑植县洪家关白族乡东北部，是该乡下辖行政村。东邻三户垣村，南与刘家坪白族乡交界，西邻七弯村，北抵桥自湾镇，由王家峪、易家塔、熊家坪、言日峪、桥上、谷家垣、老屋、丛旦峪、上坪、下坪共 10 个组组成。

生长于村中的上万株竹林全是实心，而常见的竹子都为空心，实心竹一年四季皆青枝绿叶，村民们大都将它移栽在房前屋后，视为族人的骄傲，故名实竹村。

全村总面积 8836 亩，其中水田 460 亩，旱地 96 亩，退耕还林 740 亩，封山育林 6000 亩，花卉苗木 450 亩，椪柑 110 亩。依山傍水，村庄秀美，森林覆盖率达 90.29%，绿化率达 92.8%。主要物产有稻谷、玉米、红薯、马铃薯、油菜、小麦、黄豆、花生等农作物。

全村共有 296 户，1025 人，劳动力 576 人，白族人口达 95% 以上，白族文化世代传承，民族风情十分浓郁，主要姓氏有谷、熊、王、谢等。

永州市冷水滩区伊塘镇

伊塘镇位于冷水滩区东部，镇人民政府驻地距冷水滩城区 28 千米。东与祁阳县接壤，南接零陵区邮亭圩镇、接履桥镇，西与岚角山镇毗邻，北与竹山桥镇接壤。镇政府驻紫竹街居委会，辖黄泥塘、荷叶铺、新圩、堰塘、茶花、姚家、畔塘、东风、长木塘、花亭子、孟公山、山门口、白竹山、马家、鼎星观、丁塘、麻塘、井塘、小塘、白塘、枫木山、龙井、庙山、花果园、曾家、伊塘 26 个村和紫竹街 1 个居委会。

伊塘镇沿用驻地伊塘村自然地名。很久以前，该村在一小山上修建了一座庵子，取名为伊塘观，村名即沿用这一名称，后建公社时，改为伊塘，沿用至今。解放初为潮水乡、集义乡管辖，1985 年属七一公社，大同公社。1961 年改建为孟公山公社、白塘公社，分别隶属楚江圩区、邮亭圩区管辖。1995 年撤区并乡建镇时，将孟公山、白塘 2 个乡合并为伊塘镇。

全镇总面积 81.2 平方千米，耕地 1984 公顷，6230 户，22412 人。镇内 322 国道贯穿南北、衡枣高速公路横贯东西，是通往广东、广西的咽喉要道，为冷水滩区的产粮基地和林木、柑橘、西瓜的重点产区。黑美人西瓜畅销省内外。全镇经济中乡镇企业和商贸经济占有较大比重。年工农业生产总值 6900 万元，年财政收入 350 万元。

涟源市杨市镇

杨市镇地处涟源市东南部，距涟源市城区 17 千米，是 1995 年机构改革撤区并乡时，由原来杨家滩镇、太和乡、快溪乡合并而成的三合一大镇。人口 8.4 万人，其中非农业人口 2.2 万人，2016 年建制村合并后，共辖 29 个行政村，7 个居委会，共 734 个村民小组。全镇总面积 119.5 平方千米，总耕地 42745 亩，其中水田 34468 亩，旱地 8077 亩。

湖南娄底涟源杨家滩，俗称杨市，是湘中腹地的古老集镇。唐高祖武德年间，商贾云集，现老街溜光的青石地板，能叩响行人的脚步；东街"亭子里"的古建筑，还完整地保留了 48 个天井，堪称一奇。

"犀牛望月"、"龙潭吸水"、"九江庙碑林"、"天柱峰"和庵堂寺观等"杨市八景"，是闻名遐迩的游览胜地。位于镇西南 2 千米的桥头冲蒋湾里，是当地著名作家蒋牧良的出生地和张天翼的祖籍。附近的龙潭湾，碧水萦绕，浓荫叠翠，怪石嶙峋，树木参天，奇花异草遍布林间。"九江庙"里原留存唐宋元明历代古碑 50 多块。镇西南 5 千米的"天柱峰"，有庵堂寺观多处，主峰附近的"云集庵"，有幅楹联："云开五色随天岭，集合千祥拥柱峰"，将"天柱峰"、"云集庵"两个名字镶在联中。可惜这些名胜古迹，都被当成"四旧"革除得荡然无存。镇西 3 千米处，杨梓江中一石头活像犀牛，人们称它"犀牛望月"。有一对联，仅有上联"犀牛西眠，犀牛杨梓对愁眠"，至今无人对出下联。

广东美丽乡村典型村镇介绍

广州市番禺区南村镇坑头村

坑头村位于番禺区南村镇最南面，辖区内总面积4.022平方千米，现有人口3900人，1066户文明户，外来人员6000多人，是镇内第四大的一座村庄，而且还有两个自然村，邻近石基镇新水坑村、茶东村、文边村、金山村，未开发的总面积还有2500亩，属丘陵民田区。

坑头村下辖12个村民小组，全村共有1463户，总人口约1.4万人，其中户籍人口4126人、外来人口1万多人，属于一级经济组织。

以新农村建设和广州名村建设为契机，以打造最美乡村为着力点，全村投入1.3亿元，启动综合整饰、古建筑整饰、祠堂修缮等38个项目建设，建设成效显著，被评为广东省第一批宜居示范村庄。着力改善民生福利，投入2200多万元建成市一级学校坑头小学和区一级标准的坑头幼儿园，高标准建成村社区卫生站，推进农村合作医疗、住院二次报销和外来工门诊报销制度，全村村民住院二次报销费用全部由村统一支付，并根据村集体经济效益发放福利分红，实施老弱病贫困难群体特别关怀计划。建成村务管理中心和社区服务中心"两大中心"，为村民和外来人员提供一站式服务。村务管理中心主要提供民政救济、水电费统收统支等政务服务，社区服务中心主要提供计生服务、绿色网园等社会公共服务，并开设便民服务代办点，为需要帮助的群众提供无偿代办服务。进一步加强群众活动阵地、载体建设，充分利用广场、公园等资源，引导群众开展广场操、广场舞等活动。2015年，坑头村被列为省"妇女之家"示范点，农家书屋被评为全国示范农家书屋。

广州市花都区梯面镇红山村

红山村位于梯面镇西部，距离镇中心城区4千米，是广州市新农村建设示范村，该村基础建设扎实，环境优美，全村面积14.5平方千米，下辖9个村民小组，户籍人口1047人，总户数240户。通往王子山的县道横贯其中，交通较便利，村中现有花泉豆腐花厂、桶装水厂、水电站等多家企业。村民主要种植水稻、蔬菜、花生等经济农作物，村集体种植了白榄220亩、花椒150亩、竹笋100亩。该村是乡村游的特色村，建有观光木长廊、木凉亭、灰塑、鼓楼等景点，每年以桃花、油菜花节接待各方来宾，促进了该村的乡村游，带活了村民经济，提高了村民收入，每年旺季接待游客5万人次。

红山村在具有广州"九寨沟"之称的王子山森林公园的脚下，被誉为"广州市最美山村"。春天绽放的油菜花，夏季清澈透明而又凉爽的溪水，秋天的稻田，以及风景优美的荷塘、水车、鼓楼、桃花岛，映衬着远方郁郁葱葱的山峦，显得格外动人，每个周末都有无数广州市民前来欣赏红山村的美景。

广州市南沙区横沥镇冯马三村

冯马三村具有300多年历史，位于南沙区横沥镇南端，西靠洪奇沥水道与中山市三角镇一海相隔，南接万顷沙镇，万环西路从村中贯穿而过。村中曾有一座远近闻名的冯马庙，为纪念清朝末期为治水而牺牲的两名官差而建（一位姓冯，一位姓马），"文革"时被破坏，故冯马三村又名"冯马庙"。在1950年建乡时设立冯马乡，1958年上九顷围、下九顷围合称为冯马三大队。"文化大革命"时期，"冯马三大队"曾被改为"向阳"大队，但群众认为此名不能反映历史不愿意接受，于是在1977年恢复了"冯马三大队"的名称，也就是现在的冯马三村。

冯马三村位于下横沥，西邻中山市三角镇，南接万顷沙镇，西靠洪奇沥水道，南边有番中公路经过，万环西路从村中贯穿，地理位置较为优越，交通十分方便。主要农作物有甘蔗、玉米、水瓜等，有985亩集体鱼塘发展高附加值水产养殖。冯马三村现仍是零工业村，但属于整个横沥工业园的核心，横沥工业园已征用土地1230多亩。在区委、区政府的大力支持和政策倾斜下，引进了包括中粮集团、桦润集团等一批重大项目落户横沥工业园，两个项目用地大部分都位于冯马三村。村集体经济收入主要依靠土地发包和小市场的发租，村级经济薄弱。

冯马三村属沙田水乡地区，历史较为悠久、文化底蕴深厚。村内河道密集、两岸风景秀丽，民风淳朴，已建成南沙区水乡文化摄影基地、村级休闲公园。

增城市正果镇黄屋村

黄屋村位于正果镇东部，增江河上游，属于湖心岛旅游景区范围内，是广东省生态示范村、增城市文明示范村。辖区面积约2.5平方千米，现有耕地600多亩，其中水田500多亩，旱地150多亩，主要经济来源是政府补贴及村委鱼塘、竹林承包费等，村民人均年收入4800元，主要种植水稻以及迟菜心、冬瓜、番薯、花生等经济作物。

黄屋村历史悠久，自开居以来已有近千年的历史。村中民居以青砖建筑为主，规格、朝向均统一、整齐。村落附近有增城县驻地旧址，村内有民国大戏院、池塘、祠堂等特色建筑，如今依旧古迹可寻。

珠海市斗门区斗门镇南门村

南门村位于珠海市斗门区斗门镇，是宋朝赵氏皇族后裔的聚居地。全村面积8.1平方千米，下辖11个自然村、23个村民小组，户籍人口5621人，村内85%以上人口是宋太祖赵匡胤之弟赵匡美之后，赵匡美的后人在南门村已传到第35代，有一部分赵氏族人移居海外。2014年度CCTV十大最美乡村名单揭晓，珠海市南门村在众多美丽乡村中脱颖而出，获得"中国十大最美乡村"荣誉称号，是全省唯一入选的乡村。

南门村位于黄杨山下，东邻斗门圩镇，西接虎跳门水道，南与小濠涌村相邻，北至御温泉度假村，全村鱼塘面积600亩，经济作物面积3578亩。分南边里、中心里、北边里、塘祖、竹园、四圣宫、新围、冲口、新圩、毓秀、背底水等。现全村正在实施幸福村居"六大工程"，加快南门村幸福村居建设。

汕头市潮南区陇田镇东华村

汕头市潮南区陇田镇东华村地处练江下游南岸，是一个地理位置偏僻的纯农村庄。全村现有750户，总人口3775人，仅有耕地1280亩，拥有小型村办企业5家。

改革开放以来，东华村党支部、村委会坚定不移地贯彻党在农村的各项方针政策，全面落实科学发展观，紧紧围绕建设和谐社会主义新农村的目标，团结和带领全村干部群众同心同德，艰苦奋斗，开拓进取，务实创新，走出具有东华特色的生态农业发展路子。文化教育卫生等各项社会事业协调发展。先后被评为"全国先进基层党组织"、"全国文明村镇"、"全国敬老模范村居"、"全国计划生育先进集体"、"全国计生协会工作先进单位"、"全国民主法治示范村"，是国家科技部首批社会主义新农村建设科技示范村。是省农业厅"社会主义新农村建设示范村"、"广东省村务公开民主管理示范村"。村党支部连续20多年被上级党委授予"先进基层党组织"光荣称号。

江门市鹤山市鹤城镇五星村

五星村位于鹤城镇西部，背靠彩虹岭群山南麓，全村被青山环绕，自然生态环境优美，总面积9平方千米（其中耕地2070亩），辖8个自然村，共389户，户籍总人口1293人，全部是客家人。该村旅外华侨约有1000人，大多分布在美国、秘鲁、巴拿马等国家。

五星村2006年被列为省农业厅与江门市、鹤山市农业部门三级共建示范村，是江门市社会主义新农村建设的示范点。近3年来，该村全力开展社会主义新农村建设，成效显著，昔日贫穷落后的偏远山村，如今已是远近闻名的社会主义新农村建设示范村。江门市委书记陈继兴曾高度评价五星村：有一个好的领导班子，有一个好的发展规划，有一个好的村风民风，有一个好的自然环境，是名副其实的社会主义新农村，是全市学习建设的楷模。五星村人以客家人世代传承的勤劳智慧，在新农村建设的实践中敢为人先，开辟出一条通往幸福生活的道路。

湛江市徐闻县曲界镇龙门村

龙门村是"中国菠萝之乡"曲界镇的一个菠萝专业种植村，位于田洋火山口盆底中央。该村庄至今已有300多年的历史，风电场、火山口和村中200多棵老樟树共同构成了龙门村独特的风景。龙门村所在的田洋古火山口面积约1万亩，火山口四周为丘山环抱，中间低、周围高，状如一个巨大的盆地，被誉称为"金盆"。2013年，龙门村被国家农业部确定为全国"美丽乡村"创建试点村，2015年被评为"广东旅游名村"。

龙门村被连片7万亩的菠萝种植园所环绕，巨大的白色风车耸立其间，构成一幅独具魅力的热带田园画卷。龙门村有老樟树200多棵，树龄最长的有130~140年，最大的树直径有160多厘米。龙门村有556户2800多人，其中70岁以上老人155人，80岁以上老人58人，90岁以上老人50人，为徐闻县长寿村之一。

吴川市黄陂镇水潭村

水潭村，初称龙潭村，明朝吴川县古城西十五里之北五都六甲，现为广东省吴川市黄陂镇水潭管区水潭村。水潭，为当地吴氏一族发源地，四周村庄如对岸村、新灶村、香洲埠、新勇埠等吴氏均迁自水潭古村，同声共气。水潭村坐落于平原，四面环水。该村农作物主要为水稻和香蕉，还有青菜、番茄、大蒜、玉米等蔬菜，旧时有"吴川粮仓"之称。截至2008年，水潭村全村基本上实现硬底化，铺设环村大道，沿岸种植紫荆树、细叶榕和柳树。全村文化中心吴氏大宗前，建设戏台和公园，吴氏大宗广场南面建有水潭市场，该市场坐落在当地交通枢纽上，是当地最大最具活力的集贸市场。

肇庆市德庆县官圩镇金林村

金林村下辖20个村民小组，3个自然村（分别为马埌村、金林村、河头村），现有520户，1783人。

金林村位于广东省旅游专业镇——德庆县官圩镇北部，官圩镇的旅游景点很多，拥有1700多年历史、文化底蕴深厚、独具水乡特色的金林水乡旅游景区坐落在村内。全村总面积5.5平方千米，其中水田1234亩，旱地50亩，山林面积6589亩。主要经济来源有水果、水稻、养殖、松脂、经商及劳务输出等。金林村是德庆贡柑、砂糖橘的重要产区之一，目前种植规模达到1800亩，进入丰产期有1200亩。2002年下半年，金林村被德庆县委、县政府开发成为"金林水乡"旅游观光区，成为德庆"龙之旅"的一个重要旅游景点，2007年金林村被评为"广东省旅游特色村"。

惠州市惠阳区平潭镇阳光村

阳光村位于广东省惠州市惠阳区平潭镇中北部，总面积6.5平方千米，14个村民小组，589户，2912人。农村劳动力1810人，其中本地务农993人，外出务工或从事非农产业817人。农村经济收入主要来源于种植业和养殖业，占总产值的88%。居于惠阳区中下水平、全省中等水平，是广东省一个较大规模的典型农业村。

交通便利。阳光村地势平坦，国道324线，广惠、莞惠、惠盐高速公路穿境而过，中心村至惠州市区38千米，至深圳市区58千米，到香港海路47海里，地理位置优越，交通便利。

农产品市场规模较大。阳光村依托位于大中城市中心地带的优势，这些年通过产业结构调整，扩大了蔬菜、甜玉米等高附加值作物的种植面积，成为惠州市菜篮子工程基地，蔬菜等农产品源源不断地销往惠州、东莞、深圳、香港等地。

辐射带动范围广。阳光村处于平潭镇中心地带，全镇很多村与阳光村的地理、自然、经济、社会条件相似。因此，阳光村作为社会主义新农村建设试点对周边村镇将有很强的示范带动作用。

梅县南口镇桥乡村

桥乡村位于梅县南口镇，地处鹿湖山下，有500多年的建村史，是著名的华侨之乡。全村总面积约为1.5平方千米，由寺前、高田、塘肚3

个自然村组成,有潘姓、朴姓、温姓等共 6500 多户。桥乡村保存有大量完好的围龙屋,被广东省旅游发展研究中心专家组认为是"中国最典型的围屋古村落"。

桥乡村的围龙屋大体可分为三个建造时期:早期以明嘉靖年间的老祖屋为代表,如老祖屋、兰馨堂、品一公祠等,是客家人大家庭聚居的大型集合式住宅,这些围龙屋虽规模较大,但祖堂窄小,房屋低矮,显得非常拥挤;过渡时期以清中叶的上新屋为代表;后期以清代末年的"南华庐"等华侨屋为代表,由于人多田少谋生艰难,当时桥乡村许多人漂洋过海到东南亚及欧美各国谋生,在外事业有成的华侨都遵循落叶归根的传统,回到家乡买田买地建大屋,大多称为某某庐,当地人把它们叫作华侨屋。

桥乡村的古围屋建筑风格各具特色,现存的围龙屋主要有杠横堂式、"九厅十八井"、杠式等 98 座,包括寺前村 30 座、高田村 28 座、塘肚村 40 座,其中 20 世纪 40 年代前建造的有 80 多座。围龙屋的结构包括三大部分:首先是中央堂屋和横屋构成的矩形四合院,在堂屋位于中轴线上,上堂屋高祖堂,宅祠合一,横屋面向堂屋,在两侧对称分布;其次是后面半圆部分,由院落和围屋组成,围屋两头与横屋后端相接;最后是门前的禾坪与水塘,方形的禾坪平时晒谷,年节庆典时是娱乐设宴场所,半圆形水塘养鱼、洗涤、防火灾,也具有风水意义。如"德馨堂"、"南华又庐"、"承德堂"等都是这种典型的围龙屋。

大埔县百侯镇侯南村

梅州市大埔县侯南村位于百侯镇南部。辖 63 个村民小组,在册户数 1534 户,人口 5415 人;全村总面积 13.9 平方千米,耕地面积 2261 亩。年平均气温为 21℃,年降雨量约为 1552.3 毫米,气候特征为亚热带季风气候。主要经济作物有水稻、烤烟,村特色经济收入为烤烟。

侯南村历史文化底蕴深厚,人文资源丰富,自古以来文风鼎盛,特别是清朝以来,科举兴盛,全村共有进士 17 人(其中翰林 3 人)、举人 110 人,其中"一腹三翰院"闻名遐迩。全村有以"通议大夫第"(县级文保单位)、"肇庆堂"(县级文保单位)为代表的保存完好的特色古民

居 100 多座,古民居多建筑恢宏,工艺精美,各具特色,有客家民居大观园之誉。全村还有古祠堂 90 多座,古街巷 36 条,古碑、古牌匾、古书、古桥、古路、古井、古树等文物古迹众多。侯南村于 2009 年被认定为"广东省古村落",年接待游客达 6 万人次。

蕉岭县三圳镇

三圳镇隶属于广东省梅州市蕉岭县,地处县境中南部,革命老区之一。三圳镇面积 91.8 平方千米,其中耕地 965 公顷,山林 5066 公顷,辖九岭、芳心、招福、福北、河西、顺岭、台塘、铁西、东岭 9 个村。

石窟河贯穿东西两岸,平原与丘陵相结合,东与蕉华管理区 205 国道相接;西与平远县及本县长潭镇、徐溪镇相邻;北与兴福镇相邻;南与蕉岭县新铺镇相邻。地形平坦,交通便利,土地肥沃,是素有"鱼米之乡"美称的农业大镇。以名扬海内外的抗日英雄谢晋元将军命名的晋元中学及为纪念他兴建的晋元大桥均坐落于此。是蕉岭县现代农业示范镇,也是省无公害生产基地。辖区内有万亩良田、千亩蔬菜、千头瘦肉猪场、千亩淮山、千亩水果和百亩鱼塘。

中山市三乡镇古鹤村

中山市三乡镇古鹤村是有着近 800 年历史的文化古村,相传古时有许多雀鸟在古鹤村山林中栖息,众多鸟类中以白鹤居多,由此得名"古鹤"。现在的古鹤村是一个自然村,传统与现代相结合。辖区面积 5.6 平方千米,全村常住人口 1172 人,外来人口 8000 多人,旅外华侨、港澳同胞超过 3000 人,是中山市侨乡之一。村中洋溢着包容、和谐、进取的人文氛围。古鹤村有着浓厚的人文气息。清代就有的 4 条石板街,总长约 1800 米,悠长而古朴,展现了 800 多年的风骚。村民曾在 1922 年翻新石板路,后来古鹤村又花巨资重修。清代皇帝光绪赐的"乐善好施"牌坊,有李鸿章的题词和印章,该牌坊为四柱三间三楼牌坊,用花岗石雕凿构筑,高约 8 米,柱下镶嵌抱鼓石,见证了这个古村的历史。

古鹤村作为中山一座特色古村落,村内保留着很多的牌坊,每一座牌坊都代表着一种荣耀和

优良教育，村中仅清代就出过 8 位举人，现今还出过外交官员和中国工程院院士。此外，近 170 年历史的古祠堂村中有三座，其中郑氏祠堂内题有敦宗睦族的宗旨，见证了古鹤有史以来的包容、和谐精神。

村中的开心菜地是为了营造出幸福古鹤主题而设的，既能让村民食上放心有机菜，还可以营造村民的乡土淳朴氛围，展示本村和谐团结的精神面貌。

村内的一座近 400 亩的水库，碧波荡漾，山林环绕，环境优美，空气清新，除了供给本村水源，还是一处可供观赏休闲的风景区。据说古鹤遗址的古窑就藏在水库下，只有枯水期或水库放水时，才会露出真颜供人观赏。古鹤村被评为中山市的特色旅游村、广东省古村落、中山市秀美村庄示范点、中山市宜居示范村庄。

郁南县连滩镇兰寨村

兰寨村位于广东省云浮市郁南县连滩镇北面，距离镇中心约 5 千米，村总面积 2.5 平方千米，居住面积 17 万平方米，常住人口 1500 多人，有多处历史古迹，是一座文化底蕴深厚的古村落。郁南连滩镇是"中国民间艺术之乡"，这里的兰寨古村，被有关专家称为"南江文化之魂"。兰寨，顾名思义，是因兰而得名，是因种植兰花而得名，也是因兰的精神品格而得名。相传明朝时，该村林姓祖先林正己在屋前屋后、山边田野都种植了兰花，更因兰花是"梅、兰、竹、菊"四君子之一，是高洁美好的象征，于是把村子取名为"兰寨"，一直沿用至今，寓意深远。

兰寨村是一个文化之村。2014 年，兰寨被评为"广东省古村落"。兰寨崇文尚学蔚然成风。科举文化、状元进士文化在该村得到了集中体现，兰寨培养出了状元林召棠，进士林劭南、林焕羲、林劭熙，翰林林淳耀，以及众多的举人秀才，兰寨的先人们具有远见卓识，真正做到了优先发展教育，注重人才培养；兰寨是古百越文化展示区，如今还保留有较为完好的古百越瑶墙，是古百越文化的遗存。

广东农垦总局美丽乡村典型村镇介绍

茂名农垦局建设农场9队

近年来，建设农场9队始终坚持以"生产发展、生活宽裕、队风文明、管理民主"的总体思路，立足于农场特色，通过推进美丽乡村试点建设工作，实现了"五个美"。该队还连续多年被建设农场评为先进单位和先进党支部，2006年被茂名农垦局列为固本强基示范点，2010年又分别被全国总工会和省总工会评为"模范职工小家"，2011年被茂名农垦局评为"茂名垦区企业退休人员社会化管理服务工作先进服务站"，2013年被国家农业部评为"美丽乡村"创建试点乡村。

建设农场9队领导班子团结一心、一心为民，2008年以来，按照农场的工作要求，带领职工团结努力建设生态经济型美丽乡村，让广大职工受益。在队级事务管理上，制度健全、管理规范，重大事项一律采取班子商议、党员大会审议、职工代表会议或职工会议决议，坚持决议公开、实施过程公开和实施结果公开；充分尊重职工的民主权利，加强职工代表会议、队务监督小组的组织建设，完善职工会议和职工代表会议议事规则，认真落实"依法建制、以制治队、民主管理"等制度，切实保障职工的知情权、参与权、管理权、监督权和决策权，大大提高了广大职工的参政议政能力。

全队共有职工82户256人（含水库移民）。全队土地面积527.5亩，其中橡胶中小苗466亩约1.33万株，水果、林木41.5亩，苗圃20亩。根据9队的地理特点和生态优势，着力打造"种养结合"的产业发展格局，形成了一个以橡胶生产为主、畜牧业稳健发展的生产队。2015年，通过发动职工大力发展自营经济，人均纯收入达到6万元以上，率先建设成为垦区小康示范新村。同时，该队以新农村建设为契机，聘请海南省农垦设计院编制了新农村的建设规划，确立了"统一规划、统一设计、人畜分离、沼气配套、美化绿化"的发展思路，大力推进职工集中居住点建设，相继完成了22幢水库移民楼房、44户职工危旧房改造、36套职工别墅的建设工作。

农场制定了优惠政策，免费安排地块给职工建猪舍，每年每平方米只收土地管理费1元，大部分9队职工在这个政策的扶持下发展起生猪养殖产业，全队有36户职工养了猪，建成猪舍约8000平方米，年母猪存栏量978头，年出栏仔猪17605只；年出栏肉猪1893头；年总产值达878万元，纯收入251万元，职工自营经济劳均纯收入48500元，成为全场重要的规模化职工养殖小区。同时，该队还发展农业循环经济，建起了3个50立方米的大型沼气池，充分利用职工猪舍里的猪粪作为原料，发展既环保又经济的新型清洁能源——沼气，供各家各户使用，提高职工生活质量。

建设农场9队利用争取一事一议、水库移民项目等资金，集中力量实施硬化、亮化、美化等民心工程，改善职工生产生活条件，逐步建成宜居的美丽乡村。一是硬化道路。修建了进队7米宽硬底化主干路约1千米，铺设房前水泥路1000多米，实现户户通水泥路。二是美化村貌。在进队主干路两侧和队内路边栽植香樟树183株、榕树256株，雇佣专人养护；建设垃圾投放站2个并有专人负责随时清理。三是亮化村道。依托一事一议（美丽乡村）财政奖补资金，在进队主干路两侧和队部道路安装太阳能路灯50多盏，在队出口铺设人行道750平方米，极大地方便了职工的生产生活。

按照"培育新职工、建设文化村"的目标，农场投入资金50多万元，建立了252平方米的职工文体活动楼一幢和1500多平方米的篮球场、职工活动广场各一处，购置健身器材一批，为党员职工提供了议事、培训、健身、娱乐平台。积极探索文明建设的有效载体，精心组织开展了评选文明示范户、卫生家庭、创业致富典型等一些切合生产队实际、贴近职工群众、职工群众喜闻乐见的活动。制定社区管理规定和管理细则。在全队深入开展普法教育活动，引导职工自觉做到学法、用法、遵法、守法，提高职工素质素养，使该队连续5年没有发生上访事件和社会治安事件。

阳江农垦局平岗农场

广东省平岗农场位于阳江市高新区平岗镇，于1954年围海建成，现有土地面积4.3万亩，总人口2417人。是广东省和农业部无公害农产品示范基地农场、全国农垦现代农业示范区、活鱼直通供港基地、广东农垦规模最大的水产养殖基地。

1997年以前，农场以种植水稻、甘蔗、剑麻为主，1998年进行产业结构调整，撤队建区，成立东、中、西三个水产养殖区。经营范围包括农、林、牧、渔，主要以水产养殖为主。现有水产养殖面积2.3万亩，养殖品种有南美白对虾、斑节对虾、锯缘青蟹和日本鳗鲡、黄鳍鲷、金钱鲷等高档鱼三大类共16个品种，产品出口日本、美国、欧盟及我国香港等发达国家和地区。年水产品总产量13000多吨，产值34216万元。

农场与阳江高新区签订了《土地开发合作框架协议》，中、西区20000亩土地已被纳入阳江高新区"两个规划"统筹开发利用，成为临港工业园区和物流、仓储基地，带动农场二三产业发展。

广西美丽乡村典型村镇介绍

长岗岭村

长岗岭村位于灵川县灵田镇东北部，村辖区总面积6.47平方千米，全村有120户480人。长岗岭村具有丰富的访古探源、名胜博览、生态休闲、徒步观光等旅游资源。该村兴于唐宋，盛于明清，现村内有保存完好的明清古建筑60余座，村周围保留有完整豪华的明清石雕圈古墓群，另有明清时期用于南北通商的三月岭盐马古道穿村而过。该村2006年被确定为"第六批全国重点文物保护单位"，2012年被国家住建部、文化部公布为"第一批中国传统村落"，2014年6月，入选全国首批传统村落整体保护利用项目名单。

近年来，为加强传统村落保护工作，灵田镇成立了由党委书记、镇长担任组长的领导小组，指导长岗岭村成立了长岗岭传统村落保护理事会，协调解决传统村落的保护、利用、开发、管理等事宜。2014年，该镇聘请知名规划设计院高标准、高起点编制完成了《长岗岭村传统村落保护发展规划》，并先后投入各类资金1000多万元，对古村落进行了全面的修缮。同时，长岗岭村在"美丽广西"乡村建设等活动中，修建了停车场、公厕、污水处理、银杏休闲步道等基础设施，全村设有专门的清洁卫生保洁人员和文物管理员，村容村貌整洁干净、邻里和睦；村里有图书室、篮球场、活动室和多媒体室等公共文化活动设施。村民理事会还将村庄周边100亩农田收归集体管理，分季节种植油菜花和油葵等具有观赏性的农作物，形成了文化旅游生态农业发展的良好局面，2015年，该村接待游客量突破10万人次，实现乡村旅游综合收入310万元。

龙镇村

容县自良镇龙镇村历史文化底蕴比较深厚，非常重视生态文化建设。十多年来，全村800多户3000多人，人人出钱出力，筹资220多万元，先后将该村共13千米长的村道全部建成水泥硬化道路，成为自良镇率先实现水泥硬化路通组到户的行政村。

2015年，该村两委倡议建设一个生态文化公园，获得当地群众热烈响应。全村外出人员、经济能人也踊跃捐资出力，在该村的宝鸭山上建设了一个占地近5公顷，辐射面积达14公顷的村级生态文化公园。公园内不仅建起了生态文化长廊、文昌阁、水泥灯光球场、演出舞台等文体娱乐设施，而且种上了檀香、香樟等名贵树木，村道小巷安装了太阳能路灯。空闲时候，村民们在公园里看书画画、唱歌跳舞、打球健身，爱清洁、学文化、护生态已成为村民们的良好行为习惯。

2016年春，该村两委再发动群众，筹资100万元，利用村民无偿奉献的沼泽地，动工建设了占地1.33公顷的广西第一个村级湿地公园——龙镇湿地公园。规划建设了亲水栈道、凉亭、拱桥、观景平台、泄洪坝等设施，水里种上花莲、籽莲、睡莲、亚马逊王莲、水杉、桃花等水生植物以及亲水树种，还养殖锦鲤、天鹅、鸳鸯等鱼类以及观赏禽类。

龙镇生态文化公园和湿地公园已成为容县生态文化旅游的新景点。2016年，龙镇村先后获得"玉林市生态示范村"和"广西生态示范村"称号。

岩茶乡

在"生态乡村"创建活动中，岩茶乡坚持将生态乡村建设和精准扶贫结合起来，在巩固"清洁乡村"成效的基础上，采取各项举措打造美丽生态乡村，提高村民幸福指数，全力以赴打好生态乡村建设"攻坚战"。

加大宣传教育，营造良好氛围。该乡结合社会主义新农村建设、清洁乡村及文明村创建等活动，充分利用群众会议、村屯干部会议、宣传栏、黑板报、广播等载体普及和宣传生态环境保护的相关知识，将生态建设宣传到村到户，使广大干部群众自觉参与，真正意识到生态建设的迫切性，使生态建设、环境保护、可持续发展等理念深入人心，营造人人都参与的浓厚创建氛围。

坚持抓清洁乡村工作。该乡不断完善长效机制和增强基础设施建设，完善各村屯保洁员制度，加强乡村卫生日常管理工作，合理分配使用垃圾清运车辆，增设流动垃圾箱，增强垃圾回收功能，重点整治农村生活垃圾乱堆乱放、生活污水排放不畅、夏日蚊蝇乱飞等造成的"脏、乱、差"这一环境卫生状况，切实改善农村人居环境。

深入开展"三化"工作，提升群众生活质量和幸福指数。不断巩固清洁乡村活动成果，扎实推进以"村屯绿化"、"饮水净化"、"道路硬化"为主要内容的生态乡村活动，积极打造平班、卡白等市、县级生态示范村和文明乡村等乡村文化品牌，重点抓龙台村"小果园、小花园、小菜园"的生态村屯示范建设工作，提升龙台村生态旅游等级。同时整合各部门项目和资金，科学安排各村屯的"一事一议"项目建设，争取村屯道路硬化、村屯绿化和亮化等5个项目年内竣工，切实改变乡村面貌。

三江侗族自治县丹洲镇丹洲村

丹洲村位于丹洲镇政府驻地西南面融江江心，地处三江、融安、融水三县交合处，地形呈狭长状，总面积2.6平方千米，东有209国道和枝柳铁路隔岸而过。丹洲村是三江明清建制时期古县城，有400多年的历史，尚存多处古迹景点，是三江县文物保护单位之一。丹洲村是多民族、多姓氏杂居的村落，全村有苗、瑶、侗、壮、汉五个民族61个姓氏，230户1035人。洲上种有沙田柚500多亩，经济收入以沙田柚为主，兼有农业、副业、林业、经商等，年总收入约为400万元。丹洲的村容整洁，道路平坦，民风淳朴，通电通水，有线电视入户率100%，电话入户率70%以上，沼气池入户率95%。

加强经济建设。丹洲村的支柱产业以沙田柚为主，经济来源单一，严重阻碍了丹洲经济的发展。2002年开始，在镇党委、政府的指导下，充分利用丹洲村四面环水、四季花果飘香及怀远古

城遗址的地理优势和资源优势，积极开发和推介丹洲古城人文生态旅游。经过几年的努力，丹洲村生态旅游经济逐年上升，2005年11月，通过专家调研评审，被评为国家级生态旅游示范点，同年全村旅游总收入约200万元。

加强培训，提高素质，向科技新村迈进。首先是村两委班子参加县、镇科技培训，增长知识，开阔视野，现有的在职村干部3人均获得"绿色证书"；组织青年参加上级科技培训，全村目前有40人接受了沙田柚科技培训。

加强文化建设。丹洲村四面环水，地理环境得天独厚，又是三江县怀远古城旧址，有400年历史的丹洲书院，文化氛围浓厚；同时交通便利，是古今商贾集散地。以发展人文生态旅游为出发点，村党支部、村委狠抓群众性精神文明建设。一是加强村级文化基础设施建设，在村部建立文化娱乐活动室，藏书500多册；二是开展丰富多彩的文化活动，建立丹洲村文艺表演团；三是每年由村里举办大型的柚子节活动；四是开展"文明示范户"评选活动；五是开展科技、卫生、计生宣传教育活动，计生工作达标。

民主理村。一是通过"两推一选"和村民直选制度，选出群众信得过、能力强、作风好的两委班子，目前两委班子平均年龄37岁，高中文化4人，初中文化4人；二是村务公开，接受群众监督；三是实行村委办事公开制和跟踪制，把村干部分管的工作和联系点户向村民公布，让村民跟踪监督，促使村里事事有人管、有人办，办而有果。

依法治村。村级"两委"班子带头学法，村艺术团将《森林法》、《土地法》和《计生法》编成群众喜闻乐见的文艺节目，让大家在娱乐中受到教育；党员干部带头宣传和依法办事，设立党员先锋岗，在村中开展"学法、宣法、守法"示范活动，使丹洲村出现了"路不拾遗，夜不闭户"的良好社会治安现象。

桂林市兴安县严关镇杉树村委马头山村

马头山村位于兴安县严关镇杉树村委东北方向，交通便利、风景秀美，因背靠一座马头形状的山而得名。近年来通过大力发展葡萄、草莓、蔬菜等现代立体特色农业，村容村貌焕然一新，

村风文明，村民生活宽裕。前两年通过市场运作，引进兴安牧川生态农业开发有限公司，投资200万元建成了生态休闲度假山庄，新建蓝莓、向日葵摄影基地，四季水果采摘基地，打造生态停车场、现代QQ农场、绿道马头山驿站等，形成了集现代特色农业、农家乐、休闲观光农业于一体的发展模式，成为全县发展休闲观光农业、乡村旅游业的典型。

永福县百寿镇瓦瑶生态园

瓦瑶生态园位于桂林市西南重镇永福县百寿镇。306省道贯穿而过，距旅游名城桂林67千米，距桂林两江国际机场40千米，距永福县城47千米。该园正处在桂林至融水、桂林至三江及大桂林旅游西线的黄金路线上。周边有闻名中外的"百寿图"石刻，江南保存最完整的明代石城——永宁州古城，还有一批文化底蕴浓厚的旅游景区，还是全国最大的罗汉果集散地。园区处于国家水源林保护区内，依山傍水，景色宜人，有清澈见底贯穿园区的山溪小河，连绵的山峦环绕着乡村的周围，农舍点缀在青山绿水之间，村风淳朴，园区整洁，果树飘香迷人，设施齐全。有会议厅、室外活动娱乐场、篮球场、乒乓球场、排球场、休闲坪、天然泳池、停车场。充满浪漫色彩的古龙岩景区、农家餐饮、农家居住、野外烧烤、果蔬采摘、休闲垂钓、绿色购物、休闲登山观景、江边休闲娱乐茶座、休闲农业耕作、游客下河捕鱼等。还有最具特色的养殖甲鱼，有利用传统手工艺压榨而成的高品质的土制小磨坊茶油，有采用传统工艺制成、味美清香的小河鱼干，土制的黄竹笋丝干、芭蕉芋粉丝，地地道道的土鸡、土鸭、清水鱼，乡村野菜等土特产品。园区内奇山秀水的自然景色和田园风光及乡土文化，体现了大自然的生态美。该园常年气候宜人，鸟语花香，环境十分优美，是游客进行生态旅游、休闲、娱乐、观光、游览、品尝、购物、休闲农业、度假等回归大自然的好去处。生态园占地面积约8600亩，在现有项目建设完成的基础上对园区进行二期工程建设：农舍旧房立面装修，修复知青楼，建设文体综合大楼，开发大井、狮子山桂花园景区，古龙岩枫木坪景区，修整休闲登山道路等。三期工程建设：江边坪风雨桥景观、江边坪至古龙岩枫木坪景区道路混凝土硬化建设，园区生态农业基础道路、农业种养殖科研所建设，花卉园林苗圃基地建设等工程。完善园区的旅游休闲观光景点，充分利用田园景观、乡土文化，体现出自然生态美的同时，开发具有特色的农副土特产品及旅游产品。举办和游客共同参与的各项农作休闲娱乐的竞技活动，发挥休闲观光农业生产特色，以种养殖业为基础，保护生态环境为前提，通过休闲观光生态园区建设，构建一个自然与文化相融合的生态园林景区。

灌阳县黄关镇龙吟村毛栗坪屯

龙吟村毛栗坪屯位于黄关镇东南面，毗邻省道全沙公路，距镇人民政府所在地约2千米，全片30户，108人，2个村民小组（1个村党小组，6名党员），现有林地面积180亩，耕地面积180亩，其中水田120亩，旱地60亩，主要种植水稻、脐橙、油茶、红薯等经济作物。近年来，在党和国家富民强农政策的支持和镇党委的积极引导下，该屯党员奋勇争先，身体力行，带头大力调整产业结构，种植脐橙和油茶。经过几年的发展，该屯现有脐橙200余亩，油茶140余亩，形成以脐橙为主的优势产业，并发展林下种植、养殖，老百姓的收入逐年增加，日子越来越红火。富裕起来的毛栗坪人，积极响应县委、县政府号召，对全屯进行统一规划、统一施工，大力改善村内基础设施建设和生产生活条件。2012年开展新农村建设以来，该屯充分发挥党员的先锋模范作用，带头筹工筹劳筹资，仅用短短一个星期的时间就完成了对600多米村道全面硬化的重任；农户新建房屋已全面启动外墙装修，装修总面积将达到9800平方米，一个整洁、漂亮、文明的社会主义新农村展现在世人眼前。黄关镇党委、政府为把新农村建设工作这项民心工程做实、做好，想方设法筹措资金、整合项目，先后完成土地整治、土地增减挂钩、危房改造及改水改厕等项目，到目前为止共投入50余万元对该屯的道路、灌溉水渠等基础设施进行了改造。下一步，该村继续加大建设力度，拟新建入村门楼1座、村篮球场1个、文化活动室1个，预计投资60余万元，努力将该屯建成一个"生产发展、生活宽裕、村容整洁、乡风文明、管理民主"的社会主义新农村，将该屯打造成一个党建创新的模范屯，为黄关的经济快速、持续、健康发展谱写一曲绚丽的华彩乐章。

龙胜各族自治县和平乡龙脊村

龙脊村位于龙胜各族自治县县城东南的和平乡境内，是龙脊风景名胜区的重要组成部分。村寨处于大桂林旅游圈内，距桂林市仅76千米，距县城21千米。主要包括平段、平寨、侯家三个自然村及周边1000余亩的梯田，总面积约4.2平方千米。龙脊村梯田风光独具特色，别具一格，整个梯田依山势层层而下如金龙探宝，蔚为壮观。龙脊古壮寨已有430多年的历史。据《龙胜县志》载，龙脊廖姓于明代万历年间（1573～1620）迁入现居地，这里壮族文化保存较为完好，拥有广西保存最完整、最古老、规模最大的壮族干栏式建筑群，其中有5处木楼已经有超过100年以上的历史，其中最老的木楼达250年的历史，古老而富有神韵。

龙脊村依托丰富旅游资源，2011年起实施特色旅游名村建设，以生态环境和村寨社会经济效益为中心，编制规划，在保护龙脊村的文化和自然遗产的前提下，因地制宜合理调整景区土地利用，保护风景游览观赏田地、林地、水源地及优良耕地，完善景区内配套设施建设，对民居进行风貌改造，把龙脊村建设成以壮族文化体验、梯田观光为主的国内一流的原生态民族旅游村寨。

实施特色旅游名村建设后，游客接待量大幅度增长，有效带动了种植业和养殖业的发展，同时辐射带动了周边村庄的发展。

恭城瑶族自治县莲花镇竹山村委红岩村

红岩生态旅游新村位于恭城瑶族自治县南大门——莲花镇，距莲花集镇1.2千米，离县城14千米，交通和通信十分便利。该村95户共390人，主要以种植月柿为主。红岩人依靠科技种水果，走上了富裕道路，农民建新房的愿望也越来越强烈。2003年初，为全面提升恭城瑶族自治县生态农业的档次，改变过去"有新房、无新村"的状况，莲花镇党委、政府积极响应县委、县政府建设富裕生态家园新村的号召，决定把红岩村定为全镇富裕生态家园新村示范点，按照"高起点、高标准、高质量、高要求"的思路进行统一

规划建设。为便于管理，确保工程进度和质量，专门成立了红岩新村建设指挥部和新村管理委员会，负责上下协调、处理各种矛盾纠纷、规划用地的协调和置换，创造性地实行"规划统一、资金统一、管理统一、施工统一"的管理方式，确保了新村建设的顺利进行。红岩新村成功地建起43栋独立别墅，共拥有客房170间，餐馆23家，每天可接待游客700多人。为吸引更多的游客，红岩新村村民们还积极争取上级各部门的大力支持，建起了瑶寨风雨桥、滚水坝、梅花桩、1个大型停车场、3个小型停车场、环形村道、灯光篮球场、旅游登山小道等公共设施。如今，红岩新村以其优美的自然环境和村民热情好客的服务态度吸引了众多的游客前来观光旅游；获全区生态富民示范村、2002～2004年全区农业系统十佳生态富民样板村等荣誉称号，2004年申报国家级农业旅游示范点，并于2005年11月28日通过了国家旅游专家的正式验收，成为大桂林旅游圈唯一的农民自己经营的"全国农业旅游示范点"。2003年、2004年、2005年三届月柿节在红岩新村成功举办，让红岩的旅游业更红火，自2003年首届月柿节以来共接待游客36万人次。在党的好政策指引下，红岩新村的村民们正在按"生产发展，生活宽裕，乡风文明，村容整洁，管理民主"二十字方针，建设社会主义新农村。

岑溪市归义镇荔枝村大坡自然村

岑溪市归义镇荔枝村大坡自然村位于荔枝村北面，该自然村共有农户80户，人口373人，劳动力227人，党员8人；耕地面积243亩，山林面积560亩。

自2009年被列为梧州市新农村建设示范点以来，积极探索新农村旧村改造模式，着力打造山清水秀、环境优美、人与自然和谐发展的人居环境，达到了"既有新房又有新村，既有新村又有新貌"的效果。

大坡村的新农村建设主要突出"三个重点"：

一是重点抓改造。采取"政府出一点、部门扶一点、群众筹一点"的办法，实施"三通六改"工程（通公路、通广播电视、通饮水工程和改建沼气池、改房、改栏、改灶、改厕、改路）。

二是重点抓整体设施建设。筹资800多万元，做好乡村道路、水利人饮、文化娱乐等基础建设。

三是重点抓好特色经济。引导村民发展庭院经济、兴建"农家乐"阳光生态园。目前全村80户农户房屋、新小区一期6幢别墅、三个公园(龙眼公园、滨江公园、山地公园)等16个设施建设已完成,创办蔬菜和养殖2个专业合作社,建立了食用菌、蔬菜、淮山薯种植和三黄鸡养殖示范基地;发展庭院经济23户;发展爆竹生产车间;大力发展生态休闲农业,发展集吃住玩于一体的农家乐5家;依托农业生态园,引进外商投资建设旅游娱乐生态公园,着力把该自然村建设成为生态旅游型新农村。

防城港东兴市东兴镇竹山村

竹山村位于中国大陆海岸线最西南端,是中国海陆交汇处,与越南芒街隔江相望,距东兴市12千米,因盛产竹子得名。全年气候温暖,雨量充沛,无霜,适宜多种亚热带经济作物生长。全村面积11平方千米,耕地面积3110亩(水田1788亩,旱地1322亩),海岸线长21千米,陆地边境线长4千米,拥有一个千吨级良港,下辖4个自然村18个生产组,有汉、壮、京、瑶等多种民族,共967户3845人。竹山村历史悠久,自然和历史人文资源丰富,是一个爱国主义教育基地,旅游景点集"边、海、古、奇、生态"于一体,主要有大清国一号界碑、竹山古街、三圣宫、三德古教堂、寇井、竹山古战场、中国最西南端的海陆交汇点、广西沿边公路的零起点纪念坛、北仑河口红树林保护区、红树林博物馆、古榕部落、宏泉山庄等景点。

清光绪十一年,清政府和法国在天津签订《中法越南条约》。次年(1886),清政府派员与法国勘界使臣狄隆会勘中越边界。清光绪十六年(1890),由当时的钦州知府与外国官员共同签署了"界约",于此立石约界,故称"大清国钦州界碑"。大清国钦州界碑在东兴市内共有八块(广西境内共有33块,碑文"大清国钦州界",系清界务总办、四品顶戴钦州直隶知州李受彤所书)。位于北仑河口的竹山界碑所在的位置正好处在中国大陆海岸线与陆地边界线的交汇点,系光绪十六年(1890)所立的第一块界碑,故称大清国一号界碑。100多年来,位于竹山村的大清国一号界碑历尽沧桑,屹立于北仑河口岿然不动,显示了中国领土神圣不可侵犯,故竹山一号界碑具有较高的历史价值和现实意义。

此界碑是单面刻字,因为根据当时国与国立界的有关规定,两国以河流为界时是以河道的主航道为界线。因界碑不能立在河里,只能立在本方靠近航道的陆地上。立在岸上的界碑,单面刻字预示着外面的水域还有一部分是我们的国土,这就是以河道为界和以陆地为界划界立碑的区别所在。

竹山旧街始于清朝末期,民国初期达到鼎盛。是由一条直街和二条横街组成,总长200米,现有房屋58间。清朝末期,竹山因商贾云集,金铺、妓院鳞次栉比,曾是钦防一带最繁华的商埠之一,每星期定期有商船直航香港、澳门。街道两旁房屋呈近似阶梯形排列,这批建筑物虽然历经百年沧桑,至今仍保持着古香古色的建筑风格。街道民风古朴,清静优雅,当人们漫步其间就会产生一种远离都市喧嚣、返璞归真之感。

竹山村三圣宫,当地群众也叫作三婆庙。庙宇中的三婆婆叫妈祖,复姓三卫名林默,后皇帝赐封为三圣。该庙宇始建于清光绪二年(1876),是当地居民和华侨为了祈祷出海平安、六畜兴旺而集资兴建的,庙宇中所用的木材及屋脊顶上雕刻的图文和人物等瓷制品都是由建筑师绘制好图纸,从越南按设计制成运回安装,至今已有100多年历史。三婆庙虽然饱经岁月沧桑,但在其雕梁画栋间我们还可隐约看出她昔日的辉煌。传说三婆庙非常灵验,有求必应,只要向三婆婆诚心祈祷,都能化险为夷。

道光三十年(1849),法国传教士包文华从北海来到竹山建立天主教堂点,开展传教活动,当时有教徒28户132人。1852年下半年北海主教府又派一名姓颜的教士到三德教堂开展教务活动。颜教士把竹山三德教堂扩建到300平方米左右,可容纳300人活动,建立一间修女院100平方米,有修女10人。1984年恢复活动,现教堂已改称竹山天主教堂,有信教群众约500人,现任会长为叶济辉。

中国大陆海岸线东起中国辽宁省丹东市鸭绿江口,西至广西东兴市竹山村北仑河口,全长18400千米,因北仑河口地处中国边境陆地线始端,海岸线终端,是伟大的中华人民共和国海岸线和陆地线交汇处,这里风景如画,四季如春,可倾听海浪拍岸的涛声,领略异国风情,尽赏海、陆、天融为一体的绝色风景，堪称人间一绝。

为医治战争创伤，造福边防人民，2000年底广西壮族自治区党委、人民政府决定在延边八个县市开展边境建设大会战。大会战历时3年，总投资21亿元。广西沿边公路是边境建设大会战标志性工程之一。该工程于2000年10月动工兴建，总投资9.2亿元，于2002年9月30日全线贯通。沿边公路起点为东兴市东兴镇竹山村，途经东兴市、防城区、宁明县、凭祥市、龙州县、大新县、靖西县、那坡县8个县（市、区）31个乡（镇），终点为那坡县弄合村，公路全长725千米。这是一条边民致富路，边疆人民为了铭记党的恩情，特立此标志予以纪念。

北流市民乐镇罗政村

在北流市民乐镇东部，有一个家家户户住着砖混水泥楼房的村庄，房前屋后种满郁郁葱葱的荔枝、龙眼树，庭院内有花有草、干净整洁，家里各种生活设施一应俱全：自来水、电视机、电话、摩托车……厨房里烧的是沼气。这就是远近闻名的生态家园村——罗政村。罗政村总面积3320亩，以山地为主，全村2531人，有70名党员。近年来，罗政村党总支部、村委会领导班子带领广大村民，大力开展"五改十化"和创建美好生态家园活动，以生态家园建设为突破口，全面推进小康村建设，走出了一条具有罗政特色的小康致富路。

百色市田阳县百育镇四那村那生屯

百育镇四那村那生屯距田阳县城12千米，那生屯全屯共3个村民小组146户，总人口604人，耕地面积810亩。近几年来，那生屯积极调整产业结构，大力发展优质秋冬菜和杞果生产，在全县创先发展农家乐旅游，不断促进增收。

2006年10月，市委、县委根据那生屯的区位、生态和产业优势，把该屯列为社会主义新农村核心村屯建设试点，重点培育"农家乐"休闲旅游新产业，拓宽农民增收渠道，打造右江百里文明河谷生态农业旅游新品牌。在上级党委政府和社会各界的大力支持下，新村建设管委会围绕生态新村、农业观光、休闲农家乐目标，推行"统一规划、统一设计、统一施工、统一管理"

的运作模式，积极组织群众参与建设。目前，新村建设一期工程全面完工，民建工程完成了新建房30户，旧房改造17户，拆迁旧房面积达13800平方米，完成外墙装修130户3.2万平方米。公建工程完成了综合楼、小学教学楼、篮球场、排水排污、环屯道路、路灯、"四网"（供电、电信、供水管网、供气管道）下地、环境绿化美化景观改造等，建成1座可供30多户用气的大型沼气池和53座单户沼气池，配套"三改"30户。成立了那生社区，同时组建了那生社区科技园区党总支和那生社区服务中心，加强对新农村的管理和服务。

成为市、县社会主义新农村建设试点以来，那生屯的面貌发生了前所未有的变化。第一，那生屯成为全县第一个"农家乐"旅游村屯，农民增收渠道进一步拓宽。目前，全屯有14户农户参与"农家乐"旅游经营，能同时容纳400人进行就餐和68人住宿，年接待游客8万多人次，旅游接待收入达100万元左右。第二，那生屯通过与广西百色国家农业科技园区管委会的结对共建，在农业发展上得到了有力的科技支撑，不断提高农业的科技含量，推进产业化进程。第三，自从进行的名声不断向外扩展。由于新村建设模式的创新和产业支撑明显，2008年，国家农业部把那生屯定为全国农村实用人才培训基地，2009年中共百色市委组织部把那生屯定为全市村两委干部培训基地，基地每年举办各级各类的培训班20期次以上，培训人数超过了2000人次；2010年那生屯被列为"广西十大魅力乡村"和百色市"农家课堂"先进培训基地。第四，那生屯社会和谐稳定。那生群众以休闲农业为载体自发组建了那生文艺队，打造了一个村民与村民间、村民与游客间的友谊平台，文艺队通过文艺表演、文艺互动等形式增进交流、展示文化、传承民俗。自从进行新农村建设以来，那生屯群众安居乐业，邻里和睦，乡风文明，没有发生一起矛盾纠纷和治安、刑事案件。

广西百色国家农业科技园区是2001年批准成立的广西唯一的国家级农业科技园区。园区核心区位于百育镇四那村。园区规划建设核心区2.5万亩，示范区20万亩，辐射区55万亩，目前已建成"七园两基地"，即中国—东盟农业科技成果展示园、优质杧果产业化示范园、反季节无公害蔬菜示范园、优质高产香蕉产业化示范园、优质高产高糖甘蔗示范园、优质种子种苗繁育示范园、特色畜禽水产养殖示范园，农村信息服务体系及科技培训基地、农产品加工产业化基地等。现已种植杧果面积达 18 万亩，无公害蔬菜 32 万亩，香蕉 15 万亩，甘蔗 75 万亩，产品远销全国各地 300 多个大中城市、俄罗斯及东盟等国家。园区引进 30 多家国内外企业参与花卉、水果、蔬菜、甘蔗、特色畜禽养殖、农产品贮藏保鲜及加工等产业的经营和开发。现园区建有现代农业技术研究推广中心、专家实验楼和专家公寓楼，并配套国内先进实验设备，旨在为国内外高层次专家、学者和留学人员来百色开展亚热带特色农业高新技术和石漠化综合治理技术的研究开发、技术成果的就地转化和示范推广，以及为高科技型企业提供全程孵化服务。

田东县祥周镇中平村

田东县祥周镇中平村位于右江河谷南岸，辖 8 个自然屯，各自然屯相连成片；21 个村民小组，720 户 3320 人，耕地面积 3315 亩。村党总支下设 3 个党支部，党员 99 名。中平村是田东的首富村，其支柱产业是香葱。按照规模化、产业化、品牌化、标准化的思路，该村成立无公害蔬菜农民专业合作社，做大做强"鸿平"品牌香葱产业，推进了现代农业产业化进程。该村年种植（含复种）香葱达 5000 亩，日销售香葱 20 吨以上，主要销往北京、上海、广州、武汉等大中城市。仅此一项，农民年人均纯收入超过 10000 元。2012 年农民人均纯收入达 12158 元。

中平村生活条件良好。家家户户住进漂亮楼房，建有标准厕所，村民讲卫生，村容村貌干净整洁。设立有"农事村办"服务站，村民足不出村就能证照村里办、补贴村里领、农资村里买、技术村里学、信息村里询、小病村里医、矛盾村里调。建立两座生态污水处理池，生活污水处理率达 91%。

中平村基础设施完善，各屯内的道路全部硬化，家家户户用上自来水。农贸市场、超市、读书室、卫生室、陈列室、戏台、篮球场等公共设施齐全。村民自觉做好绿化美化，在房前屋后种植花草、水果。建有生活垃圾中转站，聘用 4 名保洁员。

中平村和美、和睦、和谐。村总党支部围绕建设一流村两委班子、一流党员队伍、一流香葱产业、一流新农村、一流农民收入的目标，开展党员设岗定诺活动，比、学、赶、超蔚然成风。良好的党风带动了民风转变，多年来无群众上访，无违法违纪现象发生。同时，文化设施齐全，文体活动有声有色，师公戏闻名七里八乡。

中平村是观光农业的理想之地，鱼梁航运枢纽工程蓄水后，缠绕村庄的右江河面宽阔起来，就像一个弯弯的湖泊。岸边是纵横交错、喷灌设施的香葱地，郁郁葱葱，香气飘飘，构成美丽的田园风光。

该村先后荣获全国一村一品示范村、广西香葱第一村、自治区九大和谐建设先进单位、广西百村百品示范村、广西农村专业经济协会示范点、广西新型农民科技培训示范村、广西巾帼示范村、广西民房防震保安示范村，以及全国民主法治示范村、自治区先进基层党组织、百色市先进基层党组织等荣誉称号。

富川瑶族自治县朝东镇秀水村

广西富川瑶族自治县富阳镇西北，沿富（川）桃（湖南省江永县桃川镇）公路行使 40 千米，便到朝东镇，再往前行 2.5 千米，人们便看到一座山峰，状如鲤鱼出水，挺拔突兀，此山名叫秀峰山。山下有个村庄，名叫秀水村。

始于盛唐的富川秀水村坐落在潇贺古道东南一侧，不仅有岭南秀美的山水风光，还有毛氏宗祠、状元楼、进士门楼、古戏台、石板街巷历经千年风雨的古建筑和明清风格的民居村落，更有延绵千载不衰的文脉风水，秀水村保留着上至皇帝下到知县赐封、贺赠的匾额，匾款花式各异、琳琅满目，堪称是一个天然的中国文教史博物馆。该村既是广西闻名遐迩的旅游胜地，也是富川瑶乡盛名独具的状元村。随着对海上丝绸之路——秦时岭南"新道"潇贺古道的考察研究工作的深入开展，秀水状元村作为秦古道上的一个亮点，已备受人们的关注和重视。

秀水村历史文化底蕴深厚，有状元楼、进士屋、雕花石鼓、石门槛、古门楼、古戏台及宗族祠堂、花街石路等古建筑古物古迹，有"宋元明清古民居露天博物馆"之称；历史曾设有商贸交易区、四所书院，曾有过一个宋代状元和历代 26 个进士。

忻城县城关镇板河村内城屯

内城屯位于忻城县城东北 2 千米处，被称为"莫老爷后花园"。日前，记者从忻城县城出发，沿着一条笔直的水泥路来到内城屯：约三层楼高的莫曼广场大门颇有气势，进了广场，一边是亭阁走廊，一边是大舞台，舞台背景是一幅巨大的壮锦图案；舞台周边是风格统一的居民房屋，都是白墙灰瓦，每户人家白色墙面有壮锦图案。

忻城县民族局副局长蓝刚介绍，内城屯算是移民村，田地少，但风景好。作为壮锦发源地之一，内城屯有关壮锦的文化很多。近年来，忻城县民族工作结合当地民族特色，以"壮乡·土司·生态·现代"的发展理念，积极挖掘内城屯的民族文化旅游资源。蓝刚称，"莫曼传说"美妙动人，编织的壮锦远近闻名，为使壮锦传统工艺得到传承与发展，民族局参与组织开展壮锦技艺培训班，同时投入 80 多万元对内城屯房屋进行民族化改造，在新建成的莫曼广场展示壮锦历史文化和产品、技艺，彰显民族文化特色。

同时，忻城县民族工作结合新农村建设、壮乡特色旅游名村建设、"美丽忻城·清洁乡村"活动，多渠道争取项目资金，加强内城屯基础设施建设和环境治理，投入 40 多万元，硬化村道 724 米、绿化村道两旁 1000 米，修建排污沟 412 米，修建了游泳池、灯光球场、公厕、垃圾池等。如今，内城屯干净整洁，游走在这个极具壮族特色的村中小巷，别有一番情趣。

蓝刚表示，民族特色名村的建设是一个综合性项目，除了挖掘民族特色、搞好基础建设，更重要的是，利用好民族文化特色和独特的地理优势，发展旅游产业。据悉，内城屯引进了多个"农家乐"服务的投资，建成土司风情农庄等，还建成亲水码头、拦河坝、茅草亭、休闲步道等旅游设施，内城"农家乐"被自治区旅游局评为四星级"农家乐"。内城屯已成为周边城市和县城居民节假日休闲娱乐的一个好去处。

"内城屯是忻城县推进民族文化特色名村建

设的一个缩影。"蓝刚说，民族工作成绩的取得不是一朝一夕的事，要有长远规划，要统筹安排。早在 2011 年，忻城县委、县政府就明确忻城县民族工作领导小组成员单位工作职责，县委办、政府办，县组织部、宣传部、统战部通力合作，县发改局、教育局、财政局、文化体育旅游局、扶贫办等相关单位积极配合民族工作的开展。同年，县民族局制定了 2011~2016 年忻城县五年民族工作计划。蓝刚说，"县委、县政府重视，多部门联动，共同出力，忻城民族工作才取得了今天的成绩。"

武宣县东乡镇河马村委下莲塘村

武宣县东乡镇河马村委下莲塘村是广西特色文化名村。该村景观资源别具一格，田园风光优美宜人，山脉连绵，溪水长流，村里池塘遍布，古树参天。这里地灵人杰，从清朝至民国共涌现出 8 位将军，现存古墓两座及 30 余件精美丝绣文物。

河马村是武宣县东乡镇金岗村等村土地整治项目的范围。在进行土地整治征求意见初始，当地要求改变村庄面貌的呼声很高。下莲塘村距武宣县城 27 千米，距东乡镇 530 人，耕地面积 1500 亩。莲塘村位于武宣县东乡镇和 AAA 级景区百崖大峡谷之间，村内有保存完好的民国陆军中将刘炳宇的古庄园及清代民居。

自开展"清洁乡村"活动以来，下莲塘村 125 户 500 多人全员"上岗"，从身边的清洁卫生做起，营造出桂中精品旅游线路上的一道"美丽印记"。

凭祥市新鸣村板小屯

夏石镇新鸣村板小屯位于凭祥市东北部，距凭祥市区、宁明、龙州县城分别为 16 千米、32 千米、35 千米；距 322 国道、南宁至友谊关高速公路分别为 1.7 千米和 1.2 千米（位于两条路东边）。南友高速公路建成通车后，从南宁到板小屯仅 1 个多小时的车程。

板小屯共有 3 个村民小组，79 户 360 多人；全屯耕地面积 692 亩，其中水田面积 216 亩，旱地面积 476 亩，山林面积 1200 亩。全屯居住区面积约为 8 亩。

2002年上半年，广西壮族自治区旅游规划设计院的专家到板小屯考察旅游资源，认为"板小屯的旅游资源得天独厚，值得开发"。板小屯群众在村党支部的带领下，认真按照党中央、国务院提出"生产发展、生活宽裕、乡风文明、村容整洁、管理民主"的建设社会主义新农村的总要求，充分发挥自身的区位、资源优势，走出了一条发展生态旅游之路。

板小屯有丰富的旅游资源，天然泉水分布有大小泉眼50多处，最大的泉眼有3处，分别是双喜泉、布江泉和不老泉。泉水与周围的群山、绿树、翠竹融合在一起，是板小屯的灵气之所在；流经村边的板灵河一年四季水流不断，与周围群山构成青山绿水，相得益彰；屯里的桃花岛三面环水，一面靠山，环境清幽，植被茂密；森林生态环境完整，是天然的氧吧和负离子仓库；岩洞内迂回曲折，高低错落有致，钟乳石、石笋、坚壁、帷幔、石观音等遍布，还可以隐约听到地下河水流动的声音，洞中的大厅十分开阔，可以容纳500人在里面集会；种植的本地柑橘个大味甜，深受市民乃至越南客商的青睐；泉水养殖的鱼产量高，肉色晶莹细嫩，味道鲜美。板小屯利用丰富的旅游资源优势，大力开发生态旅游业，共建成了一大一小共1100平方米两个天然泉水游泳池，使每年的旅游业收入在40万元以上，促进了农民收入的增加。

同时，板小屯群众大力发展甘蔗下田，全村种植甘蔗保持在500亩以上，农民收入年年增长。

板小屯群众在各党委、政府的关心支持下，大力发展旅游业，村集体经济不断壮大，村民日子越过越火红。全村通电、通水、通路，家家户户安上电话和闭路电视，购置了摩托车、农用运输车等。目前在市、镇政府的领导下，该屯已完成了小康文明村的规划设计，并已基本完成旧房改造第一期工程。第一批开展旧房改造的12户农户已于春节前住进新房。

镇党委和村党支部经常组织村民开展普法和治安防范教育，板小屯村民的思想素质、文化水平均有了很大的提高。几年来，广大群众自觉远离"黄、赌、毒"等社会丑陋现象，自觉遵守国家法律法规，全村未发生打架斗殴、参与"六合彩"和违反计划生育政策等不良现象。新村家家户户除收听收看电视节目外，还经常利用党支部文化活动室开展丰富多彩的文化活动，如播放科技种养技术录像、棋牌交流、阅览报纸杂志等。

板小屯群众积极开展小康文明村的创建活动，将全村的村容村貌、环境卫生、村道及服务设施等以较高的标准去规划建设。几年来，根据市、镇的初步规划，板小屯定为"生态旅游小康文明村"开发建设，并取得了较好的成效，于2003年获得自治区文明村的称号。

海南美丽乡村典型村镇介绍

海口市琼山区三门坡镇龙鳞村

龙鳞村在海榆东线公路 25 千米处，全村 48 户 221 人。村庄占地面积 60 亩，水旱田面积 163 亩，坡地面积 1550 亩。全村经济收入主要以橡胶、胡椒、香蕉、荔枝、槟榔、菠萝等种植业为主。

龙鳞村是一个革命老区村庄，具有光荣的革命传统。2007 年初，全村群众积极响应镇党委政府提出"创建文明生态村，建设社会主义新农村"的号召，认真打造精品，积极创建文明生态村。龙鳞村以环境整洁、环境建设为突破口，按照"四个统一"的要求，不请施工队，就地取材，全村男女老少不分日夜，艰苦奋战，硬板路面自己制，挡土墙自己砌。群众创建热情一浪高过一浪，出现了村民白天下田生产，晚上挑灯建设的感人景象。通过村民的艰苦奋斗，村容村貌发生了翻天覆地的变化。一个环境美、档次高的文明生态村已形成。

龙鳞村人又齐心协力开发"农家乐"旅游，与海南泰美乡居旅游开发有限公司合作开发乡村休闲度假，为来海南过冬的"候鸟"老人和附近市县自驾游旅客提供餐饮、住宿服务，并为此配备了农家客房和农家餐厅，随着文明生态村的创建，龙鳞村越来越美丽，吸引了各机关单位、各市县乡村和一些社会人士的参观、游览。

三亚市凤凰镇槟榔村

槟榔村位于海南省三亚市凤凰镇东北侧，因傍依槟榔河，盛产槟榔树而得名，是一个纯黎族行政村，辖 15 个村民小组，1015 户 5863 人，总耕地面积 8000 亩，以种植水稻、大棚瓜菜、槟榔、杧果、兰花等为主。

2009 年 10 月 19 日，中国生态文化协会在北京人民大会堂举行全国生态文化村授牌仪式，为获评全国首批"生态文化村"称号的 26 个村庄授牌。槟榔村委会党支部书记赖清荣接受牌匾并介绍建设经验。这是海南省唯一获得此殊荣的村庄。如今的槟榔村村容村貌整洁，基础设施不断完善；生态文化繁荣，群众文化生活丰富且形式多样，村民的教育培训有序进行，民风淳朴；设施农业、冬季瓜菜、生态旅游业兴旺，2008 年人均年收入 6036 元；森林覆盖率达到 85% 以上，空气清新、环境优美。三亚槟榔河 AAAAA 级乡村旅游度假区总规划面积约 9 平方千米，包括槟榔河及其周边 15 个村庄。主要建设有槟榔河农家乐旅游小镇、设施农业片区、非物质文化遗产基地、黎侗文化乐园、凤凰谷养生中心。项目突出文化特色、生态特色和三农特色，将以槟榔河之夜为卖点，形成以乡村田园景观为核心的乡村旅游区域，建成休闲度假为主，观光、养生为辅的复合性度假区。游客可在旅游区内进农家屋、吃农家饭、睡农家床、看旅游区内的非物质文化遗产、欣赏美丽的槟榔河之夜。

三亚市吉阳区

吉阳区位于海南省三亚市中东部，是三亚市四个市辖区之一，2014 年成立，因沿用吉阳镇旧名，故名吉阳区。吉阳区是三亚市政府驻地。整个区域面积向原版图的四面延伸。东靠海棠区，西与天涯区相接，北部与保亭县交界，南抵南海亚龙湾。2015 年 1 月，正式撤销河东区、吉阳镇，设立吉阳区。吉阳区管辖原河东管委会行政区域、吉阳镇行政区域，共计 17 个社区和 19 个行政村。

吉阳区属于热带海洋性季风气候，年平均气温 25.4℃，最冷的 1 月平均气温 21.4℃。降雨季节分布均匀，干湿季节明显，对农作物生长极为有利。年日照 2539 小时，年平均蒸发量 2344 毫米，属于半湿润半干旱地区，具有冬无严寒、夏无酷暑、长夏无冬、秋春相连、阳光充足、蒸发量大、干湿各半、雨骤旱酷、台风频繁、雨急风狂的特点。

吉阳区北面靠山，南面傍海，拥有依山傍海的自然环境以及较为明显的区位、资源、生态等优势。旅游资源丰富，著名的亚龙湾、大小东海、鹿回头、落笔洞均坐落于此。

琼海市潭门镇

潭门镇地处海南省琼海市东部沿海，行政区域面积为 89.5 平方千米，人口约 2.9 万人，辖 14 个村委会 220 个村民小组。潭门渔民是世界历史上唯一连续开发西沙和南沙的特有群体，潭门人已将黄岩岛视为祖宗地，保卫黄岩岛不仅是荣耀也是捍卫他们的传统。2016 年 10 月，入选第一批中国特色小镇。

潭门镇有潭门港、龙湾港两个港口。其中，潭门港为渔港，龙湾港为深水港。潭门中心渔港 2009 年被国家农业部定为一级渔港，该港是海南岛通往南沙群岛最近的港口之一，也是琼海市西、南、中、东沙群岛作业渔船后勤补给基地和深远海鱼货的集散销售基地。渔港可停泊渔船上千艘，已成为集渔船避风补给、水产品流通加工及休闲观光为一体的综合性现代渔港经济区。龙湾港是海南东部唯一一天然深水良港，自然水深达 12 米，可供建设万吨至 20 万吨级深水泊位 200 多个。

全镇以农业为主发展远洋捕捞，沿海养殖对虾、鲍鱼，种植菠萝、荔枝、胡椒、槟榔、椰子、反季节瓜菜、水稻，工业以贝壳加工为主。全镇共有耕地面积 2.29 万亩、林地面积 4.9 万亩。辖区有全市最大的中型水库合水水库，总库容量 3140 万立方米，最大水面面积 7.2 平方千米，灌溉农田总面积 10636 亩。

琼海市博鳌镇朝烈村

朝烈村位于海南省琼海市博鳌镇镇域中部，镇区西南侧，距离琼海市约 17.4 千米、博鳌镇区约 3.9 千米。其范围东至博鳌镇区，南临万泉河，西靠中南村，北依田甬村。行政隶属琼海市博鳌镇，全村面积为 197.56 公顷。朝烈村内共有自然村 7 个，现状村庄沿主要道路两侧成组团状散布，其中在村委会所在的美雅村附近分布相对集中。

结合镇区的发展契机，完善基础设施，升级产业体系，调整产品结构，大力发展优质、高效水果，无公害蔬菜等，全面提高本村农产品的档次。在《琼海市博鳌滨海风情小镇总体规划（2011~2030）》中，朝烈村为基层村。综合朝烈村现状经济、社会条件确定朝烈村性质为：以浓郁的侨乡风情，优良的人文自然资源为载体，打造一个以热带观光农业、滨河农庄风光为特色，以南洋华侨文化、佛教文化为人文内涵的旅游度假、休闲娱乐、农业生产综合村。

儋州市那大镇石屋村

那大镇石屋村下辖 5 个自然村，总户数 381 户人口 1896 人。主要收入以水稻、橡胶、水果、养殖、劳务输出为主，全村种植橡胶 3000 多亩、果树 300 多亩，劳务输出 200 多人。

石屋，原名五角岭。生活在这里的百姓，居住在简陋、低矮的茅草房里，下雨天，满屋滴漏；大风天，房梁摇晃；夏日闷热，冬天寒冷。住上石屋——用石头砌的房子，是五角岭百姓的梦想与期待，石屋之名由此得来。

石屋村曾被国内新闻媒体誉为"海南岛上的大寨"、"南方的大寨"；它曾被周恩来总理称赞为"广东学大寨的好榜样"。为了弘扬石屋精神，又快又好地建设儋州新农村，2006 年初，儋州市委与中国人民大学合作，决定把石屋村作为社会主义新农村建设的先行点、实验区和培养新型农民的社区大学进行探索和实践。同年，全国第一所农村社区大学（儋州市石屋农村社区大学）在石屋成立。

万宁市长丰镇文通村

文通村位于万宁市长丰镇西南部，有 200 多位黎族群众聚居于此，是一个黎族聚居村庄，民风淳朴，原本是一个穷乡僻壤，几年前还是茅房瓦舍、草屋陋室、村道泥泞、思想陈旧、经济落后，全村没有一栋像样的楼房。

近年，在海南省和万宁市政府的大力支持下，文通村坚持生态立村，开展了轰轰烈烈的村容村貌美化、绿化、净化三大行动，并着力调整产业结构，广泛发动全体村民投入文明生态村建设，把文通村逐渐建成了集休闲养生、垂钓娱乐、旅游观光为一体的，具有现代城市、民族风情与田园风光的旅游文明生态村示范景区，并入选了首批"中国少数民族特色村寨"和第四届"全国文明"村镇名单。

文通村全村只有50多户，像星星散落在村中，从2009年开始，万宁市编制村庄规划中将该村列为整村推进，合理规划，按照"村在林中、房在树中、人在画中"的理念优化村庄布局，建设文明生态村，各家各户依靠天然优势在村林中建房，逐渐形成完善的村庄布局。文通村还积极探索出路，招商引资，与公司参股合作，公司出资、村里出地，在村中槟榔林里建造供游客住宿的高脚小木屋，让游人来了慢慢欣赏，好好体验都市里体验不到的乡村慢生活。

如今，文通村随处都能让人呼吸到浓浓的黎族气息，电线杆上手绘着俏皮的黎族姑娘，路灯上装饰着黎族大力神图腾，就连垃圾桶也用黎锦图案做了精致的装饰，黎族风趣无处不在。让人充分感受到现代与传统的巧妙结合，城市与乡村的水乳交融，现实与幻境的相得益彰。

东方市大田镇报白村

报白村位于海南省东方市大田镇，是大广坝水利工程移民村庄，全村333户1526人。2010年10月，报白村移民改造工程全部完工。旧貌换新颜，整个村发生天翻地覆的变化。全村人住进了盖好的楼房和平房，共有167栋，人均13平方米，面积是当年安置房的2倍。

该村是全省以及东方市移民危房改造、新农村建设、文明生态村建设、风情小镇建设和城乡一体化建设的试点，在完成房屋建设工程后，在多方争取和协调下，在上级领导的关心和支持下，报白饮水工程、村道硬化、亮化和绿化工程等配套建设工程一步到位全部解决，村民们如愿住上了"安心房"，喝上了"放心水"，走上了"亮心路"。报白村又马不停蹄地踏上找项目、找资金、带领群众发展经济的道路，终于功夫不负有心人，花卉种植、热带农业大棚、养猪场等多个经济发展项目已落户报白村。

老城镇罗驿村

罗驿村位于海南澄迈县老城镇白莲区境内，据考证，该村已有上千年历史，其所在地在宋代时是海南往西行的驿站，罗驿村的村名也因此而来。

这是个海南省有名的宋代文化古村，曾有3人科第中举，250多人出仕，享有澄迈"科举仕宦第一村"美称。同时，也是远近闻名的革命老区，先后有70多位烈士为国捐躯。更值得一提的是，千百年来，优越的自然环境，理想的气候条件，特别是从古至今代代不竭的和睦、孝顺、感恩、诚信的伦理道德和淳朴感情，使这个邻近最大的自然村始终稳坐"健康与长寿"的风水宝座。全村户籍总人口3328人，其中男性1525人，女性1803人，人口预期平均寿命79岁；健在的百岁老人2名，占总人口的0.06%；80岁以上老人总数为102人，占总人口的3.06%；60岁以上老人总数为376人，占总人口的11.3%，以上各项指标都远远超过"中国长寿之乡"澄迈县同类指标，被评为十大"长寿村"且名列第三。

白沙黎族自治县福门镇老周三村

老周三村隶属于海南省白沙黎族自治县细水乡福门镇，位于松涛水库边，通过水路与外界交通，全村共18户83人。目前，村里还只能靠轮渡与外界沟通。该黎寨三面环山，面朝松涛水库，整个村子隐映在周边的竹林、胶海和热带雨林之中。在美丽乡村建设和各方支持下，利用该村得天独厚的山水自然风光和独特的黎族风情特色，该村被打造成一座美丽的黎寨。

老周三村位于白沙县细水乡，在松涛水库天湖中的一个半岛上，全村由18户黎族居民组成，拥有1200亩的橡胶林，包括一片原生橡胶林以及600亩竹林。村民经济来源主要是依靠橡胶、打鱼收入。

老周三村的命运很坎坷。据说他们的老祖宗在打猎时，认为这是一块风水宝地，于是就在这里安营扎寨，繁衍后代。老周三村地理位置特殊，三面环水，一座半岛一座村庄，出入靠的是船只。寨子有三姓，田姓占了一大半，其次是周姓，再次是林姓，寨子的人都是黎族。听寨里的老人说，村名的得来是因为过去寨里有三个姓，周姓最大，因此，以周姓取村名，意思是周姓等三个姓的寨子。寨子周围种了很多竹子、橡胶、槟榔，但村民们主要还是靠打鱼为生。

元门乡罗帅村

罗帅村位于海南省白沙黎族自治县元门乡，鹦哥岭大山脚下的白沙第二大陨石坑里，紧邻黎村罗帅仙女溪，有罗帅雨林山庄之称；东与琼中县为依，东南与五指山市交界，南与乐东县相连，西与昌江县接壤，北与儋州市毗邻。罗帅村空气清新，每立方分米负氧离子高达万个，是名副其实的热带天然大氧吧。当地注重"发展与保护并重"、"互助性开发，企业与农户共赢"的开发模式。2012年白沙实施"美丽乡村"计划，罗帅村成旅游新景点。

重庆美丽乡村典型村镇介绍

万州区太安镇凤凰村

凤凰村位于万州区正东部，距万州城区 28 千米、云阳城区 15 千米，万云南路横贯全境。景区面积 15.3 平方千米，其中核心景区 5.7 平方千米，森林覆盖率达 76%，海拔 950~1066 米，常年平均气温 16℃。景区是万州区唯一的重庆市乡村旅游扶贫示范片、重庆三峡学院美术创作基地、重庆市魅力乡村，也是重庆市首批 8 个绿色村庄之一。

凤凰村（景区）资源丰富，有重庆最大的高山茶园、重庆最壮观的梯田、重庆最古老的桂花树、三峡库区最深厚的农耕文化、三峡库区最连片的杜鹃林。依托景区资源优势，现已建成中华金桂、千层梯田、盐茶古道、司南古祠、茶岭文化广场、茶岭古泉、双峰望日、杜鹃花海、乡村风物观光园、气象科普基地、漫步走廊、大坡茶田、火棘幽径 13 个景点。景区已成功打造中国三峡乡村旅游节、中国三峡帐篷节、中国三峡茶文化节、中国三峡茶乡放歌节等节会活动品牌。

凤凰村历史文化悠久，民国县志有关于凤凰头"为滨江山脉之祖"的记载；"万县有个大石板，一板产粮万多担"的童谣世代流传，"太安有神木，卓然立高岗；亭亭展华盖，苍苍披翠裳"的古赋朗朗上口。同时，辖区诸如凤凰山、凤凰头、挖断山、丁家楼子等地名积淀了丰富的文化内涵，残存的明初一品官牟仲泰隐居地、大学士墓、旗杆石、为人民服务碑等，都承载了古老的故事。同时，凤凰村注重生态人文价值的保护与传承，山歌、民歌、情歌广为传唱，婉转悠扬；打年宵、扭秧歌、划彩龙船等风俗表演别有风情；鳝鱼、绿茶、糍粑、桂花酒等美食脍炙人口；登高、祈福、刨猪汤等传统习俗，独具韵味。现已加快文化阵地建设，建成了农家书屋、文化活动室、文化广场，积极组织村民参加各种生态文化活动，组建了山歌队、腰鼓队，组织开展"五好家庭"、"好相邻"、"文明之星"等评比活动，推动生态文明建设。大力发展特色效益农业，引导发展第三产业。

江津区吴滩镇郎家村

郎家村是共和国一代元戎、两弹元勋聂荣臻元帅故居所在村。位于吴滩场镇正南，与场镇紧紧相邻，由吴平路而入津永大通道。面积 8.51 平方千米，耕地面积 5818 亩。下辖狮山、插旗、老房子、蒋家堡、十八梯、黄土坎、沙田湾、大朝门、长石、莲花、花堰、场口、封家桥、斑竹林 14 个村民小组，总人口 5880 人。其中，安置三峡库区云阳县、忠县外迁移民 402 人。村委会驻地在朝家坡。

郎家村由 1983 年 7 月建制的郎家、狮山、花堰 3 个行政村和前锋村 4 个村民小组合并而成。该村系重庆市无公害蔬菜基地吴滩镇的腹心村（蔬菜直种面积达 5000 亩）、江津区杂交水稻制种基地村（制种面积 1000 亩上下），畜禽、水产养殖业也形成一定规模。

2006 年，该村被纳入重庆市社会主义新农村"千百工程"示范村进行试点建设。坚持"政府主导、农民主体、社会主动"原则，实施了"修通新路、建设新居、培养新人"和"三清洁十整治五提倡"工程，强化了产业支撑，改变了村容村貌，促进了乡风文明和农民增收。

合川区涞滩镇

涞滩镇位于合川区东北 35 千米渠江西岸鹫峰山上，全镇面积 70.99 平方千米，由原来的宝华、双龙湖、涞滩三镇合并而成。辖 11 个村 122 个合作社，1 个社区居委会，总人口 4.1 万人，有二佛寺、双龙湖和鹫峰峡漂流三大旅游景点，是全国首批十大历史文化名镇、国家 3A 级旅游景区、全国最美村镇。

涞滩镇始建于晚唐时期，兴盛于宋代，历史文化底蕴深厚。涞滩古镇明清民居错落有致，老街小巷古朴典雅，早在 1956 年，因有晚唐石刻、宋代古镇、清代民居及大量完整而又相对集中的文物古迹被公布为四川省重点文物保护单位，1992 年与双龙湖一并被列为重庆市级风景名胜区，1995 年被公布为四川省历史文化名镇，2002 年被重庆市政府公布为重庆市首批历史文化名镇、百镇风貌镇和小城镇建设试点镇，2003 年 11 月，涞滩镇又因其文物古迹丰富、历史文化价值极高、巴渝文化特色浓厚、历史风貌保存完整而被评为全国首批十大历史文化名镇（国家建设部和文物局联合评选的第一批国家历史文化名镇），2006 年 5 月被公布为国家级重点文物保护单位。

梁平县合兴镇龙滩村

龙滩村位于梁平县合兴镇，地处县城东北部，是原龙滩乡政府所在地，距县城 7 千米，距渝万高速 10 千米，毗邻梁平火车站、达万铁路，交通便利。全村总人口 1803 人，辖 7 个村民小组，全村面积 5000 余亩，其中耕地 2200 亩、林地 2755 亩，人均纯收入 8900 元。

龙滩村是梁平柚的主产地，"中国名柚园"特色乡村旅游村。现已在园内建成标准化梁平柚示范基地 3000 亩，柚树达 10 万株，年产无公害优质柚 1500 吨，产值达 600 余万元。已投入 840 万元改善柚园基础设施建设，现已建成一个占地 23 亩，集"中心广场区、入口区、绿化景观区、停车场及办公服务区为一体"的"中国名柚园"广场；硬化园区内公路 7.4 千米，增设 13 个错车道，建成采果道 20 千米；建成星级接待标准农家乐 3 家，同时有 10 家农家乐已被纳入规划，旅游接待能力较强，年接待游客近 2 万人次，旅游收入近 200 万元。

垫江县太平镇牡丹村

牡丹村地处牡丹园景区内，距重庆市垫江县太平镇政府驻地 1 千米，距县城 9 千米。辖 6 个农业社，总户数 770 户，总人口 2817 人，劳动力 1508 人，耕地 1206 亩（其中田 514 亩、土 692 亩），退耕还林 3878 亩，全村交通便利，拥

有水泥路 13 千米，人行便道 16 千米。全村以种植牡丹为龙头产业，积极进行土地流转，全力打造旅游品牌，健全一体化的休闲度假设施，继续引进企业进行项目投资，大力发展牡丹休闲旅游产业，规范乡村农家乐经营，提升旅游品质。加快农村居民城市化进程，千方百计增加农民收入，全面实现城乡统筹。

武隆县仙女山镇

仙女山镇隶属于重庆市武隆区，由原武隆县白果乡、核桃乡、巷口镇杨柳村、荆竹村与茶坪村，土坎镇四合村、和顺村，以及双河乡仙女村归并组建而成。位于乌江北岸，距武隆城区 20 千米，是武隆区"一江两翼"发展战略中的一个重要经济增长点。仙女山镇位于武隆县中北部，处于乌江北岸，距县城 20 千米，是去往武隆喀斯特旅游区天生三桥、仙女山、芙蓉洞等各个景点的中转地。

仙女山镇辖 22 个村，121 个社，农户 3938 户，人口 1.5 万人；海拔高度 260～1930 米，立体气候明显；森林覆盖率达 63%。境内植被保护良好，空气清新，无工业废气、废水污染，是绿色食品的生产地和休闲度假的好去处。旅游资源有仙女山国家森林公园、天生三桥、龙水峡地缝等景观，以及印象武隆、仙女湖、梦幻谷、中下石院等景点。

忠县拔山镇杨柳村

杨柳村地处拔山镇西大门，与新立镇白马村接壤，全村辖 9 个村民小组，人口 3385 人，916 户，面积 5.8 平方千米。现有耕地 2584 亩，忠垫公路穿村而过，交通便捷。已硬化村级道路 8.5 千米，硬化人行便道 28.6 千米，自来水入户率 100%，天然气、沼气入户率 85.6%，电视、电话户户通。现有村级公共服务中心一处，占地 1200 平方米，已硬化体育场 600 平方米，硬化停车场 500 平方米，已建五保家园一处，占地 800 平方米。杨柳村经济主要以种养业、施格栏柑橘和外出劳务为主，全村年种植水稻 1723 亩，总产 861 吨，玉米 350 亩，总产 125 吨，小麦 215 亩，总产 43 吨，榨菜、蔬菜 625 亩，总产 930 吨。

巫山县骡坪镇茶园村

骡坪镇茶园村位于巫山东北部，处于 S313 省道主干线上，距渝宜高速公路楚阳出口 3 千米，距骡坪集镇 3 千米，从县城乘车约 15 分钟到达，与自然温泉之乡——巴东县沿都河接壤。区位交通优势十分明显。海拔高度 600～900 米，年平均气温 17℃，最高温度不超过 30℃，四季气候分明，是生态旅游、休闲度假的理想之地。

茶园村因有成规模的茶树而命名，现有茶园 300 余亩。该村属全县生态扶贫移民安置区，通过规范化集中打造，一栋栋整齐排列的农房，犹如漂亮的小别墅，展现出巴渝民居风貌。村级主干道全部硬化、水电方便、通信畅通，学校、卫生、体育活动场所、广播电视、农资小超市、农家书屋等配套设备设施较为完善。民风民俗淳朴，社会治安良好，村民安居乐业，先后被评为"五好村"和"文明村"，也是"千百工程示范村"。国家、市县领导考察调研后，多次给予高度肯定与称赞。紧靠安置区有一个近 300 亩的森林公园，处处绿树成荫，空气清新无比，让人爽心悦目，精神为之振奋，是人们休闲度假、修身养性的最佳去处。

茶园村乡村旅游扶贫点经过打造，自 2011 年 7 月起，已有 30 户村民住房及室内设备设施条件成熟，可一次性接纳 150 人食宿。

四川美丽乡村典型村镇介绍

郫都区友爱镇农科村

农科村位于四川省成都市郫都区境内，是全国农业旅游示范点，是"农家乐"的发源地，被誉为"鲜花盛开的村庄，没有围墙的公园"。

农科村距成都市区28千米，离郫都城区8.5千米，耕地面积280亩，有农户80户278人。全村花卉面积数百亩，农家旅游接待户百余户，形成了以农科村为中心的花木盆景生产、销售和农家旅游基地。

农科村苗木花卉种植面积达300余亩（包括庭院），花卉品种以金弹子、银杏、桂花、海棠、榕树为主，桩头、盆景、造型等各具特色，各种高档次木本、草本花卉随处可见，可承接规模较大的绿化工程，已成为成都市花卉供应基地，产品远销国内各地和东南亚地区。

党和国家领导人胡锦涛、吴邦国、乔石、陈慕华、李铁映，中国花卉协会会长江泽惠及许多部委、省市领导曾亲临考察，20多个国家和地区代表团也先后到此参观考察，均给予高度评价。该村先后被评为省级文明单位、卫生村、乡村城市化示范村，并被命名为国家级生态示范区、成都市第一电话村。

泸州市江阳区华阳街道西岸村

西岸村依托位于城市近郊的地理优势，以打造"产业白湾、人文石虎、生态青山、渔业皇伞、五彩卫星"为目标，积极发展乡村旅游，吸引着无数市民进村入户体验"采菊东篱下，悠然见南山"的陶然酣畅。

穿过西兰花雕塑，沿着荷香湖信步往前，一个种植着各种蔬菜的园区在眼前绵延展开。蔬菜基因库、蔬菜科技育苗馆、金玉满堂长廊，以及配套建设的世界蔬菜之旅主题骑游道和蔬菜主题农家乐组团，将科研、农业和乡村游紧密地结合起来。这个2000亩观光农业基地叫作万国蔬香园，是西岸村五大特色园区之一，其余四个园区分别叫作奇蔬异果园、舞悦渔歌园、创意蔬影盆景园和花田喜事玫瑰观光园。

在阳光书吧享受静谧阅读时光，在绿色网吧随意上网冲浪，在影院里享受崭新的视听效果，在道德讲堂里学技艺，在西岸阳光中心广场上看演出和学道义……随着一项项惠民政策的落实，西岸村发生了一系列翻天覆地、祖祖辈辈想都不敢想的变化。这里虽然是农村，但生活条件与环境一点也不亚于城里人。只有走进新农村，走进村民的生活，才能真正感受到新村村民的幸福生活。

泸县福集镇龙桥文化生态园

玉蟾山下，九曲蜿蜒，村庄点点，果林成片。龙桥文化生态园新农村综合体位于泸县福集镇东北部，九曲河下游，距离成都市230千米、重庆市130千米、泸州市中心城区33千米，距泸县新机场20千米，距隆纳高速泸县出入口不足2千米，成自泸高速公路连接线横穿规划区北部，交通便利。龙桥文化生态园新农村综合体与城市远景发展方向一致，是泸县重要的城市绿心、龙桥文化中心和城乡统筹示范区域。

德阳市旌阳区新中镇龙居村

旌阳区新中镇龙居村位于旌阳区东部，与中江县富兴镇相邻，地处深丘，面积6.5平方千米。辖20个村民小组，936户2697人。龙居村紧密结合灾后农房重建、产业发展、环境配套实施建设，着力打造"生产发展、生活富裕、环境优美、乡风文明"的龙居新村。

绵竹市遵道镇棚花村

棚花村地处绵竹市遵道镇山区，经济较落后，此前一直靠务农维持生计。随着年画的逐渐复兴，生活水平也开始逐渐改变。同时年画也带动了山区旅游经济的发展。棚花村旁的山上遍种梨树，每年春天这里会有"梨花节"，秋天则是"赏果节"。村里的很多农户在家里搞起农家乐，春秋两季都要接待大量游客。

曾经贫瘠落后的四川省绵竹市遵道镇棚花村近年以盛产绵竹年画而远近闻名，绵竹年画以产于有"竹纸之乡"美誉的绵竹市而得名。由于多以木版印出轮廓而后填色，又称绵竹木版年画。绵竹年画起源于北宋，兴于明代，盛于清代，中华人民共和国成立后注入了新内容及现代审美趣味。

绵竹年画与天津杨柳青、山东潍坊杨家埠、苏州桃花坞齐名，为中国四大年画之一，是"四川三宝"、"绵竹三绝"之一。绵竹年画是世世代代民间画师们勤劳和智慧的结晶，体现巴蜀人民乐观向上的思想感情和古老的民族风尚。产品除运销两湖、陕、甘、青及四川各地外，还远销印度、日本、越南、缅甸和中国港澳等国家和地区。

安县花荄镇联丰村

安县花荄镇联丰村是5·12大地震后被县人民政府确定的省级新农村示范片核心村，位于安昌河东岸浅丘地区，与新县城隔河相望，面积9.2平方千米，辖10个村民小组，599户1737人，有耕地面积2480亩。

联丰村已实现了村组道路网络化。南连辽安大道、西接安县县城宽5米的水泥公路，整洁的民房、日益壮大的产业、安居乐业的生活，可与城市公园媲美的文化广场、极具乡村特色的猫儿沟休闲庄，蓄水10多万立方米猫儿沟湖和联丰村独具的天然氧吧，诉说着省级新农村示范核心村的今天。

未来，联丰村继续完善基础设施，壮大产业，充分利用距县城不到千米的区位优势，加大招商引资力度，挖掘具有1600多年的益昌文化，把联丰建设成更加富裕、文明、秀美、和谐的"花都官斗，幸福联丰"。

苍溪县石门乡文家角新村

从苍溪县城出发，沿212线北上，驱车20多千米，便来到闻名遐迩的苍溪县石门乡文家角新村。

文家角新村是万亩现代农业柳池示范园区内的重要组成部分，更是石门山歌的发源地。2013年，成功创建为全国最美休闲乡村。

阳光下，文家角水库波光粼粼，闪着金色的光芒。一排排漂亮的农民新居显示着这里人们的幸福生活，清一色的白墙，户户红窗。房前屋后，朵朵菊花正在绽放，园内的株株银杏，挂满金黄。村活动小广场，所有雕像构思精巧，栩栩如生。小广播里原生态的石门山歌撩拨着你的心弦。在广场周围，全民健身设备设施齐全，农家乐、小超市、卫生室、互助合作社应有尽有。

走进文家角新村，一望无际的猕猴桃产业园紧紧围绕在文家角新村周围。这里田成块、路相连、渠相通，耕作机械化、灌溉自流化、管理监控智能化。可以说，这里处处是景点，家家有特色。人们早将这里当作了美好的休闲场所。春可赏花、夏可垂钓、秋可采摘、岁末听歌。五彩斑斓的世界、山水诗意般的画卷，让村民们乐业安居，让游客们流连忘返。

眉山市东坡区白马镇龚村

白马镇龚村距四川眉山城区5千米，面积不到4平方千米，管辖5个村民小组，721户2293人。就是这样的小山村，经过几年的发展，经济文化有了较大发展，成了新农村综合体建设的成功典范。在给当地群众生活带来翻天覆地变化的同时，龚村还以其独特魅力吸引着八方来客，探索出了一条新农村独特的发展之路。

水果产业、水产养殖和乡村旅游业构成了龚村产业发展的支柱。全村已建成以黄颡鱼、叉尾鮰等水产为主的养殖基地，新引进1个蓝莓种植园、2个精品葡萄园、2个花卉苗木园，形成以脐橙、蓝莓、葡萄、桃李为主的精品水果产业村。

为了形成独特的产业优势，龚村在核心区范围内全面推广脐橙新品种东坡脐橙、爱媛38等，逐步建成万亩脐橙观光产业带。

走进龚村，荷塘蛙池，杨柳依依，青石街道，静谧迷人。既有江南小镇的古朴，又略带现代都市的清新，让人流连忘返。

社会主义新农村建设离不开农村文化的支撑。为了最大程度满足村民的文化需要，龚村先后建立了文化广场、文化活动中心、农家书屋、电子阅览室和青少年多功能训练基地，形成面向群众的公共文化服务网络，既有利于引导农村青少年健康上网，又能帮助农民了解市场信息、销售农副产品、学习先进技术。同时，龚村设立了老年协会和老年人活动中心，常年开展多种娱乐活动，老年协会围绕新农村建设、传统民间艺术等题材，编排出小品、戏剧、快板等群众喜闻乐见的节目，丰富了老年人的文化生活。

丹棱县双桥镇梅湾村

双桥镇梅湾村位于四川省眉山市丹棱县城以西 6 千米，面积 2.5 平方千米，因梅湾水库建成而得名。梅湾村是丹棱县新农村发展的典范，共有 8 个经济社，428 户 1581 人。先后荣获全国农业旅游示范村、省级乡村旅游示范村、省级生态村、四川省十大最具旅游价值村落等荣誉称号。是 2015 年 1 月 20 日住房和城乡建设部第二批建设宜居小镇、宜居村庄示范名单中 61 个村之一。

梅湾大力发展桃类、以"不知火"为主的杂柑等水果种植产业 3500 余亩，形成了花果水中映、村在绿中隐、人在画中游的现代新村美好画卷。同时乡村旅游蓬勃发展，梅湾湖风景区积极打造国家 AAAA 级风景区。已建成星级乡村酒店 2 家、星级农家乐 50 家，年接待游客 10 万人次，走出了一条产村相融的新农村建设成功之路。

如今，丹棱县仅特色脐橙的种植面积就突破 11 万亩，2015 年的产值达 12 亿元。而且由于采用脐橙"留树保鲜"技术，从每年 3 月起，春意盎然的丹棱农村便四处呈现"花果同树"的独特奇观，一个个身着白色保鲜袋的脐橙挂满枝头，让人垂涎欲滴。来自重庆、成都等都市踏青的人们，在果园里一边闻花香一边体验采摘的愉悦、"咀嚼"春天的味道。

青神县白果乡甘家沟村

甘家沟村位于眉山市青神县岷江东岸，面积 5.86 平方千米，现有经济小组 7 个，566 户 1758 人。坐拥万亩优质生态椪柑，山上月月品果、沟中四季赏花，是"中国椪柑之乡"核心产区，以其秀美的自然风光和空气清新富含负氧离子而闻名。正倾力建成农业、科技、人居、文化、旅游、休闲六位一体的生态农业观光园。

汉源县双溪乡申沟村

申沟村位于大相岭西麓，汉源县城以北，北与荥经交界，南与大田乡、九襄镇接壤，东与双溪乡涂家村相邻，西与双溪乡松合村相邻。国道 108 线穿境而过，距即将建成的雅攀高速公路出口约 3 千米。面积 10 平方千米，共有 7 个村民小组，424 户 1546 人，耕地面积 692.65 亩，其中田 584.66 亩、地 107.99 亩。该村是汉源县著名的水果基地，共发展白凤桃 1000 余亩，是汉源出名的"白凤脆桃"生产基地，有"千亩果园"之美誉。

申沟村在示范工程创建中，突出"三化一改造"，提升村庄现象。一是布局优化。房屋建筑按川西民居风格设计规划，做到功能分区明确、布局合理，注重人与社会、自然的和谐，既有个性特色，又美观大方，农户住宅实用美观的特色。二是卫生洁化。全村给水管网规范合理、自来水入户 100%，村内污水、杂草、乱石和露天粪坑及时得到清理。保洁制度健全，设置垃圾屋，按规划由村统一清运和处理，消除垃圾及废水污染。三是道路硬化。村内主干道、连户路路面全部实现硬化。四是旧村改造。通过退宅还耕、原址重建等措施拆掉老房，安置新的宅基地或搞公共绿地。通过示范工程创建，将申沟村建成赏花、品果、休闲度假的胜地。

凉山彝族自治州西昌市西乡凤凰村

凤凰村位于凉山彝族自治州西昌市西乡，边上有长城村、郑阳村、王岔村，空气清新，山清水秀，人杰地灵。

贵州美丽乡村典型村镇介绍

贵阳市花溪区青岩镇龙井村

龙井村位于贵州省贵阳市花溪区南部，青岩镇西北面，南邻新关村，西接燕楼乡谷蒙村，北与大坝村相伴，距青岩古镇2千米、贵阳市中心29千米，210国道沿村旁而过，松柏山水库农灌沟渠贯穿全境。行政区面积5.0平方千米，耕地面积796.2亩。全村共295户，1129人，其中农业人口1188人，非农业人口11人。汉族、布依族、苗族混居，布依族传统文化底蕴深厚。村境内水资源丰富，土地肥沃，森林覆盖率达65%，交通便利，区位优势独特，旅游资源丰富。经过近年来的村寨整治工作，村内基础设施和环境逐步得到完善。主要经济产业为种植业、酿酒业、石材加工业等，布依米酒远近闻名。

乌当区新堡乡马头村

马头村新寨位于新香公路中段，距贵州省贵阳市乌当区新堡乡政府所在地2千米，新香公路穿寨而过，全村辖马头、团坡（老寨）、新寨、松树林4个村民小组，222户900余人，布依族占91%，耕地890亩，其中田750亩，地210亩，森林覆盖率达70%。布依族是当地世居民族，风情淳朴、浓厚，相传唐宋时期就已居住于此。随着农业产业结构调整力度的进一步加大，已形成了以鸡、猪、兔为主的助农增收格局。新寨有优美的田园风光、壮观的天然白鹭林、动人的"十二马头"传说、原汁原味的布依婚俗文化，可体验到布依婚俗文化、欣赏布依歌舞表演、感受乡村田园生活。

2013年，马头村被列入省级美丽乡村建设试点村。村支两委在区乡支持下，利用田园美景进行旅游开发规划和建设，大力挖掘历史文化和民族文化，努力将马头村建设成融旅游、观光、休闲、度假、娱乐于一体的民族风情旅游区，建成

贵阳市民的后花园。

开阳县南江乡龙广村

龙广村位于贵州开阳县南江乡北面，与南江大峡谷和清龙河十里画廊毗邻，贵开高等级公路横贯全村，交通十分便利，全村24个村民小组，人口3069人，有党员80名。

加强基础设施建设，完成了新场组小流域治理，完成了凤凰寨、平寨、河湾、杉木冲等组的新农村建设，建成社会停车场3个，公厕3个，硬化通组路12千米、串户路20余千米，建成文化长廊100米，修建寨门1个和吊桥1座。

大力发展果蔬种植，采取"大户带小户"、"支部+协会+农户"等模式带动全村300余户群众发展枇杷、樱桃、番茄、花生等果蔬种植。现又在原来的基础上依靠"公司+农户"和乡村旅游的发展，促进传统农业向订单农业和观光农业的转变。全村的枇杷种植面积达3000余亩，樱桃400亩，番茄1000余亩。

积极调整产业结构，将凤凰寨、坪寨两个村民组的基础设施进行完善，大力发展乡村旅游和农家乐。一方面依托南江大峡谷景区的辐射带动作用，另一方面依托清龙河十里画廊的旅游资源优势，瞄准乡村旅游这一产业，把富硒农产品摆上餐桌，供游客品尝，现已发展农家乐32家。乡村旅游收入30余万元，有效拉动当地农村经济增长达60余万元。

开阳县禾丰乡马头村

马头村位于清龙河畔"十里画廊"上段，距贵州省开阳县禾丰乡政府1千米，全村辖15个村民小组，621户2347人，其中少数民族占总人口数的18%。

全村总劳动力1447人，总耕地面积3702亩，其中，田1893亩，地1809亩，人均耕地1.39亩。

全村生态资源十分丰富，清龙河横穿境内，森林覆盖率达45%，群众环抱"银水绕金盆"的生态人居环境，"十里画廊"的水调歌头民族旅游点水头寨，全国第六批重点文物保护单位马头寨古建筑群，国家旅游局评定的全国农业旅游示范点清龙河乡村旅游区就在村境内。

全村地处底窝坝，海拔900～1200米，地势西高东低，气候温和，年平均气温在12.9℃～14.7℃，全年降雨量1120毫升以上，无霜期315天左右。水利资源丰富，交通方便，达到组组通路。土地肥沃，地理条件优越，土壤富含硒，是贵阳市97个无公害村之一，适合种植水稻、玉米、烤烟、辣椒、茶叶、水果、蔬菜等农产品。村内有公司2个，种茶叶6000亩，烤烟1000亩，辣椒基地400亩。果树协会正在筹建中。

盘县普古乡舍烹村

舍烹村位于普古乡东部，距普古乡政府所在地21千米，东靠普古乡厂上村、噶木村，南连普古乡卧落村、天桥村，西接普古乡新寨村。全村地貌坡高谷深，西高东低，全年最高气温达38.3℃，最低气温-2.1℃，无霜期长。

辖区总面积6.17平方千米（9255亩），其中，林业用地3401亩，占23%，耕地面积4715亩，占57%。总人口1246人，其中，农业人口1231人，非农业人口15人，以苗族、布依族为主。森林覆盖率28.98%，最低海拔1255米，最高海拔2080米，平均海拔1660米，境内主要以坡地为主。水资源较缺乏，生物多样性突出，无矿产资源。主要经济作物为玉米、稻谷、油菜籽、小麦。

遵义市红花岗区深溪镇高坊村

高坊村位于遵义市红花岗区深溪镇南部，距市中心16千米，距深溪集镇2千米，东与龙坪镇接界，南与兴隆村为邻，西与深溪村相连，北与龙江村接壤。高坊村依山傍水，环境清幽，旅游资源丰富：有湿地公园，贵州省级高效农业园，市级青少年教育工读学校新雨学校，众多的休闲农家乐，龙井湾水库，红岩山庄休闲旅游度假村等。全村面积280万平方米，耕地3426亩，11个村民小组，村民3652人。

绥阳县温泉镇双河村

双河村位于绥阳县东北部，距县城52千米，辖5个自然村，35个村民小组，857户，3326人，全村行政区域面积42.3平方千米，耕地面积4016亩，其中田1426亩，地2590亩，森林覆盖率达60%。近年来，双河村以"四在农家"创建为载体，依托"双河溶洞国家地质公园"资源优势，着力调整农业产业结构。

务川仡佬族苗族自治县大坪镇龙潭村

大坪镇龙潭村是仡佬族发源地，有"世界的仡佬"之称，是全省20个少数民族文化村和贵州省首批公布的14个历史文化名村之一，更是全国唯一的仡佬族文化保护建设村寨。龙潭仡佬族文化村是全国仡佬族文化保存较好的村寨，位于乌江主要支流洪渡河畔，建寨已有700多年。这里地势平坦，环境优美，冬无严寒、夏无酷暑。仡佬族占全村总人口的99%以上，为申姓仡佬族世居地。据专家考证，这里是"世界上最古老的仡佬古寨"，有悠久的历史和厚重的文化积淀。

湄潭县湄江镇核桃坝村

核桃坝村位于湄潭县城东北角，距县城10千米，全村总面积12平方千米，辖8个村民小组，801户3297人，其中农业人口3200人、非农业人口97人、党员71人。全村耕地面积9000亩，其中茶园面积7100亩，户均9亩，人均2亩以上。茶叶是核桃坝村的主导产业，有"中国西部生态茶叶专业村"和"遵义市村干部培训基地"之称。村内有金属制品厂、丝棉厂、硬材料有限公司罐头厂、丝织厂等企业；有钙长石、珍珠岩等资源。

走进贵州湄潭县湄江镇核桃坝村，映入眼帘的是一幅自然和谐的美丽画卷。漫山遍野的茶，延绵起伏的绿，如今的湄江镇核桃坝村，茶已经成为村里的一张名片。这里不仅有一定规模的茶叶加工厂，也有自己的茶叶品牌，依托茶业发展，核桃坝人的小日子如今是越过越红火。在核桃坝"黔北民居"新村的雕花窗上，家家户户都刻有精致的小茶壶图案，与县城"天下第一大茶壶"遥相呼应。

让核桃坝村产生了质的飞跃是茶叶产业大发展和"黔北民居"新村建设，现在，核桃坝农民人均年收入10000元，有了茶叶产业这个支撑点，新农村建设不怕搞不好。近年来，核桃坝村为茶业多元发展开辟了新路，以发展茶产业为载体，大力推进乡村旅游发展和新农村建设，既使茶园资源得到充分利用，又为茶农增加更多收益。现在的湄潭核桃坝村集赏茶、采茶、制茶、品茗于一体，茶叶飘香引来众多游客，呈现了美丽茶乡的新气象。

余庆县白泥镇

白泥镇是贵州省遵义市余庆县下辖镇，地处余庆县城关郊区，是全县政治、经济、文化的中心。该镇毗邻县内子营街道，与黄平县的平溪镇、施秉县的牛大场镇、石阡县的聚凤乡接壤。

2015年7月14日贵州省人民政府批准同意撤销小腮镇和白泥镇建制，设置新的白泥镇和子营街道。全镇有耕地面积4581公顷，林业面积1734公顷，全镇人口5万多人，人均国民生产总值达1.3万元，城镇居民人均可支配收入达11050元，农民人均纯收入达4998元。

白泥镇分为城区、坝区、山区三大块，是典型的城乡接合部乡镇。城区是城镇居民主要居住区，以发展城镇集体经济和非公有制经济为主，不断扩大就业，努力推进城镇化。坝区有万亩白泥大坝，有团结水库灌溉，是蔬菜、甘蔗等果蔬的集中种植区。湄黄公路、余石公路从境内穿过，交通方便，以发展经果林、蔬菜为主，加强基础设施建设，突破农业产业化。山区基础设施相对落后，有山塘、水库15座，以发展畜禽养殖、烤烟、水稻、油菜生产为主。

习水县大坡乡龙灯村

龙灯村位于大坡乡南面，在1982年前是龙灯公社，1994年前为龙灯管理区，现名龙灯村。全村3603人，含8个村民小组，全村共有耕地面积3324亩，其中田1612亩、地1712亩，森林面积4500亩、荒坡面积2185亩。在乡党委、政府的高度重视下，在村支两委的共同努力下，

2010年被考核评为"先进单位"。

安顺市西秀区大西桥镇鲍屯村

鲍屯村位于安顺城区东面，距城区22千米，全村710户，2396人，村域面积4.8平方千米。其中，瓮城核心保护区2.62平方千米。

鲍屯村独有的古水利工程，获中国国家灌排排水委员会"水利遗产保护奖"；2010年，鲍屯村荣获中国历史文化名村荣誉称号；2011年，鲍屯古水利水碾坊被评为亚太遗产保护卓越奖，2012年入选世界最佳遗产协会"精英俱乐部"。

鲍屯村被称为"袖珍都江堰"的古水利工程已有600多年历史，如今仍然发挥着灌溉功能，滋养着一方百姓，为10个村民小组610户群众生产生活提供了坚实保障，令人称奇。

鲍屯村处于乌江上游支流型江河流域。"水仓"是鲍屯古水利工程的"龙头"，也是最早修建的"拦蓄引水"工程。600多年前，鲍屯先人在这里筑起了一道既能拦水灌溉，又能溢流泄洪的拦河坝，同时采用"鱼嘴分水"的方式，向下游"小坝湾"方向开了一条1.33千米长的新河，把上游河道一分为二，形成"两河绕田坝"的态势。顺河而下，又修建5座引水坝和5条引水渠，使不同高程的2300亩田地中的大部分都能得到自流灌溉。

据《鲍氏家谱》记载，鲍福宝是鲍屯的创建者，也是鲍屯水利系统的创建者。据鲍屯人从"水仓"附近发现的一块"驿马井石碑"上的落款"大明庚午年立"推断，鲍屯水利系统至今已有617年的历史。

平坝县天龙镇天龙村

天龙村位于贵州省平坝县天龙镇，地处黔中320国道交通要塞，全村面积3.5平方千米；21个村民小组，1050户4080人；耕地面积2870亩，其中田1207亩，地1663亩，人均0.7亩。

天龙村坐落在国家级文物保护区天台山脚下，是明朝朱元璋"调北征南"、"屯田戍边"时建设的屯堡村寨。自元朝起，这里就是顺治古驿道的重要驿站，数百年来天龙村仍完好地保留着大明遗风，固守着大明朝祖制，其古老的文化和生活习俗至今犹存。虽然这里距平坝县城只有

10 千米，贵黄公路、滇黔公路及清（镇）黄（果树）高速公路横穿全境，但田少地多，水源紧缺的恶劣环境长期以来始终制约着这里的经济发展。

近年来，天龙村人凭借优越的区位优势和得天独厚的屯堡文化资源，在镇党委、政府的领导下，村党支部、村委会围绕加快村级经济发展，促进村民脱贫致富奔小康目标，狠抓精神文明建设，走出了以发展旅游业，带动村级产业结构调整，促进物质文明、政治文明和精神文明协调发展的新路子，使贫穷落后的天龙村在较短的时间内发生了极为显著的变化，呈现出三个文明协调发展、互相促进的良好态势。

一业兴，百业旺。天龙旅游业的突破口，带动村级产业结构的调整，全村呈现了"两多一少"（农户家庭经营兼业户增多，商业、饮食服务业增多，纯农业户减少）的格局。

镇宁布依族苗族自治县大山镇大寨村

大寨村位于安顺市镇宁自治县大山镇东北面，地处贵州西线旅游黄果树至龙宫的黄金旅游线上，依山傍水，风光秀丽，民居保存完整，民族风情浓厚，是全国 1100 个"美丽乡村"创建示范点。

原大寨村有 2 个自然寨，6 个村民小组，共 317 户 1521 人，人均耕地面积为 0.7 亩，共有党员 35 名。现大寨村由原来的大寨村、院府村、西苗村、长脚村、箐口村 5 个村合并而成。合并后全村共 1002 户，总人口 4771 人，常住人口 3140 人，共有党员 107 人。总耕地面积 3345.76 亩。该村距镇政府 2.5 千米，距镇宁县城 12.5 千米，位于 AAAAA 级国家风景名胜区黄果树大瀑布和龙宫之间，距黄果树风景区 28 千米，距龙宫风景区 8 千米。紧邻镇胜高速公路、贵黄高等级公路和 302 国道。

近年来，大寨村本着"产业富村，旅游兴村"的发展思路，抓住"四在农家美丽乡村"建设的历史机遇，以"坚守发展和生态两条底线"为指引，以调整产业结构为抓手，以发展乡村旅游为主题，先后整合投入各类建设资金 3000 余万元，按照"一建四改治八乱，五有四化三提高"的要求，一边大力完善公共基础设施建设，

对村容村貌进行绿化、美化、亮化；一边大力发展山地高效农业和乡村旅游业，强化产业支撑，写好农民增收致富这篇文章。

黄果树风景名胜区黄果树镇石头寨村

石头寨村位于贵州省安顺市镇宁布依族苗族自治县黄果树镇，南距黄果树大瀑布约 6 千米，是具有典型石头建筑的布依族村寨。传说 600 年前，有一姓伍的布依人到此开发逐步繁衍而成寨的。现有居民 305 户 1628 人，以传统的农业种植为主，农作物为水稻、玉米、果蔬。该村属于黄果树六大景区之一，镇胜高速公路、清黄高等级公路、国道 320 线由村旁通过，交通十分便利。石头寨布依族民居占地约 3 万平方米，依山傍水，四周有群山环抱，寨前田连阡陌，寨后绿树成荫，错落有致建有石头房屋 210 幢，每幢房屋 80~90 平方米，寨前有宽阔的白水河，河上有长 30 米、宽 5 米的无孔石桥"太平桥"，岸边的石屋村寨散落在青山绿水间。石头寨沿着一座岩石山坡自上而下修建，房屋依山就势，高低参差，充分发挥竖向组合特点，建筑沿着等高线自由布局，整体建筑层次分明，因交通需要，寨内道路沿山环状分布，每隔数家，垂直等高线，石砌踏步，使之上下贯通，单体民居利用地形高差、使用功能由下而上分别为牲畜间、民住间、储藏间的立体空间布置。建筑平面为一正两厢三开间，两厢分前后两间，前间下部利用山坡地形落差作为牲畜间，上部作为卧室，后间分别为卧室和厨房，厢房设置阁楼作为储藏间，整个村寨不见一砖一瓦，房屋四周用石块砌墙，房顶以片石为瓦，院落的墙、小桥、寨中通道、家中用具全是用石头做成，进入石头寨仿佛进入了"石头王国"。

铜仁市江口县太平乡云舍村

云舍村坐落在锦江之源太平河流域中段的河坝谷地，是贵州省政府批准建设的 5 个少数民族村寨之一，也是全省党建和新农村建设示范村之一，距江口县城 5 千米，离梵净山黑湾河风景区 19 千米。总面积 4 平方千米，耕地面积 965 亩，辖 10 个村民小组，451 户 1771 人。村内地势平

坦，土地肥沃，交通便利，土家民族文化底蕴深厚，至今保存着浓郁的民族风俗习惯，被誉为"中国土家第一村"。

云舍村依托丰富的传统民族文化，在村两委的带动下，坚持以发展乡村旅游为主线，村民围绕土家民族文化旅游办成农家乐、民族风情表演等相关旅游经济实体5个。在发展乡村旅游过程中，挖掘出龙灯、茶灯、傩戏、金钱杆、土家婚俗表演等20余个精彩节目，组建演职队伍6支。2010年全年接待游客8万余人次，旅游收入40余万元，全村现旅游从业人员280余人，有农家乐接待户15家，人均纯收入近4000元。通过大力发展乡村旅游产业，全村人均纯收入由2008年的2068元上升到2010年的3960元。

印江土家族苗族自治县朗溪镇河西村

河西村位于朗溪集镇西北部，距集镇2千米，东与朗溪村相接，西与铁家、泡木、塘岸村相连，南与昔卜村接壤，北与孟关村界。印江河环村而过，生生不息，整个村山水相连，路桥相通，小桥、流水、人家浑然一体，构成了乡村旅游独特的自然景点。

全村地貌以山岭为主，平均海拔520米，属喀斯特地形脆弱环境，亚热带季风性湿润气候区。年平均气温18℃~20℃，其气候特点是：冬季寒冷、夏季温凉、年温差小、日温差大，冬长夏短，春秋相连，雨热同季。全年日照时数1480小时，无霜期210天。水资源丰富，全村年平均降雨量1053.6毫米。全村森林覆盖率15%，生物多样性不突出，境内有林业用地2250亩。

全村面积6.5平方千米；有12个村民小组，共730户2431人（以土家族、苗族为主）；耕地面积1050亩，人均耕地少，陡坡耕地的比例大。农作物以水稻、玉米、薯类等为主。经济作物以柑橘、蔬菜为主。

石阡县坪山乡尧上村

尧上仡佬族民族文化村位于石阡县坪山乡，坐落于神奇而美丽的佛顶山脚下，南接镇远舞阳河，西接遵义地区的大乌江，是佛顶山旅游核心景区之一。佛顶山方圆500余里，总面积14032平方米，最高峰海拔1869.3米，它是贵州东部仅次于梵净山的第二大高山，历史上曾是黔东佛教圣地。佛顶山受海洋气候影响较大，雨水丰沛，相对湿度大于80%；年均降水量1100~1350毫米，为全县多雨区。由于具有明显的中亚热带季风山地湿润气候特征，温暖湿润，雨量充沛，为生物繁衍提供了良好的生态环境，山内现有原始植被2万多亩。

尧上仡佬族民族文化村有丰富多彩的节日活动，在这些节日活动中最隆重的节日便是每年农历二月初一在这里集中举行的敬雀节。据史料载，仡佬族是贵州最古老的民族，先后由商周时期的"濮"人和战国时期的"僚"人发展而来。汉代时僚人已是夜郎国的主体居民，唐初僚人中的部分发展为单一的民族——仡佬族。史料又载，早在秦嬴政二十八年（公元前219）置夜郎县于今石阡县境内。

尧上民族文化村村民通过发展生态养殖、挖掘仡佬文化、开发旅游产品、办农家乐等方式发家致富。充分利用本地资源，培育了野生灵芝、冬虫夏草等珍贵药材，开发神仙豆腐、黄水粑、烤全羊、打糍粑等地方风味小吃。

松桃苗族自治县正大乡苗王城村

苗王城村位于松桃苗族自治县正大乡境内，距松桃县城32千米，距铜仁30千米，距铜仁凤凰机场5千米，交通十分便利。全村有312户1886人，苗族占总人数的95%。苗王城村面积10平方千米，集山、水、洞、泉、瀑、峡谷、森林、古树、原始村寨、军事巷道、苗族风情于一体，是旅游、休闲、度假、探险的胜地，被誉为"千里苗疆第一寨"。也是著名的苗歌之乡、苗故之乡、民间绝技之乡。

苗王城建于明洪武初年，最早是苗民长官司驻地。宣德至嘉靖年间经苗王石各野、龙达哥、吴不尔、龙西波、吴黑苗等长期经营，逐步成为腊尔山区南长城外围的"王者之城"。苗王城占地面积约4平方千米，分为东城和西城。原有城墙2000余米，顶宽四尺，底宽六尺，高九尺。有4个城门，城内有11条巷道，巷道内有11道寨门。官舟河成"S"形将几百米高的悬崖峭壁一分为二，两个寨子既相对独立，又相互依托。

站在高处观察，整个王城的形状就像雕刻在大地上的一幅太极图案。苗王城的巷道都是用青石铺就，主道上是 90°的拐角，支道上也是 90°的拐角，所到之处都是路的尽头。鳞次栉比的吊脚楼、"歪门邪道"的建筑风格等不仅具有一定的战争防御能力，而且体现了较高的建筑水平。是湘、黔、渝边界上至今保存较好的集政治、经济、文化、军事和建筑于一体的苗疆古城，具有很高的历史研究价值和旅游开发价值。2009 年苗王城被评为贵州省十大魅力景区之一。

黔西南布依族苗族自治州兴义市万峰林街道办事处

万峰林街道位于贵州省兴义市，办事处成立于 2010 年 6 月 10 日，由原下五屯街道办撤出建立，距离兴义市中心区 8 千米。万峰林地处"国家地质公园"、"中国最美丽的峰林"国家 AAA 级景区万峰林腹地。街道办事处辖纳录、鱼龙、双生、乐立、上纳灰、下纳灰、落水洞、瓮本 8 个行政村，76 个村民小组，常住人口 18734 人，其中非农业人口 93 人，主要居住的少数民族是布依族，占 78%。面积约 45.7 平方千米，其中耕地面积 11442.8 亩，人均耕地 0.63 亩。辖区居住着布依、苗、彝、壮、回、仡佬 6 个少数民族，村民的支柱产业主要以种养业为主。

万峰林是喀斯特岩溶发育的典型地区，其东、西、南三面环山，峰峦簇拥、万峰成林，呈带状峰林画卷。属于低纬度高海拔地带，具有亚热带季风气候特征。夏无酷暑，冬无严寒，雨量充沛，日照长，终年温暖湿润，无霜期达 320 天以上。万峰林气势宏伟，声势浩大，犹如千军万马组成的队伍。奇峰如林、田坝似锦、河水如带、古榕如云，充满了诗情画意，仿佛人间仙境。

兴义市郑屯镇民族村

民族村地处郑屯镇东南部，面积 21.3 平方千米，其中耕地面积 2450 亩；居住着汉、苗、布依等民族；辖 14 个村民小组 1096 户 4316 人，少数民族人口 1076 人。全村已经完成了 2.4 千米通组路和 1.8 千米进户路的硬化；修建公厕两个；修建的游泳池、民族文化广场已建成使用；

完成了供水管网设计；完成了中国电信、联通、移动机站的布点建设；农网改造已完成；修建了沼气池 78 口，完成了三家寨至间歇泉道路油化及道路两侧和间歇泉景区的绿化工作；对民族河道进行改造；完成了 62 户由镇政府贴息，老百姓贷款进行的民居改造工作，村民利用改造后的房屋，开设了农家旅馆，吃上了旅游饭，走上了致富路。布依族原生态博物馆已经完成建设，并对外开放。围绕"金州十八景"之一的间歇泉，大力发展乡村生态旅游业，改善生态环境。大力发展现代农业和观光农业，建设名贵中药材——石斛的种植基地；引导农民种植经果林，引进无籽刺梨示范种植，金银花示范种植；引导农民种植早熟蔬菜，发展特色农业。

兴仁县屯脚镇鲤鱼坝村

鲤鱼坝村位于屯脚镇北部，距镇政府驻地 1.5 千米，面积 21.8 平方千米，辖 28 个村民小组，1108 户，4920 人，境内居住着汉、苗、布依等民族，其中少数民族人口占总人口的 92.62%，苗族人口占总人口的 70.88%，是典型的少数民族聚居村。

村土地肥沃，现有在册耕地 3197 亩，其中水田 2504 亩、旱地 693 亩；粮食作物主要有水稻、玉米、小麦等；经济作物主要有薏仁米、油菜、荸荠等。有林地 4000 余亩，其中经果林 1000 余亩，主要种植金秋梨、黄花梨、杨梅、板栗、枇杷等；有草地 800 余亩，适宜发展草地生态畜牧业。

村水资源富足，有三角坝水库，水库面积近 1000 亩，库容量 400 余万立方米，库区面积达 1 平方千米，灌溉面积服务于全镇水稻主坝区。有鲤鱼坝大小龙潭，其水质清纯，清澈见底，四季恒温、恒量，富含人体所需的多种微量元素，是天然的优质高锶泉水。2005 年建成鲤鱼龙泉矿泉水公司一个；从该潭取水建成的鲤鱼龙潭水厂，辐射镇区达 95%以上；利用该潭水建成的娃娃鱼、冷水鱼养殖示范基地，年产量达 1.5 万千克，产值 300 余万元。

大方县羊场镇桶井村

桶井村位于羊场镇的东南面，距大方县城 15

千米、贵毕公路、清毕公路横穿全境，距镇政府1.5千米，全村总面积9.17平方千米，其中耕地面积6346亩、林地3115亩。石漠化达6800多亩，占全村土地面积的49.4%，农业基础设施建设薄弱，全村辖12个村民小组，976户3428人，居住着汉、彝、苗、蒙古等民族。主导产业以中药材、烤烟、苞谷为主，家庭副带养殖业，有猪鸡、猪、牛等；稳定的粮食和烤烟生产；种植玉米面积3500亩，烤烟面积1100亩，中药材面积1800亩。

金沙县岩孔镇板桥村

板桥村位于镇东南2千米，总面积6.6平方千米，辖6个村民小组，共715户2623人。耕地面积1889亩、林地4000余亩，森林覆盖率达58.4%以上。板桥是地级新农村建设示范点，省级生态农业、生态能源示范村和乡村旅游定点村，曾被国家、省、地授予"中国特色旅游村"、"全国巾帼英雄示范村"、"先进基层党组织"等荣誉称号，2009年实施中央环保项目，建村组水泥公路，连户水泥便道、硬化院坝、小花池、小水池、排水排污沟、垃圾池（桶），村庄整治成效明显，环境卫生干净整洁，成为享誉省内外的生态农业乡村旅游点。全村种葡萄1000余亩、经果林500余亩，葡萄年总产量300余万斤，产值400余万元；存栏30头以上生猪专业养殖户14户、专业养兔场1个、专业孵养雏鸡和鸭4户；修建沼气池530余口，400多户实施改厕、改灶、改厨；全村实施黔西北民居改造近400幢；分别获得地、县挂牌试点旅游经营户（农家乐）14户；符合政策生育率100%，学龄儿童入学率100%，新型农村养老保险参保率90%以上，农民合作医疗参合率95%。

织金县熊家场乡白马村

白马村位于熊家场乡政府北面，全村辖8个村民小组，508户1964人，人均占有耕地0.79亩。主要民族有汉、穿青、苗等。常年平均气温15.1℃，年降雨量1450毫米，无霜期313天，属亚热带季风气候，日照时数1102小时，适宜于玉米、高粱、小麦等农作物，油菜籽等经济作物的生长。全村耕地面积9.6平方千米，合1346.0

亩，有宜林宜草（林草间作）荒山、坡耕地共2000多亩。

白马村处于亚热带季风湿润气候区，具有低纬度高原季风气候特征，冬季不算冷，夏季湿润温凉，温差不大，雨热同季，干湿有别，适宜于黔区农作物和经济作物、牧草生长，对发展经济林、畜牧业极具优越条件。

三穗县台烈镇寨头村

寨头村位于台烈镇东南部，距镇政府驻地3千米，距县城18千米，全村共辖17个村民小组，648户3108人，耕地面积1119亩。寨头村与上坪村一起合称"寨头"，苗语叫"xeesdaox"，即"贤岛"，意思是苗家各寨之头头，《贵州通志》中记载："寨头者，苗疆之门户也"，素有"千里苗疆第一门"之美称，其隶属于三穗县台烈镇，南毗剑河，西邻镇远，自古是由湘入黔的驿站，也是全国第二大苗族村寨。320国道、65号高速公路穿村而过，交通十分便利。

寨头村风情浓郁，人文景观原始古朴，民族文化灿烂悠久，保留比较完整。1994年，寨头村被省旅游局列为贵州东线旅游区重要景点之一，命名为寨头苗族风情旅游点。钉耙塘古战场遗址1982年被县人民政府列为县级文物保护单位。

近年来，在上级党委政府的高度重视下，台烈镇为促进全县民族文化旅游资源开发，打造三穗民族文化旅游新形象，让更多的人了解和知道"千里苗疆门户"——寨头那独树一帜的民风民俗，促进三穗非物质文化遗产申报，探索三穗民族文化旅游发展的新思路，加大了对寨头旅游业的开发力度，积极打造了寨头苗族风情园。钉耙塘古战场遗址修复、万官保牛塑像、纪念亭、民族特色风情街等景点正在抓紧筹备建设中。现在，一个集观光、餐饮、娱乐、民族文化研究于一体，独具特色的寨头苗族风情旅游区已初具雏形。

剑河县岑松镇温泉村

温泉村苗寨因有温泉而得名。这是剑河县的一个苗族大村寨。全村572户人家2210人。清明如镜、热气升腾的温泉，滋润和培育了一代又一代的温泉人民，他们天性豁达、热情好客，你只要乐意进家做客，他们便会端出自己酿制的醇香美酒与你一醉方休。

剑河县被文化部命名为"中国现代民间画乡"，其绘画主要出自温泉村的苗族人民，他们没有经过专门的培训，没有名师行家的指点，全凭着自己对生活的领悟和苗家人特有的灵气，画出了他们对生活的热爱，对幸福的追求，表达了苗家心中的期盼与向往。他们的作品曾获得过不少的奖励和奖章，引起国际美术协会的高度重视，他们的作品被日本、韩国、法国和中国台湾等国家和地区的人士争相收藏。

剑河现代民间绘画自 1988 年以来，积极参与国内外展出和文化交流活动，作品曾在北京、上海、浙江、香港、台湾、日本、新加坡及中国西南地区展出，多次获国家级、省级奖项，欧美友人多次收藏剑河画乡的作品。

绘画与刺绣这对孪生姐妹，在温泉村是山民茶余饭后追求艺术的空间，这里的苗族姑娘从小就热衷于刺绣，个个都是绣花能手。她们的刺绣往往是随心所欲，刺绣图案上的山川花鸟、神话传说、人物画像和象征吉祥如意的福、禄、寿、喜等应有尽有，形态逼真。

黎平县茅贡乡地扪村

地扪村位于茅贡乡北部，距黎平县城 47 千米，距乡镇府驻地 5 千米，海拔 740 米。地扪河流自西向东蜿蜒穿过，"地扪"为侗语音译，意为泉水不断涌出的地方。

地扪村为茅贡乡境内人口最多的一个村寨。全村 11 个村民小组，570 户 2461 人。整个行政村由母寨、芒寨、寅寨、维寨、模寨五个自然村寨组成。村内主要姓氏为吴、李、段、徐、刘等，其中吴姓占总人口的 98% 以上。部分老年妇女日常生活中仍着侗族传统服装并织染侗布、制作构皮纸等。

居民 517 栋、鼓楼 2 座，即凤鸣剿阁鼓楼和千三鼓楼，其中千三鼓楼已于 2006 年 4 月 14 日毁于大火；花桥 4 座；禾仓三百余栋；戏台 2 座；凉亭 2 座；祭祠 1 座，即塘公祠。著名民间工艺师包括歌师、戏师、掌墨师、石匠、手工艺师傅等在内共计 52 名。传统节日以春节、"千三"欢聚节、六月六、平安节最为隆重。

雷山县西江镇西江村

西江村位于雷山县城北面距县城 37 千米，距州府凯里 30 多千米，海拔 833 米，背靠雷公坪，面临白水河，山环水绕，怡静清幽。全村由原来的平寨、东引、羊排、南贵 4 个行政村 10 个自然寨合并而成，共 1350 户 5522 人，苗族占 99.5%，被称为"千户苗寨"。1982 年，贵州省人民政府将西江列为乙类农村旅游开放区。1987 年，又明确为贵州东线民族风情旅游点。先后获得了"全国农业旅游示范点"、"中国乡村旅游'飞燕奖'最佳民俗文化奖"、"最佳景观村落"、"中国特色村"之一、"多彩贵州"十大品牌和百强品牌等荣誉称号。2012 年荣获首批"中国文化旅游新地标"。2015 年国际乡村旅游大会评选，西江千户苗寨获得"世界十大乡村度假胜地"称号。

西江地名系苗语音译，清雍正建置后称"鸡讲"。乾隆三年（1738）置鸡讲司，为丹江厅通判所辖三土司之一。苗族在数次大迁徙中，分化成了许多不同的分支。其中，柳氏族、西氏族、尤氏族、苟氏族等几乎是同时到达贵州榕江，由于西氏族在榕江多处辗转，到达西江的时间晚于柳氏族。西氏族到达西江的年代约在 600 多年以前，但在西氏族到达以前，这里已经居住着苗族"赏"氏族。西江地名中的"西"指西氏族，"江"通"讨"，即西江是"西"氏族向"赏"氏族讨来的地方，"西江"因此而得名。"西"氏族到达并定居在西江以后，陆续又有其他苗族分支迁来，形成以"西"氏族为主体的苗族融合体。传说西江有千年以上历史。西江苗族和苗族先祖蚩尤之间有着密切的关系。根据《林荫记》中记录的西江苗族子父连名的世系谱，从蚩尤到 1732 年间共有 284 代，说明生活在西江的苗族是蚩尤的直系后裔。

西江是苗族吊脚楼天然博物馆。西江千户苗寨房屋依山而建，以木质的吊脚楼为主，鳞次栉比，错落有方，为穿斗式歇山顶结构。西江千户苗寨拥有深厚的苗族文化底蕴：苗族建筑、歌舞、服饰、银饰、语言、饮食、农耕文化等传统生产生活习俗以及苗族的苗年、牯藏节、吃新节等节日保存完整，是研究苗族文化、保护苗族文化、传承苗族文化的重要基地，被誉为"芦笙的故乡"、"歌舞的海洋"。

龙里县羊场镇走马村

走马村位于羊场镇西北面，与湾寨乡接壤，全村耕地面积3826亩，常年亩产在1400斤左右；人口2093人，以汉族和苗族为主；共有16个村民小组，11个自然村寨；面积11.66平方千米。该村自然条件优越，羊甲公路贯穿全村，交通运输方便，境内有常年流水不断的一条大河和两条溪流，为水稻种植提供了灌溉保障。该村村民世世代代以种植水稻为主，积累了丰富的农作物种植经验。该村大力发展特色产业，先后种植了脱毒马铃薯、娃娃菜、儿菜等。

龙里县湾寨乡场坝村

场坝村位于湾寨乡政府所在地，东与羊场、贵定相连，西与摆省高坡畅通，南与岱林毗邻，北与山清水秀的凯卡、盘脚村接壤，距乡政府50米，距县城40千米，是一个以传统农业生产为主的大坝产米区。全村有场坝街上、卜生、赵家庄、往岛、桥冲、摆勺、平王、白排、白秧寨、叫水冲10个自然寨，98个村民小组，267户1140人，布依族占80%。耕地面积1232亩，80%为望天水，人均耕地1亩。主要是因地制宜，以发展种植养殖业和组织大量劳动力外出打工为主。

云南美丽乡村典型村镇介绍

昆明市西山区团结街道办事处和平社区

和平社区居委会位于昆明西部，距昆明市中心 25 千米，隶属于西山区团结街道办事处，处于团结街道办事处中心区域，平均海拔 2150 米，年平均气温 12.9℃，面积 20 平方千米，由 8 个自然村 16 个生产队组成，居住着汉、白、苗三个民族，现有农村居民 810 户 2919 人。社区下辖多依、和平、小厂三个居民小组，耕地总面积 3139 亩、林地 11800 亩，人均耕地面积 1.07 亩，以种植、养殖业为主，属于山地农业，主要种植玉米和蔬菜等农作物。

曲靖市麒麟区沿江乡庄家圩社区

庄家圩社区隶属于云南省曲靖市麒麟区沿江街道办事处，地处沿江街道办事处北边，距沿江街道办事处所在地 2 千米。东临南盘江，南邻云南麒麟职教园区，西邻白石江街道黄家庄社区，北邻白石江街道长河村委会、珠街小河湾办事处。辖 8 个村民小组，面积 4.24 平方千米，人口 4426 人。

全村有耕地总面积 3330 亩，其中水田 2904 亩、旱地 426 亩，主要种植水稻、蚕豆等作物。拥有经济林果地 56 亩，主要种植早桃、葡萄等经济林果；水域面积 730 亩，全部可用于养殖。海拔 1860 米，年平均气温 14.5℃，年降水量 1000.2 毫米。

会泽县金钟镇乌龙村

乌龙村隶属于会泽县金钟镇，地处金钟镇西边，距金钟镇政府所在地 8 千米，到镇道路为柏油路，交通方便。东邻金钟社区，南邻竹园村，西邻石鼓村，北邻伊鱼洞村。辖小乌龙、背虎箐等 7 个村民小组，现有农户 663 户 2818 人。面积

31.25 平方千米，海拔 2166.43 米，年平均气温 13.20℃，年降水量 1000 毫米，适宜种植粮食、蔬菜等农作物。有耕地 2462.30 亩、林地 41806.50 亩。

腾冲县界头镇

界头镇位于云南省腾冲县北部边境，沿高黎贡山西麓走向，属龙川江源头上游怀抱中的"花园盆地"，距缅甸重镇密支那的板瓦镇仅 40 千米，故名界头。界头旅游资源奇特，风光旖旎迷人，被《中国国家地理》和全国媒体评选为"云南最美的地方"。

全镇辖 28 个村民委员会、361 个村民小组、679 个自然村、68730 人，分布有回、白、傈僳等少数民族，占总人口的 3%。以种植业为主，烤烟是界头镇的第一支柱产业，也是全镇群众收入最主要的经济来源。

高黎贡山是界头的风景区，有 1678 种植物，秃杉、杪椤等 21 种国家级珍稀保护植物在这里生长繁殖。668 种野生动物在这片土地上繁衍，包括 53 种国家珍稀保护动物，白眉长臂猿、金钱豹、云豹、羚羊、熊猴、白尾梢虹雉、黑颈长尾雉 7 种国家一类重点保护动物，吸引了大批中外专家到此进行科考研究。

已勘探出的金属矿物有铅、锌、锡、氧化锌、锑、铁及一定数量的金、银和铌钽，非金属矿物有煤、硅藻土、硅灰石、硅酸盐等。

昭通市昭阳区永丰镇三甲村

云南省昭通市昭阳区永丰镇三甲村属于坝区，距离永丰镇 8 千米，面积 7.01 平方千米，海拔 1900 米，年平均气温 11.60℃，年降水量 800 毫米，适宜种植粮、烟、果、蔬等农作物。

清代，开荒者来此烧盐垦荒，开通南北走向的二甲界河，故得名二甲镇。1957 年为桂贞乡，

1958 年更名联盟公社，1959 年更名二甲公社，1983 年设镇。辖三甲、田螺山等 14 个行政村和中心、交通、新市 3 个居委会。

三甲村现有农户 1266 户 4228 人。耕地总面积 2926 亩，其中田 1446 亩、地 1480 亩。有林地 2293 亩，其中经济林果地 550 亩，主要种植苹果等经济林果；其他面积 4272 亩。全村有效灌溉面积为 1946 亩，其中高稳产农田地面积 1798 亩。

丽江市古城区七河镇共和村

共和村属于半山区，面积 28.76 平方千米，海拔 2200 米，年平均气温 13℃，年降水量 850 毫米，适宜种植水稻、玉米、大麦等农作物。全村辖 23 个村民小组，1005 户 4779 人。全村耕地面积 7000 亩，其中田 3667 亩、地 2200 亩；有林地 38120 亩，其中经济林果地 1200 亩，主要种植桃、李、梅、梨等经济林果；有效灌溉面积为 5200 亩，其中高稳产农田地面积 4900 亩。

宁蒗彝族自治县永宁乡落水村

宁蒗彝族自治县永宁乡落水村全境属泸沽湖景区核心区，永宁乡东边，距乡政府所在地 30 千米，距县城 65 千米。东邻四川，南邻宁蒗县红桥乡，西邻木底箐村委会，北邻永宁村委会。

全村辖小落水、山跨、普洛、浪放、老屋基等 11 个村民小组，805 户 3648 人。面积 55.6 平方千米，平均海拔 2690 米，年平均气温 9.3℃，年降水量 1200 毫米，有耕地 3459 亩、林地 6.42 万亩，适宜种植玉米、洋芋等农作物。

落水村古民居保护完好，房屋结构都是由质朴古老祖母房、花楼、经堂等组成的用木材垒盖而成的四合院式木楞房。村内居住的摩梭人奉行以母为尊、以老祖母为家长的家庭文化，以男不娶、女不嫁、婚姻与财产分离为特征的婚俗文化，以女性为主导、重女而不轻男的传统，以女神为崇拜对象的信仰及各种女性化色彩的传说；实行全家共同参与决策的家庭决策机制以及村落的组织决策机制。

落水村内建有摩梭民俗展演馆，每晚除有摩梭原生态篝火晚会外，还能欣赏到大型摩梭情晚会。演出通过摩梭人原生态的音乐舞蹈，表现摩梭人出生、成长、婚姻、劳动、祭祀等生老病死的整个过程，让观众对摩梭人的独特神秘文化遗存、奇风异俗有一个直观真切的了解。

落水村有很多摩梭民族特色食品，包括摩梭人的猪膘肉、苏里玛酒、咣当酒、薄可（灌猪脚）、尼节（腌酸鱼）、泸沽湖银鱼、摩梭人烤鱼等。

普洱市澜沧县惠民镇景迈村

澜沧县惠民镇景迈村糯干傣族风情古寨属于山区。距县城 74 千米，距镇政府驻地 29 千米。面积 5.55 平方千米，海拔 1450 米，年平均气温 19.4℃，年降水量 1800 毫米，无霜期在 345 天以上，属亚热带气候。适宜种植水稻等农作物。有耕地 549 亩、林地 7758 亩。茶产业是村民最主要的经济来源。

糯干、寨子和茶树、古树相辅相成，既是村寨里的树林，又是树林里的村寨。村寨内有目前已经到了第六代的房，其中第一、第二代的房屋目前已经不存在，这两代房的特点主要是用丫权作为柱子，在土里直接栽入，屋顶用的是茅草，不防虫也不防火；第三代房的屋顶改成了挂瓦，瓦条采用的是竹条，有了简单的楼层，人居住在二层，人畜共居，为了能防雨，屋顶的坡度非常大，但容易掉瓦；第四代房用木料作为柱子，柱子支在株角上，对柱子的防虫腐有重要作用，瓦条变成了木条，屋顶坡度下降，并在入口的地方多了一个小的屋顶，外面有个露天的阳台；第五代房主要是多了一个简单的厨房，从表面上看形成了房屋分开的两部分；第六代房屋外面有了走道，人畜不再共居，牲畜的厩已单独建盖。传统的杆栏式木结构、挂瓦建筑仍然存在较多，保存完整，民居保存更加完整。

景迈村是一个典型的山地傣族聚居的山寨，古寨保存有较完整的傣族文化和原始古村落原貌，山地傣族民居独具特色，傣族传统风俗浓郁，是体验和感受山地傣族原生态文化及风情风貌的理想之地。古寨依山傍水，环境优美，空气负氧离子含量达每立方厘米 1.8 万个以上，村民健康长寿，有"长寿村"之称，是以发展长寿文化、水文化旅游为主的旅游观光型村寨。

临沧市沧源佤族自治县勐角乡翁丁村

翁丁村隶属于沧源佤族自治县勐角傣族彝族拉祜族乡，地处勐角乡西边，距乡政府所在地17千米，到乡道路为柏油路，交通方便，距县城39千米。东邻国有林带，南邻勐卡村，西邻班洪村，北邻国有林带。辖上寨、下寨等6个村民小组，261户1145人。面积12.6平方千米，海拔1495米，年平均气温24℃，年降水量900毫米，适合种植茶叶等农作物。全村耕地面积3043亩、林地14796.8亩。

翁丁佤族原生态村位于沧源县西部，坐落在一个群山环抱、云雾缭绕的山麓上，气候温和、雨量充沛、水土丰美、环境宜人、自然资源丰富。这里居住的民族全部是佤族，保留了完整的佤族风俗，可以充分享受到佤族民俗风情。寨子周围有茂盛的榕树、竹林及高大的树木。公路两旁有碧绿的田野，因常年云雾缭绕，被当地人称为"翁丁"（佤语为大朵白云的意思）。翁丁佤族历史悠久，传统文化底蕴深厚，自然生态环境优美、古朴。主要景点有民居建筑（指传统的杆栏式楼房）、牛头寨门、剽牛桩、捏西栏（公房）、祭祀神林、神秘的寨桩（寨子的标记，从其构造可以讲述司岗里的传说）、古老的水碓、佤王府、翁丁白云湖以及传统编织、传统服饰、浓郁的民族风情、原始的剽牛祭祀、声势浩大的拉木鼓活动，还有待客佳肴鸡肉烂饭，这些传统文化构成了翁丁佤族的历史、文化特色及主要风格，吸引了成千上万的中外游客、专家学者观光旅游、采风调研，并为电视电影新闻媒体提供了天然的拍摄场地。目前已成为了沧源佤族自治县对外宣传佤族文化的一个窗口及旅游景点。

武定县狮山镇狮山村

狮山村地处狮山镇西边，距镇政府所在地11.5千米，到镇政府道路为柏油路和弹石路，交通方便，距县城10千米。东邻香水，南邻九厂，西邻新村，北邻吆鹰。狮山村委会共有9个村民小组，268户1215人。面积9.31平方千米，海拔2100米，年平均气温12.7℃，年降水量1000毫米，适合种植水稻、苞谷、蔬菜等农作物。全

村耕地面积1194亩、林地9580.3亩。农民收入主要以种植业、畜牧业为主。

红河哈尼族彝族自治州建水县西庄镇团山村

团山村处于建水城西13千米的西庄坝子边沿的泸江河南岸、323国道附近，与石屏县相接，距离石屏县城41千米，个（个旧）碧（碧色寨）石（石屏）铁路从村口穿过，鸡（鸡街）石（石屏）公路紧邻村子。现有农户667户1833人。

团山村的自然环境和生态现状都较好，从村口流过的泸西河，成片的水田，房前屋后的蔬菜、水果，院内的花草，有种田园风光的味道。

村内有大量蕴含着文化沉淀的旧式建筑。其中的张家花园建于清末，占地1万多平方米，房舍布局为四合五天井式，纵向横向并列联排组合成两组三进院和花园祠堂，是一种规模较大、建筑质量较好、保存较完整的乡间庄园式居民建筑群。

团山村现保存完好的汉族传统民居和古建筑有21座，它们都已经被编了门牌号，成为无数户人家共同拥有的家园。团山村的后人们就在这令人羡慕的老宅内过着自给自足的农家生活，年年迎候春燕的归来，因为这些燕子也把它们的家筑在了雕龙画凤的檐梁上。

石屏县宝秀镇郑营村

郑营村属于坝区，距离宝秀镇3千米，面积2.60平方千米，海拔1435米，年平均气温18.20℃，年降水量898.40毫米，适宜种植水稻、苞谷、油菜等农作物。有耕地1386亩，主要种植水稻、苞谷、油菜等作物；林地2296亩，其中经济林果地315亩，主要种植杨梅、柑橘等经济林果。全村辖9个村民小组，669户2171人。农民收入主要以种植养殖业收入为主。

郑营村里的民居房屋以土木结构的四合院为主，全村有房屋190座，方位皆坐南朝北。民居房屋建筑很有特色，其中著名的古建筑有陈氏宗祠、郑氏宗祠、武氏宗祠、陈氏民居、郑氏民居、武氏民居、司马第、郑营小学等。

弥勒市西三镇可邑村

可邑村距云南省红河哈尼族彝族自治州弥勒城22千米，是彝族支系阿细人的聚居地。"可邑"是阿细语"吉祥之地"，这里也是著名的彝族歌舞"阿细跳月"的发祥地之一，是彝族史诗"阿细先基"流传最广的地方。

可邑村隶属于西三镇蚂蚁村民委员会，属于山区。距离镇7千米。面积9.67平方千米，海拔1930米，年平均气温15.30℃，年降水量1100毫米，适宜种植玉米、烤烟、小麦等农作物。全村辖1个村民小组，189户735人。全村有耕地总面积1105.45亩，其中田146.25亩、地959.20亩，主要种植玉米、烤烟、小麦等作物；林地11377亩，其中经济林果地102.60亩，主要种植核桃、桃等经济林果；水域面积10亩，其中养殖面积6亩。

走进大山中的可邑，仿佛到了一个世外桃源，宁静的山村、古朴的民风、好客的村民、精美的壁画，酿成一杯浓浓的彝族阿细文化的美酒，那样甜美、醇厚，让人久久回味、流连忘返……

西双版纳傣族自治州景洪市勐罕镇曼听村

曼听村隶属于云南省西双版纳州景洪市勐罕镇，地处勐罕镇东边，距镇政府所在地2.5千米，到镇道路为柏油路，交通方便，距景洪市30千米。东邻曼搭村，南临澜沧江，西邻橄榄坝农场场部，北邻橄榄坝农场一分场。辖曼听、曼乍、曼降等7个村，449户2218人。面积12.06平方千米，海拔519米，年平均气温22.7℃，年降水量1311毫米，适合种植水稻、玉米、南瓜等农作物。全村有耕地面积4232亩，其中水田3123亩、旱地1109亩，主要种植玉米、南瓜等作物；林地2963亩，其中经济林果地40亩，主要种植泡果、椰子等经济林果；水域面积185亩，其中养殖面积185亩。

曼听村是勐巴拉纳西王国文化的发祥地之一，汇聚了整个勐罕镇傣族历史、人文、文化精髓。村内有一个具有傣族风情的AAAA级国家旅游景点——傣族园，园内有1300多年历史的傣族文化遗产——曼春满缅寺、佛塔和古老传统"杆栏式"傣家竹楼，泼水活动和歌舞表演节目等体现了傣族人民过泼水节气氛，园旁有水域面积100多公顷的龙得湖和五星级"菩提岛"旅游度假区，素有"不到橄榄坝，白到西双版纳，不到傣族园，白到橄榄坝"的美誉，吸引国内外游客慕名而来，是旅游、度假、休闲的胜地。该村还是著名散文家冯牧所著的《澜沧江边的蝴蝶会》和著名作家邓子华的《滇云散记》中所描绘的地方。

大理白族自治州大理市大理镇龙龛村龙下登村

龙下登村隶属于云南省大理市大理镇龙龛村委会，濒临洱海，是典型的白族聚居地。面积1218亩，农业人口1120人。

走进村里，平坦的村道，整洁的民居，在依依垂柳和碧绿海水映衬下，呈现出一派新农村的幸福景象。龙下登村以加快农村经济发展和促进农民增收为着力点，发挥优势，突出产业支撑，重点发展旅游产业，倾力打造民俗生态旅游村。结合当地乡土民俗积淀丰厚的特点，该村对龙龛生态园、龙龛古渡、鸡足山七十二庵中的"海宴庵"、龙龛本主文化遗址、三合院民居古建筑、碉楼遗址等进行综合整治，充分挖掘乡村人文资源潜力。通过努力，带动发展农家乐、渔家乐等形式的庭院餐饮经营户，有力地助推了庭院经济的发展。在原有基础上，特色花卉种植产业不断扩大规模，依托庭院经济模式，全村特色花卉种植专业户发展到100户。这个村已初步形成以生态旅游为龙头，建筑建材、特色花卉种植等共同发展壮大的良性循环产业结构。

龙下登村人"靠海吃海"，不仅没有坐吃山空，反而是日子越过越红火。幸福生活的秘诀就在于能够因地制宜、科学规划，结合自然环境和旅游资源来发家致富，这种方式值得大力宣传推广。

漾濞彝族自治县苍山西镇光明村

光明村位于大理苍山西坡，漾濞县城东部，距县城15千米，金光公路贯穿整个光明村，交通十分便捷，该村辖7个村民小组，284户1227

人，有汉、彝、白、苗、傈僳等民族，这里民风淳朴，村民勤劳善良，全村经济、社会协调发展，群众生活富裕、安居乐业。

光明村现有耕地867亩，土地十分肥沃，年平均气温20℃，海拔在1700~2200米，农作物种植、生长具有良好的土壤、气候条件。光明村是漾濞县的核桃主产区，有"万亩核桃生态园"之称。

芒市风平镇法帕村

法帕村隶属于云南省德宏傣族景颇族自治州芒市风平镇，地处风平镇西边，东邻遮晏，南邻腊掌，西邻那目，北邻芒市，到风平镇道路为弹石路，交通方便。距风平镇政府所在地5千米，距潞西市5千米。该村下辖法帕、拉牙等12个村民小组，1576户7741人。面积9.51平方千米，海拔980米，年平均气温16℃，年降水量2150毫米，适合种植水稻、甜脆玉米、蔬菜等农作物。该村农民收入以种植业、养殖业为主。该村有耕地总面积10602.6亩，其中田9525.6亩、地1077亩，主要种植水稻、蔬菜、甜脆玉米、小麦、西甜瓜、香料烟等作物；林地4835.2亩，其中经济林果地1064亩，主要种植柑橘、咖啡、剑麻等经济林果；水域面积72.00亩，全部用于养殖。

该村以傣族为主。傣族是一个团结、向上的民族，大多具有"从众心理"。按年龄层次把男女老少分为不同的班，同一班着同样的服装，一同参加劳作和活动。傣族小姑娘多着短上衣和长裤，外加花带短围裙；青年妇女花包头，对襟上衣和筒裙，衣襟上多饰有镀金或镀银造型别致的花鸟、凤凰等饰品；中老年妇女多着黑包头，素色对襟上衣和黑筒裙；男子多为大襟衣，宽管裤。傣族喜食酸辣，以大米为主食，常配以腌菜，而"撒苤"、"撒大鲁"、"酸笋煮肉"则是传统的待客佳肴。傣族多选择依山傍水，丛林翠竹环绕之地建盖房屋，住房主要以土木和砖木为主，形成四合院之式。

迪庆藏族自治州维西傈僳族自治县塔城镇

塔城镇位于维西傈僳族自治县东北部，南接永春乡、攀天阁乡，西毗白济讯乡、康普乡，东与丽江市塔城乡、香格里拉五境乡相邻，北与德钦县拖顶乡、霞若乡接壤。纵向长33千米，横向长12.26千米，面积807平方千米，人口1.47万人，有藏、纳西、傈僳、汉、回等民族。辖川达、海尼等7个行政村。镇政府驻塔城，距淮西县城86千米，距迪庆州府110千米。

塔城镇平均海拔2400米。人口主要分布于金沙江、腊普河沿岸，香维油路两侧，是滇金丝猴家园、热巴艺术之乡。原始森林中有国家保护动物滇金丝猴、熊和红豆杉、秃杉、椴木等珍稀树种。矿藏有铁、钨、铜。有省级文物保护单位"哥登新石器文化遗址"。乡东北有清康熙元年（1662）在一壁千仞的山顶巨大岩棚下、石洞旁依山凿石修建的佛寺——达摩祖师洞。

西藏美丽乡村典型村镇介绍

拉萨市尼木县吞巴乡

吞巴乡位于西藏拉萨市尼木县东南部，尼木县吞巴乡是藏文创始人扎吞弥·桑布的故乡，也是全区专业藏香制作乡。2004年初，拉萨市将吞巴乡列为全市旅游文化开发保护区，保护区处于拉萨市旅游发展规划"一点两翼，四个辅助区"的核心区域。总人口2308人。

2016年10月14日，吞巴乡被国家发改委、财政部以及住建部共同认定为第一批中国特色小镇。

曲水县南木乡

南木乡是曲水县辖乡，位于曲水县东部，为半农半牧乡，种植青稞、小麦、油菜，牧养牦牛、绵羊、山羊。"南木"系藏语译音，意为"天空"。1960年设南木乡，1970年改公社，1984年复置乡。人口2300人，辖江麦等10个村委会，通公路。

曲水县才纳乡才纳村

才纳乡是西藏拉萨市曲水县靠近拉萨市堆龙德庆区南部的一个乡，拉日铁路和拉林铁路在此交会，设有协荣站。

才纳乡位于拉萨河南岸，地处拉贡高速公路旁，距拉萨市24千米（而拉萨至曲水县县城有68千米）。正是有了拉贡高速，才纳乡才得以走上高速发展的"高速路"。2011年，西藏第一条高速公路——拉萨至贡嘎机场高速公路通车改变了才纳乡发展的步伐。

才纳藏语意为"菜源"。相传吐蕃时期，文成公主为此地送去菜种。饮水思源，才纳因此而得名。

2010年，才纳乡就被国家认定为首批52个全国现代农业示范区之一，而且是中国农业科学

院拉萨曲水净土健康产业示范基地、拉萨市净土健康产业示范基地、曲水县科普示范基地。

如今，到才纳乡赏花、购花已成为拉萨市民节假日的选择。

日喀则地区日喀则市聂日雄乡

聂日雄乡有"鱼米之乡"的美称，条条水渠纵横交错，渠相通，路相连，土质肥沃。过去，由于科学技术不发达等原因，聂日雄乡是日喀则市有名的"燕麦之乡"。为了提高聂日雄乡的农牧业科技含量，2000年以来，在自治区农牧厅的大力支持下，由日喀则市农牧局牵头，先后对聂日雄乡的科技带头人、户主进行了培训，辐射带动了2万余人。通过培训，这里的群众掌握了黄牛改良、饲料粉碎、大棚蔬菜种植等技术，提高了科学意识，按照科技兴农牧的思路和市场的需求发展生产，为全乡进一步加大结构调整力度打下了坚实的基础。如今已经脱掉"燕麦之乡"的帽子。

那曲地区聂荣县色庆乡帕玉村

低矮的土坯房、歪七斜八的帐篷、曲折的羊肠小道……曾经的聂荣县色庆乡帕玉村是远近闻名的贫困村，它还有一个别名——乞丐村。

近年来，在国家一系列优惠政策的指引下，在自治区科技厅、自治区农科院的帮扶下，村干部带着真感情，真心实意帮助村民脱贫，扶真贫、谋长远，从细微处打赢扶贫攻坚战。如今的帕玉村，定点帮扶工作已结出累累硕果：村民年人均收入从800元提高到了1.4万多元，牧业产业风生水起，从"拖油瓶"变成了那曲地区首个小康示范村、首个人均收入过万的"万元村"，走上了一条发展的快车道。

帕玉村已形成了以牦牛为主的畜牧产业链，肉类、奶产品在十里八村都具有很高的知名度。

昔日的"乞丐村"已变成了远近闻名的"金旮旯",在康庄路上越走越宽阔。

林芝地区林芝县鲁朗镇扎西岗村

西藏林芝市林芝县（现巴宜区）鲁朗镇扎西岗村是林芝县著名的景区，入选第四批中国传统村落名录。扎西岗，藏语意为"吉祥坡"，据说此名还是文成公主所起（文成公主途经此地歇脚时，为鲁朗犹如仙境的风景而着迷，由衷地发出赞叹之词）。

当地居民为工布藏族，是藏族的一个分支。

扎西岗民俗村包括扎西岗自然村和仲麦自然村，位于318国道沿线，距八一镇72千米，与世界第十五座高峰——南迦巴瓦峰、色季拉国家森林公园、鲁朗林海等多个知名景点相邻。该村现有农牧民52户279人。该村地理条件得天独厚，旅游资源涵盖面广，物种丰富，田园风光吸引了八方游客。

察隅县古玉乡罗马村

罗马村是西藏察隅县古玉乡下辖行政村，位于古玉乡南部桑曲河东岸，距古玉乡政府约20千米，属于典型的高山峡谷地貌，属亚热带山地季风湿润地区，气候温和、雨量充沛。罗马村野生桃林总面积约1000亩，于2007年开始举办桃花旅游节，是春季观赏、四季绿化的优良树种。在罗马村居住的以僜人为主，有66户村民。

青海美丽乡村典型村镇介绍

西宁市大通县东峡镇元墩子村

元墩子村位于青海省西宁市大通县东峡镇，桥阴公路 11 千米处。有 3 个自然村，316 户 1283 人，常年外出务工人员 428 人。村庄总面积 3409 亩，耕地面积 2538 亩。电力、通信畅通，桥阴公路、桥刘公路贯穿该村，2007 年完成 9.16 千米的村庄道路硬化。该村旅游资源丰富，与鹞子沟国家森林公园遥遥相望，与千年古刹广惠寺相距不足 5 千米，村内占地 100 余亩的药水滩，颇具特色；以文化中心户为主的刺绣、唐卡等传统民间手工艺品，品种丰富，吸引着不少游客。村内环境优美、地势平坦、资源丰富、交通便利，是该镇重要的文化、商贸集散地，一年一度的物资交流会，吸引了众多商家，有效推动了该镇经济的发展。

湟源县和平乡小高陵村

在日月山脚下，有一个在青海省远近闻名的村子，这里曾经是青海省农村社会主义建设的一面旗帜，多次获得国务院和省委、省政府的嘉奖。这里原是个山高坡陡、地薄水缺、植被稀疏的穷山村。中华人民共和国成立以来，一届又一届村党总支班子带领群众植树造林、治山治水、改土修田，实行山水林路田综合治理。20 世纪 90 年代，省委发出《关于向小高陵学习的决定》，小高陵村成为全省先进典型。进入 21 世纪以来，村两委班子以科学发展观为指导，发扬"敢教日月换新天"的精神，带领群众出致富点子、谋致富路子，加快农业产业结构调整步伐，发展多种经营，使农民收入持续增长，探索出一条具有小高陵特色的发展之路。

小高陵村有 514 户 2212 人。全村栽植云杉 1500 多株、圆柏 300 多株、花灌木 500 多株，绿化村庄道路近 10 千米，修建小花园近 20 个，有

力地改善了群众的生活环境，保持了"全国造林绿化千家村"的荣誉。

如今，小高陵村正在把发展现代农业、繁荣农村经济作为农村工作的首要任务，以促进农民增收为核心，提高农业生产经营水平，努力朝着建设"生产发展、生活宽裕、乡风闻名、村容整洁、管理民主"的社会主义新农村的伟大目标不断奋进。

湟中县拦隆口镇班仲营村

班仲营村位于西纳川腹部，在省城西宁市西北部，海拔 2434 米，距西宁约 30 千米，距县城湟中 37 千米，与 109 国道、西湟、大湟公路相通，交通便利，地势平坦，土地肥沃。西纳河水源充足，水质纯净，且无污染，因周边无任何厂矿企业，特别适宜无公害蔬菜生产。

全村现有农户 275 户 1187 人，劳动力 625 人，全部为汉族。耕地面积 1195 亩，其中水浇地 1045 亩，人均耕地 1.2 亩。

民和回族土族自治县马场垣乡下川口村

每逢 4 月下旬，河湟岸畔正是桃花争艳、果花竞放的时候，素有"青海第一村"之称的民和回族土族自治县马场垣乡下川口村那十里古垣被粉红色的桃花所漫染，宛若一幅天然画卷，赏心悦目，美不胜收。置身其间，万树桃花，浓香扑鼻，使人心旷神怡、流连忘返。

下川口村位于民和县东端，距川口镇 20 余千米，是马场垣乡的一个行政村，辖 15 个自然村 800 多户人家，地处隆治乡的沟口，与甘肃红古区的红古城洞子村隔河相望，东南与甘肃接壤。

据考证，下川口在允吾县址，为西汉金城郡治，允吾曾为丝绸之路所经之地，古时的商旅从

龙支城往东经由此处之渡口——郑伯津,可渡湟水达甘肃水登。经考古专家考证,在距下川口古城西约 5 千米的马场垣乡磨湾子村杏园子,有至今未废的"杏园渡口",即为"郑伯津"。离渡口南岸不远处发现有土堡遗址,该土堡当时是一座具有防御工事性质的古建筑,为监守湟水渡口而设,由此推断郑伯津为汉代金城郡之交通要塞。

下川口村是民和县地势最低之处,海拔 1650 米,土地肥美,气候温暖。走进村里,只见田园里、地埂上、渠道旁,住宅地周围均有软儿梨、冬果梨、长把梨、香水梨、黄元帅、红元帅、大接杏、蜜桃树等,这里人称各种果树为"高田",每逢谷雨时节,田间麦苗翠绿、高田万树织锦、花繁似雪、洁白如玉、银装素裹,紧接着桃花盛开,艳红一片,香味四溢,整个下川口成为桃红梨白、万树锦绣的花的世界,"允吾梨花"乃民和县八景之一。

互助土族自治县东沟乡大庄村

互助县东沟乡大庄村距县城威远镇 6 千米,距夏都西宁 36 千米,位于互助土族故土园国家 AAAA 级景区之内,海拔 2520 米,属大陆性寒温带气候,年平均气温 4℃~6℃。全年干旱少雨,年降水量 450 毫米,年蒸发量 1763 毫米。太阳辐射强,光照充足,年平均日照时数 2560~2830 小时,植物生长期在 220 天左右,年无霜期 120~130 天。全村共有农户 530 户 2483 人,少数民族 2167 人。全村共有 7 个社,总面积 18672 亩,耕地面积 7886 亩。全村经济发展主要依靠农业、养殖、苗木和旅游业,形成了以油菜、马铃薯为主,养殖、苗木和旅游业为辅的特色经济。

大庄村 500 多户人家散落在一片 10~20 年的杨树林中,大庄河从村中缓缓流过,自来水供水点依次分布在村民的居住点上。房屋、草地、树林、山坡相互交错间隔,村子外围是一块块方形的金黄色的油菜花地和墨绿色的小麦或蚕豆地交错相接。同时,大庄村民风淳朴、历史悠久,土族生产生活场景保存较多,村民热情好客,是发展土族民俗旅游和休闲度假的好地方。

海北藏族自治州门源县泉口镇大庄村

门源县泉口镇大庄村位于泉口镇以西 2 千米,地处明堡,交通便利,东邻牙合村,西连旱台村。全村共有 4 个社,272 户 1150 人,由汉、回、蒙古、土、藏等多民族构成。该村村民思维开放,善于接受新事物,以擅长经营生意而著称。在村两委的带领下,村民们积极投身于改变自身生活质量和村庄面貌的热潮中,以土地集约化经营为主,大力发展特色种植养殖业,创办牛养殖基地、绿色环保鸡养殖基地,为村经济发展注入了新的活力。同时大庄村有着传统的皮影戏、轮子秋等特色文化活动,在村级广场、村庄道路等设施日益完善的新环境中,组织传统艺人开展曲艺文化活动,满足现代村民不断增长的文化需求。该村借党政军企共建示范村活动的有利契机,改造完成了村农贸中心、休闲园林等产业集聚地和活动场地,实现了新农村、新农民、新风尚的生活目标。

门源县东川镇孔家庄村

孔家庄村位于门源县以东 24 千米,是东川镇政府所在地,境内省道岗木公路穿境而过,地理环境比较优越,是门源东部地区重要的商贸集散地和交通枢纽地。全村有 7 个生产合作社,农户 355 户 1554 人。近年来,在县委、县政府的大力支持和镇党委、镇政府的带领下,孔家庄村立足村域特色,认真谋划新农村建设新思路、新方法,把握机遇、强化组织、扎实开展新农村建设,实现了"三新一带动"的格局,即全村农牧业有了新发展,农民生活有了新提高,村容村貌有了新变化,美丽乡村建设成果显著,全村到处洋溢着一派现代化新农村的生活气息。

门源县珠固乡东旭村

珠固乡东旭村坐落在华热藏族繁衍生息的仙米国家森林公园腹地,浩门河环村而流,这里山水相依,绿树成荫,风景优美。全村 162 户人家分布在卡卓、地久、拉扎、骆驼脖子和下达日五 5 个自然村,华热藏族人口占 85%,是一个农牧结合、以农为主的少数民族聚居村。全村耕地面积 830 亩，农作物以小麦、油菜为主，兼种苗木。存栏各类牲畜 3300 头。近年来，勤劳的东旭人在村支两委的正确领导下，奋力探索，辛勤耕耘，致力于经济社会全面发展，不断谋划和壮大一个个促进快速增收的项目，逐步实现了民富村强的梦想，先后获得州县级"五好党支部"、"民族团结进步创建达标村"、"平安村"、"无毒村"等荣誉称号。

新疆美丽乡村典型村镇介绍

布尔津县杜来提乡

杜来提乡位于 217 国道两侧，总面积 1155 平方千米，乡政府驻地西距布尔津县城 19 千米；辖 11 个行政村，其中农业村 8 个，牧业村 3 个；全乡共有 13 个民族，总人口 7737 人，其中少数民族占 80%，汉族、哈萨克族、回族是人口较多的民族。

全乡共有耕地 77000 亩，其中乡集体经济田 3518 亩，人均占有耕地 9.5 亩，主要种植黄豆、油葵、小麦、玉米等农作物。以农为主、强农兴牧是全乡社会经济发展的指导思想。

杜来提乡位于布尔津县城东北部，距县城 19 千米。境内拥有丰富的毛柳（油柴柳）资源，现有人工毛柳林 1 万亩，野生毛柳林 7 万余亩。2007 年，杜来提乡充分利用得天独厚的柳条资源优势，紧紧围绕旅游发展这条主线，在维护生态平衡的前提下，合理开发柳编手工艺品。近年来，该乡农牧民群众生活水平逐步提高，消费意识、商业意识日益增强，特别是随着旅游市场的扩大，乡机关所在地的许多农牧民群众开办了特色餐饮点，办起了农家乐、牧家乐，许多游客慕名而来品尝农家饭。

沙湾县大泉乡三道沟村

三道沟村因自然流水的冲刷形成了三道沟壑，故得名三道沟，后改名为三道沟村。地理位置为东经 44°36′、北纬 85°58′，该村位于沙湾县城西南 3 千米，距乡政府 5 千米，南靠五道河子村，北至大泉村，东邻杨家庄村和城郊西村，西接中泉村，有耕地 6800 亩，农户 398 户，总人口 1315 人，由汉、哈萨克、回、维吾尔四个民族组成。

三道沟村立足于城郊优势，围绕县城居民的果盘子、菜篮子、奶瓶子，积极引导农民调整农业产业结构，逐步做大做强蔬菜种植、特色林果、畜牧养殖产业。现建有设施农业大棚 130 座，特色林果基地 350 亩，高标准养殖小区 120 亩，已申请注册"绿源"、"泉圣" 2 个蔬菜肉类农产品商标。2014 年农民人均收入 13194 元。

2006 年三道沟村被中组部评为"先进基层党组织"，2009 年被国家农业部确定为全国 11 个农村实用人才培训基地之一，2011 年被命名为"国家文明村"，2012 年被评为"国家文明村"。

2012 年 8 月，三道沟村富民安居城乡一体化新农村中心村建设工程项目动工，该项目占地面积 101172 平方米，建筑面积 108496.24 平方米，一期工程 13 栋，362 套主体工程 2013 年完工，该项目的实施将有力推进三道沟村新农村建设进程。

特克斯县喀拉达拉乡琼库什台村

琼库什台村位于新疆维吾尔自治区特克斯县喀拉达拉乡，在 2010 年 12 月 13 日入选中国历史文化名村。琼库什台村距离县城 90 千米，总面积 579 平方千米，位于特克斯县东南，西接特克斯军马场，东面为喀拉托海乡，南面与阿克苏地区接壤，北面与巩留县交界；是一个有 300 多户、1700 多人的牧业村，村内居民以哈萨克族为主。村庄四面环山，房屋依水而建，村里人畜饮水及生活用水均来自库尔代河，河谷较宽，常年水流不止。村民利用水力发电解决了用电问题。琼库什台村的建筑多为木结构，是伊犁河谷保存完好的一个木结构建筑群，具有较高的历史文化价值。

喀拉达拉乡气候宜人，属温带半干旱大陆性气候，冬长夏短，春秋相似，既无酷暑，又无严寒，年平均气温 5.3℃。地形以高山、丘陵为主。

喀拉达拉乡具有经济发展得天独厚的资源优势。一是沿路优势。特克斯县城到喀拉达拉牧场的县乡公路贯穿农区全境。二是草原畜牧业优势，全乡共有可利用天然草场 45 万亩。牧业草场面积 758368 亩（冬草场 254058 亩，夏草场 265942 亩，春草场 182439 亩）。三是耕地林带资源优势。农业土地资源优势，盆地平原可耕地 3.77 万亩，其中农区耕地 37714 亩，农作物产量比较高，全乡种植农作物主要有小麦、玉米，经济作物主要有油料、亚麻，以及板蓝根和甘草等中药材。农田林网化程度高，现有农田林带 6342 亩。四是矿产资源和沿河优势。矿产资源主要有铜、金、铁、石灰石等。特克斯河横贯农区，川流不息，水资源十分丰富，且具有丰富的沙金资源，矿业开发极具潜力。五是发展果品生产优势。全乡地处逆温带控制区，果品质量好。全乡已有优质果品 1642 亩。六是农区畜牧业优势。全乡农区已形成每年育肥羊 6105 只，牛 289 头的规模，农区小畜已达 24587 头（只），大畜已达 3836 头，以布里坎村为养牛基地的良种牛养殖小区已初具规模。七是野生动植物资源优势。主要有：马鹿、熊、狐狸、野猪、贝母、雪莲、紫草、甘草、云杉等。八是旅游资源优势。

琼库什台村几乎所有的民房都是木建筑，有的房子是由整根原木搭的，有的房子是将原木从中间一分为二，通过掏、榫、拱等各种工艺搭起来的。在棚圈部分甚至连树皮都没有剥离。建筑的平面、立面和细部处理、建筑技术和施工技艺等保存着建筑文化的印迹，历史信息丰富，具有较强的原真性，是至今伊犁河谷保存完好的一个木结构建筑群。这里夏季多雨、潮湿，琼库什台村的先民根据当地的自然环境和生存需要，就地取材，用木材建房，形成了这个独具特色的村落。因松、杉树木质坚硬，经久耐用，从而使当地的木结构建筑没有变形，使用寿命长。加之地处大山深处，交通不便，各家各户对自己的房屋用心保护，故村落中大量的民居保存完好，部分民居已有 100 多年的历史，具有丰富和完整的历史文化内涵。从琼库什台村以木结构建筑作为哈萨克族牧民的居住建筑看，这无疑是牧民们从流动性居住方式向永久性居住方式的演变。目前还保留着很多 20 世纪五六十年代具有哈萨克族游牧民族特色的木屋。

且末县阿热勒乡

阿热勒乡位于车尔臣河东岸，距且末县城 3.5 千米处，三面被塔克拉玛干沙漠环抱，西面隔车尔臣河与且末县城隔河相望。阿热勒乡在维吾尔语中的意思是大沙漠中的一个岛屿，地势呈东南高、西北低的倾斜向。全乡总面积 52 平方千米，辖 3 个行政村、8 个村民小组，是以农业为主要产业的乡，2003 年全乡人均收入 3175 元。乡政府驻地为阿热勒村，全乡共有农牧民 523 户 2200 余人，由维吾尔、汉、回、蒙古、瑶等民族组成，以维吾尔族居多，汉族次之。

阿热勒乡属于干旱性沙漠气候，干旱而少雨，风沙大，年降水量不足 20 毫米。

阿热勒乡昼夜温差大，适合棉花、瓜果生长，其棉绒长，瓜果含糖量高。全乡 2003 年种植红枣 4766 亩；养牛 604 头、羊 4087 只；粮食产量 1267 吨；棉花种植面积为 5756 亩，总产量达到 678 吨；大棚蔬菜 250 亩；种植优质牧草 420 亩。由于该乡水缘、地缘优势，全县 40% 的蔬菜基本来自该乡。阿热勒乡是抑制全县东西沙漠推进的唯一途径，故其植树造林不仅有长远的可利用价值，而且有深远的历史意义，阿热勒乡人民 2003 年种植防风林 3500 亩，为全县人民的生活、生态环境贡献着自己的力量。

精河县茫丁乡

茫丁乡位于精河县城北 0.5 千米处，地处冲积平原，东邻托托乡，西接八家户农场，北至艾比湖畔，南接伊犁地区尼勒克县。总面积为 2376 平方千米，312 国道横穿全乡。茫丁乡交通便利，气候宜人。全乡下辖城关村、新庄村、河西村、夹巴沟村、五棵树村、蘑菇滩村、黑树窝子村、沙滩村、小庄子村、肖乃村、东关村、皇宫北村、皇宫南村、北地村、巴音阿门村、哈尔托热村、达流村、巴西庄子村、东庄村 19 个行政村，其中农业村 16 个，牧业村 3 个。

枸杞种植 0.42 万亩，其他作物种植 0.56 万亩。新建四位一体生态型沼气池 92 座，其中，沙滩村已建设成为沼气池村。现全乡共有日光温室大棚 119 座，2005 年新增黄瓜和食用番茄两个自治区无公害农产品认证蔬菜品种，蔬菜种植面积达 3000 亩，基本满足了城乡居民的需求。三北四期人工造林面积 474.7 亩。乡村道路建设力度加大，2006 年新修乡村道路 66.2 千米，农区基本实现田成方、树成网、渠相通、路相连。全乡现拥有农机总动力 31746 千瓦，各类农机具的完好率在 98% 以上。检验各类农机车辆共 1622 台（辆），审验驾驶员 1019 人。全乡拥有五十铃以上大型拖拉机 88 台，小型拖拉机 1528 台，各类农机具 1120 台，宽膜机 343 台。

巴音那木自然风景区——位于精河县茫丁乡境内，县城东南 35 千米，海拔 1600~2000 米，地表平坦开阔，水分、气温适宜，山峦叠嶂，秀木成林，河水叮咚，花草繁茂，毡房星点，奶茶飘香，清泉喷涌，危岩险峰，突兀峥嵘，如同铁门雄关。

在这里，游人不仅可领略高山牧场浓墨重彩的风情及优美的自然景观，还可以品尝蒙古族草原上特有的风味食品，历年来已成为广大旅游爱好者避暑、消夏的绝佳去处。

玛纳斯县乐土驿镇

乐土驿原为古丝绸之路绥来段十二驿站之一。相传，清末林则徐被发配伊犁途中曾夜宿此地，梦到此地水草丰美、牛羊肥壮、老百姓安居乐业，次日清晨不觉赞道："此乃人间之乐土"，乐土驿便由此得名。乐土驿镇地处天山北坡经济带中心，东距首府乌鲁木齐 110 千米，与呼图壁县接壤，西距玛纳斯县城 24 千米，素有玛纳斯县东大门之称。北疆铁路、312 国道、呼克公路、乌奎高速公路及亚欧光缆穿镇中心而过，乡村公路四通八达，总里程达到 37 千米。全镇总面积 138 平方千米，有耕地 15 万亩，已耕种 14.7 万亩，盛产棉花、番茄、葡萄、制种玉米等特色农产品。全镇总人口 4709 户 1.23 万人，辖 10 个村、1 个社区。由汉、维吾尔、回、哈萨克斯坦、壮、东乡六个民族组成，总人口 1.2 万余人。全镇牲畜饲养总量为 13 万头（只），存栏 7 万头（只）。全镇农田防护林面积为 1.1 万亩，苗木面积为 8100 亩。2016 年农牧民人均纯收入达到 2.25 万元，较上年增加 1500 元。

乐土驿镇域属于山前倾斜平原洪冲积扇的扇缘带，海拔高度在 450~1000 米，均由第四纪沉积物组成，该带上层下部均有第四纪沙砾层，上覆厚薄不等的黄土层，其黄土层厚达 30 米，该带的地面坡度在 0.5%~1%。

乐土驿镇地处区大陆腹地，属中温带大陆性干旱气候，冬季严寒，夏季酷热，蒸发量大于降水量，年、日温差较悬殊，全镇年平均气温 7.8℃，最冷月（12 月）平均气温 -15.8℃，极端最低气温 -29℃，最热月（7 月）平均气温 25.2℃，年降水量 113.3 毫米，年蒸发量 2234.2 毫米，平均无霜期 166 天，初霜 9 月下旬，终霜 4 月中旬。

乐土驿镇境内河流主要是塔西河，河流水源以降雨和融雪为主，全长 120 千米，平均流量 7.22 立方米/秒，最大流量 87.1 立方米/秒，最小流量 0.4 立方米/秒。塔西河受降水与气温的影响，流域集水面积小，调蓄能力低，冬季径流小，枯水期长达 3~5 个月（11 月至次年 3 月），塔西河年径流量中降雨融雪量为 15788 万立方米，占年径流总量 69.73%。

乐土驿镇境内地下水较为丰富，埋深在 80~120 米，pH 值在 7.3~7.8 间，属中性水，硬度为 9~24，通常靠降水入渗、山前侧渗和河床潜流来补给，地下水总补给量为 1.39 亿立方米，地下水可开采量为 6963.78 万立方米，水质较好。

鄯善县东巴扎乡

东巴扎回族民族乡位于鄯善县城以东 1.5 千米，南邻国家名胜风景区库木塔格沙漠，西接辟展乡，北接库尔干，环境怡人，是回、汉、维吾尔等多民族聚居的吐鲁番地区唯一民族乡。

由于地势相对平坦，气温升降均衡，具有冷湿空气侵袭较少的特殊地理特点，主要优势是无霜期长，热量、光照充足，高温多风，降水稀少，蒸发量大，但水资源相对充足，是葡萄、棉花、西瓜、红枣、蔬菜等经济作物的理想推广应用之地。

"中国哈密瓜之乡"较为闻名的民间哈密瓜发展进程研究学者哈运昌先生在此居住，曾发表著名的理论学习文章 20 余篇，为宣传鄯善县特产哈密瓜做出了一定的贡献；有闻名遐迩的东大寺、西大寺、老爷坟等人文景区，德高望重的爱国宗教人士故居以及农家景观，如"现代农家"、"啤酒乐园"等。

该乡是传统的灌溉农业区，长期以来受气候、水文、地质、植被、地下水资源等因素的影响，经过漫长的演变过程形成区内土壤类型丰富、分布广泛的特点，土壤类型有沙地、沙土、潮土、黑土、黏土等。

东巴扎乡总面积 19 平方千米，辖 4 个行政村，1 个牧业队，1 个农场。共有农户 1188 户，总人口 3373 人。其中回族占总人口比重 59%，维吾尔族 36%，汉族 5%。该乡是以葡萄、棉花、蔬菜、畜牧业为经济支柱的重点发展区域。农业人口 3392 人，拥有耕地面积 4482 亩，人均约 1.4 亩。

吐鲁番市亚尔乡

亚尔乡地处吐鲁番市西郊，东与葡萄乡接壤，南与艾丁湖乡毗邻，西与二二一团场交界，北与大河沿镇、红柳河园艺场相连，辖区面积 1774 平方千米，是吐鲁番地区第一大乡，也是新疆第二大乡。全乡有 17 个行政村、1 个牧场、63 个村民小组，人口 5 万余人，耕地面积 6 万亩，有学校 14 所，医院 1 所。乡政府驻新城西门村，距吐鲁番市人民政府 2 千米，地理位置优势明显。2004 年全乡实现国民生产总值 2.89 亿元，农民人均收入 3816 元，获得自治区、地、市授予的"奔小康科普示范乡"、"五个好乡党委"等诸多荣誉。近几年随着乡政府对基础建设的投入，大力实施农业结构调整，全方位进行招商引资，亚尔乡的经济正在以前所未有的速度发展。近年来，亚尔乡历届党委、政府紧紧围绕特色农业示范乡、城镇建设精品乡、生态旅游乡建设的发展思路，依托地域优势和资源优势，积极调整优化农业产业结构，大力发展特色产业，人民生活水平不断提高，乡村面貌日新月异，城镇化进程不断加快。目前亚尔乡的总农民家庭户数

12496 户，不具备转移条件的 5513 户，具备转移条件的 6983 户；已实现转移 5054 户，未实现转移 1929 户。

乌鲁木齐县水西沟镇

乌鲁木齐县水西沟镇位于乌鲁木齐市南郊；地处天山北麓，南部为山地丘陵区，北部为山前冲积平原，距县政府 40 千米；现有土地面积 530 平方千米，其中牧草场 3.7 万公顷（55 万亩），林地 400 公顷（0.6 万亩），国家森林 0.6 万公顷（8.5 万亩）；矿产资源有煤、石灰石、金砂等，其中煤炭较为丰富，储量约 3000 万吨。水西沟镇辖水西沟村、大庙村、庙尔沟村、东湾村、东梁村、平西梁村、闸滩村、方家庄村、小东沟村 9 个行政村。总人口 1.2 万人，由汉族、回族、哈萨克族、维吾尔族、乌孜别克族、塔塔尔族 6 个民族组成；少数民族占总人口的 76%。

2004 年，推行农村税费改革，实施农村新型合作医疗，落实退耕还林优惠政策，农业税的减免、取消和粮食直补政策为农牧民减负增收创造了条件，全镇农牧民人均收入 3874 元。

2004 年，完成了自治区交通厅培训中心、客运站的配套工程，天牧示范园二期开发建设工程；新建了镇政府办公楼、立新小学教学楼、有线电视转播楼、集镇北区锅炉房、邮政办公楼、中石化公司培训楼、方家庄村、东梁村村委会办公室；对方家庄村进行了庭院绿化和巷路的硬化；进行了电网、人畜饮水工程的改造。

水西沟位于南郊水西沟镇，距乌鲁木齐市 35 千米，这里有群峰叠翠、森林茂密的旅游景观，仿佛一块巨大的翡翠依山而立，一线绿水绕景而过，银光闪闪。穿行林间，松风拂面，清香袭人，野蘑菇俯身即拾，带给游人一种回归自然的全新感受，登高回眸远眺，黄绿错综，界线分明，一派迷人的田原风光。

大连美丽乡村典型村镇介绍

瓦房店市许屯镇东马屯村

瓦房店市东马屯村辖区面积 27 平方千米，耕地面积 60 亩，山地面积 3.1 万亩。"高丽城"、"寺儿沟"、"城子沟"等七沟八叉形成了东马屯村的自然环境，现已是大连"六化"工程先进单位、辽宁省美丽乡村、环境优化发展先进村、全国文明村和中国最美村镇。

瓦房店市东马屯农业生态园有限公司位于东马屯村九组，以寺儿沟山场为基地，依托东马屯自然资源和水果资源，开展旅游业务。公司承包山场 2500 亩，山场内资源丰富，有野生山枣、樱桃、榛子等十几种山果，以及几十种野菜和草药。山场中生长着松树、核桃树、桦树等，还有龙泉瀑布和"狮子石"、"卧虎洞"等多处自然景观。

庄河市光明山镇小营村

大连庄河市光明山镇小营村，地处庄河市近郊，位于小寺河南北支干下游，方圆 20 平方千米，交通便利，资源丰富，土地肥沃，环境优越。全村共有农户 1760 户，人口 5680 人，耕地面积 15481 亩。保护地大棚草莓、陆地草莓、食用菌、养殖业并举，大棚草莓、陆地草莓生产已成为主导产业，全村现已开发大棚、陆地草莓 1250 亩。如今，小营村以大棚和陆地草莓产业为支柱，年收入 1280 余万元；种植养殖业年收入 1860 余万元，其中（年养蛋鸡 10 万只、肉鸡 40 万只）二三产业年收入 1460 万元；小营村年总收入达到 4600 万元，人均收入 8000 元，存款 10 万元以上的农户 200 户以上，占总户数 11%，存款户占总户数的 80% 以上。

新疆生产建设兵团美丽乡村典型村镇介绍

农八师石河子总场北泉镇

北泉镇位于准噶尔盆地南缘，玛纳斯河西岸，石河子市北郊，面积475.7平方千米，人口7万余人。辖泉水地社区、文化宫社区、白杨社区、军垦社区、小林场社区、北泉花园社区、纪念碑社区、大泉沟村等。312国道、201省道、204省道横越镇区，距石河子火车站和乌伊高速公路9千米，距乌鲁木齐国际机场130千米。

北泉镇既是国务院11个部委的全国小城镇综合改革试点镇，又是联合国开发计划署可持续发展中国项目试点镇，也是兵团唯一的建制镇。

镇里1977年建成的周总理纪念碑、纪念馆，已成为这里的标志性建筑和新疆著名的人文景观之一。北泉镇具有十分便捷的交通、通信条件。镇、集、居民点道路已全部硬质化；通信网络与全国联网，有线电视、广播覆盖率100%。新疆农垦科学院等3家科研单位集中在镇区内。位于北泉镇的农业科技园区已被国家正式批准为"国家农业科技园区"；北泉镇已由国家外专局命名为"引进国外技术膜下滴灌示范基地"。北泉镇具有显著的市场要素聚集功能和培育各类市场的广阔空间。北泉镇的城乡接合部优势及辐射作用已初步发挥出来，已建成农贸、水产品等7个市场。非公有制经济发展迅速。在三项产业中所占比重分别为16.3%、42.12%、57.43%，GDP已占到全社会的1/3。

农六师共青团农场

共青团农场前身为昌吉州试验农场，1957年改为昌吉县农场。1959年1月改属自治区农垦厅，更名为昌吉共青团农场。1967年属昌吉县领导。1978年10月属昌吉州农垦局，1982年4月属农六师。共青团农场现有土地总面积34.3万亩，可耕地面积27万亩，已种植面积12.8万亩；总人口10963人；下辖农业连队8个，现代农业示范园区1个，工业单位2家（轧花厂和新疆震企生物科技有限公司），物资流通企业1家，自办学校和医院各1所，林牧站1个，物业公司1家。农六师共青团农场位于五家渠西北18千米，北纬40°10′50″~44°29′46″，东经87°8′30″~87°29′05″。分东西两片，东片场部地区，西南与昌吉市佃坝乡接壤，东南与昌吉市滨湖乡为邻，东接一〇一团场，北部以一〇三团场干渠为界。南北长29千米，东西宽2.68千米。西片富强分场距场部20千米，东邻有色局农场，北邻一〇五团场，西南与昌吉市大西渠乡胜利村为邻，西接下巴湖农场。南北长17.7千米，东西宽1.85千米。年无霜期154天，有效积温3550℃，日照3135.9小时。特产有珍珠鸡、红提葡萄、塔椒、关中奶羊。

农六师一〇五团

农六师一〇五团位于五家渠西北56千米。东起小东沟与六道湾煤矿副业连相接，西与一一一团场、芳草湖农场六分场相连，南与共青团农场富强分场相邻，中间插有乌鲁木齐市商业局牧场。平均宽度12千米，东南至西北长35千米。团部驻地五家渠市枣园镇，土地面积1.705万公顷，其中耕地4518公顷。总人口8341人，共2621户，其中汉族8254人，哈萨克族22人，回族15人，蒙古族7人，其他民族43人。从业人员3456人（国有3263人，个体193人）。辖农业连队12个，工交建商单位8家。生产粮食、棉花等。牲畜存栏达4400头。主要矿产有煤炭、硫黄等。

新疆生产建设兵团第三师四十八团

新疆生产建设兵团第三师四十八团位于天山

南麓的塔里木盆地西北边缘，地处巴楚县境内，介于叶尔羌河（简称叶河）和泽依达里亚河（简称泽河）之间，属于叶河下游冲积平原地区。团场气候条件优越，光热资源丰富，土地肥沃，水源充足，适宜种植棉花、小麦等农作物和红枣、苹果、梨等果树。主要产品贡梨和四木王红枣享有很高声誉。团部驻河东新镇，巴麦公路（215省道）横穿团场中部，距东北部南疆铁路二级站巴楚站 55 千米左右，在阿克萨克玛热勒乡与巴莎公路衔接，交通方便。

四十八团组建于 1966 年 3 月，其前身为三师前进九场。1969 年 4 月改番号为新疆军区生产建设兵团农业建设农三师六十九团，同年 7 月授予四十八团番号至今。

四十八团总规划面积 23.96 万亩，其中胡杨次生林地 16 万亩，森林覆盖率 67%，现有耕地面积 7 万亩，林果业面积达到 6 万亩，其中红枣面积 5 万亩。团场现有人口 6600 人，有汉、维吾尔、回、蒙古、壮、土家、满 7 个民族，其中汉族占 98% 以上。在岗职工 1664 人。2014 年 6 月，四十八团经过团场改革后，团场机关下设 7 个局办、3 个群团组织和 1 个武装部；成立了农业综合服务中心、经济监督和信息咨询服务中心、城镇建设综合服务中心、文化综合服务中心、社区综合服务中心 5 个中心；成立了农业经营公司、建设投资经营公司两大公司，其中农业经营公司下设 7 个作业区。全团现有农林业单位 7 家，工业单位 4 家，文教卫生单位 2 家，共有基层党支部 17 个。

经几代军垦人近 50 年的艰苦创业，四十八团广大干部职工发扬"南泥湾精神"和"兵团精神"，用青春和汗水谱写了一曲艰苦创业、无私奉献的壮歌。现如今，团场城镇化建设日新月异，农业现代化稳步推进，新型工业化迈出新步伐，职工群众生产生活水平不断提高，处处呈现出一派欣欣向荣的和谐景象。四十八团先后荣获"全国环境优美镇"、"全国先进基层党组织"、"全国文明单位"、"全国爱国卫生先进集体"、"自治区社会治安综合治理先进集体"、"兵团平安团场"等一系列国家、自治区、兵团级荣誉称号。

农一师十团

农一师十团创建于 1958 年，地处塔里木河上游北岸的阿拉尔垦区，距阿克苏市东南 136 千米，是一个以农为主的国有农工商企业，现有总人口 12169 人，从业人员 2791 人。耕地面积 6570 公顷。

十团水土资源和光热资源充足，适宜种植棉花、稻、麦和各类水果。主要物产是棉花，产量为 11313 吨。十团具有国内最先进的轧花设备，所产棉花色泽洁白、纤维细长、麦克隆值高，获国家棉花出口产品合格证。十团特产"大漠"牌红枣系列中的灰枣，2000 年获全国红枣交易会金奖。主要工业产品是 8#、12# 镀锌铁丝，年生产能力 7000 吨。

十团在实施西部大开发战略中，计划新建枣园 667 公顷，节水灌溉工程 134 公顷，建设高标准农业开发区。同时，加强农田基础设施建设，大力推广应用农业高新技术，建设 5334 公顷优质棉出口基地。